王楼煤矿志

（1996—2018）

《王楼煤矿志》编纂委员会　编

新　华　出　版　社

图书在版编目（CIP）数据

王楼煤矿志：1996—2018 /《王楼煤矿志》编纂委员会
编. —北京：新华出版社，2021.6
　ISBN 978-7-5166-5870-3

　Ⅰ.①王… Ⅱ.①王… Ⅲ.①煤矿－工业史－济宁－
1996-2018 Ⅳ.①F426.21

　中国版本图书馆CIP数据核字（2021）第097413号

王楼煤矿志：1996—2018

作　　者：《王楼煤矿志》编纂委员会　编

责任编辑：蒋小云　　　　　　　　封面设计：中尚图

出版发行：新华出版社
地　　址：北京石景山区京原路8号　　邮　　编：100040
网　　址：http：//www.xinhuapub.com
经　　销：新华书店
　　　　　新华出版社天猫旗舰店、京东旗舰店及各大网店
购书热线：010-63077122　　中国新闻书店购书热线：010-63072012

照　　排：中尚图
印　　刷：炫彩（天津）印刷有限公司
成品尺寸：210mm×285mm，1/16
印　　张：33.75　　　　　　　字　　数：896千字
版　　次：2021年6月第一版　　印　　次：2021年6月第一次印刷
书　　号：978-7-5166-5870-3
定　　价：298.00元

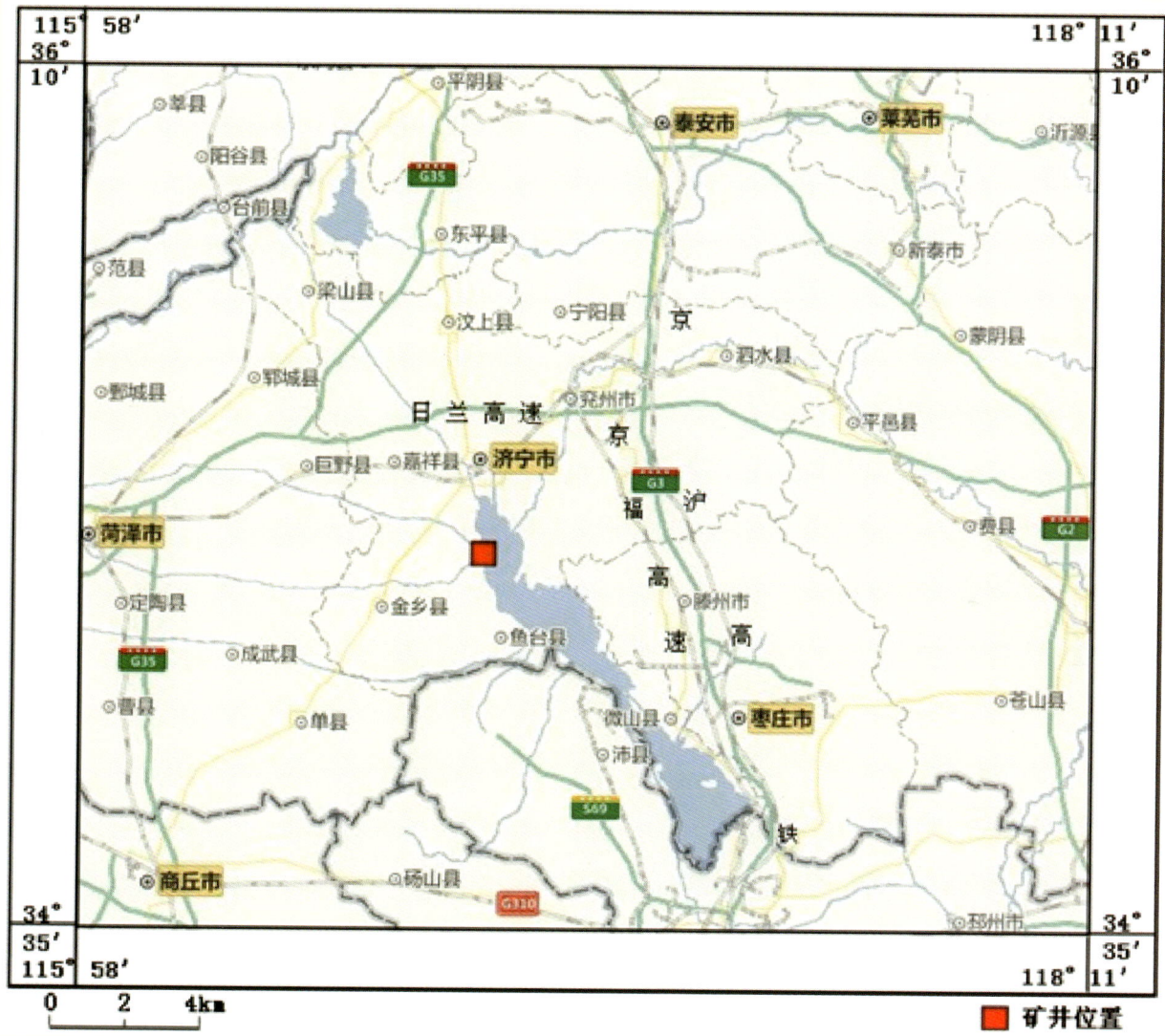

王 楼 煤 矿 地 理 位 置 图

王楼

煤矿全貌

《王楼煤矿志》编纂委员会

主　　　任： 孔凡军

常务副主任： 张　卫

副　主　任： 刘维信　王宝国　田福海　童培国　密士廷　王忠密

委　　　员：（以姓氏笔画为序）

马树然　马骏骋　王乐义　王其杰　孔庆法　石道波

白传森　冯德才　朱金峰　刘　强　刘方成　吴海刚

邱成栋　何玉收　宋兆国　张洪磊　张假妮　陈云关

陈红军　陈培永　金宝志　郭　晓　谢更现

主　　　编： 孔凡军　张　卫

副　主　编： 陈培永　邵长水　徐成凯　郭　利

执 行 主 编： 陈培永

编　　　者：（以姓氏笔画为序）

王　燕　王义铎　王娟娟　邓　凯　平立芬　兰庆文

司亚威　朱　宁　任俊颖　刘　艳　刘晓茹　李　娜

李长青　李秀伟　李秀芹　李春雪　李桂玲　张　苗

张现丽　张修水　张晶涛　张翠珠　陈　宾　邵长水

邵庆文　邵泽鹏　岳　磊　耿士林　徐之刚　徐成凯

高　扬　郭　利　黄正龙　董　凯　董昌坤　潘月兰

历任领导

▲ 刘洪波

2001年11月—2003年2月，临沂矿务局新区建设指挥部指挥兼王楼矿井筹建处主任

▲ 潘元庭

2002年2月—2002年5月，王楼矿井筹建处分管负责人

▲ 刘成录

2002年5月—2003年7月，王楼矿井筹建处主任

▲ 解信德

2003年7月—2004年1月，王楼矿井筹建处主任

▲ 吴洪军

2004年3月—2004年7月，王楼矿井筹建处分管负责人

▲ 周启昆

2004年2月—2004年7月，王楼矿井筹建处主任

▲ 夏宇君

2004年7月—2007年2月，王楼矿井筹建处主任

▲ 王立才

2007年2月—2007年6月，王楼矿井筹建处党总支书记、筹建处主任

2007年6月—2009年9月，王楼煤矿党委书记、矿长

▲ 肖庆华

2009年9月—2016年10月，王楼煤矿党委书记、矿长

▲ 白景志

2016年10月—2021年2月，王楼煤矿党委书记、矿长

▲ 孔凡军

2021年2月，王楼煤矿党委书记、矿长

▲ **2008年王楼煤矿领导班子合影**

左起张俊宝（党委委员、副矿长）　单井林（党委委员、副矿长）　肖庆华（党委委员、副矿长）
王立才（党委书记、矿长）　邵长余（党委副书记、工会主席）　任智德（副矿长、总工程师）　丁学贤
（副矿长、安监处长）

▲ **2013年王楼煤矿领导班子合影**

左起丁学贤（党委委员、副矿长、安监处长） 齐东合（党委委员、副矿长） 任智德（副矿长、总工程师） 肖庆华（党委书记、矿长） 邵长余（党委副书记、工会主席） 张俊宝（党委委员、副矿长）单井林（党委委员、副矿长）

▲ **2019年王楼煤矿领导班子合影**

左起密士廷（副矿长、安全总监、安监处长）　张卫（党委委员、纪委书记）　张俊宝（党委委员、副矿长）　刘维信（党委委员、副矿长）　白景志（党委书记、矿长）　邵长余（党委副书记、工会主席）田福海（党委委员、副矿长）　王宝国（党委委员、副矿长）　王忠密（总工程师）

▲ 2021年王楼煤矿领导班子合影

左起密士廷（党委委员、副矿长、安全总监、安监处长）　童培伟（党委委员、纪委书记）　刘维信（党委委员、副矿长）　孔凡军（党委书记、矿长）　张卫（党委副书记、工会主席）　王宝国（党委委员、副矿长）　田福海（党委委员、副矿长）　王忠密（总工程师）

⬡ 领导关怀

▲ 2005年4月2日，临沂矿务局副局长、党委常委吴洪军（右三）到王楼筹建处检查指导工作。

▲ 2006年4月6日，原临沂矿务局党委书记、局长崔宝德（中）等老干部参观矿区建设。

▲ 2006年10月29日，原临沂矿务局党委书记、局长崔宝德（右六）参观矿区建设。

▲ 2007年11月8日，山东省煤矿安全监察局局长王子奇（右四）到矿考察工作。

▲ 2007年11月14日，山东省煤炭工业局局长卜昌森（左一）到矿检查工作。

▲ 2008年3月12日，山东省煤矿安全监察局副局长韩芳崎（中）到矿检查指导工作。

▲ 2008年3月25日，临矿集团党委书记、董事长李义文（前）一行察看煤码头建设进展。

▲ 2008年10月1日，临矿集团监事会主席梁金久（前排左三）、总经理宿洪涛（前排左二）到矿检查工作。

▲ 2008年10月14日，山东省政府参事、山东煤炭学会会长公茂泉（右一）到矿考察工作。

▲ 2009年3月31日，山东省信息产业厅副厅长杨少军（左四）到矿检查指导工作。

▲ 2009年6月13日，临矿集团副总经理刘成录（前排右三）到军城井筹建处检查指导工作。

▲ 2009年7月8日，济宁市中区区委书记张继民（中）一行检查指导。

▲ 2010年4月13日，省安监局副局长陈庆学（右三）一行到35KV变电所检查工作。

▲ 2011年11月25日，山东省煤矿工会主席刘宁（左三）到王楼煤矿检查指导工作。

▲ 2011年11月30日，山东能源集团副总经理张希诚（右一）深入工作面检查指导。

▲ 2012年3月27日，共青团山东省委书记王磊（左四）到矿指导工作。

▲ 2012年11月13日，济宁市纪委常务副书记姜居桢（右二），区委副书记张玉强（左三），区委常委 区纪委书记王宏伟（右一）到矿参观。

▲ 2013年4月16日，临矿集团党委书记、董事长刘成录（左二）到王楼煤矿调研。

▲ 2013年7月17日，山东省煤矿工会主席李斌（左三）莅临王楼煤矿检查指导工作。

▲ 2013年8月8日，山东能源集团副总经理翟明华（左二）到矿检查指导。

▲ 2013年8月26日，山东能源集团董事长卜昌森（前左二）到王楼煤矿检查指导。

▲ 2014年5月30日，临矿集团总经理、党委副书记刘孝孔（左五）参加王楼煤矿获山东省青年突击队授旗仪式。

▲ 2015年1月24日，山东能源集团党委常委、董事、工会主席宿洪涛（左），临矿集团总经理、党委副书记刘孝孔（右）为劳模创新工作室揭牌。

▲ 2015年2月13日，山东煤矿安全监察局党组书记、局长王端武（前）到矿检查综采工作面。

▲ 2015年9月10日，中国煤矿文化宣传基金会理事长、中国煤矿文联副主席庞崇娅到王楼煤矿观看能源集团首届职工文艺展演。

▲ 2015年9月11日，山东省总工会副巡视员侯国华（右一）为职工文艺展演获奖选手颁奖。

▲ 2016年7月14日，山东省煤炭工业局党组书记、局长乔乃琛（左二）到矿视察工作。

▲ 2017年7月11日，临矿集团党委副书记提文科（右二），党委常委、纪委书记祁方坤（右一）到矿检查指导工作。

▲ 2017年8月28日，临矿集团党委书记、董事长刘孝孔（右一）到矿检查指导工作。

▲ 2017年9月1日，临矿集团党委副书记、总经理张圣国（左六）到王楼煤矿调研。

▲ 2017年10月11日，山东省煤监局党组成员、总工程师田学起（右二）到矿检查指导工作。

▲ 2017年11月22日，山东煤矿安全监察局鲁东监察分局局长刘洪波（右五）到王楼煤矿检查指导工作。

▲ 2017年11月23日，临矿集团党委委员、财务总监王军（中）到矿检查指导工作。

▲ 2017年12月6日，济宁市任城区区委书记岳根才（前排中）到矿视察工作。

▲ 2018年4月15日，中国科学院院士宋振骐（前排右二）参观王楼煤矿矿山灾害预防控制国家重点实验室深部支护工程示范中心。

▲ 2018年10月24日，临沂矿业集团有限责任公司党委书记、
董事长刘孝孔（右二），党委副书记、总经理候宇刚（右一）
到王楼煤矿喻兴园生产基地调研。

▲ 2018年12月5日，临沂矿业集团有限责任公司党委书记、
董事长刘孝孔（左三）参观创客联盟。

▲ 2019年2月21日，国家煤矿安全监察局技术装备司副司长王素峰（女、右四）
到王楼煤矿调研信息化建设工作。

▲ 2019年6月12日，临沂矿业集团有限责任公司党委副书记提文科（右一）
参观创客联盟。

◇ 时光记忆

▲ 2003年，临沂矿务局新区建设指挥部。

▲ 2003年8月8日，王楼矿井建设工地。

▲ 2004年9月3日，临沂矿务局党委书记、局长李义文（左三）参加王楼矿井
开工仪式。

▲ 2004年9月3日，主井井筒开工建设。

▲ 2005年3月21日，王楼二号（军城）井主井开工。

▲ 2007年7月1日，临沂矿业集团有限责任公司党委书记、董事长李义文（右二）为11301首采工作面开机。

▲ 2007年7月1日，临矿集团党委书记、董事长李义文（右一）参加王楼煤矿移交试生产仪式。

▲ 2010年6月7日，王楼煤矿年吞吐能力100万吨的专用煤码头。

▲ 2018年9月9日，污水处理站。

幸福家园

▲ 花园式矿井

▲ 党建文化广场

▲ 党员共享活动室

▲ 廉政文化长廊

▲ 创客联盟

▲ 青春创新文化长廊

▲ 劳模创新工作室

▲ 职工公寓

▲ 标准化宿舍

▲ 职工援助服务中心

▲ 开通班车

▲ 虚拟社区服务中心

▲ 爱心服务站

▲ 慰问困难职工

▲　干部职工队伍

▲　井口安全活动

▲　安全慰问

▲ 军事化训练

▲ 拓展训练

▲ 篮球比赛

▲ 合唱团演出集锦

▲ 关爱农民工子女

▲ 集体婚礼

▲ 青年联谊会

▲ 妈咪小屋

智能矿山

▲ 智能化调度应急指挥中心

▲ 综采智能化控制室

▲ 综采智能化控制系统

▲ 井下TDS智能干选

▲ 智能航运码头

▲ 智能排水系统

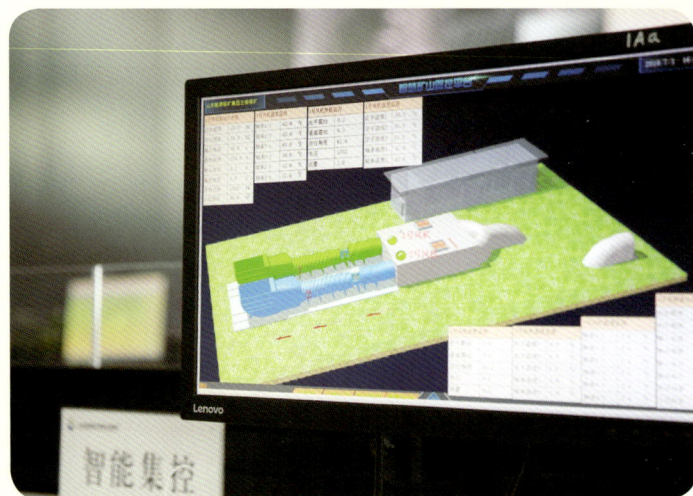

▲ 智能通风系统

▲ 智慧农业

▲ 智能巡检机器人

▲ 智能运销

▲ 井下全自动制冷设备

▲ 井下全自动除盐系统

▲ 自动化矿井水余热利用系统

▲ 自动化洗选系统

▲ 无人值守采煤工作面

▲ 井下无人值守变电所

◇ 矿井荣誉

全国煤炭工业

行业一级安全高效矿井

中国煤炭工业协会
二零一二年十二月

▲ 全国煤炭工业行业特级安全高效矿井

国家级

安全质量标准化煤矿

国家安全生产监督管理总局　国家煤矿安全监察局
二〇〇九年度

▲ 国家级安全质量标准化煤矿

2009年度安全质量标准化

一级矿井

山东省煤炭工业局

▲ 山东省煤炭工业局安全质量标准化
一级矿井

煤矿安全与职业卫生评估

A级矿井

山东煤矿安全监察局
二〇一四年度

▲ 山东省煤矿安全监察局煤矿安全程度评估
9A级矿井

煤炭工业科技创新

示范矿（单位）

中国煤炭工业协会
二〇一三年十二月

▲ 全国煤炭工业科技创新示范矿

煤炭工业

十佳煤矿

中国煤炭工业协会
二〇〇九年十一月

▲ 煤炭工业十佳煤矿

全国煤炭工业

文明煤矿

中国煤炭职工思想政治工作研究会
二〇一六年四月

▲ 全国煤炭工业文明煤矿

全国"安康杯"竞赛优胜单位

中华全国总工会
国家安全生产监督管理总局
二〇一四年四月

▲ 全国"安康杯"竞赛优胜单位

全国五一巾帼标兵岗

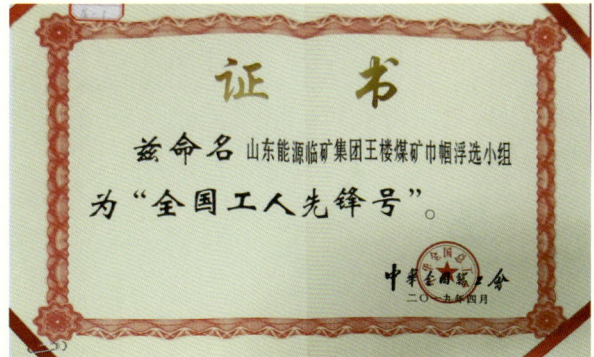

中华全国总工会
2015年2月

▲ 全国五一巾帼标兵岗

证　书

兹命名 山东能源临矿集团王楼煤矿巾帼浮选小组
为"全国工人先锋号"。

中华全国总工会
二〇一九年四月

▲ 王楼煤矿巾帼浮选小组获得"全国工人
先锋号"荣誉称号

全国五四红旗团委

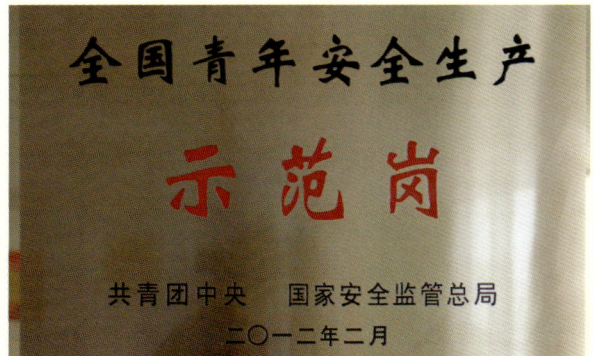

共青团中央
二〇一二年五月

▲ 全国"五四"红旗团委

全国青年安全生产

示范岗

共青团中央　国家安全监管总局
二〇一二年二月

▲ 全国青年安全生产示范岗

▲ 省级文明单位

▲ 山东省富民兴鲁劳动奖状

▲ 山东省劳动关系和谐企业

▲ 山东省煤矿职工职业道德建设十佳单位

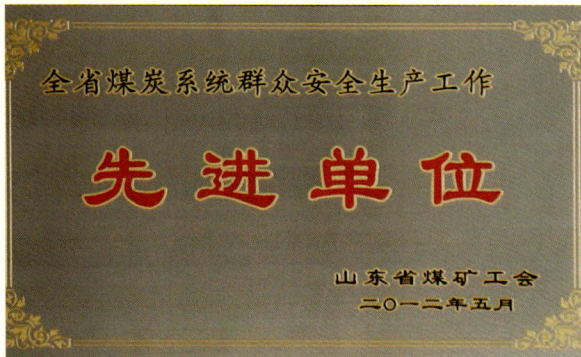

▲ 山东省煤炭系统群众安全工作先进单位

▲ 山东省工人先锋号

先进基层党组织

中共山东省国资委委员会
2011年6月

▲ 山东省国资委先进基层党组织

荣誉证书

授予：山东能源临矿集团王楼煤矿大学生采煤队

山东青年突击队

共青团山东省委
二〇一三年十二月

▲ 王楼煤矿大学生采煤队获得"山东青年
突击队"荣誉称号

奖状

山东东山王楼煤矿有限公司：
在2017年度全省采煤塌陷地综合治理工作中
成绩突出，被评为先进单位。特发此状，以资鼓励。

二〇一八年一月

▲ 山东省采煤塌陷地综合治理先进单位

参会合影

▲ 2021年3月29日，《王楼煤矿志（1996—2018）》送审稿终审会参会人员合影。

前排左起：李德志　齐宝华　邵长余　李宪寅　汪　宏　何祥成　孙卓龙　王学兵　张　卫　张海涛

后排左起：董立霞　杨永霞　任小红　郑培永　刘九周　孙运兆　田　凯　张俊宝　徐晓华　张红芳　陈培永

序

  王楼煤矿坐落在鲁西南平原、京杭大运河古道西畔，投产以来，始终坚持以科学发展观为导向，以经济效益为中心，以企业文化为引领，以安全生产为重点，以创新管理为手段。在这片沃土之上，英雄的王楼人凭着无怨无悔的追求、无私无畏的奉献，使王楼煤矿迅速崛起壮大，一跃成为山东能源临矿集团的高产高效骨干矿井之一。

  十二载生生不息，十二载锐意进取，涌现出了许多可歌可泣的故事，创造了一个又一个奇迹。有太多的经验需要总结，有太多的故事需要挖掘，也有太多的教训需要我们汲取和反思。

  昨天的记录，今天的镜子，明天的佐证。古人云："以铜为鉴，可正衣冠；以古为鉴，可知兴替；以人为鉴，可明得失。"《王楼煤矿志》真实、翔实地记录了矿井投产十二年（截至2018年）来的艰难历程和辉煌成就，可以使更多的人了解、认知王楼煤矿的过去和现在，更好准确把握安全发展、科学发展规律，为正确的决策提供最为可靠的实践依据。

  鉴往昭来是企业发展的必然，是我们义不容辞的责任。纵观全书，《王楼煤矿志》详略得当，编排有序，文辞通达，不避过，不溢美。它的编辑和出版，为后人留下了一份弥足珍贵的历史资料，必将成为王楼煤矿开展员工教育的一份好教材，更是宣传、推介王楼煤矿的一部百科式的资料书。

  王楼煤矿的今天，是每一位王楼人用青春和汗水换来的，井下纵横交错的巷道留下了王楼人奋斗的足迹，地面高耸的煤仓上写满了王楼人的传奇故事。

  面对日新月异的发展形势，我们深感肩上的责任重大。踏着前人坚实的脚印，发扬优良传统和作风，把王楼煤矿建设成为更安全、更和谐、更文明、更富裕的现代化煤矿，是我们孜孜以求的目标。

  我们坚信，王楼煤矿的明天一定更美好！

党委书记、矿长：

2021年3月

凡　例

一、本志坚持以马克思列宁主义、毛泽东思想、邓小平理论、"三个代表"重要思想、科学发展观、习近平新时代中国特色社会主义思想为指导，坚持辩证唯物主义和历史唯物主义的观点，实事求是的记述客观事实，力求思想性、科学性和资料性的统一，着力突出时代特点、企业特色。

二、本志上限1996年，下限至2018年。有些内容为彰显因果，适当下延。

三、本志采用述、记、志、传、图、表、录体裁。采用篇、章、节、目四层次。卷首设概述、大事记，卷中设正文，篇下设无题序，卷末设附录、编纂始末，图表随文配置。

四、本志采用现代语体文，记述体，第三人称。文风力求结构严谨、详略得当、文理通顺、语句简洁。

五、本志采用公元纪年。计量单位、标点符号均按国家现行标准执行。行业专用术语按照行业有关规定执行。

六、凡人物直书姓名，不加称谓，不冠褒贬词句，必要时姓名前冠以职务、职称。地名、单位名称等均以当时称谓为准，第一次出现时用全称，其后用简称。本志中山东能源临沂矿业集团有限责任公司、临沂矿业集团公司均简称为临矿集团。山东能源集团有限公司简称为山东能源。山东煤矿安全监察局简称为山东煤监局。山东煤矿安全监察局鲁西监察分局简称为鲁西分局。山东煤矿安全监察局鲁东监察分局简称为鲁东分局。山东东山王楼煤矿有限公司简称王楼煤矿、矿，军城煤矿、王楼煤矿二号（军城）井简称军城井。

七、本志资料主要来自矿档案室、基层单位、职能科室以及有关书刊和知情人的回忆，经考证后录入。

目　录

第一篇　管理结构

第二篇　矿区建设

第三篇　煤炭生产

第四篇　安全管理

第五篇 非煤产业

第六篇 经营管理

第七篇　科学与环保

第八篇　党群工作

第九篇　后勤与保障

第十篇　人物与荣誉

附 录

概　述

　　王楼煤矿坐落于山东省济宁市任城区喻屯镇境内。矿井北距兖新铁路济宁火车站约25千米，西北距济宁机场约26千米，自济宁向东距京沪铁路兖州站32千米，往东经临沂可至石臼港。由济宁至菏泽与京九铁路接轨。京杭运河自北向南从本区中东部穿过。区内公路交通四通八达，济宁—鱼台公路自井田西部穿过，与乡村级公路连接成网，另外在井田东北部有京福和日荷高速公路通过，交通便利。

　　王楼煤矿所在地区为温带半湿润季风区，属海洋与大陆间过渡性气候，四季分明，年平均温度13.3～14.1摄氏度，多年来最低平均气温月为1月，最高平均气温月为7月。降雨多集中在7—8月份，年平均降雨量677.2毫米。地形由滨湖平原及湖区构成。南阳湖西岸堤坝以西为滨湖冲积平原，沟渠纵横，地势西高东低；堤坝以东为南阳湖区。井田内主要河流有新万福河、蔡河、洙赵新河等。

　　王楼井田系济宁煤田的一部分，位于济宁凹陷的南部，总体为一走向北东，倾向北西的单斜构造，地层倾角一般为10～14度。矿区北以3900000纬线与济宁三号煤矿分界，南以人为边界与鹿洼煤矿相邻，东至泗河煤矿$16_上$煤层–350米底板等高线垂切线及奥灰露头为界，西至济宁支断层。矿区面积93.7696平方千米。井田内含煤地层为石炭–二叠系太原组、山西组，其中可采及局部可采煤层5层，主要可采煤层为$3_上$煤层。煤种主要为低灰、低磷、高发热量的气肥煤。

　　王楼煤矿设计生产能力为90万吨/年，2004年9月开工建设，2007年7月1日正式投产。2013年5月核定年生产能力为130万吨/年、2015年12月核定生产能力为120万吨/年。矿井划分为1个水平（–680米水平）、立井开拓。先后进行了一、二、三、五、七采区的开拓开采。回采工作面全部采用走向长壁一次采全高后退式采煤法，综合机械化采煤工艺，采用全部垮落法或充填法管理采空区顶板；掘进巷道一般采用锚网索支护方式进行支护。煤巷、半煤巷道均采用综掘方式掘进；岩石巷道炮掘掘进为主，辅以其他方式进行施工。

　　矿井布置有主、副井2个井筒，均采用冻结法进行施工。主井主要负担原煤提升兼回风；井口标高+37.5米，井筒直径5.5米，提升高度750米，采用多绳摩擦式立井箕斗提升方式。副井主要负担人员、煤矸、材料设备提升兼进风；井口标高+37.5米，井筒直径6米，提升高度717.5米，采用多绳摩擦式立井罐笼提升方式。井下煤炭运输为带式输送机连续运输。采煤工作面生产原煤，经顺槽带式输送机、采区带式输送机至主井煤仓，经主井提升机至地面进入选煤系统。建有配套的选煤厂和煤码头。井下布置主井煤仓及采区煤仓等10个、地面建有7个储煤仓。

　　矿区设有1座35千伏变电所、3条35千伏供电回路，采用两用一热备供电方式，其中一回路为王楼矿线，引自唐口110千伏变电站；二回路为兴王线，引自兴福集35千伏变电站；三回路为鱼矿线，引自鱼台220千伏变电站。井下设有中央变电所及泵房、辅助变电所及泵房、二采区变电所及泵房、三采区变电所及泵房、七采区变电所及泵房进行供电排水。

矿井采用中央并列式通风，装备2台FCZNo.26.5/1600（Ⅱ）型轴流式通风机，采用地面压风机集中供风对井下供压风。矿井设有三采区局部制冷机房用于局部制冷降温，同时布置有-900米、-960米集中制冷系统等用于矿井降温除湿。装备KJ90X等安全监测系统，可对井下各重要场所现场情况、有毒有害气体情况、重要设备运行情况、井下作业人员分布情况等，进行24小时监控调度。

王楼煤矿坚持"安全第一、预防为主、综合治理"方针，积极开展本质安全矿井建设，深化"双防"及安全生产标准化体系建设，普及安全法规和安全知识，弘扬安全文化，建立安全生产长效机制，制定隐患和"三违"认定、隐患排查、安全教育培训以及领导人员下井带班等一系列安全管理规章制度，明确各级管理人员的安全职责，建起党政工团齐抓共管的安全体系，在"安全100"文化理念的基础上，形成了"12331"安全生产理念，保持安全稳定。

王楼煤矿建立财务、结算、供应等内控管理制度，建立健全全面预算管理制度和组织体系，将各项生产经营指标逐级分解，提升矿井核心竞争力和经济运行质量及效益；坚持比价、招标采购制度等加强物资管理，全面取消区队小仓库，实行物资集中超市化、编码信息化领用管理，有效提升物资管理水平和利用效率；树立品牌意识、诚信意识，以市场为导向，强化精煤战略，强化煤质管理，应用远程自动化控制系统，提高运销管理水平。矿井基本建设投资63462.00万元。截至2018年底，矿井（合并）资产总额169977.27万元。

王楼煤矿始终突出党建领航，坚持"红色国企、临矿姓党"的信条不动摇。矿党委坚持组织贯彻学习习近平新时代中国特色社会主义思想、党的十九大精神等，推动思想建党、政治建矿。2008年开始连续开展每年"读一本好书"活动，倾力打造"七园一苑"〔由矿井灾害预防创客中心（齐心园）、劳模创客中心（悉心园）、技能大师创客中心（匠心园）、党建创客中心（丹心园）、大学生创客中心（雄心园）、头脑风暴创意工作室（凝心园）和创客平台（智梦园）组成〕创客联盟、党建文化广场、党建-创新长廊、党性提升工作室、党员共享活动室和职工援助服务中心等特色品牌。2018年编辑《心中有阳光，脚下有力量——党建引领下的王楼煤矿工作纪实》《王楼煤矿基层党建工作标准化流程》《基层党支部工作一本通》等党建书籍，多角度、全方位、立体式全力推进党建工作标准化建设，形成了"智惠"党建品牌，逐步形成了"智慧党建"新格局。

王楼煤矿着力打造绿色生态型和人本和谐型矿井，矿区实现三季有花，四季常绿的园林式现代化矿井绿化标准。建有宽敞明亮的餐厅、装修精美的现代化办公楼、媲美宾馆的职工公寓、干净整洁的浴室、设施齐全的健身广场、专业的后勤服务队伍，使职工工作环境和生活质量有了显著提高。同时，建设矿区停车场，开通直达喻屯镇的522路公交车以及往返于王楼、军城矿区，济宁市区、兖州市区、临矿集团公司的班车，满足职工出行需求。

截至2018年期末，矿井总人数为2189人，从业人员2067人，其中在册1387人。中共王楼煤矿委员会共有338名党员，设中共王楼煤矿综采一工区支部委员会、中共王楼煤矿综采二工区支部委员会、中共王楼煤矿综掘一工区支部委员会、中共王楼煤矿机关生产支部委员会等16个基层党支部。王楼煤矿工会委员会共有会员1867人，设综采一工区车间工会、综采二工区车间工会、综掘一工区车间工会、机关生产车间工会等16个车间工会。共青团王楼煤矿委员会共有138名团员，设综采一工区团支部、综采二工区团支部、综掘一工区团支部、机关生产团支部等13个基层团支部以及1个青年安全监督岗、1支青年志愿者服务队。

矿井先后荣获国家一级安全生产标准化煤矿、全国煤炭行业一级安全高效矿井、全国"安康杯"竞赛优胜单位、中国煤炭工业先进煤矿、煤炭工业节能减排先进企业、全国五四红旗团委、全国青年安全生产示范岗、省劳动关系和谐企业、省富民兴鲁劳动奖状、济宁市廉政文化示范点等国家、省、市及集团公司各类荣誉称号。

在山东能源集团、临沂矿业集团等上级部门以及政府部门正确领导下，王楼煤矿将持续推进矿井实现安全和谐稳定健康发展。

大事记

（王楼矿井篇）

1996年

5月28日　临沂矿务局向山东省煤炭工业管理局提出"将济宁四区王楼井田划为临沂矿务局接续矿井"的申请。

7月7日　山东省煤炭工业管理局批准将济宁煤田王楼井田划归临沂矿务局开发。井田境界为：西起济宁断层，东至$16_上$煤层-350米底板等高线（与泗河口井田接壤）；南自张集断层（与鹿洼井田毗邻）及17煤层隐伏露头线，北到3900000纬线，与济宁三区井田相接，面积约80平方千米。

10月14日　国家煤炭工业局批准将济宁煤田的王楼井田划归临沂矿务局开发建设。

1997年

4月23日　临沂矿务局与山东煤田地质局签订关于加快济宁煤田王楼区精查勘探的协议。

1999年

1月　济宁王楼区精查地质勘探工程施工合同签订完成，勘查许可证号为0100009960046。

10月　山东省煤炭地质工程勘察研究院提交《山东省济宁煤田王楼区勘探（精查）地质报告》。

同年　济南煤炭设计研究院提交《山东省临沂矿务局王楼矿井初步设计》，该设计确定王楼矿井井口位于后王楼村以北D27-4钻孔附近。

2000年

5月19日　国土资源部对山东省煤炭地质工程勘察研究院申报的《山东省济宁煤田王楼区勘探（精查）地质报告》予以批复。

2001年

11月　王楼矿井筹建处正式挂牌成立。

2002年

4月20日　矿井可研报告编制完成，山东省煤炭工业局于5月20日行文报山东省发展计划委员会。

5月11日　对《环境影响评价实施方案》进行审查。其间，有关专家因矿井工厂在南阳湖畔，涉及南水北调工程，对南京设计院提出的将矿井水直接排入南四湖的意见予以否定。王楼矿井筹建处及时提出利用洙赵新河节制闸枯水季节关闭条件，矿井水排放至洙赵新河下游的方案，得到专家认可，该方案获得通过。

5月12日　王楼矿井筹建处向济宁市任城区环保局提出排污总量的申请，获得批准。

同月　刘成录任王楼矿井筹建处主任。

6月27日　山东省环保局审议通过临沂矿务局呈报的《王楼煤矿环境影响报告书》，同意王楼矿井项目建设。

7月9日　临沂矿务局与济宁市任城区公有资产经营公司签订合作协议，共同出资设立"山东王楼煤业有限责任公司"。

7月24日　新区建设指挥部、济南煤矿设计研究院、王楼矿井筹建处三方商讨确定从唐口110千伏变电站、兴福集35千伏变电站母线各出一回至王楼矿井。

同月　王楼矿区探矿权转价款评估确认工作完成，并与山东煤田地质局签订转让协议，上报国土资源部。

8月24日　淄博翔宇公司编制的矿井主、副井井检孔施工组织设计审查通过。31日，签订施工合同。

8月27日　济宁市电业局同意矿井35千伏变电站建设及电源进线两回供电方式、通信方式和计量方式。

9月19日　钻机正式开机。

9月27日　山东省工程咨询院审议通过王楼矿井项目设计方案。至此，矿井可行性研究报告的评估审查工作结束。

9月28日　取得探矿权转让审批通知书。

10月14日　将与泰安地质局签订的探矿权转让价款协议上报省国土资源厅。协议确定东山矿业集团公司以2960万元购买王楼区探矿权。30日，取得探矿权证书。至此，探矿权转让工作结束。

10月25日　取得矿产资源勘察许可证。

11月11日　山东省发展计划委员会对山东省煤炭工业局《关于呈报临沂矿务局王楼矿井可行性研究报告的请示》进行批复。批文同意王楼矿井建设，并通过井田境界、储量、建设规模、开拓及开拓方式、通风方式、地面设施布置、煤炭运输方式、电、水源方案、建设工期及总投资等设计方案。至此，矿井的立项工作全面完成。

12月10日　济宁市洙赵新河管理处下发《关于〈王楼矿井场外公路地质勘察申请〉的批复》（济洙管字〔2002〕20号），同意矿井在洙赵新河右岸0+000～7+300千米处实施地质勘测。

12月16日　王楼矿井筹建处向山东省国土资源厅呈报矿井划定矿区范围登记材料。

12月22日　副井井检孔结束，历时3个月零3天。

12月31日　主井井检孔结束，历时3个月零12天。至此，井检孔野外作业全部完成。

2003年

3月10日 临沂矿务局与济宁市任城区政府签订王楼矿井共同出资建设协议。

3月13日 与济宁电力设计院签订供电线路设计合同；24日，与任城区电力实业公司签订线路施工合同，合同造价266万元；27日，开始现场施工。

4月9日 取得建设用地规划许可证。

4月11日 山东煤矿安全监察局审查通过济南煤炭设计院编制的《王楼矿井安全专篇》，并形成专家意见。

5月13日 山东省政府以鲁政发〔2003〕40号文确定王楼矿井为省重点建设工程。当日，山东煤矿安全监察局下发《关于临沂矿务局王楼矿井建设工程安全设施设计的批复》（鲁煤安装字〔2003〕69号），审查通过临沂矿务局送审的《王楼矿井初步设计安全专篇》。

5月19日 与济宁市任城区国土资源局签订用地合同。

5月28日 35千伏供电线路施工完成。

5月29日 中华人民共和国国土资源部以国土资矿划字〔2003〕007号文件对王楼矿区范围给予批复，矿区面积为93.77平方千米，地质储量43163万吨。

同日 国土资源部审查济南设计院编制的矿产资源开发利用方案，认为井田储量与设计生产能力45万吨/年不匹配，要求按生产能力90万吨/年重新编制方案上报。

5月31日 35千伏输电线地面Ⅱ回路安装完毕，经质量认证，工程质量优良。

6月20日 山东省发展计划委员会对山东省煤炭工业局《关于临沂矿务局王楼矿井初步设计的请示》进行批复，同意设计方案。

6月28日 大王楼村民以地款没到手、土地征用没批文等为由阻挠现场施工，造成工地全部停工。在喻屯镇政府工作组的协调下，7月22日，施工现场全面复工。

6月30日 取得山东省河道管理范围内建设项目施工许可证。

7月1日 山东省政府下文批复济宁市政府上报的《关于山东东山矿业有限责任公司用地的请示》，同意将任城区121995平方米农用地（全部为耕地）转为建设用地，征用交通用地1865平方米、水域3567平方米。并注明该宗土地使用权出让给山东东山矿业有限责任公司，作为工业广场及矸石工程用地，出让期50年。

同日 解信德任王楼矿井筹建处主任。

7月20日 南四湖上级湖水利管理局同意矿井在湖西大堤桩号20+200千米处敷设临时厂区排水管。

8月16日 数十名村民以地款没到手为由，打散施工人员，砸坏10千伏高压开关、施工配电盘、塔吊漏电保护器等设施设备，偷、抢工地物资，导致现场施工全面停工。10月20日，济宁市任城区委成立以政法委副书记赵东升为组长、公安局局长李长山为总指挥的现场强行开工领导小组，动用执法干警和区直、镇干部1000余人到矿区施工现场强行复工。

11月20日 山东省卫生厅下发《关于山东省临沂矿务局王楼矿井建设项目职业病危害预评价报告书的批复》（鲁卫复字〔2003〕69号），同意山东省劳动卫生职业病防治研究所编制的职业病危害预评价报告书内容和结论，准予王楼矿井立项建设。

11月26日 工厂围墙施工完毕。

12月20日　场外公路及运煤公路开工，路线总长度为8.6千米。

2004年

1月　周启昆任王楼矿井筹建处主任。

2月12日　取得采矿许可证。

2月22日　主、副井冻结孔开始施工。

4月14日　35千伏变电所竣工。

5月17日　地面35千伏变电所设备安装完毕，供电系统形成并开始运行。

8月9日　取得取水许可证。

8月25日　主井井筒开始试挖，该工程由中煤第三建设集团三十工程处承担建设。同年9月3日，主井井筒正式开工，2005年11月28日竣工。

9月3日　矿区一期工程正式开工建设。

9月23日　副井井筒开始试挖，该工程由中煤第一建设集团三十一工程处承担建设，2005年12月31日竣工。

10月20日　取得卫生许可证。

11月30日　取得开发建设项目水土保持方案合格证。

同年　筹建处根据三维物探资料对矿井设计进一步优化，由单翼开拓改为双翼开拓，北翼轨道及胶带石门减少工程量近600米，井底水平标高由-700米改为-680米，优化后的设计可实现双翼开拓开采，从而为矿井高产高效提供技术保障。全年完成矿建井筒工程进尺616米，完成投资8911万元（其中矿建4360万元、土建3368万元、安装工程55万元、设备178万元、其他950万元），矿井累计完成投资1.77亿元。

2005年

1月25日　35千伏输电线地面Ⅰ回路开始安装。

2月20日　工业场地污水处理站设备开始安装。

5月31日　济宁市航运局批复同意矿井建设年吞吐能力为100万吨的煤炭专用码头。

同日　副井提升机房竣工。

同年　完成井巷进尺1072米，主井、副井井筒掘砌到底，主井完成临时改绞，二期工程开工建设。全年完成投资9610万元（其中，矿建3146万元、土建2692万元、安装929万元、设备安装1247万元、其他1596万元），矿井累计完成投资2.78亿元。

2006年

1月10日　35千伏输电线地面Ⅰ回路安装完毕。

1月24日　主、副井筒实现贯通。

2月17日　山东东山矿业有限责任公司下发东矿人字〔2006〕2号文件，决定成立王楼矿井筹建处一号井筹建处及二号井筹建处。同日，王楼矿井筹建处党总支成立。夏宇君任筹建处主任、党总支书记。

2月28日　原煤仓竣工。11月25日，原煤仓设备安装完毕。

3月　井下临时供电、供水、排水、压风、通风、运输系统形成。

4月26日　王楼矿井筹建处举行第一届工会代表大会。

4月30日　井底车场巷道及交岔点（包括10个交岔点）全部完成，南北两翼开拓方式形成。

6月7日　济宁市发展和改革委员会批复同意王楼矿井煤炭专用码头建设项目。

6月16日　煤炭专用码头开工建设，2008年12月20日，完工试运行。

7月15日　井下炸药库竣工。

7月18日　副井井底设备、副井井口设备、副井提升设施安装完毕。20日，副井井筒永久装备工程竣工，矿井副井提升系统形成。

8月16日　成立王楼矿井筹建处群众安全卫生监督检查委员会。

同日　矿井水处理站设备安装完毕。块煤仓、主井提升机房、选矸楼工程竣工。12月30日，块煤仓、选矸楼设备安装完毕。

8月31日　行政办公楼、区队办公楼工程竣工。9月1日，行政办公楼正式启用。

同月　中央变电所、中央泵房、井底水仓正式投入使用。9月25日，排水设备、排水管路安装完毕，井下排水系统正式形成。

9月21日　临沂矿业集团有限责任公司党委书记、董事长李义文，党委副书记、总经理孙廷华到王楼矿井筹建处检查指导工作。

10月2日　总回风巷竣工。15日，浴室、矿灯房工程竣工。

12月10日　南翼轨道运输大巷、五采区轨道下山竣工。

2007年

1月26日　亿金公司在王楼一号井筹建处设立供应站。

1月31日　南翼胶带大巷竣工。

2月8日　王立才任王楼一号井筹建处主任、党总支书记。

2月12日　山东煤矿安全监察局鲁西分局以《关于临矿集团王楼煤矿爆炸材料库的验收意见》（鲁煤安监西局发〔2007〕12号）通过包扎材料库，认为矿区井下爆炸材料库具备储存爆炸品的要求，验收合格。

2月24日　通风机设备安装完毕。25日，矿井通风系统形成并正式运行。

2月28日　山东煤矿安全监察局副局长韩方岐、综合处处长赵日峰，山东煤矿安全监察局鲁西监察分局局长王庆利书记冷家俊等到王楼矿井筹建处一号井督察安全工作。

3月14日　运销公司在王楼一号井筹建处设立分公司。22日，取得营业执照。

3月25日　井下照明线网安装工程完成。30日，北翼轨道石门竣工。

4月13日　王楼矿井筹建处与济南新国印经贸中心签订后勤服务物业承包合同，承包范围包括职工食堂、保安、澡堂、洗衣房、超市及职工宿舍、办公楼、矿区招待所。

4月20日　北翼胶带石门竣工。29日，井底北翼煤仓竣工。30日，井底南翼五采区煤仓竣工。

5月10日　机修车间设备安装完毕。28日，辐射安全许可证获得批准。30日，地面洒水系统、水仓清理设备及信号、压风管路、场地供暖等设施安装完毕。同日，3号宿舍楼竣工交付使用。

6月10日　主井提升系统、地面生产系统形成并投入运行。20日，通信调度系统形成。

6月30日　中共临沂矿业集团有限责任公司委员会下发《关于成立王楼煤矿党委及王立才等同志任职的通知》（临矿发〔2007〕第36号），成立王楼煤矿党委，王立才任王楼煤矿党委书记，邵长余任副书记、纪委书记，肖庆华、单井林、张俊宝任委员。

同日　山东东山矿业有限责任公司下发《关于成立王楼煤矿及聘任王立才等人职务的通知》（东矿任字〔2007〕2号），成立王楼煤矿，聘任王立才为王楼煤矿矿长，肖庆华、单井林、张俊宝为副矿长，任智德为副矿长兼总工程师，丁学贤为副矿长兼安监处处长。

同日　主井井口房、场区道路、原煤带式输送机栈桥工程竣工。

7月1日　举行王楼煤矿试生产暨移交生产管理大会，临沂矿业集团有限责任公司党委书记、董事长李义文，党委副书记、总经理孙廷华，党委副书记刘孝孔，副总经理刘成录、陈猛、吴洪军、于德亮、张廷玉，总工程师曹庆伦，财务总监申传东，工会主席雷其春以及集团公司各单位、机关各处室主要负责人，东山公司各法人股东单位主要领导，王楼煤矿全体班子成员、中层管理人员和部分职工代表参加大会。

同日　取得排放重点水污染物许可证。

7月12日　取得煤炭经营资格证。14日，60吨、120吨电子汽车衡控制室及雨棚工程竣工。

8月11日　王楼煤矿召开第一届工会会员代表大会第一次会议。选举邵长余、白传森、解直江、侯尤军、刘汉慈、杜宝文、周华泽、杨久波、秦成忠、吴福远、邱教喜、董爱江、胡加勇、滕尚磊、刘晓茹为工会委员会委员；选举邵长余为工会主席、白传森为副主席；选举王传庆、陈克明、英玉国为工会经费审查委员会委员，王传庆为主任。

10月15—16日　山东省煤炭学会、山东煤矿安全监察局鲁西监察分局及评审组专家对王楼矿井进行安全设施竣工验收暨安全生产许可证审查。王楼煤矿矿井安全设施竣工验收通过评审，并于11月2日取得安全生产许可证。

10月31日　王楼煤矿通过山东省煤炭工业局试生产验收。

11月15日　王楼煤矿取得煤炭生产许可证。

12月20日　王楼煤矿安培中心通过山东煤矿安全监察局鲁西监察分局四级资质评估验收。

2008年

1月14日　山东东山王楼煤矿有限公司成立，王立才任执行董事、经理，邵长余任理事。

1月24日　煤炭生产许可证企业名称变更为山东东山王楼煤矿有限公司。

2月3日　营业执照企业名称变更为山东东山王楼煤矿有限公司。21日，采矿许可证名称变更为山东东山王楼煤矿有限公司。

3月12日　山东煤矿安全监察局副局长韩芳岐带领督查组，在山东煤矿安全监察局鲁西监察分局局长杨成超、党委书记冷家俊的陪同下，对王楼煤矿"两会"期间的安全生产工作及隐患排查治理情况进行督查。

3月25日　临沂矿业集团有限责任公司党委书记、董事长李义文，总经理孙廷华、副总经理刘成录、董事会秘书王荣宝，到王楼煤矿检查指导。

4月10日　11302工作面联合试运转一次成功，王楼煤矿正式形成"一井两面两套综采"的生产格局。

4月22日　山东煤矿安全监察局党组成员、纪检组长徐玉栋在山东煤矿安全监察局鲁西监察分局局长杨成超、党委书记冷家俊、副局长李明的陪同下，到王楼煤矿检查指导。

7月22日　矿建设工程水土保持设施竣工，并通过由济宁市、任城区水利部门组成的专家组的验收。

7月27日　11305工作面出现透水事故，涌水量每小时475立方米，比出水前涌水量每小时多240立方。直至2009年5月1日，工作面恢复正常生产。

10月14日　山东省政府参事、山东省煤炭行业协会会长公茂泉，到王楼煤矿调研指导。

10月30日　王楼煤矿选煤厂通过监理公司、建设单位、设计院、施工单位预验收，具备选煤条件。

11月25日　一采区泵房安装结束，形成排水系统。

12月2日　临沂矿业集团有限责任公司党委书记、董事长李义文，监事会主席梁金久，党委副书记、总经理宿洪涛，副总经理刘成录以及办公室、财务处、压煤办和运销公司等部门有关人员，到王楼煤矿调研指导。

2009年

2月6—15日　选煤厂带水带煤试运行成功。

2月20日　15121工作面安装完成并经过验收，首个薄煤层机械化工作面具备试采条件。

2月22日　煤码头第一艘运煤船装载成功，矿码头正式投入运营。

3月31日　山东省信息产业厅副厅长杨少军，到王楼煤矿检查指导数字化矿山建设进展情况。

4月1日　王楼煤矿矿OA（办公自动化）系统正式启用。

5月15日　井下制冷降温系统投入试运行，系统覆盖范围内温度降低3～5摄氏度。

6月8日　王楼煤矿至喻屯公交车（522路）开始投入运行。

6月24日　山东煤矿安全监察局副局长张学常在山东煤矿安全监察局鲁西监察分局局长杨成超、副局长曹保林陪同下，到王楼煤矿检查指导工作。

9月18日　临沂矿业集团有限责任公司党委书记、董事长李义文，监事会主席梁金久，副总经理刘成录，财务总监荣刚，监事会监事吴乃东及办公室相关领导一行，到王楼煤矿调研指导。

9月23日　肖庆华任王楼煤矿党委书记。25日，任王楼煤矿矿长。

2010年

2月3日　山东省煤炭行业协会常务副会长张英学、秘书长刘纯法，到王楼煤矿检查指导。

5月5日　《李俊春混凝土输送泵工作法》和《周忠廷远控式脚踏挡车器工作法》。被临沂矿业集团有限责任公司第二届青工创新工作法命名大会命名表彰。

8月3—4日　第三届临沂市"劳动之星"综掘机司机职业技能竞赛在王楼煤矿举办。

9月18日　王楼煤矿余热利用项目作为山东省14个余热余压利用项目之一在第四届世界太阳城大会出展。

10月26日　临沂矿业集团有限责任公司节能减排现场会在王楼煤矿召开。中国煤炭工业协会副会长王广德、山东省煤炭工业局副局长王立亭、临沂矿业集团有限责任公司董事长李义文、副总经理陈猛及山东省煤炭工业局、济宁市节能环保办公室、中青国能公司、临矿集团公司办公室、综合开发处等有关部门负责人出席会议，集团公司12家单位代表参加。

11月13日　二采区架空乘人装置投入试运行。

2011年

2月25日　煤码头通过济宁市航运局、发改委等部门验收。

4月14日　临沂矿业集团有限责任公司第三届青工创新工作法评审会在王楼煤矿召开。集团公司副总经理石富山、组干处处长何祥成、青工创新工作法评审会全体成员、各单位领队及参评选手共200余人参加会议。

5月5日　临沂矿业集团有限责任公司第三届青工创新工作法命名表彰大会在王楼煤矿召开。山东省国有资产监督管理委员会宣传与信访处主任庞爱华、济宁团市委副书记刘勇、临沂团市委副书记段洪及集团公司党委副书记刘孝孔、副总经理石富山等领导出席会议。

同日　我国著名摄影家、人民日报海外版摄影记者焦波教授为王楼煤矿干部职工作题为"小木匠·北漂·摄影家"的报告会。

6月1日　集团公司总经理张希诚、副总经理郭修杰等一行，到王楼煤矿调研。

6月3日　王楼煤矿与喻屯镇人民政府在济宁市秀水城广场联合举办"红歌大家唱"专场演出。

6月8日　集团公司党委、集团公司工会主办的山东能源临矿集团职工"庆祝建党90周年"文艺演出在王楼煤矿举行。

7月1日　由山东省煤矿工会、山东煤矿文化体育协会主办的山东省煤炭系统职工"庆祝中国共产党成立90周年"文艺汇演临矿集团专场在王楼煤矿举行。

同月　山东省爱国卫生运动委员会命名王楼煤矿为"省级卫生先进单位"。

9月17日　王楼煤矿团委与共青团济宁市市中区委共同在临沂蒙山举办"运河之恋"青年联谊会。

11月14日　三采区皮带系统投入使用。

11月25日　山东省煤矿工会主席刘宁，到王楼煤矿检查指导。

11月30日　集团公司总经理、党委副书记张希诚率生产处、企管处、劳资处、预算处、安监局等有关人员，到王楼煤矿调研工作。

12月27日　山东省信息产业厅信息化推进处处长耿宪海带领的山东省煤炭工业局"智慧矿山"调研团，到王楼煤矿调研数字化矿山建设及应用情况。

2012年

1月1日　王楼煤矿举行"蒙山情·运河缘·牵手（2012）"首届集体婚礼。济宁市中区区委副书记张玉强，共青团济宁市委副书记刘勇、赵丽雯，市中区宣传部部长曹广，区政府副区长高秀国，区政协副主席、区委统战部长周磊，集团公司总经理助理、副总工程师马先文，集团公司工会副主席刘厚福，集团公司政工处副处长、团委副书记贾安强，王楼煤矿在家领导班子成员及500余名干部职工参加。

1月4日　三采皮带二期工程顺利竣工并投入试运行。

2月20日　共青团山东省委调研组耿寿辉在济宁团市委副书记刘勇、市中区团委副书记赵丽雯的陪同下，对王楼煤矿共青团组织规范化建设情况进行调研。

同月　王楼煤矿获得山东省煤矿安全程度评估"A"级矿井荣誉称号。

3月27日　共青团山东省委书记王磊、共青团山东省委常委、秘书长袁良，到王楼煤矿调研工作。

4月13日　山东省卫生厅检查组，到王楼煤矿检查卫生安全。

4月15日　三采区首采面13301工作面投入生产。

5月1日　济宁市市中区区委副书记、区长李新斗一行到王楼煤矿检查节日期间安全生产。

5月30日　王楼煤矿捐资建设的张官屯小学"蒲公英小屋"投入使用。

5月31日　党务矿务公开一体机投入使用。

同月　王楼煤矿获济宁市"富民兴区"劳动奖状，矿团委获"全国五四红旗团委"荣誉称号。

6月16日　临沂市第五届"劳动之星"煤炭系统采煤机司机职业技能竞赛在王楼煤矿举行。

6月27日　集团公司党委书记、董事长刘成录，副总经理于德亮、张廷玉，到王楼煤矿调研。

7月4日　山东能源人力资源部（党委组织部）副处长李新、《大众日报》山东能源报主编和记者，到王楼煤矿指导工作。

同月　共青团山东省委授予王楼煤矿团委首批省级示范性基层团组织。

8月28日　第二届山东煤矿艺术节"山东能源临矿集团王楼煤矿杯"纪实电视专题片展评在王楼煤矿举办。省煤矿工会主席、文体协会会长刘宁率专家组10人参加评审会。

8月30日　王楼煤矿本质安全信息系统隐患闭环管理系统投入使用。

9月6日　王楼煤矿文体活动中心启用。

同月　KJ550煤矿冲击地压监测系统在王楼煤矿12306综采工作面投入使用，实现工作面和巷道周围煤体和岩体应力状态的实时监测。

11月7日　山东省煤矿工会副主席孙崇霞，到王楼煤矿调研女职工工作。

2013年

1月6日　山东省煤矿工会主席刘宁率督查组，到王楼煤矿检查指导安全培训。

1月17日　山东省煤炭政研会副会长王振英，到王楼煤矿调研指导思想政治工作。

1月19日　集团公司安全生产工作会议在王楼煤矿召开。集团公司副总经理郭修杰、石富山、总工程师曹庆伦及相关处室领导出席会议。王楼煤矿、古城煤矿、新驿煤矿、邱集煤矿四家单位先后就安全生产技术工作、增产提效等方面的亮点工程和成功做法作经验介绍。

1月29日　王楼煤矿召开安全100风险预控管理体系运行动员大会，正式提出矿井安全100文化理念，并推广安全100风险预控系统使用。

同月　山东省煤矿工会授予王楼煤矿"山东省煤矿职工技协工作先进集体"荣誉称号。

2月23日　王楼煤矿被评为济宁市市中区首批"劳动关系和谐企业"。

2月24日　人民日报社记者潘俊强，到王楼煤矿采访大学生采煤队。

3月20—21日　山东教育卫视记者深入王楼煤矿采访大学生采煤队。

3月21日　山东省煤炭工业局局长乔乃琛，到王楼煤矿进行生产能力核定现场评审

同月　王楼煤矿被山东煤矿安全监察局评为煤矿安全与职业卫生评估A级矿井。

4月2日　山东能源集团总工程师翟明华，到王楼煤矿检查指导工作。

4月16日　集团公司党委书记、董事长刘成录，到王楼煤矿检查指导。

4月24日　王楼煤矿团委荣获临矿集团2012年度"五四红旗团委"荣誉称号。

4月26—27日　山东能源集团煤矿充填开采技术研讨会在王楼煤矿召开。

4月27日　山东卫视《调查》栏目记者在山东能源集团新闻中心人员陪同下深入王楼煤矿采访大学生采煤队。

同月　王楼煤矿荣获2012年度全国"安康杯"竞赛优胜企业称号。

5月26日　大学生采煤队吴振华获第二届全国煤炭工业百名优秀青年矿工。

6月　采煤一工区被国家人力资源和社会保障部与中国煤炭工业协会授予"全国煤炭工业先进集体"称号。

7月20日　山东省煤矿工会副主席李斌，到王楼煤矿调研企业职工文体工作。

7月27日　王楼煤矿召开党的群众路线教育实践活动动员大会。

8月8日　山东能源集团总工程师翟明华，到王楼煤矿调研指导矿井防治水工作。

8月9—15日　东方卫视，到王楼煤矿采访大学生采煤队。

8月26日　能源集团党委书记、董事长卜昌森，总工程师翟明华，到王楼煤矿调研指导。

同月　王楼煤矿被评为"山东省劳动关系和谐企业"，获得"山东省富民兴鲁劳动奖状"。

9月27日　全国大学生采煤班现场会在神东国际交流中心召开。王楼煤矿大学生采煤队代表山东能源集团在会上作典型发言。

10月14日　王楼煤矿实行大工区制，撤销掘进三工区，运搬工区和华建运搬工区合并为运搬工区。

10月16—17日　新华社、中国煤炭报、中国安全生产报、山东卫视等7家媒体采访团，对王楼煤矿大学生采煤队进行专题采访。

10月22日　王楼煤矿获第四届中国煤矿艺术节"先进集体"荣誉称号。

11月2—3日　济宁市中区团委、王楼煤矿联合举办的"沂蒙情、运河缘"第四届青年联谊会在蒙山大洼风景区举行。共青团济宁市市中区委书记周玉娜、王楼煤矿党委副书记、纪委书记、工会主席邵长余分别致辞。

12月5日　临矿集团廉洁风险防控管理提升工作推进会在王楼煤矿召开。

2014年

1月1日　举办王楼煤矿、军城煤矿"相约2014"元旦联欢晚会。

1月2日　王楼煤矿成立结算中心，设专职工作人员5人。

1月12日　王楼煤矿至集团公司通勤车开通。

1月14日　王楼煤矿举办廉政教育讲座，济宁市中区检察院专员陈春教作专题演讲。

1月15日　集团公司副总经理石富山代表集团公司，到王楼煤矿困难职工家中走访慰问。

1月20日　王楼煤矿召开2013年度总结表彰大会暨2014年度工作会，对8个先进单位和374名先进个人进行表彰。

2月13日　集团公司副总经理郭修杰在王楼煤矿主持召开王楼、军城"三优三提三降"现场办公会。

2月26日　集团公司党委书记、董事长张希诚、副总经理张廷玉、总工程师曹庆伦、劳资社保处处长刘守明一行，到王楼煤矿调研指导。

3月5日　集团公司副总经理于德亮、运销公司总经理曹汉东、副总经理邱青祥一行到王楼煤矿调研指导工作。

3月5—6日　集团公司工会副主席刘厚福陪同省煤矿工会副主席孙崇霞率领的川煤集团女工家属协管工作考察团，到王楼煤矿交流工作。

3月7日　王楼煤矿召开党的群众路线教育实践活动总结大会。集团公司第二督导组组长、集团公司纪委副书记、监察审计处处长李守举出席会议并作讲话。

3月11日　王楼煤矿召开2013年度工会总结表彰大会。对2013度工会工作中涌现出的6个先进集体、62名先进个人和5个文明和谐职工家庭进行表彰奖励。

3月12日　王楼煤矿召开"一卡一表一手册"落实推进会，开始全面系统的推广卡表操作及手指口述工作法。

3月13日　济宁市任城区国土资源局矿产资源年检工作小组在副组长李德坡的带领下，到王楼煤矿开展2013年度资源开发利用情况督查工作。

3月15日　王楼煤矿开展"安全工作'为了谁'"倡议活动。

3月20日　王楼煤矿团委组织30余名青年志愿者开展义务植树活动。

3月25日　王楼煤矿组织开展学雷锋系列活动。

同日　济宁市公安局任城分局检查组，到王楼煤矿检查指导民爆物品管理工作。

3月26日　由济宁市人力资源和社会保障局劳动人事争议仲裁院、任城区人力资源和社会保障局组成的调研组，到王楼煤矿调研指导。

3月27日　集团公司季度现场办公会在王楼煤矿召开，集团公司副总经理郭修杰主持会议。

3月31日　王楼煤矿组织收看"时代楷模"朱彦夫先进事迹视频。

4月8日　王楼煤矿第二届职工代表大会第二次会议在多功能厅召开，矿全体班子成员及职工代表100余人参加会议。

4月12日　中国矿大化工学院主任邓建军到王楼煤矿授课。

同日　山东煤监局鲁西监察分局副局长李振国、山东科技大学泰安校区副校长蒋金泉等一行6人，到王楼煤矿进行防冲专项检查。

4月18日　集团公司工会在王楼煤矿举行"庆五一国际劳动节"职工歌手大赛。

4月19日　山东能源临矿集团第三届职工乒乓球比赛在王楼煤矿开赛。共有来自所属各单位的17支代表队109名选手参加比赛。

4月20日　王楼煤矿被济宁市纪委、监察局命名为2013年度优秀"廉洁教育讲堂"。

4月23日　集团公司总工程师曹庆伦一行4人，到王楼煤矿对防治水工作进行调研。

4月29日　"沂蒙党课"学习活动正式启动，主要对党员教育微电影《春潮》《力量》、十八届三中全会精神解读和《红色沂蒙365》等进行学习。

4月30日 济宁市任城区质量监督局监察大队，到王楼煤矿检查指导。

5月6日 王楼煤矿召开纪念五四运动95周年暨共青团工作总结表彰大会。对2013年涌现出的先进团支部、青年文明号、优秀团干部、优秀青安岗员、美德青年、优秀志愿者、优秀共青团员进行表彰。

5月7日 王楼煤矿被中国煤炭工业协会表彰为"煤炭工业科技创新示范矿"。王楼煤矿《绞车变频调速装置尖峰电压治理技术开发》项目获得中国煤炭工业协会科学技术奖三等奖。

5月16日 集团公司党风廉政建设责任制第一检查考核小组，到王楼煤矿检查指导。

5月21日 山东省煤炭工业局组织相关专家对王楼煤矿通风安全改造初步设计进行评审，山东省煤炭局规划发展处处长于海舰、集团公司总工程师曹庆伦、副总工程师孔祥堂等参加评审。

5月27日 济宁市安委会第一督查组在济宁市任城区区委常委、副区长曹广的陪同下，到王楼煤矿对汛期安全生产工作进行专项督查。

同月 王楼煤矿在2013年度全省绿化工作考评中获得"山东省绿化模范单位"称号。

6月5日 集团公司安全工作会在王楼煤矿召开。会议由集团公司副总经理石富山主持。会议围绕采煤工作面安撤流程注意事项及"一卡一表一手册"推进过程中存在的主要问题展开讨论。

6月6日 山东省人力资源和社会保障厅劳动保障监察总队李光华一行4人，到王楼煤矿进行2013年度省管企业人力资源社会保障检查。

同日 由共青团任城区委主办、王楼煤矿协办的"中国梦青年情，相约在任城"英力特杯第一届青年联谊会在济宁举办。

6月15日 山东社安防火中心在王楼煤矿举办主题为"珍爱生命 远离火灾"的消防安全知识讲座。

6月18日 济宁市煤炭工业局副局长徐化芳带领职业健康监察组，到王楼煤矿检查指导。

6月20日 王楼煤矿开展"慈心一日捐"捐款活动。全矿共捐款1500余人次、捐款81000余元。

6月25日 集团公司在王楼煤矿举办瓦斯等级鉴定软件培训工作。

6月26日 山东省煤炭工业局副局长任衷平、安全处长陈成星率专家组，到王楼煤矿进行防治水专项检查。

6月26—27日 中国煤炭报、香港文汇报、中国经济周刊、大众日报、山东工人报等多家媒体采访团，在能源集团新闻中心新闻研究室主任姜玉泰的陪同下到王楼煤矿采访，报道矿大学生采煤队、巾帼浮选小组等方面的亮点和特色。

同月 在山东省煤矿工会组织召开的群众安全工作会议上，王楼煤矿工会群众安全监督检查委员会被评为矿（处）级群众安全监督检查工作竞赛优胜单位，矿工会女工家属协管安全委员会被评为矿（处）级女工家属协管安全工作竞赛优胜单位。

7月1日 济宁市任城区教育体育局体质监测队，到王楼煤矿为职工进行体质监测。

同日 山东明德大学邱丽莉教授，到王楼煤矿进行"阳光心态"专题讲座。

7月3日 集团公司安全经济技术一体化专题会议在王楼煤矿召开。集团公司总经理刘孝孔、副总经理郭修杰、总工程师曹庆伦出席会议。

7月4日 济宁市共青团任城区委在王楼煤矿举办"关爱农民工子女微心愿放飞仪式"。

7月3—4日 集团公司三季度现场办公会在王楼煤矿召开。集团公司副总经理郭修杰主持会议，总工程师曹庆伦及各相关处室负责人参加会议。

7月11日　山东省煤炭工业局调度质量标准检查组，到王楼煤矿检查指导工作。

7月12日　王楼煤矿获得集团公司"先进基层党组织"荣誉称号。

7月22日　王楼煤矿召开党建工作总结表彰大会及半年工作会。矿班子成员、受到表彰的先进支部和个人、预备党员、部分入党积极分子及职工代表近300人参加会议。

7月23日　省煤炭工业局组织枣矿集团专家蒋政等，对王楼煤矿上半年安全质量标准化达标情况进行专项检查。

7月24日　集团公司山科大挂职博士座谈会在王楼煤矿召开。集团公司党委副书记、总经理刘孝孔，总工程师曹庆伦、副总工程师兼技术中心主任刘春峰出席座谈会。

7月30日　集团公司邀请西安煤科院副总工程师程建远在王楼煤矿举办物探、防治水技术专题讲座。

同月　济宁市公安局评选王楼煤矿为"居安三星级单位"。

8月7日　山东省煤炭工业局委托国投河南分公司组成验收组，对矿2012—2013年度特级安全高产高效矿井进行检查验收。

同日　济宁市任城区人力资源和社会保障局劳动监察大队，到王楼煤矿就职工工资总额、职工五险缴纳情况、职工养老金缴费基数核定等工作进行检查。

8月13日　王楼煤矿多功能厅室内活动场地正式建成并开放。

8月22—23日　临沂市总工会副主席张涛一行3人，到王楼煤矿调研指导工作。

8月26日　济宁市任城区政协主席蔡可强、任城区副区长陈渝一行，到王楼煤矿检查南水北调工程污水治理状况。

8月27日　集团公司机电矿长座谈会在王楼煤矿召开。

同日　集团公司生产处验收组，对王楼煤矿11301矸石充填工作面的运输、机电、通风等环节进行现场验收。

同月　王楼矿女工家属协管员高建菊在中国能源化学工会和中国煤炭报社联合举办的"潞安杯·寻找最美安全好矿嫂"活动颁奖仪式上，获得"安全好矿嫂"荣誉称号。

9月1日　济宁市公安局市中分局治安大队到王楼煤矿进行民爆物品安全检查及涉爆单位资质许可审查。

9月3日　由集团公司劳资处、生产处、机电处、通防处及职业技能鉴定中心组成的评审小组，对王楼煤矿2014年度职业技能鉴定工作进行考核。

9月5日　王楼煤矿召开党风廉政建设警示教育大会，传达贯彻集团公司廉政建设警示教育大会精神。

9月10日　临沂市第七届"劳动之星"暨临矿集团第三届职业技能竞赛在王楼煤矿开幕。大赛由临沂市委组织部、临沂市人力资源和社会保障局、临沂市总工会、临沂市团市委等部门联合主办，临矿集团承办，其中，王楼煤矿承办综掘机司机比赛。

9月20—21日　山东煤矿安全与职业卫生评估组，到王楼煤矿进行现场评估。

9月28日　经济宁供电公司、任城供电公司验收合格，矿35千伏变电所Ⅲ回路"鱼矿线"成功送电并正常运行。

同月　王楼煤矿被评为全国"安康杯"竞赛优胜单位。

10月3日　济宁市任城区区长岳根才，到王楼煤矿检查指导节日期间安全生产。

10月10日　集团公司价值链再造研讨会在王楼煤矿召开。

10月14日　济宁市任城区地税局检查组，到王楼煤矿检查指导。

10月13—14日　王楼煤矿委托山东煤矿劳动卫生职业病防治研究所进行煤矿作业场所职业病危害因素检测与评价。

10月15日　济宁市煤炭工业局及煤炭统计局，到王楼煤矿检查指导。

10月20日　由济宁市总工会、济宁市群众艺术馆组织的女职工艺术团"送文化·下基层"慰问演出走进王楼煤矿。

同月　矿团委荣获"省级示范性基层团组织"荣誉称号。

11月13日　山东省总工会法律部部长胡焰一行，到王楼煤矿就济宁市申报的第三批"山东省工会职工维权法律服务示范单位"进行达标验收。济宁市总工会副主席王厚忠、法律部长徐西力，王楼煤矿党委书记、矿长肖庆华，党委副书记、纪委书记、工会主席邵长余及党群工作部相关人员陪同检查。

11月21日　矿组织防冲方面专家对"七采区冲击危险性评价及防冲设计"进行集体会审，集团公司总工程师曹庆伦，防冲专家姜福兴、张士斌、柳俊仓等参与会审，矿在家班子成员及相关专业人员参加会审。

11月28日　济宁市水利局组织有关专家，对王楼煤矿水平衡测试工作进行验收。

同月　王楼煤矿工会被山东省煤矿工会评为"全省煤炭系统工会工作先进单位"，党委副书记、纪委书记、工会主席邵长余获"优秀工会工作者"荣誉称号。

12月1日　山东省煤矿安全生产综合监管信息平台在王楼煤矿正式上线运行，该系统的运行标志着省局可通过信息平台对各省属煤炭企业和全省煤矿安全生产进行实时监管。

12月2日　济宁市任城区食品药品监督管理局，到王楼煤矿进行食品安全知识培训。

12月3日　山东煤矿安全监察局鲁西分局监察专员吕润松一行4人，到王楼煤矿检查指导。

12月11日　由集团公司机电处、财务处、信息中心组成的设备综合管理检查组，到王楼煤矿进行设备综合管理检查验收。

12月12日　省煤矿群众安全检查团一行8人，在省煤矿工会副主席孙崇霞的带领下到王楼煤矿检查指导。

12月18日　集团公司领导班子考察组，到王楼煤矿对班子成员进行年度考核。

12月23日　举办"以人为本、安全发展"新《安全生产法》知识竞赛。

2015年

1月1日　王楼煤矿召开庆元旦座谈会，并举办"坚定信心、共克时艰、再创辉煌"主题元旦晚会。

1月15日　王楼煤矿荣获集团公司2014年度"先进单位"荣誉称号；赵治国降本增效团队被评为2014年度"感动临矿十大改革突围转型优秀团队"，龙禄财经营管理团队获"优秀团队"提名。

1月19日　王楼煤矿2014度总结表彰大会暨2015年工作会在多功能厅召开。党委书记、矿长肖庆华在会上作题为《适应新常态　激活新动力　立足新起点　谋求新作为　用责任和担当助推矿井逆势发展》的讲话。

1月23日　共青团临沂市委书记裴娜一行，到王楼煤矿检查指导。

同日　山东能源集团劳模（高技能人才）创新工作室现场交流推进会在王楼煤矿举行。能源集团党委委员、董事、工会主席宿洪涛出席会议并为劳模（高技能人才）创新工作室揭牌。集团公司党委副书记、总经理刘孝孔，六家矿业集团工会分管领导和部分劳模（高技能人才）创新工作室的代表参加推进会。

同日　山东能源临矿集团"金点子、技能大赛"总结表彰会暨技师协会揭牌仪式在王楼煤矿召开。集团公司党委副书记、总经理刘孝孔，副总经理石富山，集团公司有关处室负责人、各基层单位工会主席、劳资科长以及十佳"金点子"获奖者、集团公司第三届职业技能大赛优秀选手参加会议。

1月29日　王楼煤矿召开2014年度党政领导班子"严守纪律、改进作风、共谋发展"专题民主生活会，集团公司党委副书记、总经理刘孝孔到会指导。

同日　集团公司总工程师曹庆伦带领专家组，对王楼煤矿《湖下一区补充勘探地质报告》进行评审。

2月12日　党委书记、矿长肖庆华及党委副书记、工会主席邵长余代表集团公司和矿党委，到困难职工家中走访慰问。

2月12—13日　山东煤矿安全监察局党组书记、局长王端武，鲁西煤监分局局长李大普一行6人，到王楼煤矿调研春节期间安全生产。

3月8日　王楼煤矿召开2014度工会总结表彰大会，对2014年度工会工作中涌现出的6个先进集体和66名先进个人进行表彰奖励。

3月12日　集团公司党委书记、董事长张希诚，到王楼煤矿检查指导。

同月　选煤厂压滤系统完成升级改造。

4月7日　王楼煤矿第二届三次职工代表大会在多功能厅召开，党委书记、矿长肖庆华作题为《改革创新顺应新常态　务实担当谋求新作为》的工作报告。

4月9日　济宁市中区国土资源局分局党组成员、纪检书记李德坡一行，到王楼煤矿开展2014年度矿产资源年度检查。

4月10日　临沂团市委在王楼煤矿召开全市企业共青团工作现场观摩会。山东团省委城市部副部长李圣安、临沂团市委书记裴娜、副书记吴鹏及各县区、各大企业团委负责人参加。集团公司党委副书记、总经理刘孝孔在会上致欢迎辞。

4月13日　集团公司职工"四新"教育演讲比赛在王楼煤矿举办。

4月14日　集团公司首届职工文艺展演、第四届职工乒乓球比赛在王楼煤矿举办。

5月5日　集团公司生产处处长张明，防冲专家姜福兴、蒋金泉、齐方跃、柳俊仓，等对王楼煤矿"12307、12316、13302工作面冲击危险性评价及防治技术研究报告"进行集体会审。

5月7日　集团公司工程竣工验收组，对王楼煤矿水处理改扩建工程项目进行验收。

5月15日　集团公司总工程师曹庆伦在王楼煤矿主持召开13301工作面水害治理工程研讨会。

5月19日　枣矿集团副总经理杨尊献一行，到王楼煤矿交流指导工作。

同日　山东煤矿安全监察局鲁西分局局长李大普带领检查组，到王楼煤矿检查指导工作，集团公司副总经理郭修杰陪同检查。

5月21日　工信部软促中心主任吴红雷一行，到王楼煤矿就信息化建设工作进行调研。

6月4日　王楼煤矿组织中层及以上管理人员收看集团公司举办的"三严三实"专题教育视频党课。

6月12日　王楼煤矿党委书记、矿长肖庆华带矿班子全体人员，到临沂市人民检察院警示教育基地参观学习，接受廉政警示教育。

同日　王楼煤矿在多功能厅举办以"加强安全法治、保障安全生产"为主题的安全生产法律法规知识竞赛。

6月16日　临矿集团安全法律法规暨安全管理知识竞赛在王楼煤矿多功能厅成功举办。

6月19日　山东社会安全防火中心在王楼煤矿多功能厅举办消防安全知识讲座。

6月23日　集团公司工会主席曹庆伦，到王楼煤矿调研指导工会工作。

6月23—24日　集团公司采煤机司机职业技能竞赛在王楼煤矿举办。

6月27日　山东科技大学郭忠平教授带队，到王楼煤矿调研历届山东科技大学采矿专业毕业生工作情况。

7月7—8日　集团公司副总经理石富山带队，到王楼煤矿检查指导工作。

7月8日　山东省总工会女工部科长张文青、姜良芝，在山东煤矿工会副主席孙崇霞，能源集团工会女职委主任、组织民管部长蒋丽，集团公司党委常委、工会主席曹庆伦陪同下，到王楼煤矿调研指导女工工作。

同日　集团公司党委常委、工会主席曹庆伦在王楼煤矿主持召开13301工作面注浆堵水方案技术研讨会，集团公司各权属单位总工程师参加会议。

7月13日　王楼煤矿举行2015年"慈心一日捐"活动。

7月14日　王楼煤矿召开2015年度党建工作总结表彰大会。会上党委书记、矿长肖庆华作题为《提振信心 合力应对 度危求进 共谋发展》的讲话。

同日　王楼煤矿召开题为"正心修身干事业，助推矿井逆势发展"的"三严三实"专题教育党课，矿长肖庆华作了讲话。

7月22日　煤炭工业职业技能鉴定指导中心副主任高莉、中国煤炭教育协会副理事长兼秘书长葛维明、煤炭工业职业技能鉴定指导中心副处长官植一行3人，对王楼煤矿技能大师工作室进行调研指导。能源集团人力资源部有关人员，集团公司党委副书记、总经理刘孝孔陪同调研。

7月27日　济宁团市委"青年文明号"检查组一行3人，对王楼煤矿"青年文明号"创建工作进行检查验收。

同日　在王楼煤矿办公楼三楼会议室组织召开矿井制冷系统循环孔工程竣工验收会。

7月30日　能源集团"王楼杯"首届微电影大赛评审会在王楼煤矿举办。

同日　在王楼煤矿办公楼二楼会议室召开矿井13301工作面注浆堵水工程方案审查会。

8月4日　能源集团党委委员、纪委书记丁立臣一行，到王楼煤矿调研指导党风廉政建设工作，集团公司总经理、党委副书记刘孝孔，党委常委、纪委书记提文科陪同调研。

8月7日　济宁市任城区厂务公开民主管理现场推进会在王楼煤矿召开。

8月11日　柯派克斯公司一行3人，在山东能源重装集团相关人员的陪同下到王楼煤矿就"黑龙"薄煤层工作面系统开采进行技术交流。

8月18日　集团公司组织对王楼煤矿进行岗位工种职业资格技能鉴定考试和答辩。山东省煤炭职业技能鉴定中心主任张丽到现场进行监察督导。

8月26日　任城区镇街党（工）书记及煤矿矿长煤矿安全生产工作专题座谈会在王楼煤矿召开。任城区区委书记田卫东出席会议并作重要讲话。

9月2日 济宁市公安局市中分局检查组，来王楼煤矿检查涉爆物品安全情况。

9月10—11日 山东能源集团首届职工文艺展演在矿多功能厅举行。中国煤矿文化宣传基金会理事长、中国煤矿文联副主席庞崇娅，山东省总工会副巡视员侯国华应邀参加，能源集团党委委员、董事、工会主席宿洪涛，临矿集团总经理、党委副书记刘孝孔，党委常委、纪委书记提文科，副总经理石富山及各权属单位工会主席到场观看。

9月14日 组织中层及以上管理人员观看集团公司廉政教育专题报告视频会。

9月14—15日 山东煤矿安全监察局和鲁西监察分局，到王楼煤矿进行冲击地压防治专项技术监察。

9月20日 王楼煤矿组织中层以上管理人员观看由中央纪委宣传部、中央电视台联合摄制的廉政教育片《作风建设永远在路上》。

10月12—15日 山东煤矿安全监察局办公室主任任中亮率领山东煤矿安全监察局"三严三实"调研组一行6人，到王楼煤矿开展蹲点式调研。

10月13日 济宁市任城区国土资源局局长周澎一行6人，到王楼煤矿检查矿山地质环境保护与恢复治理工作开展情况。

同日 王楼煤矿组织机关科室全体人员、工区班组长以上管理人员，在多功能厅观看北京师范大学于丹教授在央视百家讲坛解读《论语》心得的视频讲座。

10月20日 集团公司职工代表巡视组在集团公司党委常委、工会主席曹庆伦的带领下到王楼煤矿调研指导。

10月26日 王楼煤矿机修专业培训班在技能大师工作室顺利开班。

11月3日 济宁市环保局组织有关专家，对王楼煤矿氨氮水质自动监控设备进行验收。

11月6日 集团公司安全工作例会暨总工例会在王楼煤矿二楼调度会议室召开。

11月10日 集团公司组干处处长何祥成带队，到王楼煤矿验收机构改革和控员提效工作。

11月16日 安徽省煤田地质局第一勘探队对王楼煤矿13301工作面开始进行地面注浆堵水工程。该工程历时523天，于2017年5月1日施工结束。工程共施工主孔1个，水平分支孔4个，钻探总进尺2897.57米，共注水泥9821.47吨，注黄泥混合浆等其他注浆材料438.26立方。工程实施后实测矿井涌水量每小时减少391立方，三采区涌水量每小时减少188立方，13301工作面涌水量每小时减少183立方。

11月17日 集团公司党委书记、董事长张希诚带领办公室、生产技术处、财务处、劳资社保处、工程监督管理处等处室负责人，到王楼煤矿调研指导。

11月24—25日 山东煤矿安全监察局安全技术中心主任胡文信一行14人，对王楼矿安全与职业卫生程度落实情况进行现场评估。

12月16—17日 山东省煤炭工业局组织山东能源肥矿集团专家王治顺一行6人对王楼煤矿2015年安全质量标准化达标情况进行专项检查。

12月18日 济宁市任城区政协主席蔡克强一行40余人，到王楼煤矿检查迎淮治污工程污水治理情况。

12月28日 七采区专用回风巷贯通。

12月29日 临沂矿业集团有限公司下发《关于撤销军城煤矿建制及聘任（解聘）林英良等人职务的通知》（临矿任〔2015〕221号），撤销军城煤矿建制，与王楼煤矿实行一矿二井管理模式。

12月30日 王楼、军城"一矿两井"改革工作会议在军城井召开。集团公司党委副书记、总经理刘孝孔、副总经理张廷玉、相关处室负责人及王楼煤矿、军城井班子成员出席会议。

2016年

1月1日　王楼煤矿与济宁市任城区喻屯镇政府联合在王楼煤矿驻地举办元旦联欢晚会。

1月6日　济宁市公安局市中分局检查组，到王楼煤矿检查涉爆单位安全管理工作。

1月12日　集团公司节能环保检查组，到王楼煤矿检查考核年度节能环保计量工作。

1月19日　能源集团党建检查考核组一行，到王楼煤矿检查2015年度党建工作。

1月21日　王楼煤矿召开2015年度党政领导班子"三严三实"专题民主生活会，集团公司党委副书记、总经理刘孝孔到会指导讲话。

同日　集团公司总经理刘孝孔到王楼煤矿走访慰问困难职工。

1月23日　集团公司新年慰问演出团，到王楼煤矿进行新年慰问演出。

2月23日　山东能源集团安全监察处处长王立宝一行，在集团公司总工程师赵仁乐及相关部门负责人的陪同下，到王楼煤矿进行安全督导检查。

2月25日　山东省国有资产监督管理委员会采煤企业塌陷地治理工作调研组一行，在集团公司副总经理石富山及相关部门负责人的陪同下，到王楼煤矿调研指导塌陷地治理工作。

3月24日　山东省煤炭工业局、财政厅、国土资源厅、国有资产监督管理委员会及采煤塌陷地综合治理协调小组等部门组成的联合调研组，到王楼煤矿调研指导采煤塌陷地综合治理。

4月13日　山东省煤炭工业局、山东煤矿安全监察局安全生产主体责任落实检查组，到王楼煤矿检查安全生产主体责任落实情况。

4月14日　济宁市任城区国土资源局党组书记、局长张名福一行，到王楼煤矿开展2015年度矿产资源年度检查。

4月15日　集团公司副总经理于德亮一行，到王楼煤矿调研指导矿井"提质增效"工作。

4月29日　集团公司党委书记、董事长刘孝孔，到王楼煤矿检查指导。

5月12日　集团公司总经理张圣国、副总经理石富山一行，到王楼煤矿调研工作面写实工作。

5月17日　山东煤矿安全监察局检查组，到王楼煤矿进行防治水专项检查。

5月24日　集团公司党风廉政建设责任制第二考核组，到王楼煤矿检查指导。

6月1日　集团公司总经理张圣国，到王楼煤矿调研综采工作面"提速、提效"工作情况。

6月2日　王楼煤矿召开2016年班组长例会暨提速提质提效推进会。

6月3日　集团公司职工创新创效"3531"工程竞赛推进会在王楼煤矿举行，集团公司党委书记、董事长刘孝孔出席会议并讲话。

6月6日　集团公司副总经理石富山出席王楼煤矿在采煤一工区党支部举办的"两学一做"专题党课，并讲授党课。

6月14日　集团公司政工处处长王学兵带队组成的"两学一做"学习教育督导组，到王楼煤矿调研指导。

6月20日　集团公司人力资源处，到王楼煤矿就"新型学徒制"工作开展情况进行调研。

6月21日　集团公司经营业绩考核组，到王楼煤矿就2015年度经营业绩履行情况进行考核。

同日　矿党委副书记、纪委书记、工会主席邵长余带队参加省煤矿群众安全生产工作会议暨"查保促"活动推进会，并在会上做了题为"五个到位夯实群众安全基础 创新管理促进矿山健康发展"典型经验介绍。

6月28日 集中制冷降温系统顺利安装调试完毕，并正式投入运行。

7月6日 山东省国有资产监督管理委员会采煤企业塌陷地治理工作调研组在集团公司党委书记、董事长刘孝孔的陪同下，到王楼煤矿调研指导塌陷地治理。

7月8日 集团公司总经理张圣国，到王楼煤矿检查指导掘进工作面提速提效工作。

7月9日 北京科技大学知名防冲专家姜福兴教授，来王楼煤矿指导防冲工作。

7月13日 山东省煤炭工业局规划处处长于海舰一行，到王楼煤矿检查"276工作日制度"落实情况。

7月15日 山东省煤炭工业局党组书记、局长乔乃琛一行，来王楼煤矿调研指导。

8月15日 鲁西分局组织专家对王楼煤矿冲击地压防治情况进行技术会诊。

8月16日 王楼煤矿与山西漳泽电力公司签订直供电合同。

8月18日 济宁团市委副书记田卫锋一行，到王楼煤矿调研指导基层团建工作。

8月20日 山东省煤炭工业局"大快严"集中行动专项检查组，到王楼煤矿检查指导工作。

8月22日 中国共产党临沂矿业集团公司王楼煤矿第一次代表大会在多功能厅召开，肖庆华作党委工作报告、邵长余作纪委工作报告。

8月25日 集团公司总经理张圣国，到王楼煤矿检查指导掘进工作面"提速、提效"工作。

8月26日 集团公司劳动用工调查组，到王楼煤矿对劳动用工情况及劳动用工现状进行审计调查。

8月27日 肥城矿业集团有限责任公司研究员张希平、山东科技大学地科院教授魏久传一行，在矿召开王楼煤矿13301注浆堵水工程论证会。

8月30日 山东煤矿安全监察局鲁西分局，到王楼煤矿进行安全生产许可证延期现场审查。

9月1日 山东能源集团技术研发中心研究员陈崇柱一行专家组，到王楼煤矿进行水害威胁状况专项调研。

9月5日 临沂市第九届"劳动之星"暨临矿集团第四届职业技能竞赛在王楼煤矿举办。

9月22日 能源集团纪委巡视组，到王楼煤矿调研指导。

9月28日 能源集团副总经理孙世海，到军城井督导煤炭去产能工作。

10月11日 集团公司党委书记、董事长刘孝孔在王楼煤矿会见济宁市任城区委书记岳根才一行。

10月13日 集团公司第二届金点子及劳模创新工作室评审会，在王楼煤矿召开。

10月14日 集团公司党委"两学一做"学习教育第一指导督导组组长、党委办公室主任王学兵，到王楼煤矿召开专题党课。

10月19日 集团公司党委常委、总经理张圣国，到王楼煤矿检查指导。

10月24日 白景志任王楼煤矿党委书记、矿长。

同日 王楼煤矿开展"慈心一日捐"活动。

11月1日 集团公司对王楼煤矿生活水处理改扩建工程项目进行验收。

11月12日 王楼煤矿举办2016年度消防逃生演习。

11月15日 王楼煤矿党委召开学习贯彻党的十八届六中全会和全国国企党建工作会议精神工作动员部署会。

11月23日　兖矿集团煤业公司专家组对山东科技大学编制的《山东东山王楼煤矿有限公司12309、13304工作面开采对地表与建筑物影响评价报告》进行评审。

12月7日　山东省煤炭局调度室主任王庆平一行4人，到王楼煤矿进行应急管理工作专项检查。

12月12日　山东能源集团副总经理翟明华带领安全检查组，到王楼煤矿检查指导。

12月13日　山东省煤炭工业局局长乔乃琛、省政府压煤村庄搬迁办主室主任赵富、国有资产监督管理委员会处长王振江、国土厅副处长贾明凯、煤田地质局宋宗超一行，到王楼煤矿检查指导。

12月16日　山东省属煤炭企业采煤塌陷地综合治理现场会在王楼煤矿召开。省煤炭工业局党组书记、局长乔乃琛，山东省国有资产监督管理委员会、省财政厅、省国土厅等省直相关部门负责人，济宁市国土局、山东能源集团以及权属单位相关负责人参加会议。

12月17日　王楼煤矿召开2016年度科技创新工作表彰大会。

12月20日　山东省煤炭工业局副局长黄传富一行，到王楼煤矿对安全生产情况进行盯守检查。

12月29日　集团公司总经理张圣国，到王楼煤矿检查指导。

2017年

1月1日　王楼煤矿与济宁市任城区喻屯镇政府联合举办元旦联欢晚会。

1月10日　集团公司煤质处处长刘金顺率考核组一行7人，到王楼煤矿开展2016年下半年煤质管理和标准化选煤厂建设达标验收工作。

1月11日　集团公司副总经理石富山一行，到王楼煤矿走访慰问困难职工。

1月16日　济宁市公安局市中分局检查组，到王楼煤矿检查涉爆物品安全。

2月14—16日　山东省煤矿安全监察局鲁东分局检查组张俊强一行5人，到王楼煤矿检查指导。

2月15日　集团公司副总经理于德亮一行到王楼煤矿调研指导工作。

2月16日　集团公司总经理张圣国，到王楼煤矿检查指导。

同日　集团公司党委常委、纪委书记祁方坤一行，到王楼煤矿调研指导。

2月28日　济宁市公安局市中分局治安大队一行4人，到王楼煤矿检查涉爆物品安全。

同月　王楼煤矿劳模创新工作室获得山东省"劳模（高技能人才）创新工作室"荣誉称号。

3月1日　集团公司副总经理石富山，到王楼煤矿检查指导工作。

3月3日　集团公司财务检查组，到王楼煤矿检查指导。

同日　千祥置业有限公司收购方案获能源集团批复。

3月12日　山东煤矿安全监察局鲁东监察分局，到王楼煤矿进行煤矿人员提升系统安全专项检查。

3月14日　王楼煤矿举行"安全伴我行"主题演讲比赛。

3月19日　集团公司生产技术处副处长齐东合带领相关处室人员，对王楼煤矿工程技术（五个专业）、企业管理和科技管理专业考试选拔入库人员（19人）进行组织考察和综合评价。

3月21日　举行山东千祥置业有限公司股权转让签约仪式，党委书记、矿长白景志，党委委员、副矿长张俊宝，党委委员、副矿长汪学军，相关科室负责人出席本次签约仪式。

3月30日　王楼煤矿党委召开党建工作会议暨党风廉政建设工作会议，党委书记、矿长白景志作了《党要管党 从严治党 构建"大党建"格局 领航矿井稳健发展》的讲话。

4月5日　王楼煤矿召开第二届职工代表大会第五次会议，党委书记、矿长白景志作了《凝心聚力，新起点上求突破，乘势而上，新形势下谋发展，为全面提升"黄金王楼"发展水平而努力奋斗》的讲话。

4月11—15日　集团公司2017年庆祝五·一国际劳动节文体系列活动在王楼煤矿举行，分别进行乒乓球比赛、够级比赛、象棋比赛、围棋比赛和文艺展演活动。

4月14日　集团公司副总工程师、技术中心主任刘春峰一行，到王楼煤矿进行2016年科技工作目标责任考核。

4月18日　王楼煤矿第一个无人值守工作面，27307工作面成功试运转。

4月20日　集团公司工会主席曹庆伦带领组织部、人事处、纪委、监察处、工会等部门，到王楼煤矿进行党建工作调研考核，党委副书记、工会主席邵长余等陪同。

4月27—28日　集团公司党委副书记、总经理张圣国到王楼煤矿就27307自动化工作面推进及自动化改造进展情况进行检查指导，党委书记、矿长白景志及班子成员陪同。

4月28日　集团公司纪念"五四"运动98周年暨2017年"五四"表彰大会在王楼煤矿多功能厅隆重召开，集团公司党委副书记提文科出席会议并作了《让"青春之花"在建设"四个领先"的"四富临矿"中尽情绽放》的讲话。

5月4日　召开共青团第一次代表大会，集团公司团委副书记李宪寅及兄弟单位团组织负责人参加，矿党委副书记、纪委书记、工会主席邵长余作了《让"激昂青春"带着"六个王楼"之梦展翅飞翔》的讲话，会议选举产生第一届团委会、团委书记、副书记等。

5月9—10日　集团公司党委委员、副总经理石富山，到王楼煤矿调研检查工业3.0项目推进、大数据平台建设、机修厂皮带托辊加工、支架维修、防冲工作开展及小改小革项目情况。

5月15日　集团公司安全风险分级管控和事故隐患排查治理体系讨论会在王楼煤矿召开，集团公司安监局副局长李连华，机电运输处主任工程师毛爱星、生产处副处长侯维华等参加会议。

5月16—18日　山东煤矿安监局鲁东分局安全"体检"组到王楼煤矿进行安全"体检"，局长冷家俊带队，集团公司党委副书记、总经理张圣国等陪同。

5月23日　喻兴农业园农副产品上线鲁北公司电商平台鲁北商城，喻兴农业园农副产品销售正式进入"互联网+"时代。

5月26日　集团公司生产矿长、总工程师例会在王楼煤矿召开。会议由集团公司党委委员、副总经理石富山主持，集团公司相关处室领导及各矿生产矿长、总工程师等参加。

5月27日　集团公司党委常委、工会主席曹庆伦带领宣讲团，到王楼煤矿进行"发展是硬道理、挣钱是真本事、党建是大动力"主题宣讲活动，会议由党委书记、矿长白景志主持。

6月3日　王楼煤矿召开班组建设总结表彰大会，会议由矿党委副书记、纪委书记、工会主席邵长余主持，观看"十大金牌班组长"人物事迹专题片，并对受表彰的21个优秀班组、10名优秀班组长及10名金牌班组长进行颁奖。最后，党委书记、矿长白景志作了《百尺竿头，更进一步，创建"六型班组"，打造"六个王楼"》的讲话。

6月5日　集团公司"班组长活动日"现场观摩会在王楼煤矿举行，集团公司党委副书记、总经理张圣国，党委委员、副总经理石富山等一行领导带队，集团公司各权属单位负责人、生产副矿长、工会主席及"十大工匠"、优秀班组长等参加，下井参观27307自动化工作面及三采胶带下山快速掘进作业线，矿党委书记、矿长白景志等陪同。

同日 集团公司党委副书记、总经理张圣国在矿会见济宁市任城区区委书记岳根才,矿党委书记、矿长白景志及喻屯镇等单位主要负责人陪同。岳根才表示将全面支持压煤村庄搬迁工作的落地实施,以地企联合、全力推进,实现企业发展、造福当地的互惠共赢目标。

6月15日 王楼煤矿党委组织召开推进"两学一做"学习教育常态化制度化工作会。

6月20日 集团公司主办的党规党纪知识竞赛预赛、决赛在菏泽煤电公司郭屯煤矿礼堂举行,矿党委副书记、纪委书记、工会主席邵长余带队参加,由副矿长诸葛祥华、审计科刘长红及通防工区王贝组成参赛队参加竞赛,并摘得桂冠。

同日 集团公司安监局副局长李连华一行9人,到王楼煤矿进行"双基"建设及二季度安全生产质量标准化达标检查。

6月21日 集团公司工程监督管理处一行5人,对王楼煤矿13301工作面注浆堵水工程进行竣工验收。

6月28日 王楼煤矿运销远程管理系统正式上线,实现煤炭发运各环节的系统化、流程化和标准化操作。

6月30日 山东省财政厅检查组,对军城井去产能工作进行检查指导。

同日 在山东能源集团党委召开庆祝中国共产党成立96周年暨优秀共产党员表彰会上,王楼煤矿党委荣获山东能源集团"先进基层党组织"荣誉称号。

7月5日 集团公司党委委员、副总经理石富山,到王楼煤矿调研指导,同时参观煤炭运销远程管理系统。

7月10日 王楼煤矿党委召开庆祝建党96周年党建工作总结表彰大会暨半年工作会,当晚在多功能厅举行庆祝投产十周年文艺晚会。

7月11日 集团公司党委三季度政工例会在王楼煤矿二楼会议室召开。集团公司党委副书记提文科,党委常委、工会主席曹庆伦,党委常委、纪委书记祁方坤出席会议。党委办公室、宣传部、组织人事处、纪委监察处、工会、团委、老干部处、武装保卫处等处室人员参加会议。古城、邱集及王楼煤矿分别进行经验交流发言。

7月13日 王楼煤矿矿组织40名党员,到金乡县羊山战役纪念园开展"缅怀革命先烈重温红色经典"活动,体验红色精神,接受革命传统教育,确保"两学一做"学习教育常态化制度化入脑入心。

7月18日 集团公司副总经理石富山,到王楼煤矿检查指导。

7月20—21日 集团公司总经理张圣国,到王楼煤矿检查指导。

7月26日 集团公司党委委员、副总经理石富山,到王楼煤矿党建工作联系点采煤一工区党支部讲党课。

7月27日 集团公司党委副书记提文科,到王楼煤矿党建工作联系点掘进一工区党支部讲党课,集团公司党委办公室主任、宣传部部长王学兵,矿党委副书记、工会主席邵长余,各基层党支部书记、副书记及联系点全体党员参加党课。

8月3日 集团公司总工程师赵仁乐,到王楼煤矿检查指导。

8月5日 应共青团济宁市委邀请,王楼煤矿团委组织部分单身青年参加第二期"青年之声·遇见未知的你"青年联谊活动。

8月9日 全国池塘生态工程技术专家研讨会在济宁市召开。中国水产科学研究院副院长邓伟,省海洋与渔业厅副厅长姜清春,济宁市副市长任庆虎参加会议。会上,举行中国水产科学研究院南四湖生态渔业产学研示范基地、中国水产科学研究院池塘生态工程技术研究中心济宁工作站揭牌仪式，并在王楼煤矿喻兴生态园挂牌成立。会后，专家组来到喻兴生态园进行实地考察。

8月10日 集团公司党委常委、工会主席曹庆伦，到王楼煤矿检查指导。

8月11日 集团公司安全生产工作例会在王楼煤矿召开，集团公司副总经理石富山、相关处室负责人，省内各生产矿井安监处长、"双防"办公室主任参加会议。

8月15日 集团公司技术中心刘春峰一行，到王楼煤矿检查指导。

8月23日 喻兴农业园被山东省农业厅、山东省旅游发展委员会评为山东省生态休闲农业示范园区。

8月24—25日 党委书记、矿长白景志带领班子成员，参加集团公司企业经营沙盘模拟演练。

8月27日 集团公司党委书记、董事长刘孝孔，到王楼煤矿检查指导工作，矿党委书记、矿长白景志等陪同。

8月30日 王楼煤矿通过山东省煤炭工业局组织的安全生产标准化一级矿井初审。

同日 山东煤矿安全监察局检查组，到王楼煤矿检查"双防"机制建设情况。

9月1—2日 原临沂矿务局局长崔宝德，党委书记李加夫、张军，副局长潘元庭，总工程师徐作庆和原临矿集团副总经理陈猛等老领导，在集团公司后勤保障部部长、老干部处处长赵太强等陪同下，到王楼煤矿检查指导。

9月5日 山东煤矿安全监察局检查组刘洪波一行6人，到王楼煤矿检查指导工作，集团公司党委委员、总工程师赵仁乐及矿在家班子成员陪同。

9月12—16日 集团公司"永远跟党走、共筑中国梦"系列文体活动在王楼煤矿举办。

9月15日 王楼煤矿举行省十一次党代会和全省国有企业改革发展工作会议精神宣讲报告会。矿党委委员、纪委书记张卫作为宣讲员，对会议精神进行宣讲。

9月28日 由山东省压煤办、山东煤监局、国有资产监督管理委员会、省国土厅以及济宁市国土局等专家组成的督导组，到王楼煤矿检查指导工作，集团公司总工程师赵仁乐以及省内煤矿采煤塌陷地分管领导、业务负责人参加会议。

10月11日 山东煤矿安全监察局党组成员、总工程师田学起带队，到王楼煤矿督查"机械化换人、自动化减人"科技强安工作，集团公司党委委员、总工程师赵仁乐，集团公司省内12个矿井的相关负责人陪同。

10月27日 集团公司党委副书记、总经理张圣国，到王楼煤矿检查指导工作。

11月9日 山西焦煤西山煤电集团公司董事长、党委书记王玉宝一行，到王楼煤矿参观考察，集团公司党委副书记、总经理张圣国，党委委员、副总经理石富山等陪同。

11月15日 山东省煤矿工会群众安全检查组，到王楼煤矿检查指导工作，集团公司党委常委、工会主席曹庆伦等陪同。

11月29日 集团公司举办党的十九大精神宣讲报告会，能源集团党委常委、董事、工会主席宿洪涛到会宣讲。

11月29—30日 集团公司副总经理石富山一行13人，到王楼煤矿检查指导工作。检查组对井下现场、省局安全生产标准化验收复查、季度达标及"双基"建设进行全面检查。

12月3日 王楼煤矿组织召开"浙大归来话党建促发展增动力"党务人员交流座谈会，参加浙江大学学习十九大精神两期党务人员培训班的9名党务工作人员，围绕学习十九大精神、基层党务工作、

"临矿三问"畅谈自己的所得、所感，并认真总结2017年工作、阐明2018年工作打算。

12月11日　王楼煤矿组织召开2017年度基层党支部书记述责评议会。

12月12日　集团公司党委书记、董事长刘孝孔，到王楼煤矿检查指导。

12月24日　王楼煤矿召开第一届纪律检查委员会第二次全体会议，纪委书记张卫主持会议并代表纪委常委会作工作报告。

12月25日　王楼煤矿召开党委一届二次全委（扩大）会议，党委书记、矿长白景志代表党委会作工作报告

12月26日　王楼煤矿组织召开"问题指引2018"讨论会。

12月27日　集团公司党委副书记提文科，率领党建工作调研组，到王楼煤矿进行党建工作调研。

12月29日　集团公司在王楼煤矿召开职工文体协会成立大会，集团公司党委常委、工会主席曹庆伦，集团公司工会相关负责人，权属单位的工会主席、副主席，团委书记、副书记，以及表现突出的优秀文体爱好者和工作者参加会议。

2018年

1月1日　王楼煤矿举办"庆元旦 迎新春"歌咏会。

1月5日　集团公司煤质处，到王楼煤矿开展达标验收工作。

1月10日　山东工会系统党的十九大精神劳模（济宁）报告会在王楼煤矿举行。

1月19日　王楼煤矿召开2017年总结表彰暨2018年工作会议

1月20日　集团公司考核组，到王楼煤矿进行经营业绩考核。

1月22日　王楼煤矿组织青年职工参加"青春有约·缘梦任城"联谊会。

1月25日　集团公司总工程师赵仁乐带队，到王楼煤矿进行刘官屯断层水治理方案会诊。

同日　新疆生产建设兵团第十二师，到王楼煤矿参观考察，集团公司党委副书记、总经理张圣国，王楼煤矿党委书记、矿长白景志等陪同。

1月26日　山东省总工会权益保障部马长征一行，到王楼煤矿检查指导工作。

1月30日　集团公司党委书记、董事长刘孝孔，到王楼煤矿调研指导。

2月2日　"刘维信劳模创新工作室"正式挂牌。

2月6日　集团公司2月份安全生产工作例会在王楼煤矿召开。

同日　集团公司副总经理石富山，到王楼煤矿走访慰问困难职工。

2月7日　集团公司副总经理石富山参加王楼煤矿领导班子民主生活会。

2月10日　王楼煤矿组织管理人员观看廉政专题片《永远在路上》。

2月23日　集团公司财务总监王军，到王楼煤矿检查指导工作。

2月24日　集团公司"聚能管光面爆破"技术交流会在王楼煤矿召开。

2月29日　王楼煤矿组织开展"金秋助学"活动。

3月27日　集团公司党委副书记提文科，到王楼煤矿检查指导。

同日　西山晋兴能源公司到王楼煤矿交流工作。

3月30日　集团公司纪律作风集中整顿督导组，到王楼煤矿检查督导。

4月9日　集团公司党委副书记、总经理张圣国，副总经理石富山，到王楼煤矿检查指导。

同日　王楼煤矿召开第二次工会会员代表大会暨第三届职工代表大会第一次会议。

4月11日　山东煤矿安全监察局局长王端武，到王楼煤矿检查指导工作，能源集团副总经理张希诚，集团公司党委副书记、总经理张圣国，副总经理石富山，矿党委书记、矿长白景志等陪同。

4月23日　集团公司工会主席曹庆伦，到王楼煤矿检查指导。

5月15日　矿山灾害预防控制国家重点实验室深部支护工程示范中心在王楼煤矿军城井挂牌成立。

5月18日　任城区委书记岳根才到喻兴生态园检查调研。

5月24日　集团公司绿色环保现场会在王楼煤矿召开。

6月8日　王楼煤矿召开2018年班组建设总结表彰大会。

6月10日　王楼煤矿召开"微腐败"专项治理工作动员会。

6月14日　临沂市第十一届"劳动之星"暨临矿集团第五届"职业技能竞赛"启动筹备会在王楼煤矿召开。

6月19日　集团公司纪委书记祁方坤一行，到王楼煤矿开展党建工作调研考核。

6月21日　王楼煤矿举办"生命至上、安全发展"主题知识竞赛。

6月27日　王楼煤矿组织观看能源集团第一次党代会视频会。

7月10日　王楼煤矿召开党建工作总结表彰会暨半年工作会。

7月13日　集团公司党委副书记、总经理张圣国，到王楼煤矿调研指导工作。

7月21日　举办"运河小镇"奠基仪式。

7月23日　王楼煤矿召开习总书记安全生产工作重要指示暨鲁东分局半年工作会精神宣贯会。

8月7日　山东省采煤塌陷地综合治理专家组，到王楼煤矿勘验生态园项目。

同日　王楼煤矿组织召开全面对标启动会暨第一次培训会。

8月17日　王楼煤矿"十三五"重点科技项目顺利通过集团公司验收。

8月23日　集团公司到王楼煤矿进行"微腐败"活动巡视。

8月24日　集团公司党委副书记提文科，到王楼煤矿党建联系点讲党课

8月28日　集团公司"学习贯彻能源集团第一次党代会精神"巡回宣讲报告会在王楼煤矿举行。

9月4日　临沂市第十一届劳动之星暨临矿集团第五届综掘机司机技能大赛在王楼煤矿举办。

9月5日　王楼煤矿通过中国煤炭工业协会安全高效矿井验收。

9月6日　山东省煤矿安全改造项目检查组，到王楼煤矿检查指导。

9月10日　山东煤炭工业局检查组，到王楼煤矿进行安全培训专项督查。

9月17日　王楼煤矿组织召开华为学习报告会。

9月21日　山东煤监局技术中心领导，到王楼煤矿检查指导。

9月20日　集团公司"改革开放40年、凝心聚力谋发展"系列文体活动在王楼煤矿举办。

10月18日　集团公司副总经理石富山，到王楼煤矿调研。

10月21日　集团公司党委副书记、总经理侯宇刚，到王楼煤矿调研。

10月26日　山东省煤矿安全监察局，到王楼煤矿进行冲击地压专项检查。

10月29日　新疆生产建设兵团第六师，到王楼煤矿交流。

11月6日　山东省能源局、济宁市煤炭局，到王楼煤矿进行冲击地压专项检查暨复产验收。

11月8日　共青团中央调研组，到王楼煤矿调研工作。

11月9日　王楼煤矿正式启用智能化调度应急指挥中心。

11月15日　全国煤矿安全监控系统升级改造推进会在王楼煤矿进行现场观摩。

11月21日　能源集团工会检查组，到王楼煤矿检查指导，同时对"兰庆武劳模创新工作室"进行考核验收。

11月23日　新疆生产建设兵团第六师，到王楼煤矿交流。

同日　集团公司派驻沂水县"第一书记"工作组，到王楼煤矿参观交流。

11月26日　山东煤矿安全监察局鲁西监察分局，到王楼煤矿参观27305智能化工作面。

12月5日　集团公司党委书记、董事长刘孝孔，到王楼煤矿调研指导。

12月18日　王楼煤矿组织观看庆祝改革开放40周年大会实况。

12月21日　集团公司党委，到王楼煤矿进行领导班子年度考核和党建工作考核。

12月31日　王楼煤矿举办"庆祝改革开放四十周年·庆元旦 迎新年"文艺晚会。

（军城矿井篇）

2005年

4月19日　受临沂矿务局新区建设部委托，山东省煤田地质局开始对王楼井田南井区（王楼二号军城井）进行补充勘探野外施工。

6月7日　临沂矿务局新区建设指挥部委托济南设计研究院编制《山东东山矿业有限责任公司王楼井田2#井可行性研究报告》。

7月1日　临沂矿务局与鱼台县人民政府签订《关于山东东山矿业有限责任公司军城煤矿（暂定名）建设相关事宜的协议》。

10月26日　军城井与山东省环境保护科学研究设计院临矿集团签订《王楼2号井建设项目环评报告书技术服务合同书》。

2006年

2月17日　山东东山矿业有限责任公司下发东矿人字〔2006〕2号文件，经研究决定成立王楼矿井筹建处一号井筹建处及二号井筹建处，赵仁乐为军城筹建处第一副主任，刘传武、胡殿友为副主任，刘守莲为总工程师。

2月18日　在山东东山矿业有限责任公司总部十楼会议室召开董事会，会议由董事长李义文召集主持，会议就王楼二号（军城）矿井开发问题进行讨论研究，同意开发建设。

3月20日　山东省工商行政管理局向山东东山军城能源开发有限公司发放《企业法人营业执照》。注册号：370827018006811；名称：山东东山军城能源开发有限公司；住所：山东省济宁市鱼台县张黄镇驻地；法定代表人：刘成录；注册资本：3000万元；实收资本：3000万元；公司类型：有限责任公司；经营范围：建筑工作准备（不含采矿、采掘、勘探及许可经营项目）。

4月12日　在张黄镇政府二楼会议室召开研究解决军城煤矿建设有关问题专题会议，会议由鱼台县县长尤卫平主持，临沂矿务局副局长吴洪军、县委常委姚光明、县人大副主任马长玉、副县长王福岱及军城煤矿筹建处负责人员夏宇君、赵仁乐、刘守莲、单井林、刘训珍等人员参加会议。

2007年

1月29日　国土资源部以国土资矿函〔2007〕10号《山东东山矿业有限责任公司王楼煤矿井田划分问题》文件，出具同意王楼井田划分为一号二号两对矿井的划分方案的批复意见。

2月8日　临矿集团下发临矿任〔2007〕36号文件，聘任赵仁乐为军城井筹建处主任。

5月8日　临矿集团总经理孙廷华到军城矿井检查工作，筹建处相关成员陪同。

5月18日　主井井架基础竣工。

6月10日　军城井完成地面35千伏军城线路工程（35千伏I），线路总长18.5千米。

8月1日　井底煤仓仓顶硐室开工。

8月28日　临矿集团总经理孙廷华、财务总监申传东到军城矿井检查工作。

9月11日　军城井主井井筒完成施工，历时254天，直径5米，井深472.5米。

9月16日　军城井主井提升机房、锅炉房及附属工程、器材库及器材棚开始动工。

9月18日　军城井主井井底清理撒煤硐室及通道开工建设。

9月20日　临矿集团副总经理刘成录，山东省煤矿工程质量监督站站长赵富，到军城矿井检查副井工程质量，筹建处主任赵仁乐等陪同。

10月9日　军城井东翼轨道大巷开工建设。

10月12日　副井井筒历时242天完成施工。

10月17日　山东煤矿安全监察局鲁西分局，对军城井安全设施进行竣工验收。

10月18日　军城井完成副井提升绞车安装。

10月23日　山东煤矿安全监察局下发鲁煤监安监字〔2007〕163号《关于临沂矿业集团军城矿井建设工程安全设施竣工验收的批复》文件，同意军城矿井组织生产。

11月13日　军城矿井主副井实现贯通。16日，军城井副井提升机房竣工。

11月20日　临矿集团副总经理刘成录一行，到军城矿井检查指导，筹建处班子成员陪同。

11月30日　临矿集团副总经理刘成录一行，到军城矿井筹建处检查指导，并参加军城矿井初步设计及选煤厂审查会议。

12月9日　军城井行政办公楼、联合福利室、职工食堂及3号单身宿舍楼开工。

2008年

1月19日　军城矿井筹建处在临时会议室召开2007年度工作会议。

2月9日　军城井西翼11201皮带顺槽揭露第一个陷落柱，编号为X1，长轴65米，短轴35米，揭露长度37米，采用瞬变电磁探测其含水性。

2月17日　军城井筹建处主任赵仁乐与临矿集团党委领导刘孝孔签订《2008年度党风廉政建设目标责任书》。

2月19日　临矿集团副总经理刘成录一行，到军城矿井筹建处检查指导。

3月8日　军城矿井筹建处在调度会议室召开2007年工作总结暨表彰大会。

3月26日　军城井压风机房开始动工，建筑面积343平方。

4月16日　山东省发改委赵东一行，到军城矿井检查指导工作。

5月23日　临矿集团副总经理刘成录一行，到军城井检查指导。

6月5日　军城井副井井筒永久装备完成，并形成副井永久提升系统。7日，副井天轮吊装完成安装。

7月3日　中共临沂矿业集团有限责任公司委员会下发临矿发〔2008〕第21号文件，成立军城矿井筹建处党总支，赵仁乐任党总支书记，刘传武、刘守莲、王道臣、田宝方任筹建处党总支委员。

7月13日　临矿集团副总经理刘成录一行，到军城井检查指导。

7月23日　临矿集团副总经理刘成录一行，到军城井督察指导。

8月23日　军城井主井提升机设备完成安装。2009年2月21日，主井天轮开始吊装。3月5日，主井提升设施完成安装。

10月1日　临矿集团总经理宿洪涛一行，到军城矿井筹建处检查指导，筹建处班子成员等陪同。

10月14日　山东省发改委下达鲁发改能交〔2008〕993号文件，出具《山东省发展改革委关于临沂矿业临矿集团王楼二号（军城）煤矿项目的核准意见》，军城矿井成功立项。

11月26日　临矿集团总经理宿洪涛，鱼台县县长许可一行，到军城井检查指导工作，筹建处班子成员等陪同。

11月30日　临矿集团董事长李义文在王楼矿井检查工作，军城矿井筹建处主任赵仁乐，总工程师刘守莲参加。

12月11日　临矿集团副总经理刘成录一行，到军城矿井筹建处检查工作。

2009年

1月7日　山东煤矿安全监察局局长周铁林一行，到军城井检查指导。

1月12日　临矿集团副总经理石富山一行，到军城井筹建处检查指导。

2月17日　军城井筹建处主任赵仁乐与临矿集团党委副书记刘孝孔签订《党风廉政建设目标责任书》。

2月19日　军城井取得山东省工商行政管理局颁发的企业法人营业执照，营业期限2006年3月20日至2012年3月19日。

3月11日　临矿集团副总经理刘成录及副总经理石富山，到军城矿井检查指导，筹建处班子成员等陪同。

3月18日　军城井筹建处召开2008年度工作总结暨表彰大会。

4月14日　临矿集团总经理宿洪涛一行，到军城井筹建处检查指导。

同日　军城井行政办公楼、联合福利室、职工食堂、主井提升机房、锅炉房及附属工程、器材库及器材棚竣工。

4月20日　临矿集团副总经理刘成录、总工程师曹庆伦一行，到军城井检查指导。

4月21日　鱼台县委书记张小玉，到军城井筹建处检查指导。

6月12日　临矿集团下发临矿任〔2009〕100号文件，聘任赵仁乐为山东东山王楼二号（军城）

煤矿矿长，王道臣、刘守莲、田宝方、毛爱星、主宝皆为副矿长。

同日 中共临沂矿业集团有限责任公司委员会下发临矿发〔2009〕第22号文件，经研究决定，成立"山东东山王楼二号（军城）煤矿党委"撤销"军城矿井筹建处党总支"。

6月13日 临矿集团党委副书记刘孝孔到军城井宣布矿领导班子成员，并在矿长赵仁乐等陪同下检查筹建处职工食堂、调度指挥中心。

7月1日 军城矿井联合试运转开始，并在喷泉广场举行升旗仪式。

7月9日 临矿集团董事长李义文一行，到军城煤矿检查指导，举行军城矿井移交试生产仪式。

7月11日 山东省煤炭工业局局长乔乃琛、临矿集团副总经理刘成录一行，到军城煤矿检查指导，班子成员等陪同。

7月29日 军城煤矿一届一次职工代表暨第一次工会会员代表大会在多功能厅召开。

8月7日 临矿集团总工程师曹庆伦一行，到军城煤矿检查指导。

8月11日 临矿集团董事长刘成录一行，到军城煤矿检查指导。

8月12日 临矿集团党委副书记、纪委书记刘孝孔一行，到军城煤矿调研指导。

8月13日 临矿集团工会主席雷其春率团，到军城煤矿举行慰问演出庆祝临矿集团成立三周年。

8月30日 山东省档案局处长吴海亭、山东省发改委处长王广利、山东省档案局袁俊玲、山东省煤炭工业局科长赵长英、办公室副主任刘雪荣，到军城煤矿检查验收档案管理工作。

同日 临矿集团副总经理刘成录、副总经理石富山一行，到军城煤矿检查指导，班子成员等陪同。

9月2日 临矿集团副总经理刘成录一行到军城煤矿检查指导工作。

9月4日 鱼台县人民政府县长许可与军城煤矿矿长赵仁乐签订《安全生产保证书》。

9月23日 临矿集团下发临矿任〔2009〕176号文件，聘任林英良为军城煤矿矿长。同日，中共临沂矿业集团有限责任公司委员会任命林英良为军城煤矿党委书记。

9月24日 临矿集团总经理宿洪涛一行，到军城煤矿检查指导，宣布新一届领导班子组成。

9月29日 临矿集团总工程师曹庆伦一行，到军城煤矿检查指导。

10月14日 济宁市副市长崔洪刚一行，到军城煤矿检查指导。

10月29日 山东煤矿安全监察局局长王子奇及鲁西分局局长杨成超一行，到军城煤矿检查指导。

11月17日 临矿集团副总经理石富山，到军城煤矿机修车间观看军城煤矿电工技术比武。

11月29日 军城煤矿取得安全资格证书，有效期至2012年11月29日。

12月31日 军城煤矿在多功能厅举办"庆元旦 迎新春"联欢晚会。

2010年

1月13日 军城煤矿召开2009年度总结表彰暨2010年工作会议。

1月20日 山东煤矿安全监察局副局长杨成超一行，到军城煤矿检查指导，对军城煤矿安全设施进行竣工验收，对安全生产许可证进行现场验收。3月1日，军城煤矿取得山东煤矿安全监察局颁发的安全生产许可证，有效期至2013年3月1日。

2月22日 临矿集团副总经理石富山，到军城煤矿检查指导安全生产。

2月24日 临矿集团副总经理于德亮，到军城煤矿检查指导。

2月16日 山东省煤炭工业局验收委员会对军城煤矿进行试生产验收，省煤炭局副局长乔乃琛、规划发展处处长黄传富、副处长于海舰、孙立进，兖州煤业公司王富奇及兖州煤业公司专家领导参加会议，临矿集团副总经理石富山、安监局总工程师刘厚福及矿领导班子、各专业副总陪同。专家组一致认为，王楼二号军城矿井符合试生产验收标准。

4月7日　临矿集团总工程师曹庆伦，到军城煤矿检查指导。

4月16日　临矿集团党委副书记、纪委书记刘孝孔一行，到军城煤矿指导领导班子民主测评工作。

4月26日　军城煤矿生产许可证通过山东省煤炭工业局审查验收。7月19日，军城煤矿取得山东省煤炭工业局颁发的煤炭生产许可证，有效期至2013年3月1日。

5月6日　临矿集团总经理宿洪涛、副总经理石富山一行，到军城煤矿检查指导。

6月2日　军城煤矿召开第一届科技创新表彰大会。

7月1日　军城煤矿召开庆祝建党89周年"七一"表彰会。

7月16日　临矿集团党委常委、工会主席雷其春，到军城矿检查指导工作。

8月3日　临矿集团总工程师曹庆伦到军城煤矿检查指导。

8月5日　在军城煤矿举办"第三届临沂市劳动之星煤炭系统瓦检工职业技能竞赛"开幕式。

8月12日　临矿集团副总经理陈猛，到军城煤矿检查指导节能环保工作。

8月16日　鱼台县县长杜昌华，到军城煤矿检查指导。

8月31日　军城煤矿选煤厂开工建设。

9月9日　临矿集团总工程师曹庆伦一行，到军城煤矿检查指导。

10月1日　军城煤矿下发军能发〔2010〕67号文件，启用"山东东山军城能源开发有限公司"印章。

10月27日　临矿集团董事长李义文，到军城煤矿检查指导。

12月2日　临矿集团总经理宿洪涛一行，到军城煤矿检查指导。

12月25日　临矿集团副总经理郭修杰一行，到军城煤矿检查指导。

2011年

1月1日　军城煤矿举办元旦联欢晚会。

1月4日　临矿集团副总经理郭修杰一行，到军城煤矿检查指导。

1月6日　军城煤矿在多功能厅召开2010年度工作总结暨表彰大会。

1月13日　鱼台县县长杜昌华一行来到军城煤矿检查指导。

1月17日　临矿集团董事长刘成录一行，到军城煤矿检查指导。

2月15日　临矿集团副总经理石富山一行，到军城矿检查11201工作面情况。

2月23日　临矿集团副总经理郭修杰、总工程师曹庆伦一行，到军城煤矿检查指导。

2月25日　临矿集团副总经理于德亮，到军城煤矿检查指导选煤厂现场施工情况。

4月15日　临矿集团副总经理石富山一行，到军城煤矿检查指导，现场查看选煤厂建设情况。

5月11日　临矿集团总工程师曹庆伦一行，到军城煤矿检查指导，现场查看选煤厂主洗车间。

6月8日　临矿集团工会主席雷其春一行，到军城煤矿检查指导。

6月12日　临矿集团董事长刘成录一行，到军城矿检查指导。

6月20日　选煤厂主体工程全部竣工。

6月29日　军城煤矿在五楼会议室召开"七一"表彰会。

7月12日　鱼台县县长杜昌华一行到军城煤矿检查指导。

7月19日　临矿集团副总经理于德亮、运销公司总经理袁勇一行，到军城煤矿检查指导。

8月2日　山东煤矿安全监察局鲁西监察分局局长王庆德一行，到军城煤矿检查指导，现场察看21203工作面。

10月12日　临矿集团副总经理石富山一行，到军城煤矿检查指导。

10月13日　军城煤矿在多功能厅召开四季度工作会议，矿长林英良传达创新临矿建设会议精神并作讲话。

10月19日　临矿集团董事长刘成录一行，到军城煤矿检查指导，现场察看31203工作面。

11月2日　山东煤矿安全监察局鲁西监察分局局长王庆德一行，到军城煤矿检查指导，现场察看11205工作面。

11月7日　临矿集团副总经理于德亮一行，到军城煤矿检查指导。

11月17日　临矿集团总工程师曹庆伦一行，到军城煤矿检查指导。

11月18日　军城煤矿在五楼会议室召开廉洁风险防控工作推进会。

11月29日　临矿集团总经理张希诚一行，到军城煤矿调研指导。

12月6日　临矿集团副总经理石富山一行，到军城煤矿检查指导，在调度会议室召开四季度达标验收会议。

12月16日　鱼台县县委书记李志红、县长宫振华一行，到军城煤矿检查指导。

12月21日　临矿集团党委副书记刘孝孔一行，到军城煤矿考核领导班子，在多功能厅召开民主测评会。

12月31日　军城煤矿在多功能厅举办2012年庆元旦"迎新年 唱和谐 颂发展"联欢晚会。

2012年

2月16日　临矿集团总经理张希诚，一行到军城煤矿调研指导。

2月27日　军城煤矿在多功能厅召开第一届职工代表大会第四次会议。

3月13日　临矿集团总工程师曹庆伦一行，到军城煤矿调研指导。

3月22日　临矿集团副总经理张廷玉一行，到军城煤矿调研指导，相关人员陪同。

3月28日　山东省煤炭工业局组织审查军城煤矿2011年度储量统计工作。

3月30日　临矿集团副总经理郭修杰一行到军城煤矿调研指导。

4月17日　临矿集团副总经理石富山一行，到军城煤矿检查指导。

5月5日　军城煤矿开展"红色之旅感悟爱国主义教育"活动。

5月10日　临矿集团副总经理石富山一行，到军城煤矿检查指导，深入到31203工作面查看。

6月27日　临矿集团董事长、党委书记刘成录，到军城煤矿调研指导。

7月12日　临矿集团工会主席雷其春一行到军城煤矿检查指导工作。

10月10日　临矿集团副总经理石富山带领安全小分队，到军城煤矿进行四季度达标验收。

同日　临矿集团副总经理于德亮一行，到军城煤矿检查指导。

10月16日　临矿集团副总经理郭修杰到军城煤矿检查指导工作。

11月23日　军城煤矿取得山东省煤炭工业局颁发的《安全资格证书》，有效期至2015年11月23日。

11月30日　临矿集团副总经理张廷玉一行，到军城煤矿检查指导。

12月30日　军城煤矿举办2013年元旦联合晚会。

2013年

1月17日　军城煤矿安培中心通过山东煤矿安全监察局三级煤矿安全培训机构验收。

1月20日　军城煤矿印发军能发〔2013〕第5号《军城煤矿"三重一大"决策制度实施细则》文件。

1月21日　军城煤矿在多功能厅召开2012年度总结表彰大会。

1月28日　临矿集团副总经理石富山，到军城煤矿走访困难职工。

2月2日　鱼台县县委书记李志红一行，到军城煤矿检查指导。

2月18日　山东煤矿安全监察局向军城煤矿颁发安全生产许可证（正、副本），有效期至2016年3月1日。

2月21日　山东省煤炭工业局向军城煤矿颁发煤炭生产许可证（正、副本），有效期至2016年3月1日。

2月26日　鱼台县县长宫振华一行，到军城煤矿检查指导。

3月6日　临矿集团总经理张希诚一行，到军城煤矿检查指导。

3月13日　临矿集团副总经理于德亮一行，到军城煤矿检查指导。

3月15日　临矿集团党委副书记刘孝孔一行，到军城煤矿考核领导班子。

3月21日　临矿集团副总经理郭修杰一行，到军城煤矿检查指导。

3月22日　军城煤矿在安培楼三楼会议室召开第一届职工代表大会第五次会议。

4月9日　临矿集团副总经理于德亮一行，到军城煤矿检查指导。

4月28日　军城煤矿安装井下矸石洗选系统。

5月7日　临矿集团副总经理石富山，到军城煤矿检查指导。

5月16日　临矿集团总经理张希诚一行，到军城煤矿调研指导。

5月30日　军城煤矿申请发布《山东东山军城能源开发有限公司企业标准》。

6月4日　鲁西分局局长李大普一行，到军城煤矿检查指导。

6月6日　临矿集团总经理刘孝孔一行，到军城煤矿调研指导。

6月13日　临矿集团首次总工程师办公会议在军城煤矿召开。

7月25日　军城煤矿召开半年工作会议。

7月28日　军城煤矿党委召开党的群众路线教育实践活动动员大会。

8月8日　临矿集团董事长张希诚一行，到军城煤矿调研指导。

10月12日　山东能源集团专家组到军城煤矿进行生产技术会诊。

2014年

1月14日　临矿集团副总经理石富山，到军城煤矿走访慰问困难职工。

1月23日　鱼台县县委书记李志红一行，到军城煤矿慰问。

2月26日　临矿集团董事长张希诚，到军城煤矿调研指导。

3月5日　临矿集团副总经理于德亮一行，到军城煤矿检查指导。

3月10日　临矿集团副总经理郭修杰一行，到军城煤矿检查指导。

5月27日　鲁西分局局长王庆德一行，到军城煤矿检查指导。

6月13日　临矿集团总经理刘孝孔，到军城煤矿调研。

7月19日　军城煤矿在安培楼三楼会议室召开2014年半年工作会议。

9月11日　临沂市第七届劳动之星暨山东能源临矿集团第三届职业技能竞赛矿井通风工比赛在军城煤矿举行。军城煤矿荣获"优秀组织奖"，团体二等奖；职工乔来福获矿井通风工一等奖，刘先坤获二等奖；陈宝峰获采掘电钳工三等奖；孙珊珊获煤质化验工三等奖。

11月12日　临矿集团副总经理郭修杰一行，到军城煤矿检查指导。

12月3日　临矿集团总经理刘孝孔一行，到鱼台县洽谈"一矿两井"问题，军城煤矿矿长、党委书记林英良、副矿长王玉强、办公室主任吴海刚陪同。

12月29日　临矿集团董事长张希诚，到军城煤矿调研指导。

12月31日　军城煤矿举办2015年元旦联欢晚会。

2015年

1月31日　军城煤矿第一届职工代表大会第七次会议隆重召开。

2月5日　军城煤矿全体班子成员在调度会议室召开推进军城、王楼煤矿"一矿两井"合并工作会议。

同日　临矿集团副总经理于德亮一行，到军城煤矿检查指导。

3月24日　临矿集团总经理刘孝孔一行，到军城煤矿调研。

4月10日　临矿集团总经理张希诚、副总经理郭修杰，军城煤矿矿长林英良等与鱼台县政府洽谈一矿两井问题。

4月13日　临矿集团纪委书记提文科，到军城煤矿检查指导工作。

4月14日　临矿集团工会主席曹庆伦，到军城煤矿检查"两型矿山"建设。

5月15日　临矿集团副总经理张廷玉一行，到军城煤矿检查指导。

5月27日　临矿集团副总经理郭修杰，到军城煤矿检查指导。

6月4日　山东东山王楼煤矿有限公司、山东东山军城能源开发有限公司、山东东山矿业有限责任公司、鱼台县鑫达经济开发投资有限公司在济宁市鱼台县财政局经过充分协商，就山东东山王楼煤矿有限公司吸收合并山东东山军城能源开发有限公司达成合并协议。

同日　召开股东会，出席股东2名，代表公司股东100%表决权，一致形成决议：将山东东山军城能源开发有限公司与山东东山王楼煤矿有限公司进行吸收合并整合成一个企业法人，山东东山能源开发有限公司被吸收合并后注销，改制为山东东山王楼煤矿有限公司在鱼台县的分支机构。

7月9日　临矿集团副总经理石富山一行，到军城煤矿检查指导。

7月16日　临矿集团董事长张希诚一行，到军城煤矿调研指导。

7月30日　临矿集团总经理刘孝孔，到军城煤矿调研。

10月19日　临矿集团工会主席曹庆伦一行，到军城煤矿检查指导。

12月22日　山东省工商行政管理局注销山东东山军城能源开发有限公司，收回《营业执照》，并发放新登记分公司《营业执照》。同时，完成《营业执照》《组织机构代码证》《税务登记证》"三证合一"办理工作。自此，军城煤矿与王楼煤矿合并工作正式完成。

12月29日　临矿集团下发临矿任〔2015〕221号文件，经临矿集团研究，撤销军城煤矿建制，与王楼煤矿实行一矿二井管理模式；中共临沂矿业集团有限公司委员会下发临矿发〔2015〕第81号文件，撤销军城煤矿党委建制。

12月30日　王楼、军城"一矿两井"改革工作会议在王楼二号军城井教培楼三楼会议室召开，临矿集团总经理刘孝孔、副总经理张廷玉及组织干部处处长何祥成出席会议，正式宣布王楼煤矿与军城煤矿合并为"一矿两井"。

2016年

1月21日　临矿集团总经理刘孝孔，到王楼二号军城井走访慰问困难职工。

2月4日　临矿集团总经理刘孝孔、副总经理石富山，到王楼二号军城井调研指导。

7月29日　山东省煤炭工业局下发《关于确保完成2016年化解煤炭过剩产能工作目标通知》，明确全省引导退出煤矿名单中包含"山东东山军城能源开发有限公司"，即现王楼二号军城井。

同日　临矿集团总经理张圣国，到王楼二号军城井调研。

8月17日　王楼二号军城井下发军城发〔2016〕33号文件，成立2016年化解过剩产能工作领导小组，肖庆华任组长，王玉强任副组长，邵长余、梁宝成、高敬东、汪学军、张俊宝为成员。

8月22日　王楼二号军城井编制完成设备回撤方案。

8月26日　王楼二号军城井与山东煤炭技术服务有限公司签订编制《王楼二号军城井闭坑地质报告》合同。

9月2日　根据去产能要求，王楼二号军城井最后一个工作面41203造条件结束，标志着矿井全面停产，转入全面回撤阶段。

9月13日　王楼二号军城井委托临沂兴宇工程设计有限责任编制王楼二号军城井井筒封闭方案设计。

9月28日　山东能源集团调研督导组孙世海一行，到王楼二号军城井督导化解过剩产能工作情况，临矿集团工会主席曹庆伦、王道臣、曹召彬、魏海峰、任小红及矿班子成员、各专业副总及相关人员陪同。

9月29日　王楼二号军城井召开第一届职工代表大会第一次会议，共76名职工代表参加，会议审议通过《王楼二号军城井化解过剩产能员工安置方案》。

10月11日　王楼二号军城井安全生产许可证（证号：鲁MK安许证字〔2010〕1-357）经山东煤矿安全监察局鲁煤监协调〔2016〕86号文件批复，同意注销。

10月20日　夜班最后1台设备及人员全部升井，标志着井下回撤全面完成。

同日　主井箕斗、天轮完成回撤。23日，副井罐笼、电缆和首绳等装备回撤完成。25日，主井井口井盖完成浇灌，实现封堵。28日，副井井口井盖完成浇灌，实现封堵。29日，副井天轮完成回撤。主井风道完成封堵。

10月25日　集团公司总经理张圣国、副总经理石富山，到王楼煤矿宣布人事调整决定，聘任白景志为王楼煤矿矿长、党委书记；肖庆华为集团公司总经理助理、上海庙矿业公司副董事长、总经理、党委书记，兼任榆树井煤矿矿长、党委书记，新上海一号煤矿筹建处主任、党总支书记；梁宝成为菏泽煤电郭屯煤矿安监处处长；高敬东为新驿煤矿总工程师。

10月26日 山东省国有资产监督管理委员会、山东能源集团公司调研督导组，到军城矿井检查去产能工作情况，并进行预验收，集团公司总工程师赵仁乐及在家班子成员、各专业副总陪同。

10月30日 王楼二号军城井在主副井井盖悬挂永久标志牌，完成闭坑关井。

第一篇 管理结构

第一章 领导班子

第一节 王楼矿井筹建处

2001年11月，王楼矿井筹建处成立。刘洪波任新区指挥部总指挥兼筹建处主任，周启昆任筹建处副主任，刘守莲任总工程师。

2002年5月，刘成录兼任王楼矿井筹建处主任。11月18日，刘成录兼任新区建设指挥部党总支书记。

2003年7月1日，解信德任王楼矿井筹建处主任，邵昌友、张俊宝任王楼矿井筹建处副主任。

2004年1月，周启昆任王楼矿井筹建处主任。7月，夏宇君任王楼矿井筹建处主任。11月7日，陈家忠任王楼矿井筹建处副主任。

2006年2月17日，王楼一号井筹建处、二号井筹建处成立。夏宇君任王楼矿井筹建处主任，邵昌友任王楼矿井一号井筹建处副主任（主持工作），张俊宝、肖庆华、高佩宝任王楼矿井一号井筹建处副主任，张伦恭为王楼矿井一号井筹建处副主任兼安监处处长。同日，王楼矿井筹建处党总支成立，夏宇君任书记，邵长余任副书记，邵昌友、赵仁乐、刘传武任委员。4月5日，王楼矿井筹建处成立工会组建筹备组，邵长余任组长，林原任副组长。4月26日，王楼矿井筹建处举行第一届工会代表大会，选举邵长余为第一届工会主席。7月8日，任智德任王楼一号井筹建处副主任兼安监处处长。10月5日，李传军任王楼一号井筹建处副主任。

2007年1月28日，高佩宝、李传军调离王楼一号井筹建处，任智德兼任王楼一号井筹建处总工程师，丁学贤任王楼一号井筹建处副主任兼安监处处长。2月8日，王立才任王楼一号井筹建处主任。同日，王楼一号井筹建处党总支成立，王立才任书记，邵长余任副书记，张俊宝、肖庆华、任智德、丁学贤任党总支委员。

第二节 王楼煤矿

2007年6月30日，王楼煤矿党委成立，王立才任书记，邵长余任副书记、纪委书记，肖庆华、单井林、张俊宝任委员；王楼煤矿成立，王立才为王楼煤矿矿长，肖庆华、单井林、张俊宝为副矿长，任智德为副矿长兼总工程师，丁学贤为副矿长兼安监处处长。8月11日，王楼煤矿召开第一届工会会员代表大会第一次会议，选举邵长余为工会主席。

2009年9月23日，肖庆华任王楼煤矿党委书记，齐东合任王楼煤矿党委委员。9月25日，肖庆华任王楼煤矿矿长，齐东合任王楼煤矿副矿长。

2013年7月15日，诸葛祥华任王楼煤矿副矿长、安监处处长，齐东合调离王楼煤矿。

2014年2月14日，宋陵任王楼煤矿副矿长，单井林调离王楼煤矿。

2015年1月8日，王永宝任王楼煤矿副矿长兼总工程师，任智德调离王楼煤矿。12月8日，汪学军任王楼煤矿副矿长，宋陵调离王楼煤矿。12月29日，王玉强、梁宝成、高敬东任王楼煤矿副矿长。

2016年10月24日，白景志任王楼煤矿党委书记、矿长，肖庆华、梁宝成、高敬东调离王楼煤矿。12月5日，吕凤新任王楼煤矿副矿长，王玉强调离王楼煤矿。

2017年7月3日，诸葛祥华任王楼煤矿党委委员，丁学贤调离王楼煤矿。7月10日，密士廷任王楼煤矿副矿长、安监处处长。8月，密士廷任王楼煤矿安全总监。7月10日，张卫任王楼煤矿党委委员、纪委书记。

2018年5月7日，邵长余任临矿集团公司高级政工师职务。8月19日，徐国华任王楼煤矿党委委员、副矿长，诸葛祥华调离王楼煤矿。10月29日，王忠密任王楼煤矿总工程师，王永宝调离王楼煤矿。

第二章 机构设置

第一节 机关机构

2002年9月，成立王楼矿井筹建处机电组、施工组等临时机构。

2003年10月，成立王楼矿井筹建处工程技术科、机电科、计划预算科、保卫科、办公室、供应科。

2004年10月，成立王楼矿井筹建处安监科。

2006年3月，成立王楼一号井筹建处办公室、工程技术科、机电科、通防科、安监处、计划预算科、财劳科、保卫科。

2007年7月，成立王楼煤矿党政办公室、党群工作部（监察科、团委）、生产技术科、安监处（安培中心）、机电科、地测科、通防科、调度室、财务科、劳资社保科、煤质管理科、总务科、保卫科、卫生所、材料管理小组。

2008年7月，成立预算科。

2009年2月，成立节能环保办公室。8月，成立设备管理组。

2011年1月，成立防治冲击地压办公室。

2012年7月，成立物资管理科，撤销设备管理组和材料管理组，。

2014年1月，成立结算中心。9月，成立安监处安全质量验收办公室。

2015年4月，成立喻兴生态农业分公司外部关系协调办公室（简称外协办），原预算科合并至财务科、原结算中心划归劳资社保科。9月，王楼煤矿实施大部室改革，保留党政办公室、党群工作部、安全监察处，成立人力资源部（含原劳资社保科、结算中心和党群工作部干部管理）、经营管理部（含原财务科、煤质科）、后勤服务部（含原总务科、保卫科、卫生所、外协办及喻兴农业园）、生产技术部（含原生产科、调度室、地测科、通防科和防冲办）、机电管理部（含原机电科、物资管理科和节能办）。

2016年3月，王楼煤矿成立山东京杭绿色生态工程有限公司，下设办公室、工程事业部和财务部；王楼煤矿及军城井财务科、劳资社保科、党群工作部、保卫科、总务科、煤质管理科、党政办公室、物资管理科以及卫生所实施合并。9月，成立大码头筹备办公室。11月，成立军城留守办公室，撤销王楼煤矿军城矿井原有机关机构。

2017年3月，成立经营管理部审计科，撤销人力资源部结算中心和大码头筹备办公室。3月，成立山东千祥置业有限公司。8月，成立办公室、安监处双重预防机制建设管理办公室，撤销党政办公室。

第二节 矿属单位

2007年2月，王楼一号井筹建处成立掘进一工区、掘进二工区、通防工区。4月，成立综采一工

图1-2-1 王楼煤矿机关人员宿舍楼。（2017年摄）

区、综掘工区、机电工区、运搬工区，撤销机运工区。7月，王楼煤矿成立综采一工区、综掘工区、掘进一工区、掘进二工区、掘进三工区、机电工区、运搬工区、通防工区。同年，成立准备工区。

2009年2月，成立选煤厂。4月，成立采煤二工区。

2010年11月，成立开拓工区。

2013年10月，实行大工区制，撤销掘进三工区。

2014年1月，成立防冲队。9月，撤销掘进二工区。

2015年3月，将物资管理科物资回收队和后勤维修队合并后成立综合服务队，归总务科管理，4月，综合服务队划归准备工区。

2016年3月，军城井选煤厂合并至王楼煤矿选煤厂。7月，将王楼矿井通防工区和军城矿井通防工区合并，将军城矿井掘进一工区与军城矿井掘进二工区合并为军城矿井掘进工区，撤销军城矿井机修安装工区建制，将军城井井下安装队并入军城矿井综采工区，成立京杭绿色生态工程有限公司制冷降温综合服务队。8月，成立矿建工程项目部，将军城矿井机修厂并入王楼煤矿准备工区机修厂。9月，撤销军城井掘进工区。12月，将京杭公司制冷降温综合服务队划归机电工区管理。

2017年2月，撤销准备工区综合服务队。3月，撤销矿建工程项目部。4月，成立防冲工区，撤销防冲队。8月，成立机修厂。9月，成立综掘一工区、综掘二工区、巷修工区，撤销综掘工区、掘进一工区、开拓工区。

第二篇　矿区建设

王楼煤矿矿区建设可大致划分为矿井投产前和生产中两个阶段。矿井投产前矿区建设主要以地质勘查与测绘为主，2007年前通过前期对矿井地质构造、资源储量、水文地质等情况的详细勘查等工作，为矿井的生产布局和安全生产提供基本依据。生产阶段通过对补充勘探和实际揭露不断完善矿井资料，此外，为满足生产和环保等要求，不断完善地面生产系统和库房仓库等地面设施。

第一章　地理环境

第一节　地　貌

井田地形由滨湖平原及湖区构成。南阳湖西岸堤坝以西为滨湖冲积平原，沟渠纵横，地势西高东低，自然地形坡度0.3‰，地面标高+33.20米～+34.90米，主、副井口标高均为+37.5米。堤坝以东为南阳湖区，湖面标高+31.50米～+33.50米，局部高地可达+35.80米。

第二节　水　系

井田内地面水系发育，湖区面积约占全区面积的49.3%，是附近水系的汇集地。南阳湖湖区面广水浅，边缘多为芦苇沼泽地，中部则是水草泥地。一般常年积水，中部水深约2米，枯水季节小于1米。历年最低湖水位32.32米（1962年6月17日），最高湖水位36.98米（1964年9月15日），京杭运河堤坝标高+39.8米，防洪水位为36.00米。湖西坝顶最低高程39.00米，坝顶宽约15米。

井田内主要河流自南而北有新万福河（堤坝标高+38.7米）、蔡河（堤坝标高+38米以上）、洙赵新河（堤坝标高+38.7米）等，它们以湖盆为中心汇入南阳湖，均为以引洪、排涝为目的人工河渠。京杭运河自北向南穿过本区，最高水位36.67米，汛期最大流量626立方米/秒（1964年9月6日），旱季流量变小，乃至局部干涸。洙赵新河位于井田北部，自北西向南东穿过初期采区经候楼村南侧流入南阳湖，河床宽约200米，汛期最大流量1584立方米/秒，最小至断流。

第三节　气　象

本区为温带半湿润季风区，属海洋与大陆间过渡性气候，四季分明。据济宁气象局观测资料，年平均气温为13.3～14.1摄氏度，无霜期为199天。多年平均最低气温月为1月，平均气温为−2摄氏度。1967年12月气温最低为−4.1摄氏度，日最低气温−19.4摄氏度（1964年2月18日）；7月份气温最高，月平均最高气温29摄氏度（1959年7月），日最高气温41.6摄氏度（1960年6月21日）；年平均降水量677.2毫米，最小347.9毫米（1988年），最大1186毫米（1964年）。降雨多集中在7～8月份，日最大降雨量

183.7毫米（1993年8月5日）。年平均蒸发量1785.2毫米。

春夏两季多东风、东南风，冬季多为北风、西北风，平均风速为2.3米/秒；最大风力＞8级，历年积雪最大厚度0.15米，最大冻土深度0.31米。

第四节　地　震

根据《中国地震动参数区划图》（GB18306-2015），济宁市任城区的地震动峰值加速度为0.05g（重力加速度），地震基本烈度为Ⅵ度，属地壳稳定区。

第二章　井田位置

第一节　位置与交通

一、位置

王楼井田位于济宁煤田的南部，行政区划隶属于济宁市任城区喻屯镇。

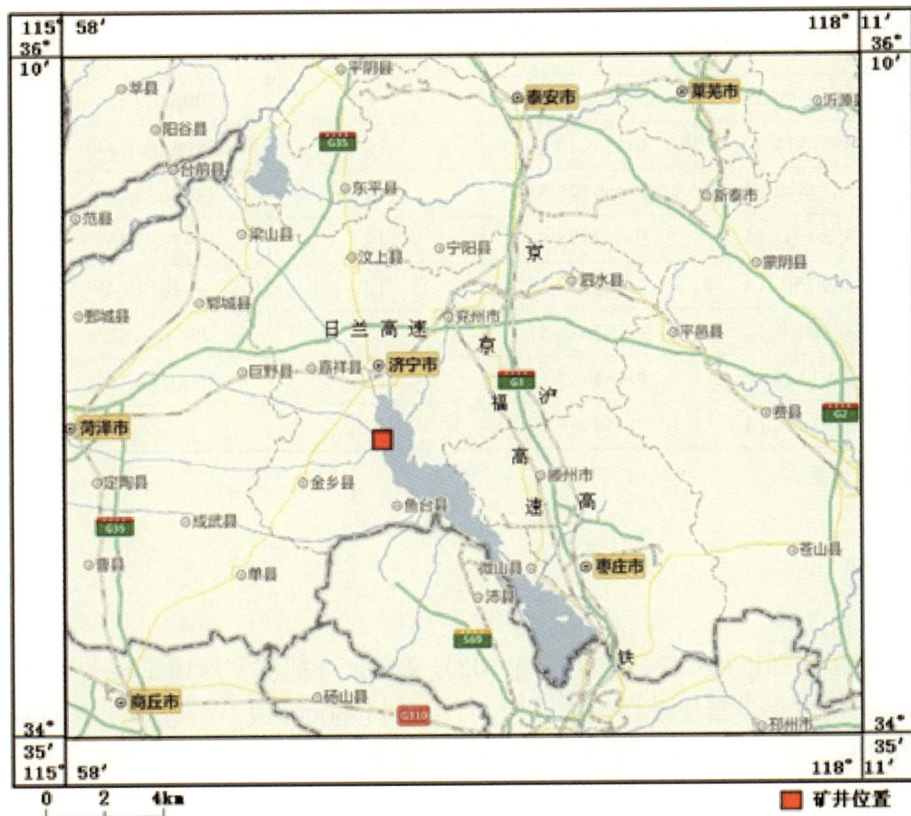

图2-2-1　王楼煤矿位置示意图。

二、交通

矿井北距兖新铁路济宁火车站约25千米，西北距济宁机场约26千米，自济宁向东距京沪铁路兖州站32千米，往东经临沂可至石臼港。由济宁至菏泽与京九铁路接轨。京杭运河自北向南从本区中东部穿过。区内公路交通四通八达，济宁～鱼台公路自井田西部穿过，与乡村级公路连接成网，另外在井田东北部有京福和日荷高速公路通过，交通便利。

第二节 井田范围

一、范围

王楼煤矿矿区平面范围为国土资源部于2011年12月9日核发的采矿许可证批准的范围，采矿许可证证号：C1000002011121110121663，有效期自2008年2月21日至2034年2月12日。矿区极值坐标为X：3889499.12～3900599.08，Y：39457645.47～39471320.46。井田范围由15个拐点圈定，面积93.7696平方千米，批准开采标高–200米～–1200米。

表2-2-1 王楼煤矿采矿权范围拐点坐标一览表

拐点编号	X	Y	拐点编号	X	Y
1	3900599.08	39457645.47	9	3896404.16	39469735.47
2	3897574.09	39457945.49	10	3896124.16	39469680.47
3	3889499.12	39459175.53	11	3897654.16	39471320.46
4	3889564.14	39462495.52	12	3897954.15	39469165.46
5	3890749.14	39463235.51	13	3899614.14	39469135.45
6	3889894.14	39463645.51	14	3899664.10	39460495.47
7	3891344.14	39464985.50	15	3900588.10	39460499.47
8	3891674.14	39464965.50	—		

注：采用1980西安坐标系。

二、手续办理

1996年，煤炭工业部以煤规字〔1996〕第502号文件批准把济宁煤田王楼井田划归临沂矿务局开发。划归范围：南起张集断层及17煤隐伏露头，北到3900000线，西起济宁支断层，东到16上煤层–350米底板等高线，面积约80平方千米，由8个拐点组成。

1999年12月12日，临沂矿务局取得探矿权。

2002年7月22日，国土资源部以矿权评确〔2002〕113号文件予以确认，由山东煤田地质局进行详查勘探，勘探证号010009960046。2002年，临沂矿务局缴纳探矿权转让费2960万元，办理探矿权转采矿权，同时注销探矿权。

2003年5月，国土部以国土资矿划字〔2003〕007号划定矿区范围。

2004年2月，国土资源部颁发王楼煤矿的采矿许可证，证号为1000000410012，采矿权人为山东东山矿业有限责任公司。

2007年1月，根据国土资矿函〔2007〕10号文件《关于山东东山矿业有限责任公司王楼煤矿井田划分问题的函》，山东东山王楼煤矿有限公司采矿权划分为南北两块，即北侧为王楼煤矿（王楼一号矿井），南侧为军城煤矿（王楼二号矿井）。

2008年2月，办理采矿权转让，采矿权人变更为山东东山王楼煤矿有限公司，采矿许可证编号为100000820025。

2011年12月，因坐标系转换，国土资源部换发新的采矿许可证，证书编号C10000020111211 10121663，有效期限至2034年2月。

第三章　勘探与测量

第一节　勘查及补勘

一、地质勘查阶段

1966—1967年，华东煤炭基建公司第二勘探队在济宁煤田南部进行普查找煤时，施工相4、相5 2个钻孔，完成钻探工程量948.71米，并于1968年4月提交鲁西南找煤小结。

1979—1981年，原山东省煤田地质勘探公司进行济宁煤田（东区）勘查时，在本区施工钻孔21个，完成钻探工程量14275.63米，全部进行模拟测井。1981年11月，提交《山东省济宁煤田（东区）总体详查地质报告》。1981年12月24—26日审查批准，并颁发《山东省济宁煤田（东区）总体详查地质报告》批准书（煤地审字8103号）。

1998年，山东煤田地质局在王楼井田进行普查勘探，经上级批准，并受临沂矿务局委托，由普查阶段直接进入精查勘探施工。

1998年勘探进入精查阶段，至1999年10月，共完成二维地震测线220.87千米，物理点16124个；共施工钻孔17个，完成钻探工程量16877.47米，全部进行数字测井，其中施工水文孔5个，工程量5209.76米，抽水试验6次。

1999年10月，由山东煤炭地质工程勘察研究院编制完成《山东省济宁煤田王楼区勘探（精查）地质报告》。该报告由国土资源部以国土资函〔2000〕323号文予以批准，并颁发《山东省济宁煤田王楼区勘探（精查）地质报告》矿产资源储量认定书（国土资认字〔2000〕40号）。全区共获煤炭资源储量43163万吨，其中：331（原A级）938万吨；332（原B级）2766万吨；333（原C级）11092万吨2；334（原D级）28367万吨。

1966—1999年，历次勘查完成40个钻孔，钻探工程量32101.81米，地球物理测井39个孔实测31739.20米，其中模拟测井22孔实测15030.20米，数字测井17孔实测16709.00米；采取煤心样143件、瓦斯样14件、煤岩样55件、简选样4件、燃点样45件、煤尘爆炸样44件样品，总计302件；采取岩石力学样88组计329个、水样4个；第四纪全取芯孔9个，揭露奥灰孔8个。

表2-3-1　1966—1999年地质勘查阶段工作量汇总表

勘查手段	工作项目	完成工作量
测量	地形图测绘（1：10000）	陆地 20km²
	控制测量	96.08km²
	工程测量	钻孔 40 个，二维地震测线长 220.87km

勘查手段	工作项目	完成工作量	
地震	数字地震	二维地震测线220.87km，物理点16124个（普查110.48km，8428点，精查110.39km，7696点）	
钻探	地质钻探	以往23孔，工程量15224.34m。勘探阶段17孔，工程量16877.47m。（其中普查5孔，工程量4402.63m，精查12孔，工程量12474.84m）合计40孔，工程量32101.81m	
测井	模拟测井	22个孔，实测15030.20m	39个钻孔计31739.20m
	数字测井	17个孔，实测16709.00m	
水文	专门水文孔	施工5个水文孔，工程量5209.76m，抽水6次	
	其他工作	第四纪全取心孔9个，揭露奥灰孔8个	
采样测试	煤样	煤心样143件、瓦斯样14件、煤岩样55件、筒选样4件、燃点样45件、煤尘爆炸样44件，总计302件	
	各种岩、矿样及水样	岩石力学样88组计329个，水样4个	

二、矿井设计、建井阶段

（一）王楼煤矿井田区域

2000年5月19日，国土部下发《关于〈山东省济宁煤田王楼区勘探（精查）地质报告〉的批复》（国土资函〔2000〕323号），批复认定济宁煤田王楼区勘探地质报告。

2002年9—12月，由淄博翔宇勘探工程有限责任公司施工主井井筒检查孔和副井井筒检查孔各1个，终孔深度分别为795.00米和779.04米，共完成工程量1574.04米，抽水4次，其中抽风化基岩段水1次、抽侏罗系基岩水1次、抽基岩混合水2次，钻孔质量均达特级。

2002年12月27日—2003年2月25日，河北省煤田地质局物测地质队在首采区进行三维地震勘探。首采区勘探范围为：南起3$_上$煤隐伏露头，主副井筒及F7断层一线，北到井田边界煤柱，西以3$_上$煤层底板标高-850米水平为界，东到F5断层，施工面积12.11平方千米，一次覆盖面积10.15平方千米，控制面积6.40平方千米。经评价。所获资料为：甲级记录4286张，占74.00%，乙级记录1506张，占26.00%，没有废品记录，合格记录100张，合格率为100%。

2005年2—4月，江苏煤炭地质物测队在井田南翼进行三维地震勘探。其范围为：北起刘官屯断层及3$_上$煤层隐伏露头，南至新万福河北岸，西起3$_上$煤层-950米等高线往南出3$_上$煤层隐伏露头后，按12$_下$煤层-1100米等高线垂向到新万福河，东到董庄断层，面积约11.95平方千米，三维地震物理点8633个。该范围基本覆盖本次补勘区12$_下$煤层-1100米等高线以东到董庄断层的全部区域。经评价。所获资料为：甲级记录6323张，占73.24%，乙级记录2227张，占26.46%，废品记录26张，占0.30%。原始资料的合格率达到99.70%，满足《煤炭煤层气地震勘探规范》的要求，原始资料质量可靠。

2005年11月，江苏煤炭地质物测队对南翼采区南部进行三维地震勘探工作。具体范围：南起小吴断层，北到新万福河北岸，西起南陈断层，东抵董庄断层，面积约2.54平方千米。经评价。所获资料为：甲级记录1341张，占63.46%，乙级记录757张，占35.93%，废品记录9张，占0.43%。原始资料的合格率达到99.57%，满足《煤炭煤层气地震勘探规范》的要求，原始资料质量可靠。

（二）军城煤矿井田区域

2004年11月，临沂矿务局新区建设指挥部委托山东省煤田地质局对王楼井田南井区（即军城井范围）进行补充勘探。2005年4月19日开始，11月30日结束。二维（分一、二两期）、三维地震勘探均由山东省煤田地质局所属物探测量队负责施工。地质钻探由山东省煤田地质局所属第一、三、四勘探队负责施工。

1. 二维地震勘探范围为南阳湖堤以东湖区部分，地震测网为500米×500米。共完成地震测线20条，测线总长60.01千米，总计物理点2858个，其中甲级1770个，乙级961个，合格119个，废品8个。甲级率64.62%，成品率99.72%。

2. 三维地震勘探范围在南阳湖大堤以西，D9断层以东陆地部分，北至与王楼煤矿的边界，南至陆地部分矿权边界。满覆盖控制面积8.4平方千米。共完成三维测线16束，共施工物理点7343个。评级如下：成品物理点7320个，其中甲级5110个，占70.74%，乙级2114个，占29.26%，合格96个，物理点成品率99.69%。

3. 地质钻探施工，施工钻孔9个，完成工程量4930.32米，其中水文孔5个，工程量2824.57米，抽水试验9次，全部进行数字测井，所施工9个钻孔，按照1987煤炭部颁《煤田勘探钻孔工程质量标准》评定验收，特级孔8个，甲级孔1个，工程质量良好，其中有5个钻孔（W–4、W–5、W–6、W–7、W–9号孔）落在本次补充勘探报告范围内，工程量2474.25米。

2005年12月，山东煤炭地质工程勘察研究院提交《山东省济宁煤田王楼井田南区补充勘探报告》。2006年5月31日，经过山东省国土资源厅评审通过。2006年8月11日以鲁资能备字〔2006〕25号出具储量评审备案证明。

2006年1月14日—4月1日，中国煤炭地质总局第一勘探局勘查院在王楼煤矿二号（军城）矿井施工主、副井井筒检查钻孔2个，完成工程量1064.50米，抽水6次。并于2006年4月，提交《临沂矿务局王楼二号矿井井筒检查钻孔最终成果报告》。

2006年3—5月，江苏煤炭物探测量队对王楼煤矿二号（军城）矿井首采区，即二、三采区，湖区西部靠近堤坝部分，面积6.38平方千米，进行三维地震勘探。2006年3月25日—2006年5月17日。完成三维线束15束，共完成物理点4475个，线束物理点4433个，其中甲级记录2918张，占65.20%，乙级记录1555张，占34.75%，废品2张，占0.05%。生产记录物理点合格率为99.95%，试验物理点42个，全部合格。2006年11月，提交《山东省临沂矿务局王楼二号井首采区三维地震勘探报告》。

三、生产补充勘探阶段

（一）王楼煤矿井田区域

2007年6月—2008年7月，委托江苏长江地质勘查院进行补充地质勘探工作，补充勘探范围位于井田中西部，北以刘官屯断层及3上煤层隐伏露头为界，南至12下煤层F66、FD19及南部的小构造发育带保安煤柱线，东以董庄断层为界，西至-1200米各煤层底板等高线（即矿井三、六采区范围），面积约15平方千米。本次补充勘探共施工14个钻孔，钻探工作量11929.62米，地球物理数字测井11890.41米，其中水文孔3个，工程量2352.76米，抽水试验2次，流量测井1次，留设水BC–2、水BC–3、水BC–10号孔作为水文长观孔，共采集各类样品81个（组），其中煤心样60个、瓦斯样4个、岩石力学样15组、水样2个。所施工钻孔按照1987煤炭部颁《煤田勘探钻孔工程质量标准》评定特级孔7个、甲级孔7个，特甲级孔率100%。

2008年10月—2009年7月，委托常州市基础工程公司进行水文地质补充勘探工作。布置钻孔4个，位于井田西部二、三采区3$_上$煤层-950米等高线附近，4孔近南北向布置，并与以往钻孔形成500~750米的网距。本次补勘共施工4个水文地质钻孔，工程量4208.84米，抽水试验3次，流量测井4次，水3C-5、水3C-26两孔均留作侏罗系砂岩水长观孔，地球物理数字测井4177.70米，共采集各类样品23个（组），其中煤心样3个、瓦斯样1个、岩石物理力学样16组、水样3个。所施工钻孔按MT/T1042-2007《煤炭地质勘查钻孔质量标准》评定，全部为甲级孔，甲级孔率100%。

2010年1月—2012年8月，分别对二、三采区深部及-650米水平浅部块段进行补勘。本次补勘工作分两个阶段，第一阶段由江苏煤炭地质物测队进行二、三采区深部的三维地震勘探工作，第二阶段由江苏长江地质勘查院进行二、三采区深部及-650米块段的钻探工作。本次补勘共完成三维地震勘探面积14.2平方千米，二维地震测线测长7.34千米，物理点共计8192个；钻孔18个，工程量20449.87米，其中水文孔12个，工程量12984.14米，1次流量测井，11次抽水试验，11个长观孔，地球物理测井20244.63米，共采集各种样品105个，其中煤心样29个、瓦斯样5个、岩石力学样61组、水样10个，孔内瓦斯压力测试2次。经验收，各项勘探工作质量合格，成果可靠。

2013年5月，由于王楼煤矿浅部（湖下一区）勘探程度低，高级资源储量所占比例小，含水层多且均为承压含水层，水文地质资料缺乏，为提高补勘区资源储量级别，查明水文地质等开采技术条件，以满足浅部水平开拓及生产需要。江苏长江地质勘查院受矿方委托，编制《临沂矿业集团王楼煤矿湖下一区补充勘探工程施工组织设计》，于2013年6月批准施工，2015年2月验收完成。本次补勘共完成钻孔12个，工程量7205.03米。其中，地质孔8个，工程量5117.23米；水文孔2个，工程量1116.00米；长观孔2个，工程量971.80米；共计抽水试验4次；地球物理测井7154.80米；共采集各种样品39个，其中煤心样35个、水样4个。经验收，按照《煤炭地质勘查钻孔质量标准》（MT/T1042-2007），钻孔质量达甲级8个，乙级4个，甲乙级率达100%。

2018年6—8月，由山东省煤田地质局第三勘探队进行三采区地面可控源音频大地电磁测深勘查工作。本次物探施工区域共布设8条线，实际完成工作量498个点，其中甲级物探点数488个，占总物探点数的97.99%，达到《可控源音频大地电磁技术规程（DZ/T0280-2015）》中Ⅱ级精度的要求。

（二）军城煤矿井田区域

2009年5—8月，由江苏长江地质勘查院对军城煤矿二采区进行地质及水文地质补充勘探。2009年5月开始施工，8月结束，共施工钻孔6个，工程量2960.82米，其中水文孔5个，工程量2616.37米（含长期观测孔2个）。所施工钻孔均按MT/T1042-2007《煤炭地质勘查钻孔质量标准》评定，甲级孔2个，乙级孔4个，甲乙级孔率100%，抽水试验9次，均为合格。

2009年10月，江苏长江地质勘查院提交《山东省济宁市军城煤矿二采区补充勘探地质报告》，经临矿集团组织专家评审通过。

2010年11—12月，为查明军城煤矿三采区的构造发育、煤层赋存情况，江苏煤炭地质物测队对其进行三维地震勘探工作。2010年11月1日测量施测开始，至12月23日地震勘探施工结束，历时53天。完成三维地震控制满覆盖面积2.548平方千米，勘探线束17束，合计完成物理点2062个，其中试验物理点88个，甲级1512个，甲级率76.6%；乙级458个，乙级率23.20%；废品4个，合格率99.8%，丢炮率为零。经项目组现场验收，采集的地震数据质量较好，成果可靠。解释完成后绘制相关图件并编制《山东东山军城能源开发有限公司军城煤矿三采区三维地震勘探报告》。报告查明第四系深度、厚度；

查明主采12下煤层赋存形态及深度、解释12下煤层厚度变化趋势；查明10下、16上、17煤层赋存形态及深度；解释3煤层分布范围、赋存形态及深度；查明区内构造形态，解释2个似陷落柱。

2012年4—8月，为了查明军城井东翼湖下采区（即四、七采区）的煤层赋存形态和影响煤层开采的地质构造情况，由江苏煤炭地质物测队对该采区进行三维地震勘探。2012年4月12日开始，至8月2日结束，历经75天。共完成线束16束，本次勘探设计面积8.1平方千米，由于勘探区地表均为藕池鱼塘，外协难度大，实际完成勘探面积5.64平方千米、完成总物理点3463个，其中，试验及低速带物理点57个、正式生产物理点3406个。时间剖面评价结果为：Ⅰ类时间剖面面积为4.582平方千米，占全区覆盖面积的59.9%；Ⅱ类时间剖面面积为1.729平方千米，占全区覆盖面积的22.6%；Ⅲ类时间剖面面积为1.339平方千米，占全区覆盖面积的17.5%。试验及低速带记录全部合格，正式生产记录中，甲级记录2266张，甲级率66.53%，乙级记录1139张，乙级率33.44%，废品1张，废品率0.03%。解释完成后绘制相关图件并编制《山东东山军城煤矿四采区三维地震勘探报告》，由临矿集团组织专家进行评审通过。

2012年8月—2014年8月，由于东翼四、七采区钻孔数量不足，为满足东翼开拓需要，进行地质及水文地质补充勘探，2012年8月开工，2014年6月结束，共完成钻孔5个，工程量2776.50米，其中水文孔2个（抽水试验4次），工程量1067.49米，水H1号孔留设为奥灰长观孔。按照《煤炭地质勘查钻孔质量标准》（MT/T1042-2007）验收，其中，甲级孔3个、乙级孔2个，甲乙级率达100%，达到设计要求。2014年7月，提交《山东省济宁市军城煤矿东翼湖下采区补充勘探报告》，8月13日，在会宝岭铁矿由临矿集团组织专家评审通过。

2013年12月，西翼八采区面积为5.1平方千米，区内仅有D10、D15-1两个钻孔，未进行地震勘探，勘探程度较低，为查明地质构造、煤层赋存状况，委托山东中煤物探测量队对该区进行二维地震勘探工程。2013年12月23日开工，12月31日结束，历时8天，共完成测线7条，其中主测线5条、联络测线2条，测线总长17.79千米，生产物理点850个；试验点2个，合计物理点26个；总物理点876个。其中，甲级物理点560个、乙级物理点280个、合格物理点26个、废品10个，甲级率66.67%，物理点成品率98.86%，达到设计要求。2014年3月，提交《山东东山能源开发有限公司军城煤矿八采区二维地震勘探报告》。

2014年2—4月，为进一步探明16煤水文地质条件，查明奥灰、十下灰、十三灰等含水层含水性，完善井上下水文动态观测系统，由山东煤田地质局第一勘探队进行井下水文补勘工程。2014年2月14日开工，4月28日竣工。共施工钻孔5个，其中3个水文长观孔、2个水文补勘孔，总计工程量676.06米。

第二节　地质构造

一、区域地质构造

济宁煤田位于鲁西台背斜的西南缘，在鲁西南断块凹陷济宁地堑的东部。济宁煤田北部为汶泗断层与郓城断层所控制的汶上～宁阳地堑构造，南部为菏泽断层、凫山断层与单县断层所控制的成武～鱼台地堑构造，两构造呈东西向延展，横贯于济宁煤田的北部和南部。煤田的东部为滋阳背斜、兖州向斜、滕县背斜构成的北东向褶曲，西部为北北东向的巨野向斜。

济宁煤田岩浆岩形成于燕山期，岩性以橄榄辉长岩为主，岩浆岩一般多以岩床状侵入到侏罗系三台组地层，层位稳定，距煤层较远，对煤层、煤质无影响。

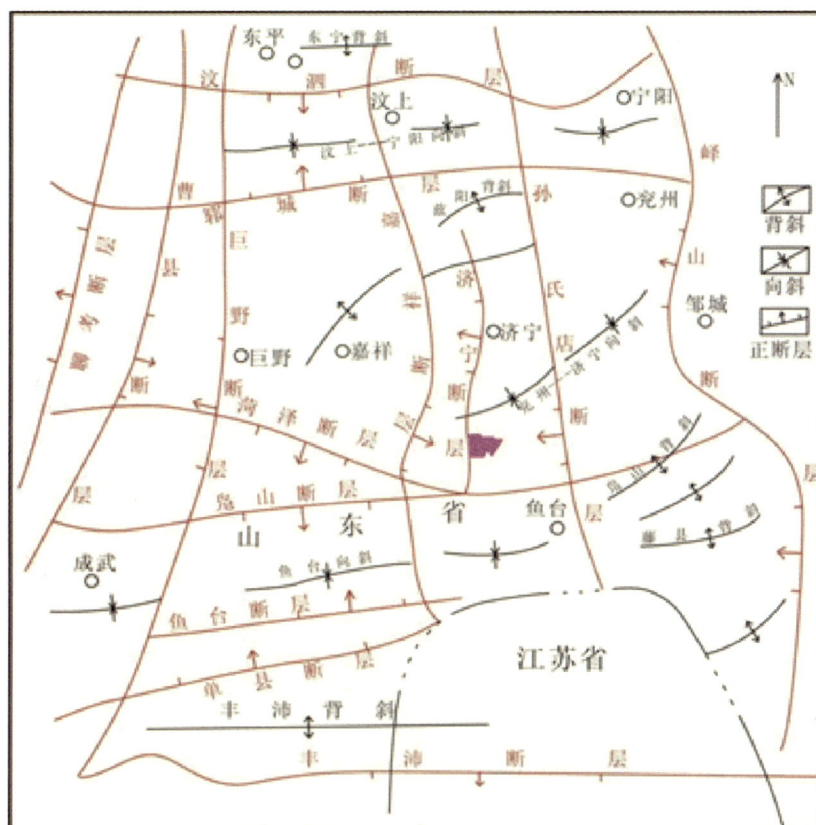

图2-3-1 王楼煤矿区域构造示意图。

注：图中标红处为王楼井田

二、井田地质构造

王楼井田位于济宁凹陷的南部，即济宁向斜南翼，总体为一走向北东、倾向北西的单斜构造，地层倾角一般为10~14°，井田内褶曲构造不发育，以断裂构造为主，井田西界为济宁支断层，东部有孙氏店断层，受嘉祥、济宁、孙氏店等区断裂构造的影响，矿区内以近南北向断层为主，南部和北部也发育近东西向断层。井田构造复杂程度属中等类型。

本井田发育印支—晚燕山期和晚喜山期两个时段的构造，前一时段构造为东西向和北东向褶皱、断裂叠加构造，发生于晚侏罗纪前；后一时段构造为南北向断裂、地堑、地垒式构造，发生在第三纪。后一时段构造是对前一时段构造叠加、深化和改造。

（一）褶曲

井田位于济宁煤田向斜构造南翼，根据勘探资料分析，总体呈一走向北东，倾向北西的单斜构造，局部发育有次一级的宽缓的小型褶曲。

（二）断层

井田内断裂构造发育，以正断层为主，共发育347条，平均3.7条每平方千米，其中落差不小于100米的有11条、落差小于100米且不小于50米的有10条、落差小于50米且不小于30米的有29条、落差小于30米的有297条。主要断层按走向分为近SN向、NW向、NE向和近EW向四组，近SN向断层组主要分布在井田的边界及湖区内，其特点是落差大，延展距离长；近NW向断层组主要分布在区内陆地北部，其特征是落差小，延展距离短，仅井田西南部的南陈、D9断层落差较大，延展距离相对较长；近NE向断层组主要分布在井田北部，断层落差小，延展距离小，仅湖区的F_{13}、F_{14}两条断层落差稍大，延展距离也相对较长；近EW向发育的有2条。

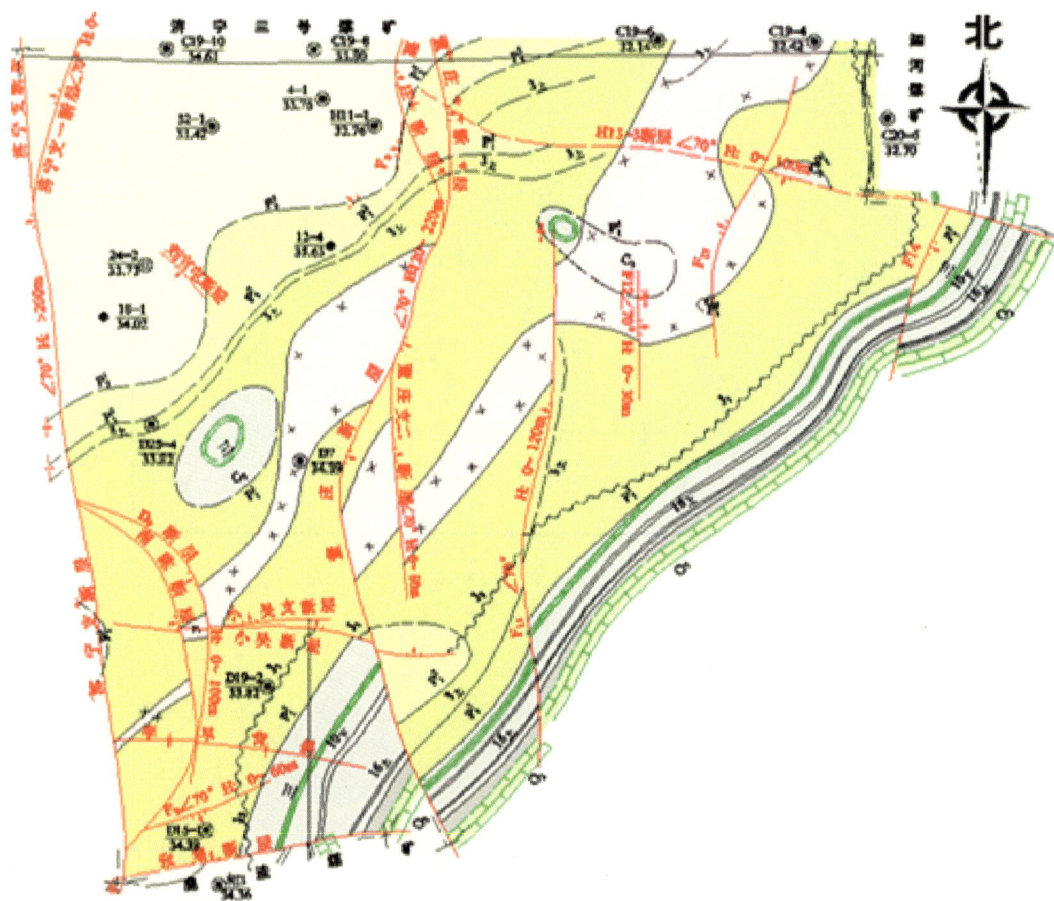

图2-3-2　井田构造示意图。

第三节　资源储量

一、资源储量估算范围

资源储量估算平面范围以2011年12月9日由国土资源部颁发的采矿许可证批准的范围，证号为C1000002011121110121663，有效期自2008年2月21日至2034年2月21日，井田平面范围由15个拐点圈定，井田面积93.7696平方千米，其中王楼一号矿井井田面积为66.7496平方千米、王楼煤矿二号（军城）矿井井田面积为27.02平方千米，批准开采标高-200～-1200米。参与资源储量估算的煤层为5层，其中3$_上$、16$_上$煤层为稳定煤层，10$_下$、12$_下$、17煤层为较稳定煤层。

本区勘查类型为二类一型。

表2-3-2　王楼煤矿各类别资源储量控制网度一览表

煤层		储量类型及工程网度					
名称	稳定性	探明的（m）		控制的（m）		推断的（m）	
		钻孔网度	地震	钻孔网度	地震	钻孔网度	地震
3$_上$	稳定	1000×1000	三维	2000×2000	500×500	稀疏	500×500
10$_下$	较稳定	1000×1000加中心孔	三维	1000～2000×2000	三维	2000×2000	500×500
12$_下$	较稳定	1000×1000加中心孔	三维	1000～2000×2000	500×500	稀疏	500×500
16$_上$	稳定	1000×1000	三维	2000×2000	500×500	稀疏	500×500
17	较稳定	1000×1000加中心孔	三维	1000～2000×2000	500×500	稀疏	500×500

截至2018年12月31日，王楼煤矿保有资源储量为18462.5万吨（气煤15847.2万吨，气肥煤2615.3万吨）。

表2-3-3　王楼煤矿2018年底资源储量统计表

单位：万吨

储量	111	1426.2
	122	1601.5
基础储量	111b	2218.7
	122b	2700.7
资源量	331	2091.4
	332	1315.4
	333	10136.3
合计	—	18462.5

表2-3-4　2018年王楼煤矿分煤层资源储量情况表

单位：万吨

王楼煤矿储量统计表（分煤层）									
煤层	煤种	储量（万吨）		基础储量（万吨）		资源量（万吨）			分煤类
		111	122	111b	122b	331	332	333	（万吨）
3$_上$	QM	1166.1	757.2	1817.7	1433.9	685.8	29.3	1096.4	5063.1
10$_下$	QM	—	387.5	—	455.9		520.4	2996	3972.3
	QF	—	80	—	94.1	3.2	292.5		389.8
	小计	—	467.5	—	550	523.6	3288.5		4362.1

王楼煤矿储量统计表（分煤层）								
煤层	煤种	储量（万吨）		基础储量（万吨）		资源量（万吨）			分煤类
		111	122	111b	122b	331	332	333	（万吨）
12下	QM	260.1	376.8	401	716.8	1028.1	635	4030.9	6811.8
	QF	—	—	—	—	377.5	127.5	1720.5	2225.5
	小计	—	—	—	—	1131	369.7	5751.4	7252.1
小计	QM	1426.2	1521.5	2218.7	2606.6	1713.9	1184.7	8123.3	15847.2
	QF	—	80	—	94.1	377.5	130.7	2013	2615.3
总计		1426.2	1601.5	2218.7	2700.7	2091.4	1315.4	10136.3	18462.5

二、资源储量开采利用情况

2008年10月，山东省第五地质矿产勘查院编制《山东省济宁煤田王楼煤矿资源储量核实报告》（核实基准日：2007年12月31日），该报告经山东省国土资源厅以鲁资能备字〔2008〕76号文备案。

2013年6月，山东省地质矿产勘查开发局第五地质大队编制《山东省济宁煤田王楼煤矿王楼一号矿井资源储量核实报告》（核实基准日：2012年12月31日），该报告经国土资源部以国土资储备字〔2013〕488号文备案。同月，山东省地质矿产勘查开发局第五地质大队编制《山东省济宁煤田王楼煤矿王楼二号（军城）矿井资源储量核实报告》（核实基准日：2012年12月31日），该报告经国土资源部以国土资储备字〔2013〕441号文备案。

2016年7月，山东省煤炭技术服务有限公司编制《山东省济宁煤田王楼煤矿资源储量核实报告》（核实基准日：2015年12月31日），该报告经山东省国土资源厅以鲁国土资储备字〔2016〕141号文备案。9月，山东省煤炭技术服务有限公司编制《山东省济宁煤田王楼煤矿二号（军城）矿井闭坑地质报告》，该报告经山东省国土资源厅以鲁国土资储备字〔2016〕144号文备案。

表2-3-5　2007—2018年矿井资源动用情况统计表

单位：万吨

类别	动用量			采出量			损失量	回采率
动用煤层	3上	12下	小计	3上	12下	小计		
2007年	53.8	—	53.8	28	—	28	25.8	52.04%
2008年	63.8	—	63.8	59.83	—	59.8	4	93.73%
2009年	95.6	—	95.6	80.7	—	80.7	14.9	84.41%
2010年	86.9	5.6	92.5	75.6	5.5	81.1	11.4	87.68%
2011年	95.5	1.7	97.2	88.4	1.6	90	7.2	92.59%
2012年	104.3	—	104.3	89.9	—	89.9	14.4	86.19%
2013年	131.6	—	131.6	119.6	—	119.6	11	90.88%

类别		动用量			采出量			损失量	回采率
动用煤层		3上	12下	小计	3上	12下	小计		
近五年累计	2014年	139.1	—	139.1	121.1	—	121.1	18	87.06%
	2015年	141.8	—	141.8	119.8	—	119.8	22	84.49%
	2016年	131.8	—	131.8	115.8	—	115.8	16	87.86%
	2017年	133.2	—	133.2	115	—	115	17	87.86%
	2018年	121.8	—	121.8	111.3	—	111.3	13	86.34%
	合计	667.7	0	667.7	583	0	583	86	87.31%
累计		1299.2	7.3	1306.5	1125.03	7.1	1132.1	174.7	86.65%

截至2018年12月31日，矿井累计动用储量1306.5万吨，采出量1132.1万吨，矿井平均回采率86.65%。开拓煤量918.9万吨，可采期7.7年；准备煤量758.1万吨，可采期75.8个月；回采煤量129.8万吨，可采服务期为13.0个月。

第四节　矿井测量

一、管理机构

王楼矿井筹建处期间，地测小组隶属技术科，共5人。

2007年7月20日，成立王楼煤矿地测科，设科长1人。

2009年6月4日，设防治水副总工程师1人。

2010年2月23日，成立探水注浆队伍，设队长1人、副队长兼技术员1人、施工人员9人。

2011年7月29日，成立防治水机构，设地测防治水副总工程师1人，主任工程师1人，副科长1人，技术、管理人员4人。

2015年8月15日，增设主管管理1人。

2016年10月25日，王楼、军城两井地测人员合并，由军城煤矿调入地测防治水副总1人、专员管理2人、技术员1人。

截至2018年12月31日，地测科共有12人，其中防治水副总1人、科长1人、工程师1人、专员管理3人、技术员2人、见习技术员2人、科员2人；探水注浆队管理人员5人，施工人员11人。先后制定安全生产联系、图纸资料管理、仪器保管使用等管理制度。资料处理由计算器计算发展到用计算机处理；测绘专业由单纯井下测量发展到地面控制测量、工程测量、地形测量、地籍测量、岩移测量等。

二、测绘

（一）矿区控制网

地面控制网于2002年由济南设计研究院测量队对矿区进行控制测量。测区面积93平方公里，共布设矿区E级GPS控制点10个，采用3台ZSISS Gepos RS12型接收机进行外业观测。数据处理利用利普GPS定位软件Lip3.3进行基线解算，然后对解算数据进行整体平差。加密10秒级导线27个，10秒导线采用SET2C全站仪，水平角采用方向法观测两测回，并将温度、气压改正输入仪器端。10秒级导线计算采用TOPADJ NASEW工程测量控制网平差系统进行平差计算，平差后，导线网中最大误差情况：最大点位误差0.02430米，最大点间误差0.01095米，最大边长比例误差1/34100。

高程控制测量为四等水准网，采用1985国家高程基准，以国家三等水准Ⅲ九张1、Ⅲ九张2为起算点，联测所有GPS点和10级导线点，水准路线总长度34千米。高程测量采用NASEW工程测量控制网微机平差系统TOPADJ在计算机上进行，平差结果如下：最大点位误差0.01536米，最大点间误差0.01526米。

2006年，在基本控制网基础上对矿区控制网进行加密并布设近井点。

2007—2018年，对矿区控制网加密工程进行测区全面勘察、技术设计、控制网点布设和施测以及内业数据处理，平差计算等工作对破坏的地面控制网进行补测加密，建立完整的地面控制网，为建筑施工及设备安装提供准确的位置。

（二）岩移观测

井田范围内，地面建（构）筑物较多（主要有村庄、湖河堤坝、节制闸等）。一、二、三、五、七采区均有建下压煤，同时一采区上还有洙赵新河湖口闸等重要构筑物。

1. 湖口闸下采煤项目

集团公司委托天地科技股份有限公司开采所事业部对"王楼矿井首采区建（构）筑物下采煤方法"进行了论证，根据其论证结论并结合国内部分矿井的生产经验，确定采用条带开采方法开采，以满足洙赵新河湖口闸的保护要求。山东省煤炭工业局下发《关于王楼煤矿首采区建（构）筑物下压煤开采方案设计的批复》（鲁煤规发字〔2008〕26号），统一采用条带式一次采全高全部跨落法管理顶板，单一倾斜长壁后退式采煤方法。该采区已于2008～2010年完成，共开采6个工作面，采出煤量186万吨，回采率54.6%。2007年5月～2012年6月，地测科工作人员对湖口闸进行沉降观测获得沉降参数。

2. 与科研院校开展岩移观测项目

2011年3月，开始与山东科技大学合作对矿二采12303工作面与12312工作面进行岩移观测。12303工作面布设一条走向观测线、两条倾向观测线，共埋设63个测点；12312工作面各布设两条走向、倾向观测线，共埋设89个测点，采用2"级全站仪，按5"级导线测量精度，进行多次平面测量。按四等水准测量精度要求，进行多次水准测量，取得地表变形资料，分析获得本矿井的地表移动规律及移动参数。

2013年，委托山东科技大学对矿井12306、12303、12312、12310、12305工作面进行岩移观测工作，现已对工作面对应地表位置设置观测点并进行沉降观测，摸清地表采动影响的下沉参数。

2015年6月，与山东科技大学合作对七采区27302、27306、27308、27310与27301、27303、27305工作面地表岩移设计，开采涉及地表胡屯、安兴集、邵楼、城后、苏庄及洙赵新河开采保护问题。

2015—2020年，依据地表岩移设计要求，对整个七采区范围内敷设倾向线、走向线各5条，并对

10条观测线实行周期性规律观测，已取得初步成果，对27309工作面的煤柱留设具有较强的指导意义。2019—2020年针对进行覆岩隔离注浆的工作面，布设2条观测线，进行周期性规律观测，并对工作面附近蔡河坝进行对比性观测。

（三）联系测量

1．主、副井联系测量

主、副井联系测量由中煤第一建设公司测绘站承担，2006年1月8日—12日，完成测量提交资料。联系测量的地面测量以济南设计研究院测量队布设的E级GPS控制点为的起算边，地面连接测量按一级导线实施，井下连接测量按7″级导线实施，采用钢丝单重摆动投点，采用WILDGAK–1（20）型陀螺仪定向。

2．其他测量

2014年地面直排孔、2019年三采区集中制冷钻孔的联系测量均由地测科自主完成。

（四）矿图绘制

矿区地形图采用山东省测绘局施测，1979年调绘、出版的地形图。

2002年，济南设计研究院测量队补测部分地形图。

2008年，购买《蓝光地测空间管理信息系统》制图软件，生产技术部地测组组织人员开展微机绘图工作，使矿图的绘制实现自动化、信息化、现代化。年底，初步建立测量数据库、地质数据库、水文地质数据库。采用数据库动态填图、平剖对应绘制采掘工程平面图、地形图、地质井上下对照图等图纸，实现图纸绘制的数字化，满足矿井生产需要。

2013年，地测科工作人员对部分地物进行补测。

2018年，根据集团公司安排，将绘图软件更换为龙软。

截至2018年底，矿井生产所必备的8种基本矿图全部配齐。其中包括1∶2000及1∶5000井田区域地形图、1∶5000井上下对照图、1∶2000采掘工程平面图、1∶1000工业广场平面图、1∶500井底车场平面图、1∶500井筒断面图、1∶5000工业广场保安煤柱图及各种矿井必需的图纸等。井下图纸均采用导线点展绘，绘制精度经检查均符合《煤矿测量规程》及《生产矿井质量标准化标准》的要求。

（五）仪器装备

2007年，配有TDJ6E经纬仪和日本尼康NIV02.0M型全站仪及国产S2水准仪1台，配置微机3台，专业绘图软件1套。

2009年，配置尼康全站仪1台。

2013年，配置日本尼康全站仪1台，日本索佳电子水准仪1台、美国天宝GPS。

2016年，购置LNG–200GPS1台。

第五节　水文地质

一、矿井涌水量

矿井主要有两个充水水源：$3_上$煤层顶（底）板砂岩裂隙水、J_3下部砂砾岩孔隙—裂隙水，前者是直接充水含水层，但却是次要充水含水层，后者是间接充水含水层，但却是主要充水含水层。

图2-3-3　王楼煤矿11305工作面出水现场。（2008年摄）

2004年，王楼煤矿主、副井筒当施工至560米以后，水量逐渐增大，施工至侏罗系底部砾石层时，主井达到35立方米/小时、副井达到48.66立方米/小时，通过注浆堵水用时20天，主、副井剩余涌水量14.71立方米/小时、16.39立方米/小时。

2007年7月，矿井投产以后，首采区各回采工作面均发生不同程度出水。

2008年7月，矿井回采11305工作面，推进至80米位置时，工作面发生突水，瞬时最大涌水量达到450立方米/小时，因排水能力不足，工作面被迫停产，直至2009年5月中央水仓扩容工程完工后恢复生产。

2013年3月，三采区13301工作面在推进至640米时，涌水量逐渐增大。3月12日—4月6日，涌水量由320立方米/小时增大至790立方米/小时。

表2-3-6　2006—2018年王楼煤矿矿井涌水量情况表

年度 项目	2006	2007	2008	2009	2010	2011	2012	2013	2014	2015	2016	2017	2018
年总涌水量 （立方米）	539948	1489200	5019480	7336978	6942701	6630055	6781471	10591099	9162338	8483525	8076720	6368520	5525056
正常涌水量 （立方米/ 小时）	62	170	573	835	791	755	772	1150	1043	966	922	727	631
最大涌水量 （立方米/ 小时）	106	280	1005	1093	1051	911	1151	1200	1193	1019	1084	812	699

二、矿井水防治工作

（一）扩建中央泵房

13301工作面出水后，因矿井排水能力有限，2013年5月，对中央泵房进行扩建，在原有泵房基础上增加辅助泵房，增加排水泵数量，对井底水仓进行扩容，增加两环辅助水仓，水仓总容积由原7280立方增至14155立方。

（二）水文动态观测

2008年6月，根据临矿生字〔2010〕164号文件将水文地质类型划分为"复杂型"。

2008—2013年，共安装水文多参数自动观测系统14套，每天定时采集各含水层信息。其中，奥灰孔5个（BC-3、BC-10、3C-33、3C-34、3C-36），十下灰孔2个（3C-22、BC-2），侏罗孔6个（3C-5、3C-20、3C-21、3C-31、3C-32），第四系1个（Q1）。

2011年12月—2014年3月，共计施工8个井下水文观测孔（奥灰孔2个，侏罗系孔3个，十$_{下}$灰2个，三灰1个），并安装自动观测压力表。

2015年5月，安装自动雨量观测系统。

2016年7月，对北翼轨道大巷十$_{下}$灰1孔进行封闭。

（三）井下物探勘探

2008—2018年，对11304、11306、11307、12303、12305、12307、12316、13301、13302、13303、13305、13315、15121、27302、12309、13304、13307、27304、27305等工作面进行井下电法综合探测。

（四）重新启封不合格钻孔

2009年，启封D20孔，启封深度为826米，启封后采用水泥浆封孔，封孔合格。

（五）定期对各工作面探放水工作现场跟踪、监督、管理、指导。

（六）定期对水害隐患进行排查，每年发出水文地质预报12份，水文地质预报率达到100%。

（七）13301工作面水害治理

2013年2月，13301工作面涌水量逐渐增大。

1. 13301工作面出水前主要工作：工作面回采前委托中煤科工集团西安研究院做了音频电透视和高密度电法探测，并对圈定的富水异常区进行打钻验证，均未出水；回采前集团公司组织2次论证，采用内插法确定隔水煤岩柱厚度；委托西安煤科院编写专门水文地质条件评价，预计最大涌水量466立方米/小时；加强工作面防排水能力，实行三回路供电，水泵、管路、排水能力按600立方米/小时准备。

2. 13301工作面出水后主要工作：13301工作面瞬变电磁探测；TVLF探水雷达探测项目；水化学示踪实验；矿井排水系统改造，并在矿井地面施工直径325毫米直排孔。

2013年6月—2014年5月，由山东龙兴地质工程有限责任公司施工一号探查孔、二号探查孔、3C-4启封孔、3C-5启封孔。2013年6月—2014年3月，一号探查孔累计注入水泥8870吨，粉煤灰4450吨，黏土590吨；2013年8—11月，3C-4启封孔累计注入水泥3108吨；2013年12月—2014年5月，3C-5启封孔累计注入水泥1517.04吨，粉煤灰5467.98吨，黏土727.48吨。2014年8—9月，二号探查孔累计注入水泥830.48吨，粉煤灰250.86吨，黏土73.88吨。

2015年10月—2017年4月，13301工作面进行地面注浆工程，该工程经集团公司公开招标，安徽煤田地质局第一勘探队中标。2015年11月25日开工，历时523天。三采区13301工作面减水183立方米/小时，全矿井减水391立方米/小时，降低了矿井涌水量，每年可为矿井节约排水和污水处理费用2055万元。

第四章　地面建设

第一节　主要生产建筑

2005年5—7月，施工60吨、120吨电子汽车衡控制室及雨棚，建筑面积434平方米，钢结构，局部砖混。该工程由山东华鲁建安集团有限公司施工建设。

2005年7月—2006年2月，施工原煤仓，建筑体积为10326立方米，钢筋混凝土结构，该工程由临沂华建工程有限责任公司施工建设。

2005年7月—2006年8月，施工块煤仓，建筑体积为3037立方米，钢筋混凝土结构。该工程由临沂华建工程有限责任公司施工建设。

2005年12月—2006年9月，施工原煤上仓带式输送机栈桥，总长108米，钢筋混凝土结构。该工程由临沂华建工程有限责任公司施工建设。

2006年3—8月，施工副井井口房，建筑面积为594平方米，钢结构。该工程由临沂华建工程有限责任公司施工建设。5—8月，施工选矸楼，建筑面积为767平方米，框架结构。该工程由临沂华建工程有限责任公司施工建设。5—9月，施工块煤上仓带式输送机栈桥，总长59米，钢筋混凝土结构。该工程由临沂华建工程有限责任公司施工建设。

图2-4-1　王楼煤矿原煤皮带栈桥。（2012年摄）

2006年6月—2008年5月，施工码头栈桥，建筑面积为2650平方米，框架结构，上部为钢结构。该工程由山东华鲁建安集团有限公司施工建设。

2006年8月—2008年2月，施工码头储煤仓，建筑面积为1032.6平方米，钢筋混凝土上筒仓结构。该工程由山东圣大建设集团有限公司施工建设。

2006年8月—2008年4月，施工煤码头煤仓，建筑面积为1613.3平方米，框架混凝土结构。该工程由山东圣大建设集团有限公司施工建设。

2006年12月—2007年6月，主井井口房动工，建筑面积为206平方米，框架结构。该工程由临沂华建工程有限责任公司施工建设。

2007年3—6月，施工原煤带式输送机栈桥，总长49.5米，钢筋混凝土结构。该工程由临沂华建工程有限责任公司、兖州鑫泰钢构公司施工建设。

2007年6月—2008年4月，施工煤码头输送机栈桥，总长752.6米，框架钢结构。该工程由济宁中煤建设工程有限公司、山东华鲁建安集团有限公司施工建设。

2007年8月—2008年2月，施工王楼煤矿专用码头，总长104.7米，钢筋混凝土上筒仓结构。该工程由山东圣大建设集团有限公司施工建设。

2007年10—12月，施工煤码头输送机栈桥，建筑面积为316平方米，轻钢结构。该工程由山东华鲁建安集团有限公司施工建设。

2008年2—10月，施工产品仓，建筑体积为1595立方米，钢筋混凝土筒体。该工程由临沂华建工程有限公司施工建设。施工主广房动工，建筑面积为4420平方米，钢筋混凝土框排架结构。该工程由临沂华建工程有限公司施工建设。4—10月，施工动筛车间动工，建筑面积为625平方米，建筑体积为3900立方米，钢筋混凝土框排架结构。该工程由临沂华建工程有限公司施工建设。5—10月，施工矸石仓，建筑面积为49平方米，钢筋混凝土方仓。该工程由临沂华建工程有限公司施工建设。施工原煤入厂1#、2#带式输送机栈桥、产品上仓带式输送机栈桥、矸石上仓带式输送机栈桥、煤泥刮板输送机栈桥，分别长78.4米、78.9米、87米、35米、46米，部分钢筋混凝土框架支座，上部钢桁架结构，部分连续梁承重。轻型钢结构维护。该工程由临沂华建工程有限公司施工建设。

2008年6—10月，施工煤泥卸载点，建筑面积为53平方米，框架结构。该工程由临沂华建工程有限公司施工建设，10月竣工。施工块原煤带式输送机栈桥、块精煤及矸石带式输送机栈桥同时动工，分别长30.6米、26米，部分钢筋混凝土框架支座，上部钢桁架结构，部分连续梁承重，该工程由临沂华建工程有限公司施工建设。7—10月，施工介质库，建筑面积为90平方米，框架结构。该工程由临沂华建工程有限公司施工建设，10月竣工。8—10月，施工浓缩车间，包括直径22米浓缩池2座，净化水池、循环水池各1座，均为钢筋砼结构；泵房建筑面积为168平方米，建筑体积为1180立方米，地下为钢筋砼箱型结构，地上为砖混结构。该工程由临沂华建工程有限公司施工建设。9—10月，施工煤泥棚，建筑面积为300平方米，钢结构网架屋面，该工程由临沂华建工程有限公司施工建设。

2009年2—6月，施工地磅房、汽车采样车间，建筑面积分别为30平方米、157平方米，钢结构。该工程由山东美达钢幕工程有限公司施工建设。

2012年2—6月，施工主井井口房，改造建筑面积为1776平方米，框架结构。该工程由临沂华建工程有限责任公司施工建设。2—10月，主广房扩建，建筑面积为1265㎡，钢筋混凝土框排架结构。该工程由临沂华建工程有限公司施工建设。

2016年10月—2017年7月，施工受煤坑工程，建筑面积为888.38平方米，整体筏板基础，钢混混凝土结构，该工程由临沂华建工程有限责任公司施工建设。

2018年6—11月，施工煤泥棚钢结构工程，建筑面积为4676平方米，独立基础，网架结构，檐高14.96米。该工程由江苏大汉建设实业集团有限责任公司施工建设。施工矿南配煤场地煤棚钢结构工程，建筑面积为6000平方米，独立基础，网架结构，檐高16.37米。该工程由江苏大汉建设实业集团有限责任公司施工建设。

第二节　辅助生产建筑

一、辅助建设

2004年7—11月，施工售煤楼，建筑面积738平方米，砖混结构。该工程由临沂华建工程有限公司施工建设。

2004年12月—2005年12月，施工内燃机车库、矿井维修车间及综采设备库动工，建筑面积1339平方米，轻钢结构。该工程由临沂华建工程有限公司施工建设。

2005年3月，行政区队办公楼动工，建筑面积5980平方米，框架结构。该工程由山东华鲁建安集团有限公司施工建设，2006年8月，竣工投入使用。

2005年3月，食堂动工，建筑面积3820平方米，框架结构。该工程由山东华鲁建安集团有限公司施工建设，2006年1月竣工。4—8月，施工器材库、器材棚，建筑面积1640平方米，钢结构，该工程由临沂华建工程有限公司施工建设。6—9月，东门卫室动工，建筑面积9平方米，砖混结构。该工程由山东华鲁建安集团有限公司施工建设。

2006年1—10月，施工浴室、矿灯房，建筑面积2688平方米，框架结构。该工程由山东华鲁建安集团有限公司施工建设。5—7月，施工工广厕所，建筑面积45平方米，砖混钢结构。该工程由山东华鲁建安集团有限公司施工建设。9—10月，施工井口等候室，建筑面积600平方米，轻钢结构。该工程由山东华鲁建安集团有限公司施工建设。施工消防材料库，建筑面积56平方米，钢结构。该工程由临沂华建工程有限公司施工建设。12月—2007年4月，施工坑木加工房，建筑面积223平方米，钢结构，该工程由山东华鲁建安集团有限公司施工建设。

图2-4-2 王楼煤矿职工食堂。（2006年摄）　　图2-4-3 王楼煤矿建设中的浴室、矿灯房。（2006年摄）

2007年3—7月，施工大门及门卫室，建筑面积60平方米，砖混结构。该工程由山东华鲁建安集团有限公司施工建设。

2010年6—11月，澡堂接层动工，建筑面积1377平方米，框架结构。该工程由山东华鲁建安集团有限公司施工建。

2012年3—4月，施工副井检修房，砖混结构。该工程由济宁市恒源建安有限公司施工建设。4—11月，改造售煤楼，建筑面积1380平方米，砖混结构。该工程由山东华鲁建安集团有限公司施工建设。5—11月，女澡堂动工，建筑面积197平方米，砖混结构。该工程由山东华鲁建安集团有限公司施工建设。9—11月，扩建器材库及施工西仓库，钢框架结构。该工程由济宁市中煤建设工程有限公司施工建设。

2013年4—6月，改造副井检修房，建筑面积777平方米，两层钢筋混凝土框架结构。该中程由济宁市恒源建安有限公司施工建设。5—7月，施工副井口行人栈桥，总长30.65米，宽3.78米，框架结构，玻璃幕墙维护结构。该工程由济宁中煤建设工程有限公司施工建设。

2014年9月25日—11月8日，新大门及门卫室动工，建筑面积49平方米，砖混结构。改工程由济宁恒源建安有限公司施工建设。11月8日—12月15日，新保卫科值班室、办公室、银行（ATM自助存取款室）工程动工，建筑面积342平方米，砖混结构。改工程由济宁恒源建安有限公司施工建设。

2015年5—10月，矿北停车场动工，混凝土结构，建筑面积约5000平方米。由济宁四通建设工程有限公司施工建设。

2017年4月—2018年5月，拆除块煤仓及动筛车间，拆除建筑面积3000平方米。该工程由济宁蓝盾爆破科技有限公司施工。

2017年5—6月，办公楼顶飘板造型改造工程动工，造型骨架为3毫米厚热镀锌方管，饰面层为5毫米厚铝塑板，该工程由山东天幕装饰工程有限公司施工。7月，调度指挥中心工程动工，建筑面积2215平方米。该工程由临沂华建工程有限责任公司施工，施工期间受环保治理影响工程一度停工，2018年4月，工程主体竣工。10月初，办公楼消防喷淋系统改造动工，改造面积约110平方米。该工程由济宁市安泰消防安全设备有限公司施工，当月竣工。

图2-4-4　王楼煤矿建设中的调度指挥中心。（2017年摄）

2018年5—10月，调度指挥中心装修工程动工。该工程由济宁飞龙装饰有限公司施工。职工刷靴机房动工，建筑面积300平方米，框架结构。该工程由济宁恒源建安有限公司施工。8—10月，煤质楼一楼党建创客联盟改造装修工程动工，装修改造面积500平方米，该工程由山东兖州建设总公司、济宁瑞辉装饰工程有限公司和济宁友谊广告公司共同施工。9—10月，王楼二号军城井1#学生公寓装修改造工程动工，装修改造面积3000平方米。该工程由鱼台鑫垚装饰工程有限公司施工。王楼二号军城井食堂装修改造工程动工，装修改造面积950平方米。该工程济宁飞龙装饰工程有限公司施工。9—11月，王楼二号军城井党校3#职工公寓装修改造工程动工，装修改造面积3000平方米。该工程由济宁瑞辉装饰工程有限公司和山东兖州建设总公司共同施工。

二、场地设施

2003年5—7月，矿围墙动工，总长1700米，砖石结构。该工程由山东华鲁建安集团有限公司施工建设。

2006年9—10月，煤仓以南南环路及清风路动工，长度620m，该工程由济宁四通建设有限公司施工，2006年10月竣工。

2007年5—6月，矿区青春路动工，长度370米，该工程由济宁市四通建设工程有限公司施工。办公楼前广场动工，总面积5800平方米。该工程由济宁市四通建设工程有限公司施工。

2014年3月8日—7月15日，矿北院墙及排水沟工程动工，院墙总长580米，钢混结构。该工程由济宁四通建设有限公司施工建设。5月16日—6月14日，矿北院墙及排水沟工程附属道路及排水管道工程动工，总长度约17000米。该工程由济宁四通建设有限公司施工建设。

图2-4-5　王楼煤矿工业广场。（2018年摄）

图2-4-6　王楼煤矿副井井架。（2017年摄）

　　2016年7—9月，矿南煤场场地硬化工程动工，混凝土结构，建筑面积约12000平方米。该工程由济宁四通建设工程有限公司施工建设。

　　2017年3—4月，矿北路东停车场及停车场道路动工，建筑面积6000平方米，停车场车位铺植植草砖，道路为200毫米厚商品混凝土。该工程由济宁四通建设工程有限公司施工。4—6月，矿北路西停车场及停车场道路动工，建筑面积13000平方米，停车位铺植植草砖，道路为200毫米厚商品混凝土。该工程由济宁四通建设工程有限公司施工。7—8月，受煤坑周围配煤场地动工，混凝土结构，建筑面积约4500平方米。该工程由临沂华建建设集团有限责任公司施工。10月，矿区东大门改造工程动工，轻质钢结构、铝塑板饰面。该工程由济宁先辉文化传播有限公司施工，2018年10月竣工。

　　2018年10月，矿区工广及生产区道沥青罩面工程动工，施工面积约12000平方米。该工程由济宁四通建设工程有限公司施工，当月竣工。

第三篇　煤炭生产

王楼煤矿成立以来，始终坚持管理、装备和培训并重的原则，依靠科技进步，使得煤矿安全生产均衡、持续发展，优化生产方案，减少资源浪费，使得煤炭采出率最大化。2007年，矿井采掘、机电运输、通风、排水各大系统形成，首采工作面11301工作面投入生产。矿井不断探索提高矿井技术装备水平，2017年4月，王楼煤矿首个智能化工作面安装完成并投入生产；2018年，27304、27305工作面相继实现智能化开采系统，同时，掘进装备不断优化升级，使用远程控制综掘机、远距离喷浆机、支护台车等新型装备，提高了矿井机械化率。

随着浅部资源的日益枯竭，大采深开采将成为我国煤炭资源的主要来源，但深部开采期间受高地应力、构造应力、采掘扰动等多重因素影响，矿井灾害表现形式、频度和巷道围岩活动规律等方面明显不同于浅部，其事故表现形式多样化、复杂化，事故发生率和频度显著增加；面对矿井顶板、冲击地压、水文地质条件复杂、湿热灾害等，本矿积极同山东大学、中国矿业大学、山东科技大学等科研部门进行合作，积极开展各方面研究和科技攻关，推广使用新技术、新装备和新工艺，提高各种水害防治工作的科技水平，为王楼煤矿安全生产奠定了基础。

第一章　生产管理

第一节　管理机构

一、机构设置

2002年9月5日，临沂矿务局下文成立王楼矿井筹建处施工组，设组长1人。

2003年10月25日，王楼矿井筹建处撤销"组"建制，成立工程技术科，设副科长1人。

2006年3月4日，增设科长1人。

2007年7月，撤销工程技术科，成立生产技术科，设科长1人、副科长2人、采掘技术人员4人。

2012年3月30日，增设主任工程师1人。9月23日，增设助理工程师1人，技术员1人。

2015年9月30日，据集团公司第二批控员提效给定机构设置及岗位定编指标安排，矿井实施机构改革：成立生产技术部（含原生产科、调度室、地测科、通防科和防冲办），由生产矿长兼任生产技术部部长，生产副总工程师兼任生产技术部副部长（正科级），设生产技术部生产副科长2人，生产技术部生产专员管理2人；生产技术部生产助理工程师1人，生产技术部生产技术员1人。12月31日，增设生产技术部生产主管管理1人，生产技术部生产主管技术员1人，生产技术部生产技术员1人。

2016年3月30日，增设生产技术部生产助理工程师1人，生产见习技术员1人。7月16日，增设生产技术部生产副科长（正科级）1人。11月16日，增设生产技术部生产科助理工程师1人。

2017年8月22日，增设生产技术部生产科副科长1人，同时增设材料管理人员（工人岗3人）。

截至2018年12月31日，生产技术科设有生产副总兼生产技术部副部长、生产科科长1人，副科长3人，助理工程师1人，主管技术员2人，见习技术员3人，工人岗5人。

二、工区机构

（一）采煤工区

2007年4月26日，成立采煤一工区。11月19日，成立准备工区。

2008年4月28日，成立采煤二工区。

2011年8月，成立大学生采煤队，隶属采煤一工区管理。

截至2018年12月31日，共设有采煤工区2个，准备工区1个，其中采煤一工区包含大学生采煤队1个。

（二）掘进工区

2007年5月13日，成立掘进一工区、掘进二工区、综掘工区；同年7月5日，成立掘进三工区。其中掘进一工区、掘进二工区、掘进三工区采用炮掘工艺施工，各配置3个掘进队，综掘工区采用综掘工艺施工，配置2个掘进队。

2013年10月13日，撤销掘进三工区。

2014年9月27日，撤销掘进二工区、成立开拓工区，掘进工区保留掘进一工区、开拓工区、综掘工区的编制。其中，掘进一工区配置4个炮掘队，开拓工区配置3个炮掘队，综掘工区配置4个综掘队。

2017年下半年至2018年上半年为支援集团公司内蒙古矿区复兴，连续成建制抽调掘进队伍，将现存队伍进行了缩编调整，其中，综掘工区配置2个综掘队、掘进一工区配置2个综掘队、开拓工区配置1个炮掘队、1个综掘队；巷修工作由各工区抽调人员进行。

2018年9月24日，为满足矿井巷道修复需要，对各掘进工区职能进行重新划分，成立综掘一工区（原综掘工区）、综掘二工区（原掘进一工区）、巷修工区（原开拓工区），其中综掘一工区配置2个综掘队、综掘二工区配置2个综掘队、巷修工区配置2个巷修队。

截至2018年12月31日，综掘一工区配置2个综掘队；综掘二工区配置2个综掘队；巷修工区配置2个巷修队。

第二节 生产调度

一、机构沿革

2004年9月，设调度员4人，隶属于王楼矿井筹建处工程技术科。

2007年7月1日，成立调度室。设主任1人，调度员4人，调度信息化维护7人。

2008年8月，增设副主任2人。

2012年12月，增设专员管理人员3人。

2013年4月，增设主管技术员1人，主管管理1人，专员管理1人。

2014年1月，增设技术员1人。6月，增设主管管理1人。

2016年11月，增设副科级1人，助理工程师1人。

截至2018年12月31日，调度室设主任1名，副主任1名，助理工程师2名，调度员4名，自动化值班人员5名，调度信息化维护人员10人。

二、工作职责

（一）全面了解矿井工程建设情况，掌握全矿当班生产作业计划完成情况，并负责当班生产数据的统计和原因分析，及第二天的生产预报工作。

（二）在矿井发生重大事故时，按照事故汇报程序立即向领导和有关部门汇报，调动一切力量，积极组织抢救工作。

（三）准确无误的计算各种数据，填写牌版和图表，并记录好各种资料台账。

（四）认真做好对上级的通知、指示的接收和下达工作，并做好完整记录。

（五）掌握矿井生产建设存在的问题，及时向有关单位联系，并积极解决。

（六）轮流深入井下了解熟悉情况，掌握现场生产条件和存在的问题。

（七）认真执行业务保安责任制，搞好安全生产工作，制止违章指挥、违章作业和违反劳动纪律的现象，并做好记录。

（八）不擅离工作岗位，保证24小时不间断值班，并及时认真处理好当班生产中出现的各类问题。

第三节　技术管理

一、采掘日常管理

王楼煤矿建立健全行政管理体系和技术管理体系，对设计管理、现场管理、回采、开拓掘进、煤质管理等制定一系列管理办法，成立采掘生产技术管理机构与管理体系。依据《煤矿安全规程》《质量标准化要求及评分办法》等先后下发《煤炭质量管理制度》《综采工作面综合管理办法》《掘进工作面综合实施办法》《消耗性材料管理办法》《周转性材料管理办法》《王楼煤矿顶板管理办法》等一系列管理办法，对采掘工作面日常工作量、工程质量、文明施工等进行管理。

二、采掘验收

（一）建矿以来由生产技术科负责对各采掘工作面工作量、工程质量、文明施工进行管理验收考核。

（二）2014年9月27日，矿井成立安全质量验收办公室，并于次月起依据《煤矿安全规程》《煤炭井巷工程质量验收规范》（GB 50213-2010）、《煤矿井巷工程质量检验评定标准》（MT5009-94）、《质量标准化要求及评分办法》等相关规定，依托王楼煤矿"安全100"信息管理系统对全矿安全生产质量进行考核。生产技术科负责对各采掘工作面工作量、掘进工作面光爆进行检查考核。

三、煤质管理

矿井成立煤质管理领导小组，由各专业副总及安全生产科室、工区及选煤厂负责人，生产科采掘专业人员、地测科、调度室等相关人员及安监处安监员组成，负责贯彻落实上级关于煤质管理工作的方针、政策，制定煤质管理的规章制度，对煤质及发热量进行管理。

第四节　生产能力

一、2013年生产能力核定

矿井设计生产能力为90万吨/年，2007年7月—2012年12月，逐步对各系统进行改造。

2013年3月，委托山东省煤炭技术服务中心对矿井生产能力重新进行核定，形成《生产能力核定报告书》，并以《关于报批王楼煤矿核定生产能力的请示》（临矿发〔2013〕74号）报山东省煤炭工业局审批。

表3-1-1　2013年王楼煤矿各生产系统生产能力核定表

单位：万吨/年

系统名称	主井提升	副井提升	排水能力	供电能力	井下运输	采掘能力	通风能力	地面生产系统
核定能力	138	182	131.5	164	220	139.2	156.1	176

表3-1-2　2013年王楼煤矿资源保障程度表

项目	核定生产能力（万吨/年）	2012年末保有可采储量（万吨）	相应服务年限（年）
数量	130	4771.1	26.2

2013年5月2日，根据山东省煤炭工业局《关于山东东山王楼煤矿有限公司生产能力核定的批复》（鲁煤规发字〔2013〕111号），王楼煤矿核定生产能力为130万吨/年。

二、2015年生产能力核定

2015年，山东省煤炭工业局按照国家安全监管总局等四部委《关于开展灾害严重矿井生产能力核定工作的通知》（安监总煤行〔2015〕98号）要求，组织对冲击地压、煤与瓦斯突出矿井进行生产能力重新核定，并会同山东煤矿安全监察局组织有关专家，分综合采掘、机电运输、通风系统3个专业组，对核定结果进行集中审查。

2015年11月，王楼煤矿委托山东省煤炭技术服务有限公司，根据要求对生产能力进行了重新核定。

表3-1-3　2015年王楼煤矿各生产系统生产能力核定表

单位：万吨/年

系统名称	主井提升	副井提升	排水能力	供电能力	井下运输	采掘能力	通风能力	地面生产系统
核定能力	194.8	245.7	233.6	235.3	220	206.7	251.8	220

表3-1-4　2015年王楼煤矿资源保障程度表

单位：万吨/年

项目	核定生产能力（万吨/年）	2014年末保有可采储量（万吨）	相应服务年限（年）
数量	120	3229.5	19.2

2015年12月25日，根据山东省煤炭工业局《关于公布鲍店等34处煤矿核定生产能力的通知》（鲁煤规发字〔2015〕192号），王楼煤矿核定生产能力为120万吨/年。

第五节　高效矿井

2004年9月，王楼煤矿开工建设，2007年7月1日投产。采用立井开拓，开采深度-200米～-1200米，主采3$_上$煤层。工作面采用走向长壁一次采全高，综合机械化采煤，垮落法管理顶板。

1996年5月28日，临沂矿务局向山东煤炭工业管理局提出"将济宁四区王楼井田划为临沂矿务局接续矿井"的申请。7月7日，省煤炭工业管理局批准将济宁煤田王楼井田划归临沂矿务局开发。井田境界为：西起济宁断层，东至16$_上$煤层-350米底板等高线（与泗河口井田接壤），南自张集断层（与鹿洼井田毗邻）及17煤层隐伏露头线，北到3900000纬线，与济宁三井田相接，面积约80平方千米。同年，临沂矿务局下发《关于委托王楼区精查勘探设计的函》（临局规字〔1996〕218号），委托山东煤田地质局与济南煤矿设计研究院配合编制王楼区精查勘探设计及勘探概算。

1999年10月，山东省煤炭地质工程勘察研究院提交《山东省济宁煤田王楼区勘探（精查）地质报告》。同年，《山东省临沂矿务局王楼矿井初步设计》由济南设计研究院提交，该设计确定井口位于后王楼村以北，D27-4钻孔附近。

2000年5月19日，国土资源部对山东煤炭资质工程勘察研究院申报的《山东省济宁煤田王楼区勘探（精查）地质报告》予以批复。

2003年，在指挥部的领导下，王楼矿井设计根据三维物探资料作进一步优化，由单翼开拓改为双翼开拓，北翼轨道及胶带石门减少工程量近600米，井底水平标高由-700米改为-680米，优化后的设计可实现双翼开拓开采，为矿井高产高效提供技术保障。

2004年9月3日，主井井筒开工，2005年11月28日竣工，工程量为763.5米；2004年9月23日，副井井筒开工，2005年12月31日竣工，工程量为746.5米。

2006年1月，井下二期工程开始施工，1月24日，主、副井筒实现贯通；2月26日，主井环形车场铺轨形成；3月，井下临时供电、供水、排水、压风、通风、运输系统形成；4月，副井环形车场形成；7月，中央泵房、中央变电所砌碹完成；8月，中央变电所、中央泵房、井底水仓正式投入使用。

2007年4月26日，成立采煤一工区，回采工作面全部实行综合机械化采煤。11月，矿井顺利通过山东省煤炭工业局煤炭生产许可证现场验收；2008年1月，取得煤炭生产许可证。4月28日，一采区首采工作面11301综采工作面开始安装，7月1日，井下排水、供电、供水、通风系统形成，11301综采工作面正式投产。

矿井投产后，一直着力于高产高效矿井建设：

2008年2月，二采区胶带下山装备三一重工EBZ-200H型岩石掘进机，掘进速度达到月均200米。4月10日，11302接续工作面联合试运转一次成功，正式形成"一井两面两套综采"的生产格局，开启了矿井高效发展之路。

2010年3月，井下防尘、施工用水改用为一采区老空出水，年可节省地面用水70万吨，节约排水费用315万元。

2012年6月，在七采轨道下山安装使用中铁五局集团机电有限公司研制的ZWY-120/56.5L型挖掘式装岩机和江西鑫通机械研制的SD-25型梭式矿车。巷道平均月进尺由原来的月均进尺45米提高到月均进尺80米。

2013年，采用水源热泵技术提取回收矿井水余热资源，用于井口防冻、职工洗浴及办公楼、公寓楼等建筑的采暖，从而实现取代燃煤锅炉的目标。包括井口防冻、办公楼、公寓楼、选煤厂等建筑的供暖，加热全年的职工洗浴热水。该项目属于我国推广实施的十大节能工程范畴，该项目被国家发改委列为节能技改财政奖励项目，获得国家节能财政奖励资金228万元，年可实现节约10903吨标准煤。

2014年5月，矿井安装3套W–FJLSLGF1900Ⅳ制冷机组，利用矿井水作为井下水源热泵机组的冷却循环水，将工作面及掘进迎头的热量带走，从而实现矿井局部降温。

2015年6月，针对七采区高温现象，在–900米制冷硐室新增加2套德国ＷＡＴ公司的制冷机组，总制冷量6600千瓦，实现矿井的综合制冷。

2016年，27307工作面配备1架ZT14000/25/47型端头支架、5组ZT9450/19/40超前支架、97架ZY8000/23/47型液压中间支架，装备MG500/1170–WD型采煤机，SGZ800/800型刮板输送机，SZZ800/315型转载机，PLM–2000型破碎机，顺槽装备3部DSJ100/60/2×110型顺槽可伸缩胶带输送机；27307工作面首次应用SAC支架电液控制系统，并应用采煤破碎一体机，回采效率明显提高，劳动强度有较大幅度的降低。

2017年，在三采胶带下山使用凿岩台车打眼，进一步提高工作效率，降低了职工的劳动强度。

2018年8月，矿井首个智能化工作面27305工作面装备完成，采用电液控移架、记忆截割煤机和远程控制系统。

第六节　智能矿山

作为一座现代化的矿井，在建井初期就已全面具备综合机械化采煤水平，经过不断探索和创新优化，综采工艺成熟、装备水平先进、管理经验丰富，智能智慧矿山建设成为王楼煤矿进一步发展的必经之路。

一、智能化综采工作面

2014年3月，矿井与郑州煤机厂达成设备租赁协议和维修协议。6月，七采区首采工作面27302工作面完成掘进，开始进行综采设备安装。8月，七采区首采工作面27302综采工作面投入生产。

2016年4月，七采区27302工作面完成回采，为矿井掌握全面的深部开采经验提供了科学依据。7月，临沂矿业集团批准王楼煤矿建设智能化矿山，同时在七采区27307工作面开展自动化工作面建设。8月，27307自动化工作面建设项目通过集团公司一体化论证，批准实施。10月，27307工作面开始准备巷道掘进。11月，矿井联合郑州煤机厂、西安煤机厂、中煤张家口，对27307自动化工作面建设进行综采装备"三机"配套。12月，矿井完成工作面支架电液控制系统的招标采购。

2017年2月，27307工作面进行综采设备安装。4月，27307自动化工作面作为临沂矿业集团第一个自动化工作面投入生产，工作面采用液压支架电液控制系统和采煤破碎一体机。6月，王楼煤矿27307自动化工作面因其显著的安全、经济、社会效益，获得临沂矿业集团即时奖励正式奖。7月，智能开采工作面建设项目列入临沂矿业集团新旧动能转换及3.0+升级改造计划，批准项目建设资金3300万元。8月，27307自动化工作面建设项目通过集团公司一体化论证，批准实施。10月，27307工作面开始准备巷道掘进。11月，矿井联合郑州煤机厂、西安煤机厂、中煤张家口，对27307自动化工作面建设进行综采装备"三机"配套。12月，矿井完成工作面支架电液控制系统的招标采购。同年，10月，27305智能开采工作面建设项目通过安全、技术、经济、环境一体化论证，批准项目实施。同月，27305工作面开始准备巷道掘进。12月，顺利完成27305智能化工作面综采设备、支架电液控系统、工作面自动化控制系统招标采购。

2018年5月，27305工作面完成掘进，进行综采设备安装。8月，27305工作面应用记忆截割采煤机、支架电液控系统、工作面自动化控制系统、采煤机智能诊断系统进行改造，工作面实现智能化运行。9月，27305工作面应用远程供液管路，实现单个工作面长距离供液，27305智能化工作面正式投入生产。工作面应用的系统装备主要包括北京天地玛珂SAC电液控系统、SAM自动化控制系统，西安煤机厂采煤机远程控制系统，天津华宁KTC101皮带机控制系统等。

2019年8月，27304工作面建设完成并投入运行，达到与27305工作面同等的装备水平，实现采煤机记忆截割，液压支架自动跟机移架推溜，刮板输送机、转载机、破碎机等设备一键启停控制，地面集中控制中心可远程干预。工作面应用的系统装备主要包括西安煤机厂MG500/1330-WD型记忆截割和远程控制的采煤机、中煤张家口SGZ900/1400型刮板输送机、德国玛珂公司pm32电液控制系统及pm32-ifc自动化控制系统等。

二、智能化掘进工作面

2018年12月，对27309上顺槽EBZ-160型掘进机进行升级改造，实现人机分离、可视化远程控制，远程控制距离超过200米。

2019年7月，安装应用双臂锚杆钻车，实现机械化支护。9月，矿井于27318下顺槽装备1台EBZ-200型掘进机，安装应用数字红外高清摄像仪、具备"透尘算法"和图像补偿功能的视频监视平台、通信基站等设备，可实现对掘进机的运行状态远距离实时监控，掘进机远程控制距离可超过1000米；掘进机配置的自动截割系统，可在掘进机定位后，自动完成截割作业。12月，先后完成27309下顺槽及27318上顺槽2个掘进工作面的智能化改造，实现矿井智能化掘进100%。

三、TDS智能干选系统

2017年12月，项目方案通过集团公司一体化论证院的论证。

2018年4月，完成智能干选系统和设备的招标采购。8月，完成智能干选硐室开拓及TDS系统设备的安装。9月，完成井下智能干选系统试运行。10月，通过项目验收并投入使用。

四、专业化队伍

2019年2月，矿井专业化队伍的大规模组建共计260余人，陆续进驻支援上海庙矿区建设。王楼煤矿驻上海庙矿区专业化队伍，主要从事采煤、掘进、辅助运输工程。采煤专业化队伍100人，月度推进310米；掘进专业化队伍100人，月度最高进尺630米；产量、进尺均创造上海庙矿区新纪录。

2019年4月，根据《临矿集团"一提双优"建设激励实施办法（试行）》（临矿发〔2019〕63号）通知中关于矿井成立专业化队伍的精神要求，以准备工区安撤队伍为基础成立工作面安撤专业化队伍。5月1日，通过机电处协调，工作面安撤专业化队伍开展第一次跨矿井技术服务：为榆树井煤矿回撤11505工作面综采设备。5月1日至6月5日，历时35天，完成榆树井煤矿11505工作面综采设备回撤工程，创造经济价值103万元。

2019年11月，以集团公司第一届巡检机器人大赛为契机，筛选技术人才8人，组建自动化专业化队伍。

第七节　绿色矿山

2018年6月，下发《关于成立绿色矿山建设领导小组的通知》，明确各部门职能，确保完成绿色矿山建设。8月，下发《王楼煤矿绿色矿山建设管理办法》，完成《绿色矿山　和谐家园》宣传片的拍摄工作。

2019年1月，编制完成《王楼煤矿绿色矿山建设实施方案》。2月22日，集团公司在王楼煤矿召开2019年节能环保及绿色矿山建设会议。会议由集团公司总经理助理、处长马先文主持，副总经理石富山、非煤产业处副处长唐光平出席会议并讲话。集团公司权属单位分管领导、节能环保及绿色矿山建设工作负责人、集团公司相关处室负责人及有关人员等50人参加会议。

2019年3月9日，济宁市任城区国土局矿管科主任魏明彤带领绿色矿山建设专家组一行7人，对矿井绿色建设方案进行评审，集团公司非煤产业处副处长唐光平，副矿长吕凤新及相关人员参加会议。会上，王楼煤矿绿色矿山建设方案通过验收。

2019年7月7日，济宁市任城区自然资源局和规划局委托山东省地质科学研究院，对矿井绿色矿山建设进行评估验收。王楼煤矿绿色矿山建设顺利通过验收。

图3-1-1　2019年3月9日，绿色建设方案评审会议。

图3-1-2　2019年7月7日，王楼煤矿绿色矿山建设进行评估验收。

第八节　信息化建设

一、制度管理

王楼煤矿根据矿井信息化应用实际，先后修订下发一系列的信息化管理制度。

通信联络系统管理方面，印发《调度通讯系统运行管理制度》，明确运行维护体系、抢修办法、责任划分，保障了通信设备及线路安全。

办公自动化管理方面，印发《办公自动化管理办法》《办公自动化设备管理制度》，规范设备购置办法及配置标准。

网络、计算机管理方面，印发《网络、计算机管理制度》《计算机信息系统安全管理责任制》《安全保密制度》等制度，从接入互联网，到存取、处理、传递数据专用设备、软件等均作严格规定。

工业电视系统管理方面，印发《视频终端设备管理办法》《视频系统使用、运行、维护管理制度》，为视频系统长效应用起到了支撑作用。

安全监测监控方面，印发《安全监测监控运行管理制度》，为矿井监测监控设备的管理及维护提供标准和依据。

二、基础设施

2007年7月，建立信息网络机房。信息网络机房主要包括网络核心设备、视频监控平台、人员定位系统、工业电视系统、监测监控系统、调度通信系统、办公自动化系统、原煤计量系统、食堂一卡通服务器等及通向矿井各地点的光纤柜。办公网络核心交换机采用cisco4506，二级网络接入交换机采用cisco2960，核心交换机通过光纤传输到矿井其他地点局域网。

图3-1-3 2007年，调度信息机房建成并投入使用。（2007年摄）

2018年10月，新调度机房建成并投入使用，面积约120余平方米。新机房网络建设以H3C7506为核心交换机和H3C5130S-28P-EI为接入交换机，实现设备全部国产化。新机房UPS配电采用施耐德G3HT40KHLMS备用电源机头，四组备用电池柜共128块电池。11月，建设应用超融合系统，系统共3个节点。

三、信息化系统建设

（一）调度通信系统

2004年9月，安装外线电话2部。

2007年5月，安装深圳迪派DM-1型208线多媒体调度通信系统，总容量为512门。采用微机硬盘录音，将所有与调度台通话的单位时间、电话号码实时记录，并具备多通道录音方式，调度台设有维护终端，系统为矿用本安型，具有强插、强拆、转接、群叫和呼叫等待功能。6月，在交换机设置网通SDH中继线2条，开通了调度电话IP电话功能。8月，通过副井筒敷设2根共100对通信电缆，在井下主要工作地点安装35部防爆电话。

2008年6月，程控交换机增加3块用户板，系统扩容电话48门。

图3-1-4　KT214数字有线调度通信系统。（2019年摄）　　图3-1-5　UT117型移动终端。（2008年摄）

2009年7月，通过主井筒敷设1根80对通信电缆。

2012年4月，程控交换机增加4块用户板，系统扩容电话64门。

2015年10月，程控交换机增加3块用户板，系统扩容电话48门。

2017年6月，调度通信系统实现与调度台的直通，既摘机6秒可与调度台进行直通直连。

2018年11月，调度通信系统与安全监控系统实现应急联动。

2019年3月，安装了深圳震有的KT214数字有线调度通信系统。4月，完成从深圳迪派到深圳震有系统的割接工作。

（二）无线通信系统

2008年10月，安装并投入使用杭州北辰天地通信设备有限公司的KT23矿用无线通信系统。

2016年底，井下共安设矿用无线中心控制器及电源4套，矿用40毫瓦基站57台，覆盖井下运输大巷、主要轨道皮带下山、工作面及车场等场所。地面通信由2台500毫瓦基站组成，系统覆盖矿区地面生产区域、运煤码头、办公区域、工业广场。

2019年10月，安装并投入使用南京北路的KT162型WiFi无线通信系统。共有无线基站56台，安装于主要行人大巷和采掘巷道，实现井下全覆盖；配置移动终端170台，能够和有线调度通信系统的互联互通。

（三）应急语音广播系统

2011年3月，安装湘潭市恒欣ZB127型井下应急语音广播系统。

2015年7月，安装中煤科工集团重庆研究院KT175型矿用广播通信系统。

2018年10月，安装江苏三恒科技有限公司的KT425型应急广播系统。

截至2018年底，井下安装语音分控箱8台，音箱52台，覆盖了井下主要大巷、工作面及有人作业场所。通过地面应急广播主控站，实现紧急情况3分钟通知到井下各作业场所功能。

（四）直通电话调度系统

2012年9月，安装常州市江南交通机电设备有限公司的ZHD-3000型直通电话调度系统，实现调度台与扇风机房、35千伏变电所及井下各泵房的电话直通功能。

2015年6月，安装并使用深圳迪派调度直通电话系统，直通电话扩展到16部。

（五）工业电视系统

2007年7月，安设并使用工业电视系统。

2011年4月，进行工业视频改造，安装杭州华三通信技术有限公司的H3C视频监控系统，容量为

24路。同时，通过2M专线可以将任意地点的图像实时传至集团公司。

2013年3月，增加4台编码器和4台解码器。

2015年9月，对H3C视频监控系平台进行升级。

2016年2月，增加16路的编码器和解码器各1台。8月，安装井下皮带集控视频监控系统，安装网络高清摄像机24台，安装防爆电视4台。

2018年3月，安装使用宇视视频监控平台，安装视频服务器2台、网络高清摄像机3台，安装防爆电视4台。

截至2018年底，共安设摄像头56个，主要分布在井底车场、主副井提升、主副井绞车房、各采区车场、各煤仓口、各大皮带机头、各大皮带给煤机和机尾以及地面主要煤场等场所。

（六）安全监测监控系统

2007年6月，安装并应用炭科学研究总院重庆研究院研发的KJ90NB安全监测监控系统，共安设监控分站12台，监控测点136个。

2011年4月，对KJ90NB服务器主副机进行升级，型号为研祥IPC-810B工控机，共安设监控分站19台，监控测点168个。

2018年10月，根据鲁煤监技装〔2017〕70号《山东煤矿安全监控系统升级改造技术方案实施标准的通知》要求，安全监控系统由KJ90NB升级为KJ90X，共升级监控分站26台，安装使用各类新型传感器240台。11月15日，全国煤矿安全监控系统升级改在现场会在王楼煤矿召开。

截至2018年底，安全监控系统共安设数据库服务器2台、管控服务器2台、多系统融合服务器1台，网络交换机8台、监控分站34台和各

图3-1-6　2018年11月15日，安全监控系统升级改造现场会。

类传感器280台。其中，安装使用低功耗激光甲烷传感器26台、多参数传感器4台、粉尘传感器8台，实现对地面洗煤厂和井下各地点的全覆盖、24小时实时监测监控。

（七）人员位置监测系统

2007年7月，安设应用北京仙岛新技术有限责任公司的人员定位管理系统。

2008年2月，对人员定位管理系统进行改造，使用煤炭科学研究总院重庆研究院研发的KJ251A型人员定位管理系统。该系统主要由服务器、人员定位分站、读卡器、人员定位卡四部分组成，通过Web访问能够对所有下井人员进行准确定位和活动轨迹查询，能够实时掌握井下各作业区域人员的动态分布及变化情况。

2010年5月，对人员定位服务器主机进行升级，型号为IBM System x3650。

2017年11月，实施对人员位置监测分站及人员位置监测读卡器双向功能升级工作。

2018年10月，完成人员位置监测分站及人员位置监测读卡器双向功能升级工作。

2019年10月，开始对区域人员定位系统进行升级为精确人员定位系统。矿井人员精确定位系统采用南京北路生产的型号为KJ602（B）煤矿人员管理系统，共安装基站66台，发放人员标识卡1147张，该系统主要在矿井主要运输巷道、行人大巷、采掘头面安装定位基站，基本实现井下全覆盖。

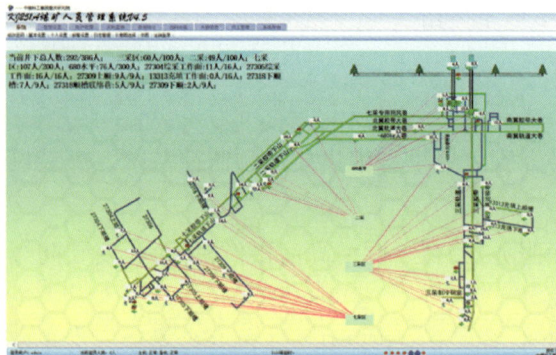

图3-1-7　KJ251A人员位置监测系统。（2018年摄）

图3-1-8　KJ602（B）井下人员精确定位系统。（2019年摄）

（八）计算机网络及数字化矿山系统

2004年9月，局域网采用Cisco2960，广域网采用2M电话线连接。

2007年6月，局域网核心交换机采用Cisco3750，二级交换机采用Cisco2960；路由器采用Cisco3800，与集团公司通过2M专线连接；广域网采用10M光纤连接。本月，开始安装工业以太冗余环网，采用天地（常州）自动化股份有限公司的KJJ31环网交换机，共计在35千伏变电所、信息中心机房、井下各变电所等地点共安装环网交换机7台。8月，完成矿井综合自动化各子系统接入，包括主副井提升监测系统、井下泵房监控系统、变电所集控系统等，初步实现对自动化各子系统的集控。

2008年10月，成立王楼煤矿"数字矿山"领导委员会、专家委员会、项目研发组和项目工程组，全面展开数字化矿山建设项目。

2009年3月，对矿井综合自动化平台进行升级改造，包括地面原煤运输控制系统、空压机控制系统、扇风机控制系统、35千伏变电所控制系统、中央泵房控制系统、井下皮带集控系统、二采区大皮带控制系统、煤码头皮带控制系统等改造项目，实现对自动化各子系统的集成监控。4月，正式启用OA（办公自动化）系统，使用友致远公司的A6协同管理软件，实现无纸化办公，提高各部门工作协同效率。9月，矿井广域网连接升级成百兆光纤。

2011年，对数字矿山系统进行升级改造。完成地测地理信息系统设计平台，并对设备管理系统、成本控制管理、三维监测与漫游等系统进行升级。

2018年7月，对矿井综合自动化平台进行升级，采用C/S架构的自动化平台，将井下皮带集控、猴车、主井提升、压风机、通风机、井下排水、35千伏供电等子系统接入平台。

（九）调度显示系统

2007年2月，建设并投入使用背投工业大屏显示系统。

2017年1月，将军城井的调度显示大屏搬至王楼矿并投入使用，调度大屏由32块DID液晶显示屏拼接而成。

2018年10月，完成巨洋调度大屏显示系统安装，大屏采用DLP背投显示系统，大屏由40块屏拼接而成，大屏控制系统采用分布式控制。

（十）工业网络系统

2007年2月，建成并投入使用矿井百兆工业环网，同年将安全监控系统、人员定位系统接入工业环网进行传输。

2016年10月，将矿井百兆工业网络升级为赫斯曼千兆工业以太环网，其中地面核心2台、耦合交换机2台、接入交换机5台。

2018年8月，对矿井地面工业环网进行完善，共安装赫斯曼交换机8台，完成矿井地面工业环网的建设工作。

第九节　应急管理

一、应急处置流程

技术专家组。由矿总工程师任组长，各专业副总工程师、卫生所、救护队技术骨干等人员组成。研究制定抢险救灾技术方案和安全技术措施，解决事故抢救过程中遇到的技术难题；指导应急救援队伍进行应急处理与处置；提出事故防范措施建议。

抢险救灾组。由生产矿长任组长，矿有关业务科室（生产科、通防科、机电科、地测科、调度室、救护队长）、应急救援队伍及有关技术人员组成。实施指挥部制定的抢险救灾方案和安全技术措施，对事故危害程度和范围、发展趋势作出预测，及时处理突发灾变。

安全监督组。由安全总监任组长，由安监处相关人员、监察科、工会、事故单位跟班人员、技术员组成。负责事故救援过程中的现场安全监督工作；调查核实事故性质、原因，控制事故有关责任人，追查事故责任；负责事故报告起草工作。

医疗救护组。由党委副书记任组长，矿卫生所长及有关医疗专家、矿医务人员组成。负责现场医疗救护、受伤人员转送和卫生防疫工作。

物资供应组。由机电矿长任组长，物管科、供应站、机电科、机修厂等相关人员组成。负责抢险救灾物资的及时调度和供应。

警戒保卫组。由党委副书记任组长，保卫科、安监处信息办、调度室有关人员以及充灯房当日值班人员组成。负责升井人员的清点、统计工作。充分利用充灯房矿灯数、人员精确定位系统，核实升井人数。负责人员疏散、戒严、救援队伍引导和维护秩序、交通等工作，必要时经指挥部批准，向公司保卫处或地方公安部门提出支援申请。

后勤保障组。由经营矿长任组长，总务科、党政办公室、物资供应站、财务科、调度室、煤管科人员组成。负责环境监测、应急通信保障、电力供应，各项抢险费用的计划和拨付并监督资金使用情况，食宿、接待、车辆调度等工作。

信息发布组。由纪委书记任组长，党群工作部、党政办公室、安监处等部门人员组成。负责信息发布工作，统一掌握事故态势和处理情况，收集救援行动的有关信息资料，向有关人员、单位、媒体等通报情况，正确引导媒体和公众舆论。

善后处理组。由纪委书记任组长，党委办公室、党群工作部、财务科、劳资社保科等部门人员组成。负责对事故善后处理及安抚、抚恤等工作。

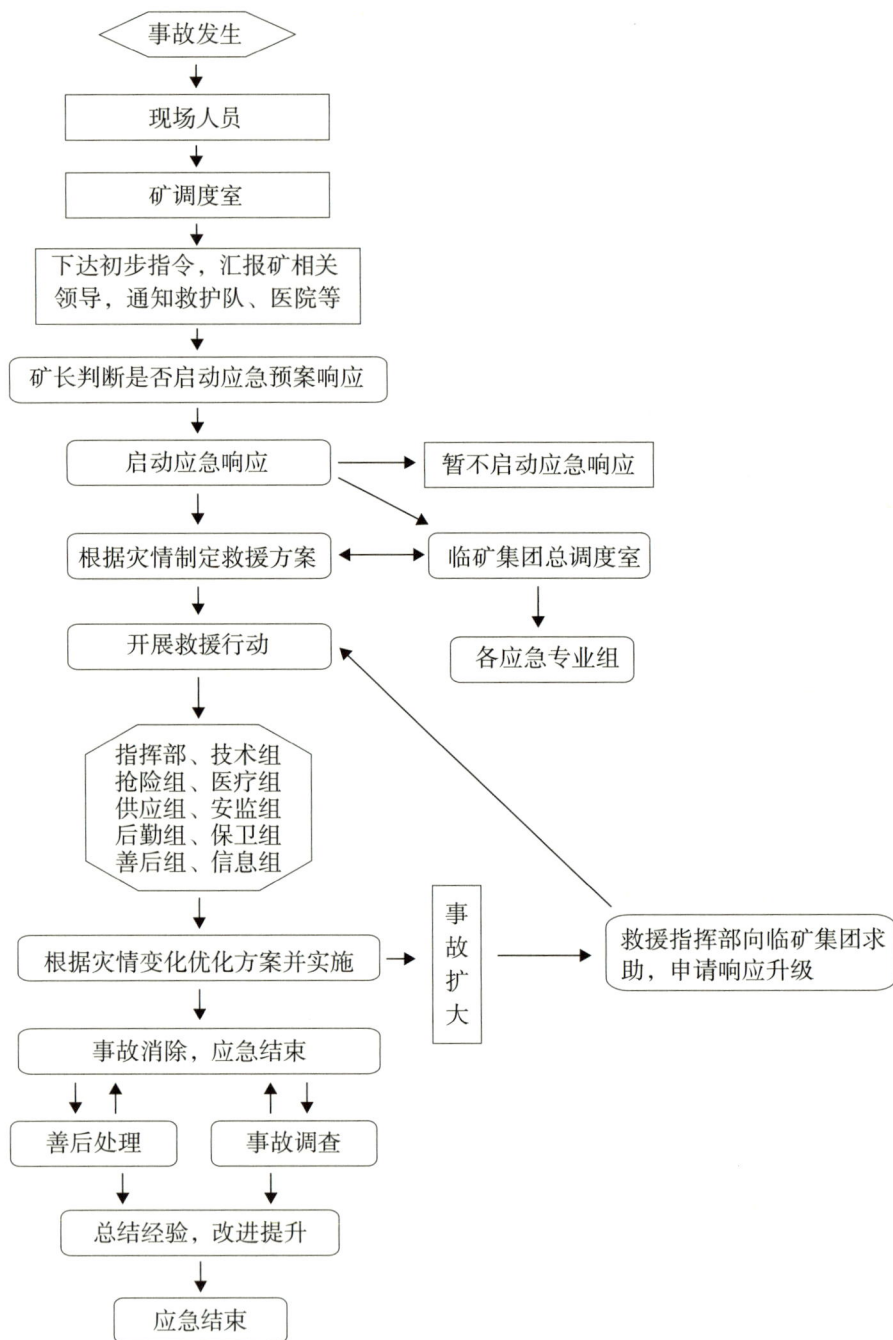

图3-1-9 应急处置流程图。

二、应急演练

矿井每年均组织暴雨应急预案的演练，通过演练提高矿井应急处置、响应及救援能力。

表3-1-5　2010—2018年王楼煤矿暴雨应急预案演练时间统计表

演练时间	演练撤人用时（分钟）
2010.5.19	58
2011.5.26	50
2012.5.06	56
2013.5.26	55
2014.5.17	69
2015.5.26	71
2016.5.24	74
2017.5.13	90
2018.5.28	90

图3-1-10　矿井历年撤人演练。（2019年辑）

三、紧急避险系统建设

为进一步提高煤矿安全防护和应急救援水平，确保在井下发生紧急情况下，为遇险人员安全避险提供生命保障，根据《国务院关于进一步加强企业安全生产工作的通知》《国家安全监督总局国家煤矿安监局关于建设完善煤矿井下安全避险"六大系统"的通知》等有关规定及要求，王楼煤矿逐步建立完善安全监测监控系统、井下人员定位系统、井下避险系统、压风自救系统、供水施救系统、通信联络系统等井下安全避险"六大系统"。

（一）安全监测监控系统

采用煤炭科学院重庆研究院生产的KJ90NB型煤矿安全监测监控系统。该系统主要由研祥FSC-1814型监控计算机、KJJ46传输接口、KJ90-F8/KJ90-F16分站、各类型传感器、本安电源以及系统软件组成。

2018年10月，将安全监控系统升级为KJ90X型，实现了系统的全数字化传输。

（二）井下人员定位系统

采用KJ251A煤矿人员管理系统，系统主要由中心站主机、KJ251A中心站软件、KJJ46传输接口、KJ251A-F8系列定位分站、KJF210A系列矿用读卡器（目标识别器）、KGE系列识别卡、电缆及辅助材料（UPS电源等）组成。

2019年11月，升级使用KJ602（B）型煤矿人员管理系统，共安装基站66台、发放人员标识卡1147张，该系统主要在矿井主要运输巷道、行人大巷、采掘头面安装定位基站，实现井下全覆盖。

（三）井下紧急避险系统

配备ZH30D（ZH30C）型化学氧隔绝式自救器1712台；布置永久避难硐室（避险人数为100人）3个、临时避难硐室（避险人数均为20人）4个。

（四）压风自救系统

地面2台FHDG-340W型蜗杆式空压机作为压风自救供风风源。

矿井压风管路覆盖井下各作业场所，主供风管路为直径159毫米的无缝钢管，分支管路为直径133毫米和108毫米的无缝钢管，采掘工作面管路为直径75毫米的无缝钢管，所有管路每隔50米设置1个供风阀门，主供风管路在每个分支点设置1个闸阀，采掘工作面管路每隔100米设置1个闸阀，供管路检修用。

（五）供水施救系统

矿井供水施救系统水源引自地面水源井供水系统（2个300立方米的消防水池和地面水源井）。

矿井供水管路覆盖井下各作业场所，主供水管路为直径133毫米和108毫米的无缝钢管，采掘工作面管路为直径75毫米的PE管。所有管路每隔50米设置1个供水阀门，主供水管路在每个分支点设置1个闸阀，采掘工作面管路每隔100米设置1个闸阀，供管路检修用。

（六）通信联络系统

调度通信系统使用深圳震有科技股份有限公司生产的KT214线多媒体调度通信系统，采用微机硬盘录音，将所有与调度台通话的单位时间、电话号码实时记录，并具备多通道录音方式，调度台设有维护终端，系统为矿用本安型，具有强插、强拆、群呼和组呼等功能。调度交换机总门数为480门，入井主干线路使用2根MHYA32 50×2×0.8和1根MHYA32 80×2×0.8通信电缆。井下各主要机电场所、采掘工作面、采区车场及水平最高点等均安设直通调度室的有线调度电话。

第二章　开拓掘进

第一节　开　拓

矿井采用立井开拓方式。根据煤层赋存特点及国家的产业政策，矿井初期开采赋存有$3_上$煤层的董庄断层以西、小吴断层以北块段。矿井投产后同时配采$12_下$煤层，原计划在矿井生产的中后期，待煤炭脱硫技术突破后，考虑开拓开采井田南部及湖区的小槽煤，后因南四湖压覆等原因放弃该开拓计划。

一、开拓水平

矿井划分为1个水平（−680米水平）进行开拓，同时施工下山水平配合进行矿井整体开拓。

2007年4月，矿井−680米水平形成。

2009年6月，二采胶带下山竣工，8月二采轨道下山竣工，矿井−900米水平形成。

2011年3月，三采轨道下山与三采轨道下山（对穿）贯通，矿井−960米水平形成。

2014年4月，七采区机尾联络巷施工完成，矿井−1150米水平形成。

二、采区开拓情况

（一）一采区

2007年7月，一采区形成，首采工作面11301工作面开始生产。

（二）二采区

1. 2008年1月26日，临沂矿业集团有限公司以《关于对王楼煤矿二采区设计的批复》（临矿生便〔2008〕13号）批复同意二采区设计方案。

2. 2010年2月，二采区形成，首采工作面12302工作面开始生产。

3. 2018年10月，12309工作面回采结束后，该采区基本结束生产活动。

（三）三采区

1. 2008年1月26日，临沂矿业集团有限公司以《关于对王楼煤矿三采区设计的批复》（临矿生便〔2008〕14号）批复同意三采区设计方案。

2. 2012年5月3日，临沂矿业集团有限公司以《关于王楼煤矿三采区及首采工作面验收的批复》（临矿生便〔2012〕47号）同意三采区−960米水平及首采工作面13301工作面生产。

（四）五采区

1. 2008年12月15日，临沂矿业集团有限公司以《关于对王楼煤矿五采区设计的批复》（临矿生便〔2008〕98号）批复同意五采区设计方案。

2. 2010年4月2日，临沂矿业集团有限公司以《关于王楼煤矿五采区及首采工作面验收的批复》

（临矿生便〔2010〕76号）同意五采区及首采工作面15121工作面生产。

3．2014年12月29日，根据生产计划调整，矿井对该采区进行封闭。

（五）七采区

1．2013年9月16日，临沂矿业集团有限公司以《关于对王楼煤矿七采区设计的批复》（临矿生字〔2013〕77号）批复同意七采区设计方案。

2．2015年7月21日，临沂矿业集团有限公司以《关于王楼煤矿七采区及首采工作面验收的批复》（临矿生字〔2015〕66号）同意七采区及首采工作面27302工作面生产。

（六）六采区

1．2013年11月19日，临沂矿业集团有限公司以《关于对王楼煤矿六采区设计的批复》（临矿生字〔2013〕98号）批复同意六采区设计方案。

2．2014年6月7日，根据生产计划调整，矿井对该采区进行封闭，停止施工。

三、其他重点开拓工程

（一）-680行人进风巷

为优化矿井北翼通风系统，2013年1月—11月，由开拓工区施工该巷道，累计总长度897.9米。

（二）七采专用回风巷

为优化七采区通风系统，2014年1月—2016年8月，由开拓工区、掘进一工区、综掘工区等分段施工该巷道，累计总长度3141.1米。

（三）3号煤仓

为增加矿井储煤量，由开拓工区于2017年1月—5月施工。

（四）井下水处理硐室

为实现井下污水除盐等环保要求，由开拓工区于2017年12月—2018年4月施工，累计长度241.9米。

（五）井下智能干选硐室（TDS硐室）

为实现井下智能干选，由综掘工区于2018年7—9月施工，累计长度60米。

（六）三采充填联络巷

为完善三采充填运输系统，由综掘一工区（原综掘工区）于2018年8月—11月施工，累计长度216.4米。

第二节　支　护

一、支护方式

根据矿井巷道围岩状况，借鉴邻近矿井的巷道支护经验，确定井底车场巷道、大巷及采区上山均采用直墙半圆拱断面，锚喷或锚网喷支护；主要硐室采用锚喷、砼（或钢筋砼）碹复合支护；顺槽按梯形锚网索支护方式。

二、支护形式

（一）锚网（索）支护

1. 浅部支护参数

巷道顶部采用直径20×2300毫米等强树脂锚杆，帮部采用直径18×1800毫米右旋全螺纹树脂锚杆，每根锚杆配一卷K2370树脂锚固剂。巷道中高为2.6米，上帮布置3根右旋全螺纹树脂锚杆，配合3孔钢梯加强支护，间排距800毫米×800毫米；下帮布置2根右旋全螺纹树脂锚杆，配合2孔钢梯加强支护，间排距1000毫米×800毫米。两帮上部锚杆距顶板800毫米，下部锚杆距底板不得超过700毫米。顶部锚杆间排距为800毫米×800毫米，顶部钢梯加工为6孔，长度为4米，孔间距为800毫米。顶部及帮部锚杆配合使用钢梯，钢梯全部采用直径14毫米圆钢加工制作。顶部沿巷道中心线向两侧对称布置两根锚索配合工字钢梁加强支护，锚索使用直径18×8000毫米低松弛钢绞线，间距1.7米，排距4米，每根锚索配2卷K2370树脂锚固剂，工字钢梁长度为2.1米。巷道顶部和帮部铺设金属网，采用直径4毫米钢筋编织的网孔60毫米×60毫米的经纬网，采用16号镀锌铁丝双股双排扣菱形绑扎，金属网搭接量不小于120毫米，扣间距不大于180毫米。

2. 深部支护参数

（1）2014年矿井开拓至−1150米之后，在27304工作面两顺槽施工时采用深部支护参数。

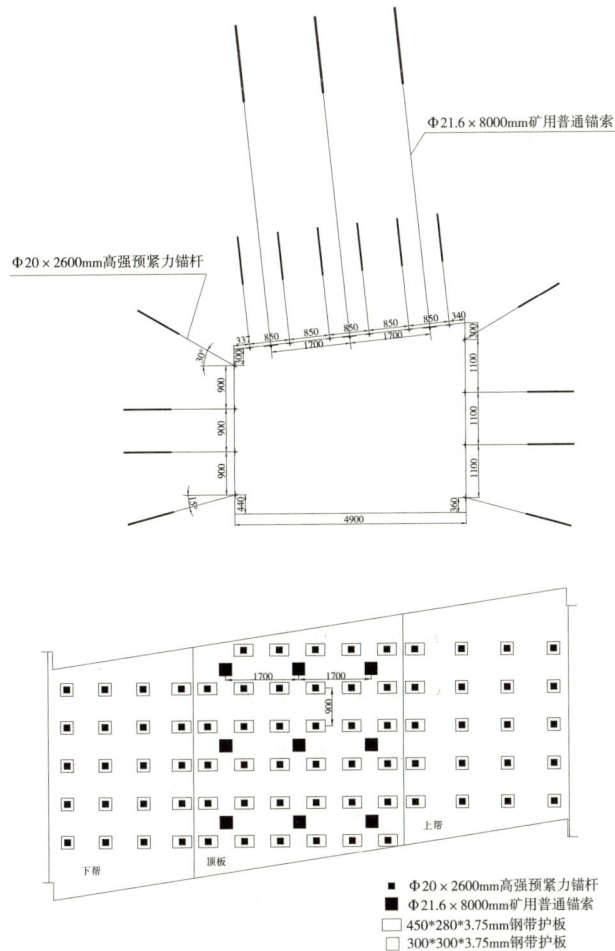

图3-2-1 2014年王楼煤矿巷道支护示意图。

巷道顶、帮部采用直径20×2600毫米高强预紧力锚杆，顶部锚杆间排距为800毫米×900毫米，帮部锚杆间排距为1000毫米×900毫米，每根锚杆配1卷MSCK2370树脂锚固剂，两帮最上部锚杆距顶板不大于200毫米，最底部锚杆距底板不得超过700毫米。顶部锚杆配合使用长150毫米、宽150毫米、厚10毫米的高强弧形托盘和长450毫米、宽280毫米、厚3.75毫米的钢带护板，巷道沿空侧帮部锚杆配合使用长150毫米、宽150毫米、厚10毫米高强弧形托盘和长450毫米、宽280毫米、厚3.75毫米的钢带护板，巷道实体煤侧帮部第一根（从上至下）锚杆配合使用长150毫米、宽150毫米、厚10毫米的高强弧形托盘和长450毫米、宽280毫米、厚3.75毫米的钢带护板，其余锚杆配合使用长150毫米、宽150毫米、厚10毫米的高强弧形托盘和长300毫米、宽300毫米、厚3.75毫米的钢带护板；在两帮第一排与第二排（从上至下）锚杆中间再施工一排锚杆配合使用长150毫米、宽150毫米、厚10毫米的高强弧形托盘和长450毫米、宽280毫米、厚3.75毫米的钢带护板加强支护，与帮部第一排与第二排（从上至下）锚杆"五花式"布置，锚杆间距为1800毫米。巷道顶部布置锚索配合长300毫米、宽300毫米、厚16毫米的高强弧形托盘加强支护，锚索使用直径22×8000毫米低松弛钢绞线，每根锚索配2卷MSCK2370锚固剂，每排3根，锚索间排距为1600毫米×1800毫米，布置到两排锚杆中间。

顶部采用直径5毫米网孔100毫米×100毫米的金属编织经纬网，零搭接直联，反弯360度与原网筋闭合；帮部采用钢塑复合网，钢塑复合网在帮部使用时竖铺使用，将搭接部分用双股玻璃钢纤维套管连接，保证两片网铺平，锚杆盘底边距塑料网底部不得小于50毫米，同时不得大于200毫米。

（2）2018年开始，为加强深部巷道支护，在27306上顺槽、27309顺槽联络巷等地点施工时改变了支护参数。

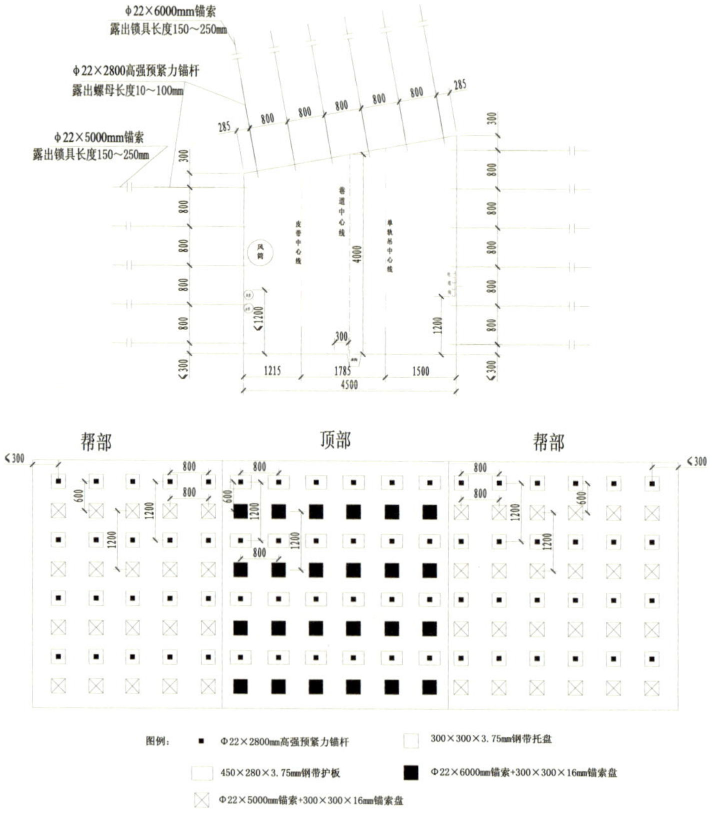

图3-2-2 王楼煤矿2018年巷道支护示意图

巷道顶部采用直径22×2800毫米高强预紧力锚杆，采用规格为直径22×6000毫米低松弛钢绞线锚索，锚杆（索）间距为800毫米，锚杆与锚索排距为600毫米。

帮部煤层中采用直径22×2800毫米高强预紧力锚杆、采用规格为直径22×5000毫米低松弛钢绞线锚索，锚杆（索）间距为800毫米，锚索，锚杆与锚索排距为600毫米；帮部岩层中施工直径22×2800毫米高强预紧力锚杆，锚杆间排距为800毫米×600毫米。帮部锚杆（索）施工与顶部锚杆（索）布置在同一排。

（二）锚网喷支护

1. 浅部支护参数

巷道使用直径20×2500毫米等强树脂锚杆，锚杆间排距均为800毫米×800毫米，每根锚杆配1卷K2370树脂锚固剂。金属网采用直径6毫米钢筋编制的网孔150毫米×100毫米的经纬网，金属网搭接量为100毫米，采用16号镀锌铁丝双股双排扣菱形绑扎，联网扣间距不大于200毫米。在巷道两肩及正顶对称布置3根锚索，锚索间距1.5米，排距3米/组。锚索型号为直径18×8000毫米，每根配2卷K2370树脂锚固剂。喷射混凝土标号C_{20}，喷厚80毫米。锚网喷支护时，帮部锚网喷支护滞后迎头2网，顶部锚网喷支护紧跟迎头；锚索拖后迎头不超过5米施工。

2. 深部支护参数

为满足深部支护要求，在三采胶带下山（下部）施工时改变了支护参数。

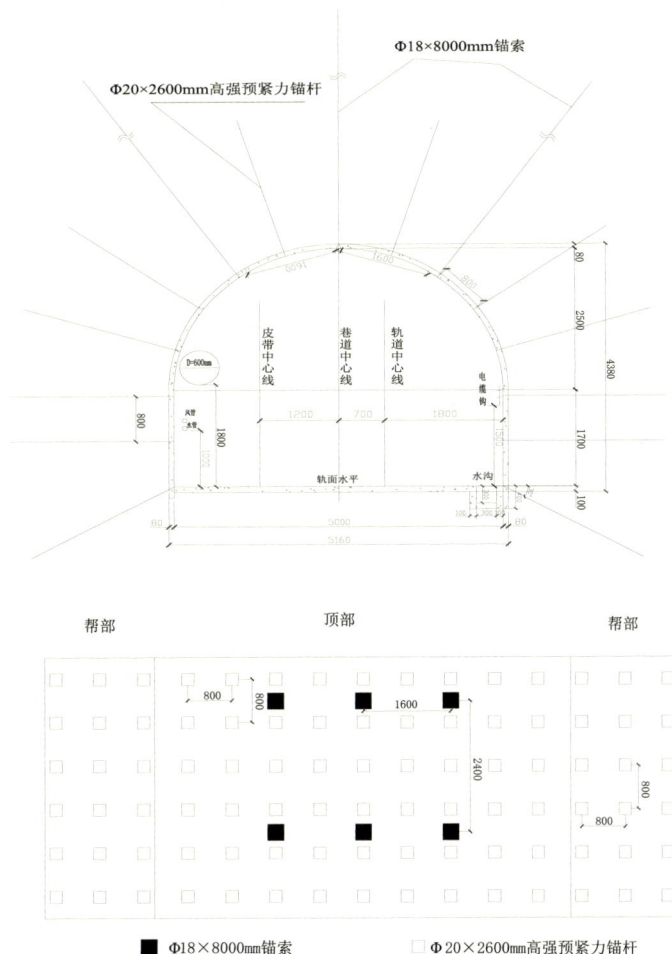

图3-2-3　三采胶带下山支护示意图。

顶部及帮部均使用直径20毫米、长度2.6米的高强直径20×2600毫米高强预紧力锚杆，间排距均为800毫米×800毫米，每根锚杆配1卷MSCK2370树脂锚剂；在巷道两肩及正顶对称布置3根锚索加强支护，锚索使用直径18×8000毫米低松弛钢绞线，间距1.6米，排距2.4米（若顶板为泥岩，厚度超过6米时，排距1.6米），每根锚索配2卷MSCK2370树脂锚固剂。金属网采用直径5毫米钢筋编制的网孔100毫米×100毫米的经纬网，零搭接直联，反弯360度。喷厚80毫米，喷射混凝土标号C20。铺底100毫米，铺底混凝土标号C20。施工毛水沟规格：长×宽＝300毫米×300毫米。

3. 喷层厚度

2012年8月24日开始，矿井喷浆工程均采用厚喷技术，施工的主要开拓巷道（−680米辅助泵房、−680米行人进风巷、七采轨道下山−970米以下、七采胶带下山−950米以下、三采胶带下山（下）、三采轨道下山（下）、七采专用回风巷、−650轨道巷二号联络巷以里、−650胶带巷三号联络巷以里）喷层厚度为120～150毫米，其他喷浆工程（准备、回采巷道）喷层厚度为60～80毫米。

2016年12月31日，开始至今全面推广薄喷技术，开拓巷道喷层厚度变更为60毫米，其他喷浆工程（准备、回采巷道）喷层厚度变更为30毫米。

第三节　掘进机械

一、掘进方式

岩石巷道掘进方式以钻爆法为主，工作面配备湿式凿岩机、耙斗装岩机、锚杆机、喷浆机等常规设备，部分巷道使用全岩掘进机掘进。半煤岩巷道主要采用综掘机进行掘进，部分巷道使用钻爆法掘进。

二、掘进机械化

（一）炮掘工作面

炮掘工作面采用光面爆破法破碎岩石，风钻打眼，耙斗装岩机装岩，矿车或皮带运输，锚网（喷）支护巷道。

打眼：使用YT−28型风钻湿式打眼。

支护：打眼使用MQT−120型气动锚杆钻机，MQ17−200/40型风动式锚索预应力涨拉机具进行加压。

装岩：掘进工作面全面实现装岩机械化，采用P60B或P90B耙装机进行耙装作业。

运输：工作面的煤、矸经皮带或矿车运至煤仓或井底车场，由主井或副井提升至地面，装、运机械化程度达到100%。

（二）综掘工作面

截割：采用综掘机完成掘进工作面破煤、装煤作业。

支护：顶部支护主要采用MQT−120型锚杆钻机，帮部锚杆使用MQTB−70/1.7帮锚杆钻机或YT−28型风钻支护。

运输：工作面的煤、矸通过掘进机经皮带运输直接进入采区煤仓。

三、设备

（一）EBZ-160型掘进机：最大掘进高度4.8米，最大掘进宽度5.5米，装载能力3.5立方米/分钟，经济截割岩石单向抗压强度小于60兆帕，截割电机功率160千瓦，供电电压1140伏。

（二）EBZ-200H型掘进机：最大掘进高度4.8米，最大掘进宽度6米，装载能力4.0立方米/分钟，经济截割岩石单向抗压强度小于80兆帕，截割电机功率200kW，供电电压1140V。

（三）P60（90）B型耙斗装岩机

1．P60B型耙斗装岩机：耙斗容积0.6立方米，技术生产率70～100立方米/小时，主绳牵引力23.3～32千牛，电机功率30千瓦，轨距600毫米。

2．P90B型耙斗装岩机：耙斗容积0.9立方米，技术生产率95～140立方米/小时，主绳牵引力31～50千牛，电机功率45千瓦，电压660/380伏，轨距600毫米。

（四）ZWY-120/56.5L型煤矿用挖掘式装载机：装载能力120立方米/小时，电机功率56.5千瓦，采用履带行走，装载宽度3.85米，挖掘高度3.6米，挖掘宽度3.85米，挖取距离2.2米，工作坡度12度。

（五）SD-25/6B型梭式矿车：容积25立方米，轨距600毫米，接载高度1.544米，最小转弯半径50米，电机功率2×22千瓦，使用断面不小于4.2×4.5平方米。

（六）挖掘机

1．MWD5.1/0.13L型煤矿用液压挖掘机：标准斗容量0.13立方米，工作质量5100千克，额定功率30千瓦，额定转速1470转/分，最大挖掘高度4米，最大卸料高度2.6米，最大挖掘深度1.6米，最大挖掘半径4米，最大地面水平挖掘距离4.3米，最大挖掘力（铲斗）46.3千牛，回转速度9转/分，行走速度2.7千米/时，爬坡能力13度。

2．ZWY-120/55L型煤矿用挖掘式装载机：装载能力20立方米/小时，主电机功率55千瓦，最小转弯半径不小于8米，挖掘高度不大于3.25米，卸载高度不大于1.6米，挖掘深度不大于600毫米，卸载距离不大于1.1米，挖掘宽度不大于4700毫米，挖取距离不大于1720毫米，爬坡能力不大于30度。

（七）CMJ2-35型履带式双臂凿岩台车：凿孔直径φ38毫米，钻杆长度3.09米，钻孔深度2.7米，钻孔速度0.8-2米/分，最小转弯半径6米，行走速度1.8千米/时，爬坡能力14度，适用断面（宽×高）3米×3米至7.2米×5.5米。（2016年11月，七采专用回风巷）

（八）ZCY60R（A）侧卸装岩机：机器重量7800千克，功率45千瓦，铲斗额定容量0.6立方米，铲斗宽度1.741米，最大转载高度1.65米，最大卸载角度55度，最大牵引力50千牛，最大行走速度2.2千米/时，最小离地间隙200毫米，液压系统工作压力：工作机构16兆帕、行走马达17兆帕，爬坡角度16度。（2016年11月，七采专用回风巷开始使用）

第三章 采 煤

第一节 采煤工艺

一、采煤方法

建井初期主采3上煤层，采区采用双翼布置，主要采用走向长壁后退式采煤法，综合机械化采煤工艺，一次采全高开采。

2002年12月，根据北京天地科技股份有限公司开采所事业部关于《临沂矿务局王楼矿井首采区建（构）筑物下采煤方法论证》结论，为确保湖口闸的安全，在湖口闸的保护煤柱内进行长壁条带开采。矿井−770米以浅开采工作面的采宽均为120米，条带开采留宽为110米，−770米以深全采。

2008年2月，山东煤炭工业局下发《关于王楼煤矿首采区建（构）筑物下压煤开采方案设计的批复》（鲁煤规发〔2008〕26号），同意王楼煤矿采用条带式一次采全高全部垮落法管理顶板，单一长壁后退式采煤法采煤，并要求−770米以上条带工作面布置采宽120米，留宽110米。

2010年2月，矿井开始回采−770米以下二采区首采工作面12302工作面，采用全采方法进行回采。

2012年，先后在11307、13301和12306工作面实行无煤柱开采技术。4月，与山东科技大学合作，在11307皮带顺槽采用"袋—网—锚"矸石墙充填技术进行沿空留巷。4月23日，与中国矿业大学合作，在13301皮带顺槽采用新型高水速凝充填材料进行沿空留巷。

2013年12月，二采区12310工作面，首次采用对拉方式布置。

二、采煤工艺

矿井全部采用综合机械化采煤工艺，一般采用走向长壁后退式一次采全高、全部垮落法管理顶板采煤。

2012年4月，在一采区11307工作面首次采用倾斜长壁后退式、全部垮落法管理顶板进行采煤，其后，采用该布置方式成功回采11308、11309工作面。

三、顶板管理

自投产以来，一直采用一次采全高全部垮落法管理顶板。

使用的液压支架型号分别为ZT7600/15/35型端头支架、ZY（G）5000/15/32型液压支架、ZT7600/20/40型端头支架、ZY（G）5000/16.5/37型液压支架、ZY8000/23/47D型液压支架、ZT14000/19/40型端头支架、ZT9450/19/40型超前支架支护。

四、采煤接续

矿井投产初期，为缓解接续紧张的局面，矿井投产后先后引进半煤岩综掘机、岩石掘进机、挖斗式装载机、梭式矿车等设备。在矿井开拓布局、采掘关系上进行调整，对生产系统、排矸系统进行改造，在2012年底，形成两个采区生产、一个采区备用的生产格局，原煤产量稳步提高。

表3-3-1 2007年—2018年王楼煤矿工作面接续情况

工作面名称	时 间		生产天数	区 队
	起	止		
11301	2007.07.01	2007.12.7	160	采煤一工区
11303	2007.12.02	2008.6.16	198	
11302	2008.04.10	2008.11.25	230	采煤二工区
11305	2008.06.28	2010.3.31	642	采煤一工区
11304	2008.10.10	2009.5.28	231	采煤二工区
11306	2009.06.02	2010.3.28	300	
12302	2010.02.20	2011.3.13	387	采煤一工区
15121	2010.04.10	2011.10.10	367	采煤二工区
12304	2010.05.16	2011.6.25	406	
12303	2011.02.26	2012.4.14	414	采煤一工区
12312	2011.06.25	2012.5.30	341	采煤二工区
13301	2012.04.16	2014.4.24	738	采煤一工区
11307	2012.04.27	2012.9.14	141	采煤二工区
12306	2012.07.20	2013.6.28	344	
11309	2012.11.03	2013.11.28	391	采煤一工区
12305	2013.04.09	2014.4.30	386	采煤二工区
11308	2013.09.02	2014.2.10	161	采煤一工区
12310	2014.01.03	2015.07.20	563	
13313	2014.05.03	2014.08.22	111	采煤二工区
12301	2014.05.15	2014.12.23	222	
11301 充填	2014.08.16	2015.02.16	184	
13303	2014.10.12	2015.08.22	314	
13302	2015.05.15	2015.08.10	87	
27302	2015.08.10	2017.04.28	627	采煤一工区
12307	2015.09.10	2016.08.20	345	采煤二工区
13315	2016.01.05	2016.03.25	80	
12316	2016.01.10	2017.05.08	484	
13305	2016.09.12	2017.10.06	389	
13304	2017.03.07	2018.05.25	445	

工作面名称	时 间		生产天数	区 队
	起	止		
27307	2017.04.18	2018.01.11	268	采煤一工区
12309	2017.09.06	2018.10.19	408	采煤二工区
27304	2017.10.10	2020.02.17	860	采煤一／二工区
13307	2018.07.06	—	—	采煤二工区
27305	2018.08.20	—	—	采煤一工区

注：以完成安装试生产开始，以完成上绳结束为止，包含生产期间的停采时间。

五、设备配置

（一）采煤机

投产初期在11301、11303、11305等工作面使用MG200/480-AW型采煤机，后为提高工作面综合效率，在11306、11307、11309、12302、12303、12304、12306、12307、12312、12310、12316、12309、13307工作面使用MG-250/600AWD采煤机；在11302、11304、11307、11309、12301、12303、12305、13301、13302、13303、13305等工作面与11301充填工作面使用MG-300/700WD型采煤机；11308、13315、13313、13304等工作面使用MG250/601-WD采煤机；2015年8月开始，在27302、27307、27305、27304等工作面使用MG500/1170-WD型采煤机。各种煤机具体参数如下：

MG200/480-AWD型采煤机：采高1600～3200毫米，滚筒直径1400毫米，截深630毫米，牵引速度0～6.5米/分，牵引力500/350千牛。

MG-250/600：采高:1600～3200毫米，滚筒直径1600毫米，截深630毫米，牵引速度0～7.7～12.5米/分，牵引力550/325千牛。

MG-300/700WD型采煤机：采高:1800～3600毫米，滚筒直径1800毫米，截深630毫米，牵引速度0～8.3米/分，牵引力500/300千牛。

MG500/1170-WD型采煤机：采高2800～4500毫米，滚筒直径2240毫米，截深800毫米，牵引速度0～8.3～13.8米/分，牵引力850/512千牛。

（二）液压支架

工作面装备的液压支架有ZT7600/15/35型端头支架、ZYG5000/15/32型过渡液压支架、ZY5000/15/32型中间液压支架和ZT7600/20/40型端头支架、ZYG5000/16.5/37型过渡支架、ZY5000/16.5/37型中间液压支架。2013年12月，在12310工作面使用ZCZ7200/18/38分列式超前支架；2015年8月，在27302工作面使用ZT14000/25/47型端头支架、ZY8000/23/47型中间液压支架、ZT9450/19/40型超前支架。各种支架具体参数如下：

ZT7600/15/35型端头支架：初撑力6184千牛，支护强度0.8兆帕，支架质量26吨。

ZY5000/15/32型中间液压支架和ZYG5000/15/32型过渡液压支架：支护强度0.8～0.85兆帕，初撑力3878千牛，支架质量13.5吨。

ZT7600/20/40型端头支架：初撑力6184千牛，支护强度0.82兆帕，支架质量27吨。

ZYG5000/16.5/37型过渡支架和ZY5000/16.5/37型中间液压支架：初撑力3878千牛，支护强度0.8~0.84兆帕，支架质量16吨。

ZCZ7200/18/38分列式超前支架：支护强度0.26~0.33兆帕，底板平均比压0.89~1.03兆帕，控制方式采用手动本架控制，支架重量26吨。

ZT14000/25/47型端头支架：初撑力11634千牛，支架质量50吨。

ZY8000/23/47型中部支架：初撑力5717千牛，支护强度1.18~1.28兆帕，支架质量27.2吨。

（三）刮板输送机

采用SGZ730/320型刮板输送机，运输能力600吨/时，链速1.1米/秒，电机功率2×200千瓦，电压1140伏。

2015年8月，在27302工作面使用SGZ800/800型中双链刮板输送机，其参数型号：装机功率2×400千瓦，设计/出厂长度200/150米，输送量1500吨/时，适应的工作面倾角0~15度，适应的工作面走向倾角±8度，链速1.32米/秒。

（四）转载机

采用SZZ764/200型转载机，电机功率200千瓦，电压1140伏，运输能力600吨/时。

2015年8月，在27302工作面使用SGZ800/800型中双链刮板输送机，其参数型号：装机功率2×400千瓦，设计/出厂长度200/150米，输送量1500吨/时，适应的工作面倾角0~15度，适应的工作面走向倾角±8度，链速1.32米/秒。

（五）破碎机

采用PCM110锤式破碎机，电机功率110千瓦，破碎能力1000吨/时。

2015年8月，在27302工作面使用PLM-2000型破碎机，其参数型号：装机功率200千瓦，破碎能力2000吨/时，入口尺寸700×700毫米。

（六）胶带输送机

采用DSJ1000/60/2×110可伸缩胶带输送机，带宽1000毫米，运输能力600吨/时。

第二节　薄煤层开采

一、情况简介

矿井从投产至2012年底只在五采区对$12_下$薄煤层进行了回采。$12_下$煤层为低中灰、中高硫、高发热量、特低磷，位于太原组中部，下距$16_上$煤层45~56米，平均51.87米，煤厚0.27~1.68米，平均1.11米，煤厚变异系数为34%。可采范围内厚度为0.70~1.56米，平均1.14米，变异系数为22%，为较稳定煤层。顶板为泥岩、粉砂岩、砂质泥岩，底板为石灰岩（八灰），多数有0.10~0.20米的泥岩伪底。结构简单，含0~2层夹石，岩性为泥岩、粉砂岩及炭质泥岩夹石。

五采区是矿井首个薄煤层采区，位于工广西南部，北部以FD44、F7两条断层为界，南部到FD28断层，东部与南翼轨道、胶带大巷相邻，西部到-850米水平。采区走向长约1.75千米，倾斜宽0.78千米，面积1.37平方千米。根据矿井初步设计及北京天地科技股份有限公司开采所事业部关于《王楼煤矿南翼采区$10_下$、$12_下$、$16_上$煤层村庄下压煤开采方案可行性论证》，本采区采用条带开采的方式，留

100米采100米，走向长壁采煤法布置工作面。经集团公司批复，2010年4月—2010年11月进行了矿井第一个薄煤层工作面（15121综采工作面）的开采，后期受煤炭市场、环保要求多方面因素影响等，未再涉及薄煤层开采。

二、薄煤层综采设备

为实现薄煤层工作面高产高效的目的，王楼煤矿薄煤层开采从开采初期就采用综合机械化采煤。

（一）MG2×70/330-BWD型采煤机：采高1100毫米～1800毫米，滚筒直径1100毫米，截深630毫米，牵引速度0～7米/分，牵引力340千牛，外载式交流变频齿轨式无链电牵引。

（二）液压支架

1. ZYG5000/15/32型端头支架：支护强度0.8～0.85兆帕，宽度1.46～1.6米，初撑力3878千牛，支架质量13.5吨。

2. ZYG3800/09/18型过渡支架和ZY3800/09/18型中间支架：工作阻力3800千牛，初撑力3090千牛，支架宽度1430～1600毫米，支护强度0.5～0.52兆帕，控制方式为手动邻架控制，支架重量10.5吨。

（三）SGZ630/220型中双链刮板输送机：运输能力450吨/时，链速0.991米/秒，电机功率2×110千瓦，电压1140伏。

（四）SZB730/75型边双链转载机：输送能力630吨/时，装机功率75千瓦，刮板间距640毫米。

（五）DSJ800/40/2×75顺槽可伸缩胶带输送机：带宽800毫米，带速2.5米/秒，运输能力400吨/时，电机功率2×75千瓦。

第四章　机电运输

第一节　管理机构

一、机构沿革

2002年9月5日，临沂矿务局下文成立王楼矿井筹建处机电组，并设机电组组长1名。

2003年10月25日，撤销"组"建制，成立王楼矿井筹建处机电科，设机电科科长1人。

2006年2月17日，王楼矿井一号井筹建处设副主任1名，为矿井筹建期机电运输专业负责人。

2007年7月5日，成立王楼煤矿机电科，设机电副总1人，科长1人，副科长1人，技术、管理人员4人。

2009年，机电科增设设备管理组，负责矿井设备进行管理。

2012年3月30日，增设主管管理1人。同年，设备管理组与材料管理小组合并组成物管科。

2014年2月11日，成立机电科设备小组，调入副科长1人，专员管理1人，科员1人。6月5日，增设主管工程师1人。

2015年9月30日，成立机电管理部机电科，设机电副总1人，科长1人，主管工程师1人，副科长2人，主管管理1人，专员管理2人，技术员2人。12月23日，增设工程师1人。

2018年4月24日，增设见习技术员1人。8月10日，增设见习技术员1人。

截至2018年12月31日，机电科共设机电副总1人，副科长5人，专员管理3人、技术员1人，见习技术员2人，共计12人。

二、管理制度

2007年6月1日，印发《王楼煤矿安全生产责任制》，对机电运输管理人员及各机电运输工种职责进行明确。

2009年2月12日，印发《王楼煤矿安全管理制度》，主要包括：《设备配件管理制度》《设备包机制度》《设备检修制度》《电气设备日常检查检修制度》《机电运输专业例会制度》《巡回检查制度》《供电安全技术管理制度》《机电干部上岗查岗制度》《平板车运输管理制度》《安装技术管理制度》《事故分析追查制度》《排水设施联合试运转制度》等。

2011年5月25日，印发《设备配件管理制度》《设备包机制度》《设备检修制度》《电气设备日常检查检修制度》《机电运输专业例会制度》《巡回检查制度》《供电安全技术管理制度》《机电干部上岗查岗制度》《平板车运输管理制度》《安装技术管理制度》《事故分析追查制度》《排水设施联合试运转制度》等制度。

第二节 提升系统

王楼矿井主要提升系统包括主井提升、副井提升、二采轨道下山、三采轨道下山、七采区运输及-680行人巷、二采、三采、七采架空乘人装置。主井提升系统担负着矿井的原煤提升任务；副井提升系统担负着矿井的煤矸石、材料、设备及人员的提升任务；二采轨道下山提升系统担负着-900米水平的辅助提升任务；三采轨道下山提升系统担负着-960米水平的辅助提升任务；七采区采用DLZ110F-180型柴油机单轨吊机车负责物料设备运输；在二采行人下山、三采胶带巷和七采胶带巷分别安装1部RJY型固定抱索器架空乘人装置，另在-680行人巷安装1部RJZ型固定抱索器架空乘人装置，分别担负水平间人员运输任务。

一、主井提升系统

主井为立井提升方式。主井井筒直径5.5米，提升高度750米。井筒装备由中煤五处负责安装施工，2007年3月5日开工，6月10日竣工。采用玻璃钢罐道，曲轨卸载。

主井采用多绳摩擦式立井箕斗提升方式。装备1套中信重型机械有限公司生产的JKMD-2.8×4（Ⅲ）E型落地多绳摩擦式提升机，配备上海电机厂生产的ZKTD250/40型低速直联直流电动机。主要负担原煤提升兼回风，提升容器为一对8吨箕斗，主提升钢丝绳选用2根28ZBB6×25TS（12/12/1）BR（6/1）+FC1770SS

图3-4-1 王楼煤矿主井提升系统。（2015年摄）

型和2根28ZBB6×25TS（12/12/1）BR（6/1）+FC1770ZZ型钢丝绳，尾绳选用2根P8×4×7-113×19-1370型钢丝绳。

2014年2月4日—12日，对主井提升系统进行改造，将原ZKTD250/40（1250kW）型直流电机更换为ZKTD250/40（1600kW）型直流电机，并对配套的主井电控系统进行升级改造。

2018年2月19日—22日，应用ABB闸控系统升级主井闸控系统，更换绞车闸控柜、制动闸架、制动单元和液压站，实现恒减速以及恒力矩制动。

二、副井提升系统

副井为立井提升方式，副井井口标高：+37.5米，井底标高：-680米，井筒直径6米，提升高度717.5米。井筒装备由中煤五处负责安

图3-4-2 王楼煤矿副井提升机。（2015年摄）

装施工，2006年3月19日开工，7月20日竣工。

副井采用多绳摩擦式立井罐笼提升方式。装备1套中信重型机械有限公司生产的JKMD-3.5×4（Ⅲ）型多绳落地摩擦式提升机，配套哈尔滨电机有限公司生产的ZKJ2500/400-12型低速直联直流电动机。主要负担人员、煤矸、材料设备提升兼进风，提升容器为一宽一窄600毫米轨距、1吨双层4矿车罐笼，每次最多可提升76人（大罐笼）或4辆矿车，主提升钢丝绳选用2根36ZBB6V×37S+FC1670SS型和2根36ZBB6V×37S+FC1670ZZ型钢丝绳，尾绳选用2根P8×4×19-148×24-1370型钢丝绳。

三、采区轨道下山运输系统

（一）二采轨道下山

2009年4月16日，在二采上车场绞车房及轨道下山2JKB-3.0X1.7P型单绳缠绕式矿用防爆提升机。

绞车卷筒2个，直径3米，宽度1.7米，缠绳量1650米，钢丝绳直径28毫米，钢丝绳型号为6×19S+FC，捻法为交互右捻；最大静张力130千牛，最大静张力差80千牛；电动机型号为YBBP450M-10，功率280千瓦；最大提升速度3.0米/秒。设有过卷、过速、限速、闸间隙、松绳、减速等功能保护，设有深度指示器失效保护、过负荷和欠电压保护等保护装置。轨道下山设置多道防跑车装置，并安装监控设施将防跑车装置实时状态传递至监控台，可以随时查看防跑车装置的情况。

（二）三采轨道下山

2011年9月1日，在三采上车场绞车房及轨道下山2JKB-3.5X1.7型单绳缠绕式矿用防爆提升机。

绞车卷筒2个，直径3.5米，宽度1.7米；缠绳量1700米，钢丝绳直径28毫米，钢丝绳型号为6V×19S-NFC，捻法为交互右捻；最大静张力150千牛，最大静张力差137.8千牛；电动机型号为YBF2-100L2-4，功率280千瓦；最大提升速度2.86米/秒。设有过卷、过速、限速、闸间隙、松绳、减速等功能保护，设有深度指示器失效保护、过负荷和欠电压保护等保护装置。轨道下山设置多道防跑车装置，并安装监控设施将防跑车装置实时状态传递至绞车监控台，可以随时查看防跑车装置的情况。

（三）七采轨道下山

七采轨道下山采用DLZ110F型柴油动力单轨吊机车运输物料及设备。2013年6月，安装第1台DLZ110F型柴油单轨吊。2014年5月，又陆续运行机车3部，形成七采区单轨吊运输系统。2016年，调入原军城井单轨吊机车3部，共计7部单轨吊机车服务于七采区物料运输，形成了单轨吊运输网络。

DLZ110F型柴油动力单轨吊机车，运输巷道倾角不超过±30度，防爆柴油发动机，输出功率81千瓦，主油泵型号SAUER90R180，液压马达型号Hydromtor Poclain。安全防护装置有冷却水液位、冷却水温度、液压油温度、尾气排放温度、超速保护、瓦斯超限保护等，机车内部安装有泡沫自动灭火系统，机车内部安装有泡沫自动灭火系统。

第三节　运输系统

一、主运输系统

井下煤炭运输为带式输送机连续运输。采煤工作面生产原煤，经顺槽带式输送机（DSJ100/60/2×75

型、DSJ100/60/2×90型、DSJ100/60/2×110型可伸缩胶带输送机）、采区带式输送机（DTL100/60/2×250型、DTL100/60/4×250型、DTL100/60/4×400S型落地式胶带输送机）至主井煤仓，经主井提升机至地面进入选煤系统。

主要运输巷道胶带输送机有：北翼胶带输送机，二采胶带下山、三采胶带下山、七采胶带下山胶带输送机。

2007年5—6月，北翼胶带输送机安装，输送长度1090米。

2009年4—6月，二采胶带输送机安装，输送长度1800米。

2012年1—3月，三采胶带输送机安装，输送长度2100米。

2015年5—7月，七采胶带输送机安装，输送长度1700米。

2016年8月—10月，利用地面集控室工控机，通过千兆环网交换机，控制天津华宁KTC101控制器，实现井下主运输皮带及沿线部分设备由地面集控室的远程集中控制。11—12月，在北翼、二采、七采机头安装西门子S7-300型PLC控制器共3台，建立井下皮带机与皮带机、煤仓煤位、冷却水压力、给煤机及各类保护传感器之间的逻辑关系，实现井下皮带集控系统的自动化控制。

表3-4-1　2018年王楼煤矿主要运输皮带参数汇总表

皮带位置	型号	输送量（t/h）	输送长度（m）	胶带宽度（mm）	速度（m/s）	电机型号	功率（kW）	电压（V）	胶带型号
北翼皮带	DTL100/60/2×250	600	1090	1000	2.5	YB400M1-4	2×250	6000	ST/S 1250-1000-6+6
二采皮带	DTL100/60/4×250	600	1800	1000	3.15	YB400M-4	2×250	6000	ST/S 1600-1000-7+5
三采皮带	DTL100/60/4×400S	600	2100	1000	3.5	YB 450S3-4	4×400	6000	ST/S 2000-1000-8+8
七采皮带	DTL100/60/4×400S	600	1700	1000	3.5	YB2-400-4	4×400	6000	ST/S 2000-1000-8+8

二、辅助运输系统

矿井辅助运输系统大巷采用电机车、电瓶车运输，主要任务是运输采掘工作面生产所需的材料、设备等。

（一）2007年4月，-680米水平大巷辅助运输系统运行。-680米水平轨道大巷由井底车场采用蓄电池式电机车运输矸石和物料，蓄电池式电机车型号为CTL8/6，共2台，牵引力18千牛，1次可牵引1吨矿车20辆，钢轨型号为30千克/米。

（二）2010年3月，-900米水平大巷辅助运输系统运行。-900米水平轨道大巷采用1台蓄电池式电机车运输矸石和物料，型号为CTY5/6，牵引力12千牛，一次可牵引1吨矿车12辆，钢轨型号为30千克/米。

（三）2011年10月，-960米水平大巷辅助运输采用1台蓄电池式电机车运输矸石和物料，型号为CTY5/6，牵引力12千牛，1次可牵引1吨矿车12辆，轨道为30千克/米，钢轨型号为30千克/米。

三、架空乘人装置

2010年10—11月，在二采行人下山安装架空乘人装置（型号：RJY75-22°/1650），运输距离1600米。

2011年8—9月，在三采胶带巷安装架空乘人装置（型号：RJY75-10°/1900），运输距离1500米。

2013年6—7月，在七采胶带巷安装架空乘人装置（型号：RJY75-13.5°/1600），运输距离1550米。

2016年4—5月，在-680行人巷安装架空乘人装置（型号：RJZ55-35/1800U（A）），运输距离870米。

表3-4-2　2018年王楼煤矿架空乘人装置主要技术参数汇总表

安装位置	型号	生产厂家	输送长度（m）	运行速度（m/s）	传动轮直径（mm）	电机功率（kW）	钢丝绳绳径（mm）
二采区	RJY75-22°/1650	湖南湘潭市恒欣实业有限公司	1600	1.2	1500	75	24
三采区	RJY75-10°/1900	贵阳高原矿山机械有限公司	1500	1.2	1500	75	24
七采区	RJY75-13.5°/1600	扬州市百思特机械设备有限公司	1550	1.2	1500	75	24
-680行人巷	RJZ55-35/1800U（A）	湖南湘潭市恒欣实业有限公司	870	1.2	1200	55	20

第四节　设备管理

一、设备管理

矿井筹建期间，为保证施工质量，工程施工前签订《建设工程施工合同》，合同条款中明确双方责任。

2008年3月1日，印发《王楼煤矿矿井质量标准化标准（采掘、机运部分）》。

2009年9月，制定并实施《机电运输设备安全运行竞赛办法》。

2011年，重新下发《机电运输设备管理办法》，对设备管理职责等进行明确。

截至2018年底，矿共有固定资产设备为5830台（套），价值7.4412亿元；非固定资产设备947台（套），价值187.59万元；固定资产设备中现使用数量为5480台（套），备用设备101（套），待修设备74台（套）；非固定资产设备中现使用数量为919台（套），备用设备26台（套），待修设备3台（套）。设备三率指标为：完好率为97%、待修率为3%、事故率为0%，符合设备的三率指标要求。

二、设备检修

矿井投产后，建立定期停产检修制度，制定年度、季度、月度停产检修计划。

在检修日前10天，由机电矿长和总工程师主持，召开停产检修会议，落实机电检修项目计划，具体由机电科负责全矿月度停产检修项目的平衡、调整和汇总上报。

三、设备检测

矿井每年对4部主提升机、4部主运输胶带运输机、4部架空乘人装置、4台压风机、2台主通风机、79台变压器、25台主排水泵、5台单轨吊机车、9台电瓶车、44台高压电动机、106台高压防爆开关、151台高压开关柜等按照安全规程要求，聘请具有资质的检测单位进行安全检验，出具检验报告，矿根据检测结果采取处理措施。

第五节　供电、排水、压风

一、地面供电

矿区设有35千伏变电所1座，有3条35千伏供电回路，采用两用一热备供电方式，其中一回路为王楼矿线，引自唐口110千伏变电站，供电线路为钢管塔架设线路，长17千米，导线型号LGJ-120/25；二回路为兴王线，引自兴福集35千伏变电站，供电线路为钢管塔架设线路，长9.2千米，导线型号LGJ-120/25；三回路为鱼矿线，引自鱼台220千伏变电站，供电线路为铁塔架设线路，总长19.53千米，导线型号LGJ-185/3。变电所内共安装设备79台，其中主变压器3台（1-3号主变压器型号均为SFZ11-20000/35/6）、15台KYN61-40.5型高压真空开关柜、43台KYN28A-12型高压真空开关柜、2台S11-M型所内变压器、11台GGD2型低压柜、3台高压并联电容器TBBZ6-1000-6型电容柜、2套LC-C-6无源动态滤波补偿装置，整个系统采用MPS4000-3型微机监控和保护。

2003年3月27—5月28日，兴王线由任城区电力实业公司施工，山东联诚监理公司监理。

2003年12月26日，35千伏变电所进行交接验收，具备安装条件。2004年3月，完成变电所设备安装调试工作。5月，35千伏变电所投入使用。

2004年8月—2005年2月，王楼矿线由任城区电力实业公司施工，山东联诚监理公司监理。

2009年5月，35千伏变电所将原2台SF9-6300/35/6.3型，容量6300kVA主变压器更换为SFZ11-12500/35/6.3型，容量12500kVA主变两台。同时增设一路下井电缆，规格型号为YJV42-3×240平方毫米，6千伏交联聚氯乙烯绝缘聚氯乙烯护套粗钢丝铠装阻燃电缆，沿副井井筒敷设到井下中央变电所，电缆长度1250米。

2012年3—12月，从鱼台石集220千伏变电所架设一回LGJ-185型钢芯铝绞线供电线路，线路长度约25.7千米。

2014年6月，35千伏变电所新安装1台20000kVA主变、6台KYN61-40.5型高压真空开关柜、10台KYN28A-12型高压真空开关柜；同时将原来2台12500千伏A主变更换为容量20000kVA主变，实现了矿井35千伏线路三回供电两用一备。

2014年10月，经与任城供电公司协商，将基本电费收费方式由原来的按变压器容量收取改为按最大需量收取。

2016年11月，主通风机升级改造，供电系统更换KYN44-12高压开关柜5台和JD-BP37-1400F变频柜2台。

2018年5月，直排潜泵配电室安装KYGC-Z型高压开关柜4台和KGQR-2000/10型软启控制装置1套。

2018年11月，矿井供电自动化第一期工程施工完毕，地面调度室可以对井下中央变电所、二采变电所、三采变电所高压电气设备进行远程控制。

2018年12月，压风机供电系统升级改造，更换KYN28A-12开关柜7台，完善双回路供电。

二、井下供电及排水泵房

（一）中央变电所及泵房

2006年6—8月，华建第二安装公司施工。

1. 中央变电所

中央变电所敷设四回路MYJV42-6/6kV 3×240型供电电缆，长度1250米，下井Ⅰ-Ⅳ回供电电源分别引自地面35千伏变电所6千伏室6308、6302、6305、6107配电柜，所内安装KYGC-Z型矿用一般高压真空配电柜37台，QKRG-300/6K型水泵软启动柜3台，QKRG-400/6K型水泵软启动柜1台，GQA-100/600KY型整流装置2台，KBSG-200/6/0.69千伏型干式变压器2台，KYDZ-1型矿用一般型低压配电柜7台。

2017年10月，中央变电所拆除GQA-100/600KY型整流装置，重新安装QKRG-400/6K型备用水泵软起装置1套。

2018年10月，中央变电所对KYGC-Z型矿用一般高压真空配电柜保护装置进行升级改造，安装电力自动化分站和监控设备，实现地面远程控制。

2. 中央泵房

泵房内共敷设四趟排水管路，其中两趟直径273×12毫米排水管路经副井敷设至地面污水站，长度1050米；一趟直径273×12毫米和一趟直径325×12毫米排水管路经主井敷设至地面污水站，长度1050米；水泵出水端管路安装有电动闸阀和逆止阀，配套建有主、副和三环永久水仓，总容量7280立方米。

中央泵房配备矿用耐用多级离心泵8台（4台工作、3台备用、1台检修），其中PJ200A×9型排水泵3台，排水量420立方米/小时，扬程为838米，配备YKKY560-4型1600k千瓦电动机；MD420-96×9型排水泵3台，排水量420立方米/小时，扬程为838米，配备YKKY560-4型1600千瓦电动机；MD280-80×10型排水泵1台，排水量280立方米/小时，扬程为800米，配备YB₂500-4型1120千瓦电动机；水泵启动采用唐山开诚QKRG-400/6K系列一拖三软起装置控制，实现水泵的软启动。

2018年5月，中央泵房南三环水仓口安装BQ550-855/10-2000/W-S型潜水电泵2台，水泵启动采用KGQR-2000/10一拖二高压软起装置控制，通过阀门与主井中央泵房的两趟排水管路连接，排水能力550立方米/小时，扬程为855米。

（二）辅助变电所及泵房

2013年3—6月，华建第二安装公司施工。

1. 辅助变电所

辅助变电所敷设两回路MYJV42-6/6千伏 3×240平方毫米型供电电缆，长度1500米，下井Ⅴ、Ⅵ回供电电源分别引自地面35千伏变电所6千伏室6113、6217配电柜，所内安装KYGC型矿用一般高压真空配电柜12台、KYDZ型矿用一般型低压配电柜6台，QKRG-400/6K型水泵软起装置2套，KBSG-400-6/0.69千伏型干式变压器1台。

2. 辅助泵房

泵房内共敷设两趟φ325×12毫米排水管路，经直排孔至地面污水站，长度1050米，水泵出水端管路安装有电动闸阀和逆止阀，配套建有辅助主、副永久水仓，总容量6875立方米。

辅助泵房配备矿用耐用多级离心泵3台（1台工作、1台备用、1台检修）和喂水泵3台，其中MD600-195×4型排水泵2台，排水量600立方米/小时，扬程为680米，配备YB710M1-2型1600kW高速电动机；MD520-76×10型排水泵1台，排水量520立方米/小时，扬程为800米，配备YKKY560-4型1600千瓦电动机；水泵启动采用唐山开诚QKRG-400/6K系列一拖三软起装置控制，实现水泵的软启动；IS250-250-500M型喂水泵2台，排水量600立方米/小时，扬程为50米，配备YB3-315M-4型132千瓦电动机；IS250-300-400M型喂水泵1台，排水量650立方米/小时，扬程为20米，配备YBK2-280M-6型55千瓦电动机。

（三）二采区变电所及泵房

2008年5—7月，华建第二安装公司施工。

1. 二采区变电所

二采区变电所敷设两回路供电电缆，Ⅰ回路MYJV$_{22}$-6/6 kV 3×95型供电电缆，长度1760米，供电电源引自北翼变电所6104高压配电装置；Ⅱ回路MYJV$_{22}$-6/6kV 3×185型供电电缆，长度2800米，供电电源引自中央变电所6405配电柜；所内安装PJG9L型隔爆型高压真空配电装置14台，QJGZ1型隔爆型高压真空电磁启动器6台，KBSG-400-6/0.69千伏型干式变压器2台，QBRG-300/6K型矿用隔爆型高压软起动控制器2台，矿用隔爆型低压馈电开关10台，矿用隔爆型照明综保3台。

2018年11月，二采变电所PJG9L型隔爆型高压真空配电装置保护装置进行升级改造，安装电力自动化分站和监控设备，实现地面远程控制。

2. 二采区泵房

泵房内共敷设两趟直径325×12毫米排水管路，经二采胶带巷敷设至-680轨道巷，长度1600米，水泵出水端管路安装有电动闸阀和逆止阀，配套建有辅助主、副永久水仓，总容量3097立方米。

二采区泵房配备矿用MD500-57×6型耐用多级离心泵4台（2台工作、1台备用、1台检修），排水量500立方米/小时，扬程为342米，配备YB2-4504-4型680千瓦电动机；水泵启动采用唐山开诚QKRG-300/6K系列一拖三软起装置控制，实现水泵的软启动。

2017年7月，二采泵房安装MD300-94×12型排水泵1台，排水量300立方米/小时，扬程为1040米，配备YB2-5601-4型1250千瓦电动机；敷设一趟直径325×12毫米直排管路至生态园，管路长度1020米，水泵出水端管路安装有电动闸阀和逆止阀。

（四）三采区变电所及泵房

2011年7—9月，华建第二安装公司施工。

1. 三采区变电所

三采区变电所敷设两回路MYJV$_{22}$-6/6千伏3×185型供电电缆，长度2500米，Ⅰ、Ⅱ回供电电源分别引自中央变电所6404、6107配电柜，所内安装PJG9L型隔爆型高压真空配电装置13台，QJGZ1型隔爆型高压真空电磁启动器6台，KBSG-400-6/0.69kV型干式变压器2台，QBRG-300/6K型矿用隔爆型高压软起动控制器2台，矿用隔爆型低压馈电开关10台，矿用隔爆型照明综保3台。

2018年11月，三采变电所PJG9L型隔爆型高压真空配电装置保护装置进行升级改造，安装电力自动化分站和监控设备，实现地面远程控制。

2. 三采区泵房

泵房内共敷设三趟φ325×12毫米排水管路，经三采胶带巷敷设至-680轨道巷，长度1370m，水泵出水端管路安装有电动闸阀和逆止阀，配套建有主、副永久水仓，总容量3477立方米。

三采泵房配备MD500-57×7型矿用耐用多级离心泵5台（2台工作、2台备用、1台检修），排水量500立方米/小时，扬程为399米，配备YB2-5001-4型800kW电动机；水泵启动采用唐山开诚QKRG-300/6K系列一拖三软起装置控制，实现水泵的软启动。

（五）七采区变电所及泵房

2015年2—4月，机电工区施工。

1. 七采区变电所

七采区变电所敷设两回路MYJV$_{22}$-6/6kV 3×185型供电电缆，长度2000米，供电电源分别引自二采变电所6108、6202高压配电装置，所内安装PJG9L型隔爆型高压真空配电装置13台，QJGZ1型隔爆型高压真空电磁启动器6台，KBSG-400-6/0.69千伏型干式变压器2台，QBRG-300/6K型矿用隔爆型高压软起动控制器2台，矿用隔爆型低压七组合馈电开关2台，矿用隔爆型低压启动器4台，矿用隔爆型照明综保3台。

2018年3月，七采变电所Ⅰ回供电电源调整至辅助泵房变电所6503开关柜。11月，新安装6台PJG50Y型隔爆型高压真空配电装置。

2. 七采区泵房

泵房内共敷设二趟直径325×12毫米排水管路，其中一趟排水管路经七采胶带巷、二采行人巷、二采轨道巷敷设至-680轨道巷，长度3350米；另一趟排水管路经七采胶带巷、二采胶带巷（在二采泵房管子道口与二采泵房上层排水管路合茬）敷设至-680轨道巷，长度3350米；水泵出水端管路安装有电动闸阀和逆止阀，配套建有主、副永久水仓，总容量4900立方米。

泵房配备矿用耐磨多级离心泵5台（2台工作、2台备用、1台检修）和喂水泵3台，其中MD600-195×3型排水泵4台，排水量600立方米/小时，扬程为485米，配备YB710S1-2型1250kW电动机；MD700-70×8型排水泵1台，排水量520立方米/小时，扬程为520米，配备YB500-4型1120kW电动机；IS250-250-315M型喂水泵3台，排水量600立方米/小时，扬程为25米，配备YB3-280M-6型55kW电动机；水泵启动采用唐山开诚QKRG-300/6K系列一拖三软起装置控制，实现水泵的软启动。

（六）其他地点变电所

北翼变电所敷设两回路MYJV$_{22}$-6/6kV3×95型供电电缆，长度1200米，供电电源分别引自中央变电所6106、6203配电柜，所内安装PJG9L型隔爆型高压真空配电装置6台，BGP9L型隔爆型高压真空配电装置9台，KBSG-400-6/0.69千伏型干式变压器2台，KBSGZY-630-6/0.69型移动变压器1台，变频滤波装置4台，QJRG-400/6K型矿用隔爆型高压软起动控制器1台，矿用隔爆型低压馈电开关11台，矿用隔爆型照明综保5台。

三采机头变电所敷设两回路MYJV$_{22}$-6/6千伏3×185型供电电缆，长度480米，供电电源分别引自中央变电所6111#、6206#配电柜，所内安装PJG9L型隔爆型高压真空配电装置10台，QBRG-400/6K系列矿用隔爆型高压软起动控制器2台，QBG-180/6000R型矿用隔爆型高压软起动控制器1台，KBSG-200-6/0.69千伏型干式变压器1台，矿用隔爆型低压七组合馈电开关1台，矿用隔爆型低压启动器7台，矿用隔爆型照明综保6台。

七采机头变电所敷设两回路供电电缆，Ⅰ回路MYJV$_{22}$-6/6千伏3×185型供电电缆，长度350

米，供电电源引自二采变电所6108高压配电装置；Ⅱ回路MYJV$_{22}$-6/6千伏3×95型供电电缆，长度2110米，供电电源引自北翼变电所6206高压配电装置；所内安装PJG9L型隔爆型高压真空配电装置10台，QBRG-400/6型矿用隔爆型高压软起动控制器1台，KBSG-400-6/0.69千伏型干式变压器1台，KBSGZY-630-6/0.69型移动变压器1台，矿用隔爆型低压馈电开关6台，矿用隔爆型低压启动器7台，矿用隔爆型照明综保2台。

三、压风系统

矿井采用地面压风机集中供压风，2003年10月，地面开始安装空气压缩机，12月份工程竣工。装有SA250W-6K型螺杆式空气压缩机2台（配套电机型号Y3552-4、功率250千瓦，电压6千伏）和2台FHOG-340W型螺杆式空气压缩机（配套电机型号Y3552-2、功率250千瓦，电压6千伏），供电电源采用双回路供电。

2016年12月，压风机房安装余热回收系统一套，用于降低压风机的排气温度。

地面、井筒、大巷等主管路选用直径159毫米无缝钢管，井下大巷主供风管路全长1800米，风压0.6兆帕；二采区、三采区上下山支管路选用直径133毫米无缝钢管，支管路全长5500米，风压0.6兆帕；七采区上下山支管路选用直径108毫米无缝钢管，支管路全长3200米，风压0.6兆帕；各采掘工作面选用直径75毫米无缝钢管，风压0.6兆帕；在进风大巷、回风巷每200米、联络巷、采掘工作面入口处设有供风三通阀门；采掘工作面安设压风供水自救装置。

第五章　通　风

第一节　机构设置

2003年10月25日，王楼煤矿筹建处成立工程技术科，负责矿井"一通三防"工作。

2006年3月4日，设通防副科长1人。11月1日，王楼煤矿筹建处成立通防科，设副科长1人、管理人员2人。

2007年2月6日，王楼煤矿筹建处成立通防工区，设区长1人、副区长3人。7月5日，王楼煤矿成立通防科，设副科长1人；成立通防工区，设区长1人、副区长4人、技术员（兼）1人。10月，设通防副总工程师1人。

2008年1月，下发《关于下发"一通三防"检查评比办法的通知》（王煤字〔2008〕11号），各工区设1名分管通防副区长。

2008年8月，通防科增设主任工程师1人，安全监测监控工从通防工区分离，纳入调度室管理。

2010年4月，局部通风工从通防工区分离，分配到各工区，由各工区自主管理局部通风。

2012年4月，增设通防科技术员1人，增设通防工区技术员1人。

2015年10月，增设通防工区主管技术员1人。

2016年2月，通防科与通防工区合并，通防科科长兼任通防工区区长一职。

2017年8月，通防科与通防工区分离，通防科设副总1人，科长1人，技术员1人；通防工区设区长1人，副书记1人，副区长1人，主管技术员1人，技术员1人。

2018年4月，增设通防科副科长1人，主管技术员1人，科员1人。8月，增设通防科见习技术员1人，通防工区见习技术员1人。

截至2018年12月31日，通防科共有人员5人，其中副总1人，副科长1人，主管技术员1人，见习技术员1人，科员1人；通防工区管理人员共6人，其中区长1人，副书记1人，副区长2人，技术员1人，见习技术员1人。

第二节　管理制度

2007年6月1日，制定下发《王楼煤矿安全生产责任制》，对通防科、通防工区、各级通防管理人员及各通防工种职责进行了明确规定。

2009年2月，制定下发《王楼煤矿安全管理制度》，其中包括：《瓦斯管理制度》《测风管理制度》《瓦斯报表审批制度》《便携式甲烷检测报警仪管理制度》《监测信息及监测日报审阅、汇报制度》《矿井综合防尘管理制度》《通防安全质量检查评比办法》《关于进一步加强煤巷、半煤巷道及有瓦斯涌出岩石巷道的通防管理的规定》《南翼五采区瓦斯管理补充规定》等。

2010年2月，制定下发《王楼煤矿安全管理制度》，通防管理部分制定《通防例会制度》《局部通风管理制度》《通风设施管理制度》《安全仪表计量检验制度》《盲巷管理制度》《排放瓦斯制度》《"一炮三检"制度》《自救器管理制度》《救护队安全管理制度》《安全监控系统运行管理制度》等。

2011年2月，修订下发《通防隐患排查治理制度》《通风系统管理制度》《有害气体监测管理制度》《瓦斯检查员巡回检查、请示报告制度》《瓦斯、一氧化碳超限分析制度》《瓦斯检查员交接班制度》《测尘管理制度》《大巷刷白和巷道粉尘冲刷制度》《综合防灭火管理制度》《防灭火预测预报管理制度》《防止烟流进入矿井管理制度》《安全仪表报废管理制度》《安全仪器仪表保管、维修制度》《巷道维修检查制度》等。

2014年2月，修订下发《"一通三防"设施检查验收制度》《井下避难硐室管理制度》。

第三节　通风系统

一、矿井通风

（一）通风方式

王楼煤矿矿井通风方式为中央并列式，通风方法为抽出式，副井进风，主井回风。

2004年9月3日，主井井筒正式开工，该工程由中煤第三建设集团三十工程处承担建设，2005年11月28日竣工。

2004年10月，副井井筒正式开工，该工程由中煤第一建设集团三十一工程处承担建设，2005年12月31日竣工。

2006年1月24日，主、副井筒实现贯通。3月，井下临时通风系统形成。

表3-5-1　王楼煤矿井筒参数表

井筒名称	井口标高（m）	提升高度（m）	直径（m）
主井	+37.5	750	5.5
副井	+37.5	717.5	6

（二）主要通风机

地面安装2台型号为BDK618Ⅱ-8-No.28主要通风机，1台工作，1台备用，配用电机型号YBF630-8。

表3-5-2　王楼煤矿BDK618Ⅱ-8-No.28通风机主要技术状况表

规格型号	流量（m³/s）	静压（Pa）	最高静压效率	运行方式	传动方式	生产厂家	出厂日期
BDK618Ⅱ-8-No.28	82-238	300-4850	≥85%	两级对旋	直联	南阳防爆集团有限公司	2006年4月

表3-5-3　王楼煤矿BDK618Ⅱ-8-No.28通风机电机主要技术状况表

型号	生产厂家	出厂日期	功率（kW）	额定电压（kV）	额定电流（A）	额定转速（r/min）	效率
YBF630-8	南阳防爆集团有限公司	2006年4月	2×450	6	57.6	740	94%

2006年10月15日，矿井主要通风机设备开始安装，2007年2月24日安装完毕。2月25日，矿井通风系统形成。

2007年6月18日，委托山东信力安全技术检测有限公司第一次对矿井主要通风机进行性能检测。后于2008年9月12日、2011年7月、2015年8月、2017年3月，委托山东省鼎安检测技术有限公司对矿井主要通风机进行性能检测，并出具《煤矿在用主要通风机系统安全检验报告》。

2012年，对主井井口房进行改造，在原钢架结构的外侧采用混凝土浇筑，矿井外部漏风率降低5%。

2016年5月16日，对原主要通风机拆除，更换豪顿华工程有限公司制造的FCZNo.26.5/1600（Ⅱ）主要通风机，11月19日2台主要通风机更换完成并试运行。

表3-5-4　王楼煤矿FCZNo.26.5/1600（Ⅱ）通风机主要技术状况表

规格型号	流量（m³/s）	静压（Pa）	最高静压效率	运行方式	传动方式	生产厂家	出厂日期
FCZNo.26.5/1600（Ⅱ）	200	-4829	≥85%	单机轴流式	直联	南阳防爆集团有限公司	2006年4月

表3-5-5　王楼煤矿FCZNo.26.5/1600（Ⅱ）通风机电机主要技术状况表

电机型号	电机生产厂家	电机出厂日期	电机功率（kW）	额定电压（kV）	额定电流（A）	额定转速（r/min）	效率
YPKK500-6	豪顿华工程有限公司	2016年4月	1400	6	165	990	71%

二、风量计算

2007年7月，依据《关于印发〈临矿集团矿井风量实施细则〉的通知》（临矿通字〔2007〕93号），计算矿井风量。

2011年5月，依据《关于印发〈临矿集团矿井风量计算实施细则〉的通知》（临矿通字〔2011〕74号），对风量计算标准进行调整。

2016年10月，依据《关于印发〈临矿集团矿井风量计算实施细则〉的通知》（临矿通字〔2016〕208号）对风量计算标准进行调整。

三、反风

（一）反风方式

采用主要通风机电机反转实现反风。

（二）反风演习

2008年11月，进行矿井第一次反风演习。历年来均按照《煤矿安全规程》规定，进行反风演习。

表3-5-6　2008—2018年王楼煤矿反风演习情况表

年度	反风前矿井总回风量（m³/min）	反风时矿井总回风量（m³/min）	反风前矿井负压（Pa）	反风时矿井负压（Pa）	反风前矿井等积孔（m²）	反风时矿井等积孔（m²）	反风率（%）
2008	8511	6970	−2301	+350	4.20	2.90	94.0
2009	7562	5662	−1750	+470	3.60	2.70	87.7
2010	7783	5698	−2700	+968	3.86	2.80	82.9
2011	8129	6129	−1580	+910	4.65	4.02	75.3
2012	8624	6262	−1840	+1330	4.32	3.36	72.6
2013	8869	6526	−2260	+1430	4.03	3.21	73.6
2014	8656	6241	−2410	+1820	3.91	2.90	72.1
2015	8789	6267	−2430	+1370	3.87	3.36	71.3
2016	9907	4557	−3360	+600	3.68	1.56	46
2017	9884	4574	−2810	+600	3.98	1.71	46.3
2018	10032	4434	−2710	+580	4.09	3.65	44.2

四、通风阻力

分别于2008年9月12日、2011年7月13日、2014年8月2日、2017年3月23日，委托山东鼎安检测技术有限公司进行矿井通风阻力测定，并出具《矿井通风阻力测定报告》。

表3-5-7　2008—2017年王楼矿井通风阻力测定情况

测定时间	测定阻力值（Pa）	等积孔（m²）	通风难易程度	备注
2008.9	2385	4.04	容易	
2011.7	2462.8	4.40	容易	
2014.8	2480.1	4.04	容易	
2017.3	2919.9	4.0	容易	

五、通风能力

2008年9月，委托山东省煤炭技术服务有限公司第一次对矿井进行通风能力核定。历年来均按照《煤矿安全规程》规定，进行通风能力核定。

表3-5-8　2008—2018年王楼煤矿通风能力核定情况表

核定时间	通风能力（万吨／年）	头面数量
2008.9	172.5	1采1备11掘
2009.9	178.6	2采12掘
2010.7	172.0	3采12掘
2011.7	172.9	2采1备12掘
2012.7	165.5	2采1备12掘
2013.7	173.6	2采12掘
2014.8	174.7	3采1备10掘
2015.8	193.8	3采1备9掘
2016.8	190.5	3采1备9掘
2017.8	194.5	3采1备8掘
2018年8月	191.6	3采1备8掘

六、局部通风

（一）掘进工作面通风

掘进巷道采用压入式通风方式，利用局部通风机和风筒，把新鲜风流送入掘进工作面。

表3-5-9　2018年王楼煤矿局部通风机实测吸风量

风机型号、功率	双机吸风量（m³/min）	单机吸风量（m³/min）
FBDNo.6.3/2×22kW	360	200
FBDNo.6.0/2×15kW	295	195
FBDNo.5.6/2×15kW	280	180
FBDNo.5.6/2×11kW	230	170
FBDNo.5.0/2×7.5kW	200	150
FBDNo.4.5/2×4kW	160	100

（二）采煤工作面通风

采煤工作面主要采用"U"型通风方式。2012年12月，13301采煤工作面首次采用"Y"型通风方式。2014年1月，12310对拉工作面首次采用"W"形通风方式。

第四节　智能通风

2017年12月，与山东鼎诺节能环保服务有限公司合作开发《矿井通风智能决策与远程控制系统研究》项目。

2018年6月，完成现场施工及软件制作并试运行。10月，矿井智能通风项目通过集团公司验收。

该项目通过基于GIS系统的通风软件，实现实时显示风流状态、智能决策调节方案、远程控制井下通风设施；抗火灾自动控制系统实现主井装载硐室"一键式"风门开启，实现灾变情况下的全矿井反风，达到抗灾减灾的目的。

图3-5-1　2018年10月17日，矿井通风智能决策与远程控制系统研究项目验收会议。

第四篇　安全管理

王楼煤矿始终以人为本，坚持安全发展，坚持安全第一、预防为主、综合治理的方针，牢固树立"安全压倒一切"的安全理念，以"双基"建设为基础，坚守安全红线和安全主体责任"两个"意识，围绕安全生产标准化、"双防"体系建设开展工作，持续推进创新优化，筑牢安全生产基础。严格落实《安全生产法》《煤矿安全规程》，坚持依法依规组织生产，为矿井持续稳定安全健康发展打下了坚实的基础。

第一章　安全监察

第一节　组织机构

一、机构沿革

2004年10月2日，成立王楼煤矿筹建处安监科，设安监科科长1名。

2007年7月5日，成立王楼煤矿安全监察处，设副处长兼主任工程师、采掘室主任、机运室主任、通防室主任、信息办主任、安培中心主任、专职教师及文书各1名。其中，科级管理人员6名，一般人员2名。信息办设信息员3名，安培中心设档案管理员1名，专职教师1名。

2008年1月，增设主任工程师1名。

2009年10月，增设专职教师1名。

2014年9月，成立安全质量验收办公室，设主任1名，副主任3名，一般人员3名。

2017年3月，增设职业卫生专员管理1名；7月成立双重预防机制办公室，设主任1名，办事员1名。

2018年8月，双重预防办公室撤销办事员，增设见习技术员1名；是年9月，安培中心增设专职教师1名。

截至2018年12月31日，安监处共有管理人员64人，其中副处长（正科级）1人，采掘室主任、机运室主任、通防室主任、双防办主任、信息办主任、安培中心主任、验收办主任、副主任各1人，其他管理人员7人，信息员3人（1人为专员管理），专职安监45人。

二、管理体系

（一）专项安全监察

2004年10月，王楼煤矿筹建处成立安监科以来，逐步建立一整套安全管理组织体系，健全管理、监督、检查机构，实行矿、工区（科室）、生产队三级管理模式。矿长是安全生产的第一责任者，对安全生产工作全面负责。

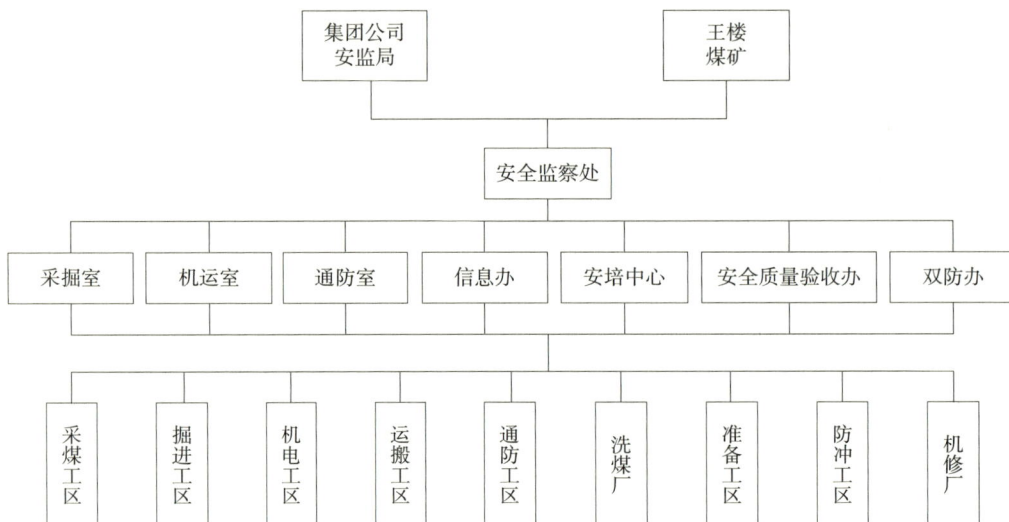

图4-1-1　王楼煤矿安全监察处机构图。

（二）群众安全监督

1. 群众安全监督委员会

2006年，在王楼煤矿工会成立群众安全监督委员会，工作人员12人，制定《群众安全工作意见》，以后每年进行修订完善，不断增加工作人员。2007年，群监会工作人员增加至22人，设立群监分会，工作人员94人。

2018年，共有群监会工作人员12人、群监分会工作人员112人。

2. 青年安全监督岗

2007年7月，在王楼煤矿团委成立青年安全监督岗，设岗长1名，工作人员1名，设青岗员35人，制定《王楼煤矿青年安全监督岗实施方案》。

2008年2月，青年安全监督岗工作人员增至2人，青岗员46人。2009年9月，工作人员增至3人，设青岗员58人。以后每年对青岗员进行调整，2018年增加至69人。

3. 女工家属协管会

2008，制定《女职工工作意见》，在王楼煤矿工作成立女工家属协管会，设女工家属协管员14人，每年对女工家属协管会进行调整，增减工作人员。2018年，女工家属协管会共有女工家属协管员12人。

第二节　管理制度

一、安全管理方针

王楼煤矿坚持"安全第一、预防为主、综合治理"的方针，坚持"管理、装备、培训"并重的原则，坚持"安全压倒一切"的理念，坚持依法治矿，坚持党、政、工、团齐抓共管，坚持安全生产管理与安全监察专职（兼职）相结合的安全管理模式，始终把安全工作摆在首位。

二、制度建设

2002年，制定《安全工作实施意见》，以后逐年修改，逐步夯实现场安全基础。

2002年，矿井筹建期间的安全管理主要采取施工单位自主管理、筹建处与监理公司共同监督的方法，安全管理制度主要依据《煤矿安全规程》、国家安全法律法规及安全技术协议执行，并下发《王楼矿井筹建处工程质量、安全管理试行办法》。

2005年，成立重大危险源普查登记工作领导小组，由主要负责人任组长、分管领导任副组长、安全科科长任普查员的工作小组。分别于2008年3月、2011年10月、2013年12月、2015年12月，组织矿注册安全工程师编制《王楼煤矿重大危险源评估报告》《王楼煤矿重大危险源监控、监测措施》及《王楼煤矿重大危险源应急救援预案》，共排查重大危险源4项，分别为冲击地压、自然发火、水文地质条件复杂、煤尘爆炸，已按规定报山东煤监局备案。编制《王楼矿井筹建处安全生产管理制度》

2006年1月，下发《二○○六年安全考核奖惩办法》，以后每年均根据矿井发展情况重新修订。4月，下发《王楼矿井灾害预防与处理计划》，并坚持每季度一修订，每年度一会审。12月，成立安全检查小分队，不定时下井监督检查。

2007年，重新编制《王楼煤矿安全生产管理制度》《王楼煤矿安全奖惩实施暂行办法》《王楼煤矿安全生产岗位责任制》。

2008年，确定工伤定点救治医院为济宁市附属医院和济宁市第一人民医院，并签订医疗救护协议。

2010年，组织开展危险源辨识活动。加强薄弱人物和隐患排查治理，建立隐患自查自纠管理机制。编制《职工安全手册》，坚持利用班前会和周二、周五组织学习《白国周班组管理法》。

2011年，健全各类安全设施、安全保护和警示标志，与山科大联合建立《危险源视觉识别系统》。分专业重新修订完善《职工安全手册》；执行手指口述工作法，深化安全单元检查表的使用；修订《王楼煤矿安全管理处罚办法》；开展薄弱人物排查治理和危险源辨识活动。12月，开展"个人对班组，班组对工区，工区对矿"的逐级"安全承诺"活动。

2012年，开展全员安全警示案例征集活动，并汇编成100个案例的《安全警示录》。修订完善并编辑出版《煤矿职工危险源自我辨识与控制读本》；分专业排查126条容易诱发事故

图4-1-2 安全承诺现场签字。（2011年摄）

的不安全行为，制作成漫画和《容易诱发事故的不安全行为画册》。按照国家安监总局《煤矿安全预控管理体系规范》要求，开展"安全100"风险预控管理体系建设；实行《安全账户基金考核》，修订职工诚信档案考核办法；6月，结合安全月活动，完善《安全金牌考核办法》。

2013年，开展安全承诺、全员安全故事征集、职工安全行为养成、常见"三违"重点治理活动。实行安全质量班评估双向考核、安全账户基金考核、职工诚信档案考核；规范单元检查表、安全提示卡的使用；推进安全100风险预控管理体系的运行完善。

2014年，开展百日攻坚、安全生产资质、安全责任落实年、"六打六治"打非治违等专项行动。

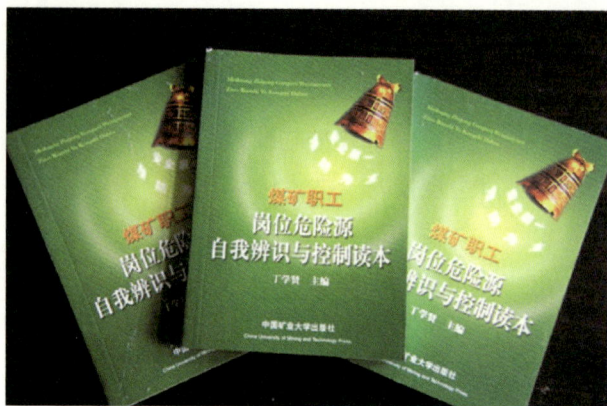

图4-1-3　王楼煤矿职工岗位危险源自我辨识与控制读本。（2012年摄）

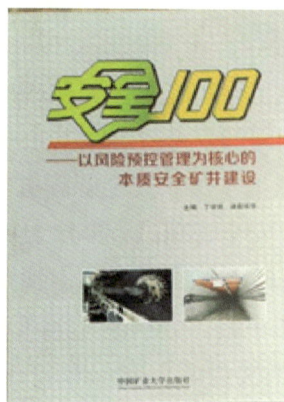

图4-1-4　王楼煤矿安全100-以风险预控管理为核心的本质安全矿井建设。（2014年摄）

图4-1-5　王楼煤矿区队班组自主管理研究。（2017年摄）

建立"安全100"考评体系，继续开展每月1次的危险源辨识活动，同时将危险源辨识条目和危险源视觉识别系统部分图例汇编成《煤矿职工危险源自我辨识与控制读本》，持续推进"一卡一表一手册"执行。5月，编制出版《安全100——以风险预控管理为核心的本质安全矿井建设》。

2015年，开展向"不规范操作、不规范行为以及不负责任管理人员宣战"活动。开展事故案例警示教育；统计、量化分析各项安全考核数据，继续推行安全账户基金和职工诚信档案考核，开展危险源辨识活动、薄弱人物排查治理及卡表实操及操作过程中注意事项的检查。

2016年，推行区队、班组自主管理。对安监队伍现状、安全质量评估、安全质量验收、行为纠偏、"卡表册"对比、培训教育、薄弱人物排查、"三违"治理和现场隐患排查治理等9个方面进行数据统计分析。推行《安全管理分析综合治理实施办法》；开展生产系统安全状况分析；继续推进卡表管理模式。

2017年，持续推行区队、班组自主管理。成立"双防"办公室，建立《风险管控和隐患排查治理双重预防机制建设制度》，开展生产系统安全状况分析；继续推进卡表管理模式。10月，编制出版《煤矿区队班组自主管理研究》。

2018年，持续推行区队、班组自主管理。加强安全生产标准化建设，制定《安全标准化学习手册》；建立健全风险管控和隐患排查治理双重预防机制，建立《王楼煤矿安全风险分级管控实施办法》和《王楼煤矿隐患排查制度》，开展"依法打击和重点整治安全生产违法违规行为"专项行动和安监队伍素质培养体系建设研究；继续推进卡表管理模式。

第三节　安全审批

一、安全专篇

2003年2月28日，临沂矿务局以临局发〔2003〕23号文向山东省煤炭安全监察局送审《王楼矿井初步设计安全专篇》。

2006年2月17日，山东省煤炭工业局以鲁煤规发字〔2006〕18号批复《王楼矿井初步设计（优化调整版）》，济南设计研究院据此编制《王楼矿井初步设计（优化调整版）安全专篇》。

2007年9月24日，根据临沂矿业集团有限责任公司临矿安字〔2007〕69号文《关于审批"王楼矿井安全专篇"的请示》的申请，山东煤炭学会受山东煤矿安全监察局委托，组织有关专家对该矿井安全专篇进行审查。并于10月10日批复修改后的王楼煤矿安全设施设计，基本符合《煤矿初步设计安全专篇》编制内容等有关规定要求，可以作为该项目安全设施竣工和竣工验收的依据。

二、安全设施验收

2007年9月28日，以王煤字〔2007〕50号文向集团公司提交《王楼煤矿安全竣工设施预验收和安全生产许可证现场初审的申请报告》。当日，临矿集团以临矿安字〔2007〕168号文向山东省煤炭安全监察局鲁西分局提交《关于王楼煤矿安全设施竣工验收的请示》。10月17—19日，山东省煤炭安全监察局鲁西分局进行了验收，并于10月23日以鲁煤安监监字〔2007〕163号文下发《关于临沂矿业集团公司王楼矿井建设工程安全设施竣工验收的批复》，同意王楼矿井组织生产。

三、安全评价

2007年2月10日，山东煤炭学会咨询工作委员会在济南对《临沂矿业集团有限责任公司王楼矿井建设项目安全预评价报告》进行技术评审，并以鲁煤会函字〔2007〕4号文要求会同山东中济安全评价有限责任公司进行修改、补充和完善。9月28—29日，山东煤炭学会咨询工作委员会委托山东中济安全评价有限责任公司在王楼矿井对《山东东山王楼煤矿有限责任公司王楼矿井安全验收评价报告》进行现场评审，并要求根据评审情况制定备案稿，报山东煤炭学会咨询工作委员会审核。10月23日，山东省煤炭学会对《山东东山王楼煤矿有限责任公司王楼矿井安全验收评价报告》（鲁煤学字〔2007〕15号）备案稿进行审核、通过。

2010年7月31日—8月1日，山东中济安全评价有限责任公司对全矿分安全管理、采掘、通防、机运等专业进行安全评价。

2013年7月24—25日，山东圣泰安全评价有限公司对全矿安全管理、采掘、通防、机运、防治水等专业进行安全评价。

2016年6月，山东公信安全评价有限公司对全矿安全管理、采掘、通防、机运、防治水等专业进行安全评价。

2017年7月4—6日，山东矿安科技有限公司针对全矿安全管理、采掘、通防、机运、防治水等专业进行安全"体检"。

2018年9月17—18日，山东矿安科技有限公司对全矿安全管理、采掘、通防、机运、防治水等专业进行安全检查。

四、安全生产许可证

2007年4月1日，王楼矿井筹建处下发《关于加快矿井安全生产许可证、煤炭生产许可证申办工作的意见》（以临矿王筹字〔2007〕22号），确定是年11月前完成申办。

王楼煤矿在进行联合试运转、安全验收评价和单项工程质量认证后，向山东煤矿安全监察局提出煤矿企业安全生产许可证申请。2007年10月11日，山东煤矿安全监察局鲁西监察分局在安全设施及条件竣工预验收的同时，对安全生产许可条件分5个专业组对各个安全生产系统的安全设施、设备和工艺等安全条件进行现场审查，并于2007年11月2日发放安全生产许可证，有效期至2010年9月30日。

2010年9月16日，安全生产许可证报审延期，有效期至2013年9月30日。

2013年8月20日，安全生产许可证报审延期，有效期至2016年9月30日。

2016年9月10日，安全生产许可证报审延期，有效期至2019年9月30日。

第二章　安全培训

第一节　管理机构

一、机构成立

2006年7月，安全技术培训中心筹建，2007年12月30日，经山东煤矿安全监察局鲁西分局验收合格，并以鲁煤监西局〔2007〕46号确认为四级安全培训机构。

二、人员配置

2007年11月，成立王楼煤矿安全培训机构，设安培中心主任1名，专职教师2名，安培中心办事员1名，兼职教师16名。

2009年2月，增设档案管理员1名。

2010年2月，聘任兼职教师19名，是年3月，撤销办事员1名。

2018年12月，增设专职教师1名，聘任兼职教师24名。

第二节　管理制度

一、培训宗旨

坚持"安全第一，预防为主，综合治理"的安全生产方针，贯彻"管理、装备、培训"并重的原则，注重学员的安全意识和安全能力的培养；遵循全新的教育观念，努力提高培训质量和效益，立足煤矿实际，培养适应煤矿行业需求的"本质安全型"人才。

二、健全制度

2007年，制定培训机构章程以及《教学管理制度》《学员管理制度》《其他从业人员安全培训管理制度》《培训档案管理制度》《安全培训资金投入保障及财务管理制度》《应急培训制度》《安培中心考试制度》《王楼煤矿事故警示教育制度》等37项安全教育培训制度。

2010年，印发《王楼煤矿安全教育培训制度》，补充修改完善《安全培训教考分离制度》《安全教育培训自查自纠制度》。

2013年，补充修改完善《现场职工学习情况提问制度》《职工安全诚信档案管理制度》。

2015年，补充修改完善《王楼煤矿事故警示教育制度》。

2018年补充修改完善《班组长任前培训管理制度》《工程技术人员技术更新培训制度》《工人学历提升制度》。

三、培训范围

新进矿山井下作业人员、调换工种和采用新工艺作业人员、一、二级煤矿安全培训机构培训范围以外的其他从业人员。

第三节　教育与培训

矿井成立以来，严格落实教育与培训的责任，积极组织开展全员培训，按规定报送安全管理人员、特殊工种等进行培训，同时通过开展三违培训、岗前培训、转岗培训、专项技能培训等，确保培训到位，全员素质提升。

一、全员培训

表4-2-1　2007—2018年王楼煤矿全员培训情况表

序号	年份	时间	期数	人数	课程安排
1	2007	2.18—5.28	10	1024	安全生产法律法规；矿规矿纪、职业道德教育；采掘知识；机电、提升运输知识；"一通三防"知识；职业病防治、自救互救等安全知识。
2	2008	2.22—6.19	14	1248	
3	2009	3.22—5.11	17	1364	采掘知识；安全生产有关知识；有关安全生产法律法规；机电、提升运输知识；职业病防治、自救互救；应急预案、灾害预防；"一通三防"知识；职业道德、矿规矿纪。
4	2010	3.10—6.4	29	1575	采掘知识；行为规范、职业道德教育；机电、提升运输知识；职业病防治、自救互救；矿井"一通三防"知识；应急预案、灾害预防处理计划。
5	2011	3.20—6.17	30	1828	采掘知识；安全生产有关知识；有关安全生产法律法规；机电、提升运输知识；职业病防治、自救互救；应急预案、灾害预防；"一通三防"知识；职业道德、矿规矿纪。
6	2012	3.6—6.3	30	1859	矿井采掘知识；法律法规、安全生产；机电、提升运输知识；应急预案、灾害预防；职业病防治、自救互救；"一通三防"知识。
7	2013	4.23—7.27	34	1941	
8	2014	3.19—6.28	34	1891	
9	2015	3.19—7.4	34	1957	采掘知识；法律法规、安全生产；机电、提升运输知识；应急预案、灾害预防；职业病防治、自救互救；卡表实操培训；"一通三防"知识。
10	2016	3.21—7.3	31	1905	
11	2017	3.20—6.4	9	1932	
12	2018	3.27—6.3	25	1544	相关法律法规、《煤矿安全培训规定》（92号令）；应急预案、灾害预防；双防相关知识；防冲击地压培训；地测防治水；职业病防治、自救互救；"一通三防"知识。

二、"三项"岗位人员

（一）企业主要负责人

表4-2-2 2007—2018年王楼煤矿企业主要负责人培训统计表

序号	年份	时间	期数	人数	课程安排
1	2007	4.1—4.12	1	1	安全生产法律法规；煤矿心理学；煤矿安全管理；煤矿避灾自救；煤矿典型事故案例分析；煤矿安全管理经验交流。
2	2008	5.2—5.9	1	1	安全生产法律法规；煤矿心理学；煤矿安全管理；煤矿避灾自救；应急救援预案；抢险救灾与灾害处理。
3	2009	10.17—11.31	1	1	素质与能力提升；法律法规；财务管理；健康管理与智慧；应急救援预案；煤矿安全生产管理；安全管理理念。
4	2010	7.15—7.21	1	1	应急管理理念；安全管理理念；现代礼仪；孙子兵法与管理艺术；精细化管理；心理学与煤矿安全管理；人本管理与安全文化；慢性病健康管理。
5	2011	10.10—10.16	1	1	煤矿管理；通防突发事故防治技术；矿井抗灾能力与灾害预防；安全生产新技术、新装备、新工艺。
6	2012	9.3—9.9	1	1	
7	2013	8.26—9.1	1	1	
8	2014	8.23—8.29	1	1	
9	2015	8.24—9.4	1	1	
10	2016	8.22—8.29	1	1	
11	2017	6.19—6.25	1	1	
12	2018	6.8—6.14	1	1	国家安全生产方针、政策和有关安全生产的法律、法规、规章及标准；安全生产管理、安全生产技术和职业健康基本知识；重大危险源管理、重大事故防范、应急管理和事故调查处理的有关规定；国内外先进的安全生产管理经验；典型事故和应急救援案例分析；其他需要考试的内容。

（二）安全生产管理人员

表4-2-3 2007—2018年王楼煤矿安全生产管理人员培训统计表

序号	年度	时间	期数	人数	课程安排
1	2007	3.30—9.4	5	62	煤矿安全生产法律法规；矿井建设与生产技术；矿井通风与灾害防治；安全管理与培训；抢险救灾与灾害处理；自救互救与创伤急救。
2	2008	2.25—12.6	22	84	
3	2009	5.25—11.3	14	109	
4	2010	3.1—11.28	11	95	安全生产法律法规；煤矿安全管理；矿尘防治；煤矿安全心理学；职业健康；应急管理；应急救援与战地分析。
5	2011	3.7—12.11	22	97	煤矿安全生产法律法规；矿井建设与生产技术；矿井通风与灾害防治；安全管理与培训；抢险救灾与灾害处理；自救互救与创伤急救。

序号	年度	时间	期数	人数	课程安排
6	2012	3.1—12.21	24	68	煤矿安全生产法律法规；煤矿管理；通防突发事故防治技术；矿井抗灾能力与灾害预防；安全生产新技术、新装备、新工艺。
7	2013	3.6—12.24		65	
8	2014	2.24—12.31	24	82	
9	2015	3.10—12.28		97	
10	2016	2.29—12.22	31	68	
11	2017	3.19—12.25	11	109	
12	2018	3.8—11.28	12	102	国家安全生产方针、政策和有关安全生产的法律、法规、规章及标准；安全生产管理、安全生产技术、职业健康等知识；伤亡事故报告、统计及职业危害的调查处理方法；应急管理的内容及其要求；国内外先进的安全生产管理经验；典型事故和应急救援案例分析；其他需要考试的内容。

（三）特殊工种

表4-2-4　2007—2018年王楼煤矿特殊工种培训统计表

序号	年度	时间	期数	人数	课程安排
1	2007	2.12—12.30	12	339	
2	2008	2.25—12.6	10	367	
3	2009	4.1—12.23	10	512	
4	2010	3.1—11.28	7	842	
5	2011	1.4—10.12	18	837	
6	2012	1.3—11.12	9	182	
7	2013	1.6—12.30	22	824	法律法规；生产技术；自救互救；专业知识。
8	2014	1.9—12.20	10	355	
9	2015	1.4—12.28	18	222	
10	2016	1.8—12.24	25	542	
11	2017	1.9—12.20	22	429	
12	2018	1.22—11.28	18	325	

三、特殊情况培训

表4-2-5　2007—2018年王楼煤矿特殊情况培训统计表

年度	三违培训	期数	岗前培训	期数	转岗培训	期数	专项技能	期数
2007	212	12	168	3	—	—	226	5
2008	203	33	345	11	—	—	256	7
2009	216	26	386	10	8	1	462	10
2010	196	20	244	10	—	—	1354	22
2011	178	18	260	11	28	2	1179	28
2012	146	24	147	7	58	3	1859	34
2013	423	12	113	2	10	1	1986	28
2014	652	12	—	—	394	12	2150	24
2015	563	12	15	1	223	8	387	12
2016	615	12	9	1	165	6	5176	32
2017	679	12	4	1	26	4	2142	30
2018	722	12	30	2	37	5	2056	26

第四节　培训设施

一、教室

2007年11月，配备安培教室2处，1处容纳100余人，另1处可容纳300余人，使用面积400余平方米，配桌椅440套；教室安装投影仪等电教设备，配备办公用电脑6台，制作特殊工种教学软件及多媒体教学课件，利用多媒体进行教学。

二、图书阅览室

2007年11月，成立王楼煤矿图书室。图书室配备《井下电钳工》《采掘机械维修工》《耙装机司机》《掘进机司机》《胶带输送机》《刮板输送机》《小绞车司机》《主提升司机》等专业学习资料3500余册。

2010年8月，图书室迁至电子阅览室，移交党群工作部管理。

三、微机室

2008年，购买电脑25台，成立电子阅览室。

2010年8月，扩建电子阅览室，计算机扩充为50台，购置《网络考试系统》软件，用于干部职工微机考试。

图4-2-1 王楼煤矿职工电子阅览室。（2010年摄）

图4-2-2 王楼煤矿安全教育展室。（2013年摄）

四、实训基地

2012年，建立电工培训实训、冲剪实训、电焊实训基地。

五、实验室

2007年11月，成立实验室，配备斜巷"一坡三挡"实验模型、立井罐笼提升模型、矿井通风系统与演示装置、智能型瓦斯、煤尘爆炸综合演示装置、灾变风流逆转演示模拟盘、电气防隔爆模拟盘、组合式通风形式演示装置、四大灾害声光电演示教板、心肺复苏模拟人、自救器、灭火器、便携式瓦斯自动报警仪等仪器装备。

六、安全教育展室

2012年11月份，成立安全教育展室。配有安全生产法律法规、煤矿安全生产目标、煤矿事故案例、事故预防知识、新技术、新装备等牌板。

第三章　安全质量

第一节　质量标准化矿井

一、组织领导

2008年起，每年均制定年度《安全质量标准化达标工作实施意见》，成立矿长任组长、分管副矿长任副组长的领导小组，办公室设在安监处，安监处副处长任办公室主任。下设采煤、掘进、机电、运输、通防、地测防治水、安全管理、安监创优、调度、火工品、职业危害防治、矿山救护12个专业组。2013年，增加地面设施组，均由各专业负责人任组长。

二、成绩

2008—2016年，连续9年被评为国家一级安全质量标准化矿井。

2008—2012年，王楼煤矿按照山东省煤炭安全监察局鲁西分局要求，制定年度《安全程度评估实施意见》。

2013—2016年，制定《煤矿安全与职业卫生评估工作的实施意见》，连续9年被评为煤矿安全与职业卫生程度A级矿井。

2017年执行《煤矿安全生产标准化基本要求及评分方法（试行）》标准，2018年5月，被评为国家一级安全生产标准化矿井。

第二节　内部评审

2007—2018年，临矿集团逐年对王楼煤矿质量标准化、双基建设进行检查评分。

表4-3-1 2007—2018年王楼煤矿质量标准化矿井考核统计表

单位：分

年度	季度	回采	掘进	机电	运输	通防	防治水	安全管理	调度	火工品	安监创优	救护	职业病防治	双基
2007	一	—	—	—	—	—	—	—	—	—	—	—	—	—
	二	97.5	95	89	88.5	91	95	—	92	94.6	90.5	—	90	90.2
	三	97.7	96	97.5	97.5	96	97.8	—	98.1	98.2	97.5	—	97.5	97.6
	四	—	—	—	—	—	—	—	—	—	—	—	—	—
2008	一	97.5	96.8	97.5	97.5	97	97	—	98.1	98	98	—	98	97.5
	二	98	97.5	97.7	97.6	97.3	97.3	—	98.9	98.8	98.5	—	98	97.6
	三	—	—	—	—	—	—	—	—	—	—	—	—	—
	四	97.6	97.8	97.7	97.7	98	98	—	98.9	98.8	98.1	97.5	98.6	97.7
2009	一	96.5	97.4	97	97	95	93.2	—	97	98.4	97.5	96.3	97	96.7
	二	97.5	97.8	96.5	96.6	96.5	96.2	—	97.8	98.4	98.5	96.8	98	98.3
	三	98	98	97.5	97.7	97.5	97.5	—	98.2	98.4	98	97.5	98.5	98.2
	四	97.8	98	97.7	97.8	97.9	97.6	98	96	98.4	98	97.3	98.5	97.8
2010	一	97	97.3	96.6	96.7	96.8	97	98	97	98.4	97.5	95.8	97.5	98.2
	二	97.8	97.9	97	97.1	97.7	97.5	98	97.2	98.6	97.5	96.4	97.5	97.5
	三	97.8	97.9	97.5	97.6	98	98	98.5	98.8	97.7	98	97.2	98.5	98.3
	四	97.8	98	97.8	97.9	98.4	98	98.5	98.2	98.8	98.5	97.5	98.7	98.1
2011	一	97.5	98.2	97.4	97.3	94.5	97.2	98	97	—	—	—	—	—
	二	97.3	96.5	97.5	97.6	96	97.7	98	97.8	98.4	97.8	97.1	98	97.7
	三	98	98.1	97.8	98	97.1	98	98	98.2	—	—	—	—	—
	四	98.5	98.4	98	98.1	98.6	98.2	98.5	98.5	98.8	98.6	98.5	98.5	98.6

续表

年度	季度	回采	掘进	机电	运输	通防	防治水	安全管理	调度	火工品	安监创优	救护	职业病防治	双基
2012	一	97.2	97.3	97.4	97.5	96.5	98	98	98	—	—	—	—	—
	二	97.2	96.3	97.5	97.5	97.5	98	98	98.2	98.8	97	96.8	98	97
	三	95.5	97	97.7	97.6	97.5	97.5	98.5	97.6	—	—	—	—	—
	四	97.5	97.8	97.8	97.7	97.8	98	98	97.5	98.8	97.5	97.2	98	97.5
2013	一	97.5	97	97.4	97.4	97.6	96	98	—	—	—	—	—	—
	二	97.2	97.5	97.6	97.6	97.8	97.4	98.5	95.8	98.4	97	97	97.8	98.2
	三	94.5	88	95.6	95.6	98.5	95.9	93	—	—	—	—	—	—
	四	97.8	98	97.8	97.9	97.9	97.6	98	96	98.4	98	97.3	98.5	98.5
2014	一	97.1	97	97.4	97.5	96	98	98	97.5	—	—	—	—	—
	二	97.5	96.2	97.5	97.5	97.3	98.1	98.1	98.2	98.9	97.5	97.8	98	97.2
	三	96.5	97	97.8	97.6	97.5	97.5	98.5	97.6	—	—	—	—	—
	四	97.5	97.9	97.9	97.5	97.8	98.2	98	98	97.8	98.2	97	98	97.6
2015	一	97.3	97.3	97	97	96.5	98.2	98.2	98	—	—	—	—	—
	二	97.5	96.5	97.5	97.2	97.7	98	98	98.2	98	97	96.8	98	98
	三	95.4	97.2	97.6	97.6	97.8	98.5	98.5	97.8	—	—	—	—	—
	四	97.8	97.5	97.6	97.8	97.8	98	98	98	98.6	98.5	97.2	98	98.5
2016	一	98	98	98	97	96	97.2	97.2	97	—	—	—	—	—
	二	98.5	98.5	97.8	97.6	97	96.8	97.7	97.5	98	—	—	97.5	—
	三	98	98	97.9	97.7	98	97.8	98	98	—	—	—	98	—
	四	98.5	98.5	98.1	97.8	98.2	98	98.5	98.3	—	—	—	98.2	98.5

续表

年度	季度	回采	掘进	机电	运输	通防	防治水	安全管理	调度	火工品	安监创优	救护	职业病防治	双基
	—	—	—	—	—	—	—	—	—	—	—	—	—	—
2017	一	97.5	97.5	96.6	96.3	97	96.6	96.6	96.3	96.71	—	—	96.2	99.25
	二	97.5	98	97.7	97.7	97.2	97.8	98	97	97.66	—	—	98	98
	三	95	95.25	96	94	96	94.6	94.3	95	96	94	—	95	
	四	97.5	97.5	96.5	96	96.6	95.8	96	97	97.5	97	—	97	98.5
2018	一	97.4	97.5	97.8	96.8	96.5	97.95	97.1	97.5	96.5	98	—	98	97.25
	二	97	97.5	97	96.8	96.5	97.95	97.1	97.5	96.5	98	—	98	97.75
	三	95	95	95	94.8	94	94.5	93	92	94	95	—	90	92.5
	四	95	95	94.7	94.5	94.8	94.85	93.5	93	94	95	—	90	95.5

第三节　验收办法

2014年10月，安全质量验收考核办法（试行）开始运行，涵盖安全生产、工程质量、机电运输质量、通防质量、文明生产等方面考核，考评对象分生产工区组、辅助工区组2个类别。

2015年，制定《安全质量验收考核办法》（王煤字〔2015〕74号），此后每年修订完善。每月逐头、逐面对各工区（车间）安全质量进行旬检查和月验收，文明生产、机电、通防各验收2次，工程质量验收1次。所有单项考核按照基准分进行评分定级，对工资总额进行奖罚。

第四节　验收结果

表4-3-2　2014年王楼煤矿各工区考核统计表

单位　工资总额　月度奖罚	10月	11月	12月
采一工区	罚 4%	罚 2.5%	罚 3.5%
采二工区	罚 7%	罚 1%	奖 6.5%
综掘工区	罚 2.5%	奖 1.5%	奖 1%
掘一工区	奖 3%	奖 0.5%	奖 0.5%
开拓工区	罚 2%	罚 1.5%	奖 7.5%
准备工区	罚 0.5%	罚 1%	奖 3%
机电工区	罚 2.5%	不奖不罚	奖 3%
运搬工区	罚 3%	罚 1.5%	不奖不罚
选煤厂	罚 4%	罚 2%	罚 1%
通防工区	罚 2%	奖 1%	奖 2%

表4-3-3　2015年王楼煤矿各工区考核统计表

单位＼月度奖罚（工资总额）	1月	2月	3月	4月	5月	6月	7月	8月	9月	10月	11月	12月
采一工区	罚2%	罚3%	罚1.5%	罚3.5%	奖8%	奖12%	奖2%	罚2%	奖4%	奖2%	奖6%	奖2%
采二工区	奖0.3%	不奖不罚	奖2%	罚1%	奖6%	奖3%	奖3%	奖10%	奖10%	奖10%	奖5%	罚7%
综掘工区	不奖不罚	罚8.5%	罚6.3%	罚4.1%	罚9%	奖10%	奖6%	罚4%	奖14%	奖2%	奖0.7%	奖0.7%
掘一工区	奖2%	不奖不罚	罚2.7%	奖3.7%	奖0.5%	罚7%	罚2.7%	奖8%	罚10.7%	奖9.3%	奖4%	罚3%
开拓工区	奖0.6%	罚0.13%	奖1.9%	奖4.5%	奖2%	奖7.3%	奖0.7%	奖14.7%	奖7.67%	奖6.7%	奖6%	罚4%
准备工区	不奖不罚	不奖不罚	罚0.5%	罚2.5%	不奖不罚	不奖不罚	不奖不罚	不奖不罚	罚4%	不奖不罚	不奖不罚	罚18%
机电工区	奖3%	奖0.5%	奖2%	奖5%	奖4%	奖2%	奖8%	奖4%	奖6%	奖16%	不奖不罚	奖6%
运搬工区	奖4%	奖3%	罚20%	罚1%	奖8%	罚2%	罚2%	罚2%	罚6%	罚6%	罚8%	奖4%
选煤厂	罚1.5%	罚1.5%	奖2%	不奖不罚	奖12%	奖4%	奖6%	奖4%	奖6%	奖6%	奖6%	奖4%
通防工区	罚2.5%	罚4.5%	不奖不罚	奖1%	罚6%	奖8%	不奖不罚	奖4%	罚2%	不奖不罚	奖2%	奖10%

表4-3-4　2016年王楼煤矿各工区考核统计表

单位＼月度奖罚（工资总额）	1月	2月	3月	4月	5月	6月	7月	8月	9月	10月	11月	12月
采一工区	罚20%	罚18%	罚6%	罚3%	罚6%	奖4%	罚19%	罚17%	罚9%	罚2%	奖2%	罚4%
采二工区	罚19%	奖6%	罚3%	奖3%	奖6%	奖9%	罚20%	奖4%	奖6%	罚4%	奖14%	奖9%
综掘工区	罚6%	罚1.3%	奖6.7%	奖3.3%	奖5%	罚2%	奖1.3%	罚2%	不奖不罚	奖4%	奖2.6%	罚3.3%
掘一工区	奖2.7%	罚4%	罚1.3%	罚6.7%	罚7.3%	奖3.3%	罚2%	罚5%	奖0.7%	罚5.3%	奖4%	奖2%
开拓工区	罚20%	奖2%	奖1.3%	奖1.3%	罚0.7%	奖4%	奖6.7%	奖6%	奖6%	奖10%	不奖不罚	奖2%
准备工区		罚2%	奖6%	不奖不罚	奖6%	奖4%	罚4%	奖10%	奖2%	奖10%	奖6%	奖8%
机电工区	奖4%	不奖不罚	奖6%	奖12%	罚4%	不奖不罚	奖6%	奖6%	不奖不罚	奖8%	奖4%	不奖不罚
运搬工区			奖12%	奖2%	奖12%	奖10%	奖8%	奖12%	奖2%	奖2%	不奖不罚	不奖不罚
选煤厂	不奖不罚	不奖不罚		奖6%		不奖不罚	奖4%	奖2%	奖4%	奖8%	奖6%	罚2%
通防工区		罚4%	不奖不罚	罚2%	不奖不罚	奖4%	罚2%		罚6%	奖4%	奖2%	不奖不罚

表4-3-5　2017年王楼煤矿各工区考核统计表

单位＼月度奖罚（工资总额）	1月	2月	3月	4月	5月	6月	7月	8月	9月	10月	11月	12月
采一工区	不奖不罚	罚4%	罚5%	罚4%	罚2%	奖2%	奖2%	奖2%	奖2%	罚2%	奖1.5%	奖3.5%
采二工区	奖2.5%	罚1%	罚2.5%	罚2.5%	奖1%	奖1%	罚2.5%	奖1%	罚2%	奖1%	奖4%	奖4%
综掘工区	奖1.3%	奖0.7%	奖1.3%	奖1%	奖1%	奖0.7%	奖0.7%	不奖不罚	奖1.3%	罚3%	罚3%	奖1.5%
掘一工区	奖0.7%	奖3%	罚0.5%	奖1%	不奖不罚	罚1%	奖1.5%	罚1%	奖3%	罚5%	罚2.7%	罚0.3%
开拓工区	不奖不罚	罚4%	奖0.3%	罚2.3%	奖0.7%	罚0.7%	奖1%	罚1.3%	奖1%	罚1%	罚4%	罚1%
准备工区	奖2%	奖2%	不奖不罚	罚2%	罚10%	奖1%	不奖不罚	罚14%	不奖不罚	不奖不罚	奖4%	奖3%
机修厂	—	—	—	—	—	—	—	—	不奖不罚	奖1%	不奖不罚	不奖不罚
机电工区	不奖不罚	奖1%	罚2%	奖1%	罚1%	不奖不罚	奖1%	不奖不罚	不奖不罚	罚1%	罚1%	奖2%
运搬工区	奖2%	奖1%	罚6%	不奖不罚	奖1%	罚9%	罚3%	罚2%	罚2%	罚4%	罚3%	
通防工区	罚2%	奖3%	罚3%	奖1%	奖2%	奖1%	奖2%	不奖不罚	奖2%	罚1%	不奖不罚	不奖不罚
选煤厂	罚2%	不奖不罚	罚4%	不奖不罚	不奖不罚	奖1%	奖1%	罚5%	奖2%	罚1%	罚1%	

注：9月份机修厂与准备工区分开，单独进行考核。

表4-3-6 2018年王楼煤矿各工区考核统计表

单位＼月度奖罚（工资总额）	1月	2月	3月	4月	5月	6月	7月	8月	9月	10月	11月	12月
采一工区	罚1.5%	不奖不罚	奖2%	不奖不罚	奖4%	罚2%	奖7%	罚3.3%	罚20%	罚12%	罚7%	不奖不罚
采二工区	不奖不罚	奖4%	罚4%	不奖不罚	不奖不罚	罚2%	罚8.5%	罚3.5%	罚17.5%	罚8%	奖2%	罚9%
综掘工区	罚1%	罚2.5%	奖0.5%	罚0.5%	奖1%	不奖不罚	罚1.5%	奖2%	罚1%	罚0.3%	奖2.3%	奖1.3%
掘一工区	奖2.5%	罚2%	奖1%	罚9.5%	罚4%	罚7.5%	罚4%	不奖不罚	奖1%	罚2.5%	罚6%	罚1.5%
开拓工区	罚1.5%	罚3.5%	奖2.5%	罚0.3%	罚8%	罚3.5%	罚9.5%	罚5%	罚1.5%	罚1%	奖0.3%	罚1.7%
准备工区	罚2%	罚9%	罚3%	奖4%	奖4%	罚8%	罚4%	罚7%	罚8%	奖3%	罚4%	奖2%
机修厂	不奖不罚	奖5%	不奖不罚	奖5%	奖2%	不奖不罚	罚5%	奖3%	奖2%	奖2%	奖3%	奖2%
机电工区	奖4%	不奖不罚	不奖不罚	奖3%	奖5%	奖2%	奖5%	奖3%	罚3%	奖2%	不奖不罚	奖4%
运搬工区	不奖不罚	不奖不罚	奖2%	不奖不罚	罚6%	不奖不罚	不奖不罚	罚6%	奖2%	不奖不罚	奖2%	奖3%
通防工区	奖5%	不奖不罚	不奖不罚	罚3%	奖1%	不奖不罚	不奖不罚	不奖不罚	奖1%	奖1%	奖2%	不奖不罚
选煤厂	不奖不罚	罚4%	不奖不罚	不奖不罚	罚5%	不奖不罚	不奖不罚	罚9%	罚2%	奖2%	奖3%	奖3%

注：10月份综掘工区、掘一工区、开拓工区分别改名为综掘一工区、综掘二工区、巷修工区。

第四章　安全信息系统

第一节　系统管理

2009—2012年，利用数字化矿山建设系统，建立安全信息运行系统，实现网上闭合管理。

2012年4月，实施"安全100"信息化系统建设，11月，正式运行。

2013年，"安全100"风险预控管理体系考评办法（试行）开始运行，涵盖工程质量、机电运输质量、通防质量等方面的考核，考评对象分生产工区组、辅助工区组、科室组3个类别。

2017年11月，建立王楼煤矿双重预防管理信息系统，与集团公司和山东煤矿安全监察局实现联网。

第二节　闭合管理

一、信息来源

各级安全生产大检查、矿井各级管理人员每天下井检查等汇报的问题。

二、信息筛选

信息办值班人员及信息员根据汇报卡内容，及时做好安全信息的汇总、筛选、加工和处理工作。

三、信息上传下达

2009年前，一般隐患用电话通知，重点问题下达隐患整改通知卡进行处理，重大问题交矿研究解决，本矿解决不了的问题填写重大隐患上报集团公司解决。

2009—2012年11月，一般隐患用电话通知，重点问题及时输入数字化办公系统，重大问题交矿研究解决，本矿解决不了的问题填写重大隐患上报集团公司解决。

2012年11月以后，一般隐患用电话通知，重点问题及时输入"安全100"信息管理系统，本矿解决不了的问题填写重大隐患上报集团公司解决。

2017年11月，管理人员下井排查的隐患输入王楼煤矿双重预防管理信息系统，并通过PC端、短信等形式通知到责任人。整改完成后，由科室管理人员复查销号，形成闭合管理。重大隐患通过管理信息系统上报到集团公司及山东煤矿安全监察局。

四、信息反馈

严格安全隐患的整改落实及信息反馈工作，隐患责任单位，接到通知后要及时组织隐患整改，整改完毕后，及时反馈整改情况。暂时处理不完的问题，报请领导批准，再反馈到第一环节。

五、信息复查

安监处组织人员对整改情况进行复查，合格的销号，不合格的进行处罚，并进入下一循环程序。

第三节　安全监控系统

2007年6月，安装重庆煤科院研制的KJ90NB安全监控系统。该系统是1套网络化时分制型分布式系统，通信主干为树结构，地面运行环境为以太网局域，系统具有良好的开发性和扩展性。其主要有地面监控中心、网络客户终端、井下分站、各类传感器及断电器4部分组成，监控中心站安设在矿调度室，2台监控主机，1台工作，1台备用，并配有不间断电源（可持续供电时间超过2小时）和防雷电保护，最大监控分站汇接容量为255台，信号传输为RS485集成芯片模块传输。中心站与各分站及传感器之间均采用专用通信电缆连接，实现监控数据共享，其中矿调度室、矿总工程师、通风副总、通防科、通风工区等单位为主要用户。软件在开发过程中主机采用先进的可视化面向对象程序设计、动态链接库及对象嵌入技术，使得系统模块化程序进一步提高，系统具有更加灵活的集成方式和更加友好的用户界面，系统运行于Windows2003任务环境下，提供了高层次的安全性、稳定性。系统断电功能可分为远程断电和手控断电和交叉异地断电（矿井范围内），传感器输出断电信号，中心站下达断电任务，断电器动作，馈电跳闸，同时主机屏幕上有醒目的报警条显示（红色）显示传感器的数值地点及报警时间。系统可以实现多个传感器超限时对1个设备断电，也可以实现1个传感器超限时对多个设备断电控制。系统检测处理参数类型丰富：模拟量有瓦斯、风速、一氧化碳、负压、温度、水位、煤位、粉尘浓度。开关量有设备开停、风门开闭、风筒风量、馈电状态等，各类传感器分布在全矿各地点，实现全矿井安全监测。系统具有强大的数据采集功能、先进的数据处理技术，对采集到的数据进行实时分析处理，以数值、曲线、柱状图等多种形式进行屏幕查询显示和打印，并形成相应的历史数据统计。

2018年10月，王楼煤矿根据《山东煤矿安全监察局关于印发〈山东煤矿安全监控系统升级改造技术方案实施标准〉的通知》（鲁煤监技装〔2017〕70号）、《国家煤矿安监局关于印发〈煤矿安全监控系统升级改造技术方案〉的通知》（煤安监函〔2016〕5号）等文件要求完成安全监控系统的升级改造工作，升级后的型号为KJ90X。升级后系统实现传输数字化、增强抗电磁干扰能力、应用先进传感技术及装备、提升传感器防护等级、多系统融合应急联动等功能。

截至2018年，该系统所含监控分站26台，井下22台，地面4台，其中−680水平5台，二采区2台，三采区6台，七采区9台，覆盖全矿井各生产采区，监测点161个，瓦斯传感器53台，一氧化碳29台、温度23台，煤位6台，设备开停20台，风门10台负压一台，另有馈电状态传感器等。

第五章　矿井灾害防治

第一节　防治瓦斯

一、管理机构

2007年7月6日，下发《王楼煤矿关于成立瓦斯管理机构的通知》（王煤字〔2007〕57号），成立瓦斯管理领导小组。

2008年11月23日，根据《关于转发〈山东煤矿"一通三防"安全示范矿井及检查考核办法〉的通知》（鲁煤安监西局传〔2008〕55号），下发《关于推进"一通三防"安全示范化矿井建设的通知》（王煤字〔2008〕165号），成立"一通三防"安全示范矿井达标活动领导小组。

2010年1月19日，根据《关于印发山东省煤矿瓦斯治理示范矿井、示范县标准及验收考核办法的通知》（鲁煤安管〔2009〕132号），下发《关于下发王楼煤矿瓦斯治理责任体系和瓦斯治理技术体系的通知》（王煤字〔2010〕15号），建立瓦斯治理责任体系和瓦斯治理技术管理体系。

2010年7月9日，根据《关于转发〈2010年煤矿瓦斯防治监管监察重点工作〉的通知》（临矿通便〔2010〕53号），下发《关于下发2010年瓦斯治理示范化矿井建设工作的意见》（王煤字〔2010〕85号），成立瓦斯治理示范矿井建设领导小组。

2012年6月，根据《国家安全监管总局国家煤矿安监局关于印发"十二五"煤矿瓦斯综合治理工作体系建设实施方案的通知》（安监总煤装〔2011〕42号）、山东省煤炭工业局《关于做好全省煤矿瓦斯综合治理工作体系建设达标申报工作的通知》（鲁煤发明电〔2013〕74号）以及集团公司相关文件要求，下发《王楼煤矿"十二五"煤矿瓦斯综合治理工作体系建设实施方案》，成立煤矿瓦斯综合治理工作体系建设达标领导小组。2013年11月通过省煤炭工业局验收。

二、瓦斯等级鉴定

2007年8月，首次进行矿井瓦斯等级鉴定工作。经鉴定为低瓦斯、低二氧化碳矿井，鉴定结果报省煤炭工业局备案。

2012年、2014年，鉴定为瓦斯矿井。

2016年、2018年，鉴定为低瓦斯矿井。

表4-5-1　2007—2018年王楼煤矿瓦斯等鉴定情况表

年度	鉴定月份	相对涌出量（m³/t）		绝对涌出量（m³/min）		鉴定等级	有无高瓦斯区	有无突出
		CH₄	CO	CH₄	CO			
2007	8		2.96		4.94	低瓦斯、低二氧化碳矿井	无	无
2008		0	3.04	0	6.25			
2009			3.57		5.64			
2010		0.41	3.28	0.87	6.95			
2011	7		3.22		5.73			
2012		0	3.55	0	6.29	瓦斯矿井		
2014			2.56		6.42			
2016			2.49		6.54			
2018		0.48	2.16	1.31	5.87			

三、防治措施

（一）加强通风管理

优化通风设计，按照矿井配风计划合理分配风量，保证通风系统的稳定性，杜绝无计划停电停风，防止瓦斯积聚。

（二）加强瓦斯检查

2007年8月，引进瓦斯智能巡检系统，实现数据的自动分析处理。每月按照矿井实际编制瓦斯检查点设置计划，严格按照设置计划开展瓦斯检查工作。

（三）测定煤层瓦斯基本参数

2010年11月，委托山东省煤炭技术服务有限公司对矿井3上煤和12下煤进行瓦斯参数测定工作，出具《矿井煤层瓦斯基本参数测定报告》，瓦斯压力最大值为0.02兆帕，最大瓦斯含量为0.8444立方米/吨，最大瓦斯放散初速度为4毫米汞柱，最小坚固性系数为1.02，煤层瓦斯参数所有指标均低于判定煤层突出危险性单项指标的临界值。同年，委托山东科技大学绘制矿井瓦斯地质图，并编写瓦斯地质报告说明书。

2015年5月，委托山东鼎安检测技术有限公司对矿井七采区3上煤层瓦斯基本参数进行了测定，并出具了测定报告，瓦斯压力最大值为0.502兆帕，最大瓦斯含量为2.7998立方米/吨，最大瓦斯放散初速度为24毫米汞柱，最小坚固性系数为0.77，煤层瓦斯参数所有指标均低于判定煤层突出危险性单项指标的临界值。

（四）加强日常监测

利用KJ90X安全监测系统对井下各地点瓦斯进行24小时监测。采掘工作面安设甲烷传感器，甲烷传感器安设地点、位置及其报警浓度、断电浓度、断电范围、复电浓度符合要求。

（五）预防和隔绝瓦斯爆炸措施

制定预防和隔绝瓦斯爆炸措施，并组织实施。按照《煤矿安全规程》规定设置隔爆水棚，每周至少检查1次隔爆水棚的安装地点、数量、水量及安装质量，确保符合要求，并记录检查情况。截至2018年12月31日，矿井井下安设有主隔爆水棚12组，辅助隔爆水棚24组。

第二节　防治煤尘

一、组织机构

2007年9月1日，王楼煤矿成立综合防尘管理机构，明确各单位职责，各工区设专责防尘人员。

2010年4月21日，根据《国家煤矿安全监察局关于开展煤矿作业场所粉尘危害治理专项行动的通知》要求，下发《关于开展煤矿作业场所粉尘危害治理专项行动的实施意见》（王煤字〔2010〕57号），成立煤矿作业场所粉尘危害治理专项行动领导小组。

二、煤尘爆炸性鉴定

2007年2月，委托山东煤炭质量检测中心对-680米水平一采区煤层煤尘爆炸性进行鉴定。

2012年8月，委托中煤科工集团重庆研究院对矿井-680米水平二采区、三采区3$_上$煤层煤尘进行煤尘爆炸性鉴定。

2014年12月，委托山东鼎安检测技术有限公司对矿井-680米水平七采区3$_上$煤层煤尘进行煤尘爆炸性鉴定。

2018年5月，委托山东鼎安检测技术有限公司队矿井-680米水平二采区、三采区3$_上$煤层煤尘爆炸性重新进行鉴定。

表4-5-2　2007—2018年王楼煤矿煤尘爆炸性鉴定报告表

| 采样地点及煤层名称 | 工业分析 % | | | 煤尘爆炸性 | | | 鉴定结论 | 鉴定时间 |
	水分（M_{ad}）	灰分（A_d）	挥发分（V_{daf}）	火焰长度（mm）	岩粉量（%）	煤尘爆炸指数（%）		
-680m水平11301工作面皮带机巷3$_上$煤层	1.36	13.91	38.08	1200	70	38.08	有爆炸性	2007.02
-680m水平15121工作面轨道联络巷12$_下$煤层	1.39	19.51	43.93	1200		43.93		
-680m水平三采区13301采煤工作面3$_上$煤层	1.69	13.47	36.81	> 400	80	36.81		2012.08
-680m水平二采区12312采煤工作面3$_上$煤层	1.87	12.42	37.15	> 400		37.15		
-680m水平七采区27302轨道顺槽3$_上$煤层	1.08	9.36	35.28	> 400		39.39		2014.12
-680m水平二采区12309采煤工作面3$_上$煤层	1.70	8.50	34.29	> 400		38.18		2018.06
-680m水平三采区13307采煤工作面3$_上$煤层	1.44	11.69	36.15	> 400	75	41.62		

三、防尘供水系统

王楼煤矿建有完善的供水防尘系统。在地面建有2座容量分别为300立方米的水池，通过专用管路送入井下各采掘工作面和其他用水地点。

四、粉尘防治

2007年6月，委托山东煤矿粉尘监测中心第1次对矿井作业场所粉尘浓度、粉尘游离二氧化硅含量等进行检测，出具检测报告，并按规定定期对游离二氧化硅含量和粉尘分散度进行测定。9月，下发《关于下发"一通三防"五个管理规定的通知》（王煤字〔2007〕43号）以及《王楼煤矿10、12层煤掘进巷道煤层短壁注水管理规定》。

2011年7月，下发《采掘工作面煤层注水管理规定》（王煤字〔2011〕63号），对采煤工作面和全煤掘进工作面煤层注水工作进行规范。

2013年6月26日，根据临矿集团下发的《临沂矿业集团有限公司关于开展"无尘化"矿井创建活动的实施意见》（临矿通发〔2013〕132号），王楼煤矿成立"无尘化"矿井创建活动领导小组，开展"无尘化"创建活动。10月，委托济南浩宏伟业检测技术有限公司对工作场所进行职业病危害现状评价。

2015年3月13日，通防科根据《煤矿安全规程》关于满足煤层孔隙率低于4%的煤层可不进行煤层注水的规定，下发关于各采掘工作面不再进行煤层注水的通知。

2016年10月，委托山东煤矿劳动卫生职业病防治研究所对工作场所进行了职业病危害因素现状评价。

2018年1月，《王楼煤矿智能化全方位综合防尘系统研究与应用》项目，获集团公司新旧动能转换创新成果奖。该项目依托"人、机、环境、管理"四位一体防治体系，环保清洁生产、职业卫生防护理念，根据集团公司关于"无尘化"矿井建设总体要求，实现精准防尘、控尘、灭尘，解决煤矿在生产过程中产生的大量粉尘给职工、生产、安全带来的威胁而开展。主要由井上、井下和管理系统三部分构成。井下防尘系统主要是采用新技术、新工艺，对井下6项主要防尘设施进行升级、改造，累计添加传感器、电磁阀17处；井上主要针对主要扇风机扩散口经过6次设计、实践改造，安设了防尘装置。管理系统主要依靠通防设施远程智能管理系统，对井下各传输数据进行分析，智能决策，实现喷雾设施的远程智能控制。王楼煤矿防尘管理满足集团公司"无尘化"矿井建设要求，初步建成"无尘化"矿井，率先实现智能化无人管理。

第三节 防治火灾

一、倾向性鉴定

2007年2月，委托山东煤炭质量检测中心对−680米水平各煤层自燃倾向性进行鉴定，出具《煤层自燃倾向性鉴定报告》，选择CO为自燃标志性气体。

2007年11月，委托煤炭科学研究总院重庆研究院对-680米水平各煤层最短自然发火期进行试验，出具《煤层最短自然发火期实验报告》。

2012年8月，委托重庆研究院对-680m水平二采区、-680米水平三采区煤层自燃倾向性和最短自然发火期进行鉴定、试验。

2014年12月，委托山东鼎安检测技术有限公司对-680米水平七采区煤层自燃倾向性、煤尘爆炸性、最短自然发火期等进行鉴定、试验，并出具《煤层自燃倾向性鉴定报告》和《煤层最短自然发火期实验报告》。

2017年11月，委托山东鼎安检测技术有限公司对二采、三采、七采区3$_\perp$煤层自然发火标志性气体进行检测，检测结果CO均为测试煤自然发火的标志性气体。

2018年5月，委托山东鼎安检测技术有限公司对矿井-680米水平二采区、三采区煤层自燃倾向性和最短自然发火期进行鉴定、试验，并出具《煤层自燃倾向性检测报告》和《煤样最短自然发火期研究性报告》。

表4-5-3　2007—2018年王楼煤矿煤层自燃倾向性鉴定报告表

采样地点及煤层名称	工业分析 %			全硫（St,d）	真相对密度（TRD）	吸氧量（cm³/g）	自燃倾向性	鉴定时间
	水分（M$_{ad}$）	灰分（A$_d$）	挥发分（V$_{daf}$）					
-680m水平一采区11301工作面皮带机巷3$_\perp$煤层	1.36	13.91	38.08	0.85	1.43	0.69	自燃	2007.02
-680m水平15121工作面轨道联络巷12$_\top$煤层	1.39	19.51	43.93	2.27	1.46	0.66		
-680m水平三采区13301采煤工作面3$_\perp$煤层	1.69	13.47	36.81	—	1.44	0.53		2012.07
-680m水平二采区12312采煤工作面3$_\perp$煤层	1.87	12.42	37.15		1.42	0.54		
-680m水平七采区27302轨道顺槽3$_\perp$煤层	1.08	9.46	39.39	—	1.43	0.57		2014.12
-680m水平二采区12309采煤工作面3$_\perp$煤层	1.70	8.65	38.18	0.75	1.31	0.43		2018.06
-680m水平三采区13307采煤工作面3$_\perp$煤层	1.44	11.86	41.62	0.88	1.32	0.41		

表4-5-4　2007—2018年王楼煤矿煤层最短自然发火期试验报告表

煤层名称	最短自然发火期（天）	煤层名称	最短自然发火期（天）	煤层名称	最短自然发火期（天）	煤层名称	最短自然发火期（天）
-680m水平一采区11301工作面皮带机巷3$_\perp$煤层	81	-680m水平二采区3$_\perp$煤最短自然发火期	60	-680m水平三采区3$_\perp$煤最短自然发火期	65	-680m水平七采区3$_\perp$煤最短自然发火期	58
—	—	-680m水平二采区3$_\perp$煤最短自然发火期	90	-680m水平三采区3$_\perp$煤最短自然发火期	93	—	—

二、内因火灾防治

（一）严格按规定要求制定矿井防灭火制度并严格落实。各采区均编制了防灭火设计、综合防灭火措施。采用合理的开采顺序，保证回采率，减少丢煤。

（二）优化通风系统，合理分配风量，加强巷道的修复工作，降低通风阻力，同时辅以减少采空区漏风和喷洒阻化剂防火措施。

（三）利用束管监测系统与手工取样相结合，定期对回采工作面回风隅角、采空区等地点气体进行检测、分析、预报。

2007年7月，配备JSG-7型煤矿用束管监测系统。

2012年8月，委托北京东西分析仪器有限公司对束管系统进行升级改造，升级为GC-4000A型束管监测系统。

2017年3月，委托山东邹城市南煤科技有限公司对矿束管检测系统再次进行升级改造，配备U23型红外线气体分析仪、GC-2010型色谱仪、NMH-300氢气发生器、气体采样控制柜、粉尘过滤器、束管、分路箱、监控微机、打印输出设备等。该束管监测系统主要应用于煤矿自然火灾预报和防治工作，对井下监测地点的O_2、N_2、CO、CH_4、C_2H_4、C_2H_6、C_2H_2等气体浓度24小时在线连续监测。

2018年4—12月，实施《数字化检测采区均压防灭火技术的研究与应用》项目，该项目具有自主知识产权。通过新技术使用、新旧装备更换升级，将形成二采区以均压联合气室为主，将二采区所有压力调节与检测集中于一处，集中管理，能够达到减人提效的目的，集设施维护、安装、检测、防控一体的综合防灭火重大举措。

三、外因火灾防治

（一）井下电气设备必须安装使用各类安全保护装置，所有电气设备杜绝失爆现象。井下选用阻燃性电缆，皮带、胶管等。

（二）经常检查电气设备运转情况，按规定加注润滑油，避免摩擦过热引起火灾，严格井下油脂管理，按规定配备灭火器材。

（三）发现井下火灾时，应将所有可能受火灾威胁区域内的人员撤离危险区，并采取一切可能的方法直接灭火，并及时报告矿调度室。

第四节　防治冲击地压

一、机构设置

（一）机构沿革

2011年1月7日，成立防治冲击地压办公室（简称"防冲办"）。设防冲副总1人，主任1人，主管技术员1人，技术员2人，科员3人。

2013年3月23日，增设专员管理1人。

2014年1月1日，防冲办与生产技术科业务分离，成为单独安全生产业务部门，设立监测监控室，增设监测监控人员4人。

2015年3月，成立防冲队，设管理人员4人。

2018年4月，撤销防冲队改成防冲工区，设管理人员4人。8月4日，防冲办增设见习技术员4人。12月25日，防冲办增设主管技术员1人。

2018年12月，防冲办设有防冲副总兼防冲办主任1人，主管技术员1人，见习技术员4人，监测监控人员2人（工人岗）；防冲工区设有管理人员4人。

（二）深部支护工程示范中心

1. 建设

2018年3月，与山东科技大学矿山灾害预防控制国家重点实验室签署共建协议，4月，成立"矿山灾害预防控制国家重点实验室临矿集团深部支护工程示范中心"。

2019年12月，根据集团公司统一安排，矿山灾害预防控制国家重点实验室临矿集团深部支护工程示范中心由临矿集团王楼煤矿军城井搬迁至临矿集团田庄煤矿。

图4-5-1　2018年4月15日，矿山灾害预防控制国家重点实验室临矿集团深部支护工程示范中心揭牌仪式。

2. 装备

实验室面积1200平方米。安装WAW-4106-E型微机控制电液伺服万能试验机（下图左上）、YAW-2000CS全自动压力试验机（下图右上）、EBC-300C微机控制冲击试验机（下图左下）、CST-50夏比冲击试样缺口投影仪（下图右下）、CXK12-A矿用本安型钻孔成像仪、CSL-Y冲击试样缺口双刀液压拉床、QX200岩心钻取机、岩心端面切磨机、YH-40B恒温恒湿标准养护箱、CHT225-A超声波回弹仪、数字式超声波探伤仪等设备。

3. 研究成果

（1）研究方向

深部抗冲击大变形巷道支护研究、巷道快速掘进与支护技术研究、深部支护重大安全技术、深部岩体力学与深部巷道工程稳定技术、岩体动力学性能测试及分析。

图4-5-2　矿山灾害预防控制国家重点实验室临矿集团深部支护工程示范中心设备。（2018年摄）

（2）研究成果

①可做检测项目：钻孔窥视，探伤检验，抗冲击性能检测，螺纹钢、圆钢、钢绞线等材料的抗拉强度、屈服强度、延伸率、弯曲试验，煤岩体的抗压、抗剪强度试验等。

②2018—2019年，实验室完成王楼煤矿钻孔成像实验30个、古城煤矿钻孔成像实验3个、郭屯煤矿钻孔成像实验1个、彭庄煤矿钻孔成像实验1个。

二、防冲管理

（一）防冲体系

2018年王楼煤矿形成"两体系一流程"的冲击地压治理体系，"两体系"为管理体系、标准体系，"一流程"为工作流程。

1．管理体系

（1）组织保障体系

2013年2月，成立以矿长任组长，总工程师及分管副矿长任副组长，分管副总工程师和相关业务部门负责人为主要成员的冲击地压防治工作领导小组。

领导小组下设办公室，办公室设在防冲办公室，防冲副总工程师兼任办公室主任，全面负责冲击地压防治管理工作，组织排查冲击地压危险区域、制定冲击地压防治预案，措施审查、实施、监督，进行人员培训等，负责组织冲击地压事故抢险、调查处理等工作。

（2）制度保障体系

制定防治冲击地压岗位安全责任制度、防冲工作矿长办公会议制度、防冲工作分析会制度、防冲工程验收制度、冲击危险工作面人员准入制度等多项管理制度，为冲击地压防治工作提供了保障。

（3）技术保障体系

制定冲机地压防治安全技术管理制度、冲击地压危险性综合技术分析制度等技术保障制度。

（4）培训保障体系

成立以总工程师任组长，防冲副总工程师任副组长，防冲办公室主任、安培中心主任及防冲办管理人员为成员的防冲培训领导小组。

（5）信息保障体系

建立与相邻矿井信息沟通制度，为防止和减少安全事故的发生，特别是预防相邻矿井开采给本矿带来的安全危害，提供了保障。

（6）资金保障体系

成立以矿长任组长，总工程师及分管副矿长任副组长，分管副总工程师和相关业务部门负责人为主要成员的冲击地压防治资金保障领导小组。

2．标准体系

制定防冲监控设备安装标准、监测监控系统预警标准、冲击危险区域人员安全防护标准、防冲工程施工及牌板悬挂标准、防冲专业技术人员技术管理标准。

3．工作流程

主要包括矿井防冲工作基本流程、微震监测预警处理流程、应力在线监测预警处理流程、钻屑法监测预警处理流程、日报分析处理流程、工作面开采处理流程。

（二）防冲设备

2011年8月，引进北京安科生产的KJ551微震监测系统，先后应用于12303、12312、13301综采工作面。

2012年8月，在12306工作面安装KJ550煤矿冲击地压监测系统。10月，引进波兰SOS微震监测系统。

2013年4月，引进ZQJ-140/4.3气动手持式钻机3部。8月，引进ZQJ-300/6、ZQJ-360/6钻机各1部，ZQJ-140/4.3气动手持式钻机8部。

2016年12月，引进CMS1-1450/37型液压钻车2台。

2017年5月，引进KJ550顶板冲击地压监测系统1套。

2018年1月，引进KJ615顶板冲击地压监测系统1套。9月，引进ZQJ-140/4.3气动手持式钻机5部。

（三）防冲成果

2011年6月，委托山东科技大学对二采区进行地应力测定，原岩应力场的最大主应力为水平应力，最大水平应力的方向为257.84～258.12度；最大水平应力大于垂直应力，最大水平主应力为垂直应力的1.22～1.35倍。10月，委托山东科技大学对三采区进行地应力测定，原岩应力场的最大主应力为水平应力，最大水平应力的方向为219.55～222.11度；最大水平应力大于垂直应力，最大水平主应力为垂直应力的1.58倍。

2014年11月，委托山东科技大学对七采区进行了冲击危险性评估及防冲设计，评价七采区具有中等冲击危险；于21日经专家评审通过

2015年7月，委托北京科技大学进行对矿井及-680米水平冲击危险性评估及防冲设计，评价矿井具有弱冲击危险；对三采区进行冲击危险性评估及防冲设计，评价矿井具有中等冲击危险；于8月5日经专家评审通过。

2016年6月，委托北京科技大学完成"王楼煤矿27304和13304工作面冲击危险性评价及防冲设计研究报告"。

2017年6月，委托北京矿安华兴科技有限公司完成"王楼煤矿27300、13307、27305工作面冲击危险性评价及防冲设计研究报告"。

2018年8月，委托北京矿安华兴科技有限公司完成"王楼煤矿27306、27309工作面冲击危险性评价及防冲设计研究报告"。10月，委托山东科技大学完成"王楼煤矿3$_\text{上}$煤层及顶底板岩层冲击倾向性鉴定及分析。

三、地压监测

（一）冲击地压监测系统

王楼煤矿建立冲击地压实时在线监测预警平台，有效融合现有监测系统，综合分析各类监测数据实现预测预报。矿井采用微震监测法进行区域危险性监测，采用钻屑法、应力监测法进行局部危险性监测。

1．SOS微震监测系统

（1）王楼煤矿采用1套24通道波兰SOS微震系统进行区域监测。该系统可以监测震动能量大于100焦耳，频率在0.1～600赫兹的震动，能对0.1～150赫兹的高能量低频率矿震信号和150～600赫兹区段

的低能量高频率的矿震信号进行监测，能在系统中修正岩层中震动的传播速度，定位精度高，扩展能力强。

（2）系统安装位置：矿井现装备的微震监测探头，可覆盖矿井当前采掘区域；采掘工作面每个顺槽布置拾震器不少于2个，顺槽内距工作面最近的拾震器不超过300米，每个工作面附近不少于4个微震测点。

（3）拾震器安装标准：使用直径18×1500毫米的左旋树脂锚杆，配合一卷树脂锚固剂进行锚固，锚固端与外露部分之间的自由段用水泥浆浇灌，锚杆外露长度控制在100毫米左右。

（4）SOS微震监测系统维护：由防冲专职维护人员负责微震监测系统的安装、挪移和日常维护，建立设备维护及挪移台账，监测监控值班人员发现系统出现故障或数据显示异常时立即通知系统维护人员进行处理，保证数据正常传输。

（5）微震监测预警指标

①大能量事件预警：采煤工作面24小时内出现单次能量不小于1.0×10^5焦耳微震事件；掘进工作面周围出现单次能量不小于1.0×10^4焦耳微震事件。

②日释放总能量预警：采煤工作面24小时释放总能量不小于5.0×10^5焦耳，掘进工作面24小时释放总能量不小于5.0×10^4焦耳。

2. 应力在线监测系统

（1）应力在线监测主要采用KJ550、KJ615应力在线监测系统，可覆盖井下所有采掘工作面及七采区两条下山。

KJ550、KJ615应力在线监测系统基于"当量钻屑量预警动力灾害的机理"，有动力灾害（冲击地压和煤与瓦斯突出）危险的区域，在发生动力灾害（冲击地压和煤与瓦斯突出）之前，应力存在逐步增加的过程，且应力达到煤体破坏极限时，才有可能发生动力灾害（冲击地压和煤与瓦斯突出），而此时钻屑量将超过额定的安全指标。

（2）系统安装位置：应力在线监测系统安装位置在每个工作面超前300米范围；回采工作面应力传感器安装在两顺槽工作面侧，两顺槽各布置10组测站，测站间距为25~30米，每组测站设置两个测点，即浅、深两个通道，埋设深度分别为8米、14米，两个测点间距小于2米，初装值5兆帕，压力值低于4兆帕时及时补压；应力计安装在煤体中，随工作面回采循环往外挪移。

回采工作面测点传感器距工作面不足10米时，由系统维护人员及时挪移；掘进工作面测点传感器距迎头最大距离不超过40米。

（3）应力监测预警指标

应力监测预警分为黄色预警、红色预警和增量预警。

表4-5-5　2018年王楼煤矿应力监测预警指标表

基点	浅基点	深基点
深度（m）	8	14
黄色预警（MPa）	〔8，10）	〔10，12）
红色预警（MPa）	〔10，+∞）	〔12，+∞）
增量预警（MPa）	≥ 3MPa/d	

3．钻屑法检测

（1）钻屑法检测采用小直径钻头（直径44毫米），钻孔深度14米；检测孔施工过程中，需称量排出煤粉重量。记录每米煤粉涌出重量。并将实际煤粉量填写在钻屑检验管理牌板上，并与预警指标进行对比，确定检验结果。

（2）综采工作面：对采煤工作面超前100米范围内进行煤粉监测，煤粉监测孔布置在超前工作面10米、40米、70米、100米位置，工作面每3天监测一遍，第一天监测进风顺槽，第二天监测回风顺槽。

掘进煤巷监测：巷道迎头每天检测1次，每次施工1个煤粉检测孔，孔深14米。采取预卸压措施的巷道后路监测，监测范围为迎头后70米，每3天监测1次，检测孔布置在迎头后方10米、40米、70米位置（沿空掘进巷道只检测实体煤侧）。

（3）钻屑法监测预警指标

表4-5-6　2018年王楼煤矿3上煤层煤粉量预警指标表

单位：千克/米

孔深	三采区	七采区
1～5m	2.3	3
6～9m	5.8	7
10～14m	6.5	9.9

当实际煤粉量达到或超过预警煤粉量，或在检测过程中出现孔内冲击、卡钻、煤炮等强烈动力效应，评价为煤粉监测预警。

4．预警、紧急处置

（1）矿井设立专职人员进行冲击地压24小时监测值班，对监测数据进行实时监测，发现监测数值达到或超过预警指标或接到井下冲击地压显现情况报告，立即进行预警。冲击地压专职值班人员根据冲击地压监测情况发布实时预警和紧急处置（停止危险区域正常作业、撤出人员等）决定；然后通知调度室、值班矿领导、总工程师、矿长。

（2）结果处置

①当监测指标达到预警值后，经现场处置解危、验证后将现场情况报告给监测监控值班人员，监测监控值班人员通知防冲副总及总工程师。

②经解危验证确认冲击危险监测指标小于临界值方可进行生产。

③经解危验证仍有危险时继续采取解危措施直至确认冲击危险监测指标小于临界值后方可进行生产。

④经解危验证无法消除冲击地压危险时严禁作业，报防冲副总及总工程师制定专项解危措施，直至确认冲击危险监测指标小于临界值后可恢复生产。

（3）监测数据分析及日报编制

监测监控室实行24小时值班制，每天对防冲监测数据（应力在线监测、紧急求救信号微震监测、钻屑法）进行综合评判，形成防冲综合分析日报表，经防冲专业负责人和总工程师、矿长签字后严格落实。

（二）研究成果

2007年9月，与山东科技大学合作，共同完成王楼煤矿第一个综采工作面（11301综采工作面）矿压监测报告，研究上覆岩层运动规律及工作面矿压显现规律。

2008年3月，完成《三煤巷道支护方案设计》，研究巷道围岩岩性分析及三煤巷道围岩松动圈测试。

2011年5月，完成《受采动影响的下山合理煤柱及巷道支护研究》，研究受采动影响的下山保护煤柱宽度、下山及顺槽支护的合理性。6月，完成《12303综采工作面采场围岩应力与运动规律研究》。10月，与山东科技大学合作，完成《深部采场矿压控制技术》。

2016年，《千米深井巨厚岩浆岩下冲击地压规律及防控技术研究》，获2016年中国煤炭协会科学技术三等奖。

2017年12月，完成"千米深井工作面支承压力影响范围及分布特征实测研究"。

2018年1月，完成"大采深强冲击厚煤层主下山护巷煤柱合理留设技术研究"。

四、防冲工程

（一）考核办法

防冲办公室采取动态检查和每月2次集中检查相结合的方式，对防冲措施落实情况进行监督检查，考核采用百分制，逐项计分，月底形成防冲专项验收报告。其中：采掘工作面及防冲工区月度平均得分92分及以上为达标，92分以下为不达标。

1. 各地点施工的卸压孔和煤粉检测孔严格按照设计要求施工，施工完毕后及时挂牌管理，现场建立原始施工记录，原始施工记录、牌板数据必须与实际孔深相符。未达到设计要求时，如存在见岩石等异常现象时，按实际卸压孔深度验收，原始施工记录中施工人员应在备注栏中说明，否则，该孔不予结算进尺。

2. 卸压孔及煤粉检测孔实行"四级"联动机制，即区队对钻孔施工质量进行自查、跟班安监员全面督查、防冲办日常随机抽查、执法记录仪现场录像。区队对卸压孔及煤粉检测孔施工质量进行自查，建立卸压孔及煤粉检测孔台账；防冲办日常检查中进行随机抽查，安监员现场验收，同时抽查执法记录仪动态监督卸压孔及煤粉检测孔的施工质量。

3. 卸压孔和煤粉检测孔施工完毕后由当班安监员验收签字，当班无安监员的由下班安监员负责验收签字。安监员通过现场查验钻杆数量、查看记录影像、使用锚索芯测量孔深的方法对施工的卸压孔和煤粉检测孔的工程质量进行验收，并在原始施工记录上签字确认。当班未验收或未签字的对责任人罚款100元/次。原始记录作为月底结算的依据，无签字的卸压孔及煤粉检测孔一律不予结算（经确定现场安监员不具备验收条件的，由防冲办公室组织集中验收）。

4. 所有施工的应力计钻孔，在安装应力计过程中，必须使用执法记录仪全程录像，录像前说明安装深度、地点、安装位置，否则，取消工作量。

（二）工程施工

2014—2015年，引进ZQJ-140/4.3气动手持式钻机共计10部，卸压孔深度可达18米，孔径110毫米，实现防冲工程年度进尺突破10万米；为提高施工效率及卸压效果，于2016年12月，引进CMS1-1450/37深孔液压钻车2台。卸压孔深度可达20米，孔径可增加至150毫米，卸压钻孔、煤粉检测孔等防冲工程突破进尺12万米。为满足矿井冲击地压防治需求，2018年，新购置ZQJ-140/4.3气动手持式钻机5台，卸压钻孔、煤粉检测孔等防冲工程进尺接近14万米。

1．卸压设备

表4-5-7　ZQSJ-140/4.3手持式气动钻机技术参数表

项目		单位	参数值		
工作压力		Mpa	0.4 ~ 0.63		
额定压力		Mpa	0.4	0.5	0.63
额定转矩		N.m	110	140	150
额定转速		r/min	260	300	310
空载转速		r/min	550	630	750
耗气量		M³/min	4.5	5	5.5
最大输出功率		kW	3	4.3	4.8
最大负荷转矩		N·m	200	220	260
动力失速转矩		N·m	210	240	260
噪声	声功率级	dB（A）	≤ 115		
	声压级	dB（A）	≤ 105		
钻机机重		kg	18		
支架导轨高度范围		mm	700 ~ 1200		
导轨纵向角度调整范围			± 13°		
滑架行程		mm	1200		
支架重量		kg	32		

表4-5-8　CMS1-1450/37深孔液压钻车技术参数表

性能参数	CMS1-1450/37
运行状态尺寸（长×宽×高）（mm）	4150×850（履带 800）×2000
整机功率（kW）	30
钻孔深度（m）	200
钻孔角度（°）	360
水平打孔高度（mm）	1360 ~ 2860
机重（kg）	5100
回转机构工作压力（Mpa）	21
额定转矩（N·m）	2000
额定转速（r/min）	76
推进行程（mm）	800
推进力/起拔力（kN）	100/100
进给/起拔速度（m/min）	0-10（合流速度） 0-2.8（副泵供油）

性能参数	CMS1-1450/37
行走速度（m/min）	0-25±5
爬坡能力（°）	±20
冲洗水压力（Mpa）	0.6 ~ 2.5
钻杆直径（mm）	φ63.5/φ73（选装）
钻孔直径（mm）	φ75 ~ φ108

2. 进尺统计表

表4-5-9　2014—2018年王楼煤矿防冲工程进尺统计表

单位:米

年度/月份	2014	2015	2016	2017	2018
1	6413	8614	9552	13642	12356.5
2	8952	8368	10219	8153	8578.5
3	9411	8960	13663	8957	6515.9
4	9356	9503.5	8955.2	8750.5	12761
5	9476	9745	9743.5	9572	20348
6	9725	6499	10133	12302	9244
7	10675	6213	9987.5	5704	4088.5
8	9967	9296	7479	9412	14521
9	6290	8414	10958	9412	13423
10	9420	8579	8995.5	10981	13669
11	8088.5	9261	12312.5	10614.5	11849
12	9009.5	10732	12344	11051	12474.5
合计	106783	104184.5	124342.2	118551	139828.9

第五节　防治湿热

一、基本情况

根据《济宁煤田（东区）总体详查地质报告》，矿井恒温点的深度为55米、温度为17.5摄氏度，平均地温梯度2.42摄氏度/100米。地温梯度呈西高东低、南低北高的趋势，从东南向西北依次为正常地温区、一级高温区、二级高温区。

二、灾害来源

（一）巷道围岩放热

岩层温度对矿井空气温度有很大影响，是引起矿井高温热害的主要因素，是矿井的主要热源，约占50%～60%。

（二）矿井涌水放热

矿井水水温高达35～45摄氏度，同水平水温比岩温高4～5.3摄氏度，涌水放热是主要热源。

（三）机电设备运转时放热

矿井大型机电设备运转时散发出大量热量。综掘机、装岩机以及综合机械化采煤工作面的大型电器设备散发的热量、皮带机电机散发的热量、移动变电站的配电装置（设备外壳温度达50摄氏度以上）等直接影响着矿井的气候条件。

（四）风流压缩热

风流为可压缩流体，其沿井筒（或巷道）向下流动时，由于自身的压缩使其焓值升高。风流从地面流入井底是一个加温压缩的多变过程，对井底车场的风温起决定性的作用。

（五）其他影响

王楼矿井位于南阳湖西岸，水资源丰富，在每年的7—9月，空气湿度相对增大，矿井气候条件比较恶劣。矿井在生产过程中井下涌水量大，排水温度高，导致井下温度升高、空气湿度增大。

三、危害

对人体的危害：矿井采掘工作面的相对湿度一般在95%以上。根据资料表明，不同温度下，对人的危害不同。30摄氏度时，人体力工作2～3小时，汗腺就开始启动，通过渗汗散发积蓄的体温。33～34摄氏度时，人体通过汗腺排汗已十分困难，且难以保证正常体温，肺部急促"喘气"、心跳加速，很容易出现心脏病猝发的危险。35～36摄氏度时，人体力工作时容易头昏眼花、站立不稳、生命临危，需要紧急救护。

对机电设备的危害：矿井任何机电设备、电缆均是通过与环境的对流散发本身所产生的热量。其工作环境的温度、湿度超过规定的限度或长期处在极限值附近时，必将导致设备散热困难，以致发生设备故障。

四、治理措施

（一）优化矿井通风系统

优化通风设计，尽量缩短通风网络，扩大巷道的断面，提高井巷壁面的平整、光滑度，降低巷道摩擦阻力。

（二）适当合理增加风量

在风量、风速满足要求的前提下，适当增加高温地点风量能有效缓解矿井湿热灾害的影响。

（三）洒水降温

洒水降温是矿井行之有效且最经济的方法，在运输进风大巷及采区进风巷设置自动喷雾，能达到一定的降温效果。

（四）水源热泵机械降温除湿技术

2008年3月，开始项目调研、考察、技术方案论证。7月28日，经集团公司批准与山东同方工程公司签订技术协议，10月31日，签订正式合同。

2009年3月11日—5月13日，在二采区第二联络巷安装制冷设备，制冷机组型号为FLSLGF1100IV，单台机组制冷量不小于1000千瓦，系统覆盖范围内温度能够降低3～5摄氏度。6月4日，开始对系统进行调试试运行，6月19日，投入正常使用，主要对12302两顺槽进行除湿降温制冷。7月25日，经集团公司批准增加两台空

图4-5-3　王楼煤矿井下制冷机组。（2019年摄）

冷器，对二采轨道下山及胶带下山进行降温除湿制冷，水源热泵系统达到满负荷运行。9月24—25日，集团公司对水源热泵除湿制冷降温系统进行联合检查验收。

2010年3月，实施井下降温二期工程，在三采区第一联络巷安设FLSLGF1100IV型制冷机组，主要对三采区两条主下山进行除湿降温。同月，实施井下降温三期工程，在12301轨胶联络巷安设了W-FJLSGF-1900IV型制冷机组，主要对12303采煤工作面进行降温。

2011年9月，王楼煤矿井下湿热灾害治理技术开发与应用，获山东能源临矿集团科技进步二等奖。

2012年，分别在二采制冷机房、三采制冷机房安装2套水源热泵制冷降温系统，对二采区1个综采工作面、3个掘进工作面和三采区1个综采工作面、2个掘进工作面进行制冷降温。4月，与山东鼎诺矿用产品发展有限公司合作，研发隔热风筒，利用隔热风筒将凉风送至高温地点。11月，下发《关于成立矿井综合制冷降温攻关小组的通知》（王煤字〔2012〕123号），具体负责矿井综合制冷降温方案的调研、设计及组织实施。

2013年8月21日，山东煤矿安全监察局对矿井《大采深高温湿热工作面制冷降温技术开发》项目进行鉴定。

2015年10月13日，王楼煤矿组织召开矿井综合制冷降温系统安装协调会议。10月24日，具备安装条件，由安徽淮南新集安装队负责安装。

2016年6月28日，王楼煤矿综合制冷降温系统开始试运行，主要对七采区各采掘工作面进行制冷降温。七采区各采掘工作面温度分别降低5～7摄氏度。

2018年2月，开展三采区下部集中制冷项目，并通过集团公司一体化论证。11月，制冷孔1号孔直径620毫米，2号孔直径311毫米，孔深均为960米。

2018年8月，与山东科技大学合作开发《矿井高温热害综合治理研究》项目。

第六节　"三防、四防"

2007年7月，矿井投产后，积极主动开展雨季"三防"（防洪、防雷电、防排水）工作和冬季"四

防"（防寒、防冻、防火和防中毒）工作，保证安全生产。

表4-5-10　2007—2018年王楼煤矿雨季"三防"和冬季"四防"项目统计表

年份	雨季"三防"项目（项）		冬季"四防"项目（项）	
	重点项目	一般项目	重点项目	一般项目
2007	—	—	0	5
2008	1	10		12
2009				
2010	6	5	1	7
2011	7	4	2	5
2012		5		6
2013	1	11	3	4
2014			5	
2015			4	3
2016			2	
2017			1	
2018	2	10	0	

第六章　矿山救护

第一节　救护队伍

2008年4月21日，根据救护规程及临局安函〔2005〕61号文件要求，王楼煤矿成立矿山辅助救护队。设救护队长1人、副队长1人、队员9人，辅助救护队设在通防工区。

2009年9月1日，临沂矿业集团有限责任公司下发《关于中队建制变更情况的通知》（临矿救字〔2009〕5号），王楼煤矿救护队编制为临矿集团救护大队二中队王楼小队，隶属临矿集团救护大队管理。临沂矿业集团有限公司救护队是具有国家二级资质的矿山救护大队，总部设在兖州。

2012年10月19日，新建救护队训练场地。

2012年11月26日，临矿集团下发《临矿集团救护大队关于建立驻矿救护队间联动工作机制的意见》（临煤救字〔2012〕06号），王楼煤矿救护队与军城煤矿救护队之间建立联动工作机制。

2013年3月19日，下发《关于成立王楼煤矿兼职矿山救护队的通知》（王煤字〔2013〕50号），成立兼职矿山救护队，设立2个小队，救护队员为18人。

第二节　救护服务

2007年4月20日，与兖州煤业股份有限公司军事化矿山救护大队签订煤矿救护技术服务协议书。协议自2007年4月20日起至2008年4月19日止，协议期限1年。

2013年10月15日，王楼煤矿与集团公司救护大队签订救护协议。

2014年8月1日，王楼煤矿与临矿集团矿山救护大队签订煤矿救护技术服务协议书。协议自2014年

图4-6-1　王楼煤矿矿山救护队。（2018年摄）

图4-6-2　王楼煤矿入井职工进行手指口述安全确认。
（2013年摄）

8月1日起至2016年8月1日止，协议期限3年。

2016年7月30日，王楼煤矿与临矿集团矿山救护大队签订煤矿救护技术服务协议书。协议自2016年8月1日起至2019年8月1日止，协议期限3年。

2018年10月1日与临矿集团救护大队签订救护协议，协议自2018年10月1日起至2019年10月1日止，协议期限1年。

图4-6-3　王楼煤矿地面生产系统。（2012年摄）

第三节　救护装备

按《救护安全规程》等要求，对照救护小队达标标准配齐配足个人防护装备、各种气体检测仪器、专用装备与器材等基本装备。完善电话接警值班室、办公室、装备室等必要的设施建设。

表4-6-1　2018年王楼煤矿救护队物资装备明细

序号	装备名称	规格型号	单位	数量	用途	存放地点
1	4h 正压呼吸器	HYZ4	台	21	灾区呼吸	
2	2h 氧气呼吸器	HYF2	台	3	灾区呼吸	
3	灾区电话	KTT9	部	2	灾区通信	
4	压缩氧自救器	ZY-45	个	20	灾区自救	
5	自动苏生器	MZS-30	个	2	心肺复苏	
6	紧急呼救器	KXB9B	个	11	灾区通信	
7	干粉灭火器	ABC（8）	个	20	灭火	
8	帆布水桶	15 千克	个	2	灾区施工密闭	
9	风障	4 米 ×4 米	米		控制风流	
10	呼吸器效验仪	DHX-2	台	3	校验呼吸器	技术装备室
11	一氧化碳鉴定器	CTB1000	台	2	气体浓度测定	
12	光学瓦斯鉴定器	100%、10%	台	2	气体浓度测定	
13	多参数气体测定器	CD4	台		气体浓度测定	
14	温度计	0-50	个	19	温度测定	
15	电子翼轮式风速计	CFJD-5 型	台	2	风量测定	
16	氧气甲烷两用仪	CYHB-25X	台		气体浓度测定	
17	红外线测温仪	CWG60	台	1	温度测定	
18	手推式 CO 检定器	CZY-50 型	台	2	气体浓度测定	
19	灾区指路仪	10 ~ 12 小时	个	19	发光指路	

序号	装备名称	规格型号	单位	数量	用途	存放地点
20	液压起重器	QFB-10T	台	1	起重	技术装备室
21	分离式液压起重器	YD-100	台		分离起重	
22	鸭嘴式起顶机	YC-5T	台		顶起重物	
23	鸭嘴式起顶机	YC-10T	台	2	顶起重物	
24	液压剪刀	YJ-10	台		剪切坚硬物体	
25	心肺复苏模拟人	GDCRR300S 型	个	1	训练用	
26	工业冰箱	BC/BD-272SCN	个		制冷	
27	采气样工具	—	套		采样	
28	防爆工具	铜质	套	2	灾区作业	
29	氧气充填泵	YQB-30	台		氧气瓶冲氧	
30	救生索	30 米	个	1	施救	
31	担架	不锈钢	个	4	施救	
32	氧气瓶	2.7 升	个	21	呼吸器备用	
33	氧气瓶	1.6 升	个	4	苏生器备用	
34	探险棍	2 米	根	2	探路	
35	保温毯	2 米 ×120 厘米	条		为伤员保温	
36	急救箱	13#	个	1	急救	
37	绝缘手套	121CV-350 毫米	副	4	电气操作	
38	充气夹板	Q/STOM1-2004	个		固定伤员	
39	电工工具	—	套	2	电气操作	
40	瓦工工具	—	套		施工通风设施	
41	皮尺	10 米	个	1	测量	
42	卷尺	2 米	个		测量	
43	信号喇叭	—	个	1	通信	
44	刀具	—	个	4	切割	
45	矿工斧	—	个			
46	铜顶斧	—	个			
47	两用锹	铜质	把	2	救灾	
48	起钉器	铜质	台			
49	钉子包	—	个			
50	二氧化碳吸收剂	L＝4～7 毫米	吨	0.25	呼吸器用	

第五篇　非煤产业

非煤产业主要包括生态农业园和房地产。为统筹推进采煤塌陷地综合治理和压煤村庄搬迁，矿探索以塌陷地治理和土地流转的方式进行采煤塌陷地综合治理，逐步发展形成生态农业园，并购山东千祥置业有限公司，推进房地产业务发展。

第一章　生态农业园

第一节　开发背景

2015年，王楼煤矿把塌陷地治理工作摆上重要议事日程，加强领导，制订规划，积极探索塌陷地综合治理新模式。按照"统筹规划、分期实施、因地制宜、综合开发"的原则，采取地企共建模式，以塌陷地治理和土地流转方式，抵消土地税费，同步推进压煤村庄搬迁工作。利用流转的土地，开发建设现代农业产业园区，培育新兴产业，助推转型升级，走规模化、产业化道路。

2016年，临矿集团实施"培植六大产业"的发展战略，煤电、铁矿、玻纤为三大支柱产业，物流贸易、技术服务、现代农业是三大支撑产业。开发现代生态农业已经成为集团公司产业板块和战略目标之一。

济宁市相继出台系列鼓励政策扶持现代农业发展，按照规划任城区以"南水北林"的农业资源特色为基础，提出发展创意农业的思路，在喻屯镇规划"两万亩创意农业生态园"（北起洙水河，南到洙赵新河，东起滨湖大道，西到济鱼路）。

第二节　注册公司

一、分公司

2015年2月16日，注册成立山东东山王楼煤矿有限公司喻兴生态农业分公司，公司负责人为宋陵。公司位于山东省济宁市任城区喻屯镇王楼村北，为有限责任分公司。2016年8月24日，负责人变更为张俊宝。经营范围包括花卉、苗木、蔬菜、水果等农作物（不含种子）种植与销售，水产养殖（不含全民所有制水域及滩涂），生态农业观光（不含旅行社业务）。2019年9月，根据发展需要，办理分公司注销手续，11月5日正式注销。

二、子公司

2016年4月1日，注册成立山东京杭绿色生态工程有限公司，注册资本2000万元，法定代表人张俊宝。公司位于山东省济宁市任城区喻屯镇王楼村北，为有限责任公司。经营范围包括土地整理服务，水土保持工程、生态修复工程施工，园林绿化工程施工和养护，市政工程、土石方工程施工，压煤村庄搬迁设计、规划、施工，花卉、苗木、蔬菜、水果、农作物种植与销售，农产品加工、销售，对光伏发电项目的开发、投资、建设、管理，农业生态观光旅游，清洁服务，物业服务，餐饮服务。

第三节　机构设置

2015年2月16日，成立喻兴农业分公司，由王楼煤矿总务科科长兼任公司总经理。

2016年3月28日，成立京杭绿色生态工程公司，由王楼煤矿分管矿领导任董事长，外协办主任兼任总经理，设常务副总经理、财务总监各1人。公司下设办公室、工程事业部、财务部、制冷队等部门。办公室设主任1人，工程事业部设部长1人、副部长1人，财务部设部长1人，制冷队设队长1人、副队长1人。

2016年12月，解除京杭绿色生态工程公司办公室主任1人，财务科科长1人，解除副科长1人，制冷队划归王楼煤矿。

2017年3月，通过集团公司社会招聘，聘任工程事业部副部长（副科级）2名，分别负责水产养殖和农业种植。

2018年10月，成立销售部，设部长（副科级）1人。

截至2018年12月31日，设总经理（正科级）1人，部长（副科级）2人，副部长（副科级）3人，专员管理1人，见习管理2人，见习经济员1人。

第四节　项目建设

一、发展规划

现代农业开发项目——喻兴生态农业园分三期建设，一期多功能实验区、二期高效生产示范区、三期农业产业化先导区。项目以构建现代农业产业化体系、实现乡村共享经济为目标，以扩展产业链、提升价值链、完善利益链为宗旨，以打造淡水鱼工厂化养殖基地、有机水稻种植基地、有机果蔬种植基地、多功能休闲观光园为切入点，发展实施智慧型、生态型休闲观光农业和产业化农业，辐射带动周边乡村，最终实现农业企业和农民创效增收。

二、一期项目

喻兴生态农业园一期多功能实验区，对流转的喻屯镇安兴集村393.03亩采煤塌陷地进行综合整治，开发生态观光农业、智慧农业、休闲农业，项目位于洙赵新河北岸、喻屯镇安兴集村东。

2016年3月30日，济宁市任城区发展和改革局下发《山东省建设项目登记备案证明》，喻兴生态农业园项目正式获批建设。

图5-1-1　一期项目总体规划图。

2015年4—6月，开始人工湖的清挖，清挖面积10000平方米，约15亩。主要养殖鲢鱼、青厚、鲤鱼等鱼种。

2016年3—4月，开始紫莲池的清挖，清挖面积8500平方米，约12.5亩。2018年10月，根据园区规划设计，进行改造施工，建设景观亭、观景廊桥，利用防腐木材分区块设置湿生植物展示区、儿童摸鱼池，是集休闲观光、游玩娱乐、科普教育于一体的水上功能区。截至2018年12月31日，土建施工及附属设施已基本完工。

2016年10月1日—12月29日，1号玻璃温室开工。由潍坊兴业温室园艺工程有限公司设计承建，山东东方监理咨询有限公司监理。单栋温室建筑面积6720平方米，东西120米（跨度12米，共10跨），南北56米（开间8米，共7开间），檐高6.0米，脊高约6.8米，外遮阳高度7.5米，地上一层。采用独立基础，温室主体为轻钢排架结构，建筑性质为农业建筑。项目建设内容包括温室基础、温室主体结构、覆盖材料、内遮阴系统、外遮阳系统、风机湿帘降温系统、顶开窗系统、配电系统。2017年3月，开始内部设施施工安装及花草栽种，主要种植热带、亚热带植物、沙漠植物等160余种，用于科普展示和观光休闲。

2017年2—5月，办公楼（游客服务中心）加层、仿古顶工程开工建设，主要进行办公楼（游客服务中心）二层加层、装修，仿古楼顶的安装，由山东嘉华工程建设有限公司承建。

2017年5月—10月16日，2号、3号玻璃温室项目开工建设。由济宁聚朋建筑工程有限公司承建、

图5-1-2　人工湖。（2019年摄）

图5-1-3　1号玻璃温室。（2019年摄）

图5-1-4　办公楼（游客服务中心）。（2018年摄）

图5-1-5　2号玻璃温室。（2018年摄）

图5-1-6　3号玻璃温室。（2018年摄）

山东东方监理咨询有限公司监理。单栋温室建筑面积6720平方米，地上一层。采用独立基础，温室主体为轻钢排架结构，建筑性质为农业建筑。2017年11月，内部设施施工开始，2号温室内部建设帆布鱼池40个，主要用于鱼类养殖；3号温室内部建设帆布鱼池、水泥鱼池、孵化池，主要用于鱼苗繁育。2018年6月14日，与江苏中洋集团签订合作协议，进行长江鲥鱼的养殖，7月25日，3号温室内放养长江鲥鱼鱼苗约3.5万尾。

2017年5月23日，农副产品上线鲁北公司电商平台—鲁北商城，标志着喻兴生态农业园农副产品销售正式进入"互联网+"时代。

2018年11月，集装箱休闲小镇和婚礼广场项目开工建设，利用现有的草坪空地和水面，建设具有标志性的景观"百年好合"，并配置安装精美装饰后的集装箱，发展婚庆经济。

三、二期项目

喻兴生态农业园二期生产基地项目，对流转的城后村300.4亩采煤塌陷地进行综合治理。2018年2月，开工建设，3月底"稻田+虾"生态种养项目建设完成，该项目是在藕池的基础上通过挖寄养沟、土地平整进行升级改造，占地120余亩，在稻田内套养小龙虾。

2018年4月16日，完成有机果蔬种植基地项目的招标，由济宁市恒源建安有限公司承建，山东东方监理咨询有限公司监理。8月全部完工。建设完成17个高规格、高标准的日光温室大棚；尺寸为16米×100米×5.2米（跨度×长×高）日光温室大棚10个；尺寸为16米×75米×5.2米（跨度×长×高）日光温室大棚2个；尺寸为16米×90米×5.2米（跨度×长×高）的5个。

2018年9月12日，大棚内开始，种植黄瓜11.6亩、辣椒8.4亩、西红柿5亩、草莓4亩、茄子3.6亩。截至2018年12月31日，收获黄瓜59496斤、辣椒27657斤、西红柿26901斤、草莓1464斤、茄子10396斤。

四、军城农业园

截至2018年12月31日，军城农业园已流转张黄镇军城村采煤塌陷地325亩，已完成前期规划设计，规划建设41个新型双膜拱棚、占地面积60249平方米，另外规划新建1个薄膜联栋温室，占地面积2938

平方米，主要用于水肥一体化的椰糠无土栽培技术应用与展示，实现规模化种植。

第五节　科研项目

2016年10月9日，以山东京杭绿色生态工程有限公司为主体与中国水产科学研究院池塘生态工程技术研究中心、济宁市任城区水产局签订三方合作协议，就水产技术、人才、示范项目进行合作。

2017年8月9日，"中国水产科学研究院南四湖生态渔业产学研示范基地""中国水产科学研究院池塘生态工程技术研究中心济宁工作站"在喻兴生态农业园挂牌成立。

2018年7月8日，在临矿集团牵头下，与中国科学院大连化学物理研究所签订农业技术开发（合作）合同《绿色种植技术体系建立与示范项目》，有效期限至2020年7月。6月14日，与江苏中洋集团签订合作协议，进行长江鲥鱼养殖。7月25日，3号温室内放养长江鲥鱼鱼苗约3.5万尾。12月3日，参加由济宁市人民政府主办，浙江省农业区域合作促进会等协办的"2018年济宁（杭州）乡村振兴产业项目暨田园综合体推介会"。

2018年12月11日，在济宁市渔业局牵头下，与中国水产科学研究院珠江水产研究所就经济鱼类、观赏鱼类养殖项目上的合作进行初步探讨。

第六节　扶持资金

2016年9月，以京杭公司为主体申报参与山东省现代渔业发展平台建设项目，项目投资概算为1918.05万元，申请山东省海洋与渔业厅扶持资金520万元。

2017年4月，以京杭公司为主体申请济宁市任城区渔业油价补贴，获得济宁市任城区水产局价值6.8万元渔业物资。10月，以喻兴农业分公司为主体申报济宁市任城区"稻田+"生态种养项目，对157亩采煤塌陷地进行治理后，申请专项补贴34.47万元。12月，以喻兴农业分公司为主体申报参加了任城区科技发展计划项目，申报的"工厂化循环水养殖模式构建与研究"项目获得15万元专项研发资金。

2018年5月，城后园区建设日光温室大棚，根据济宁市任城区关于现代农业的扶持政策，以喻兴农业分公司为主体申请专项扶持资金60万元。9月，以喻兴农业分公司为主体申报参加山东省生态循环农业示范项目，创建成功并获得省级扶持资金100万元（植保无人机、吸污车、路灯等）。

第七节　资质、商标

一、资质

2018年5月17日，喻兴生态农业园"稻+虾生态种养"基地被列为济宁市任城区首批"品牌农产品种植基地"。12月10日，"喻兴地热农业公园"经旅游部门评定验收，批准为国家2A级旅游景区。

二、商标

2018年5月14日，"喻兴园"商标注册证书下发，归属单位为山东京杭绿色生态工程有限公司。商标分为文字和图形两类，核定使用商品为国际分类第29类、30类、31类，有效期至2028年5月13日。

第八节　检查指导

2015年6月5日，济宁市委常委、任城区委书记张辉，到喻兴生态农业园施工现场检查指导，王楼煤矿矿长肖庆华、副矿长宋陵陪同。

2017年5月18日，济宁市任城区政协主席蔡可强一行，到农业园就采煤塌陷区综合治理工作检查指导，王楼煤矿副矿长张俊宝陪同。

2017年7月27日，济宁市委宣传部副部长曹广、济宁市任城区委常委、宣传部长米怀勇，到喻兴生态农业园检查调研。

2018年5月17日，济宁市任城区委书记岳根才，到喻兴生态农业园二期项目果蔬种植基地检查督导温室大棚建设情况，王楼煤矿副矿长张俊宝陪同。

图5-1-7　济宁市委常委、任城区委书记张辉（左三）调研喻兴生态农业园。

图5-1-8　济宁市任城区政协主席蔡可强（右三）指导采煤塌陷地治理工作。

图5-1-9　济宁市委宣传部副部长曹广（右二）到喻兴生态农业园调研。

图5-1-10　济宁市任城区委书记岳根才（右三）调研喻兴生态农业园。

图5-1-11 宁市委常委、宣传部长李长胜（左一）
到喻兴生态农业园调研。

图5-1-12 济宁市委副秘书长王业成（右二）
到喻兴生态农业园检查指导。

2018年6月9日，济宁市委常委、秘书长李长胜，到喻兴生态农业园就现代农业开发情况检查调研，济宁市任城区委书记岳根才、副区长高晓华、喻屯镇政府负责人陪同。

2018年7月25日，以济宁市委副秘书长王业成为团长的济宁市美丽乡村建设观摩团，走进喻兴生态农业园，济宁市任城区委书记岳根才、部分县市区委副书记参加观摩，喻屯镇政府负责人，王楼煤矿副矿长张俊宝陪同。

第九节　宣传报道

2016年5月28日，山东省电视台《山东新闻联播》栏目，以《塌陷地治理：构筑黑煤黄地绿植新屏障》为题，对王楼煤矿农业项目进行报道。

2018年2月28日，山东省电视台农科频道《一切为了群众栏目》，以《昔日矿区塌陷地，如今建起生态园》为题，对王楼煤矿农业项目进行报道。3月17日，山东省电视台公共频道《政事面对面》栏目以《初春乍暖还寒，这里却已果满枝头》为题对王楼煤矿农业项目进行报道。3月28日，山东省电视台齐鲁频道《每日新闻》栏目，以《矿区塌陷地，如今建起生态园》为题，对王楼煤矿农业项目进行报道。4月13日，山东省电视台生活频道《生活帮》栏目，以《探访北方的热带雨林》为题对王楼煤矿农业项目进行报道。4月23日，中国经济网以《山东济宁任城区积极治理采煤塌陷区成效初显》为题，对王楼煤矿以发展农业产业方式治理采煤塌陷地进行报道。是日，经济日报以《把塌下去的土地抬起来》为题对王楼煤矿以发展农业产业方式治理采煤塌陷地进行报道。5月16日，第十二届中国网络媒体济宁行大型采访活动，到喻兴生态农业园做关于乡村振兴工作的专题采访。同日，央广网以《乡村振兴的济宁样板》为题，对王楼煤矿农业项目进行报道。同日，凤凰网以《采煤塌陷区变村民后花园》为题，对王楼煤矿农业项目进行报道。5月17日，新华网以《推动乡村振兴，产业与生态并重》为题，对王楼煤矿农业项目进行报道。5月24日，人民网以《打造山东乡村振兴的"济宁样板"》为题，对王楼煤矿农业项目进行报道。

10月18日，新华网以《采煤塌陷地变"后花园"喻兴生态园探索生态治理新途径》为题，对王楼煤矿农业项目进行报道。

第十节　主要荣誉

2016年10月，以喻兴农业分公司为主体申报参加济宁市现代农业示范园区的创建，获得2016年度市级现代农业示范园区称号，获济宁市任城区农业局专项奖金20万元。

2017年4月，以喻兴农业分公司为主体申报参加济宁市任城区义务植树基地创建活动，获得济宁市任城区林业局专项资金2万元。8月，获得"山东省生态休闲农业示范园区"称号。12月，以喻兴农业分公司为主体申报参加"农业产业化市级重点龙头企业"的创建活动，获得该荣誉称号并获奖金10万元。12月，以京杭公司为主体申创山东省水产健康养殖示范场，创建成功并获得奖金5万元。12月，申报创建临矿集团劳模创新工作室，创建成功并获得资金6万元。

2018年7月27日，"稻田+"高效生态观光农业项目入选"济宁市2018年煤炭行业新旧动能转换年度重点项目库"。8月，"喻兴生态农业园工程"获得山东省采煤塌陷地综合治理创新工程称号。11月，以京杭公司为主体申创农业农村部水产健康养殖示范场，创建成功获得奖金10万元。12月，以喻兴农业分公司为主体参加山东省农业"新六产"示范企业创建活动，创建成功并获得专项奖金30万元。

第二章　房地产

第一节　管理机构

一、机构沿革

2017年3月21日，经能源集团批复，王楼煤矿并购山东千祥置业有限公司股权，由王楼煤矿分管矿领导兼任公司董事长，外协办主任兼任总经理，财务科长兼任公司监事，设副总经理（副科级）1人。7月10日，增设副总经理（副科级）1人。8月7日，增设副总经理（副科级）1人。12月25日，增设会计1人。

2018年8月1日，山东千祥置业有限公司启用山东千祥置业有限公司工程部印章。12月25日，增设总经理（正科级）1人。

截至2018年12月31日，设总经理（正科级）1人，副总经理（副科级）3人，会计1人。

二、管理制度

2018年8月1日，山东千祥置业有限公司根据《临矿集团工程建设管理办法》《王楼煤矿土建工程安全文明施工管理办法》，制定下发《土建工程安全文明施工管理办法》。

第二节　收购公司

一、注册

山东千祥置业有限公司位于山东省济宁市微山县鲁桥镇侯楼办事处原计生办公室。2015年5月18日，在微山县工商行政管理局注册成立，公司注册资本1000万元。主要从事房地产开发、旅游景点开发、物业管理、酒店管理等业务。

二、收购

2015年10月9日，山东省人民政府压煤村庄搬迁办公室《关于济宁市任城区喻屯镇安兴集等3村压煤搬迁方案的批复》（鲁政搬2015〔11〕号），论证通过《山东东山王楼煤矿有限公司井田内安兴集等五村压煤村庄搬迁方案》。

2016年10月16日，因王楼煤矿村庄压煤搬迁安置需要，王楼煤矿向临矿集团递交《关于拟收购山东千祥置业有限公司的请示》（王煤字〔2016〕155号）。12月8日，山东能源集团有限公司《关于临矿集团王楼煤矿收购千祥公司股权项目立项的批复》（山东能源规字〔2016〕66号），同意王楼煤矿收购千祥公司股权项目立项。

2017年3月3日，山东能源集团有限公司《关于临矿集团王楼煤矿收购千祥置业公司股权的批复》，同意王楼煤矿按照不高于中介机构净资产价值1515.79万元收购千祥置业公司100%股权。21日，王楼煤矿与转让方签订《山东千祥置业有限公司股权转让合同》，以1496.6万元的价格购买山东千祥置业有限公司100%股权。合同约定本合同签订当日，山东东山王楼煤矿有限公司与董健签订股权转让合同先期转让董健所持山东千祥置业有限公司80%之股权。董健剩余之持有山东千祥置业有限公司10%股权、董谦持有山东千祥置业有限公司10%股权，待董健、董谦为山东东山王楼煤矿有限公司完成微国用（2016）第1989号国有土地使用权证、微国用（2016）第1999号国有土地使用权证之土地上尚未搬迁住户、商户、政府办公用房及其他未拆除房屋等地上附着物的拆除工作并协助办理《建设工程规划许可证》后，再行办理剩余20%股权转让事宜。

第三节　开发项目

一、概况

山东千祥置业有限公司第一个开发建设的项目为鲁桥镇侯楼办事处运河小镇建设项目（以下简称运河小镇项目）及鲁桥镇侯楼棚户区改造项目（以下简称棚改项目）。其中运河小镇项目建设规模

图5-2-1　王楼煤矿运河小镇建设项目鸟瞰图。

用地面积46686平方米，规划总建筑面积68336平方米，住宅楼共计11栋，住宅建筑面积57046平方米，商业面积795平方米，度假酒店建筑面积6307平方米，服务中心建筑面积3067平方米，原有学校建筑面积1121平方米，规划住宅户数480户；棚改项目建设规模用地面积15072平方米，规划总建筑面积22577平方米，住宅楼共计5栋，住宅建筑面积21767平方米，水源热泵房面积810平方米，规划住宅户数198户。

该项目为安兴集村庄压煤搬迁安置房建设项目，是王楼煤矿首个压煤村庄搬迁安置房建设项目。

二、手续办理

2015年9月11日，山东千祥置业有限公司在微山县公共资源交易中心分别以780万元价格竞得宗地编号微山县2015-21号地块，土地面积25315平方米的国有建设用地使用权；以1450万元价格竞得宗地编号微山县2015-22号地块，出让土地面积46006平方米的国有建设用地使用权。10月9日，取得微山县规划局《建设用地规划许可证》（地字第37 08262015-021号、地字第37 08262015-022号）。14日，取得微山县环境保护局批复通过的《鲁桥镇侯楼办事处运河小镇项目环境影响报告表》（微环报告表〔2015〕102号）。11月10日，取得微山县发展和改革局《关于山东千祥置业有限公司运河小镇建设项目的核准批复》（微发改投资〔2015〕128号）。

2016年3月2日，取得微山县发展和改革局《关于鲁桥镇侯楼棚户区改造项目的核准意见》（微发改投资〔2016〕28号）。3日，取得宗地编号微山县2015-21号地块国有建设用地使用权（证书编号：微国用2016第082600001989号）。6月15日，依据微山县政府《关于收回山东千祥置业有限公司部分国有建设用地使用权的批复》（微政土字〔2016〕37号）变更微山县2015-22号国有建设用地使用权出让合同，出让面积由46006平方米变更为36443平方米，出让价款由1450万元变更为1148.597万元。8月1日，取得宗地编号微山县2015-22号地块国有建设用地使用权（证书编号：微国用2016第082600001999号）。

2018年2月，完成运河小镇项目及棚户区改造项目住宅楼及商业施工图纸设计，并经微山县住建局递交济宁市建筑工程施工图审查中心审查。4月16日，取得审查合格的施工图纸及合格证书。4月9日，取得运河小镇建设项目立项延续批复，批准文号微发改投资〔2018〕5号，有效期为2年。同日，取得鲁桥镇侯楼棚户区改造项目立项批复延期证明，批准文号微发改投资〔2018〕28号，有效期延期1年。18日，通过济宁市住房和城乡建设局行政审批，千祥置业房地产开发暂定资质证书。23日，取得建设项目住宅楼及商业的《建设工程规划许可证》（建字第3708262018-15号、建字第3708262018-16号）。委托山东中惠咨询管理有限公司进行建设项目公开招投标。5月16日运河小镇项目（施工、监理）公示，6月12日开标。7月2日，取得运河小镇项目工程质量监督登记证书（鲁08062018-29号）。8月14日，取得运河小镇项目建设工程消防设计备案凭证。9月20日，完成运河小镇建设项目安全措施备案手续，取得运河小镇项目建设工程施工许可证（分别为编号370826201807200201；编号370826201807200301；编号370826201807200401；编号370826201807200501）。

7月20日棚户区改造项目（施工、监理）公示，8月8日开标。9月10日完成棚户区改造项目安全措施备案手续。17日，取得棚户区改造项目工程质量监督登记证书（鲁08062018-45号）。19日，取得棚户区改造项目建设工程施工许可证（编号370826201809190201）。11月7日，取得鲁桥镇侯楼棚户区改造项目建设工程消防设计备案凭证。

三、项目建设

2018年7月21日，公司举行运河小镇建设项目开工奠基仪式，任城区政府、鲁桥镇政府有关人员参加。标志着项目进入全面施工阶段。

项目工程监理由微山县东方建设工程监理有限公司负责监理。施工单位由五家施工单位承建，分别是山东诚祥建设集团股份有限公司，建筑一级施工资质，承建1号、2号、5号住宅楼；济宁华建设工程有限公司，建筑三级施工资质，承建9号、10号、11号住宅楼；山东衍博建设工程有限公司，建筑二级施工资质，承建12号、13号、14号住宅楼、商业。济宁众恒建筑工程有限公司，建筑三级施工资质，承建15号、16号住宅楼。山东鸿顺建工集团有限公司，建筑一级施工资质，承建6号、7号、8号、17号住宅楼。

图5-2-2　2018年7月21日，运河小镇建设项目开工奠基仪式。

2018年7月22日，5家施工单位同时进场，全面开始施工围挡、防尘的临时建筑。8月16日，由济宁众恒建筑工程有限公司承建的15号住宅楼率先进行桩基础施工，其他施工单位桩基陆续开始施工。10月19日，完成基础工程施工，并在微山县城乡和住房建设局质监站、安监站监督下，完成由建设单位、勘察单位、设计单位、勘察单位、施工单位五方责任主体组成的基础验收工作，基础施工历时2个月。

2019年2月10日，由济宁众恒建筑工程有限公司承建的15号住宅楼完成主体工程施工，其他施工住宅楼陆续完成施工。19日，在微山县城乡和住房建设局质监站、安监站监督下，完成由建设单位、勘察单位、设计单位、勘察单位、施工单位五方责任主体组成的主体工程验收工作。主体工程施工历时4个月。11月15日，完成住宅楼竣工验收，实现交付使用。20日，在喻屯镇政府、安兴集村委及矿外协办、财务科等多部门共同组织下，安兴集搬迁安置村民正式选房，同时交付使用。

第六篇　经营管理

王楼煤矿经营管理工作本着"依法核算、严格监督"的原则，对生产、后勤、经营等各项工作，真实客观的在会计凭证、账簿、报表中予以反映。通过经营监控、经营分析、经营评价三方面对生产、经营等管理环节进行过程控制与监督，做到事前、事中、事后闭环管理。通过对经营管理中的各项数据的收集、整理与加工，用数据说话，对数据进行有目的的分析，让各项生产经营指标更直观地展现，及时掌握单位的日常经营活动，合理分析经济运行趋势，进而对有关部门及内部单位的财务管理等工作提供指导与支持。

第一章　财务管理

第一节　管理机构

一、机构沿革

2001年11月，王楼矿井筹建处成立财劳科，设科长1人。

2006年8月25日，撤销财劳科，成立财务科，设科长1人，管理人员4人。

2008年8月14日，增设管理人员2人。

2009年7月29日，增设管理人员2人。

2010年8月4日，增设管理人员2人。

2013年1月17日，增设主管管理1人，专员管理5人。

2015年4月，预算科合并至财务科，增设副科长（正科级）1人，专员管理1人，负责预算工作。

2016年7月，王楼矿井与军城矿井财务科合并，增设副科长1人，助理会计师1人，专员管理2人。12月，解除山东京杭绿色生态农业工程有限公司财务科科长1人，解除副科长1人。

截至2018年12月31日，财务科共有11人，其中，科长1人，主管管理2人，专员管理7人，一般人员3人。

二、制度建设

2007—2010年，王楼煤矿依据《临沂矿业集团会计核算办法》进行核算。

2011—2018年，王楼煤矿依据《山东能源集团会计核算办法》进行核算。

2007年7月1日，制定《关于差旅费开支的规定》（王煤字〔2007〕7号），明确差旅费各项费用标准。

2012年3月15日，修订下发《差旅费管理办法》（王煤字〔2012〕48号）。根据实际情况修订差旅费的各项标准，对各项费用支出，做到事前有计划，事中有控制和监督，事后有考核和奖惩。

三、管理职能

依法进行会计核算，及时掌握单位经营活动情况，合理分析经济运行情况；参与矿井投资计划的编制调整工作；参与经济合同的签订、工程的竣工验收等工作；组织指导有关部门及内部单位的财务管理和业务核算；如实反映财务状况，如资金的收支情况、利润完成情况、成本完成情况等；严把资金收支关，严格控制非生产性资金支出，依法提取缴纳有关税款，定期向上级主管部门及本单位有关领导报送财务会计报表，及时给领导提供会计信息。

第二节　预算管理

一、机构沿革

2003年10月25日，成立计划预算科，管理人员2人，其中科长1人，生产计划员1人。

2007年7月1日，撤销计划预算科，将人员编制在劳资社保科，主要负责基建矿井工程预结算工作。

2008年7月，设立预算科，经营副矿长兼任预算科科长，下设预算科副科长1人，管理人员2人，1人负责专用资金管理工作和统计工作，1人负责土建工程管理。

2012年3月，增设管理人员1人，负责安装工程管理。

2014年6月，预算科设科长1人，经营副矿长不再兼任预算科科长职务。

2015年4月，预算科合并至财务科，预算工作随之转移至财务科管理。

二、预算编制

（一）预算编制程序

1. 年度预算资料传递时间和程序

预算管理领导小组于集团公司下达年度考核指标3天内，提出本矿年度生产经营计划的总目标，并下达到各部门。各部门在收到矿下达预算指标后3天内将本部门全年预算情况报送财务科，财务科分析汇总，编制预算报表报预算管理领导小组审议，审议通过后10天内上报集团公司。

2. 月度预算资料传递时间和程序

（1）生产科在每月15日前组织编制生产作业计划，将月度计划下发到各单位，并将产量、进尺等指标报财务科。

（2）各单位根据生产作业计划，及时编制设备、材料等计划报相关单位。设备计划报机电科汇总，材料计划（含安全技措使用材料）报生产科、通防科等相关业务科室审核后，报物管科汇总，维修计划报机电科汇总，办公用品计划报总务科汇总。按照归口管理的原则，各相关单位分析汇总后统一报送到财务科。

（3）各单位编制的月度预算是年度预算的基础，各单位要根据经济业务发生时间上的差异，统筹安排月度预算，做到"量入为出、统筹兼顾"，确保收支平衡。

（4）各单位在每月15日前将编制好的预算报送到财务科，同时填写预算资料签收表。

（5）财务科在每月15日前将各单位的预算整理、汇总，编制出全矿财务预算，每月15日报矿全面预算管理小组进行审核。

（6）每月20日财务科将全面预算管理小组批准后的财务预算上报到集团公司，待集团公司审核后下发到矿属各单位，矿属各单位要按该预算填报资金系统。

（7）财务科对各单位报送的预算执行情况进行考核，考核结果与各单位核对后，报预算管理领导小组审批，作为月度预算准确率的考核标准。财务科每月将预算编制及执行情况进行通报，并作为考核依据。

（二）预算执行流程

1. 业务人员将报销凭证传递到本部门预算管理人员手中，预算管理人员进行核对，有预算的业务，方可到财务科数据分析室办理提单，并登记台账，没有预算的一律不得进行单据提报。

2. 遇特殊情况，预算外业务必须支出的，需编报预算调整表、调整说明且经本部门负责人、分管矿领导、单位负责人签批，进行预算调整后方可提报单据，进行报销。

三、预算执行与考核

2008年1月，下发《关于加强全面预算管理规定的实施办法》（王煤字〔2008〕8号），形成以资金预算管理为中心的预算管理体系和资金运作机制，对矿预算的事前编制、事中控制和事后分析作了规定。

2009年4月，下发《全面预算管理办法补充规定》（王煤字〔2009〕50号），对《关于加强全面预算管理规定的实施办法》中有关预算考核办法进行调整补充。

2010年1月，下发《王楼煤矿全面预算管理制度》（王煤字〔2010〕10号），原《关于加强全面预算管理规定的实施办法》《全面预算管理办法补充规定》同时废止。

第三节　资金管理

一、流动资金

2009年9月26日，根据集团公司推行网上银行结算和收支两条线管理要求，结合矿实际，制定下发《王楼煤矿资金支付暂行办法》（王煤字〔2009〕119号），从资金预算编制、集中付款制度等环节对资金进行管理。

2015年2月13日，下发《关于进一步加强资金管理的补充规定》（王煤字〔2015〕41号），将资金和预算结合，控制支付比例，加大银行承兑汇票付款力度，严控资金预付和超额支出，严格执行对各科室的资金考核。

二、专用资金

王楼煤矿提取的专用资金主要有维简费用、造育林费及安全生产费用。

（一）维简费用

维简费用按照原煤产量8.5元/吨提取。

（二）造育林费

造育林费按原煤产量每吨0.10元提取，专款专用。2012年后不再提取。

（三）安全生产费

1. 管理制度

2012年3月15日，根据《安全生产法》等有关法律法规和《国务院关于进一步加强安全生产工作的决定》（国发〔2004〕2号）、《国务院关于进一步加强企业安全生产工作的通知》（国发〔2010〕23号）、《财政部 安全监管总局关于印发〈企业安全生产费用提取和使用管理办法〉的通知》（财企〔2012〕16号）等文件要求及集团公司对安全费用资金管理的规定，制定下发《安全生产费用提取和使用管理办法》（王煤字〔2012〕47号），对安全费用的提取、编制、预算等方面进行考核。

2. 提取标准

2008年7月23日，制定《关于提高煤炭生产安全费用提取标准的备案报告》（王煤字〔2008〕109号），规定自2008年1月1日起，安全费用提取标准由吨煤10元提高到吨煤30元。

2012年12月10日，制定《关于2013年度煤炭生产安全费用提取和使用计划的报告》（王煤字〔2012〕135号），规定安全费用按照原煤产量按月提取，提取标准为15元/吨。

三、专用拨款

专用拨款主要是指国债资金安全改造项目。

2009年7月18日，制定下发《关于成立国债资金项目管理的通知》（王煤字〔2009〕155号），下达矿属各单位分工明细。

2011年4月14日，下发《王楼煤矿国债项目管理实施办法》（王煤字〔2011〕40号），规范国债资金项目申报管理等全部流程。

2013年11月19日，制定下发《关于进一步加强国债项目管理的通知》（王煤字〔2013〕156号），对2013年、2014年新增的国债项目进行具体分工。

2016年3月31日，制定下发《2016年安全改造项目管理办法》（王煤字〔2016〕57号），明确各项目组具体分工和资料准备时间表。

表6-1-1 2009—2018年王楼煤矿安全改造国债资金项目完成情况表

单位：万元

年度＼项目	中央投资	省级地方财政	济宁市国资资金项目	合计
2009	530	424	—	954
2010	375	300	—	675
2011	—	—	73	73
2012	791	288	—	1079
2013	502	201	—	703
2014	1159	464	—	1623
2015	1201	529	—	1730
2016	858	343	—	1201
2017	778	311	—	1089
2018	805	322	—	1127

四、"两金"管理

根据《关于进一步加强"两金"管理的通知》（临矿财字〔2006〕14号）、《关于下达二〇一〇年度归还集团公司资金及"两金"压缩指标的通知》（临矿财字〔2010〕100号）和《关于下达2012年度归还集团公司资金及两金压缩指标的通知》（临矿财字〔2012〕89号），加强资金管理，减少"两金"占用：一是归还集团公司资金指标；二是制定应收款项清收指标，严格控制预付账款的支付，及时核查相关货物到货情况，按时结算预付账款，防止出现呆坏账损失；三是制定存货压缩指标，降低库存压力。

第四节　资产管理

一、管理制度

2012年1月20日，下发《王楼煤矿后勤经营管理制度》（王煤字〔2012〕70号），制定财产清查保全制度，通过对固定资产等实物、有价证券、现金的实地盘点和对银行存款、往来款项的核对，保证账证、账账、账实相符。

二、资产基本情况

2007年7月1日，矿井试生产，矿井初步设计概算61960.87万元，实际完成投资63462.00万元。其中，固定资产56663.80万元，无形资产4833.18万元，长期待摊费用547.51万元。截至2018年，资产总额257897.17万元。

表6-1-2　2007—2018年王楼煤矿资产统计表

单位：万元

项目 年度	流动资产	固定资产	在建工程	无形及其他资产	总资产
2007	2653.9	58738.56	2362.31	4763.48	68518.25
2008	4，120.28	69010.97	0	5759.61	78390.87
2009	10630.11	67841.5	0	5560.71	84032.32
2010	16431.1	67217.93	0	6267.85	89916.88
2011	21263.6	62960.46	839.75	7508.9	92572.71
2012	25397.42	61871.66	1047.22	9034.2	97350.5
2013	22792.3	59552.09	1076.47	8406.01	91826.87
2014	39178.96	57054.62	115	8369.62	104718.2
2015	40836.7	54252.19	0	7724.91	102813.8
2016	52240.99	93841.50	125.00	10476.6	156684.09
2017	79838.63	70250.55	1185.50	17983.95	169258.63
2018	78578.12	73138.80	2097.71	16162.64	169977.27

备注：2016—2018年为王楼、军城两矿合并。

三、固定资产管理

固定资产管理的原则，是统一领导、纵横结合、按类别归口分工管理。财务部门负责全矿固定资产的审查、核查与综合管理，建立健全固定资产账卡，掌握固定资产变动情况，配合使用部门做到账、卡、物一致。

2010年9月15日，制定下发《关于成立设备综合管理领导小组的通知》（王煤字〔2010〕107号），成立专门的设备管理领导小组。9月16日，制定下发《设备综合管理标准化标准及考核评级办法》（王煤字〔2010〕108号），对全矿设备管理及归档设置考核标准和奖惩办法。同日，以王煤字〔2010〕109号文制定下发《设备管理制度》，该制度界定构成设备资产的必要条件，规范设备的选型、采购、验收、出库、安装、使用维护、交接、回撤调拨及设备检修和设备的技术改造及报废的流程，建立设备建档管理及月报表制度，并制定奖惩规定，加强固定资产管理。9月26日，根据《临矿集团实物资产处置管理办法》，制定下发《关于成立资产处置领导小组的通知》（王煤字〔2010〕111号），成立专门的资产处置领导小组，明确各科室的分工，最大限度保全资产，减少损失。

2017年8月，临沂矿业集团有限公司转发《山东能源集团有限公司关于对部分会计政策调整的通知》（临矿财字〔2017〕128号）规定，调整固定资产的折旧年限，调整后煤炭企业固定资产折旧年限为20年、10年、5年、4年、3年5个档次。同时通知要求自2017年8月1日起，固定资产确认标准由以前的3000元调整为5000元，8月1日前已转资或挂账的固定资产确认标准执行3000元，不再进行调整。王楼煤按照通知要求对资产年限执行如下：房屋、建筑物，为20年；机器、机械和其他生产设备，为10年；与生产经营活动有关的器具、工具、家具等，为5年；运输工具，为4年；电子设备，为3年。

表6-1-3　2007—2018年王楼煤矿固定资产统计表

单位：万元

年份	固定资产年末原值	折旧	固定资产年末净值	其中：报废固定资产
2007	60798.93	2060.37	58738.56	—
2008	75805.83	6794.86	69010.97	—
2009	81156.42	13314.92	67841.5	303.59
2010	87087.98	19870.05	67217.93	44.48
2011	91040.64	28080.18	62960.46	397.3
2012	96443.25	34571.59	61871.66	5.1
2013	104061.85	44509.76	59552.09	28.36
2014	109363.95	52309.33	57054.62	73.7
2015	112152.89	57900.7	54252.19	78.04
2016	190466.11	96624.62	93841.50	5845.26
2017	159780.47	89529.92	70250.55	37093.87
2018	172389.60	99250.80	73138.80	77.66

备注：2016—2018年为王楼、军城两矿合并。

第五节　成本管理

2008年2月18日，执行集团公司下发的《关于印发临沂矿业集团节能管理办法等节能管理制度的通知》（临矿节字〔2008〕24号）规定。6月10日，根据集团公司《关于下达临沂矿业集团公司2008年单位产品能耗定额和节能量指标的通知》（临矿综便〔2008〕70号），制定各单位节能指标。

2011年1月19日，制定下发《王楼煤矿周转性材料管理办法》（王煤字〔2011〕17号），强化成本管理，在管理层次上强调经济杠杆作用，实行谁承包、谁管理、谁负责，坚持节奖超罚的经济兑现政策，并抓好考核落实工作。

2013年1月1日，制定下发《关于印发《王楼煤矿周转性物资使用管理办法实施细则》的通知》（王煤字〔2013〕26号），加强周转性物资管理。

2015年1月30日，制定下发《关于废旧物资回收、下料队考核的暂行规定》（王煤字〔2015〕31号），明确相关的考核标准及奖惩条例。

2017年8月，临沂矿业集团有限公司转发《山东能源集团有限公司关于对部分会计政策调整的通知》（临矿财字〔2017〕128号），规定职工教育经费、工会经费的计提基数；采煤塌陷地综合治理费的提取范围、提取基数及提取标准。王楼煤矿调整职工教育经费、工会经费的计提基数为"应付职工薪酬"科目下的应付工资—提取额；启用"专项储备—采煤塌陷地综合治理费"科目，并按照自产商品煤营业收入的5%补提本年度的采煤塌陷地综合治理费。

第六节　利润税金

一、利润

2009年4月，矿井下发《生产承包组内部奖惩考核办法》，每年与生产、经营和后勤3个项目组分别签订《项目承包责任书》，结合全面预算考核，将项目承包指标分解到科室及工区、班组，并严格按照指标考核兑现。

2013年1月30日，矿井下发《关于印发《王楼煤矿内部经营业绩考核管理办法》的通知》（王煤字〔2013〕19号），结合定额管理，重点加强成本费用的控制。

二、税金

（一）增值税税率

根据《财政部国家税务总局关于金属矿、非金属矿采选产品税率的通知》（财税〔2008〕171号），对金属矿、非金属矿采选产品的税率进行调整，煤炭的适用税率从13%上调为17%。依照《中华人民共和国增值税暂行条例》规定，购进或者销售货物以及在生产经营过程中支付运输费用的，按照运输费用结算单据上注明的运输费用金额的7%扣除率计算的进项税额，允许企业抵扣新购入设备所含增值税。

2013年5月24日，根据财政局、国家税务总局下发的《关于在全国开展交通运输业和部分现代服务业营业税改征增值税试点税收政策的通知》（财税〔2013〕37号），交通运输业服务，税率改为11%。同时，根据《交通运输业和部分现代服务业营业税改征增值税试点实施办法》，陆路运输服务、水路运输服务、航空运输服务、管道运输服务、研发和技术服务、信息技术服务、文化创意服务、物流辅助服务、有形动产租赁服务、鉴证咨询服务、广播影视服务等均由营业税应税服务改为增值税应税服务，需提供增值税发票，其中现代服务业服务（有形动产租赁服务除外），税率为6%。

2018年4月4日，根据财政部、税务总局下发的《关于调整增值税税率的通知》（财税〔2018〕32号），纳税人发生增值税应税销售行为或者进口货物，原适用17%和11%税率的，税率分别调整为16%、10%；纳税人购进农产品，原适用11%扣除率的，扣除率调整为10%；纳税人购进用于生产销售或委托加工16%税率货物的农产品，按照12%的扣除率计算进项税额。王楼煤矿销项税按照规定调整为16%。

（二）增值税专用发票管理

2007年7月6日，制定下发《关于增值税专用发票使用和管理的通知》（王煤字〔2007〕3号），确定索取增值税发票的范围、办理发票的程序、违反增值税专用发票规定的处理以及自用增值税税票的管理等。

（三）"营改增"

2016年3月23日财政部、国家税务总局下发《关于全面推开营业税改征增值税试点的通知》（财税〔2016〕36号），规定自2016年5月1日起，全面实施营改增政策。

除税率为17%的货物及劳务外，营改增后影响较大的有会务费、培训费和住宿费税率为6%；单位通信费（电话费）税率为6%或10%；建筑施工类发票税率为10%；利息支出税率为6%，交通运输业税率为3%或5%。

（四）企业所得税

1. 所得税税率

2007年3月16日，中华人民共和国第十届全国人民代表大会第五次会议通过《中华人民共和国企业所得税法》，自2008年1月1日起，企业所得税税率由33%调整为25%。

2. 企业所得税的减免

2008年9月23日，根据财政局、国家税务总局下发的《关于执行环境保护专用设备企业所得税优惠目录 节能节水专用设备企业所得税优惠目录和安全生产专用设备企业所得税优惠目录有关问题的通知》（财税〔2008〕48号），企业自2008年1月1日起，购置并实际使用列入《环境保护专用设备企业所得税优惠目录》《节能节水专用设备企业所得税优惠目录》及《安全生产专用设备企业所得税优惠目录》范围内的环境保护、节能节水和安全生产专用设备，可以按专用设备投资额的10%抵免当年企业所得税应纳税额。

2008年12月10日，根据国家税务总局《关于印发〈企业研究开发费用税前扣除管理办法（试行）〉的通知》（国税发〔2008〕116号）、《关于企业研究开发费用税前加计扣除政策有关问题的公告》（国税发〔2015〕97号）以及国家发展改革委员会等部门公布的《当前优先发展的高技术产业化重点领域指南（2007年度）》规定项目的研究开发活动，其在一个纳税年度中实际发生的部分费用支出，允许在计算应纳税所得额时按照规定实行加计扣除。根据国家税务总局《关于发布〈促进残疾人就业增值税优惠政策管理办法〉的公告》（国税发〔2016〕33号），企业安置残疾人费用支出可100%加计扣除。

表6-1-4　2008—2018年王楼煤矿所得税减免情况表

单位：万元

年度	专用设备抵免税	研发支出加计扣除减税	安置残疾人员工资加计扣除减免税
2008	70.63	0	0
2009	60.86	20.84	0
2010	95.15	0	0
2011	131.41	0	0
2012	61.02	0	0
2013	132.27	0	0
2014	175	143.45	0
2015	178.5	25.89	4.37
2016	0	89.66	6.15
2017	55.92	483.29	11.75
2018	55.92	480.35	11.75

（五）其他税种

1. 城建税

根据税法规定，纳税人所在市区的，税率为7%，纳税人所在地在县城、镇的，税率为5%，纳税人所在地不在市区、县城或镇的，税率为1%。本矿适用税率为7%。

2. 教育费附加

1986年，国务院颁布《征收教育费附加的暂行规定》（国发〔1986〕50号），从1986年7月起，以各单位和个人实际缴纳的增值税、营业税、消费税总额的2%计征。

1994年，国务院发布《国务院关于教育费附加征收问题的紧急通知》（国发明电〔1994〕2号），规定从1994年1月1日起，教育费附加率提高为3%。

2005年，国务院《关于修改〈征收教育费附加的暂行规定〉的决定》对《征收教育费附加的暂行规定》做出修订。分别与增值税、营业税、消费税同时缴纳。按照3%的税率计提教育费附加。

3. 地方教育费附加

《山东省地方教育附加征收使用管理暂行办法》（鲁财综〔2005〕15号）规定，从2005年1月1日起，山东省行政区域内，凡缴纳增值税、营业税、消费税（以下简称"三税"）的单位和个人，按照实际缴纳"三税"税额的1%缴纳地方教育附加。

《山东省地方教育费附加征收管理办法》鲁财综〔2010〕162号规定"山东省行政区域内，凡缴纳增值税、营业税、消费税（以下简称"三税"）的单位和个人，按照实际缴纳"三税"税额的2%缴纳地方教育附加。任何单位不得擅自减征或免征地方教育附加"，自2010年12月起按照2%的税率缴纳地方教育费附加。

4. 资源税

资源税税率按每吨3.6元标准提取。

2014年，财政部、国家税务总局下发《关于实施煤炭资源税改革的通知》（财税〔2014〕72号），规定2014年12月1日起，在全国范围内实施煤炭资源税从价计征改革，同时清理相关收费基金。计征方法实行从价定率计征。煤炭应税产品（以下简称"应税煤炭"）包括原煤和以未税原煤加工的洗选煤（以下简称"洗选煤"）。应纳税额的计算公式如下：

洗选煤应纳税额＝洗选煤销售额×折算率×适用税率

王楼煤矿洗煤产品折算率为85%，适用税率4%。同时停止征收价格调节基金和矿产资源补偿费。

5．房产税

从1986年10月1日起执行按房产原值1.2%交纳，依照房产原值扣除30%后余值按年税率1.2%计征。

2010年财政部、国家税务总局下发《关于安置残疾人就业单位城镇土地使用税等政策的通知》（财税〔2010〕121号），将地价计入房产原值征收房产税。

6．土地使用税

2006年，根据《中华人民共和国城镇土地使用税暂行条例（2006年修订）》，执行6.4元/平方米年。

2014年，根据山东省人民政府下放的《关于调整城镇土地使用税税额标准的通知》（鲁政字〔2014〕153号），调整为10元/平方米。

2016年12月，根据山东省人民政府下发的《关于同意济南等10市阶段性调整部分土地城镇土地使用税税额标准的批复》（鲁政字〔2016〕236号），土地使用税执行9元/平方米。

截至2018年底，王楼煤矿土地为186402.72平方米，其中计税面积为166383.72平方米，免税面积20019平方米。

7．个人所得税

1999年8月30日，第九届全国人民代表大会常务委员会第十一次会议《关于修改〈中华人民共和国个人所得税法〉的决定》第二次修正，执行个税起征点800元。

2006年1月1日，根据2005年10月27日第十届全国人民代表大会常务委员会第十八次会议《关于修改〈中华人民共和国个人所得税法〉的决定》第三次修正，个税起征点从800元调整为1600元。

2008年3月1日，根据2007年12月29日《关于修改〈中华人民共和国个人所得税法〉的决定》第五次修正，个人所得税费用扣除标准，由1600元提高到2000元。

2018年8月31日，关于修改个人所得税法的决定经十三届全国人大常委会第五次会议表决通过。起征点确定为每月5000元。新个税法规定：居民个人的综合所得，以每一纳税年度的收入额减除费用60000元以及专项扣除、专项附加扣除和依法确定的其他扣除后的余额，为应纳税所得额。

2018年10月1日，根据新个税法规定，自2018年10月1日至2018年12月31日，纳税人的工资、薪金所得，先行以每月收入额减除费用5000元以及专项扣除和依法确定的其他扣除后的余额为应纳税所得额，依照个人所得税税率表（综合所得适用）按月换算后计算缴纳税款，并不再扣除附加减除费用。

个人所得税专项附加扣除如下：

（1）子女教育：纳税人的子女接受全日制学历教育的相关支出，按照每个子女每月1000元的标准定额扣除。

（2）继续教育：纳税人在中国境内接受学历（学位）继续教育的支出，在学历（学位）教育期间按照每月400元定额扣除。同一学历（学位）继续教育的扣除期限不能超过48个月。纳税人接受技能人员职业资格继续教育、专业技术人员职业资格继续教育的支出，在取得相关证书的当年，按照3600元定额扣除。

（3）大病医疗：在一个纳税年度内，纳税人发生的与基本医保相关的医药费用支出，扣除医保报销后个人负担（指医保目录范围内的自付部分）累计超过15000元的部分，由纳税人在办理年度汇算清缴时，在80000元限额内据实扣除。

（4）住房贷款利息：纳税人本人或者配偶单独或者共同使用商业银行或者住房公积金个人住房贷款为本人或者其配偶购买中国境内住房，发生的首套住房贷款利息支出，在实际发生贷款利息的年度，按照每月1000元的标准定额扣除，扣除期限最长不超过240个月。纳税人只能享受一次首套住房贷款的利息扣除。

（5）住房租金：纳税人在主要工作城市没有自有住房而发生的住房租金支出，可以按照以下标准定额扣除：

①直辖市、省会（首府）城市、计划单列市以及国务院确定的其他城市，扣除标准为每月1500元；

②除第一项所列城市以外，市辖区户籍人口超过100万的城市，扣除标准为每月1100元；市辖区户籍人口不超过100万的城市，扣除标准为每月800元。

（6）赡养老人：纳税人赡养一位及以上被赡养人的赡养支出，统一按照以下标准定额扣除：

①纳税人为独生子女的，按照每月2000元的标准定额扣除；

②纳税人为非独生子女的，由其与兄弟姐妹分摊每月2000元的扣除额度，每人分摊的额度不能超过每月1000元。可以由赡养人均摊或者约定分摊，也可以由被赡养人指定分摊。约定或者指定分摊的须签订书面分摊协议，指定分摊优先于约定分摊。具体分摊方式和额度在一个纳税年度内不能变更。

四、上缴税金

表6-1-5　2007—2018年王楼煤矿上缴税费明细表

单位：万元

年份	增值税	企业所得税	营业税	城建税	资源税	房产税	土地使用税	个人所得税	价格调节基金	其他税金
2007	1488.13	1444.56	0.23	97.8	161.32	17.98	40.18	64.29	—	63.63
2008	3566.81	2820.81	0.61	256.1	295.3	44.12	55.66	176.03	835.69	531.19
2009	4529.01	1453.5	0.55	314.91	387.91	55.38	54.43	295.77	723.66	444.43
2010	7240.04	3933.92	0.41	506.83	372.8	61.36	52.3	613.23	717.12	862.87
2011	9750.21	5551.48	0.78	682.57	451.68	70.94	65.37	839.14	1003.49	1029.18
2012	10538.14	5742.92	0.71	737.72	448.63	79.79	69.73	624.74	996.97	1131.23
2013	7614.09	386.5	1.03	533.06	484.61	91.52	69.73	588.38	1014.38	1460.52
2014	7367.8	2167.1	2.59	482.43	563.5	92.19	79.53	525.29	443.84	625.06
2015	6820.28	681.89	1.93	511.05	2020.32	84.48	182.69	471.93	0	866.9
2016	10514.26	925.23	0	679.97	2785.28	178.10	233.30	602.79	0	684.08
2017	14250.00	6897.26	0	1021.38	3750.51	200.45	238.59	915.21	0	4229.35
2018	12427.12	1909.68	0	972.97	3962.71	193.73	244.92	1107.39	0	6524.96

注：2016—2018年为王楼、军城合并。

第二章　劳资社保

第一节　管理机构

2001年11月，王楼矿井筹建处成立财劳科，设科长1人。

2006年8月25日，撤销财劳科，成立劳资社保科，设科长1人。

2007年7月5日，增设副科长1人、管理人员4人。

2012年3月30日，增设主任科员（副科级）1人。9月20日，增设助理经济师1人。

2013年1月2日，增设主管管理（副科级）1人，原主任科员（副科级）一并撤销。

2014年1月2日，成立结算中心，劳资社保科助理经济师1人、定额专员管理1人、井下定额员1人，合并至结算中心。

2015年4月20日，原结算中心划归劳资社保科。增设副科长1人兼结算中心主任（副科级），助理经济师1人、专员管理1人、井下定额员2人。9月30日，成立人力资源部（含原劳资社保科、结算中心和党群工作部干部管理）。

2017年3月23日，成立审计科。原结算中心主任1人、主管管理1人、专员管理2人、井下定额员2人，共计6人划归审计科。

截至2018年12月31日，人力资源部劳资社保科共有6人，其中科长1名，副科长2人，专员管理2人、见习管理1人。

第二节　劳动管理

一、劳动组织

2007年7月1日建矿以来，劳动组织形式一直实行"三八制"模式。

2019年4月9日，根据山东能源集团《关于印发〈山东能源集团有限公司深入推进"一提双优"建设激励办法（试行）〉的通知》（山东能源发〔2019〕5号）、临沂矿业集团有限公司《关于印发〈临矿集团"一提双优"建设激励实施办法（试行）〉的通知》（临矿发〔2019〕63号）等文件精神要求，为加强井下安全管理，缩短职工劳动时间，减轻作业强度，下发《关于执行"三六工作制+取消夜班"方案的通知》（王煤字〔2019〕86号）文件，决定自2019年4月11日开始执行"三六工作制+取消夜班"方案，即1班，6:00～12:00；2班，12:00～18:00；3班，18:00～24:00。采掘及大系统检修根据实际情况确定。

截至2018年期末，全矿2723人。其中，在册1387人（包含：劳务输出内蒙古矿区122人（新驿矿建项目部3人），产假14人，长伤7人，内退36人，其他24人）；内部借入802人（包含：华建525人，邱集79人，内蒙古1人，泰煤1人，军城196人），华建劳务输入534人。

表6-2-1 2001—2018年王楼煤矿期末职工人数统计表

年度	职工人数	年度	职工人数
2001	2	2010	1877
2002	13	2011	2044
2003	20	2012	2118
2004	46	2013	2082
2005	87	2014	2074
2006	315	2015	2118
2007	1367	2016	2189
2008	1746	2017	2063
2009	1803	2018	1907

表6-2-2 2007—2018年王楼煤矿期末劳务输出内蒙古人员统计表

年份	人数
2007	3
2008	1
2009	67
2010	109
2011	119
2012	139
2013	129
2014	113
2015	93
2016	122（含新驿矿建3人）
2017	118
2018	154

表6-2-3 2007—2018年王楼煤矿期末劳务输入人员统计表

序号	劳务输入单位	年度										
		2007	2008	2009	2010	2011	2012	2014	2015	2016	2017	2018
1	华建公司	538	493	459	530	505	530	476	524	525	503	458
2	草埠公司	205	198	—	—	—	—	—	—	—	—	—
3	恒昌公司	21	19	—	—	—	—	—	—	—	—	—
4	兴元公司	17	17	—	—	—	—	—	—	—	—	—
5	邱集煤矿	—	—	—	—	—	—	104	120	79	—	—
6	田庄煤矿	—	—	—	—	—	—	34	—	—	—	—
7	马坊煤矿	—	—	—	—	—	—	—	21	—	—	—
8	其他单位	—	—	—	—	—	—	—	2	—	—	—

二、劳动用工制度

2009年，根据《关于规范破产重组和分离改制单位劳务输入管理制度的实施意见》（临矿劳人字〔2009〕94号）和《关于规范集团公司内部单位劳务输出输入管理制度的实施意见》（临矿劳人字〔2009〕96号）及《关于对煤机集团劳务输出输入管理制度改革规范实施意见》（临矿劳字〔2009〕131号）等文件精神，下发 王煤字〔2009〕74号文件，成立考核领导小组，将原华建公司劳务输入人员调整为劳务派遣用工方式。

截至2018年底，矿用工形式包括：全员劳动合同制、劳务派遣等。地面保洁、物业、食堂实行社会化管理。

三、劳动合同

自矿井筹建以来，所有在册从业人员均签订劳动合同。截至2018年底，签订劳动合同人数为1453人。

表6-2-4 2007—2018年王楼煤矿签订劳动合同人数统计表

年　度	人　数
2007	569
2008	920
2009	1268
2010	1419
2011	1527
2012	1584
2013	1561
2014	1291
2015	1423
2016	1387
2017	1530
2018	1445

四、劳动调配

矿井投入正常生产后，所有人员调配，必须由矿党政联席会议研究，管理人员由组干科下发红头文件任命，工人由劳资社保科负责办理调配手续，调令由矿长签发后分为三联，一联送达调入单位、一联送达调出单位，最后一联由劳资社保科存档。

2009年，共计调入职工466人。其中，大中专技校生219人，集团公司内部单位调入11人，内部劳务人员身份转换236人（光力士191人、恒昌18人、兴元17人、技校3人、田庄1人、邱集1人、泰煤5

人）。共计调出40人。其中，调出集团公司2人，调至集团公司内部其他单位38人（军城26人、光力士1人、亿金5人、运销1人、古城4人、株柏1人）。

2010年，共计调入职工214人。其中，大中专技校生208人，安置复转军人4人，集团公司外调入2人。共计调出10人。其中，调出集团公司1人，调至集团公司内部其他单位9人（亿金2人、运销1人、房地产3人、株柏3人）。

2011年，共计调入职工156人。其中，大中专技校生153人，集团公司内部单位调入3人。共计调出6人。其中，山能集团1人，集团公司本部1人，集团公司内部其他单位4人（军城1人、会宝岭2人、运销1人）。

2012年，共计调入职工141人。其中，大中专技校生137人，安置退伍军人3人，集团公司内部单位调入1人。共计调出30人。其中，山能集团1人，集团公司本部1人，集团公司内部其他单位28人（军城1人、会宝岭18人、亿金5人、马坊1人、株柏1人、田庄2人）。

2013年，共计调入职工66人。其中，大中专技校生57人，安置退伍军人6人，集团公司内部单位调入2人，集团公司外调入1人。共计调出4人。其中，集团公司本部3人，集团公司内部其他单位1人（亿金）。

2014年，共计调入职工48人。其中，大中专技校生46人，安置退伍军人2人。集团公司内部其他单位劳务输入138人（田庄34人、邱集104人）。共计调出2人（兖州煤机）。

2015年，共计调入职工73人。其中，大学生7人，集团公司内部单位调入66人。共计调出2人（集团本部1人、新驿1人）。

2016年，共计调入职工9人。其中，大学生6人，机关公司本部2人，集团公司内部其他单位1人。共计调出7人（集团本部1人、古城2人、菏泽煤电1人、鲁西1人、里彦1人、株柏1人）。

2017年，共计调入职工107人。其中，大学生6人，邱集转在册78人，马坊转在册20人，集团公司内部单位调入1人，集团公司外部其他单位2人。

2018年，共计调入职工7人。其中，大学生4人，集团公司内部单位调入3人（集团公司调入管理人员1人、新驿矿1人、菏泽煤电1人）。

王楼与军城合并后，军城井共计1096人，分别调入集团公司5人，古城80人，菏泽煤电189人，王楼336人，株柏6人，邱集8人，新驿263人，内蒙古矿区7人，内退奖补资金84人，解除合同118人。

五、劳动纪律

（一）纪律管理

矿井筹建期间，依据《关于加强劳动纪律的通知》（临局王筹字〔2004〕10号），请事假1天由科室负责人批准；2～3天由分管领导批准；3天以上，由筹建处领导批准。不准事后补假。考勤管理方面，每月初由各科室负责人将本科室月考勤报分管领导签字后交办公室汇总。

2005年5月1日，实行集中考勤制度。各科室人员按作息时间每天分早（上班）、晚（下班）到财劳科持考勤本考勤。

2008年，下发《管理人员休班请假制度》（王煤便字〔2008〕1号），规定副科级及管理人员休班，需由部门负责人签字后报分管领导批准；部门负责人休班必须经分管领导签字后报矿长批准。

2009年，下发《关于加强劳动纪律的相关规定》（王煤字〔2009〕30号），对事假、病假、伤假作出明确规定。事假：职工有事请假，所在单位负责人可给予3天的期限，超过3天以上的，须由所在单位负责人出具事假证明，报分管领导签批，但最多不超过7天。病假：职工患病或非因工负伤在矿卫生所就诊者，矿卫生所门诊最多出具1天的病假证明，2天及以上者由所长出具。伤假：矿卫生所以安监处出具的工伤证明为依据，依据其伤情出具伤假证明。伤假证明必须由所长签字方可考勤。

2015年10月26日，下发《关于规范工区（厂）考勤的规定》（王煤劳字〔2015〕51号），对工区考勤簿管理进行调整，要求工区考勤簿每月初必须到劳资社保科加盖劳资社保科公章，并进行打码编号。

2017年，下发《王楼煤矿劳动纪律管理办法》（王煤字〔2017〕78号），对劳动纪律重新进行全面整理，根据国家相关规定对假期手续的办理重新进行规范。

（二）考勤制度

2009年6月26日，依据《入井人员考勤系统管理规定》（王煤字〔2009〕77号），定位考勤作为劳资科考核职工下井次数及发放工资的依据，所有下井人员必须佩戴考勤卡，否则不予考勤。考勤卡实行一人一卡制度，严禁携带多个考勤卡入井。

2010年5月13日，启用指纹考勤。

2011年5月，启用人脸识别系统进行考勤。

2018年5月21日，根据集团公司人力资源共享服务平台建设需要，组织召开手机移动考勤推进培训会议。6月，王楼煤矿手机移动考勤正式上线运行。

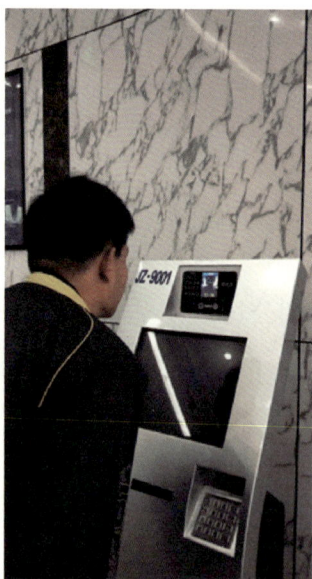

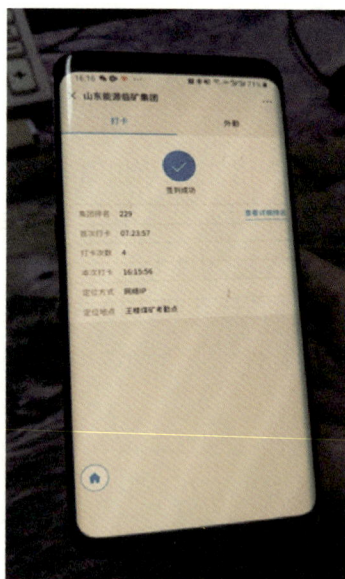

图6-2-1　人脸考勤系统。　　　　图6-2-2　手机移动考勤系统。（2018年摄）

（三）请销假制度

2008年1月1日，下发《管理人员休班请假制度》（王煤便字〔2008〕1号），规定：休班必须提前1天填写请假条，副科级及一般管理人员休班，由部门负责人签字同意后，报分管领导批准；部门负责人休班必须经分管领导签字同意后，报矿长批准。销假制度：休班期满后，要找分管领导销假。严格按批准天数回矿，到期不回矿的一律按旷班处理，并视情节给予纪律处分。

（四）有资假期管理

法定节假日，包括年休假、婚假、丧假、产假（男方护理假），严格按照国家相关规定执行。其间，工资照发，福利待遇不变。

第三节　工资管理

一、工资套改、调整

2004年1月，依据矿务局《关于对在职职工实行住房补贴的通知》，对2004年3月31日在册的全员劳动合同制职工实行住房补贴。计算住房补贴的工资基数为2004年新调整的岗位、技能工资加工龄津贴之和，按照临沂市规定的25%比例标准执行，按月随工资发放。3月，对2004年3月31日在册的全员劳动合同制职工，依据现任岗位工种（或职务）、工作年限和任职年限，对应套入现行的山东省企业岗位、技能工资参考标准，并纳入职工个人档案，作为档案工资管理。

2005年6月，住房补贴比例标准在原来25%提高到35%。

二、工资、奖金分配

2004年，实行岗位、技能工资加各种津贴及矿务局确定的月度效益工资和考核工资。

2005年，依据临局劳字〔2005〕40号文件，下发《王楼矿井筹建处工资考核分配管理办法（试行）》（新指字〔2005〕13号）。依据任务完成情况计发奖金的工资发放模式，工资构成：基本工资（岗位技能工资、各项津贴补贴和矿务局确定的月度效益工资）、考核工资。

2006年，依据《关于加强新区建设职工工资分配等管理的通知》（临局劳资〔2006〕149号）精神，下发《王楼矿井筹建处职工收入分配暂行管理办法》（临局王筹便字〔2006〕37号）。对收入分配进行调整，管理岗位、工人岗位人员实行年薪制。

2007年7月1日，下发《工资分配暂行办法》（王煤字〔2007〕13号）。打破原岗位技能工资制，依据职务高低和岗位艰苦程度，确定岗位工资。同时矿依据实际情况，按照岗位职能，采掘工区人员全部实行计件工资；辅助工区人员，对有量可计的岗位实行计件工资，无量可计的核定岗位实行包岗工资；对机关科室人员实行新岗位职能工资。准备工区机修加工人员实行计件工资制。安装人员：对于工作面的安、撤及其他零星工程由矿在工前定价、定工期，按实际完成的工作量和工作质量计发工资。机关科室人员实行新岗位职能工资，由基础工资、任务工资、安全工资三部分构成。新岗位职能工资包括岗位、技能工资及物贴、交通费、书报费、洗理费、住房补贴等各种津补贴，不包括工龄津贴、职称补贴、下井费、夜班费、法定节假日加班工资及降温、取暖费等。同时依据《关于调整新招聘大学生见习期工资待遇的通知》（临矿劳便〔2007〕85号）规定，下发《工资分配暂行办法》（王煤字〔2007〕13号）。9月29日，下发《内部工资分配暂行办法》（王煤字〔2007〕59号）。

2008年，依据《临沂矿业集团工资管理办法》（临矿劳字〔2008〕52号）的通知，下发《内部工资分配暂行办法》（王煤字〔2008〕23号），增加对准备工区的工资分配。辅助工区井下辅助人员以生产工区职工当月人均计件工资的70%计发；机电地面人员以生产工区职工当月人均计件工资的52%计发；通防工区地面人员以生产工区职工当月人均计件工资的50%计发。4月27日，经矿一届二次职代会通过对矿《内部工资分配暂行办法》的部分条款进行补充修改，完善带薪年休假的相关规定：带薪年休假期间按照本人档案工资和各种生活性补贴的日标准支付工资。生产工区带薪年休假工资包含在月度工资结算工资中；机关其他人员带薪年休假工资由矿另行支付，但月度考核中结构工资中的安全工资和任务工资按实出勤考核。

2009年，下发《内部工资分配办法》（王煤字〔2009〕29号），进一步对2008年工资分配进行部分调整。补充选煤厂工资分配方案：选煤厂人员实行计件工资，非正常生产时以生产工区职工当月人均计件工资的52%计发。同时，为完善工资结构，加大安全在工资分配结构中的比重，机关人员工资进行较大调整。对部分人员的带薪年休假进行补充规定：带薪年休假工资及工伤人员工资（6个月以后的）、辅助救护队队员的救护津贴由矿另行支付。

2010年3月17日，下发《内部工资分配办法》（王煤字〔2009〕29号），对部分条款进行补充修改。机电工区地面人员调整为以生产工区职工当月人均计件工资的50%计发；通防工区地面人员调整为以生产工区职工当月人均计件工资的48%计发。选煤厂人员非正常生产时调整为以生产工区职工当月人均计件工资的50%计发。补充零工标准：井下采掘零工按120元/工、井下辅助零工按80元/工执行。

2011年4月11日，下发《2011年度内部工资分配办法》（王煤字〔2011〕38号），对原工资分配办法做调整补充。井下跟班安监员岗位工资调整为1420元、安全工资1420元的结构工资。井下采掘零工由120元/工调整为135元/人、井下辅助零工由80元/工调整为90元/工，增加井上零工70元/工。

2012年1月1日，下发《安全账户基金考核暂行规定》（王煤字〔2012〕6号），对各工区、选煤厂以及井下跟班安监员实行个人安全账户基金考核。1月，下发《关于主提升系统量化考核暂行办法》（王煤便字〔2012〕3号），对机电工区主井提升系统人员的计件工资与提升量挂钩考核。4月，矿以"王煤便字〔2012〕4号"对《矿内部工资分配办法》进行补充修改，规定零工工值为井下采掘执行为150元/工、井下辅助执行100元/工、地面执行80元/工。

2015年1月27日，下发《2015年度内部经营业绩考核实施意见》（王煤字〔2015〕33号），明确对机关科室副科级及以上管理人员实行年薪制。对实行年薪人员进行月度考核、季度考核及年度考核相结合的综合考核办法。月度考核，根据月度矿井产量、利润完成及成本费用控制和绩效考核情况按比例考核兑现收入；季度考核，根据季度矿井产量、利润完成情况和成本费用控制情况考核兑现收入。同时，选煤厂、防冲队、综合服务队实行捆绑式承包考核。2月，煤质科相继实行捆绑式承包考核。5月，下发《关于2015年度内部经营业绩考核实施意见的补充规定》（王煤字〔2015〕88号），重新对各部门、各项目组年初成本费用进行下调，利用市场降成本对冲煤价下降，调整月度考核公式。

2016年1月1日，下发《王楼煤矿2016年度内部经营业绩考核实施意见》（王煤字〔2016〕32号），机关科室副科级及以上管理人员继续实行年薪制，调整产量、利润的月度及季度考核比例。同时加入军城井内部营业绩考核办法。4月，保卫科实行承包制。5月23日，下发《王楼煤矿2016年内部经营业绩考核实施意见》，对经营指标进行调整。同时对军城井全年利润总额和月度考核指标及全年精煤产量进行相应调整。7月，制冷降温综合服务队实行承包制。

2017年1月2日，下发《2017年度内部工资分配办法》（王煤字〔2017〕24号），取消对机关科室副科级及以上管理人员实行的年薪制，机关科室人员执行岗位、绩效和安全工资。3月23日，结算中心划归审计科，相关定额、结算工作相应移交至审计科。5月30日，下发《关于规范各工区内部绩效考核评分管理工作的规定》，一是规定评分公示表、其他补助加分表需由监察、审计和劳资共同加盖公章方可有效；二是明确得分填写时间；三是做相关考核规定。

2018年1月1日，下发《2018年度内部工资分配办法》（王煤字〔2018〕42号），一是确定卫生所、军城留守办实行岗位承包考核工资；二是取消安全风险补贴工资，增加安全浮动工资考核；三是对原煤三类人员和中层管理人员分配比例进行了相应规定；四是按照《临矿集团工人岗位（工种）划岗归类标准（试行）》文件要求，将井下冲击地压防冲工由六岗调整为八岗，井下采煤设备安撤工由七岗调整为八岗，井下探放水钻工、井下矿井物探工、井下采掘机械维修钳工和井下采掘电钳工和井下安监员由六岗调整为七岗。

表6-2-5　2007—2017年王楼煤矿结构工资比例变动情况一览表

年度	部门	生产任务	安全生产	工程质量
2007—2008	采掘工区	50%	30%	20%
	辅助工区	50%	30%	20%
	机关科室	50%	30%	20%
2009—2010	采掘工区	40%	40%	20%
	辅助工区	40%	40%	20%
	选煤厂	40%	40%	20%
	机关科室	40%	40%	20%
2011—2017	采掘工区	30%	40%	30%
	辅助工区	40%	40%	20%
	选煤厂	40%	40%	20%
	机关科室	30%	40%	30%
2018	工资比例不再按照原生产任务、安全生产和工程质量三类进行划分。调整为：一是按岗位性质，能够量化的实行计件工资，不能量化、不便考核、业务相对独立的岗位，实行承包工资额；二是采掘工区、机修工区、防冲工区、选煤厂实行计件工资，其他辅助工区对有量可计的岗位实行计件工资，无量可计的核定岗位实行包岗工资，实行固定及联产联挂钩考核；三是农业园、卫生所、外协办、军城留守办实行岗位承包考核工资；四是其他单位及科室执行岗位绩效、安全浮动工资。			

表6-2-6　2007—2018年王楼煤矿新分配毕业生工资待遇一览表

单位：元

年份	研究生（下井）	研究生	本科生（下井）	本科生	专科生（下井）	专科生	技校毕业生		
							采掘	井下辅助	地面
2007	—	—	1000	1000	800	800	800	700	600
2008	2000	1500	1500	1200	1300	1000	1000	900	800
2009—2010	2000	1800	1600	1500	1400	1300	1000	900	800
2011—2017	2400	2200	2000	1800	1700	1500	1500	1300	1200
2018	4500	4500	4000	4000	3500	3500	—	—	—

三、各种津贴

（一）井下津贴

建井初期，采掘工每工3元，井下辅助工每工1.5元，井下安监员、瓦检员每工2.2元。

2007年1月1日，依据《关于调整煤矿井下艰苦岗位津贴有关工作的通知》（鲁劳社〔2006〕70号）文件规定，井下采掘工：30元/工；井下辅助工：20元/工；井下跟班安监员，井下津贴标准按井下辅助工标准执行；基层干部、技术人员及管理人员的井下津贴标准，跟班下井参加生产劳动满8小时的，按同工种标准执行，下井检查工作的，按15元/工标准执行。机关工作人员下井检查工作满3小时的，按10元/工标准执行。

（二）夜班津贴

建井初期，采掘工、辅助工、地面人员统一执行大夜班，每班1.2元（小夜班每班1元）。

2007年1月1日，依据《关于调整煤矿井下艰苦岗位津贴有关工作的通知》（鲁劳社〔2006〕70号）文件规定，调整为采掘工12元/工，井下辅助工10元/工。

（三）班中餐津贴

2001年开始发放班中餐津贴，标准为4元/班。每班专人送食品到井下工作地点，发给职工班中餐。

2007年1月1日，依据《关于调整煤矿井下艰苦岗位津贴有关工作的通知》（鲁劳社〔2006〕70号）文件规定，调整为采掘工10元/工，井下辅助工6元/工。11月，在原有4元/班标准并派专人运送至井下工作地点的前提下，依据各个单位月度领取情况，采掘工、辅助工分别将剩余6元/工、2元/工部分一次性打入职工就餐卡中由职工自行支配。地面人员不执行班中餐补贴。

2017年，不再集中安排井下送餐，全部将班中餐补贴打入个人餐卡。

（四）矿龄津贴

实行每年1元，按月计发。

2011年4月，依据《2011年度内部工资分配办法》（王煤字〔2011〕38号），规定在原有矿龄津贴的基础上增加年功津贴，执行标准为：按照职工个人参加工作时间计算年功津贴，标准为1元/年。同时执行以下相应补助：工龄1～5年的，按1元/年补助；工龄6～10年的，按2元/年补助；工龄11～15年的，按3元/年补助；工龄16年及以上的，按4元/年补助。

2018年，下发《2018年度内部工资分配办法》（王煤字〔2018〕42号），将年功津贴进行调整，标准为：1～10年的6元/年、11～20年的8元/年、21～30年的10元/年、31年及以上的12元/年。

（五）职称、技能补贴

2007年7月1日，下发《工资分配暂行办法》（王煤字〔2007〕13号），开始执行职称补贴，标准为：科员（业务骨干）有专业技术职称受聘者：高级100元、中级70元、助级50元、员级30元。

2008年，下发《关于实行高级技术工人技能津贴的实施意见》（王煤字〔2008〕124号），补充工人岗位有专业资格等级证且受聘者的补贴标准：高级技师150元、技师100元、高级工50元。

2009年，下发《内部工资分配办法》（王煤字〔2009〕29号），职称补贴标准调整为：科员有专业技术职称受聘者：高级150元、中级100元、助级50元、员级30元。

2011年4月11日，下发《2011年度内部工资分配办法》（王煤字〔2011〕38号），规定注册安全工程师职称补贴为80元。

2013年1月20日，下发《王楼煤矿技师、高级技师聘任管理办法》（王煤字〔2013〕9号），规定聘任比例为：按矿取得技师、高级技师人数的80%进行评聘。补贴标准：被聘任的技师、高级技师在执行本工种（岗位）岗位效益工资的基础上，按月享受相应的技术职务薪酬待遇。被聘为技师的每人补贴标准为采掘200元/月、井下辅助150元/月、地面100元/月；被聘为高级技师的每人补贴标准为：采掘300元/月、井下辅助200元/月、地面150元/月。

2015年1月16日，下发《王楼煤矿执行职称补贴考核办法（试行）》（王煤字〔2015〕6号），确定考核范围：初级管理、技术岗位人员和在工人岗具有专业技术任职资格（含执业资格）的人员（工区、车间技术岗位人员、职称与岗位不匹配人员除外）。补贴标准：经考核为"称职、优秀"的，其间享受初级、中级（具有注册安全工程师执业资格的，视为中级职称）、高级职称补贴，分别为200元/月、400元/月、600元/月的职称补贴；考核为"基本称职"的，享受相应职称补贴80%；目前仍在工人岗位上的，考核为"基本称职、称职、优秀"的，可享受相应职称补贴50%。

2018年4月20日，下发《关于对王寅林等136名同志执行职称补贴的通知》（王煤字〔2018〕131号），具体执行标准为：初级200元/月、中级400元/月、副高级800元/月、正高级1000元/月。10月1日，下发《王楼煤矿技能人才管理办法》（王煤字〔2018〕215号），根据集团公司"三通道十二台阶"人才攀登工程实施意见，重新对技能人才的评聘做出相应规定。一是两级聘任：初级层次和中级层次，初级层次包括初级工、中级工和高级工，中级层次包括技师、主管技师和资深技师；二是确定评聘比例；三是确定待遇执行标准。采取补贴制和岗位薪酬制相结合的方法。

表6-2-7　2018年王楼煤矿技能人才聘任待遇执行标准表

分类			补贴标准（月/人）
职级	技能等级	岗位性质	
初级	初级工	采掘	150元
		辅助	120元
		地面	100元
	中级工	采掘	200元
		辅助	180元
		地面	150元
	高级工	采掘	300元
		辅助	260元
		地面	200元
中级	技师		按照副科级薪酬的90%执行
	主管技师		按照正科级薪酬的90%执行
	资深技师		按照副总师薪酬的90%执行

表6-2-8 2018年王楼煤矿技能人才选拔比例统计表

分类	初级		
	初级工	中级工	高级工
采掘工区	20%	30%	40%
辅助工区（井下）	15%	20%	30%
地面其他	10%	15%	20%

（六）取暖津贴

矿井筹建后，执行从每年的12月至次年2月，共3个月、每月8元、共24元的标准。

2017年，根据集团公司通知要求，执行1700元/年/人取暖费标准。

（七）防暑降温津贴

矿井筹建后，每年6—9月发放防暑降温费，标准为每月3元。

2006年8月16日，依据鲁劳社〔2006〕44号文件及集团公司《关于调整企业职工夏季防暑降温费标准的通知》（临矿劳字〔2006〕32号），在岗职工夏季防暑降温费标准提高为：从事室外作业和高温作业人员每人每月120元；非高温作业人员每人每月80元。

2008年6月，针对矿井下地热特殊环境，在执行原有80元/人/月防暑降温费的基础上另外增加高温补贴。同时，下发《关于给予井下采掘岗位执行高温补贴的暂行规定》（王煤便字〔2008〕12号）。执行标准为：在28摄氏度及以上范围作业的安监员、瓦检员、工区管理跟班人员6元/班，采区内工作6小时及其以上的辅助人员亦按此标准执行；在28～30摄氏度（不包括30摄氏度）范围作业的采掘及工区辅助人员8元/班；在30摄氏度及以上范围作业的采掘工区人员10元/班。

2009年6月，高温补贴规定为：在29摄氏度及以上范围作业的安监员、瓦检员、工区管理跟班人员提高为12元/班，采取内工作6小时及其以上的辅助人员亦按此标准执行；在29～31摄氏度（不包括31摄氏度）范围作业的采掘及工区辅助人员提高为20元/班；在31摄氏度及以上范围作业的采掘工区人员30元/班。

2013年7月，高温补贴标准调整为：一是执行范围为：在井下温度超过28摄氏度的作业地点作业的采掘人员、安监员、瓦检员，采区内工作六小时及以上的管理人员及其他辅助人员。二是执行标准：机电安监员、瓦检员、机关带班人员18元/班，30摄氏度及以上时，执行30元/班；采区内工作六小时及其以上的辅助人员按15元/班标准执行（30摄氏度及以上时，执行25元/班）。工区管理、采掘安监员执行所在区域采掘工区人员的50%。打钻工执行所在区域采掘工区人员的70%；采掘工区人员的工作场所28摄氏度时为40元/班，29摄氏度时为50元/班，30摄氏度为60元/班，31摄氏度为70元/班，32摄氏度为80元/班，工作场所33摄氏度及以上为100元/班。同时，高温补贴与月度生产任务挂钩考核。采掘工区按迎头考核生产任务，月度欠产幅度不超过5%的执行上述标准。欠产5%～10%，执行标准90%；欠产10%～15%，执行标准70%；欠产15%及以上的，执行标准50%。

2014年7月，在2013年执行高温补贴的基础上对相关要求又进行调整：采掘工区按迎头考核生产任务，月度欠产幅度不超过5%的执行上述标准。欠产1%，高温补助相应下降1%，以此类推。

2015年7月6日，对高温补贴规定补充如下：温度在34摄氏度及以上的作业地点，补贴标准修改为：采掘工区人员150元/班，工区管理、安监员在工作地点6小时及以上的标准为80元/班。超过34摄氏度及以上时高温补贴按工作地点班平均温度计核，低于34摄氏度时按工作地点月度平均温度计核。

29日，依据《关于调整企业职工防暑降温费标准的通知》（鲁人社发〔2015〕45号）文件，在岗职工夏季防暑降温费标准提高为：从事室外作业和高温作业人员每人每月200元；非高温作业人员每人每月140元。

（八）交通津贴费

2006年，依据矿务局《关于加强新区建设职工工资分配等管理的通知》（临局劳资〔2006〕149号），下发《王楼矿井筹建处职工收入分配暂行管理办法》（临局王筹便字〔2006〕37号），规定职工休班通勤费为50元/月（济宁地区为30元/月）。2007年停止执行。

表6-2-9　2007—2018年王楼煤矿职工年工资收入情况表

年度	职工人数	职工年人均工资（元）
2007	1367	36566
2008	1746	43120
2009	1803	45887
2010	1877	67441
2011	2044	80013
2012	2118	77771
2013	2082	73994
2014	2074	80592
2015	2118	83043
2016	2189	88923
2017	2149	94463
2018	1970	99838

四、绩效考核

2011年10月1日，根据集团公司下发的《关于全面实施全员绩效考核工作的指导意见》（临矿劳字〔2011〕195号）文件要求，"在集团公司范围内开展绩效考核"，制定下发《关于成立全员绩效考核工作领导小组的通知》（王煤字〔2011〕100号），对机关科室、工区（厂）的岗位职责及时间安排做出规定。

2012年，在完善区队经营业绩考核的基础上，推行机关财务、劳资2个部门的业绩考核试点工作，并在全矿范围内全面推开。确立"一二三四"的全员业绩考核思路：坚持以"凭能力上岗，按贡献取酬"为价值导向，努力突破"矿领导班子副职、机关人员"2个难点，重点考核"矿领导班子成员、工区班子成员、机关科室人员"3个层次，牢牢把握"指标分解、层级考核、刚性延伸、兑现挂钩"四大关键，把业绩考核由矿处级、科区级，扩展到全体员工。具体做法：一是科室负责人考核。根据科室职责确定考核内容，按照考核内容量化考核标准，对关键指标进行重点考核。考核内容包括工作任务、工作目标、日常管理和科室建设等。二是科室管理人员考核。根据岗位职责确定考核内容和考核标准，以工作业绩考核为重点，综合考核个人工作态度、工作能力、工作纪律等。三是科室专业技术人员考核。按照承担的技术责任和应达到的技术水平确定考核内容和考核标准，以技术应用效能和技术贡献考核为重点，综合考核个人的工作态度、专业技术水平、业务能力、工作纪律等。四是工区（厂）考核：①工区（厂）管理人员考核。根据工区（厂）职责、安全、质量、生产任务、成本费用、文化建设等确定考核内容和考核标准。②工人考核。以岗位责任、劳动指标确定考核内容和考核标准，以任务完成数量、质量和劳动技能水平为考核重点，综合考核个人的工作态度、安全生产、劳动纪律等。

2017年3月13日，下发《王楼煤矿制度落实绩效考核实施办法》（王煤字〔2017〕54号），对职责分工、考核内容等进行完善和重新修订。

第四节　劳动保护

一、劳动防护用品

矿井筹建初期，劳动防护用品种类较单一，只是工作服、矿靴、安全帽之类的必备种类。

2005年，下发《王楼矿井筹建处劳动保护用品使用管理办法》（临局王筹字〔2005〕4号），明确劳动保护用品的使用管理。规定要求：发放时间为每年5月1日、10月1日，分2次集中发放。

2007年，矿井投产后，执行《山东省职工个人劳动防护用品发放、使用、管理办法》和《山东省职工个人劳动防护用品发放标准》等文件规定，并依据《安全生产法》《山东省安全生产条例》，制定劳动用品发放规定。

2009年，依据《煤矿职业安全卫生个体防护用品配备标准》（AQ1501）对劳动防护用品的发放进行调整。

2011年，根据《山东省劳动防护用品配备标准》（DB37／1922-2011），增加防砸安全靴等的发放。

2016年8月，将采煤工区使用的3M防尘口罩更换为日本重松牌双滤盒防尘口罩。

2017年一季度，在季度劳保用品发放种类中增加洗发水、香皂、卫生纸等用品，并根据规定增加透明皂、毛巾、线袜等劳保用品发放数量。5—12月，将掘进工区防尘口罩更换为日本重松单滤盒防尘口罩。

2018年2月，在劳保用品发放种类中增加秋衣裤的发放，并按照规定定期发放。

二、劳动保险

（一）职工因工死亡

2004年1月1日，依据《工伤保险条例》，职工因工死亡的，其近亲属按照下列规定从工伤保险基金领取丧葬补助金、供养亲属抚恤金和一次性工亡补助金：

1. 丧葬补助金为6个月的统筹地区上年度职工月平均工资。

2. 供养亲属抚恤金按照职工本人工资的一定比例发给由因工死亡职工生前提供主要生活来源、

无劳动能力的亲属。标准为：配偶每月40%，其他亲属每人每月30%，孤寡老人或者孤儿每人每月在上述标准的基础上增加10%。核定的各供养亲属的抚恤金之和不应高于因工死亡职工生前的工资。供养亲属的具体范围由国务院社会保险行政部门规定执行。

3．一次性工亡补助金标准为48个月至60个月的统筹地区上年度职工月平均工资。具体标准由统筹地区的人民政府根据当地经济、社会发展状况规定，报省、自治区、直辖市人民政府备案。

2011年1月1日，根据《工伤保险条例》要求，将一次性工亡补助金标准调整为上一年度全国城镇居民人均可支配收入的20倍。

（二）职工非因工死亡（包括退休人员）

2003年，依据省劳动厅《关于调整企业职工丧葬补助费标准的通知》（鲁劳社〔2003〕53号）文件，调整企业职工丧葬补助费标准1000元。一次性救济费按上年度社会平均工资10个月计发。

2007年，依据《关于调整企业职工因病或非因工死亡后供养直系亲属生活困难补助标准的通知》（鲁劳社〔2007〕9号）文件规定，对企业职工因病或非因公死亡后其供养直系亲属生活困难问题进行调整。补助标准为5类：280元、250元、220元、200元、180元。

2012年，依据《关于调整企业职工因病或非因工死亡后供养直系亲属生活困难补助标准的通知》（临矿劳字〔2012〕193号）文件，补助标准为3类：460元、410元、360元。矿执行标准为二类410元/月/人，职工遗属为孤寡一人者在补助标准基础上提高10%。

2018年，依据《关于调整企业职工因病或非因工死亡后供养直系亲属生活困难补助标准的通知》（鲁人社发〔2018〕56号），3类补助标准调整为：530元、480元、430元。矿执行标准为二类480元/月/人，职工遗属为孤寡一人者在补助标准基础上提高10%。

（三）节日慰问金

2008年1月1日，依据临矿劳便〔2008〕1号文件要求，对离退休、工病亡遗属等人员发放节日慰问金。发放标准：离退休、1—6级工伤全残人员，每人200元，工病亡遗属每户200元。

2009年1月1日，依据临矿劳便〔2009〕1号文件要求，对离退休、工病亡遗属等人员发放节日慰问金。发放标准仍按照2008年标准执行。

（四）退休审批

1．特殊工种退休

根据"临矿劳发《2013》171号"文件规定，男年满60周岁，女年满50周岁，缴费满15年的予以办理退休手续。从事井下、高温、高空特繁体力劳动或有害身体健康工作，男年满55周岁、女年满45周岁，连续工龄满10年，由本人书面提出申请且符合以下条件的可以办理特殊工种退休：从事高空和特别繁重体力劳动工作累计满10年的；从事井下、高温工作累计满9年的；从事其他有害身体健康工作累计满8年的。

2．因病退休

凡男年满50周，女年满45周岁在《山东省统一企业职工基本养老保险制度实施办法》（鲁政发〔1997〕109号）实施前参加工作的职工，缴费年限（含视同缴费年限）累计满10年，实施后参加工作的，缴费年限（含视同缴费年限）累计满15年，经省级劳动能力鉴定委员会鉴定完全丧失劳动能力的，可以办理病退。

3．其他退休

按照"临矿劳发《2013》171号"文件执行。

（五）退休待遇

2005年12月18日，依据临局劳字〔2005〕231号文件规定，将退休人员住房补贴比例调整到35%。

2008年7月18日，依据临矿劳字〔2008〕131号文件规定，自2008年7月1日起，各单位退休人员住房补贴集团公司不再统筹，各单位按照规定自行支付。

2009年3月19日，依据临矿劳财字〔2009〕53号文件规定，退休人员住房补贴执行35%的比例。

2011年，依据《关于2011年调整企业退休人员基本养老金的通知》（临矿劳字〔2011〕36号），对符合条件的退休人员，按以下两部分计算增加养老金：第一部分每人每月按统筹所在市（省直管企业）的调整系数乘以110元计算增加。各市（省直管企业）调整系数依据当地企业在岗职工平均工资水平、养老金替代率和养老保险基金支撑能力等因素确定；第二部分按2010年12月份本人月基本养老金的4.5%计算增加。

2012年，依据《关于2012年调整企业退休人员基本养老保险金的通知》（临矿劳字〔2012〕70号），对符合条件的退休人员，按以下两部分计算增加养老金：第一部分每人每月按统筹所在市（省直管企业）的调整系数乘以160元计算增加。各市（省直管企业）调整系数依据当地企业在岗职工平均工资水平、养老金替代率和养老保险基金支撑能力等因素确定。第二部分按2011年12月份本人月基本养老金的4%计算增加。

2017年，依据《关于2017年退休人员基本养老保险金的通知》（临人社发〔2017〕20号），对符合条件的退休人员，按以下三部分计算增加养老金。第一部分：定额调整，每人每月增加55元养老金。第二部分：挂钩调整，①按照2016年12月本人基本养老金的2.1%确定月增加额，②企业退休人员与本人缴费年限挂钩调整。缴费年限每满1年，按1.7元确定月增加额。其中缴费年限含视同缴费年限，不含特殊工种等折算增加的年限；缴费年限不足1年的，按1年计算。第三部分：适当倾斜，2016年12月31日，年满70周岁不满75周岁（已办理退休手续时按规定确认的出生年月计算，下同）、年满75周岁不满80周岁和年满80周岁以上的退休人员，每人每月分别增加15元、30元和60元养老金。同时，综合考虑不同年龄，不同情况人员以往年度倾斜的养老金累计标准，对达到相应年龄的有关人员，分别补齐累计标准差额。其中2016年1月1日至12月31日期间达到70周岁、75周岁和80周岁的企业退休人员（不含企业一次性补缴参保人员）每人每月分别增加290元、190元和360元，企业一次性补缴参保人员每人每月分别增加70元、60元和120元，机关事业单位退休人员每人每月分别增加20元、80元和80元。

2018年，依据山东省人社厅《关于2018年调整退休人员基本养老金的通知》（鲁人社发〔2018〕28号）对符合条件的退休人员，按以下三部分计算增加养老金。第一部分：定额调整，每人每月增加50元养老金。第二部分：挂钩调整，①按照2017年12月本人基本养老金的1.7%确定月增加额。②企业退休人员与本人缴费年限挂钩调整。将本人缴费年限进行分段，对15年（含）与以下部分，每满1年，月增加1.5元；16年以上至25年的部分，每满1年，月增加2.1元；36年以上至45年的部分，每满1年，月增加2.4元；46年以上部分，每满1年，月增加2.7元。其中缴费年限含视同缴费年限，不含特殊工种等折算增加的年限；缴费年限不足1年的，按1年计算。第三部分：适当倾斜，2017年12月31日，年满70周岁不满75周岁（已办理退休手续时按规定确认的出生年月计算，下同）、年满75周岁不满80周岁和年满80周岁以上的退休人员，每人每月分别增加15元、30元和60元养老金。同时，综合考虑不同年龄，不同情况人员以往年度倾斜标准等因素，对达到相应年龄的有关人员，再适当增加一定数额的养老金。其中2017年1月1日至12月31日期间达到70周岁、75周岁和80周岁的企业退休人员（不含企业一次性补缴参保人员）每人每月分别增加290元、190元和360元，企业一次性补缴参保人员每人每月分别增加70元、60元和120元，机关事业单位退休人员每人每月分别增加20元、80元和80元。

第五节　职业技能管理

一、资格鉴定

2008年，根据临沂矿业集团职业技能鉴定站年度排定的职工职业技能培训计划，对所有技术工种、技术工人状况进行全面摸底。在此基础上排定计划、逐一进行业务技术培训和鉴定，共对4个专业中的技师4个工种、高级工19个工种、中级工20个工种、初级工2个工种进行鉴定。

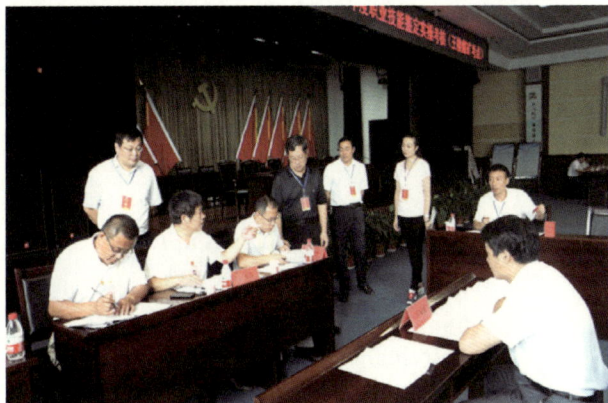

图6-2-3　2016年8月18日，职业技能鉴定答辩现场。

1. 采煤专业：采煤工、采煤机司机、综采放顶煤工、液压支架工、综采设备安装（回撤）工，计4个工种。

2. 掘进专业：巷道掘砌工、综掘机司机、掘进放炮员，计3个工种。

3. 通防专业：矿井通风工、瓦斯检查工，计2个工种。

4. 运搬专业：轨道工、煤矿搬运工、输送机操作工、电机车司机，计4个工种。

5. 机电专业：采掘电钳工、液压支架维修工、矿井维修电工、矿井维修钳工、矿井机械安装工、矿井电器安装工，计6个工种。

2008年—2018年12月，取得职业技能资格证书的职工共计1097人。

表6-2-10　2008—2018年王楼煤矿取得资格证人员数统计表

年度	高级技师	技师	高级工	中级工	初级工	合计
2008	—	—	17	—	1	18
2009	—	—	102	48	256	406
2010	—	—	36	4	29	69
2011	—	—	84	75	71	230
2012	5	6	70	19	59	159
2013	1	11	14	4	1	31
2014	—	6	17	4	1	28
2015	3	17	12	19	—	51
2016	1	8	59	—	—	68
2017	4	9	24	—	—	37
2018	—	—	—	—	—	0
合计:	14	57	435	173	418	1097

表6-2-11 2012—2017年王楼煤矿取得技师及以上职业资格人员统计表

取得时间	部门	姓名	性别	出生日期	技能等级名称	技能等级
2012	综掘工区	侯尤军		1967.07.04	综掘机司机	高级技师
	调度室	马祥志		1974.01.30	采掘电钳工	
	机电工区	阚玉文		1968.02.05	矿井维修电工	
	采一工区	孔祥国		1980.08.17		
	运搬工区	乔立忠		1969.10.30		
	煤质科	史仍方		1977.01.27	采煤工	技师
	安监处	张广迁		1982.06.15		
	办公室	胡彦峰		1980.08.06	巷道掘砌工	
	综掘工区	王锋		1978.09.06	采掘电钳工	
	调度室	王山峰		1979.05.08		
	掘进二工区	刘胜国		1972.02.27	矿井维修钳工	
2013	采一工区	胡建顺	男	1975.01.29	采煤工	高级技师
	采一工区	高长海		1981.01.27		技师
	采一工区	何玉收		1977.06.26		
	机电科	郭守伟		1980.02.04	采掘电钳工	
	掘进一工区	屈相山		1980.05.05		
	机修厂	任应心		1980.04.11	矿井维修钳工	
	机电工区	马伟海		1983.09.01		
	采二工区	赵仁升		1970.09.19		
	掘进二工区	孙忠岩		1969.03.07		
	掘进二工区	于振伟		1987.03.24		
	机电工区	张瑶		1990.06.26		
	机电工区	赵伟国		1978.06.15		
2014	物管科	王玉格		1980.08.17	采煤工	
	劳资科	盛卫俊		1985.02.10		
	开拓工区	时广超		1986.07.31	采掘电钳工	
	机电工区	韩万星		1983.10.24		
	机电工区	朱孟田		1975.06.13	矿井维修钳工	
	保卫科	时帅		1989.07.20		
2015	准备工区	何恩伟		1976.10.26	煤矿机安装工	高级技师
	运搬工区	韩东		1972.10.05	矿井维修钳工	
	准备工区	李兆永		1973.01.01		
	地测科	冯上运		1988.02.11	矿山测量工	技师
	采二工区	李方		1985.10.11	采煤工	
	通防工区	史功喜		1985.11.24	矿井通风工	
	掘进一工区	翟桂龙		1990.12.23	采掘电钳工	

取得时间	部门	姓名	性别	出生日期	技能等级名称	技能等级
2015	掘进一工区	冯广远	男	1968.01.17	矿井维修钳工	技师
	准备工区	张庆		1968.10.01		
	准备工区	胡保民		1979.10.22		
	选煤厂	朱光圣		1985.05.12		
	选煤厂	王浩		1988.12.14		
	选煤厂	申建设		1980.01.12		
	机电工区	刘乐		1990.05.15		
	选煤厂	许广财		1988.01.16		
	机电工区	丁金		1980.06.28		
	机电工区	李新		1987.12.08		
	机电科	刘凯		1986.10.12		
	机电工区	孙建国		1987.11.04		
	机电工区	吴广军		1982.01.08		
2016	机电工区	王学仕		1971.06.15	采掘电钳工	高级技师
	采二工区	张文标		1986.07.13	采煤工	技师
	机电工区	于洁	女	1978.08.10	主提升机操作工	
	机电工区	樊纯成	男	1988.03.29	电机车司机	
	选煤厂	刘志华		1987.01.16	浮选工	
	运搬工区	牛龙		1988.01.16	矿井维修钳工	
	机电工区	董龙涛		1980.05.13		
	机电工区	吴迪		1989.01.10		
	煤质科	王玲钦	女	1987.06.29	煤质化验工	
2017	采二工区	何玉收	男	1977.06.26	采煤工	高级技师
	机电工区	桑艳美	女	1979.01.04	主提升机操作工	
	机电工区	郭守伟	男	1980.02.04	采掘电钳工	
	机电工区	缪萌		1982.04.21	矿井维修电工	
	综掘工区	郝宝文		1988.12.10	巷道掘砌工	技师
	采一工区	季文真		1987.02.27	采煤工	
	采一工区	史高生		1981.12.30		
	掘进一工区	蔡志刚		1988.08.12	采掘电钳工	
	开拓工区	刘夫军		1988.02.28		
	掘进一工区	姜亚平		1989.05.10		
	采煤二工区	郭红涛		1984.10.01		
	选煤厂	孙欢欢		1988.12.04	矿井维修钳工	
	运搬工区	郭延征		1990.08.28	矿井维修电工	

二、比赛与晋升

2010年，根据《关于参与举办第三届临沂市"劳动之星"职业技能竞赛的通知》（临矿劳字〔2010〕42号）要求，王楼煤矿承办综掘机司机工种的比赛，同时组织综掘机司机、采煤机司机、矿井维修电工、矿井维修钳工、车工、瓦斯检查工6个工种参赛。获得综掘机司机、矿井维修电工2个专业一等奖，采煤机司机、瓦斯检查工2个专业三等奖及团体二等奖的成绩；参赛选手共取得一等奖2人，二等奖1人，三等奖3人，同时，获奖人员直接获得技师资格。

2012年，根据《关于举办临沂市第五届"劳动之星"暨山东能源临矿集团第二届职业技能竞赛的通知》（临矿劳字〔2012〕75号），王楼煤矿承办采煤机司机工种的比赛，同时增加矿山测量工、采掘电钳工、电气焊工、矿井通风工4个工种参赛。获得采煤机司机、矿井维修电工2个专业一等奖、团体一等奖、优秀组织奖的成绩。参加选手共取得一等奖2人，二等奖4人，三等奖4人的成绩，同时，获奖人员直接获得技师资格。其中，获得一等奖的2人直接评为临矿首席技师，享受集团公司技师津贴。

图6-2-4 2012年6月17日，临沂市第五届"劳动之星"暨山东能源临矿集团第二届职业技能竞赛现场。

2013年1月23日，王楼煤矿被济宁市人力资源和社会保障局命名为"济宁市技师工作站"。2016年11月8日，济宁市人力资源和社会保障局下发《关于公布保留市级高技能人才培养示范基地和技师工作站、技能大师工作室名单的通知》，对2011年以来通过评估认定的市级技师工作站进行绩效评估，对评估确定为"合格"等次的山东东山王楼煤矿有限公司作出保留的决定。

2014年7月30日，依据《关于举办临沂市第七届"劳动之星"暨山东能源临矿集团第三届职业技能竞赛的通知》（临矿劳字〔2014〕64号），王楼煤矿承办综掘机司机工种的比赛，同时参加煤质化验工、综掘机司机、矿井通风工、采掘电钳工、矿井维修钳工、矿山救护工、安全仪器检测工等7个工种比赛。获得综掘机司机专业一等奖、优秀组织奖的成绩。参加选手共获得一等奖1人，二等奖2人，三等奖6人的成绩；获得一等奖的选手被集团公司授予"首席技师"荣誉称号，获得二等奖和三等奖的选手被集团公司授予"技术能手"荣誉称号；同时，获得一等奖的选手由所在单位向集团公司申报授予"劳动模范"荣誉称号。

2015年8月15日，下发《关于成立技能大师工作室管理领导小组的通知》，成立了领导小组，设置组织管理组、洗选专业组、供电专业组、电钳专业组、和机修专业组等5个培训小组，并制定培训计划。12月，依据《中国煤炭工业协会关于命名第四批煤炭行业技能大师、技能大师工作室的决定》（中煤协会综合〔2015〕171号），命名宋德堂为煤炭行业技能大师及以宋德堂为名的技能大师工作室。

2016年6月，依据山东省人社厅、财政厅《关于印发山东省开展企业新型学徒制试点工作方案的通知》（鲁人社办发〔2015〕82号）文件要求，结合集团公司《企业新型学徒制试点工作方案》（临矿人字〔2016〕44号）文件规定，矿制定了新型学体制培训考核管理办法。7月6日，依据《关于举办临沂市第九届"劳动之星"暨山东能源临矿集团第四届职业技能竞赛的通知》（临矿劳字〔2016〕64号），由王楼煤矿承办采煤机司机司机、矿井测量工2个工种的比赛，同时参加采煤机司机、综掘机司机、矿井测量工、矿井维修钳工、矿山救护工、采制样工、通风安全监测工等7个工种比赛。获得采煤机司机、汽车驾驶2个专业一等奖以及优秀组织奖、优秀组织工作者的成绩。参加选手共取得一等奖2人、二等奖4人、三等奖11人的成绩，同时，获得一等奖的选手被集团公司授予"首席技师"荣誉称号；获得二等奖和三等奖的选手被集团公司授予"技术能手"荣誉称号；同时，获得一等奖的选手由所在单位向集团公司申报授予"劳动模范"荣誉称号。

图6-2-5　新型学徒制实操培训现场。（2018年摄）

2018年3月20日，《关于公布高振勇等574名技师任职资格的通知》（临矿人字〔2018〕49号），王楼煤矿9人获得技师资格证书；《关于陈勇等900名同志颁发职业资格证书批复的通知》（临矿人字〔2018〕48号），王楼煤矿26人获得高级工资格证书；《关于转发鲁煤人教字〔2018〕31号 煤职鉴〔2018〕2号 山东煤炭行业特有工种高级技师职业资格的批复》（临矿人字〔2018〕50号），王楼煤矿4人获得高级技师资格证书。9月27日，根据《临沂矿业集团关于深化"三通道十二台阶"人才攀登工程的实施意见》文件要求，下发《王楼煤矿技能人才管理办法（试行）》（王煤字〔2018〕215号），对技能人才的评聘原则、条件和详细实施方案进行规定，确保畅通技能人才发展通道和优化技能工人队伍结构，实现管理、技术、技能"三通道"的互通互联。10月15日，根据《关于举办临沂市第十一届"劳动之星"暨山东能源临矿集团第五届职业技能竞赛的通知》（临人社办〔2018〕26号）要求，王楼煤矿承办综掘机司机工种的比赛，同时参加综掘机司机、机电设备操作工、矿山救护工、矿井测风工、大数据操作员、电气设备操作工（PLC编程专业）、洗选设备维修工、经济民警等8个工种比赛。获得优秀组织奖。选手中2人获得综掘机司机二等奖、1人获得机电设备操作工三等奖、1人获得矿山救护工三等奖、2人获得电气设备操作工（PLC编程专业）三等奖、1人获得经济民警三等奖、1人获得优秀组织工作者荣誉称号。同日，根据《王楼煤矿技能人才管理办法（试行）》规定，共计聘任初级和中级技能人才289名，其中，中级层次资深技师1人、主管技师3人、技师10人、初级层次高级工、中级工和初级工共计275人。

第六节　社会保险

社会保险金包含养老保险、医疗保险、工伤保险、生育保险和失业保险。截至2018年，王楼煤矿分别在山东省、临沂市、济宁市任城区三地开设社保账户，其中省户主要是担负王楼煤矿建矿前调入职工的养老保险。

2007年1月，在济宁市任城区社会保险处开设社保账户缴纳社会保险金，负责缴纳新参加工作的大中专及技校毕业生以及新调入的地方参保职工社保费。

2009年1月，济宁市因行政区域变化原因，原任城区社保账户转移至市中区社会保险处缴纳。8月，在临沂市社会保险处开设2个社保账户缴纳社会保险金，一个账户负责缴纳省户四险人员社保费，另一账户负责缴纳原草埠公司、恒昌公司及兴元公司等破产单位调入职工社保费。

2013年10月18日，原济宁市市中区、任城区合并设立新的济宁市任城区，原市中区社保业务转移至任城区社会保险处缴纳。

表6-2-12　2007—2018年王楼煤矿社会保险缴费基数统计表

单位：元

年度	济宁		临沂		省属	
	下限	上限	下限	上限	下限	上限
2007	961	4807	791	3955	1344	6720
2008	1142	5712	1008	5039	1545.6	7728
2009	1320	6601	1305	6025	1786.7	8933.5
2010	1484	7422	1383	6916	1994	9970
2011	1686	8432	1585	7923	2198	10987
2012	1900	9498	1872	9360	2439	12195
2013	2129	10643	2015	10075	2683	13415
2014	2383	11913	2257	11286	2912.3	14561.5
2015	2623	13115	2465	12326	3088.5	15442.5
2016	2910	14549	2820	14078	3298	16490
2017	3171	15891	3002	15009	3502.5	17512.5
2018	3465	17326	3172	15860	3719.65	18598.25
2019	3269	16326	3269	16326	3269	16326

一、养老保险

矿养老保险缴纳地包括济南（省筹）、临沂（地筹）和济宁（地筹）三地。

（一）省筹部分

2005年，依据《山东省劳动和社会保障厅山东省财政厅关于调整企业职工基本养老保险个人缴费比例的通知》（鲁劳社〔2005〕2号）规定，养老保险个人缴费比例为8%，单位缴纳比例为20%。

2006年1月1日，基本养老保险个人账户规模由11%调整为8%全部由个人缴费形成，单位不再划入。同时由原来的缴费年限满15年的人员，退休后基础养老金按职工平均工资的20%计发，改为按在岗职工平均工资和本人指数化平均缴费工资的平均值为基数，缴费每满1年发给1%，上不封顶，个人账户养老金由原来按个人账户储存额除以120计发，改为按个人账户储存额除以规定的计发月数执行。计发月数依据人口预期寿命、本人退休年龄、利率等因素，作出统一规定。

2010年9月，单位缴费比例由20%下调至19%。

2011年1月，单位缴费比例由19%下调至18%。

二、医疗保险

临沂地筹，2007年1月，开始在临沂市社会保险处缴纳医疗保险；济宁地筹，2007年1月，在济宁市任城区开设账户缴纳保险金。2009年1月，因济宁市行政区域变化，划归济宁市市中区社会保险处管理。2013年10月18日，因市中区、任城区合并成立任城社会保险事业管理局。

基本医疗保险费用由单位和职工个人共同负担。单位以参保职工上年度缴费工资为基数，按8%的比例缴费，2008年，调整为6%的比例负担。2015年12月，济宁市将单位缴费比例提高为7%，个人按上年度本人缴费工资的2%负担。男职工需缴满30年，女职工需要缴满25年，退休后享受医疗费用的报销并且不缴费。达到退休年龄，但达不到缴费年限的，不足部分由企业统一补交。

单位和个人缴纳的基本医疗保险费形成基本医疗保险基金，用于建立基本医疗保险统筹基金和个人账户。分年龄按不同比例计入个人账户，即45周岁及以下按3.3%计入，45周岁以上按4%计入，退休人员个人账户以本人上年度退休金为基数，按4.5%从单位提取的基本医疗费中划入。

门诊慢性病补助起付标准：临沂地筹600元，济宁地筹1000元。在一个自然年度内基本医疗保险统筹基金支付门诊慢性病和住院费的最高限额由8万元提高到10万元。

一二三级医院住院医疗费起付标准自2015年12月调整为400元、500元、600元，在职职工统筹基金支付比例分别为90%、85%、85%，退休人员比在职职工分别提高5个百分点。

大额救助金待遇：在济宁参保人员每月个人缴纳3元，单位缴纳5元；在临沂参保人员个人不缴纳费用，单位每月缴纳5元。如医疗费用发生在3万元以上，10万元以下的部分；个人负担10%，救助支付90%，退休个人负担5%，救助金支付95%，超过10万元以上的部分；个人负担20%，单位负担30%，救助支付50%，退休个人负担10%，单位负担30%，救助支付60%。

2015年12月26日，在济宁参保人员由原每月个人缴纳3元、单位缴纳5元提高为每月个人4元、单位6元，每年1月一次性扣除全年大额救助金。在一个自然年度内，超过基本医疗保险统筹基金最高支付限额以上部分，由职工大病医疗保险基金支付90%，支付限额由原17万元提高到35万元。在一个自然年度内基本医疗保险统筹基金和职工大病医疗保险基金支付医药费用最高限额由25万元提高到45万元。

在临沂参保人员个人不缴纳费用，仅由单位每月缴纳5元。如医疗费用发生在3万元以上，10万元以下的部分，个人负担10%，救助支付90%，退休个人负担5%，救助金支付95%。超过10万元以上的部分，个人负担20%，单位负担30%，救助支付50%，退休个人负担10%，单位负担30%，救助支付60%。

2018年5月8日，关于印发《王楼煤矿大病、大灾、大难长效帮扶办发（试行）》（王煤发〔2018〕21号）的通知，对于在册职工（含职工直系亲属，配偶和子女）对个人担负额超过30000元以上部分给予补助。

2018年10月1日，根据集团公司人力资源处（关于解决拖欠华建公司借用人员费用有关问题的请示）纪要对华建公司劳务输入王楼煤矿职工2015—2017年期间的医疗、慢性病未报销费用进行清算，医疗31人次，共计374847.84元；慢性病4人次，共计11648.92元。该费用由矿统计，集团公司人力资源处医保中心审核、审批由矿直接将法定报销部分支付给职工本人。

三、工伤保险

以参保单位职工上年度缴费工资为基数，单位部分按2%的比例承担。职工因工负伤、致残及死亡的，凡符合报销要求的费用均由参保地工伤保险基金承担。依据《劳动保险条例》规定，职工因工负伤后，应在劳动部门指定的医院治疗。职工在医疗期间工资照发，其他待遇不变。治疗终结后，个人提出申请劳动能力鉴定。依据鉴定结果由工伤保险基金支付一次性伤残津贴。

2010年12月8日，国务院第136次常务会议通过《国务院关于修改〈工伤保险条例〉的决定》，自2011年1月1日起施行。主要对以下几条进行修改和补充：

（一）从工伤保险基金按伤残等级支付一次性伤残补助金，标准为：一级伤残为27个月的本人工资，二级伤残为25个月的本人工资，三级伤残为23个月的本人工资，四级伤残为21个月的本人工资。七级伤残为13个月的本人工资，八级伤残为11个月的本人工资，九级伤残为9个月的本人工资，十级伤残为7个月的本人工资。

（二）工伤职工达到退休年龄并办理退休手续后，停发伤残津贴，按照国家有关规定享受基本养老保险待遇。基本养老保险待遇低于伤残津贴的，由工伤保险基金补足差额。

（三）从工伤保险基金按伤残等级支付一次性伤残补助金，标准为：五级伤残为18个月的本人工资，六级伤残为16个月的本人工资。

（四）经工伤职工本人提出，该职工可以与用人单位解除或者终止劳动关系，由工伤保险基金支付一次性工伤医疗补助金，由用人单位支付一次性伤残就业补助金。

（五）劳动、聘用合同期满终止，或者职工本人提出解除劳动、聘用合同的，由工伤保险基金支付一次性工伤医疗补助金，由用人单位支付一次性伤残就业补助金。一次性工伤医疗补助金和一次性伤残就业补助金的具体标准由省、自治区、直辖市人民政府规定。"

（六）一次性工亡补助金标准为上一年度全国城镇居民人均可支配收入的20倍。

2011年4月1日，下发《关于工伤职工医治期间有关规定》（王煤字〔2011〕39号），对工伤职工的借款、请假等程序作出明确的规定。

2015年6月，济宁市工伤职工工伤鉴定时间由原来的治疗终结即可进行鉴定，调整为自工伤认定书认定之日起满6个月后进行鉴定。

2015年9月30日，下发《关于工伤职工停工留薪期的有关规定》（王煤劳字〔2015〕48号），明确工伤停工留薪期期限和待遇执行，制作《职工停留薪期通知书》，保障职工权益。

2015年11月，济宁市、临沂市工伤保险费率由2%下调为1.9%。

2016年4月8日，下发《王楼煤矿工伤管理规定》（王煤劳字〔2016〕70号），对2015年下发的《关于工伤职工停工留薪期的有关规定》进行补充，对于工伤职工明确各部门的工作职责和流程。

2018年8月，依据《关于继续阶段性降低社会保险费率的通知》（鲁人社发〔2018〕37号）通知要求，2018年5月1日—2019年4月30日，工伤保险缴费比例降低50%，由原来缴费基数的1.9%调整为0.95%。

四、生育保险

生育保险费按国家相关规定依据上年度本单位职工工资总额的1%提取，全部由单位负担，个人不缴费。具体规定为：

（一）符合国家计划生育政策生育或者实施计划生育手术。

（二）所在单位按照规定参加生育险，并于生育前按时为职工连续足额缴纳生育险费12个月。

（三）参加生育保险男职工的配偶无工作单位，符合报销条件的，其生育医疗费用，按照规定的生育医疗费标准的50%，在职工所选择的生育定点医院进行即时联网结算。已通过城乡居民医疗保险等其他渠道结算生育医疗费用的，生育保险基金不再支付。男职工无生育津贴。

（四）异地生育或实施计划生育手术报销生育医疗费职工，在异地生育前需向社会保险经办机构提出申请，填写《济宁市职工生育保险异地生育申请表》，进行异地生育备案。因急诊等特殊情况在非生育保险定点协议医疗机构生育的，需在5日内向社会保险经办机构告知备案，未经审批异地生育，所发生的各类费用，生育保险基金不予支付。

2008年，依据《济宁市企业职工生育保险办法》（济政办发〔2008〕2号）和《临沂市企业职工生育保险规定》（临劳社发〔2008〕1号）文件通知要求开始执行生育津贴。2008年以前，在济宁参保人员女职工生育，享受报销住院费用，享受2000元津贴。在临沂参保人员不享受生育优惠待遇，由单位支付2000元的补助。自2009年1月起，临沂、济宁社会保险处按职工本人上年度月平均缴费工资除以30天乘以产假天数计发放生育津贴，并按相关规定报销生育医疗费。

2013年6月，临沂、济宁两地生育津贴标准调整为按用人单位上年度月平均缴费工资除以30天乘以产假天数计发放生育津贴。

2012年6月，济宁参保职工在生育保险定点医疗机构发生的符合基本医疗保险《药品目录》《诊疗目录》《服务设施目录》和《济宁市生育保险怀孕检查基本项目》（济人社发〔2012〕28号）范围的生育医疗费，由社会保险经办机构与定点医疗机构实施联网即时结算。临沂参保职工仍按原规定执行。

2015年11月，济宁市、临沂市生育保险费率由1%下调为0.5%。

2018年10月1日，根据集团公司会议纪要对华建公司劳务输入王楼煤矿职工2015—2017年期间的生育未报销费用进行清算，共6人，合计147584.85元。

五、失业保险

失业保险费用由单位和个人共同负担，缴费基数是职工上年度月平均工资额。个人缴纳的部分在职工发放工资时代扣代缴。缴费比例为：单位为2%、个人为1%。

2012年9月，参保单位按1%、个人按0.5%的缴费比例缴费，执行期限至国家修订《失业保险条例》正式实施之日。

2015年，依据《关于转发鲁人社发〔2015〕23号文件做好失业保险支持企业稳定岗位有关问题的通知》（临人社发〔2015〕18号）文件，按照失业金缴纳总额的30%比例申请稳岗补贴171373元。

2016年，依据《关于转发鲁人社发〔2015〕23号文件做好失业保险支持企业稳定岗位有关问题的通知》（临人社发〔2015〕18号）文件，按照失业金缴纳总额的50%为比例申请稳岗补贴288445.99元。

2017年，根据临沂市文件规定，依据《山东省煤炭工业局 山东煤矿安全检查局关于全省煤矿严格按重新确定的生产能力组织生产的通知》（鲁煤规发〔2016〕32号）文件，按照失业金缴纳总额的70%比例申请稳岗补贴403260元。4月，济宁市、临沂市失业保险缴费费率对单位和个人缴费做了部分调整，单位缴费比例由原来的1%降至0.7%，个人缴费比例由原来的0.5%降至0.3%，降低费率期限执行至2018年4月30日。

2018年，依据《山东省煤炭工业局 山东煤矿安全检查局关于全省煤矿严格按重新确定的生产能力组织生产的通知》（鲁煤规发〔2016〕32号），按照失业金缴纳总额的70%比例申请稳岗补贴514361元。8月，依据《关于继续阶段性降低社会保险费率的通知》（鲁人社发〔2018〕37号）通知要求，2018年5月1日—2019年4月30日，失业保险继续按照单位0.7%，个人0.3%缴纳。

六、社会保障卡

社会保障卡是经国务院批准，由人力资源社会保障部门面向参保人员统一发行，应用于人力资源社会保障各项业务领域的金融IC卡。社保卡正面带有持卡人照片、身份证号码及社会保障卡卡号，具有唯一性，可有效保障职工权益。

2013年5月，临沂、济宁开始进行社会保障卡的采集工作。6月，劳资社保科根据两统筹地人社局要求，对矿内济宁参保人员进行信息和照片采集工作，并于7月将材料统一上报至济宁市市中区人力资源和社会保障局。

2018年12月31日，社保卡已经涵盖矿所有参保职工。

七、住房公积金

住房公积金是单位及其在职职工缴存的长期住房储金，是住房分配货币化、社会化和法制化的主要形式。职工个人缴存的住房公积金以及单位为其缴存的住房公积金，实行专户存储，归职工个人所有。住房公积金由矿和个人共同负担，单位缴纳的和个人缴纳的部分均是以职工上年度月平均工资为缴费基数。其中，个人缴纳10%部分在职工发放工资时代扣代缴，每月中旬会同单位缴纳10%部分共同缴存至济宁市住房公积金管理中心。

2002年，依据《关于统一全局住房公积金执行标准的通知》（临局总字〔2002〕14号），职工和单位住房公积金的缴存标准为：职工个人25元/人/月，单位相应补助25元/人/月。职工个人缴存的住房公积金，由单位从工资中代扣，并按时上交局住房资金管理中心。

2006年，依据《关于调整住房公积金缴存标准的通知》（临矿总字〔2006〕18号），职工住房公积金单位和个人缴存比例为5% ～ 10%，每月缴存一次。单位和个人分别执行10%缴存比例的单位，2006年度单位住房公积金月缴存额最高不得高于615元，最低不得低于123元。11月21日，依据《临矿集团职工住房公积金管理办法》（临矿总字〔2006〕63号），对职工住房公积金的归集进行说明。职工住房公积金个人缴纳部分由单位依据上报核定的缴交基数从职工发放工资中代扣，于发放工资5日内会同单位补助部分一并转缴集团公司住房资金管理中心。集团公司住房资金管理中心收到各单位缴来的职工住房公积金审核后，转交到临沂市住房公积金管理中心罗庄区管理部。

2008年4月，在济宁市住房公积金管理中心开立账户，此后新入矿人员的住房公积金统一缴纳至济宁。

2013年5月3日，济宁市住房公积金管理中心下发《关于完善个人住房公积金贷款担保方式的通知》（济住管字〔2013〕2号），确定济宁市个人住房公积金贷款在执行的担保公司担保和质押2种担保方式的基础上，增加个人信用（自然人）担保和房产抵押2种担保方式。

2014年11月10日，济宁市住房公积金管理中心下发《关于实行异地住房公积金个人住房贷款业务的通知》和《关于调整住房公积金个人个人住房贷款条件的通知》，作出了实行异地贷款的规定和调整："一是调整住房公积金个人住房贷款条件。将住房公积金个人住房贷款的现行条件中，'按时足额缴存住房公积金在1年以上（包括1年）'调整为'连续足额缴存住房公积金6个月（含）以上'。二是异地缴存时间可合并计算。对曾经在异地缴存住房公积金、在现缴存地缴存不满6个月的，根据原缴存地住房公积金管理机构出具的缴存证明，只要在时间上前后接续，可合并计算缴存时间。三是因工作调动造成断缴的，在现缴存单位一次性全额补缴所欠住房公积金后，可视为按月连续缴存"。

2015年1月30日，济宁市住房公积金管理中心下发《关于调整住房公积金个人贷款担保政策的通知》（济住管字〔2015〕2号），取消强制性机构担保收费。3月1日，济宁市住房公积金管理中心下发《关于提高房公积金个人住房贷款最高额度业务的通知》（济住管字〔2015〕1号），规定住房公积金个人住房贷款最高额度由20万～30万元提高至40万元。4月10日，济宁市住房公积金管理中心下发《关于调整住房公积金个人住房贷款首付款比例的通知》（济住管字〔2015〕2号），确定首套房最低首付款比例为20%，二次购房最低首付款比例为30%。5月4日起，临沂市住房公积金个人贷款最高限额由原来的30万元提高至40万元。9月1日，济宁市住房公积金管理中心将二次购房首付款比例由30%降至20%。

2016年6月15日，临沂市市住房公积金管理委员会决定将个人住房贷款最高额度由40万元提高至50万元。

2017年7月1日，依据《临沂矿业集团有限公司关于调整2017年度住房公积金缴存基数及有关事项的通知》（临矿人字〔2017〕109号），王楼煤矿将职工住房公积金个人和单位缴存比例调整至12%。

截至2018年12月31日，一年期以内住房公积金贷款利率为1.75%，一至五年期贷款利率为2.75%，五至二十五年期贷款利率为3.25%。

表6-2-13 2008—2018年王楼煤矿住房公积金缴费基数统计表

单位：元

年度	人数	年度上限	年度下限	月度上限	月度下限
2008.07—2009.06	1089	5937	1142	593.7	114.2
2009.07—2010.06	1123	6996	1320	699.6	132
2010.07—2011.06	1193	7749	1484	774.9	148.4
2011.07—2012.06	1292	8793	1585	879.3	158.5
2012.07—2013.06	1324	9903	1872	990.3	187.2

年度	人数	年度上限	年度下限	月度上限	月度下限
2013.07—2014.06	1261	11088	2015	2217.6	403
2014.07—2015.06	1260	11826	2257	2365.2	451.4
2015.07—2016.06	1326	12325	2623	2465	524.6
2016.07—2017.06	1525	13518	2910	2703.6	582
2017.07—2018.06	1461	14340	3178	3441.6	762.72
2018.07—2018.12	1426	15477	3465	3714.48	831.6

注：2010年5月，因华建劳务派遣人员大部分在临沂市长期居住，由矿直接在临沂市住房公积金管理中心罗庄区分部设立账户为其统一缴纳公积金。

第七节　人力资源系统

2010年1月14日，根据《临矿集团关于实施人力资源管理系统的通知》（临矿劳字〔2009〕194号）要求，下发《关于建立人力资源管理系统的通知》（王煤劳字〔2010〕1号），规定6月30日前系统所需资料的搜集与录入等工作。人力系统于10月试运行。

2011年1月，除劳动定额板块以外，人力资源规划、人员管理、劳动合同、薪酬核算及统计报表等板块均已运行，且正常使用。

2017年10月2日，根据集团公司采集信息要求，对全矿职工的信息进行采集，并每周向集团公司人力资源处汇报工作进度，累计整理采集信息32000条。11月6—10日，集团公司在军城军城培训基地组织人力资源共享服务平台人事管理模块上线试运行培训班。

2018年1月3日，人力资源共享平台"薪酬管理"模块上线运行。5月1日，人力资源共享服务平台"统计分析"和"社保管理"模块上线试运行。7月7日，按照集团公司要求重新采集人力资源共享服务平台员工工作照。11月20日，作为人力资源共享服务平台"劳保用品"管理模块第一批试点单位正式推广应用。

第三章　洗选运销

第一节　管理机构

一、机构人员

2007年7月5日，成立煤质管理科，设副科长1人，管理人员2人。

2010年3月16日，增设科长1人。

2013年7月17日，增设副科长1人。

2015年8月20日，集团公司机构改革，原属集团公司煤质处采样工8人分流至煤质管理科。

2016年2月，实施王楼、军城"一矿两井"管理模式后，原王楼矿井煤质科与原军城矿煤质科合并，合并后设科长1人、副科长4人、管理人员2人。

截至2018年12月31日，煤质科共有管理人员5人，其中科长1人，副科长3人，管理人员1人。

二、制度建设

煤质管理科主要负责矿井商品煤及原煤的采制样及化验工作。商品煤质量制备和检测，严格按照国标GB/474–1996《煤样的制备方法》和国标GB/475–1996《商品煤样采取方法》规定执行。商品煤的检测项目有：全水分、灰分、分析水分、全硫、挥发分、发热量等。化验人员严格按照GB/T211–2007《煤中全水分测定方法》、GB/T212–2008《煤的工业分析方法》、GB/T213–2008《煤的发热量测定方法》等国家标准执行化验任务。化验室建立仪器设备使用管理制度及仪器设备台账。

三、设备

2018年，根据实际情况配齐监测设备。

表6-3-1　2018年王楼煤矿采制化设备明细表

设备名称	型号	数量（台）	功能
电子天平	BSA124S	1	称重
	CPA124S		
	CPA124S		
自动量热仪	5E-AC8018		测热值
	5E-C5500		
	5E-C5500 双控型		

设备名称	型号	数量（台）	功能
自动定硫仪	YX–DL/A8500		测硫
	YX–DL/A8500		
智能马弗炉	5E–MF6000		测灰分
单片灰（挥发）分仪	YX–MFL7301		
	YX–MFL7301		
电热恒温鼓风干燥箱	DHG9077A		干燥
密封锤式破碎机	HTOS–250×360B 型	1	制样
	KERP–180×150B		
快速压紧粉碎机	KER–F200A		
密封式制样粉碎机	KER–1/100A		
密封锤式破碎机	KER–1180×150B		
锤式破碎机	5EHC250×360		
数显电热鼓风干燥箱	101–2E 型		干燥
二分器	KER–86 型	2	缩分
标准检验筛	—	1	
二分器	KER–86 型		
不锈钢二分器（大号）	HT–2008 型		
不锈钢二分器（小号）	HT–2008 型	2	
二分器	KER–86 型		
自动采样机	CYP 型	1	自动采样
自动采样机	5E–CYH 型		

第二节　洗选加工

一、选煤厂建设

（一）洗选工艺设计

2008年，由济南设计研究院根据王楼矿井的原煤煤质情况对选煤厂的洗选工艺进行设计。

1. 选煤工艺

大于50毫米块煤动筛排矸，50～0毫米原煤无压三产品重介旋流，小于1.0毫米TBS煤泥分选机分选，细煤泥压滤回收的联合工艺。

2. 生产工艺

矿井原煤进直径50毫米分级筛，筛上大于50毫米物料进动筛跳汰分选，分选出块精煤和块矸石两种产品，块煤破碎到小于50毫米后掺入筛下物料作为原煤。保留原有手选系统作为备用系统。

50—0毫米原煤进入无压三产品重介旋流器洗选，生产出精煤、中煤和矸石3种产品。选后精、中、矸3种产品经脱介筛脱介、脱水，精煤、中煤再由离心机脱水后作最终产品。

精煤弧形筛合格介经分流箱分流，一部分与精煤、中煤、矸石脱介筛合格介质返回合格介质桶循环使用。一部分与精煤磁选机，煤泥分选机溢流与精煤脱介筛稀介、精煤离心液进精煤磁选机，磁选精矿进合介桶，磁选尾矿经浓缩分级及旋流后进入煤泥分选机分选，煤泥分选机溢流经精煤泥弧形筛、煤泥离心机脱水后精煤泥掺入主选精煤中。中矸脱介筛稀介、

图6-3-1　王楼煤矿选煤厂精煤脱介筛。（2014年摄）

中煤离心机离心液进中矸磁选机，磁选精矿进合介桶，尾矿与煤泥分选机底流经弧形筛脱水后筛上物进高频筛脱水，高频筛筛上物进煤离心进一步脱水后作为洗混煤。煤泥和中矸浓缩、分级旋流器溢流、高频筛筛下水、精中煤泥弧形筛筛下水、煤泥弧形筛筛下水、煤泥离心机离心液一同进浓缩机。煤泥水经浓缩机浓缩，溢流做循环水使用，底流用压滤机回收，达到洗水闭路循环，煤泥厂内回收，洗水不外排。

（二）土建工程

2007年，选煤厂的土建由山东华鲁建安集团公司负责施工。

（三）设备安装

2008年7月7日，山东临沂华建集团公司开始设备安装。

2009年7月3日，矿区质监站组织建设单位、监理公司、施工单位对选煤厂进行单位工程认证，选煤厂具备项目验收条件。

表6-3-2　2018年12月王楼煤矿选煤厂设备汇总表

设备名称	型　号	选用台数	备注
动筛跳汰机	YDT15/30 入料粒度：50 ~ 300mm，$F = 3.0m^2$ $Q = 108t/h$。	1台	
块煤破碎机	2GPL — 500×1200，$Q = 108t/h$，出料粒度＜50mm		
无压三产品重介旋流器	WTMC1100/780mm，$Q = 190t/h$，入料粒度＜50mm，介质压力 0.12 ~ 0.25Mpa		
精煤脱介筛	直线筛 ZK3061，$F = 18.3m^2$ Ø1.0mm，$Q = 83t/h$		
精煤离心机	TLL–1000A Ⅲ，入料粒度 50 ~ 0mm，$Q = 83t/h$		
中煤脱介筛	直线筛 ZK2445，$F = 10.8m^2$，Ø1.0mm，$Q = 52t/h$		
矸石脱介筛	直线筛 ZK2445，$F = 10.8m^2$，Ø1.0mm，$Q = 33t/h$		
中煤离心机	TLL–900A Ⅲ，入料粒度 50 ~ 0mm，$Q = 62t/h$		
磁选机	HMDA–6，914mm×2972mm，	3台	

设备名称	型 号	选用台数	备注
煤泥分选机（TBS）	Φ2100mm，Q = 18t/h	1	
煤泥离心机	TLLN−720，回收粒度：> 0.25mm，Q = 8t/h		
浓缩机	GZN−22，φ22m，380m^2		1台备用
压滤机	KZG300/1.5 × 2.0 − U，F = 300m^2 Q = 15t/h	2	

二、选煤厂运行与改造

2009年2月6日，选煤厂开始进行单机调试、设备联合运转、系统带水调试和系统带料调试。2月15日，选煤厂完成系统调试，转入试生产。6月，选煤厂压滤车间安装了1台型号为KZG350/1.5×2.0−U压滤机以提高煤泥的压滤能力，同时采用聚合氯化铝铁+聚丙烯酰胺混凝的药剂加强煤泥水沉淀。

2010年，选煤厂分别更换1台ZKK3061型精煤脱介筛和1台ZKK2445型矸石脱介筛，同时对无压三产品重介旋流器进行调头改造。

2011年，为完善粗精煤煤泥回收工艺，提高回收效率，选煤厂将粗精煤泥回收弧形筛更换成高频电磁筛。是年，对已经老化的中煤脱介筛和中煤离心机进行更换。

2012年，为完善洗选工艺，提高选煤厂产能，经集团公司批准投资1200余万元，新建浮选车间，并对主洗系统进行升级改造。整个项目包括新建浮选车间1座，更换无压三产品重介旋流器、精煤脱介筛、矸石脱介筛和精煤离心机各1台。

2013年2月，竣工。改造后选煤厂的入洗能力达到1.8万吨/年。7月，选煤厂进行外购煤配洗的尝试，通过配洗大大提高了煤炭洗选的经济效益。

2018年，为完善煤泥处理工艺，提高洗选效率，经集团公司批准投资500余万元，对煤泥浮选系统和尾煤泥回收系统进行了升级改造。该项目包含增加二次浮选工艺和增加卧式沉降离心机回收粗颗粒煤泥掺入混煤销售2个环节，共包含三槽浮选机和卧式沉降离心机各1台及配套渣浆泵和管道。10月，竣工投产。改造后精煤回收率提高1%，洗混煤回收率提高2%，尾煤泥回收率降低3%。

第三节　煤质管理

一、管理机构

2007年7月8日，矿井成立煤质领导管理小组，矿长任组长，各副矿长任副组长，下设煤质管理办公室，办公室设在生产科，生产科科长兼任办公室主任。2009年2月，改为煤质管理领导小组。

2015年7月，煤质管理领导小组由下设煤质管理办公室改为下设煤质督查小组，生产副总任组长，调度室主任、煤质管理科科长任副组长，各专业副总、安全生产科室、工区及选煤厂负责人任小组成员。以后每年对煤质管理领导小组和煤质督查小组进行调整。

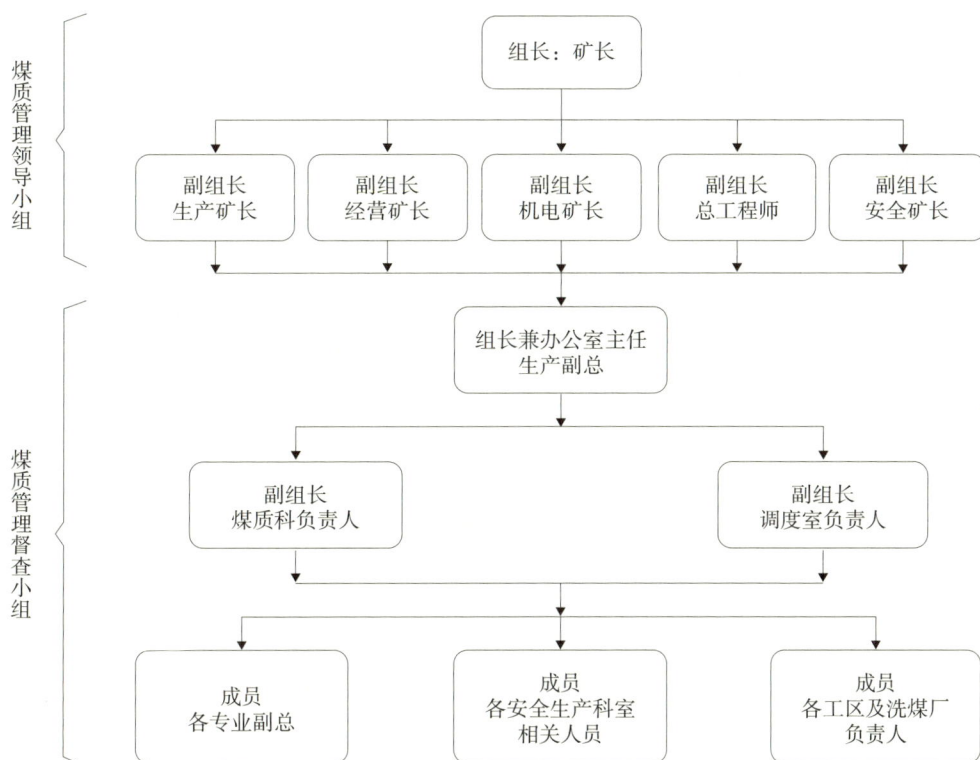

图6-3-2 煤质管理体系如图。

二、管理制度

2007年7月5日，建立采样台、制样室、化验室，由临沂矿业集团煤炭运销公司中心化验室派专业采样人员和化验人员对商品煤进行煤样制备和化验，本矿配有采样3人，化验2人，负责对商品煤采制化过程进行监督，同时负责矿内各煤种的煤样制备和化验。7月23日，制定《王楼煤矿煤炭质量管理办法》。11月1日，制定《王楼煤矿四季度煤制管理考核办法》，规定全月原煤综合加权平均发热量不低于4700大卡/公斤，全水分不超过8%。

2008年1月22日，下发《王楼煤矿煤炭质量管理办法》（王煤字〔2008〕28号），规定全月原煤综合加权平均发热量不低于4600大卡/公斤，全水分不超过8%。

2009年2月1日，下发《王楼煤矿煤炭质量管理办法》（王煤字〔2009〕10号），规定全月原煤综合加权平均发热量不低于4300大卡/公斤，全水分不超过8%。年底，选煤厂成立并运行，销售煤种由原煤调整为洗精煤、洗混煤、煤泥、洗矸。

2010年1月15日，下发《王楼煤矿煤炭质量管理办法》（王煤字〔2010〕27号），规定洗精煤产出率＝月平均发热量/107%，洗精煤全水分大于5%、灰分大于8.2%小于9%，洗混煤发热量不得低于4500大卡/千克，全水分不得超过8%，煤泥发热量不得低于2600大卡/千克，全水分不得超过25%，洗矸发热量不得高于500大卡/千克。

2011年1月3日，下发《王楼煤矿煤炭质量管理办法》（王煤字〔2011〕10号），规定全矿原煤月平均发热量不得低于3800大卡/公斤，精煤全水月加权平均不得低于6.0%且不能高于9.0%，销售精煤灰分月加权平均不得低于8.5%，不得高于9%。11月，运销公司化验室与矿化验室分开，商品煤煤样一式两份进行化验，化验数据在误差范围内，以运销公司化验室化验结果为准。

2012年2月6日，下发《王楼煤矿煤炭质量补充管理办法》（王煤字〔2012〕27号），规定取消对煤质管理小组原煤月平均发热量的考核规定，考核改为精煤月平均回收率。精煤月回收率在38%～44%时，对选煤厂及煤质管理小组不奖不罚。

2013年2月15日，下发《王楼煤矿煤炭质量管理办法》（王煤字〔2013〕22号），精煤月回收率在38%～44%时，对选煤厂及煤质管理小组不奖不罚。

2014年3月7日，下发《王楼煤矿煤炭质量管理办法》（王煤字〔2014〕50号），规定销售精煤灰分月加权平均不得低于8.5%，不得高于9%，销售精煤水分月加权平均不得低于5.5%，不得高于9%，洗矸采样发热量不得高于400大卡/公斤。

2015年7月26日，下发《王楼煤矿煤炭质量管理办法》（王煤字〔2015〕84号），规定确保全年原煤平均发热量不低于集团公司下达的指标4100大卡/千克，全水分控制指标为8%以内。9月，集团公司机构改革，原临沂矿业集团煤炭运销公司驻王楼煤矿化验室撤销，仪器设备划拨矿井使用，矿井原煤质科化验设备划拨选煤厂使用，商品煤化验权交至矿井。化验权交至矿井后，为保证化验结果的真实性，商品煤煤样一式两份分别交煤质科化验室、选煤厂化验室共同化验，商品煤最终结算数据以煤质科化验室化验结果为准。同时由集团公司煤质处监督考核，并定期抽检商品煤煤样。

2016年3月5日，下发《王楼煤矿煤炭质量管理办法》（王煤字〔2016〕52号），规定确保全年原煤平均发热量不低于集团公司下达的指标4100大卡/千克，全水分控制指标为8%以内。

2017年2月20日，下发《王楼煤矿煤炭质量管理实施细则》（王煤字〔2017〕45号），规定确保全年原煤平均发热量不低于集团公司下达的指标4300大卡/千克，全水分控制指标在8.0%以内。

2018年继续执行《王楼煤矿煤炭质量管理实施细则》（王煤字〔2017〕45号）相关要求，同时增加毛煤含杂率不大于75公斤/万吨的考核指标。

表6-3-3　2007—2018年王楼煤矿原煤发热量一览表

单位：大卡/千克

年度	原煤发热量
2007	4715
2008	4637
2009	4519
2010	4541
2011	4013
2012	4158
2013	4276
2014	4155
2015	4177
2016	4402
2017	4325
2018	4263

第四节　运销管理

自投产以来，所有煤种由临沂矿业集团煤炭运销公司统一销售。运销公司下设驻矿办事处，负责上报产量并传达发运计划。同时在矿设置化验室，派驻采制样人员，为煤质管理提供保障。

2015年8月，集团公司机构改革，运销公司原驻矿采样员、化验员分流，商品煤采样权、化验权移交矿井。商品煤质检结果以矿煤质科采样、化验结果为准，化验结果由集团公司煤质处监督考核并不定期抽检煤样，确保采制化过程规范、公正。

一、煤炭产品及销量

2007年7月1日至2009年2月15日，主要销售煤种为混煤。

2009年2月15日，选煤厂建成试运行后，商品煤销售品种调整为洗混煤、洗精煤、煤泥。

表6-3-4　2007—2018年王楼煤矿商品煤种类及销量一览表

单位：吨

年度＼煤种	混煤	洗混煤	洗精煤	煤泥
2007	302060.9	—	—	—
2008	675167.1	—	—	—
2009	—	141986.25	291872.47	—
2010	—	173685.16	503031.61	—
2011	—	179554.13	546280.76	—
2012	—	144329.12	631152.46	—
2013	—	212707.88	784267	—
2014	—	155711.08	862060.49	27800.55
2015	—	178125.04	715910.42	139809.06
2016	—	168897.27	797066.08	101626.32
2017	—	150792.58	868305.86	83843.42
2018	—	235391.36	731456.27	96615.55

二、煤炭产品价格

按照集团公司统一部署，执行精煤固定价格，其他商品煤品种以质计价政策。

2014年11月26日，根据山能营销中心临沂营销处通知要求，煤泥作为副产品不再属于统销范畴，由矿井自行定价销售。

表6-3-5　2007—2018年王楼煤矿商品煤价格一览表

单位：元/吨

年度 \ 煤种	混煤	洗混煤	洗精煤	煤泥
2007	445.73	—	—	—
2008	478.30	—	—	—
2009	—	423.30	813.23	198.06
2010	—	487.02	1012.15	196.98
2011	—	409.18	1132.30	294.21
2012	—	400.33	948.67	224.85
2013	—	372.00	773.46	142.49
2014	—	271.96	595.02	96.11
2015	—	228.49	445.27	80.63
2016	—	295.75	586.08	152.08
2017	—	441.45	842.29	166.76
2018	—	437.92	906.45	202.52

三、煤仓及储煤场

2005年12月31日，建成原煤仓2座，存储能力为4800吨。

2006年9月12日，建成块煤仓1座，存储能力600吨/座。

2008年4月18日，建成码头精煤仓2座，存储能力分别为500吨和700吨；10月10日，建成商品煤煤仓3座，其中精煤仓2座，存储能力2200吨、中煤仓1座，存储能力1200吨；12月8日，建成矸石仓1座，存储能力300吨。截至2016年12月31日，共有煤仓9个，存储能力合计10300吨。

2012年7月，矿区新增加露天储煤场1个，设计存储能力为20000吨，主要用于地煤的散堆和回堆以及外购煤的入洗、掺配、发运等。

2016年11月，根据生产系统调整的需要，矸石仓拆除。

2018年2月，根据济宁市政府相关要求，矿井开始封闭式煤场的建设工作。6月23日，封闭式煤泥棚开始施工建设。采用独立基础、网架结构，建筑面积4676平方米，檐高14.96米，10月31日建成并投入使用。6月28日，封闭式配煤棚开始施工。采用独立基础、网架结构，建筑面积6000平方米，檐高16.37米，11月29日建成并投入使用。

图6-3-3　王楼煤矿封闭式煤场。（2018年摄）

四、装运管理

（一）地销管理

2007年7月20日，制定《地销原煤装运管理办法》，规定严格按照装车标准进行装车，做到无超吨或亏载。

2010年2月19日，制定《码头装运管理办法》，明确指出为提高装船效率，保证装船安全可靠，定期对皮带秤进行调校维护，做到每日一检查，每旬一维护。

2012年3月5日，制定《商品煤装运管理办法》，规定放仓人员装车根据派车单所派煤种进行装车，严禁混装、错装；司磅员根据派车单所填煤种，确认相应的公司名称进行打印，严禁打错煤种及公司名称；地磅人员检查车辆车厢内是否有杂物，发现有杂物者不过磅；发现储运设备有沙、石及其他杂物的，一律清理干净再装车；严禁对发运单据的煤种、数量、客户名称进行涂改。

2016年11月，为进一步提高发运效率，规范煤场发运秩序，矿井开展了无人值守运销远程控制系统的建设项目，项目概算投入300万元。2017年6月28日，系统建成并投入运行，该系统由煤炭运销管理信息系统、集中控制系统、道路门闸控制系统、汽车衡称重防作弊系统、煤炭定量装车系统、视频语音对讲系统等6个子系统组成。各个子系统通过1000M系统专用工业环网串联运行，实现对矿井产、销、存的无人化、智能化、自动化控制。

图6-3-4　王楼煤矿运销远程自动化控制系统集控室。
（2019年摄）

（二）码头运销

1. 码头建设

王楼煤矿距离京杭运河主河道仅有7千米，通过蔡河与其相连，水路运输优势十分明显。

2004年12月3日，临沂矿务局王楼矿井筹建处向济宁市任城区政府提出《关于王楼矿井建设煤炭专用码头的请示》（临局王筹便字〔2004〕19号）。同年12月7日，济宁市任城区政府批复同意建设。

2005年9月，济宁运河水运工程规划设计院提出《王楼矿井专用煤码头工程——工程可行性报告》，并于11月，对煤码头工程进行初步设计。5月18日，通过济宁市任城区交通局审批。5月31日，通过济宁市航运管理局审批。

2006年6月7日，通过济宁市发展和改革委员会审批。

2007年8月15日，煤码头工程开始动工，此工程主要包括煤码头、煤码头储煤仓、煤码头栈桥。

2008年12月20日，下发《山东东山王楼煤矿有限公司关于矿井专用煤码头试运行的报告》（王煤字〔2008〕164号），开始试运行。

煤码头建于蔡河河畔，包括一个1000吨级船泊位及相应的港池和航道、72米长码头、755米皮带栈桥、2座专用储煤仓，设计泊位通过能力为100万吨/年。煤码头运输系统采用皮带输送机，装船采用皮带输送机输送，圆弧式装船机装船。电源引自35千伏变电所、6000伏高压供电，在装船皮带上安装2套计量装置。码头供水、供电、道路、通信及后方生产辅建区等均以依托矿区设施为主。

2．发运管理

煤码头作为矿井的配套设施部分，主要为矿井的煤炭外运服务，矿井生产的煤炭可通过皮带输送机输送至港口，通过水运南下到华东缺煤省市。

输送工艺流程：煤仓→给料机→T1皮带机→T3皮带机→码头储煤仓。

装船工艺流程：码头储煤仓→给料机→M2（M3）皮带机→M1皮带机→装船机→船。

图6-3-5　王楼煤矿航运码头。（2010年摄）

表6-3-6　2010—2018年王楼煤矿港口发运一览表

单位：吨

年度	码头发运量
2010	221384.62
2011	176797.41
2012	290722.62
2013	325868.46
2014	389190.00
2015	321156.80
2016	330123.18
2017	335186.61
2018	332903.10

五、计量管理

2004年2月，在矿区东大门配备1台3.4×14米全钢结构秤体（3节）的汽车衡。

2005年3月，添置1台3.4×21米全钢结构秤体（4节）的汽车衡。

2009年3月，在码头皮带安置皮带计量衡。

2014年7月，将3.4×14米全钢结构秤体的汽车衡更换为scs/zcs–120pn型汽车衡。

2015年6月，将3.4×21米全钢结构秤体（4节）的汽车衡更换为SCS–120T型汽车衡。11月，在码头加装1台由8组传感器组成的贸易级皮带计量衡，新皮带计量衡误差在3‰。

第四章 物资管理

第一节 管理机构

一、机构沿革

2007年7月1日，成立材料管理组。设组长1人，材料管理员5人。

2012年7月20日，撤销材料管理组、设备管理组（原隶属机电科），成立物资管理科。设科长1人、副科长1人、专员管理1人、科员8人。

2013年1月8日，ERP管理系统投入使用，实现材料提报、入库、出库等功能。7月23日，物资超市投入使用，由物资管理科直接管理。设副科长1人，专员管理1人，仓库管理员2人。10月24日，无线物资条码管理系统正式使用，实现物资入库、出库、库存查询、物资档案智能生成、条形码打印、材料费用结算、成本核算等多项功能，达到无纸化办公。

2014年2月17日，设备管理划归机电科，原物管科副科长1人、专员管理1人、设备管理员2人一并调入机电科，物资管理科增设副科长1人。10月29日，井下生产性材料划归生产科管理，设备及维修划归机电科管理，物资管理科负责物资供应与协调。各工区装卸料人员合并成立废旧物资回收队，下设队长1人、副队长1人、工作人员11人（含科室人员3人），隶属物资管理科。

2015年3月18日，撤销废旧物资回收队。9月30日，物资管理科划归机电管理部。

2016年1月1日，王楼、军城物资管理科合并，增设副科长1人、工作人员7人。7月16日，物资管理科增设副科长1人。

2017年6月14日，物资管理科专员管理1人，调入机电管理部机电科。8月3日，物资管理科管理员1人离职。9月4日，物资管理科副科长1人，管理员2人调入生产科。12月23日，物资管理科1人调入内蒙古。12月25日，物资管理科1人调入调度室，新增设备管理员1人。

2018年4月20日，物资管理科新增主管管理职务。8月10日，物资管理科、新增专员管理1人。截至12月31日，物管科共有人员10人，其中科长1人，副科长1人，主管管理人员1人，专员管理1人，其他人员6人。

二、职责

负责所需设备、材料、各种常用物资的及时供应，以及各类劳动保护用品的采购、保管和发放。组织物资验收、保管、维护、保养和发放工作。负责所辖范围内各类贮藏的防雷、防静电、防火、防爆工作，组织好火工品管理和要害场所的安全保卫工作。负责对购入的设备、配件及有关原材料进行产品质量把关。负责对废旧物资的回收、复用和处置。协助有关部门搞好新技术、新工艺、新材料的推广应用工作。矿井发生重大事故时，协助做好抢险救灾和恢复生产工作，确保抢险物资的及时供应。

三、管理制度

2007年5月14日，下发《周转性设备材料管理办法》（临矿王筹字〔2007〕40号）。8月4日，下发《王楼煤矿消耗性材料管理考核办法》（王煤字〔2007〕24号），对采掘工区正常消耗物资、工作面回撤物资、停产检修所需物资、大型材料、专用工具、机电设备、主要钢材等各类物资供应、管理、考核作出明确规定。

2008年2月11日，下发《王楼煤矿消耗性材料管理考核办法》（王煤字〔2008〕第47号）及《王楼煤矿周转性材料管理考核办法》（王煤字〔2008〕48号），加强矿区设备、材料的领用、调拨、上交等程序的管理，规范设备、材料的考核。

2009年8月3日，下发《关于规范计划提报和材料使用的规定》（王煤字〔2009〕96号），对材料到货率、计划提报应注意的事项及责任追究作出明确规定。

2010年，下发《王楼煤矿消耗性材料管理考核办法》（王煤字〔2010〕9号）、《王楼煤矿周转性材料管理办法》（王煤字〔2010〕6号）、《周转性设备（配件）使用管理办法》（王煤字〔2010〕12号）以及《外委维修设备及配件管理规定》（王煤字〔2010〕13号）等一系列文件，对设备、材料的领用、调拨、使用、管理、维修作出明确规定。

2011年1月19日，下发《王楼煤矿周转性材料管理办法》（王煤字〔2011〕17号）。

2012年1月3日，下发《关于周转性材料管理的补充规定》（王煤字〔2012〕15号）。2月28日，下发《关于物资采购、外委维修等管理规定》（王煤字〔2012〕38号）。12月，补充完善《王楼煤矿周转性材料管理办法》《王楼煤矿消耗性材料管理考核办法》《周转性设备（配件）使用管理办法实施细则》。

2013年2月21日，下发《王楼煤矿周转性物资使用管理办法实施细则》（王煤字〔2013〕26号）及《王楼煤矿消耗性材料管理考核办法》（王煤字〔2013〕29号）。12月，重新修订《王楼煤矿周转性物资使用管理办法实施细则》《王楼煤矿消耗性材料管理考核办法》以及物管科岗位职责等管理制度及规定。

2018年2月28日，下发《王楼煤矿材料考核管理办法》《王楼煤矿物资使用管理办法》（王楼煤字〔2018〕74号）。加强物资考核力度，规范物资使用管理，杜绝浪费、丢失，降低生产成本。

第二节　计划采购

物资管理科根据各单位每月报送的物资需求，汇总后制定采购计划上报亿金公司。其他地材类物资由物资管理科统一采购。

一、物资分类

按照物资管理的行业标准，将生产物资分为金属材料、木材和非金属材料、化工产品、劳保用品及消防器材、机电产品、设备及配件。

二、采购流程

采购流程为采购计划、货源确定、采购订单、采购订单收货、发票校验、采购付款6个具体流程。

（一）采购计划

各使用及职能采购部门按照比价采购计划报批程序编制物资采购计划，每月17日前将次月物资采购计划报物资管理科。物资管理科21日组织对物资计划进行审核。

（二）货源确定

物资管理科会同机电科、预算科、财务科及监察科调查作为货源的供应商是否拥有适当的资质，然后进行议标、比价，最后审批确定供应商并将其纳入亿金公司统一进货与固定货源两类进货渠道，金属材料、木材和非金属材料、化工产品、劳保用品及消防器材、机电产品、设备及配件等由亿金公司统一进货，氧气、乙炔、氮气、雷管、炸药、炮泥及地材类物资（黄沙、石子、米石、水泥等）为固定货源进货。

（三）采购订单

1. 亿金物资采购：经物资管理科将月度材料计划利库并定稿后，由各单位根据定稿材料计划通过电商平台提报，再经机电科与生产科业务人员通过A-ONE系统审核，然后由物资管理科计划管理员在A-ONE系统中统一上传到SAP系统，由物资管理科科长与供应站业务员在SAP系统中审批后，上报亿金公司采购部采购订单方可生效。

2. 自采物资采购：物资管理科将月度材料计划利库并定稿后，按照定稿月度计划采购物资，通过SAP创建采购订单，联系供应商送货。

（四）采购订单收货

物资到货后由物资管理科会同相关生产业务科室及使用单位验货收货，验收合格后通过SAP线上收货，各单位根据月度计划数量领用，并通过SAP发料到各成本中心。

（五）发票校验

供应单位月底根据实际到货明细开具增值税专用发票，由物资管理科核对发票金额报送财务校验。

（六）采购付款

上报财务科进行采购付款，财务科按照全矿月度资金计划，统筹按一定的比例付款，需要留取质保金按协议规定合同金额10%作为质保金。

第三节　仓储管理

一、仓库建设

2005年8月，建成1640平方米的器材库。2012年12月，对器材库进行扩建，增加库存面积521平方米。
2010年7月，紧邻机修厂北建成1769平方米的大型设备库。
2012年9月，取消工区维修房，成立井口超市。
2013年7月，取消井口超市，新建成占地面积约400平方米、上下两层的物资超市。

二、库房管理

建立仓库管理责任制，实行专人管理，专人负责，严格出入库手续；对入库物资，按照安全、方便的原则，进行合理分类，便于存取、核查、实行货位编号；对不同类型物资，进行合理保管，区别一般与贵重物资、大体积与微小零星物资、固体和液体物资、有毒与无毒物资、大宗与小宗物资，采取相应措施，分别妥善存放。仓库符合安全、防冻、防腐、防潮、防火的要求，实现"四保"：保质、保量、保安全、保急需。

（一）入库管理

物资入库实行验收制度。厂家送货后，物资保管员根据计划采购单，对物资的品名、规格、型号、价值、数量以及相应的资质证书进行核实，核实无误后方可办理入库手续，验收不合格的拒绝验收入库。

（二）库房管理

物资分类存放，对号入库，物资摆放整齐有序，物资仓储管理要做到账、卡、物相符，妥善保管库存物资，库房卫生干净整洁，防火设施齐全。

三、库存盘点

每月底，物资保管员必须对收、发物资进行全面清点，无收、发状态的物资可按50%的比例进行抽查，并做好盘点记录。每季度末，由仓储管理人员对每个库房的物资按50%的比例进行抽查，并可根据工作需要进行不定期抽查。每年底，由财务科对所有库存物资进行全面清点，并做好记录，填写盘点清册，送给上级领导审阅。

四、发放管理

所有物资严格按业务科室签字批准计划发放，无计划不发放，特殊情况需经矿分管领导批准。物资的发放遵循以旧换新制度，凡属交旧领新范围的物资，物资管理员必须先收旧后发料。

五、领用管理

各单位所提报计划物资，必须在物资到货后的2个月内领用，逾期不领者，物资管理员要对其计划物资进行强行出库（在出库单注明超期不领即可），并通知计划提报单位3天内领取，仍然不领者，该物资纳入调剂物资管理，由机电采购员调剂给其他单位调拨使用，并制定物资领用率考核办法，每月对领用单位进行物资领用率考核。

六、现场管理

严格控制现场物资的验收、保管、退库、盘点、检查五大环节。到货物资必须由使用单位和仓库保管员进行现场确认。物资保管员每月底进行一次现场物资盘存。因管理不善导致现场物资挤压淘汰损失率超过2%的或现场物资被盗的，对相关责任人按照淘汰物资超过2%部分的损失金额和物资被盗金额的50%进行考核处罚，并视情节轻重予以责任追究。

第四节　回收复用

一、管理制度

2007年5月14日，下发《周转性设备材料管理办法》（临矿王筹字〔2007〕第40号），对废旧物资回收的管理工作进行规范。

2008年2月16日，下发《王楼煤矿周转性设备材料管理办法》（王煤字〔2008〕第48号），对物资回收利用进一步完善，对回收管理、回收范围、奖励办法作出规定。

2015年1月30日，下发《王楼煤矿废旧物资回收的暂行规定》（王煤字〔2015〕第31号），对废旧材料回收管理工作进一步规范。

二、管理职责

（一）生产科负责回收生产管理范围内物资。

（二）机电科负责回收机电管理范围内物资。

（三）总务科负责回收全矿办公桌椅、沙发、茶几、橱子等办公用品用具以及两堂一舍、洗衣房内可回收的公用设施等。

（四）调度室负责回收各单位所用微机、文印设备、通信设备及配套设施等。

（五）物资管理科负责回收各单位以旧换新物资及外修设备的报废件及旧件、报废车辆等。

表6-4-1　王楼煤矿各类物资回收考核指标表

序号	物资名称	回收率（%）	备注
1	工具（各种检测工具）	100	
2	绞车钢丝绳	90	
3	压力表	80	
4	手拉葫芦	90	以旧换新
5	回头轮		
6	各种液压缸体	100	
7	单体液压支柱		
8	钻杆	80	
9	钻头		
10	风钻、风镐、	90	
11	油桶（不含乳化油）	100	
12	漆包线		

序号	物资名称	回收率（%）	备注
13	木碹弓、模板	80	
14	风水管		
15	轻轨		
16	快速接头	100	
17	地滚子		
18	道夹板	80	
19	吊挂皮带钢丝绳	90	
20	专用工具（单一）		各种钻、器、表、顶、机、板等
21	电缆钩		
22	液压系统主管路	100	两通、三通、截止阀
23	安全设施		
24	花兰螺丝（吊挂皮带）	90	
25			
26	各种工具（电工、维修）	90	常用工具
27	锚杆盘	50	
28	道钉	80	
29	鱼尾螺栓	90	
30	截齿	70	
31	截齿套		

表6-4-2　王楼煤矿工具类材料使用期限考核指标表

材料名称	规格	使用期限（月）	材料名称	规格	使用期限
钢丝钳	—		手拉葫芦	1-3T	4
尖嘴钳	—	10	手拉葫芦	5T	8
斜口钳	—		手拉葫芦	10T	12
活口扳手	250-300mm		钢锯弓	—	4
活口扳手	375-450mm	12	黄油枪	—	6
高压电笔	1500V		脚踏式注油器	—	4
通芯螺丝刀	100-350mm	10	风动式注油器	—	8
电工刀	—		千斤顶	10-30T	12
壁纸刀	—	4	千斤顶	50-100T	24
管钳	250-600mm	10	大锤	8P	6
管钳	900mm	12	大锤	22P	8
木把螺丝刀	+/-	3	皮带钉扣机	800/1000mm	5
叉口扳手	3-51#	12	手电钻	—	24
梅花扳手	4-47#		冲击钻	—	

续表

材料名称	规格	使用期限（月）	材料名称	规格	使用期限
内六角扳手	1–21#	10	磨光机	—	10
套筒扳手	32件	12	氧气表	—	3
套筒头	3–36#		乙炔表	—	
套筒	溜子	10	割炬	3–5#	4
钢尺	3–5m	3	三爪扳手	10–30T	24
皮尺	10–30m	6	方、尖、煤锹	—	2
十字套筒	10、12、14、17	10	各种管理牌板	—	24
工具兜	五孔	4	振动棒	风（电）	12

三、回收物资鉴定

由物资管理科牵头会同相关部门对回收物资进行鉴定。

四、回收物资处理

可再利用物资由物资管理科负责安排使用，需维修和需报废处理的物资，由物资管理科会同生产科、机电科、财务科、监察科等部门按照报废程序处理。

五、外委维修

（一）管理制度

2007年5月14日，下发《周转性设备材料管理办法》（临矿王筹字〔2007〕第40号），对委派加工程序作出规定。

2008年1月10日，下发《外委维修、制作管理的若干规定》（王煤字〔2008〕第31号），确定外委维修设备的具体流程。

2010年1月18日，下发《外委维修设备及配件管理规定》（王煤字〔2010〕第13号），对外委维修设备及配件范围做出界定，并对外委维修的流程作出详细规定。

2012年2月28日，下发《关于物资采购、外委维修等管理规定》（王煤字〔2012〕第38号），对物资采购、外委维修、废旧物资处理等项管理工作作出明确规定。

（二）外委维修界定范围

外委维修设备及配件有：电潜泵、电动机、变频器、减速器、采煤机滚筒、皮带滚筒包胶、轴承维修或更换、耦合器、转载机、刮板机配件（中间槽、过渡槽、机头、机尾、链轮、刮板）、集控电缆、电动滚筒、电动葫芦、液压支架、液压油缸、气缸、支柱、电机车、电瓶车、轮对、液力偶合器、各种机床、生产用车辆保养及经业务部门鉴定不能自修的设备、设施、配件等。

（三）外委维修程序

1. 需要外委维修的设备及配件，由机修厂提出书面申请，机电科组织进行鉴定，确需外委维修的报分管领导审批。

2. 由物资管理科会同机电科、监察科、财务科及预算科招标、议标、签订合同，报分管领导审批后组织实施。

3. 物资管理科建立外委维修设备台账，外修的设备及配件入矿后，按照合同规定由物资管理科、机修厂（使用单位）、保卫科、维修厂家代表进行联合验收并签字入库。不合格的维修品退回厂家进行无偿维修。维修设备投入使用后出现问题的，由机电科组织分析原因，按设备使用管理办法落实责任。

第五章　行政事务管理

第一节　机构设置

一、机构沿革

2003年10月25日，成立王楼矿井筹建处办公室，设副主任1人，管理人员2人。

2006年3月4日，成立王楼一号井筹建处办公室，设副主任2人，管理人员3人。

2007年7月1日，成立党政办公室，增设主任1人，设副主任1人，管理人员3人。

2017年8月7日，成立办公室，设主任1人，副主任2人，管理人员5人。

截至2018年12月31日，共设主任1人，副主任2人，管理人员6人。

二、职责

（一）围绕工作中心，做好上传下达，将部门的工作情况向领导反映，并及时反馈给部门，对于领导布置的工作认真落实到部门。

（二）负责起草矿行政工作报告及总结材料，大事记的记录工作。

（三）负责上级及外部来文来电的签收、登记、分发、保管、传阅、催办、立卷、归档、保密等工作。

（四）负责各种工作会议的筹备和会务工作。

（五）负责来客来访接待工作、招待所及办公车辆使用管理工作。

（六）负责全矿文书、科技、会计档案资料的集中、统一管理工作。

第二节　文秘管理

一、机构人员

2003—2007年，矿井筹建处文秘工作由筹建处办公室负责，共有秘书1人、机要1人。

2007年7月，矿井文秘工作由党政办公室负责，设秘书1人、机要1人。

2017年8月，矿井文秘工作由办公室负责，设秘书1人、机要1人。

2018年末，矿井办公室共有秘书1人、机要1人。

二、处理流程

2003—2018年，矿井按照《国家行政机关公文处理办法》和临矿集团有关规定，先后六次修订下发《公文处理办法》，明确签收、登记、分文、分办、批办、承办、催办、查办、拟呈、审核、用印、传递、立卷、归档、销毁等程序，并就公文发文字号和发文代字进行了明确。

公司公文种类主要有：决议、决定、意见、通知、通报、报告、请示、批复、函、纪要等。

（一）收文办理

主要程序包括签收、登记、初审、批办、承办、传阅、催办、答复。机要按照文件类型进行收文登记，填写《处理文件标签》，再交行党政办公室主任（办公室主任）填写拟办意见后，交矿井主要领导批示。批示后，按照批示要求送各有关分管领导、部门传阅。各分管领导或部门传阅后，并在"传阅人和承办情况"上签字，最后由党政办公室（办公室）存档，次年存档文件统一交档案室存留。

（二）发文管理

主要程序包括公文的起草、审核、签发、复核、登记、印制等程序。发文时由相关单位拟写文稿，确定公文种类，完成公文初稿，填写《发文稿纸》，由拟稿人、主办（会办）单位负责人签字，党政办公室（办公室）核稿后，经主要领导审批后签发。

表6-5-1　王楼煤矿2018年发文字号

行政行文	王煤字〔20××〕××号
党委文件	王煤发〔20××〕××号
便文	王煤便字〔20××〕××号
工会文件	王煤会字〔20××〕××号
劳资文件	王煤劳字〔20××〕××号
团委文件	王煤团发〔20××〕××号
行政、工会联合行文	王煤字〔20××〕××号 王煤会字〔20××〕××号
工会、团委联合行文	王煤会字〔20××〕××号 王煤团发〔20××〕××号

三、办公系统

2006年—2009年3月，矿业公司及两矿井实行书面手工处理收发文工作。

2009年4月，矿井用友致远A6协同管理软件（办公自动化系统）（内网：172.27.0.26）投入使用，可联系各岗位上的工作人员，进行协同工作、公文管理、文档管理、公告新闻等日常办公，实现了企业内部各类信息系统和信息资源的共享。

2012年1月，根据临矿集团统一安排，矿井使用集团公司协同办公系统，用该软件进行收发文处理。

2012—2018年，矿井同时使用"王楼办公系统"和"临矿办公系统"，要求各单位主要负责人及时查看电子公文传送接收情况，及时进行公文处理。

第三节　接待工作

一、来宾就餐

（一）就餐位置

2007—2018年，来宾就餐安排在矿井招待餐厅，共有房间5个，自助餐厅2个，分别位于职工餐厅一楼、二楼，一楼自助餐厅共有餐桌6张17个座位，二楼自助餐厅共有餐桌12张48个座位，供来宾来访就餐使用。

2018年9月21日，矿井二楼自助餐厅改扩建完成投入使用，共有餐桌33张132个座位，供来宾来访就餐使用。

（二）就餐管理

2007年7月7日，制定印发《王楼煤矿生活接待管理工作规定》，对招待范围、招待程序、招待标准及配餐要求等进行了明确规定。

2014年3月18日，制定印发《王楼煤矿公务接待管理办法》，进一步明确公务接待管理的基本原则、组织管理、接待标准、陪员人数、职务消费、备案登记等。

2017年1月1日，修订印发《王楼煤矿公务接待管理规定》，明确接待范围、接待原则、接待标准、接待程序以及考核等。

1. 接待范围：上级领导、客户、业务主管部门、地方政府及与矿有业务往来的单位因公来访，原则上安排自助餐。确因工作需要，可由分管领导安排就餐一次。就餐严格控制陪餐人数，接待对象在10人以内的，陪餐人数不超过3人；超过10人的，陪餐人数不得超过接待对象人数的1/3。

2. 接待原则：文明严谨原则、热情周到原则、节俭实用原则。

3. 接待标准

（1）在矿内部进行的公务接待：接待就餐一律安排在食堂餐厅或食堂二餐厅，按照20元/人·餐执行，不提供香烟、高档酒水和高档菜肴。

（2）其他在外安排的公务接待：原则上公务接待须安排在矿内进行，确因生产、经营、外联关系等，需要在外安排公务接待时，必须汇报分管领导，并由分管领导报经矿长同意后方可接待，否则一律不予报销。

4. 接待程序：单位或部门因公务需要接待时，应事先填写"公务接待申请单"（见附件），报分管领导审批后交矿办公室，办公室负责招待人员签字后，由矿办公室通知矿食堂安排就餐。就餐前，接待单位人员将申请单第一联交矿招待服务人员。无矿办公室签发的"公务接待安排通知单"，矿食堂不得安排就餐，否则，不予结算接待费用。

二、来宾住宿

2005年11月，1号职工宿舍楼竣工投入使用，将二层房间作为招待所，共计23个房间，46个床位，用于接待上级领导检查指导工作人员、业务单位工作人员。矿办公室负责监督管理，安排来客入住事宜，安排专人负责日常服务。

2009年12月，机关宿舍楼建成投入使用，招待所改至机关宿舍楼，将二层房间作为招待所，共计20个房间，36个床位。

2017年9月，对机关宿舍楼进行改造，将一层增设为招待所，增加15个房间，23个床位。

第四节　档案管理

一、机构管理

（一）机构人员

2003年10月23日，初步成立王楼矿井筹建处档案管理领导小组，设主任1人，兼职档案员4人。

2007年1月7日，成立矿井档案管理领导小组及档案室，设主任1人，专职档案员1人、兼职档案员6人。

2007年5月31日，调整专职档案员1人，兼职档案员12人。

2018年4月6日，对档案管理领导小组进行调整，单位负责人任组长，党委书记任副组长，办公室主任兼任档案室主任，设有专职档案员1人，各科室调整兼职档案员25人。

（二）职责

认真贯彻《中华人民共和国档案法》及有关法规文件，对本单位各种门类、各种载体的档案实行集中统一管理，对本单位的档案工作进行监督和指导，担负本单位各种门类，各种载体档案的收集、整理、保管、统计和利用工作；库房档案的收进和移出工作，严格履行交接手续，准确掌握库房内档案全宗、案卷数量及档案的保管期限等；加强档案库房管理，定期检查档案保管情况；正确处理好利用和保密的关系，严格执行借阅登记制度；档案、资料调借工作；档案、资料利用效果的信息反馈工作等。

（三）制度

根据《档案法》和《国营企业档案管理暂行规定》等有关文件规定，制定档案管理制度。

2007年7月25日，制定《档案人员职业道德》《档案室岗位责任制》《档案立卷、归档制度》《档案保管制度》《档案资料安全保密制度》《领导同志重要活动档案登记制度》《档案统计制度》《档案设备维护使用制度》《档案查阅利用制度》《档案鉴定销毁制度》《分管责任人岗位责任制》《兼职档案人员岗位责任制》《档案"三纳入、四参加"制度》《关于确保文件字迹材料质量的规定》《声像档案管理制度》《消防制度》《实物档案归档制度》《底图保管、更改制度》《档案管理人员离岗清点制度》《档案管理奖惩制度》《档案库房管理制度》《档案出入库制度》《不属于归档范围的文件材料及处理办法》等档案管理制度。

2018年2月13日，确定《王楼煤矿文件材料归档范围与档案保管期限表》。

2018年4月6日，制定《王楼煤矿档案灾害应急处置预案》。

二、设施设备

2007年之前矿井筹建初期，档案室设在售煤办公楼一楼办公室，面积约20平方米，配置有6个铁皮柜。

2007年7月，档案室搬至办公楼三楼，设有库房、办公室和阅览室，总建筑面积80平方米，办公室配备计算机1台、打印机1台。档案库房建筑面积50平方米，配置必需的档案设备，灭火器2个、去湿机1台、消毒灭菌机1台、加湿机1台、吸尘器1台、避光窗帘1套、防磁柜1个、温湿度记录仪1台，安设中央空调，达到防火、防水、防潮、防虫鼠、防尘、防光、防盗、防有害气体，防磁的要求，档案库房配有密集架，20排6列。

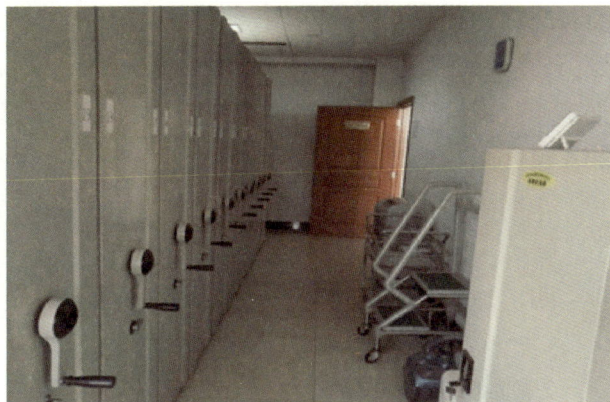

图6-5-1 档案库房内景。（2007年摄）

三、档案管理

（一）分类归档

依据《煤炭工业企业档案分类规则（试行）》《煤炭工业企业档案分类规则》（NB/T51065-2016）及《国家重大建设项目文件归档要求与档案整理规范》（DT/T28-2002）对档案进行整理分类归档。

1. 文书档案

公司内部形成及上级机关颁发的本企业应执行的有关文件材料；公司所属单位和派出机构应报本公司的文件材料；公司执行、办理的外来文件材料。每年五月底前各部门将上一年度经办的各种文件材料收集齐全移交档案室，档案室按照规定要求进行整理归档。

2. 科技档案

生产技术资料、地质勘测资料、矿建工程资料、工业建筑资料、公用/民用建筑资料、设备安装、科学技术研究资料，设备仪器资料、案件，结束后三个月由业务科室整理立卷，每季度向档案室移交一次，每年办结的案件，最迟不得晚于第二年第二季度全部归档。

3. 会计档案

会计档案按照管理规定，将每年形成的会计凭证、账簿、报表于第二年第一季度整理立卷，年底归档。

4. 特殊档案

声像档案各职能部门工作中形成的照片、录音、录像材料办结即归档，每年移交一次或随办随交，由档案室配合，及时归档。

5. 专题档案

根据工作需要另外设立4个专题：招投标书，结算书，印模，许可证，便于相关资料的查找利用工作。

（二）保管期限

分为永久、定期30年、定期10年。

（三）收集整理

依据国家相关规范，截至2018年档案室库存档案总排架长度119.33米，案卷2547卷。以件为保管单位档案共10176件。党群类1984件、100卷，行政类4616件、221卷，经营类351件、30卷，生产技术类3225件、86卷（文书），（技术）249卷其中2582张图纸，地质勘测类128卷其中1166张图纸，基本建设类505卷其中2475张图纸，科学技术研究类32卷，设备仪器类16卷，产品类2卷，会计类1226卷。根据工作需要另外设立4个专题：招投标书59卷、结算书94卷、印模2卷、许可证2卷，特殊载体类（照片20盒1196张、光盘12张、录像带27盒、牌匾127块、证书70本、奖杯7个、锦旗1面）。室存永久、（30年）长期档案共1337卷，5759件，永久保管共603卷，3599件。

四、达标升级

2007年8月11日，经山东省档案局、省发改委和省煤炭工业局专家的严格审查考核，王楼煤矿以92分的成绩顺利通过省级档案管理专项达标验收。

2018年12月，根据临矿集团档案信息化工作安排，要求公司开展档案信息化管理系统推广上线工作，并配置台式电脑、扫描仪、高拍仪、彩色打印机、加湿机、除湿机、二氧化碳灭火器等设备，档案室按通知要求推进档案信息化管理系统工作。

图6-5-2　王楼煤矿归档专业验收会议。（2007年摄）

五、档案利用

王楼煤矿在档案信息开发工作方面不断的努力，矿档案室每年接待档案资源利用者有近百余人次，提供档案百余卷（件）次，编印文书档案目录、科技档案目录、会计档案目录、专题档案目录、特殊载体档案目录、照片档案目录、等多种检索工具书，满足利用者方便、快速查阅。为编写矿区资料、迎接上级部门检查、工程技术改造等工作提供参考依据，充分发挥档案在矿井建设中的作用，取得了较好的社会和经济效益。

2010年7月，由任智德、钟宇辉、田衍圣、厉彦欣、王敏共同编制的《充分利用档案资源，研究温热灾害综合防治专题研究报告》在开发利用档案信息资源成果工作中获得二等奖，山东省档案局颁发荣誉证书。

图6-5-3　档案信息资源成果证书。（2010年摄）

第五节 保密工作

一、机构管理

（一）机构人员

2007年，成立保密工作领导小组，各单位党政主要负责人是本单位保密工作的第一责任人。此后每年调整保密机构。

2018年末，保密工作领导小组设组长1人、副组长1人，各专业副总、科室及工区（厂）负责人为成员。

（二）制度

按规定制定《保密工作责任制》《文件资料收发管理制度》《制发"三密"文件资料保密管理制度》《涉密电子文件管理制度》《保密学习教育制度》等保密工作制度，对保密责任、涉密文件、资料管理等进行规定。

（三）职责

1．负责组织传达学习上级保密工作方针、政策、指示、决定等文件精神，研究贯彻落实措施；组织制定本机关保密工作年度计划并组织实施。

2．负责组织召开会议，听取保密工作情况汇报，研究部署保密工作，着重解决保密工作实际问题。

3．负责组织对涉密人员进行保密教育，做到警钟长鸣，增强保密意识，使涉密人员自觉做好保密工作。

4．对保密工作情况进行检查，针对问题及时组织整改，严肃追究违反保密法规的行为，配合上级认真查处泄密事件。

5．及时掌握相关情况，负责向矿党委和上级保密工作部门请示、报告保密工作情况。

6．按照有关保密规定，落实保密工作责任制，切实加强涉密载体、新闻宣传、对外提供资料、依法确定秘密、计算机及其信息系统和保密技术配备等方面的保密管理，建立健全管理制度，圆满完成各项保密工作任务。

7．认真总结保密工作经验，大力表彰在保密工作中作出突出贡献的人员，及时向保密工作报送有关信息。

二、涉密范围

公司秘密是指公司及各单位的工作秘密和商业秘密。参照上级关于国家秘密密级和保密期限的确定、变更和解密的有关规定。

（一）企机密

1．单位领导拟议中的重大决策、改革措施方案；本单位尚未付诸实施的经营战略、发展规划中的具体措施；内部经济政策、经营决策、营销策略、生产成本、投资计划、收购兼并计划、对外战略资源开发规划及具体措施。

2．尚未公布的财务预决算报告、利润分配方案、各类财务报表、重要统计报表，特定时期的资金状况。

3．列入国家、临矿集团重点科技项目的计划任务书，可行性研究报告，经济技术评价报告。在国际、国内、同行业处于领先水平的重大科技成果、替代技术，未公布的专有技术和专项情报调研资料。在科研和新技术推广工作中完成的重大阶段性成果和发明创造的有关资料、信息。

4．对外经济技术合作交流的谈判预案，采购意向，用汇计划，价格限额，招标的标底、报价、选标方案。对外经济技术合作交流中掌握的方针、策略、重大问题处理意见、内部控制统计数字。对外经济技术合作交流不宜向合作方公开的其他资料，对外经济技术合作交流中需矿方承担的保密资料、信息等。

5．涉及压煤搬迁、土地征用、补偿等有关文件、资料、信息。

6．尚未公布的煤炭价格调整信息，煤炭客户需求信息。

（二）企秘密

1．公司及各单位完成或从有关渠道取得的地质矿产、生产工艺、勘查、成矿预测的有关成果、研究报告、统计数据等。

2．党委会、领导班子会会议记录、决议。

3．公司组织机构，重大人事变动，员工档案。

4．未定的职工调资方案或奖金、红利分配方案。

5．公司生产运营过程中需要保密的其他事项。

6．公司确定的其他应当不为外部知悉的保密事项。

三、保密管理

（一）文书保密管理

文书包括外部发来的文件（如中共中央、国务院、自治区及省、市等）资料、函电和本单位内部产生的文件、资料、领导讲话稿、工作简报等。工作人员在收发、送达及办理文件过程中，必须严格遵守文书保密管理的有关规定。

1．收发各类文件，应逐件点清，严格履行登记、编号、签收手续。矿业公司和各单位所有文件一律由办公室机要室统一负责收发、送阅和退办。

2．所有文件一律由本单位办公室的文印室负责印制。各单位应建立健全文印室保密工作责任制。

3．秘密文件一律通过机要渠道传递，不得走平信、挂号信。

4．秘密文件传阅严格按有关规定执行，不得擅自扩大知悉范围，不得横传和留存。

5．不得擅自或指使他人复制、摘抄、销毁或私自留存带有密级的文件、资料。秘密文件的复制须按要求履行审批手续，复制件按原件要求管理。禁止复制绝密级文件或注明不得翻印的文件。

6．不得携带秘密文件、资料进入公共场所或进行社交活动，确因工作需要须经单位领导批准，并落实安全保密措施。不得携带机密材料旅游和探亲访友。

7．应当归档的密件，矿业公司和各单位每年清理一次，分类立卷归档，按要求移交本单位档案室统一保管。对于已归档密级档案的阅览、使用要严格履行签批程序，且只能在档案室内阅览，严禁带离档案室，严禁未经允许拍摄、复印密级档案。

8．涉密人员调动时，应先办清密件移交手续；机构变动时，要指定专人负责清查、清退、移交或销毁密件，并履行相关手续。

9．收到的上级密件按上级有关规定办理清退手续。本单位密件任何个人不得擅自销毁。需销毁的，必须请示本单位上级主管机关审查同意后，方可进行销毁。严禁将文件及涉密资料售给废品收购单位和个人。

（二）会议保密管理

主要包括党委会、领导班子会议等重要会议下发的秘密文件、材料、领导讲话等，在限定范围、限定时期内做好保密工作。凡规定不得记录、录音的内容，与会人员不得记录、录音。严禁无关人员进入会场。会议结束后，应如数收回秘密资料，并对会场再次进行保密检查。会议服务人员应签订保密协议。

（三）通信和办公自动化保密管理

电话机、传真机、复印机等现代化办公设备的使用按以下规定执行：不能用普通电话、明码电报、电传机、传真机等传递国家秘密事项。坚持密电密复，不用明电回复密电。如因特殊需要，须报请主管领导批准。不能用复印机、计算机复印、录入机密级以上文件。严格涉密人员普通手机使用保密，不得在手机通信中涉及国家秘密和公司秘密；手机OA系统只允许处理非涉密的公司办公信息，不得在手机上存储、处理、传输国家秘密信息和公司秘密信息；不得将手机连接涉密信息系统、信息设备或者载体；不得在手机上存储核心涉密人员的工作单位、职务、电话号码等敏感信息；不得在涉密公务活动中开启和使用手机位置服务功能；不得使用未经国家电信管理部门进网许可的手机；不得使用境外机构、境外人员赠送的手机；不得将手机带入涉密会议和活动场所；不得在使用涉密信息设备的场所使用手机进行视频通话、拍照、上网、录音和录像。

（四）科学技术保密管理

1．职工在参加国际或国内学术交流、科技成果评审及鉴定、发表论文、提供文件资料、技术引进等工作时，都应严格执行国家有关部门以及矿业公司的有关规定，不得在私人通信、交谈及公开发表的文章、著作、讲演中涉及机密事项。

2．对本单位各个专业领域的各项核心生产技术，直接主管单位必须制订完善的、有针对性的保密措施，从制度上预防各种失泄密事件的发生。

（五）计算机系统与网络保密管理

1．公司和各单位要设立电子信息保密管理员。

2．公司和各单位信息中心要落实安全保密措施。无关人员不得擅自进入机房，外请技术人员维修设备时要有信息中心人员在场。摄像头所能捕捉到的范围内严禁出现涉密信息。严禁涉密计算机接入互联网。非涉密计算机以及所有能上网的计算机只允许存储、处理非涉密信息，严禁存储、处理涉密信息。

3．按照国家、自治区（省）有关要求，安装和配备必需的硬件和软件，提高计算机和网络安全防护水平。

4．涉密计算机要由专人管理。涉密计算机不得到非指定地点维修，不得捐赠、变卖，报废后需将硬盘作销毁处理。

5．涉密网络、机要岗位以及涉及重要技术、财务、人事、证券等商业秘密或内部事项的计算机系统，要与公共网络实现物理隔离。

6. 各部室之间、公司与各单位之间、各单位之间严禁使用互联网、传真机传递涉密信息。

7. 建立健全信息上网审批制度。严格执行"涉密不上网，上网不涉密"的保密要求。在公司或各单位局域网公开发布的信息和向上级主管部门网站提交的信息必须是经本单位领导批准同意的信息，涉及国家秘密、企业秘密的信息、不能公开交流、有损企业利益的信息绝不能上网。

8. 加强对矿业公司及各单位局域网的管理。局域网的建设、开通、使用要符合上级有关计算机上网的规定。

9. 使用接入互联网、接入公司或各单位及与业务对口单位联网计算机的所有单位，其计算机操作人员，应当遵守国家有关法律、法规及公司有关规定，严格执行安全保密制度，不得在网上从事危害国家安全、泄露国家秘密、泄漏企业秘密等活动。

10. 计算机及网络管理部门要加强网络管理及维护，对与利用外网关联度不大或无关的单位和部门，应限制或禁止登录外网。

11. 涉密存储介质由专人保管。其使用、借阅、复制、传递、保存、销毁要严格遵守相关保密制度。

（六）新技术产品使用保密管理

1. 严禁使用具有无线互联功能的计算机处理秘密信息。凡用于处理秘密信息的计算机必须拆除具有无线联网功能的硬件模块。

2. 严禁涉密计算机使用无线键盘、无线鼠标及其他无线互联的外围设备。

3. 严禁涉密信息系统使用具有无线互联功能的网络交换机等网络设备。

4. 严禁将用于处理秘密信息的具有打印、复印、传真等多功能的一体机与普通电话线连接。

5. 严禁将存储秘密信息的软盘、光盘、U盘、移动硬盘等移动存储介质在与互联网连接的计算机上使用。

6. 严格限制从互联网将数据拷入涉密计算机和涉密信息系统。如确因工作需要，需使用非涉密移动存储介质从互联网将所需数据拷入涉密计算机或涉密信息系统，应采取有效的保密管理和技术防范措施，严防被植入恶意代码程序，导致泄密。

7. 严禁将个人具有存储功能的电磁存储介质和电子设备带入核心和重要涉密场所。

8. 严禁在涉密场所连接互联网的计算机上配备、安装和使用摄像头等视频输入设备。在涉密场所谈论秘密事项时，应对具有音频输入功能并与互联网连接的计算机采取关机断电措施。

9. 严禁维修人员擅自读取和拷贝计算机、数字复印机等涉密电子设备存储的秘密信息。涉密电子设备出现故障送外维修前，必须将涉密存储部件拆除并妥善保管。涉密存储部件出现故障，如不能保证安全保密，必须按照涉密载体销毁要求予以销毁。如需恢复其存储信息，必须由国家保密工作部门指定的具有数据恢复资质的单位进行。

（七）涉外和宣传工作保密管理

1. 禁止出国、出境人员通过邮件向境外邮寄涉及国家秘密、企业秘密的文件、资料和有关物品。出国、出境人员携带文件、资料或者公司职工向国外、境外投寄论文、稿件应按有关规定办理，不得擅自进行。

2. 公开的宣传报道、展览、业务接待活动等工作不能涉及国家秘密及企业秘密事项。参加国际、国内展览，其展品资料应进行保密审查。单位和个人在接受采访时，不应涉及、泄露国家、企业的秘密事项。

3. 向媒体（含上级网站）递送拟公开发表的稿件、图片、录音、录像等信息资料时，须经本单位宣传部门或相关领导审定。

4. 因公接受采访，应事前了解采访提纲，在采访中把握好涉密与公开的界限；采访内容最后定稿后，须经相关领导审定后方可公开。工作人员不得擅自接受媒体采访。

5. 公开的国际、国内展览中，展品资料中对外宣传材料内容和生产技术相关内容须经本单位保密机构审定。

6. 与外部单位进行业务接待和交流时，应提前就交流内容、方式等形成方案，并对外部单位来访者的拍照、摄像行为进行相应限制，防止在业务交流过程中泄露企业秘密。

第六节 车辆管理

一、机构管理

2004—2007年，公务车辆由矿井筹建处办公室管理，设队长1人、驾驶员7人。

2007年7月，在矿办公室成立小车队，设队长1人、驾驶员7人。

2016年1月，军城煤矿小车队并入王楼煤矿小车队，增加驾驶员3人。

2018年末，车队共有驾驶员8人，其中队长1人、驾驶员7人。

二、制度

2008—2012年，制定《王楼煤矿车辆安全运行管理办法》，按0.1元/公里驾驶员进行补助。实行节油考核，对油耗控制在考核标准内的车辆驾驶员给予节余额50%的奖励；对油耗超出部分，从工资中予以扣除。

2013年3月，修订《王楼煤矿车辆安全运行管理办法》，将对驾驶员的节油奖励由50%提高至80%。2017年1月，将对驾驶员的节油奖励由80%下调至80%。

三、日常管理

（一）车辆管理与使用

1. 办公用车是指因外出办公、出差、学习等工作需要而由矿小车队提供的用车。

2. 办公室统一负责办公用车的证照办理、年审、保险、维修等工作，并调度安排外派车辆。

3. 车辆使用坚持生产优先、先急后缓、急事急办的原则。原则上矿级领导用轿车，科级管理人员原则上不派车，多部门或多人尽量合并用车。

4. 用车需严格实行派车制度，车辆出济宁或特殊用车必须经矿长同意后方可派车。用车时，用车单位或个人须提前到办公室填写《用车申请单》（出济宁市提前一个工作日），不按规定填写的，一律不予派车。办公室在外派车辆时，要确保一辆车在矿调度值班，正常业务工作需动用值班车辆时，须经矿长或值班领导签批。

5．驾驶员必须服从领导安排，严格按派车单出车。完成出车任务后必须及时返回，将车辆停放在指定位置，并向车队队长及办公室汇报。下班后车辆及时入库，严禁私自将车辆带回家或留在矿外过夜。

6．办公用车必须由本矿专职驾驶员驾驶，严禁非专业驾驶人员驾驶，严禁车队司机私自将车借给他人使用。

7．小车队要严格值班制度，每日必须设置专人值班，值班人员严禁喝酒，不得擅自脱离岗位。

8．小车队实行队长负责制，队长要监督好停车场所卫生、车容车况、车辆维修、驾驶员行车服务、值班情况等各项工作，从整体上提高车辆使用效率，树立车队良好的形象。

（二）车辆保养与维修

1．所有车辆实行定人定车、专人专管，始终保持车辆整洁卫生、性能良好。

2．驾驶员每天应在上班前检查水箱、油量、机油、轮胎、灯光、喇叭、刹车等基本项目，给车辆加足油，并清理车内、外卫生，确保车辆始终处于安全状态。

3．车辆原则上实行油卡加油，遇到特殊情况须在外加油时，要汇报办公室主任批准。

4．每车设置车辆行驶记录表，使用后记载行驶里程、时间、地点、用途等。

5．车辆一律执行严格的保养制度，建立车辆日常保养、维修档案，根据行驶里程及车况进行保养维修，确保车辆性能安全、可靠。

6．车辆维修时应填写《车辆维修单》，由车队队长检查需要维修或更换的部件，列出维修项目并提出维修意见报办公室。1000元以下的修理，由办公室核准后，安排到指定维修点维修、保养；凡需要大修的车辆，费用在1000元以上的，经办公室主任报矿领导批准后，再进行修理；行车途中发生故障修车或换件，必须向办公室主任汇报后方可维修，否则不予报销。未经批准，任何人不得擅自增加修理项目或更换部件，更换下来的部件一律带回，交办公室统一处理。

（三）费用考核与报销

1．实行车辆油耗考核和行车补助。每月月底由小车队长协同核算员一起抄表核对，并进行核算考核。

2．驾驶员报销油费、过路过桥费和行车补助时应提交行车记录，以便作为报销审核的参考；加油发票及修车发票必须使用增值税发票。

3．车辆维修需由车队队长协同办公室把关，维修费用票据后附配件、工时费用明细，由车队队长、办公室确认后方可签字报销。

4．费用考核：根据各部门工作职能实际需要给予各办公用车里程指标和费用（见附表），超（节）出部分按1.5元/公里考核科室负责人，结余部分按月度可累计使用，实行月度考核，年底兑现。

（四）奖惩

1．设立行车安全管理领导小组，组长为办公室主任，副组长为办公室副主任、小车班队长，成员为驾驶员及办公室其他工作人员。每月无交通事故、无重大机械事故并圆满完成出车任务，奖励组长500元，副组长300，小车队长600元，驾驶员500元，办公室其他工作人员200元；否则，对个人同罚并连带组长、副组长。

2．月底按公里数乘以百公里油耗累计出全月消耗油量。对油耗控制在考核标准内的车辆驾驶员给予节余额50%的奖励；对油耗超出部分，从工资中予以扣除。

3．对违反车辆使用规定和保养制度的责任人，一经发现予以500～1000元的罚款；对各种费用报销时弄虚作假者，一经发现并查实，将处以10倍的罚款并给予相应处分或调离。

4．因公出车发生事故造成车辆损失的，在扣除保险金额后视实际情况由驾驶员与矿上共同承担；因驾驶员开车不当造成车辆损坏的，驾驶员个人承担维修费用并按维修费用的同等数额罚款；发生交通事故造成经济损失者，按交通部门认定的事故性质予以处罚。造成重大事故负主要责任者，处1000元罚款；造成重大事故负次要责任或造成一般事故负主要责任的，处500元罚款；造成一般事故负次要责任的处300元罚款。

第七节　企地关系

一、管理机构

（一）机构沿革

2002—2015年，地企工作由副矿级干部1人分管，科级干部1人负责日常业务工作。

2015年5月4日，成立对外协调办公室，设主任1人，专员管理1人。7月6日，增设副主任1人。11月18日，成立后勤服务部对外协调办公室，增设主管管理1人。

2016年7月16日，增设副主任1人；11月16日，王楼煤矿军城井对外协调办公室合并于王楼煤矿后勤服务部对外协调办公室，增设副主任1人，主管管理1人，专员管理1人。

2017年6月10日，减设主管管理1人；7月31日，减设副主任1人。

截至2018年12月31日，对外协调办公室共有4人，其中主任（正科级）1人，副主任（副科级）2人，专员管理1人。

（二）企地互助

矿区所在的地企关系，是相互协助支持、共谋发展的关系，王楼煤矿在支援农业方面做了大量的工作。

2006年，王楼村修建道路，矿提供资金30万元，及时解决矿外职工上班与村民行路难的问题。

二、土地征用

（一）征地程序

矿井改建征用土地，是根据批准的改扩建总体方案，实行逐年按工程进展情况和需要列出用地计划，报临沂矿务局计划处、山东省煤管局计划处批准后下达批文。矿根据下达的计划用地指标和《中华人民共和国土地管理法》的要求，向济宁市任城区人民政府土地管理局进行请示，待请示批复后，与待征用土地涉及的镇、村进行协商同意，再报任城区土地管理局审批同意后，按照有关规定上报济宁市土地管理局、省土地管理局批准后，地方政府向企业交付土地使用权至颁发"国有土地使用证"。

（二）征地费用

王楼煤矿根据改扩建总体设计方案，依据国家用地政策和《土地管理法》及上级政府的有关规定，计算土地征用费用和上缴的各项费用，对征地内的附着物等均采用一次性包干的方式进行补偿。

2003年，矿投资1873.18万元征用王楼村耕地12.74公顷，并注明该宗土地使用权出让给山东东山矿业有限责任公司，用于作为工业广场及矸石工程用地，出让期50年。同年，矿投资1235.7万元征用王楼村、刘官屯村、城后村、青年点村耕地10.9公顷，作为运煤路（东山大道）用地。

2006年，征用王楼村耕地0.15公顷，建设年吞吐量达100万吨的王楼煤矿专用煤码头，用于煤炭水路运输，专用煤码头的建设，大大降低了煤炭运输成本。

2012年，矿投资2117.86万元征用王楼村耕地5.09公顷，作为职工宿舍楼及码头皮带走廊用地。

2003—2018年，矿累计征用土地28.88公顷。

三、塌陷治理

（一）土地流转

2014年底，矿采区范围开始出现塌陷情况，随着开采范围扩大，塌陷面积不断增加。在塌陷地治理方面，王楼煤矿提前考虑，对尚未塌陷的区域土地进行流转，探索出一条新路子：土地流转开发现代农业。

图6-5-4　王楼煤矿喻兴生态园。（2018年摄）

王楼煤矿积极与任城区喻屯镇人民政府对接，商讨土地塌陷后，塌陷土地如何处置、失地农民如何安置等一系列社会问题。经过多次讨论、多方调研，并结合喻屯镇发展规划，初步商定进行土地流转，搞现代农业开发，这样农民每年能拿到土地租金，还能出去打工再挣份工资，避免了因土地塌陷失地减少收入的情况。

为避免群众对土地流转产生抵触心理，决定提前对即将塌陷的土地进行流转。2014年初，首先通过喻屯镇政府动员安兴集村村民流转土地，喻屯镇政府派专班，首先给村两委分析利弊、算经济账，做通村两委的思想工作，再由村两委人员向村民宣传，通过大家一遍又一遍的征求意见、反复向村民讲解、分析，2014年5月，流转完成第一块土地，喻屯镇安兴集土地302.75亩。同样的流程，2015年5月，流转完成喻屯镇安兴集村土地80.28亩。2016年6月，流转完成喻屯镇安兴集村土地10亩，10月，流转完成喻屯镇城后村土地300.4亩。2018年2月，流转完成喻屯镇张桥村土地45.12亩，3月，流转完成鲁桥镇王埝村土地212亩，4月，流转完成喻屯镇王贵屯李户村土地148.35亩。

其间，为更好的发展现代农业，2015年2月，注册成立山东东山王楼煤矿有限公司喻兴生态农业分公司，喻兴生态园全面开始建设，建成热带雨林馆、淡水鱼博物馆及长江鲥鱼繁育基地3个高标准玻璃温室大棚。与中国水产科学研究院合作开发"工厂化循环水养殖模式"，与江苏中洋集团合作进行鲥鱼养殖等。城后种植区300.4亩，建设"稻田+"综合种养基地和17个有机果蔬种植大棚。2018年7月，稻田+"生态农业项目被列入济宁市新旧动能转换项目，并与中国科学院大连化学物理研究所合作推进绿色种植。当前，"品牌化、规模化、智能化、市场化"的精品高效现代农业发展模式已初现雏形。

2016—2018年，现代农业项目共获上级扶持资金、物资863.6万元。2017年8月9日，中国水产科学研究院南四湖生态渔业产学研示范基地、中国水产科学研究院池塘生态工程技术研究中心济宁工作站同时落户园区。同月喻兴农业园项目被山东省农业厅、山东省旅游发展委员会评为山东省生态休闲农业示范园区。2018年6月，"喻兴园"商标成功注册，8月，任城区品牌农产品种植基地挂牌，8月被山东省采煤塌陷地综合治理协调小组命名为山东省采煤塌陷地综合治理创新工程，12月，山东省省级农科驿站落户，现代农业产业园区呈现蓬勃发展景象。

（二）土地复垦

王楼煤矿进行塌陷地治理的另一种方式是土地复垦，采用客土回填的方式，将土地恢复原貌，达到正常耕种标准，交付农户继续耕种。2016年11月，由济宁市国土资源局任城区分局下发文件《关于济宁市任城区喻屯镇郑庄村采煤塌陷地复垦项目立项的批复》（济任国土资源〔2016〕20号），对郑庄片区70.32公顷塌陷地进行复垦。2017年12月，通过国土部门组织的专家验收，并下发《关于济宁市任城区喻屯镇郑庄村采煤塌陷地复垦项目的验收意见》（济任国土资发〔2017〕43号）。该片区于2018年3月完成交付，签订交付协议。

2017年9月，由济宁市国土资源局任城区分局下发《关于任城区喻屯镇郑庄等3村采煤塌陷地恢复治理项目（二期）立项的批复》，对该片区21.25公顷塌陷地进行治理，2018年5月，通过国土部门组织的专家验收，并下发《关于济宁市任城区喻屯镇郑庄等3村采煤塌陷地恢复治理项目（二期）验收意见》（济任国土资发〔2018〕18号），二期土地于2018年6月，完成交付，签订交付协议。

2018年4月，由济宁市国土资源局任城区分局下发文件《关于任城区喻屯镇刘官屯西村等4村采煤塌陷地综合治理项目立项的批复》，对该片区83.41公顷塌陷地进行治理，后因刘东村48亩塌陷地不具备治理条件，实际治理面积变更为80.21公顷，该项目于2019年1月完成施工，6月通过验收。

四、村庄搬迁

2015年10月，山东省人民政府压煤村庄办公室下发《关于济宁市任城区喻屯镇安兴集等3村压煤村庄搬迁方案的批复》（鲁政搬〔2015〕11号），同意对安兴集村、城后和苏庄、湾子村实施搬迁。

2016年8月，山东省住房和城乡建设厅、山东省发展和改革委员会、山东省财政厅、山东省国土资源厅联合下发《关于公布2017年第二批棚户区改造任务分解落实项目的通知》（鲁建住字〔2016〕13号），下达济宁市任城区采煤塌陷地安兴集片区棚户区改造项目，将喻屯镇安兴集村列入2017年第二批棚户区改造项目之一。

2017年，王楼煤矿实施第一个村庄搬迁项目，按照棚户区改造相关政策与喻屯镇人民政府制定《喻屯镇安兴集村棚户区改造房屋征收补偿实施方案》，并报经济宁市任城区政府同意，2017年5月，启动搬迁。截至2018年底剩余25户未搬迁。

第六章　审计与对标

第一节　管理机构

2014年1月2日，成立结算中心，劳资社保科助理经济师1人、定额专员管理1人及井下定额员1人合并至结算中心。

2017年3月23日，撤销结算中心（原隶属劳资社保科），成立审计科，设科长1人，副科长2人，主管管理1人，专员管理3人，科员3人。8月7日，增设主管管理1人，减少副科长1人，减设专员管理1人。9月26日，减少主管管理1人。

2018年4月20日，增设专员管理1人，经济员1人，见习管理1人，减设科员3人。8月10日，增设见习技术员1人，减少专员管理1人。12月25日，减少正科级1人，增设副科级1人

2019年3月4日，减少经济员1人。8月20日，增设科员1人。

2020年2月18日，共设有科长1人，副科长1人，主管管理1人，专员管理2人，见习技术员1人，见习大学生1人。

第二节　审　计

一、审计机构

2017年3月，成立以党委书记、矿长白景志为组长，党委副书记、纪委书记、经营副矿长为副组长，劳资社保科、纪委监察科、党群工作部、财务科、审计科等部门负责人为成员的内部审计领导小组；下设审计科为内部审计机构并配备审计人员，独立行使内部审计职权。

二、主要审计程序

（一）审计周期，每季度至少审计1次，每年必须覆盖所有审计对象和审计内容。

每次审计之前，审计人员提报本季度审计项目计划，经矿领导批准后，按审计项目计划实施审计程序。

（二）审计准备阶段，包括组成审计组，向被审计单位下达《审计通知书》，明确审计的范围、内容、方式、时间、审计组成员以及对被审计单位的要求等。

（三）审计实施阶段，包括审计取证，编制工作底稿等。

（四）审计终结阶段，内部审计小组按审计项目计划认真完成审计工作后出具审计报告，由分管领导审阅后，报矿领导研究处理等。

（五）研究审定审计报告后，应当根据审计结果提出审计结论和审计意见，下达被审计单位，被审计单位针对审计查出的问题进行整改，并于15日内填写《审计问题整改反馈表》，送至审计科。

（六）内部审计机构应当对审计意见落实情况跟踪检查，实行后续审计监督，确保审计意见的落实，提高审计效果。

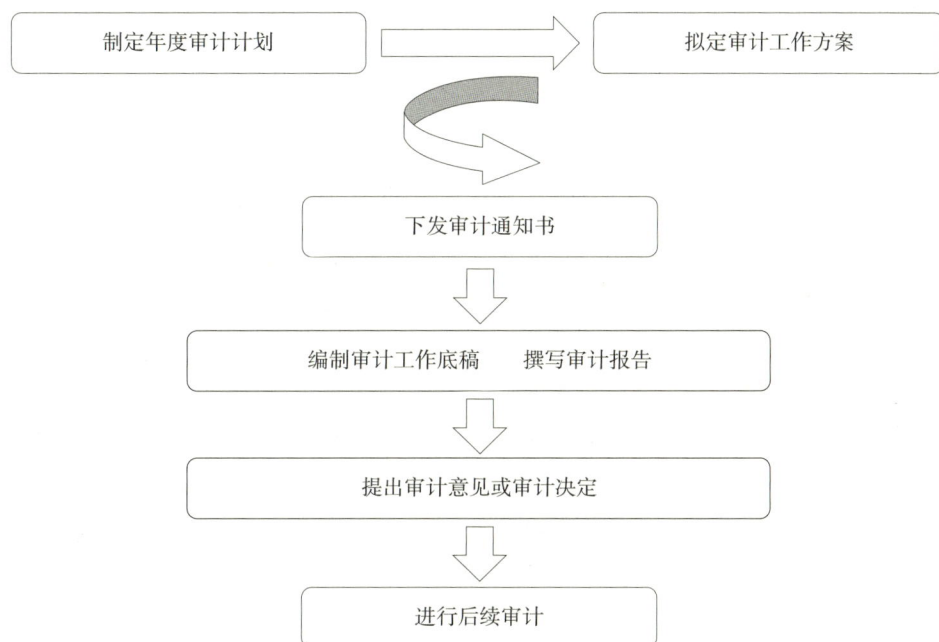

图6-6-1　审计程序流程图。

三、审计内容

（一）与财务收支有关的经济活动，包括投资进度审计、付款比例审计、招标议标审计、阳光采购审计、合同管理审计、外购煤配洗效益审计、工资结算、发放和工资分配审计等。

（二）财务管理审计，包括：库存盘点表、各类采购出入库记录、往来账核对明细、原始单据的规范性、账实相符等。

（三）检查财经制度的落实情况，相关部门是否按照矿下发的各项财经规章制度执行。

（四）各工区计分标准及原始记录，制度与实施情况，以及矿务、区务公开情况。

（五）各业务科室的合同签订等相关事宜的审计，合同签订是否按照《王楼煤矿合同管理办法》的规定执行，合同等资料的真实性、合法性、合规性等；

（六）职工反映的热点难点，以及其他亟待解决的问题等。

2016年，查出各单位共计问题23条，如生态园物资管理混乱现象，一周时间整改完成。总务科食堂各类蔬菜价格公示不及时，一周时间整改完成。查出问题各单位都高效高质量完成整改。

2017年，查出各单位共计问题26条，如生态园缺少各类蔬菜品种统计基础台账，一周时间整改完成。卫生所未建立月度药品消耗情况表，一周时间整改完成。查出问题各单位都高效高质量完成整改。

2018年，查出各单位共计问题21条，如总务科市场调研单据未签字确认，一周时间整改完成。工区职工考勤不及时，一周时间整改完成。查出问题各单位都高效高质量完成整改。

2019年，查出各单位共计问题30条，如机修厂评分公示表汇总未注明加分项，一周时间整改完成。工区职工学习矿文件未签字，一天时间整改完成。查出问题各单位都高效高质量完成整改。

四、外部审计

（一）工程审计

表6-6-1　2007—2019年王楼煤矿工程审计统计表

单位：元

年度	提报值	审定值	审减值	审计单位
2007	57932407.45	57289639.09	642768.36	淄博乾鹏咨询有限公司
2008	35861907.45	35557850.28	304057.17	
2009	33791682.54	33659688.92	131993.62	山东海逸恒安项目管理有限公司
2012	22177441.46	22114823.66	62617.8	山东元真建设项目管理有限公司
2015	11236494.67	11113106.47	123388.2	山东新联谊工程造价咨询有限公司
2016	4736926	4047720.81	689205.19	
2017	14375972.06	14363700.97	12271.09	
2018	6678456.13	6671698.01	6758.12	山东中联工程造价咨询有限公司
2019	2527516.18	2509068.01	18448.17	中审华国际工程咨询（北京）有限公司

（二）财务审计

2007年，2009—2010年，2016—2018年，新联谊会计师事务所对王楼煤矿及其分子公司上一年的账本、凭证以及收入、成本、费用、往来、税金等经营业务进行审查，并对有关需要作出调整，出具相应的审计报告。

2008年，万隆亚洲会计师事务所对王楼煤矿及其分子公司上一年的账本、凭证以及收入、成本、费用、往来、税金等经营业务进行审查，并对有关需要作出调整，出具相应的审计报告。

2011—2012年，青岛振青会计师事务所对王楼煤矿及其分子公司上一年的账本、凭证以及收入、成本、费用、往来、税金等经营业务进行审查，并对有关需要作出调整，出具相应的审计报告。

2013—2015年，大信会计师事务所对王楼煤矿及其分子公司上一年的账本、凭证以及收入、成本、费用、往来、税金等经营业务进行审查，并对有关需要作出调整，出具相应的审计报告。

五、内部结算

（一）综合考核结算

对各工区（厂）所有的人工费、零工、电费、维修费、材料费、各科室的考核结果、各种补贴奖励统一进行核算，并对职工工资分配情况进行审核。

（二）结算程序

1. 制定定额

以劳动定额和各类消耗定额为基础，同时通过对比分析矿井历年的生产经营数据，重点对可控成本（人工费、材料费、电费、维修费）制定综合定额，先后编制完成《标准成本人工消耗定额手册》《标准成本设备维修费消耗定额手册》《内部市场电量消耗定额手册》。

（1）人工消耗定额制定

为了制定先进合理的人工定额，寻求降低工人工时消耗和提高劳动生产率的途径，需要对工人的全部工时消耗和各组成部分进行具体的分析研究，用技术测定法分析研究定额。工时消耗的研究方法主要有全部生产过程或局部过程写实、工作日写实、工序写实、测时和瞬时观测。通过以上方法掌握井下第一手定额资料，并对资料的整理、分析、计算，得出科学、合理、切实可行的标准定额。

（2）维修费消耗定额制定

维修费用指各类备品备件及设备外委维修费用，包括设备使用完毕后升井大修等发生的所有费用。严格控制维修费成本，降低生产耗费，对维修费可量化的采一工区、采二工区、机电工区、运输工区和洗煤厂进行考核。维修费定额的制定依据主要参考各单位上年度的产出结果和维修费消耗量，它们的比率就是维修费消耗定额，维修费定额每年修订1次。维修费包括矿内能修理的由机电科安排的机修厂维修费和矿内不能修理的委托外单位修理发生的维修费。

（3）电费消耗定额制定

为进一步加强煤矿内部节能降耗管理，杜绝浪费，降低成本，不断提高企业经济效益，对电费可量化的采一工区、采二工区、机电工区、运输工区和选煤厂进行考核。

2. 修订定额

定额标准随着矿井延续的不断变化，定额标准也出现参差不齐，井下定额员及时深入矿井一线工作面，开展内部定额修订标准。对2018年定额标准项目总量为1461条的条件下，在2019年对定额标准项目进行优化合并，减少238条，定额项目总量变为1223条，完善了矿井内部定额标准手册。

3. 计量管理

按照"凡是有量可计，必须装表计量"的原则，各单位涉及的生产经营场所都要安装计量器具，其单位的用电、用料、产量、进尺等均要有量可计，形成完善的计量体系。

4. 结算管理

（1）矿对各工区（厂）结算：基本准则是"以质计价"，收支两条线。各工区提供产品或劳务按各项定额制度规定的单价结算的收入扣除各类物耗后即为收益，即收入－支出+奖罚=工资收入。采掘单位提供的产品全部进行量化，确定单价，采掘单位绩效总收入为吨（米）成本单价乘产量（进尺），总支出为生产过程中实际材料、电力、修理费、其他费用和各类奖罚，总收入减总支出为绩效工资总额；辅助工区根据各岗位提供的服务进行量化，按照各项工作量进行考核。

（2）单位内部结算：根据下达的工资通知单工区，工区依据评分表各项计分及工区分配制度，计算单位每名职工的工资。

第三节 对 标

一、组织机构

根据《临沂矿业集团有限公司深化全面对标管理工作实施方案》（临矿企发〔2017〕119号），成立以矿长、党委书记白景志为组长，各分管矿领导为副组长，各专业副总、科室及工区负责人为成员的对标领导小组，下设生产科为对标管理办公室，配有1名对标专职人员，具体负责，指标对标管理活动开展、汇总及联络工作，确保指标对标工作的有序开展。

2018年7月12日，王楼煤矿制定《王楼煤矿全面对标管理工作实施办法》，成立以矿长、党委书记白景志为组长，各分管矿领导为副组长，各专业副总、安全生产经营后勤科室负责人、各工区（厂）负责人为成员的对标管理领导小组，下设对标管理办公室，办公室设在审计科，由副矿长汪学军分管，刘强兼任办公室主任，审计科全体成员为对标管理办公室工作人员，具体负责对标管理工作的实施、督促、考核、总结、上报以及与集团公司对标管理中心联系等工作。

二、指标对标

2017年1月，王楼煤矿以济三煤矿为学习借鉴标杆，对个别专业现场学习。

6月，根据集团公司统一部署，以古城煤矿为标杆开展全面对标工作。10月，根据集团公司对标管理工作要求，结合矿井实际，分为财务、人资、生产、机电、煤炭、科技等6个对标组进行对标，同时对全矿科室、工区根据业务划分及责任层次进行工作流程梳理，对自生产到销售进行全过程的指标分解，10月底，已对全矿30个科室、工区（队、厂）进行流程梳理，共梳理工作流程190项；对集团公司考核的7个指标分解细化为7个一级指标、21个二级指标、273个三级指标。其中，一级指标由对标管理办公室及专业成员科室负责控制，二级指标由全矿科室、工区（队、厂）等按照责任层次对应负责，三级指标由现场班队长等基层人员负责。同月，在开展指标全面对标的同时，重点对采掘等生产系统进行内部对标管理。根据对标指标分解重新制订采煤机掘进写实对标表，由工区及科室负责人对现场进行跟班写实，对每道工序用时、影响生产的环节进行重点分析并制订掌控措施。

2018年，根据集团公司考核指标及相关要求，将现有考核办法的对标管理体系划分为2个层次进行创建、管控。

第一层次：将集团公司的9个直接考核指标分为生产、经营2个模块。同时全矿科室、工区（厂）等根据业务专业对应分组，即分为2个工作开展组：一是生产组，以生产科为主，包含机电科、通防科、地测科、防冲办、调度室、安监处、劳资社保科、采一工区、采二工区、掘一工区、开拓工区、综掘工区、机电工区、运搬工区、通防工区、防冲队等安全生产业务科室、工区（厂）。二是经营组，以财务科为主，包含劳资社保科、煤质科、选煤厂等后勤经营科室、厂。

第二层次：包含集团公司考核指标及其所涉及的共计19个指标。由第一层次的2个工作开展组分别管控、考评，其中生产组负责原煤产量、原煤生产人员工日数、原煤生产人员效率、矿井生产日数、回采产量、全员人均工效、回采累计平均个数、综合单产、掘进进尺、掘进累计平均个数、综合单进11个指标；经营组负责营业收入、利润总额、商品煤产量、从业人员、原煤生产人员、人均营收、人均利润、吨煤完全成本8个指标。

同时，每月向临矿集团报送上月对标实效完成表以及对标管理总结；每年初开展对标标杆值测算工作以及撰写上一年度对标工作总结。

三、问题对标

（一）工作流程

用问题对标作为手段来实现指标，通过发现问题，分析问题，解决问题，实现降本增效以及管理提升的目的。具体工作流程如下：

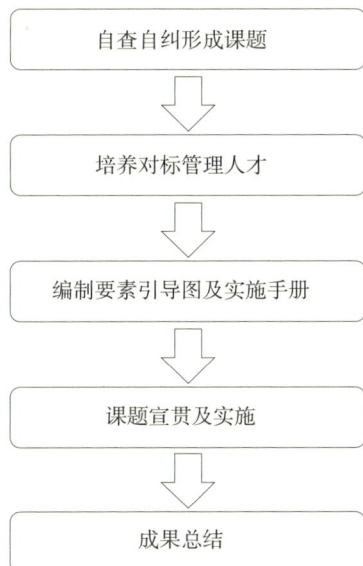

```
自查自纠形成课题
      ↓
培养对标管理人才
      ↓
编制要素引导图及实施手册
      ↓
课题宣贯及实施
      ↓
成果总结
```

图6-6-2　对标工作流程图。

（二）活动开展

1. 2018年8月1日，与泓冰标杆企业管理咨询（北京）有限公司达成合作共同推行全面对标工作。

2. 2018年8月7日—10月22日，按照管理、降本、增效、治理四大类组建立17个对标课题组，各课题组绘制了对标课题的《要素引导图》，完成了《实施手册》。8月7日，泓冰标杆企业管理咨询（北京）有限公司对矿对标管理课题组成员进行标杆管理理论及实操的培训。10月22—23日，矿领导班子对

图6-6-3　2018年8月7日，王楼煤矿全面对标启动会暨第一次培训大会。

17个课题组的《实施手册》进行逐个审核，最后，共9个课题组的《实施手册》通过内部审核进入实施阶段。10月24日，9个课题组开始进行落地实施，并取得初步的实效成果。11月5日，9个课题组分别对课题实施有关部门开展现场宣贯工作。12月25—28日，泓冰标杆（北京）企业管理咨询有限公司高级顾问李爱军针对9个课题进行一对一辅导，就执行中存在的问题和已经取得的阶段性成果深入探讨，帮助解决实施过程中的问题，并选择相关的课题组现场走访。

表6-6-2　2018年王楼煤矿对标课题

编号	课题名称	课题负责人	执笔人	参与人
1	如何提高综采工作面单产	刘维信	平立芬　王士礼	刘中洋　孟庆新　王乾龙　何玉收　张宝玉
2	千米深井大断面煤巷快速掘进体系建设		苏礼冲　徐成凯	庄文涛　宋涛　许振鲁　苑仁鹏　左海峰
3	如何合理降低周转性材料消耗	张文义	谭代明　于得水	刘强　胡金利　邵长瑞　李传学　南祥东　耿华旭　张现丽　史丽丽　李树宁
4	如何建立管理、技术、技能人才成长"三通道"培养体系	田衍圣	李秀芹　朱宁	谢更现　王义铎　耿伟
5	如何合理降低单轨吊维修费用	王寅林	杨久波　刘杰	赵东　李树宁　曹东春　倪峰平
6	如何通过对标建立洗煤厂科学的岗位设置	季荣杰	郑丽颖　解海品	贾新兵　韩东　李佳
7	农业园经营管理机制	兰庆武	陈宾　徐晓光	张延强　邢建福　刘方成　孙玉慧
8	重点设备用电管理	王寅林	李中正　张翠珠　刘忠	宋忠河　尚晓龙
9	市场经济条件下的"产、洗、销"协同机制	马祥志	王瑞　董昌坤　王士礼	刘维信　冯德才　季荣杰　石道波　魏生辉　平立芬　白建文
10	如何建立办公用品标准化管理	孔庆法	刘涛　李娜	胡彦峰　邵泽鹏　唐成伟
11	如何提升王楼煤矿新闻宣传工作水平	田衍圣	郭利	李盟萌　郑天飞　李德强
12	基层"微腐败"治理的有效途径和方法	金宝志	任俊颖	孟凡伟
13	如何做到安全、生产齐抓共管	王其杰	岳磊　宿文杰	兰庆文　杨德全
14	如何提高安全培训效果		兰庆文　岳磊	管飞　宿文杰
15	高温地热防治对标管理工作体系	王斌	李福存　相飞	于建涛　黄正龙　房磊
16	防冲体系建设优化	张假妮	宋增璐　李长青	牛龙喧　薛敏喜
17	如何通过对标降低洗煤厂维修费用	许广财	贾新兵　李佳	张宁

3．2019年1月26日，召开全面对标管理总结大会，会上泓冰公司李爱军老师对从对标项目概要、项目组织管理、项目实施过程、突显实效成果、项目存在问题、持续对标建议6个方面对各课题项目进行全面总结。2月，印刷17个课题的《实施手册》1套；制作了1个对标管理主牌版及一期推广运行

的9个课题分牌版；制作长达10分钟的王楼煤矿对标管理宣传片《卓越之路》；选取2个优秀课题进行会议宣讲排练。4月8日，召开对标管理推介会，"如何降低单轨吊维修费用"和"如何通过对标降低选煤厂维修费用"2个优秀课题进行现场宣讲，并对各优秀课题组进行表彰奖励。

图6-6-4　2019年4月8日，王楼煤矿对标管理推介会。

第七章 法律事务

第一节 管理机构

一、组织机构

2014年前，王楼煤矿法务管理部门未配备专职法务管理人员，由预算科专员兼职法务管理工作。2014年后，随着煤炭行业市场低迷，法律风险骤然增加，王楼煤矿加大法务管理支持力度，配备法学专业人员1人专职负责法务管理各项工作。

2017年4月，法务管理归口部门设在审计科，配有法学专业专职人员2人，其中主管管理1人、见习管理1人。

2020年4月，因人员调整，法务管理部门共配有副科长1人，见习大学生1人。

二、制度建设

2014年6月13日，制定下发《王楼煤矿工程、物资招标管理办法》（王煤字〔2014〕97号）。同日，制定下发《王楼煤合同管理办法》（王煤字〔2014〕96号）。

2016年9月2日，修订下发《王楼煤矿工程、物资招标管理办法》（王煤字〔2016〕131号）。12月16日，修订下发《关于进一步规范王楼煤矿招（议）标及合同管理工作的通知》（王煤字〔2016〕188号）。

2018年2月3日，修订下发《王楼煤矿工程、物资招（议）标管理办法》（王煤字〔2018〕45号）。7月20日，修订下发《王楼煤矿工程、物资、服务类项目比选管理办法》（王煤字〔2018〕172号）。

2020年3月11日，修改下发《王楼煤矿评选专家库管理办法》（王煤字〔2020〕72号）。

三、职责

（一）负责审核、组织签批、管理公司合同，参加重大合同的谈判和起草工作。

（二）负责公司的设立、变更等工商管理活动，处理有关法律事务。

（三）负责公司法律风险防控、合规管理，建立公司法律风险防控体系，降低企业生产经营过程中的法律风险。

（四）负责外聘律师选择、联络及相关工作，参加公司的诉讼、仲裁、行政复议和听证等活动。

（五）参与公司工程、物资、服务类项目比选（议价）活动。

第二节　风险管控

2017年，王楼煤矿独创"三维坐标式"企业法务管理体系研究应用模式，将法务管理划分为3个管理维度（模块），即横坐标招（议）标管理、纵坐标合同管理及竖坐标诉讼案件管理。该创新成果也获得了山东省煤炭行业协会的《2017年度全省煤炭行业企业管理现代化创新成果》三等奖。

2018年，在"三维坐标式"管理模式的基础上，将零点坐标"风险管理维度"纳入总体系，最终形成完善的"四维坐标"法务管理模式，即横坐标招（议）标管理、纵坐标合同管理、竖坐标诉讼管理以及原点坐标风险防控管理。该创新成果获得集团公司2018年新旧动能科技创新成果二等奖。王楼煤矿法务管理工作自此形成体系化、制度化，法务管理水平得到进一步提升。

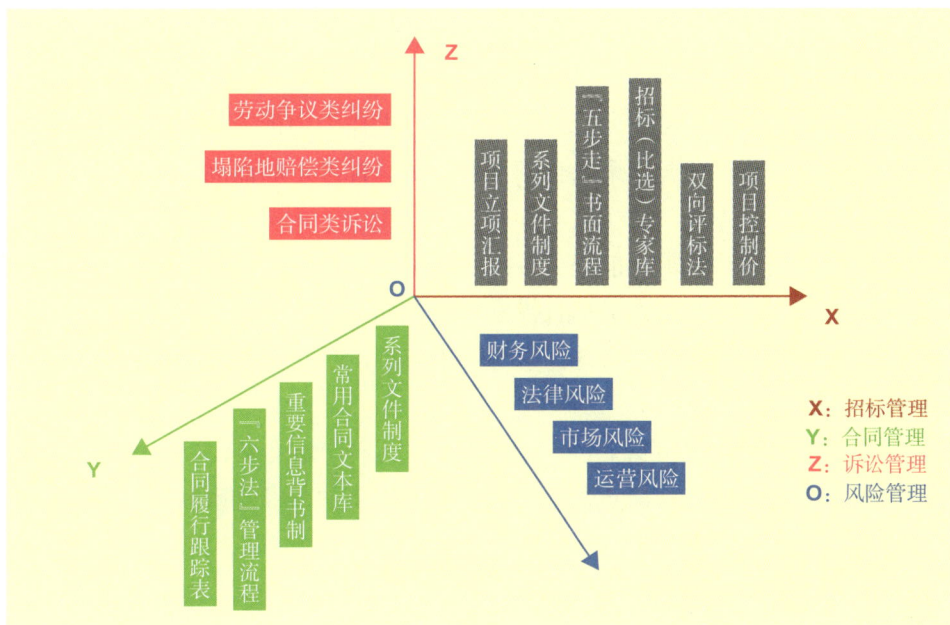

图6-7-1　王楼煤矿"四维坐标"图。

第三节　招标与合同

一、招标管理

（一）招标范围

1. "工程"是指建设工程，包括建筑物和构筑物的新建、改建、扩建及其相关的装修、拆除、修缮等。

2. "物资"是指生产经营和基本建设所需的原材料、辅助材料、设备及配件等物资。

3. "服务类"是指为完成工程所需的勘察、设计、监理等相关服务和企业生产经营中的相关服务，包括承包运营、租赁、外委修理、系统集成、软件开发、信息化运维、设备监造、内外贸代理、物流、展会、金融（银行、证券及保险等）及中介（审计、评估、造价、财务顾问、法律咨询、技术咨询、技术开发、项目咨询、招标代理服务等）等其他消费型项目。

（注：2018年7月20日，《王楼煤矿工程、物资、服务类项目比选管理办法》（王煤字〔2018〕172号）。王楼煤矿招投标改称为比选，为与本矿志保持称谓的一致性，除与比选相关的文件外其余部分内容仍称招标）

（二）权限划分

1. 施工单项合同估算价在100万元以下的（以上含本数，以下不含本数，下同）。

2. 勘察、设计、监理等与工程建设有关的服务，单项合同估算价在30万元以下的。

3. 除能源集团规定的采购权限外，形成一定批量的材料及其他估值在100万元以下的地材、危化品等。

（三）评标方法

采用合理最低投标价法和综合评标法两种评标方式。

1. 合理最低投标价法

在全部满足招标实质性要求前提下，最低报价的投标人作为中标人。此评标方法适用于使用通用技术，性能标准比较明确、品种单一、采购金额相对较少、标准定制商品及通用服务项目。

2. 综合评标法

最大限度地满足招标实质性要求的前提下，按照投标人资格、资质、技术、业绩、实力以及服务等各项因素进行综合评审，以综合实力最高且投标价格不明显高于其他投标人的作为中标人。此评标方法适用于高技术含量、高售后服务、特殊需求等要求较高的项目。

（四）工作流程

1. 所有拟招标项目必须由承办部门先将项目概况（资金计划类型、控制价等）汇报申请，10万元以上的属于"三重一大"项目，需经党委会同意；10万以下的需经党政联席会同意。经同意后，招标领导小组方可组织招标。

2. 承办部门进行比选（议价）前价格摸底，编制书面项目控制价，由分管领导审定。比选（议价）开始前交比选领导小组，作为比选（议价）依据。

3. 投标准备资料：营业执照副本复印件（加盖公章）；资质证书复印件（加盖公章）；授权委托书（加盖公章、受托人身份证复印件）；报价单（加盖公章）。

4. 每个项目由审计科根据项目内容、难度从王楼煤矿评选专家库内随机抽取5人以上（单数）专家、纪委人员1名进行综合评选。

5. 三轮谈判，前二轮公开，第三轮报价后，3日内确定中标人并由业务科室将中标结果通知所有参加投标的单位。

6. 财务科在招（议）标现场确定税率、付款方式、付款节点，严格按合同进行付款。

7. 评标专家必须在招标现场签字。

二、合同管理

项目申请　→　计划　→　三重一大　→　招标（比选）　→　合同　→　合同履行跟踪表

概况　　　　安全　　　　党委会　　　　　　　线下：会签表　　　内部审计
1. 预估金额　维简　　　　　　　　1. 营业执照　　线上：法务系统
2. 效益分析　折旧　　　　　　　↘2. 授权委托书
3. 比选控制价　科技　　　　　　↘3. 报价单（收费依据）
　　　　　　批复　　　　　　　↘4. 谈判记录
　　　　成本内支出

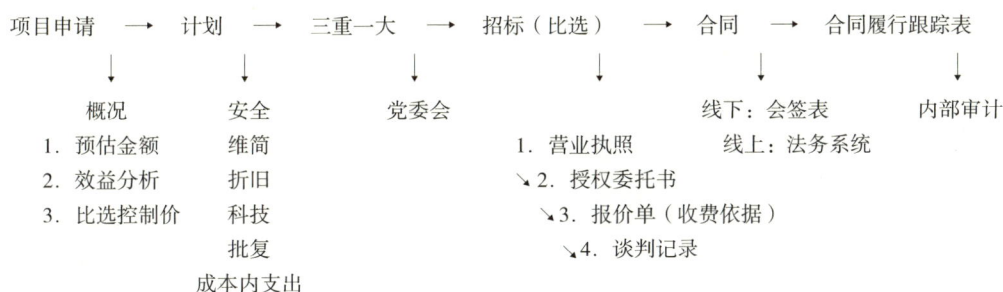

图6-7-2　"六步法"合同管理流程图。

本流程是各类项目从招标到合同签订直至履约完毕的全部工作流程，形成风险防控闭环。

（一）线下审核

定标后承办部门提交合同草稿，审计科组织合同会审参与部门审核完毕并反馈；次日承办部门向审计科提交完整招标手续和纸质版合同；审计科收到所有报批手续后完成全部合同签批手续，届时双方法定代表人或委托代理人正式签署书面合同。

（二）线上审核

2017年12月，集团公司法务系统正式上线运行，自此王楼煤矿合同一律线上线下同时进行审核，保证合同审核与财务付款"数字化""可视化""留痕化"。

2013—2018年，共签订合同2032份。其中2013年签订107份，2014年签订119份，2015年签订254份，2016年签订342份；2017年签订500份；2018年签订670份。均按照集团公司"一合同、一档案、一编号"要求，对不同类别合同分类编号、归档。

（三）授权委托

王楼煤矿严把合同签订授权控制关，对金额较大或属于重大合同范畴的，一律由法定代表人签订；除此外，年初由法定代表人根据分管业务范围书面授权分管矿领导合同签订权限，授权期限为任期内1年。

2017年，办理授权委托书7份；2018年办理授权委托书8份。同时将授权委托书统一编号管理并建立台账。

第四节　诉讼管理

一、诉讼情况

2014—2018年，王楼煤矿共涉及5宗法律诉讼案件。

表6-7-1　2014—2018年王楼煤矿法律诉讼案件统计表

年度	案件内容
2014	徐炳红诉提供劳务者受害纠纷
2015	楚遵武诉建设工程合同纠纷
2015	部德峰建设工程合同纠纷
2016	鱼台鲁水建材销售有限公司诉买卖合同纠纷
2017	李文杰、李克信、李克春诉财产损害赔偿纠纷

二、案件情况说明

（一）徐炳红诉提供劳务者受害纠纷

1. 案件简要事实经过：2013年9月份受雇于被告山东龙兴地质工程有限责任公司（以下简称"龙兴公司"），在龙兴公司承包的山东东山王楼煤矿有限公司（以下简称"王楼煤矿"水文观测钻孔工程现场施工时，于2013年12月13日被千斤顶致伤右前臂。后龙兴公司支付了原告相关费用，但双方就其他赔偿事项未能达成一致意见。原告诉求：要求两被告连带赔偿误工费、护理费、营养费、交通费、鉴定费、伤残赔偿金、生活补助费等共计61790元。

2. 案件结果：经法院调解结案（2014）任民初字第5150号，由龙兴公司支付给原告38000元；原告放弃其他诉求；原告不再要求王楼煤矿承担责任；案件受理费减半收取，由原告承担。

（二）楚遵武诉建设工程合同纠纷

1. 案件简要事实经过：2013年4月，龙兴公司承包王楼煤矿13301工作面水文探查钻孔注浆工程的施工，龙兴公司又将合同标的物中的"4号"探查注浆孔钻探施工分包给原告。后竣工结算，总价款及误工费报酬为991000元，已付给原告591000元，尚欠40万元。后诉至法院，要求王楼煤矿在龙兴公司欠付工程款范围内承担40万元的连带清偿责任。

2. 案件结果：经法院调解结案（2015）任民初字第3432号，由龙兴公司当庭支付原告工程款40万；王楼煤矿当庭支付龙兴公司102.55万，诉讼费与保全费由龙兴公司承担。

（三）部德峰建设工程合同纠纷

1. 案件简要事实经过：2013年7月，龙兴公司承包王楼煤矿13301工作面水文探查钻孔注浆工程的施工，龙兴公司又将合同标的物中的"1号"探查注浆孔钻探施工分包给原告。后竣工结算，总价款及误工费报酬为1235500元，已付给原告610000元，尚欠625500元。后诉至法院，要求王楼煤矿在龙兴公司欠付工程款范围内承担625500元的连带清偿责任。

2. 案件结果：经法院调解结案（2015）任民初字第3433号，由龙兴公司当庭支付原告工程款62.55万元；王楼煤矿当庭支付龙兴公司102.55万元，诉讼费与保全费由龙兴公司承担。

（四）鱼台鲁水建材销售有限公司诉买卖合同纠纷

1. 案件简要事实经过：2010年—2015年8月，鱼台鲁水建材销售有限公司（以下简称"鲁水公司"）与军城煤矿签订工矿产品供销合同，向军城煤矿供应水泥、枕木、锚杆等工矿产品。至2016年10月，军城煤矿共欠鲁水公司货款3979044.34元。

2. 案件结果：山东省鱼台县人民法院作出判决，以（2016）鲁0827民初2424号作出判决，判决王楼煤矿向鲁水公司支付货款3979044.34元及利息。后双方达成和解协议，分期还款，且不再支付利息。

（五）李文杰、李克信、李克春诉山东东山王楼煤矿有限公司（以下简称"王楼煤矿"）财产损害赔偿案

1. 案件简要事实经过：原告承包微山县鲁桥镇李唐桥村90亩地，其中23亩土地用于种植各类树木4500余棵，开挖池塘5处占地67亩。原告称2015年因原军城煤矿开采煤炭导致上述土地塌陷，树木被淹没，池塘被冲毁，遭受经济损失。后王楼煤矿与微山县鲁桥镇人民政府、微山县鲁桥镇李唐桥村村民委员会签订《补偿协议》，约定：塌陷土地上的树木按棵赔偿，池塘等按亩按年赔偿。90亩土地自2016年起每年应得赔偿12.6万元，树木4500棵应得赔偿12.6万元。2017年达成新协议，原告承包的90亩土地中的67亩鱼塘应得赔偿32.428万元，23亩园子应得赔偿3.22万元，截至起诉日，原告诉称王楼煤矿及微山县鲁桥镇李唐桥村村民委员会已支付树木赔偿及土地赔偿款计26.5万元，还应支付原告34.348万元。

2. 案件结果：济宁市中级人民法院作出终审判决，判决驳回原告诉讼请求，维持原判。

图6-7-3 王楼煤矿联合福利楼。（2019年摄）

第七篇　科学与环保

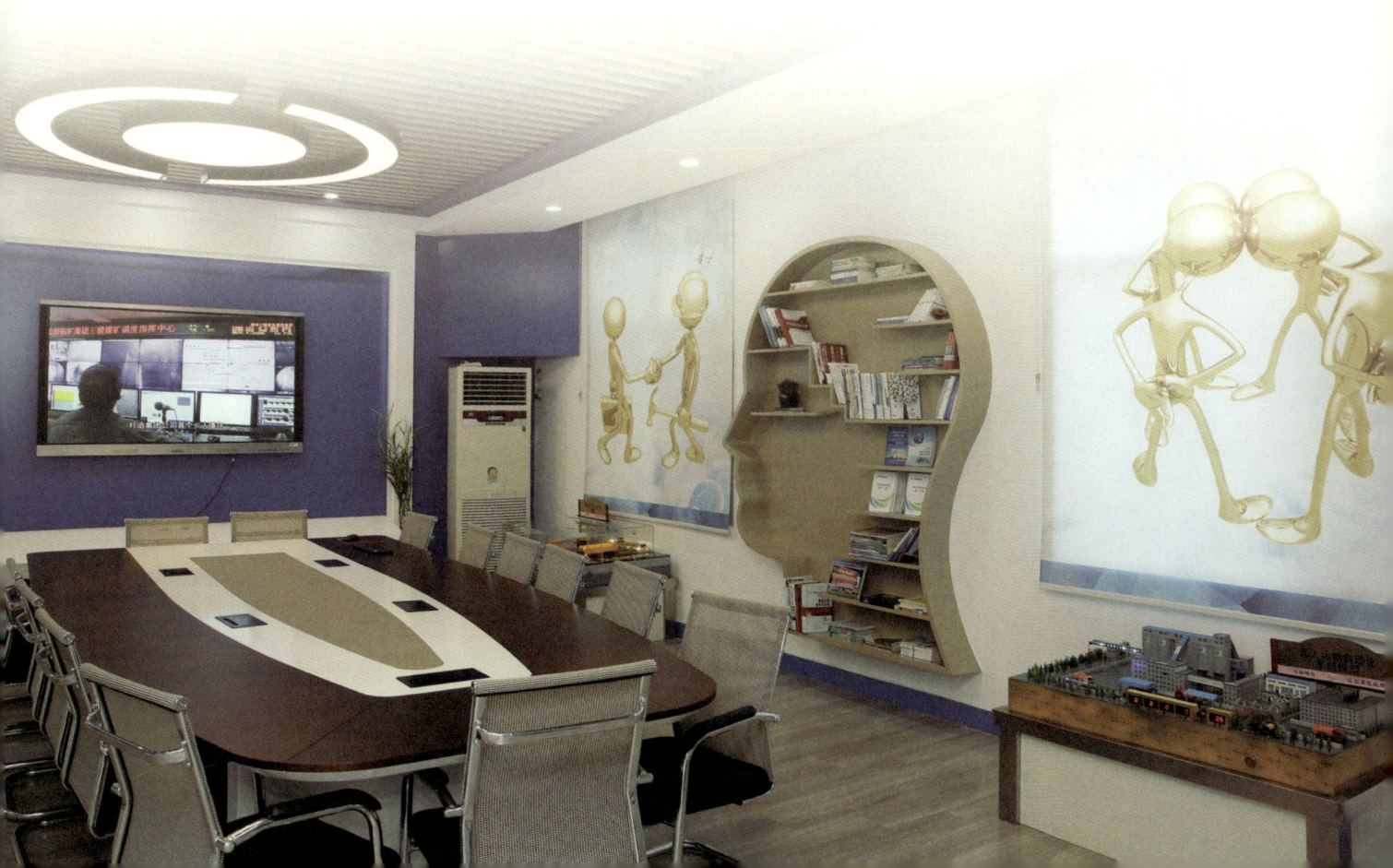

矿井投产以来，王楼煤矿大力实施科技强企，创新驱动发展战略，定期制定科技发展规划，充分发挥权属各单位的科技人才资源，强化科技创新主体地位。2016年12月，正式成立专业科室科技科，并在2018年8月建成党建引领下的王楼煤矿创客联盟，构建具有王楼煤矿特色的"17221"（1个智心苑、7个创客中心、22个创客团队、1个创客平台）创新管理体系，实施科技项目计划及科技奖励措施，积极储备科技人才队伍，深入开展产学研合作，不断推动煤矿各领域科技创新和技术升级，为"六大王楼"建设奠定坚实的基础。投产以来，科技创新硕果累累，其中形成国家专利49项，经济效益过亿元，社会及环境效益更为显著。

建矿以来，王楼煤矿不断提高创新意识和发展意识，紧紧围绕制定的节能环保工作任务，积极贯彻新型发展理念，加快实施新旧动能转换，提高资源利用效率。准确把握习总书记"绿水青山就是金山银山"的指示精神，将环境问题上升到政治问题的高度，把环保工作摆在与安全生产同等重要的地位，牢固树立"环境就是效益"的理念，全面推进绿色矿山建设，实现生产经营与节能环保同步推进。不断实施各项节能环保工程，强化节能环保知识学习，严格执行国家节能环保法律法规，加强"三废"（注：）治理，加快"四新"（注：）推广步伐，实现污染物达标排放，各类能耗指标持续下降，资源综合利用率进一步提高，取得良好的社会效益、环境效益和经济效益，有力地推动了王楼煤矿节能环保工作的全面开展。

第一章　科技兴矿

第一节　机构设置

2008年2月，成立科学技术委员会，矿长为主任，总工程师、生产矿长、机电矿长、安监处长为副主任，各专业副总工程师及生产技术科、地测科、调度室、通防科、安监处科室负责人、专业技术人员及各工区负责人、技术员为成员。

2016年12月24日，成立科技科，设科长1人，主管技术员1人。

截至2018年12月31日，科技科共有5人，其中科长1人，主管技术员1名，见习技术员2名，办事员1名。

第二节　科技管理

2015年，成立王楼煤矿科技管理领导小组，规范科技管理工作，保障工作更加全面高效的开展。同年，下发王楼煤矿技术革新成果评定奖励办法，全面贯彻"科技兴矿"战略，充分调动全矿科技工作和广大干部职工的积极性、创造性和科技创新力，推动王楼煤矿科技工作健康、稳定、持续地发展。

第三节　科技大会

2013年5月，王楼煤矿召开第一届科技大会，对优秀科技成果、优秀技术革新成果的完成人及优秀科技工作者和技术革新能手进行奖励。其中：优秀科技成果一等奖5项；优秀科技成果二等奖10项；优秀科技成果三等奖20项；优秀技术革新成果一等奖5项；优秀技术革新成果二等奖10项；优秀技术革新成果三等奖20项；优秀科技工作者10名；技术革新能手10名。

2016年12月，王楼煤矿召开第二届科技大会，对优秀科技成果、优秀技术革新成果的完成人及优秀科技工作者和技术革新能手进行奖励。其中：优秀科技成果一等奖8项；优秀科技成果二等奖8项；优秀科技成果三等奖6项；优秀技术革新成果一等奖9项；优秀技术革新成果二等奖18项；优秀技术革新成果三等奖23项，优秀技术革新成果鼓励奖31项；优秀科技工作者10名；技术革新能手10名，优秀论文38篇。

2018年1月，王楼煤矿召开第三届科技大会，表彰奖励在2017年度科技创新活动及新旧动能转换中做出突出贡献的先进单位及个人。其中有先进单位3个，优秀科技工作者11名，技术革新能手13名，科技成果31项，技术革新32项，技术难题5项，论文96篇，论著2部。奖励金额约200万元。同年，王楼煤矿修订下发《王楼煤矿科技管理实施办法》和《王楼煤矿技术革新及小工具评选管理办法》等科技管理、科技奖励激励文件。

第四节　科技创新平台

一、2017年向集团公司申报周钦永高技能人才创新工作室和兰庆武劳动模范创新工作室，并成功获批挂牌。

二、王楼煤矿喻兴生态农业公司与山东农业大学开展合作构建现代农业产业化体系，积极发展实施智慧型、生态型休闲观光农业。2017年，与中国水产科学院开展专业合作项目，在园区设立"池塘生态工程技术研究中心济宁工作站"。2017年，被评为"中国水产科学研究院南四湖生态渔业产学研示范基地""山东省生态休闲农业示范园""山东省采煤塌陷地治理示范基地""山东省健康养殖示范场""济宁市农业产业化重点龙头企业"。采煤塌陷地治理、生态休闲农业、渔业发展在全省乃至全国都处于领先地位。

三、王楼煤矿与山东科技大学灾害预防控制国家重点实验室签订战略合作协议，成立深部支护工程示范中心。2017年，王楼煤矿支护实验室主体工程完工，2018年4月15日，正式挂牌运营。示范中心主要深入进行深部采区掘进期间防冲支护体系研究、沿空掘巷围岩稳定性控制技术研究、深部巷道表面支护稳定性控制技术研究等，为王楼煤矿深部采区巷道支护提供技术指导。

四、2018年8月8日，成立王楼煤矿创客联盟，又名智心苑，由矿井灾害预防创客中心（齐心园）、劳模创客中心（悉心园）、技能大师创客中心（匠心园）、党建创客中心（丹心园）、大学生创客中心（雄心园）、头脑风暴创意工作室（凝心园）和创客平台（智梦园）组成。目前全矿创客团队22个，打造成"17221创客体系"，形成"一苑七园"的创新格局。

创客联盟坚持以党建为引领，秉承"自由畅想，让创意变成现实"的创客理念，聚全矿创客人

图7-1-1　中国水产科学研究院南四湖生态渔业产学研示范基地和中国生产科学研究院池塘生态工程技术研究中心济宁工作站。（2017年摄）

图7-1-2　2018年4月15日，王楼煤矿矿山灾害预防控制国家重点实验室深部支护工程示范中心揭牌仪式。

图7-1-3　王楼煤矿创客联盟——党建创客中心。（2018年摄）

图7-1-4　王楼煤矿创客联盟——头脑风暴创意工作室。（2018年摄）

图7-1-5　王楼煤矿创客联盟——矿井灾害预防创客中心。（2018年摄）

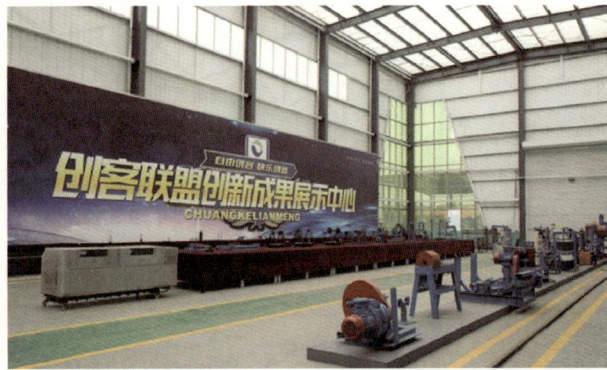

图7-1-6　王楼煤矿创客联盟创新成果展示中心。（2018年摄）

才，培育工匠精神，发扬创新文化，为员工搭建创意研发、信息交流、成果转化和素质提升于一体的新旧动能转换创新综合服务平台，在全矿形成"人人是创客、人人皆创新、人人创效益"的新时代王楼煤矿创新局面。

第五节 技术改造

一、井下紧急避险系统

2013年，王楼煤矿安全改造项目为井下紧急避险系统。

（一）建设依据

按照国家安全监管总局和国家煤矿安监局关于《建立完善煤矿井下安全避险"六大系统"的通知》文件要求。

（二）工程建设

2012年3月，本矿委托临沂兴宇工程设计有限责任公司进行方案设计，共设置3个永久避难硐室（−900米永久避难硐室、−960米永久避难硐室、−650米永久避难硐室）和4个临时避难硐室。由于井下开采条件发生变化，原计划的九采区暂停开拓，已申请−650米永久避难硐室缓建，待九采区开拓时再建设；4个临时避难硐室调整为七采轨道下山临时避难硐室、七采胶带下山临时避难硐室、12310下顺槽临时避难硐室、12310中间巷临时避难硐室。

二、通风系统

2016年9月13—14日，集团公司成立项目竣工验收小组对王楼煤矿2014—2016年实施的煤矿安全改造国债项目进行验收。项目竣工验收小组在听取各方责任主体有关汇报后，分综合组、专业验收组2个小组。按照国家有关法律、法规、行业标准，对各单位工程实体进行实际测量和观感评价，对工程质量管理资料、质量保证资料、招投标资料、合同、资金使用情况等进行核验。

（一）建设依据

2014—2016年，实施的煤矿安全改造国债项目经国家发展和改革委员会以鲁发改投资〔2014〕718号文批准建设。计划总投资5795万元，中央预算专项资金、地方配套资金及企业自有资金均按时到位。

（二）工程建设

2014年，王楼煤矿安全改造国债项目为七采区专用回风巷，计划投资5795万元，其中中央预算专项资金1159万元，地方配套资金464万元，企业自有资金4172万元。实际投资6388万元，该项目共计完成七采区专用回风巷巷道施工4150米，巷道采用锚网（索）喷支护，断面形状为直墙半圆拱形，净断面为18.4平方米。

（三）改造成效

该项目对矿井尤其是七采区通风系统进行改造，使矿井北翼通风由原来的一条回风巷道改为两条通风巷道，确保七采区的风量，满足生产要求，对矿井作业环境改善起到了极大作用，同时极大地提高矿井通风系统的抗灾能力，确保矿井通风系统可靠、合理。

三、安全监测监控系统

2015年，实施的煤矿安全改造国债项目经国家发展和改革委员会以鲁发改投资〔2015〕803号文批准建设。计划总投资782万元，中央预算专项资金、地方配套资金及企业自有资金均按时到位。

（一）经济效益

该项目完成后主要实现自动化集中控制，主要包括井下电力监控系统、井下水泵排水控制系统、井下皮带集控系统主井绞车提升系统、架空乘人装置集控系统和安全监测监控系统等，减少各系统岗位人员的投入，降低安全风险。机房设备的升级具有可扩展性、灵活性、合理性、先进性、可靠性、可管理性、可维护性、环境舒适性和绿色环保性，满足王楼煤矿发展需求。地面敷设光缆对全矿区进行无死角覆盖，保证各种信号传输的稳定性，解决电磁干扰问题，节约有色金属的投入。

（二）经验和问题

施工中各系统的信号传输接口不一致，导致了各系统对接有所延误，经过技术攻关已经解决。

（三）改造成效

大数据可以帮助企业挖掘竞争优势，做出合理、客观的战略决策。大数据将成为企业发展的方向，成为保持企业竞争力的关键。集团公司领导拥有远见卓识，而且发展战略相当明智——大力支持发展集团公司大数据建设，并以王楼煤矿为试点建设"无人化"工作面、实现皮带、变电所、运销等系统无人值守，并列入集团公司工业3.0+督促建设项目。

四、制冷除湿降温系统

2015年，王楼煤矿安全改造国债项目为井下集中制冷降温系统，计划投资5224万元，其中中央预算专项资金1045万元，地方配套资金460万元，企业自有资金3719万元。

（一）工程建设

实际投资5231.5万元，该项目主要分为井下制冷系统、冷冻水循环系统和地面冷却水循环系统。制冷设备硐室设在七采区-900米水平，冷却水管道通过立排孔直接通至地面。安装KM3000制冷机组2台，900千瓦水泵2台，160千瓦水泵3台、空冷器14台、冷却塔2台、185千瓦水泵3台，全自动钠离子交换器2台、全程综合水处理器2台，地面至井下附属两条立排孔等其他附属设施。

（二）建设依据

以上建设项目已按批准的设计和相关标准全部施工完成。单位工程质量符合国家和行业的有关规定；工程所用的设备、工程原料均经过取样和检测，达到质量要求。王楼煤矿的相关工程资料齐全完整，组织机构健全，有完整的规章制度和操作规程。

（三）改造成效

该项目完成后，经实测，工作面温度降低了5～7摄氏度，综采工作面温度降至28摄氏度以下，掘进工作面温度降至26摄氏度以下，制冷效果明显，满足采掘工作面温度要求，同时提高工作效率，达到了预期制冷降温目的，使用效果良好。

五、防治水系统

2016年，王楼煤矿安全改造项目为防治水系统，施工钻孔注堵水，即13301工作面注浆堵水工程。项目内容分为两个方面：第一，根据出水水源、出水通道的分析，本次通过地面定向水平钻孔及水平分支钻孔，在石盒子组地层内，对13301工作面FQ7裂隙发育区、断层组（F_{21}、F_{22}、F_{23}）发育密集区、3C-4孔附近及切眼至开采距离690米位段进行出水通道探查，然后通过对水平钻孔及分支钻孔注浆，在该层段形成一个有效的阻水层。设计注浆层位在3$_\perp$煤层顶板之上，距3$_\perp$煤层85～110米左右。第二，根据出水水源、出水通道的分析，在井下施工扇形钻孔，通过对钻孔进行注浆，在该层段形成一个有效的阻水层。

（一）建设依据

2017年，实施的煤矿安全改造项目经国家发展和改革委员会以《山东省发展和改革委员会关于转发煤矿安全改造2017年中央预算内投资计划的通知》（鲁发改投资〔2017〕494号）批准建设。计划总投资1991万元，中央预算专项资金、地方配套资金及企业自有资金均按时到位。

（二）工程建设情况

2017年，王楼煤矿安全改造项目为防治水系统改造（主要为施工钻孔注堵水）。计划投资1991万元，其中中央预算专项资金398万元，地方配套资金122万元，其余为企业自有资金，实际投资2167.7万元。该项目主要分为地面和13304工作面注浆堵水工程，井巷注浆工程主要集中在三采区。

以上建设项目已按批准的设计和相关标准全部施工完成。王楼煤矿能够依据国家及煤炭行业的有关标准、规范、规程，履行职责；单位工程质量符合国家和行业的有关规定；工程所用的设备、工程原料均经过取样和检测，达到质量要求。王楼煤矿的相关工程资料齐全完整，组织机构健全，有完整的规章制度和操作规程。

（三）改造成效

该项目完成后，经实测，矿井总水量较之前相比降低了约200立方米/小时。矿井总水量降低后，进一步减少矿井排水费用，降低矿井直接开采成本，提高矿井的生产效率。各工程项目均符合《煤矿安全规程》要求。

六、矿井机电系统

（一）供电系统改造

通过对35千伏变电所2台主变进行功率补偿及滤波整治，明显改善用电质量，提高用电设备的使用寿命；提高功率因数，全年节电效益明显。同时，减少谐波对电网的冲击，有效治理谐波污染。

（二）提升运输系统改造

1. 三采区主提升系统改造，按照设计安装永久提升绞车。

2. 采区无轨运输系统技术改造应用。采用无轨运输（皮带运输）系统运输矸石，减少运输环节，大大提高运输效率，增强安全性能，消除了因车皮供应紧张对生产的影响。同时也为其他掘进迎头正常开拓创造条件。

3. 二采轨道下山运输系统信号系统改造。由原来的普通的声光信号系统升级改造为PLC控制系统的信号集成系统。

（三）机电系统改造

中央变电所扩建工程。自投产以来，随着采煤工作面的生产，矿井涌水增加，负荷增大，矿井供电能力已经不能满足生产的需要，由济南设计院对矿排水、供电进行重新设计，对中央变电所进行扩建改造，新增加两路下井电缆和相应配套配电设备，实现矿井下供电4回路供电，确保供电安全。

-900泵房控制系统自动化系统改造。系统改造后可实现矿井地面调度监控、远程操作控制等运行方式。

（四）设备更新改造

在节能监测和对现状分析评价的基础上，结合矿区能源消耗实际和煤矿安全生产，对矿井、宿舍及办公楼采暖方面采用国内外先进成熟的技术，实施节能优化建造。一是利用矿井水作为井下水源热泵机组的冷却循环水，将工作迎头的热量带走，从而实现矿井局部降温，淘汰原高耗能的井下冰水降温系统；二是采用水源热泵技术提取回收矿井水余热资源，用于井口防冻、职工洗浴及办公楼、公寓楼等建筑的采暖，从而实现取代燃煤锅炉的目标。包括井口防冻、办公楼公寓楼选煤厂等建筑的供暖，提供职工洗浴热水等。

七、信息化系统

数字化矿山平台建设。该平台是基于蓝光地理信息系统平台和矿山数字化平台，集生产技术管理、安全管理、经营管理和调度管理于一体的综合信息化平台，并可以实现基于互联网的远程管理。平台包括地测地理信息系统、采矿协同设计系统、输配电地理信息系统、智能化矿井通防系统、给排水地理信息系统、综合管线管理系统、安全管理系统、设备管理系统、矿山生产成本管理系统、人力资源管理系统等。

矿井综合自动化方面，除了完善已建成的各子系统外，还增加3个新系统，改造5个现有系统，增加的系统包括中央变电所自动化系统、选煤厂集控系统、压力观测系统。改造的系统包括扇风机自动化系统、泵房自动化系统、地面原煤系统、北翼皮带集控系统、压风机控制系统。

第六节　科技成果

截至2018年底，王楼煤矿获全国科技成果典范奖1项、省部级奖励2项、行业省级科技进步奖1项、特等奖1项、一等奖7项、二等奖19项、三等奖13项，获集团公司新旧动能转换阶段性重大创新成果6项。

王楼煤矿科技项目立项：经信委8项，集团公司9项。此外，获集团公司科技创新成果一等奖9项、二等奖21项、三等奖19项、技术革新成果21项、新动能创新贡献奖1项。在国家级及省级等报纸杂志发表学术论文250余篇，其中《工程索引》（EI）收录1篇，国家核心期刊发表16篇。

王楼煤矿拥有实用新型专利43项、发明专利7项。论著5部，包括：《安全100-以风险管理为核心的本质安全矿井建设》《地表移动参数分析》《煤矿区队班组自主管理研究》《煤矿职工岗位危险源自我辨识与控制读本》《安全警示故事汇》。

表7-1-1　2010—2018年王楼煤矿科技成果获奖统计表

序号	成果名称	主要完成单位人	颁发机构	获奖／立项等级	获奖日期
1	矿井排水系统技术开发与应用	吕凤新等	山东省煤炭科学技术奖励委员会	二等奖	2010
2	架空成人装置在大角度S型巷道应用技术开发			三等奖	
3	数字矿山技术开发与应用		国家安全生产监督管理总局	二等奖	2011
4	王楼煤矿充水机理与充水性分区研究		中国煤炭工业协会、中国煤炭学会		
5	王楼煤矿充水水源与充水通道综合研究		山东省煤炭科学技术奖励委员会	三等奖	
6	深部矿井沿空掘巷工程理论基础及关键技术研究与应用	董勤凯　苏礼冲等		一等奖	
7	高泥化度煤炭提质增效洗选技术研究	吕凤新等		三等奖	
8	全面预算管理在煤矿企业中的建立和应用	赵志国等		行业省级特等奖	2012
9	构建和谐财务文化加强企业内部控制	赵志国　孔文慧（女）等		行业省级一等奖	
10	安全管理数字化	诸葛祥华等			
11	煤炭企业管理现代化创新成果（精细化全面预算管理在煤炭企业中的应用）	山东东山王楼煤矿有限公司	中国煤炭工业协会	行业省级三等奖	
12	数字矿山技术开发与利用	马祥志　邵庆文等	全国安全生产科技创新成果评选委员会	全国安全生产科技创新成果应用典范奖	
13	深部矿井沿空掘巷留巷工程理论基础及修复技术研究与应用	肖庆华　丁学贤　诸葛祥华　董勤凯　吕玉广　刘维信　郭东亮		科技进步一等奖	2013
14	绞车变频调速装置尖峰电压治理技术开发	吴家胜　张俊宝　柳占鹏　王继军　李志胜　潘月兰（女）　张洪磊　邵士杰　郭守伟　赵　东　张兴卫　宗　磊	临矿集团		
15	大直径浮选柱技术优化研究与应用	龙禄财　王　瑞　刘继军		科技进步二等奖	
16	大采深缓倾斜煤层挖掘式装岩机配梭式矿车快速掘进技术研究	董勤凯　吕凤新　刘维信　秦念成　王寅林　郭东亮　庄伟山　陈云关　宋　涛			

序号	成果名称	主要完成单位人		颁发机构	获奖/立项等级	获奖日期
17	煤泥浮选技术研究	吕凤新 葛现栋 诸葛祥华		山东能源	优秀奖	2013
18	大断面全岩下山巷道快速掘进技术	任智德 董勤凯 王寅林				
19	高泥化度煤炭煤泥水系统研究	任智德 单井林 吕凤新				
20	绞车变频调速装置尖峰电压治理技术开发	吴家胜 吕凤新 张俊宝 葛现栋 柳占鹏 李志胜 王国珍 韩鲲 于月森		中国煤炭工业协会、中国煤炭学会	三等奖	
21	千米深井巨厚岩浆岩下冲击地压规律及防控技术研究	肖庆华 刘维信 张假妮 王永宝 吕凤新 刘岩 姜福兴 杨淑华 杨伟利		中国煤炭工业协会		2016
22	高承压大流量含水构造与通水通道治理技术研究	肖庆华 张庆松 王永宝 赵宝相 靳锡娇 白继文 张红军 刘鹏 吴苏 曹震 张宗涛 苏苗苗（女）		山东省煤炭行业协会	一等奖	
23	大直径静态旋流微泡浮选柱在煤泥浮选中的优化改造及其应用	吕凤新 龙禄财 王瑞 李志胜 许广财 梁吉军 邵士杰 贾新兵				
24	服务外包在煤矿企业中的应用	吕凤新 王寅林 王玉强 张磊 刘杰（女） 耿聪杰			三等奖	
25	矿井过陷落柱超前探测及综合防治技术研究	王乐义 高敬东 段崇军 辛海婷 白建鲁				
26	巧用水害降本提效	王永宝 赵宝相 刘鹏 吴苏 张修水 靳锡娇（女）				
27	矿井水资源化成套设备的研究应用	山东东山王楼煤矿有限公司		山东省经济和信息化委员会	立项，鲁经信技〔2016〕371号	
28	大采深软岩大断面硐室复合型支护技术的研究及应用					
29	煤矿安全100智能化管理系统技术研究	诸葛祥华 密士廷 岳磊 邵长水 秦念成 张信 赵杰		山东能源集团	三等奖	2017
30	矿井水资源化成套设备技术的研究应用	张俊宝 吕凤新 赵勇 王寅林 张洪磊 马祥志 郭永坤 耿聪杰 刘忠		中国煤炭工业协会		
31	以采煤工作面写实为手段实现矿井高产高效	诸葛祥华 刘汉慈 苏礼冲 平立芬 李传标 宋涛		山东省煤炭行业协会	二等奖	
32	质量管理信得过班组－周光谱班组	周光谱班组				

序号	成果名称	主要完成单位人	颁发机构	获奖／立项等级	获奖日期
33	"三维坐标式"企业法务管理体系研究应用	白景志　汪学军 王娟娟（女）　张文义 魏生辉　刘长红（女）	山东省煤炭行业协会	三等奖	2017
34	煤矿"3 级 4 步"区队班组自主管理体系研究应用	诸葛祥华　密士廷　张信 秦念成　岳磊　邵长水 张洪磊　赵杰　李建国			
35	煤矿安全 100 智能化管理系统技术研究	诸葛祥华　密士廷　张信 秦念成　岳磊　邵长水 段引库　解直江　赵杰		一等奖	
36	以创新管理为引领的煤炭企业"去产能"关闭退出工作的研究与实施	白景志　汪学军　谢更现 张延强　张德标　冯德才 邵长水		二等奖	
37	煤矿采场覆岩空间结构演化机理研究及应用技术	山东东山王楼煤矿有限公司	山东省人民政府		
38	煤矿企业如何适应国家监察体制改革严格落实监督执纪工作规则研究	王娟娟（女）	中国煤炭职工思想政治工作研究会	三等奖	
39	大采深强冲击厚煤层主下山护巷煤柱合理留设技术研究	山东东山王楼煤矿有限公司	山东省经济和信息化委员会	立项，鲁经信技〔2017〕103 号	
40	千米深井工作面支承压力影响范围及分布特征实测研究				
41	千米深井原煤分级破碎技术研究与应用				
42	煤矿井下污水源头处理与回收复用科技研究应用				
43	无人值守运销自动化远程控制系统开发与应用				
44	大直径静态旋流微泡浮选柱在煤泥浮选中的优化改造及其应用	郑丽颖（女）　张小波（女） 郑阳（女）　张蕊（女） 刘玉（女）	山东省总工会、山东省财政厅、山东省知识产权局等	三等奖	2018
45	千米深井巨厚岩浆岩下冲击地压规律及防控技术研究	刘维信　姜福兴　密士廷 杨伟利　张假妮　王永宝 杨淑华　刘岩　高海涛 黄近峰　张红星 刘艳（女）　曹小轩（女） 陆超　韩德国	山东能源集团有限公司	二等奖	
46	千米深井厚煤层下山煤柱冲击机理及防治技术研究	白景志　刘维信　姜福兴 杨伟利　张假妮　魏全德 刘岩　王永宝　刘中洋 宋增路　牛龙喧　陆超 孟庆新　耿华旭　周新 陈洁（女）　谭代明 何玉收　李建国　郭守伟		三等奖	

序号	成果名称	主要完成单位人	颁发机构	获奖 / 立项等级	获奖 日期
47	井工矿井多含水层混合大型突水机理与治理研究	诸葛祥华　张庆松　王永宝 刘人太　刘　鹏　张红军 吴　苏　张修水　曹　震 张宗涛　苏苗苗（女） 平立芬　庄文涛　黄近峰	山东能源集团有限 公司	三等奖	2018
48	复杂构造条件下定向孔钻进和注浆工艺技术研究与应用	白景志　齐东合　诸葛祥华 余大有　密士廷　马祥志 边国栋　褚夫东　王乐义 刘　鹏　邵珠娟（女） 吴苏段　崇　军　白建鲁 张修水　薛敏喜			
49	高承压大流量含水构造与通水通道治理技术研究	王永宝　王乐义　刘　鹏 段崇军　张修水	山东省企业技术创 新奖评定委员会	一等奖	
50	复杂构造条件下定向孔钻进和注浆工艺技术研究与应用	王永宝　王乐义　刘　鹏 吴　苏　白建鲁		二等奖	
51	无人值守运销自动化远程控制系统开发与应用	白景志　马祥志　陶建斌 石道波　董昌坤			
52	矿井水资源化成套设备的研究与应用	吕凤新　王寅林　马祥志 耿聪杰　刘　忠			
53	一种新型复杂含水层 FCB 注浆材料技术研究	王忠密　徐国华　刘　鹏 郭纯建　苏苗苗（女）			
54	大采深强冲击厚煤层主下山护巷煤柱合理留设技术研究	白景志　密士廷　张假妮 王其杰　刘　艳（女）			
55	大采深软岩大断面硐室的复合型支护技术的研究及应用	诸葛祥华　苏礼冲　刘维信 宋　涛　徐成凯			
56	千米深井巨厚岩浆岩下冲击地压规律及防控技术研究	白景志　刘维信　张假妮 吴绍辉　薛敏喜			
57	掘进机二运电缆自送收缩装置的研究与应用	吕凤新　孟令义 刘　杰（女）		一等奖	
58	煤矿企业如何适应国家监察体制改革严格落实监督执纪工作规则研究	王娟娟（女）			
59	矿井水资源化成套设备的研究应用	刘　杰（女）　郭永坤 张翠珠（女）		二等奖	
60	工作面采空区侧向煤体支撑承压力规律研究	孟庆新　王永宝　刘维信			
61	具有限位功能的矿用测量工具设计	白景志　孟庆新　宋增路			
62	远程无人值守运销系统开发与应用	刘　杰（女）　张洪磊 倪峰平			

序号	成果名称	主要完成单位人	颁发机构	获奖/立项等级	获奖日期
63	无线物资条码管理系统在数字化仓库中的应用	刘 杰（女） 王 贝	山东省企业技术创新奖评定委员会	三等奖	
64	超深井强冲击厚煤层连采工作面冲击地压防治技术研究	山东东山王楼煤矿有限公司	山东省经济和信息化委员会	立项，鲁经信技〔2018〕114号	2018
65	矿井综采工作面智能化成套技术研究与应用				
66	数字化检测采区均压防灭火技术的研究与应用				
67	煤矿洗选工艺与设备优化研究与应用				
68	"稻田+"及工厂化生态型循环水养殖技术研究与应用			立项，鲁经信字〔2018〕69号	
69	井下TDS智能干选系统研究及应用		山东省工业和信息化厅	立项，鲁工信技〔2019〕9号	
70	井下原煤置换开采系统的研究与应用				
71	矿井通风智能决策与远程控制系统研究与应用				

表7-1-2　王楼煤矿核心论文统计表

序号	发表日期	文章名称	作者	刊物名称	刊号	刊物等次
1	2017年s1期	巨厚岩浆岩失稳的大孤岛工作面防冲研究	杨伟利　姜福兴　杨　鹏　翟明华　王永宝　刘维信　张假妮	《岩石力学与工程学报》	ISSN1000-6915 CN42-1397/03	EI收录
2	2017年12期	一种具有限位功能的矿用测量工具设计	白景志　孟庆新　宋增路　张假妮	《煤矿机械》	ISSN1003-0794 CN23-1280/TD	国家核心
3	2018年05期	工作面采空区侧向煤体内支承压力分布规律研究	孟庆新　王永宝　刘维信　苏礼冲	《煤炭技术》	ISSN1008-8725 CN23-1393/TD	
4	2018年08期	千米深井沿空巷道围岩破坏机理及支护技术研究	诸葛祥华　孟庆新　苏礼冲	《煤矿机械》	ISS1003-0794 CN23-1280/TD	
5	2018年10期	千米深井软岩大断面巷道支护技术研究	苑仁鹏　孟庆新		ISSN1003-0794 CN23-1280/TD	
6	2019年06期	深部沿空掘巷煤柱优化与巷道支护设计研究	刘汉慈　徐振鲁	《煤炭技术》	ISSN1008-8725 CN23-1393/TD	
7	2018年12期	深部锚喷巷道全断面注浆加固技术的研究与应用	徐振鲁　平立芬	《煤矿机械》	ISSN1003-0794 CN23-1280/TD	
8	2018年11期	大埋深工作面超前支承压力影响范围实测研究	刘中洋　刘　辉　宋增路		ISSN1003-0794 CN23-1280/TD	
9	2018年11期	矿用卸压孔封孔充填器设计	宋增路　孟庆新　刘中洋		ISSN1003-0794 CN23-1280/TD	
10	2018年05期	王楼煤矿无尘化矿井建设实践	刘长富　王艳艳（女）王　斌　刘遵利	《中国煤炭》	ISSN1006-530X CN11-3621/TD	
11	2018年08期	王楼煤矿通风智能决策与远程控制系统研究	王　斌　刘遵利　王永宝　李治纬	《煤炭技术》	ISSN1008-8725 CN23-1393/TD	
12	2018年12期	高强高预紧力锚网支护技术在深部矿井沿空掘巷中的应用研究	翟文立　王其杰　李　涛　梁　博　马学民　徐东康	《煤矿安全》	ISSN1003-496X CN21-1232/TD	
13	2018年06期	能源企业"三维坐标"法务管理模式探究及应用	汪学军	《现代商业》	ISSN1673-5889 CN11-5392/F	
14	2018年02期	财税视角下煤炭企业去产能最优路径选择研究	汪学军　张延强　刘　强	《煤炭经济研究》	ISSN1002-9605 CN11-1038/F	
15	2019年01期	深部巷道锚杆合理预紧力研究	刘　辉　高贯林　兰庆文	《煤炭技术》	ISSN1008-8725 CN23-1393/TD	
16	2018年08期	煤炭企业发展新产业、构建新业态研究	徐东康　任俊颖（女）	《中国市场》	ISSN1005-6432 CN11-3358/F	

表7-1-3　王楼煤矿专利统计表

授权时间	专利名称	作者/发明人	专利权人	专利号	类型
2014.8.6	高效石灰搅拌机	肖庆华　朱孟田　周钦永 柳占鹏　郭守伟　张兴卫		2014200563280	
2014.8.6	掘进机二运电缆自动收缩装置	任智德　丁学贤　刘维信 付永光　张洪磊　秦念成		2013208871637	
2014.11.12	矿用绞车钢丝绳托辊	张俊宝　宋德堂　杨久波 郭守伟　潘月兰（女）		2014200564796	
2014.8.6	矿用温控加药箱	单井林　许广财　王继军 王　瑞　李俊楠（女）		2013208869196	
2014.8.6	收卷皮带装置	厉彦欣　张　庆　侯尤军 宗　磊　马祥志		2014200563308	
2014.8.6	探照灯爆破防护箱	王国珍　齐建强　倪峰平 杨久波　赵　东		2013208871552	
2014.11.12	螺栓复新机	任智德　石家禄　李志胜		2014200564828	
2014.11.12	矿用简易手力起吊器	肖庆华　邓晓刚　董勤凯 秦念成　赵　东		201420056295X	
2014.11.12	皮带跑偏托辊装置	张俊宝　崔永江　马祥志 王寅林　潘月兰（女）		2013208868066	
2014.12.31	选煤分流箱	吕凤新　龙禄财　邵士杰 张园平（女）　贾新兵 田　丰	山东东山王楼煤矿有限公司	2014200563416	实用新型
2015.3.25	浮选柱溢料溜槽	单井林　吕凤新　龙禄财 李志胜　宗　磊		2014200563276	
2015.8.12	用于巷道中钢管的防护层制作装置	吕凤新　任应心　李允生 张洪磊　李志胜　马动地 徐玉栋　管彦太　王海龙 宋德堂　周　斌 张翠珠（女）		2014208490057	
2015.8.5	用于电滚筒皮带运输机的装卸支架	刘春峰　任智德　邓晓刚 吕玉广　王继军　邹洪建 孙　宁　左海峰 邵珠娟（女）　刘　杰（女） 李树宁　田　丰		2014208480765	
2015.8.12	用于煤泥的浮选装置	吕凤新　龙禄财　王　瑞 李志胜　许广财 李俊楠（女）　潘月兰（女） 张园平（女）　周　斌 张兴卫　邵士杰		2014208493303	
2016.5.11	一种治理调速装置尖峰电压的装置和方法	于月森　吕凤新　陈贺贺 柳军停　修俊瑞　吕　威 戚文艳（女）　伍小杰		2013105850328	
2017.4.26	采煤工作面拉网装置	丁学贤　董勤凯　苏礼冲 刘立厂　李树宁　王　鹏		2016211193619	

续表

授权时间	专利名称	作者／发明人	专利权人	专利号	类型
2017.4.26	脚踏式拨道器	吕凤新　邵珠娟（女）刘　杰（女）　张翠珠 刘明周　胡保民		2016211208012	
2017.4.26	可折叠式防水罩骨架	王国珍　路　鹏　柳占鹏 魏建文　赵　东　左海峰		2016211207607	
2017.4.26	矿用可控升降摇台	刘春峰　李俊楠（女）马祥志　耿聪杰　周钦永 朱孟田		2016211208065	
2017.4.26	锚杆盘固定装置	肖庆华　邓晓刚　王寅林 刘　杰（女）　史仍方 刘海清		2016211192300	
2017.4.26	皮带防跑偏装置	王玉强　吕凤新　孟令义 李志胜　刘　凯　刘庆刚		2016211193623	
2017.4.26	驱动滚筒外轴保护装置	张俊宝　厉彦新　陈　亮 张洪磊　王　贝　赵士福		2016211208027	
2017.11.14	一种煤矿喷雾除尘系统	王永宝　李福存　王山峰 邹洪建　密士廷　于建涛 王自荣	山东东山王楼煤矿有限公司	2017203421660	实用新型
2017.11.14	一种矿井用风门	李福存　蒋金庆　黄正龙 刘忠云　相　飞　张　信 邵长水　周　啸		2017203421603	
2017.11.14	一种罐笼自动阻车器装置	吕凤新　周钦永　耿聪杰 马伟海　梁利宾　董龙涛 岳　磊　张　磊　寇　辉		2017203413005	
2017.11.14	组合电话T型固定架	倪峰平　黄传升　耿士林 范立强　王红雨　王　涛 孔庆奎　马祥志　邵庆文		2017203421478	
2017.11.14	一种具有限位功能的矿用测量工具	宋增路　孟庆新　刘维信 张假妮　刘　岩　陆　超 张红星　陈　洁（女）		2017204001089	
2017.12.15	一种采煤机的破碎装置	白景志　吕凤新　王寅林 陈　亮　刘　杰（女）高　杨　杨久波　卢振星 张友奎		2017203421586	
2017.12.19	一种矿用行人过桥	翟文立　孟庆新　刘　辉 朱　辉　付永光　史荣平 刘光饶　王守伟		2017203416821	
2017.12.19	一种排水泵房水仓联络闸阀控制装置	白景志　丁　金　孙建国 宋忠河　张兴卫　周钦永 李俊鑫　郭守伟		2017203999952	
2017.12.19	一种电缆头的测温系统	张兴卫　葛现栋　赵　东 柳占鹏　刘　凯　宗　磊 李增辉　李志胜		2017204005747	

续表

授权时间	专利名称	作者/发明人	专利权人	专利号	类型
2017.12.19	一种矿用钻机支架	刘　岩　刘维信　张假妮 张红星　刘　军　刘中洋 曹小轩（女）		2017204005499	实用新型
2017.12.19	一种便携式空间测量尺	王永宝　牛龙喧　孟庆新 孙　健　王洪兴　黄近峰 周新方（女）		2017204006434	
2017.12.19	一种后螺旋控向钻头	薛敏喜　段崇军　白建鲁 李栋栋　强　凯　王来收 靳锡娇（女）		2017204001093	
2017.9.29	一种锚杆剪切料头推齐器	白景志　丁学贤　王永宝 刘汉慈　左海峰　梁　博 王　阁　高贯林　仇亚男		2017202070525	
2018.2.2	一种给煤机下料口辅助装置	周钦永　耿聪杰　梁利宾 秦念成　李建国　孟繁荣 徐东康		2017203412981	
2018.2.9	一种煤矿用便携式测水工具	王永宝　王乐义　刘　鹏 白建鲁　吴　苏　张修水 苏苗苗（女）	山东东山王楼煤矿 有限公司	2017208001923	
2018.2.9	一种煤矿水文观测孔用孔口盖	王永宝　王乐义　刘　鹏 白建鲁　段崇军　薛敏喜		2017208012379	
2018.2.27	一种煤矿井下工作面自动化安全保护设备	王　涛　曹广海		2017210246666	
2018.3.30	一种矿山皮带机机尾刮煤装置	王　涛　曹广海		2017209940863	
2018.5.22	一种负压抽放气体排水渣装置	白景志　王永宝　密士廷 齐东合　刘维信 刘　艳（女）　刘汉慈 李允生　吴振华　杨久波		2014107998381	发明专利
2018.5.11	一种煤炭上专用的机械式粉碎装置	白景志　诸葛祥华　密士廷 吕凤新　王永宝　胡彦峰 王　斌　耿聪杰　李中正 孙　宁		2016106187449	
2018.5.11	一种智能化矿山运销系统	汪学军　陶建彬　马祥志 石道波　刘　波　董西勇 李增辉　马骏骋　宗伟林		2017104800550	
2018.11.9	一种煤矿井下回采工作面自动测控风装置	白景志　王　斌　王永宝 孔祥堂　孙学千　高守峰 相　飞　李福存　路则星 俞建廷　赵清林		2018204237819	实用新型
2018.11.16	一种手环式井下信息报警系统	王水宝　王　斌　孔祥堂 相　飞　宋维军　于建涛 高守峰　刘长富　李建军 林　增　菅广涛　郭　琛		2018204282157	

授权时间	专利名称	作者/发明人			专利权人	专利号	类型
2018.10.19	一种矿用防潮风速及静压检测装置	白景志　王永宝　王　斌 李治纬　相　飞　路则星 余建廷　李福存　于建涛 林　增　普广涛			山东东山王楼煤矿有限公司	2018204299016	实用新型
2019.3.26	一种干法分选装置	白景志　汪学军　刘汉慈 刘维信　吕凤新　王　斌 司玉军　陈云关　宗　磊 耿士林				2018101817200	发明专利
2019.4.12	一种大采深、强冲击厚煤层主下山护巷煤柱的宽度留设与保护方法	王永宝　张假妮　刘维信 孟庆新　陆　超　刘中洋 牛龙喧　宋增路　刘　岩 张红星				201710464852X	
2019.4.30	一种电动水产品沥水装置	兰庆武　陈　宾			山东东山王楼煤矿有限公司喻兴生态农业分公司	2018211188751	实用新型
2019.8.20	一种基于多重处理的矿井下水质处理监控系统	白景志　吕凤新　王永宝 徐国华　刘维信　王　斌 李中正　耿聪杰　李　正 尚晓龙　左海峰　周钦永 宋忠河　赵　东　陈　亮 寇　辉　卢振星			山东东山王楼煤矿有限公司	2018113264631	发明专利

表7-1-4　王楼煤矿专著统计表

出版时间	论著名称	作者				刊号	出版社
2012.06	煤矿职工岗位危险源自我辨识与控制读本	主　任：肖庆华 委　员：邵长余　齐东合　张俊宝　单井林 　　　　任智德　丁学贤　诸葛祥华　邵长水 　　　　马泽霖　孙　宁　贾新兵　黄正龙 　　　　梁利宾 主　编：丁学贤 副主编：诸葛祥华　邵长水 校　核：邵长水				ISBN 978-7-5646-1	中国矿业大学出版社
2013.08	安全警示故事汇	主　编：丁学贤 副主编：李爱民　密士廷 编　写：邵长水　孔德丽（女）　孙伟（女） 　　　　白传森　郭圣刚　岳　磊　白雪军 　　　　陈富文　崔宝刚　崔　震　董爱江等				ISBN 978-89422-1933	中国华侨出版社
2014.05	安全100——以风险管理为核心的本质安全矿井建设	主　任：肖庆华 委　员：丁学贤　诸葛祥华　邵长余　张俊宝 　　　　任智德　单井林 主　编：丁学贤　诸葛祥华 编　者：李贤功　孟现飞　马泽霖　苏礼冲 　　　　张　信　郭圣刚　密士廷等				ISBN 978-7-5646-2332-6	中国矿业大学出版社
2017.10	煤矿区队班组自主管理研究	主　任：白景志 委　员：邵长余　诸葛祥华　张俊宝　汪学军 　　　　张　卫　王永宝　吕凤新　密士廷 主　编：白景志　诸葛祥华　密士廷 副主编：邵长水　刘　辉　岳　磊　张　信 编　者：秦念成　解直江　赵　杰　杨德全 　　　　严全荣　刘汉慈　王寅林等				ISBN 978-75581-3822-5	吉林出版集团股份有限公司全国百佳图书出版单位
2018.05	地表移动参数分析	栾元重　白景志　王永宝　刘　鹏　伦庆忠 翁丽媛（女）　栾亨宣著				ISBN 978-7-5028-4961-0/TD（5664）	地震出版社

第二章　节能环保

第一节　节　能

一、机构设置

2007年7月，王楼煤矿成立节能环保领导小组，设组长1人、副组长3人、成员9人。设立节能环保办公室（隶属机电科），设兼职办公室主任1人、专职人员1人。

2009年2月，节能环保办公室从机电科分离，设专职办公室主任1人、管理人员1人、办事员3人。

2015年9月30日，成立机电管理部节能环保办公室，设专职主任1人，主管管理1人，管理人员1人，工作人员1人。

2016年6月30日，增设副主任1人。10月1日，增设副主任1人。2017年11月6日，增设管理人员1人。

截至2018年12月31日，机电管理部节能环保办公室共设兼职主任1人，专职副主任1人，管理人员1人，办事员2人。

二、管理制度

2007年10月，根据《中华人民共和国节约能源法》《中华人民共和国环境保护法》《山东省节约能源条例》等法律法规，修订《节能环保设施管理制度》《水资源管理制度》《能源计量管理制度》《能源利用分析制度》等共12项管理制度。

2009年3月，修订《节能管理制度》《节水管理制度》《节油管理制度》《节煤管理制度》4管理制度。

2013年3月，修订《王楼煤矿用电管理办法》。

2016年3月，修订下发《节能管理办法》。

2018年2月，下发《峰谷用电管理办法》，实行峰谷用电考核。

三、节能成效

2008年10月，投资80万元，进行中水的深度利用，专门敷设中水供水管网，地面工厂绿化、冲厕、生产系统卫生清理、洒尘以及建筑用水等都改为中水供给，减少地下水的开采量和污水排放量，年度增加利用中水10.1万立方米，节约水资源费5.25万元，排污费0.1万元。

2009年5月，由中青国能集团承担设计的《矿井水余热资源综合利用项目》，通过发改委节能技术改造推广项目审核，并获得国家财政节能专项奖励288万元。该项目共分井下三期、井上两期，投资

3889.8万元。

2009年6—9月，投资404万元，完成井下一期降温工程。2010年6—10月，投资259万元，完成井下二期降温工程。2010年8—12月，投资339万元，完成地面一期工程。2011年4—5月，投资506万元，完成井下三期降温工程，制冷效果明显，改善了作业环境。2016年3—6月，投资2000余万元，引进德国飞马WAT制冷机组，对七采区整体制冷。

2011年8月，投资30万元对所有职工公寓楼安装集群式电能表远程计量系统。根据公寓楼人员住宿情况，实行定额用电制度，超出定额的自动断电，年节电5.43万度。

图7-2-1　王楼煤矿井下制冷机组。（2019年摄）

2012年6月，投资8.7万元，由德州亚太责任公司对矿井水余热资源综合利用项目地面一期工程进行改造，用于办公楼夏季降温，每月可节电3万度。

2016年3月，投资334万元，由山东艾克特节能科技公司对矿井水余热资源综合利用项目地面二期工程进行改造，将压风机余热用于澡堂职工洗浴，并拆除3台4吨锅炉。

2016年7月，成功通过经信委直购电批复，截至12月累计节约电费600余万元。

第二节　环　保

一、管理制度建设

2012年5月，根据《中华人民共和国环境保护法》《建设项目环境保护管理条例》等相关法律法规，制定《王楼煤矿环境保护管理办法》。

2017年8月，下发《山东东山王楼煤矿有限公司关于进一步明确扬尘污染防治工作制度的通知》，完善相关制度。

二、环境评价

2002年初，委托济南煤矿设计研究院以《王楼矿井可行性研究报告》为依据，编制《山东省临沂矿务局王楼矿井环境影响评价实施方案》。5月11日，山东省中鲁环境工程评估中心组织专家对该方案进行审查。中煤国际工程集团南京设计研究院根据审查意见及有关要求，完成《山东省临沂矿务局王楼矿井环境影响报告书》（以下简称"环评报告"）。

2002年6月10日，山东省中鲁环境工程评估中心在济南市主持召开"环评报告"审查会，6月27日山东省环保局对"环评报告"给予批复。

2009年10月，委托中煤国际工程集团南京设计研究院完成《山东省临沂矿务局王楼矿井环境影响评价补充报告》。

2010年1月，山东省环境保护厅对王楼矿井项目竣工环境保护验收给予批复。

2014年11月，委托济宁富美环境研究设计院有限公司编制《山东东山王楼煤矿有限公司矿井水改扩建工程环境影响评价报告表》。

2015年9月，委托济宁富美环境研究设计院有限公司编制《山东东山王楼煤矿有限公司生活污水改扩建工程环境影响评价报告表》。10月，济宁市任城区环境保护局对《山东东山王楼煤矿有限公司矿井水改扩建工程环境影响评价报告表》和《山东东山王楼煤矿有限公司生活污水改扩建工程环境影响评价报告表》给予批复。

2017年7月，济宁市任城区环境保护局对王楼矿井水改矿建工程竣工环境验收进行了批复。11月，委托济宁富美环境研究设计院有限公司编制《王楼煤矿井下污水处理及水质软化复用项目环境影响评价报告表》。12月，济宁市任城区环境保护局对《王楼煤矿井下污水处理及水质软化复用项目环境影响评价报告表》给予批复。

三、环境保护与污染源治理

（一）扬尘污染治理

2005年4—8月，投资87.8万元，由山东华鲁建安集团有限公司完成锅炉房建设工程。3台锅炉都配有SMC花岗岩水膜湿式脱硫除尘器，由40米高烟囱排放。锅炉脱硫除尘器脱硫效率平均为67.8%，除尘效率平均为94%，符合烟尘排放设计要求。

2006年11月—2007年12月，投资70.9万元，由枣庄榴花园林艺术有限公司对矿区内进行园林绿化，矿区绿化率达到39.8%。

图7-2-2　王楼煤矿锅炉房。（2010年摄）

图7-2-3　矿区长廊。（2010年摄）

2011年3月，投资97万元，与山东科技大学合作对采区开展地面沉降观测工作。

2016年3—7月，投资33万元，分别在煤码头和矿区煤场安装了PM10扬尘检测仪器；10月，拆除锅炉房3台四吨燃煤锅炉，减少燃煤消耗。

2017年8月，宿舍供暖（冷）系统进行末端改造，淘汰宿舍内的暖气片，实现水源热泵供暖（冷）。

2018年6月23日、28日，相继开工建设煤泥棚和配煤棚各一座，总投资为1200万元，设计单位为

图7-2-4 码头PM10设备。

图7-2-5 煤场PM10设备。（2016年摄）

图7-2-6 锅炉房拆除现场。（2016年摄）

图7-2-7 "生态环保工作先进企业"荣誉称号奖牌。（2018年摄）

图7-2-8 "十佳港口"的荣誉称号奖牌。（2018年摄）

临沂兴宇工程设计有限责任公司，勘察单位为山东鲁南地质工程勘察院，监理单位为山东东方监理咨询有限公司，建设单位为江苏大汉建设实业集团有限公司。

2018年6月，中共济宁市委、济宁市人民政府授予王楼煤矿济宁市"生态环保工作先进企业"荣誉称号。10月，获得由济宁市港航局颁发的2018年度港口污染防治观摩评比"十佳港口"的荣誉称号。

（二）污水治理

2004年7月，工业场地污水处理站动工，建筑面积415平方米，框架砖混结构。该工程由山东华鲁建安集团有限公司施工建设，2005年1月竣工。

2004年8—9月，投资56.6万元，由兖州环鲁环保设备安装有限公司建设生活水处理站，处理能力为480立方米/天。10—11月，投资16万元由临沂华建工程有限公司建设矿井水处理站，处理能力为6000立方米/天。

图7-2-9 王楼煤矿原矿井水处理站。（2006年摄）

图7-2-10 王楼煤矿原生活污水处理站。（2006年摄）

图7-2-11 王楼煤矿污水处理站。（2010年摄）

图7-2-12 地面矿井水处理系统。（2015年摄）

图7-2-13 生活水处理系统。（2019年摄）

图7-2-14 井下污水处理系统。（2019年摄）

2008年8月，安排专项资金291万元，由济宁同太环保科技服务中心、济南嘉豪环保工程有限公司对矿井水、生活水污水处理站进行改扩建，矿井水处理能力由原来的6000立方米/天提高到15000立方米/天，生活水处理能力由原来的480立方米/天提高到立方米/天。处理后的出水水质为：COD不大于30毫克/升、BOD$_5$不大于10毫克/升、SS不大于20毫克/升，各污染物的日均值均符合《污水综合排放标准》（GB8978-1996）一级标准、《煤炭工业污染物排放标准》（GB20426-2006）和《山东省南水北调沿线水污染物综合排放标准》（DB37/599-2006）中重点保护区域标准的要求。

2014年8月，投资738万元，由江苏融汇环境工程有限公司扩建矿井水处理站，2015年4月竣工。处理能力达到28800立方米/天。

2015年10月，投资278万元，由江苏融汇环境工程有限公司扩建生活污水处理站，2016年8月竣工，处理能力达到1800立方米/天，处理后，水质标准达到COD不大于20毫克/升、BOD$_5$不大于10毫克/升、SS不大于20毫克/升，各污染物的日均值均符合《污水综合排放标准》（GB8978-1996）一级标准、《煤炭工业污染物排放标准》（GB20426-2006）和《山东省南水北调沿线水污染物综合排放标准》（DB37/599-2006）中重点保护区域标准的要求。

2017年12月，投资1400万元，建设2×500立方米/时矿井水处理及除盐系统，2018年8月，设备安装完成。

（三）固废处理

矿井生产过程中产生的固体废弃物，主要为煤矸石，矿井不设永久矸石山，2007年10月至2018年末，矸石主要用于外售，部分进行井下回填。

2019年7月，建设标准化危险废物储存库，实现危险性废物的标准化管理，有效杜绝危险废物污染环境事件的发生。

（四）噪声治理

2005年9月—2006年12月，投资27.35万元，由邹城奇佳环保有限公司分别对主副井绞车房、通风机房、锅炉房的噪声进行治理。主副井绞车房分别安装隔声控制室，通风机房内墙面敷设吸声结构，锅炉房风机间采用封闭式隔声结构，内墙面安装吸声结构吸声。东、南、西、北厂界昼间、夜间噪声均不超标，能够满足《声环境质量标准》（GB3096-2008）1类功能区标准的要求。

（五）放射源管理

2007年5月，取得辐射安全许可证，全矿共13枚放射源，分别用于核子定重称。2008年10月，矿新建选煤厂一座，购置14枚放射源，分别用于选煤厂核子定重称和煤质灰分仪。9月，根据《中华人民共和国放射性污染防治法》，修订《王楼煤矿放射源安全使用管理制度》《辐射事故应急预案》《核子称管理制度》《核子称防辐射方法及应急措施》，规范放射源的使用和管理。

2019年7月，送贮23枚放射源至山东省辐射环境管理站。

第八篇　党群工作

自矿井投产以来，王楼煤矿党委坚持"把方向、管大局、保落实"的工作格局，紧紧围绕安全生产经营中心工作，抓住思想政治工作这条主线，从政治建设、思想建设、组织建设、作风建设、制度建设着手，不断完善学习教育、支部建设、党群服务等工作制度。扎实开展以学习落实党的十七、十八、十九大精神，实践"三个代表"重要思想、践行党的群众路线、实践科学发展观、践行"三严三实"和推进"两学一做"为主要内容的重要活动，针对不同时期的工作重点，超前思维，灵活多样地开展工作，做到年年有主题、季季有方案、月月有活动，不断推进党建工作的高质量发展。

矿党委坚持党管干部的原则，健全完善选人用人机制，落实党风廉政建设责任制，不断强化反腐倡廉教育。围绕矿井深化发展实际，广泛开展形势任务教育和树立"阳光心态活动"。积极探索实践新形势下思想政治工作的新形式、新方法，保持职工队伍的稳定。扎实推进宣传思想、群众工作、共青团工作、民主管理、劳动竞赛和文体活动的开展，为矿井安全和谐、持续健康发展奠定了坚实的基础。形成了"党建创客联盟""党员党性提升工作室""党建文化广场""党员共享活动室""支部特色工作法""家属协管安全基金账户""廉政长廊""党建VR+AR工作室"等党建特色品牌，为"智能智慧矿山"和"四个领先、四富临矿"建设目标的实现提供了坚实保障。

第一章　党建工作

第一节　机构设置

2007年7月5日，成立党群工作部，包括组织科、宣传科、监察科、工会和团委，设副部长1人，监察科科长1人，团委副书记1人，管理人员1人，宣传工作人员1人。

2015年9月30日，实施机构改革，王楼煤矿保留党群工作部，设部长1人，副部长、纪委副书记、工会副主席1人，监察科科长兼工会副主席1人，工会副主席兼劳动保护干事1人，女工主任1人，宣传副科长1人，团委书记1人，主管管理1人，专员管理3人。

2017年7月29日，王楼煤矿党群工作部内部增设党委办公室，纪委监察科单设，不再隶属于党群工作部。增设党委办公室主任1人，党委办公室副主任1人，组织科副科长1人。

第二节　领导班子建设

一、党委班子

2006年2月17日，王楼矿井筹建处党总支成立，夏宇君任书记，邵长余任副书记，邵昌友、赵仁乐、刘传武为委员。

2007年2月8日，王楼一号井筹建处党总支成立，王立才任书记，邵长余任副书记，张俊宝、肖庆华、任智德、丁学贤等任委员。

2007年6月30日，王楼煤矿党委成立，王立才任书记；邵长余任副书记、纪委书记；肖庆华、单井林、张俊宝等任党委委员。

2009年9月23日，任命肖庆华为书记，增补齐东合为党委委员。

2014年2月14日，增补宋陵为党委委员。

2015年12月8日，增补汪学军为王楼煤矿党委委员。12月29日，增补王玉强、梁宝成为党委委员。

2016年10月24日，白景志任党委书记。

2017年7月3日，增补诸葛祥华为党委委员。7月10日，任命张卫为党委委员、纪委书记，免去邵长余纪委书记职务。

2018年5月7日，聘邵长余为集团公司党建资深高级政工师职务。8月19日，增补徐国华为党委委员。

二、制度建设

（一）党委工作制度

王楼煤矿党委通过召开党委会议进行决议。党委会原则上每月召开1次，在有涉及"三重一大"（重大决策、重要人事任免、重大项目安排和大额度资金运作）决策事项，需要提请党委会讨论决定时，随时召开。

（二）组织生活制度

每名矿班子成员坚持过双重组织生活，除参加所在党小组、党支部组织生活以外，还参加党员领导干部民主生活会，重点解决政治思想、作风方面的问题。民主生活会每年召开1次，特殊情况下召开特别民主生活会。班子成员征求基层意见和建议后，查找不足，撰写民主生活会剖析报告，会上开展批评与自我批评，并制定整改措施。矿党委每年均根据集团公司规定，按时召开民主生活会。

表8-1-1　2006—2018年中共王楼煤矿党委民主生活会统计表

时　间	主　题
2006.09	廉洁自律、勤俭建矿
2007.10	强化领导班子作风建设
2008.08	学习和实践科学发展观
2009.06	解放思想、改进作风、共谋发展
2010.09	廉政建设
2011.09	以人为本、执政为民、创先争优
2012.12	学习贯彻党的十八大精神
2013.10	群众路线教育实践活动
2015.01	严守纪律、改进作风、共谋发展
2016.01	三严三实
2017.01	聚焦"政治合格、执行纪律合格、品德合格、发挥作用合格"
2018.02	围绕"六个方面"开展"六查六看"

（三）学习制度

矿党委中心组严格坚持每月1次理论学习，提高思想政治水平、理论水平和业务水平。由矿党委书记主持，矿班子全体成员及学习秘书参加。主要学习党和国家重要指示精神、上级方针、政策以及企业改革发展等有关专业知识。

第三节　基层党组织建设

一、组织机构

2006年2月7日，成立中共临沂矿务局王楼矿井筹建处总支委员会，下设王楼一号井筹建处生产党支部、王楼一号井筹建处后勤党支部、王楼二号井筹建处党支部。

2007年2月8日，成立王楼一号井筹建处党总支、王楼二号井筹建处党支部（隶属于王楼一号井筹建处党总支），撤销王楼矿井筹建处党总支。

2007年6月30日，成立王楼煤矿党委，下设采煤一工区党支部、综掘工区党支部、掘进一工区党支部、掘进二工区党支部、掘进三工区党支部、机电工区党支部、运搬工区党支部、通防工区党支部、生产党支部、经营党支部和后勤党支部。

2008年4月23日，成立采煤二工区党支部。

2010年7月25日，成立选煤厂党支部。9月28日，撤销后勤党支部、经营党支部，后勤党支部、经营党支部合并成立后勤经营党支部。

2012年2月10日，成立开拓工区党支部。9月20日，成立机关党支部，撤销生产党支部、后勤经营党支部。

2013年10月14日，撤销掘进三工区党支部。

2014年9月27日，撤销掘进二工区党支部。

2015年3月17日，成立防冲队党支部。

2016年3月30日，成立军城矿井机运工区党支部。7月16日，成立山东京杭绿色生态工程有限公司党支部（简称"京杭公司党支部"）；撤销合并军城矿井机关党支部，军城矿井机关二党支部为军城矿井机关党支部；撤销合并军城矿井掘进一工区党支部，军城矿井掘进二工区党支部为军城矿井掘进工区党支部；撤销王楼煤矿防冲队党支部，成立防冲党支部；撤销军城井机修安装工区党支部。8月6日，成立矿建工程项目部党支部。9月29日，撤销军城矿井掘进工区党支部。11月20日，撤销军城矿井机运工区党支部、军城矿井机关党支部。

2017年3月6日，撤销矿建工程项目部党支部。7月29日，成立王楼煤矿党委办公室、纪委监察科，撤销党政办公室。

2018年1月19日，撤销机关党支部，成立机关后勤党支部、机关生产党支部、机关经营党支部。8月10日，撤销京杭公司党支部、防冲党支部，成立军城留守办党支部、机修厂党支部、防冲工区党支部。9月24日，撤销综掘工区党支部、掘进一工区党支部、开拓工区党支部，成立综掘一工区党支部、综掘二工区党支部、巷修工区党支部。

二、党支部建设

2008年1月，开展"红旗党支部"竞赛活动，对季度得分在90分及以上的党支部颁发流动红旗，并利用政工例会通报表扬。

2011年2月，在创建"红旗党支部"的基础上，开展以"领导班子强、党员队伍强、工作机制强、工作业绩强"的"四强党支部"创建活动，对季度取得第一名的支部除颁发流动红旗外，奖励支部现金1000元，并通报表扬。

2013年2月，修改"四强党支部"创建活动考核办法，对季度考核得分第一名的党支部，除颁发流动红旗外，奖励支部书记、副书记和工作人员每人500元。对不合格的支部，指出问题，限期整改。连续两个季度考核不合格的，支部成员不能评为"优秀党务工作者""优秀共产党员"，对支部书记、副书记和工作人员每人罚款500元，并在企业文化例会通报批评。

2016年10月，开展"学习型、安全型、效益型、创新型、和谐型、引领型""六型党小组"创建活动。

2017年4月，王楼煤矿党委下发《关于推动基层党支部建设"全面进步、全面过硬"的实施意见》（王煤发〔2017〕18号），开展"过硬党支部"建设活动；10月，下发《关于在各党支部全面开展"主题党日"活动的实施方案》（王煤发〔2017〕40号），"主题党日"活动统一定在每月的23日。11月，下发《关于全面推动"灯塔—党建在线"平台规范使用工作的通知》（王煤发〔2017〕43号），开启使用"灯塔—党建在线"管理平台。

图8-1-1　党员使用灯塔—党建在线学习。（2018年摄）

2018年6月，王楼煤矿党委下发《关于开展"轮值书记"和""书记轮值"工作的安排意见（试行）》（王煤发〔2018〕32号），强化塑造基层党支部的凝聚力、战斗力、创造力。7月，开展"党支部书记论坛"活动，制定下发《王楼煤矿党委推进基层党建工作标准化建设实施意见》（王煤发〔2018〕38号），全面推进矿井党建工作标准化水平。

三、党建成果

（一）大学生采煤队

2011年8月，矿井成立大学生采煤队。成立以来，大学生采煤队成员扎根基层，艰苦奋斗，做出突出的业绩。2013年，被授予"山东省青年突击队"称号，先后被人民日报、大众日报、东方卫视、山东卫视、新华网、凤凰网等多家媒体报道。面对工业3.0、4.0和新技术革命的浪潮，大学生采煤队又凭借临矿集团首个智能化工作面这一实力工程，被山东能源集团列为重点培育的两大团队品牌之一。

2014年2月，12310工作面投入生产，大学生采煤队与采煤一工区二队一起担负起王楼煤矿首个对拉工作面的重担。

2017年1月，王楼煤矿按照临矿集团工业3.0+改造升级总体规划，提出要推进采煤工作面智能化进程，实现以设备换人，大学生采煤队负责的七采区27307工作面被选为试点。5月，大学生采煤队成功打造出临矿集团首个智能化少人值守工作面27307工作面。

2018年6月，大学生采煤队共有成员23人，其中研究生学历2人，本科学历13人，大专学历8人，平均年龄28岁。临矿集团提出打造创客联盟，矿井紧跟集团公司步伐成立创客中心，大学生采煤队是创客中心的重要组成部分，助力企业打造新旧动能转换样本企业。

（二）巾帼浮选工作室

2012年12月巾帼浮选工作室成立，工作室由5名女大学生组成，平均年龄29岁，其中本科学历4人、专科学历1人。工作室成立以来，通过降浮选药剂添加量、改造浮选柱、升级浮精脱水系统等，累计为矿井创造经济效益1100余万元。

2014年初，巾帼浮选工作室采用一种新型浮选柱入料装置专利技术对浮选柱进行改造，实现更为理想的原矿矿化和静态分离浮选目标，增加静态浮选效果，提高了浮选精煤回收率，并将浮选精煤产品的灰分由12%降至10%，年增加经济效益达到400万元。

2015年1月，山东能源集团为巾帼浮选工作室挂牌。2月，巾帼浮选小组荣获中华全国总工会"全国五一巾帼标兵岗"荣誉称号。

（三）劳模创新工作室

2014年9月，根据上级工会组织要求，矿井创建第一个劳模创新工作室，矿总工程师任总业务指导，各专业副总任常务业务指导。成立组织协调办公室，办公室设在矿团委，团委书记任办公室主任，办公室具体负责相关会议组织、会议记录、材料收集、课题过程监督等工作。

工作室由市级劳动模范作为带头人，共有9名成员，所有成员均为矿级以上劳模。每名劳模带领的团队包括与劳模同岗位或与劳模工作岗位相关的部门、工区、科室等管理人员、科技人员、年轻人才、一线职工。围绕安全生产、降本增效、节能减排、绿色开采、技术革新等主题，主要通过学术沙龙主题活动，组织开展技术攻关、技能培训、管理创新、科学研究、学习交流等。

矿劳模创新工作室已被山东省总工会评选为"省级劳模创新工作室"，现有成员9名，其中研究生在读1名、本科生6名、专科生2名。

（四）技能大师工作室

2014年，王楼煤矿技能大师任应心工作室、宋德堂工作室先后被中煤协会验收和命名为技能大师工作室。

技能大师工作室由来自生产一线的1名首席技师、3名高级技师、4名技师及相关业务科室从事矿井维修专业的4名高级工程师、4名工程师，共16名成员组成。

2015年8月15日，为充分发挥高技能人才在矿井科技创新、技术革新、技艺传承中的积极作用，矿成立技能大师工作室管理领导小

图8-1-2　技能大师实习基地。（2014年摄）

组，矿长任组长，党委副书记、机电矿长、总工程师任副组长，相关科室负责人为成员的领导小组。

工作室成立以来，通过技能大师工作室人员的技能培训，已经有2名矿井维修专业高级技能人才脱颖而出，在不同的岗位发挥着领军作用。共举办技能培训班16期，工作室小组成员与职工签订师徒

合同百余份，通过培训，参加报名技能鉴定186人，获得职业资格证书为156人。

（五）大学生洗选创新团队

2012年9月组建，共有成员13名，其中本科6人，大专7人，平均年龄29岁，中共党员5名。

2014年，大学生洗选创新团队提出实施外购煤配洗，提高精煤洗选率配洗方案。全年共配洗外购煤8.7万吨，实现经济效益560余万元。

2016年4月，结合本厂实际提出并推进"厂队自主管理"模式，有效提升管理水平。一年时间里，全厂基本实现车间自治、团队自主、员工自律的管理模式，走出一条别具特色的厂队建设道路。

2017年，大学生洗选创新团队提出合理化建议35条，采纳22条。

大学生洗选创新团队完成和正在进行中的科研课题共8项，带动技术革新项目10余项，攻关科研项目间接创效2000多万元。其中，"高泥化度煤炭提质增效洗选技术研究"项目已荣获中国煤炭工业科学技术奖，并在生产现场得到广泛应用。除此，选煤厂先后被授予"省级煤质管理先进单位""全国行业级质量标准化选煤厂""全国十佳选煤厂"等荣誉称号。

（六）防治水工程技术研究室

2013年11月，防治水工作室成立，现有成员14名，其中研究生学历2人，本科学历11人，专科学历1人。

防治水工作室负责开展防治水技术研究和科技攻关，推广使用防治水的新技术、新装备和新工艺，提高防治水工作的科技水平。防治水工作室下设水文地质组、物探组、化探组、化验组4个小组，开展防治水具体业务工作。根据工作需要，配备必要的仪器、设备，并建立档案，专人管理。水文地质组负责分析矿井水文地质条件。出水点分析及治理，参与矿井防治水规划等工作。物探组与化探组负责了解考察国内外先进防治水设备及技术，为矿井物探和化探工作提供技术服务指导。化验组负责联系有资质的水质化验单位，对矿井出水点进行水化学分析，为矿井防治水提供准确数据，并建立数据库。

（七）制冷降温工作室

2012年11月，矿井成立综合制冷降温工作室。提出利用机械化综合制冷降温的方案，切实解决制约矿井安全生产的湿热灾害问题。工作室现有成员6人，全部为本科学历。自成立以来形成矿井二采、七采区集中制冷，实现由局部制冷向全面集中制冷的飞跃式发展。

2016年11月，地面余热利用系统改造完成，拆除地面燃煤锅炉系统，实现地面职工洗浴、井口供暖及宿舍楼供暖改造，该项目受到济宁市环保局、任城区环保局、喻屯镇环保局、集团公司和矿党委的一致好评。

（八）防治冲击地压工作室

2014年9月，冲击地压防治创新工作室成立，工作室共有成员13名，研究生学历1名，大学本科学历12名。组织机构现有4个小组，分别为技术研究应用小组、矿压观测小组、监测监控小组以及防冲队施工小组。工作室配备国际先进的防冲监控系统和设备：SOS微震监测系统、KJ550在线监测系统、KJ24矿压监测系统、全方位立体化综合监测预警平台。

主要研究方向：深部抗冲击大变形巷道支护研究、巷道快速掘进与支护技术研究、

图8-1-3　防治冲击地压工作室内部授课交流。
（2017年摄）

深部支护重大安全技术、深部岩体力学与深部巷道工程稳定技术、岩体动力学性能测试及分析。

2014年，与北京科技大学合作完成"大采深复杂条件强冲击倾向性安全开采技术"，针对矿井深部复杂地质条件下3$_上$煤层开采情况，编制基于防冲的3$_上$煤层开采设计方案，形成《王楼煤矿深部复杂地质条件下3$_上$煤层开采方案设计》，该项目获山东能源集团科技创新项目50万元资金支持。

2017年，开展的"大采深强冲击厚煤层主下山护巷煤柱合理留设技术研究"项目达到国际先进水平。在王楼煤矿七采区得到成功应用，有效避免工作面采动对七采区轨道下山、胶带下山巷道变形的影响，确定工作面合理的停采位置，减少七采区轨道下山、胶带下山巷道返修率。累计多回收煤炭资源2.06万吨，新增销售收入1194.8万元，新增利润459.38万元。

2018年4月，和山东科技大学合作成立"矿山灾害预防控制国家重点实验室临矿集团深部支护工程示范中心"。实验室面积1200平方米，实验装备整体达到国内先进水平，拥有WAW-4106-E型微机控制电液伺服万能试验机、YAW-2000CS全自动压力试验机、EBC-300C微机控制冲击试验机、CXK12-A矿用本安型钻孔成像仪、CSL-Y冲击试样缺口双刀液压拉床、CST-50夏比冲击试样缺口投影仪、QX200岩心钻取机、岩心端面切磨机、YH-40B恒温恒湿标准养护箱、CHT225-A超声波回弹仪、数字式超声波探伤仪等一批国内先进设备。

第四节　队伍建设

一、发展党员

2006—2014年，王楼煤矿党总支、党委遵循"坚持标准、保证质量、改善结构、慎重发展"的十六字方针，根据党章和《中国共产党发展党员工作细则》，严格党员发展程序，确保党员发展质量。

2014—2016年，王楼煤矿党委遵循党员发展新十六字方针，即"控制总量、优化结构、保证质量、发挥作用"，根据党章和《中国共产党发展党员工作细则》，提高了党员队伍总体素质。

2017年，王楼煤矿党委根据党章和《中国共产党发展党员工作细则》，执行集团公司党委《临沂矿业集团发展党员工作规程（试行）》（临矿发〔2016〕第132号）规定，坚持标准、严格程序、严肃纪律，提高了发展党员工作科学化、规范化水平。

2006—2018年，共发展党员165人。

表8-1-2　2006—2018年王楼煤矿发展党员情况表

年度	数量	男	女	大专以上	35岁以下	一线工人	共青团员	党员姓名
2006	3	3		2	1	1		兰庆武　刘士新　杨久波
2007	6	6	0	3	3	2	1	滕尚磊　陈红军　诸葛祥华　孙九光　董爱明　范风伟
2008	14	13	1	3	7	6	5	刘晓茹（女）　孔庆法　杜培国　付永光　宋均平　胡彦峰　王成启　孔德友　侯文柱　唐成伟　厉彦欣　宋忠河　刘伟　英玉国

年度	数量	男	女	大专以上	35岁以下	一线工人	共青团员	党员姓名
2009	18	16	0	12	13	7	11	李秀芹（女） 兰庆文 张 磊 柳占鹏 单 欣（女） 苗德刚 张假妮 惠 平 秦念成 谢加顺 陈洪流 郭东亮 刘金磊 马伟海 韩 东 孙成磊 宋德堂 孔祥国
2010	16						11	马骏骋 齐元红 郝玉强 华 利 许开支 高善华 薛奎会 王 磊 汪关忠 朱孟新 李 涛 崔保超 周忠廷 李宝军 刘方成 郭 晓
2011	15	14	1	10	11	9	10	范立斌 史仍方 何玉收 吴淑国 刘海清 岳 辉 孙 宁 刘召明 郑显亮 杨德全 李书利 王 伟 孙瑞阳 高兴海 李桂玲 徐红梅（女）
2012	17	17	0	9	13	10	8	孙 健 于德明 刘敬修 高长海 胡建顺 李兆佐 陈云关 苏礼冲 时广超 张 信 周生江 朱孟田 丁 金 丁 健 史功喜 张秀华 龙禄财
2013	11	10	1	5	10	6	5	刘 涛 邢右永 韩万星 赵士福 高 寅 王 贝 黄正龙 刘泽明 贾新兵 李志胜 邵群（女）
2014	14	14	0	10	12	12	9	管彦太 刘光饶 左海峰 刘 辉 李 涛 董龙涛 李 琛 王山峰 任应心 王 瑞 董西永 王治增 倪峰平 林立堂
2015	8	7	1	5	6	5	4	刘夫军 葛丕成 王朝顺 邵长水 孙建国 肖太坡 孔文会（女） 刘 宁
2016	12	12	0	7	8	10	1	李飞龙 翟祥兵 于显阔 于振伟 刘玉尚 寇 辉 肖太永 韩 宁 刘 鹏 徐家升 褚 鹏 李 奇
2017	16	15	1	10	13	7	8	侯旺旺 吴振华 徐东康 杨飞飞 蔡志刚 张克桂 孙吉民 孔 超 王清彦 蒋金庆 李 帅 申建设 黄近峰 李 娜（女） 王 娜（女） 董 凯
2018	15	13	2	12	14	9	2	梁 博 姜成达 王可明 韩德国 朱来路 梁利宾 于金廷 孙传国 李福存 李 佳 任俊颖（女） 李 璐 何玉霞（女） 刘中洋

二、党员教育

2009年3—8月，开展学习实践科学发展观活动。执行集团公司党委部署要求，以实现"党员干部受教育、科学发展上水平、职工群众得实惠"为总要求，以实现"提高思想认识、解决突出问题、创新体制机制、促进科学发展"为目标。分学习调研、分析检查、整改落实3个阶段开展，每个阶段细分3个环节，加上活动开始前的准备环节和活动结束时的总结测评环节，共11个环节。8月，进入整改提高阶段，按照集团公司党委提出的"四明确一承诺"要求，做到整改落实项目明确、目标和时限明确、措施明确、责任明确，制定整改落实方案。针对加强学习、转变工作作风、增强创新能力、提高全员素质、改善生产生活条件等5项工作进行整改提高。开展学习实践科学发展观满意度测评，全矿201人参加测评，测评满意率达到100%。

2011年2月，开展"争做党员安全员"活动。考核分数达到80分及以上者，采掘一线党员给予津贴120元/月，辅助工区党员给予津贴80元/月。3月，执行集团公司党委《关于在各级党组织、全体党员中开展党内"对标先进、承诺践诺"活动的通知》（临矿发〔2011〕10号）部署要求，在全矿范围内开展"对标先进、承诺践诺"活动。王楼煤矿党委下发《关于在各党支部、全体党员中开展"对标先进、承诺践诺"活动的通知》（王煤发〔2011〕10号）及《关于在"创先争优"对标践诺活动中承诺2011年为职工办实事的通知》（王煤发〔2011〕11号）。4月，召开王楼煤矿创先争优活动推进会暨党内对标活动部署大会。7月，王楼煤矿党委在深入调研的基础上，树立13个党员个人学习标杆、6个集体学习标杆和1个党委学习标杆，并下发《王楼煤矿关于"对标赶超"的实施意见》（王煤发〔2011〕17号），组织全矿开展党内对标赶超活动。

2012年6月，王楼煤矿党委组织优秀党员、优秀党务工作者、党支部书记和团支部书记共37人，开展"红色之旅"红色教育活动。先后到白洋淀、冉庄地道战遗址、西柏坡和孟良崮等红色圣地学习。

2013年7月，执行集团公司党委部署要求，在全矿范围内开展党的群众路线教育实践活动。下发《王楼煤矿党委深入开展党的群众路线教育实践活动实施方案》（王煤发〔2013〕16号），成立党的群众路线教育实践活动领导小组，开展集中整治形式主义、官僚主义、享乐主义和奢靡之风"四风"问题。8月，建立矿领导党的群众路线教育实践活动联系点制度，专门召开王楼煤矿党的群众路线教育实践活动动员大会。11月，开展"回头看"活动。

2014年3月，王楼煤矿党委召开党的群众路线教育实践活动总结会议。7月6—10日，分5期组织全矿210名党员到"孟良崮、临沂影视城"开展红色教育活动。

2015年7月，贯彻落实集团公司党委部署要求，开展"三严三实"专题教育。在"七一"党建工作总结表彰大会上，对全矿党员上了"三严三实"专题教育党课。

2016年5月，贯彻落实集团公司党委部署要求，王楼煤矿党委召开"两学一做"学习教育动员会。制定下发《关于在全体党员中开展"两学一做"学习教育的实施方案制定活动方案》（王煤发〔2016〕9号），附带学习配档表。建立矿领导"两学一做"学习教育联系基层党支部制度，深入开展"两学一做"学习教育。

2017年6月，执行集团公司党委部署要求，王楼煤矿党委印发《关于开展"两学一做"学习教育常态化制度化实施意见》，不断将"两学一做"学习教育做实做深，召开推进"两学一做"学习教育常态化制度化工作会。7月，组织40余名优秀共产党员及党务工作者到羊山古镇国际军事基地开展"缅怀革命先烈 重温红色经典"活动。

图8-1-4　2017年6月15日，"两学一做"学习教育常态化制度化工作推进会。

图8-1-5　2017年7月，到羊山古镇国际军事基地接受红色教育。

2018年1月，王楼煤矿党委下发《"党员在行动 微·积分"管理实施办法》（王煤发〔2018〕4号）。从微行动入手，让党员作用渗透支部日常工作，激发党员发挥先锋模范作用。6月27日—7月2日，王楼煤矿党委组织80余名党员赴革命圣地延安、梁家河等地接受红色革命传统教育。11月，下发《关于在全矿开展"党员党性提升"活动的实施意见（试行）》（王煤发〔2018〕57号），组织全矿党员开展"党员党性提升"活动。

图8-1-6　2018年7月，到延安、梁家河接受红色教育。

三、党费管理

（一）管理

王楼煤矿党委在党费管理上，建立完善严格的管理制度，实行专人管理，单列账目、账簿规范、凭证齐全、账目清楚、准确，基层党支部按月交纳党费，由矿财务科代收。矿党委在矿务公开一体机进行公示，各党支部也及时上墙公布党费收缴情况。矿党委每季度向临矿集团党委组织部上交党费总额的90%，留存10%作为开展党建活动、评先树优、救助困难党员使用。党费是通过财务科转账汇款至集团公司党委组织部指定账户，且每年末向集团公司组织部上交党费收缴管理和使用情况专项报告。

（二）收缴

2006—2007年，王楼煤矿党费收缴，执行矿处级党员80元/月，副处级党员65元/月，正科级党员25元/月，副科级党员16元/月，员级（一般管理）党员8元/月，工人党员8元/月。

2008年以来，根据中组部中组发〔2008〕3号文件《关于中国共产党党费收缴、使用和管理的规定》《关于对党费收缴工作中几个具体问题的问答》和集团公司党委组织部的有关要求，为适应形势发展，对党费收缴、使用、管理作出新的规定。党员交纳党费的比例为：每月工资收入（税后）在3000元以下（含3000元）者，交纳月工资收入的0.5%；3000元以上至5000元（含5000元）者，交纳1%；5000元以上至10000元（含10000元）者，交纳1.5%；10000元以上者，交纳2%。离退休干部、职工中的党员，每月以实际领取的离退休费总额或养老金总额为计算基数，5000元以下（含5000元）的按0.5%交纳党费，5000元以上的按1%交纳党费。下岗失业的党员、依靠抚恤或救济生活的党员、领取当地最低生活保障金的党员，每月交纳党费0.2元；未就业的流动党员又没有固定收入的，按以每月不低于0.2元的标准交纳党费。各党支部认真按照新规定的比例收缴党费，切实做好党费收缴工作，并把党费收缴的过程作为对党员进行党性观念、纪律观念教育的过程，做到逐月按时、按比例收缴，增强党员的党性观念和按规定缴纳党费的自觉性。同时退休干部、职工党员及内退干部、职工党员也比较自觉地缴纳党费。

2008年，"5·12"汶川大地震，全矿166名党员共缴纳"特殊党费"24890元。

2017年，执行集团公司党委《关于举办庆祝建党96周年系列活动的通知》（临矿发〔2017〕第56号）要求，全矿250名在岗党员总计缴纳"特殊党费"9350元。

（三）使用

按照"统筹安排、量入为出、收支平衡、略有节余、公开透明"的原则使用党费。党费原则上用于订阅或购买用于开展党员教育的报刊、资料和设备；补助生活困难党员；修缮、新建基层党组织活动场所、为活动场所配置必要设施等所产生的费用等。使用时由组干科提出使用申请，部门负责人和党委书记签批后进行提取。2006—2018年，王楼煤矿党员共缴纳党费1411783.01元。

表8-1-3　2006—2018年王楼煤矿党费收支情况表

单位：元

年度	人数	实缴	上缴	留存	开支	年底结存
2006	85	10100	9090	1010	—	1010
2007	114	33080	29772	3308	—	4318
2008	144	24618	22156.2	2461.8	—	6779.8
2009	153	22538	20284.2	2253.8	—	9033.6
2010	151	23418	21076.2	2341.8	—	11053.70
2011	196	27092	25382	1710	3000	9763.70
2012	201	46340	41706	4626	—	14397.70
2013	225	50280	45244	5036	—	19433.7
2014	238	46671	42133	4538	—	23971.70
2015	267	43604	39162	4442	—	28413.70
2016	347	775850.01	698178	77672.01	—	139612.71（军城关井转来33527元党费）
2017	294	146775	132076.5	14674.5	—	154287.21
2018	337	161417	145275.21	16141.79	—	170429

四、困难帮扶

王楼煤矿党委为做好新形势下的服务党员工作，对全矿生活困难党员进行调查摸底，建立困难党员台账，健全困难党员帮扶机制。

2017年，在调查摸底的基础上，对1名困难党员走访慰问，发放慰问金500元。

2018年，组织开展走访慰问生活困难党员、老党员和老干部活动，对2名困难党员进行走访慰问，发放慰问金2000元，同时发放价值400元慰问品。

第五节　主要荣誉

2008年，王楼煤矿采煤一工区党支部被集团公司党委授予"先进党支部"荣誉称号。

2009年，王楼煤矿采煤二工区党支部被集团公司党委授予"先进党支部"荣誉称号。

2010年，王楼煤矿采煤一工区党支部被集团公司党委授予"先进党支部"荣誉称号。

2011年，王楼煤矿党委被省国资委授予"齐鲁创业先锋党组织"荣誉称号，王楼煤矿采煤一工区党支部被集团公司党委授予"先进党支部"荣誉称号。

2012年，王楼煤矿党委被集团公司党委授予"标杆党委"荣誉称号，王楼煤矿采煤一工区党支部被集团公司授予"标杆党支部"荣誉称号。

2013年，王楼煤矿党委被山东能源集团公司党委授予"先进基层党委"荣誉称号，王楼煤矿综掘工区党支部被集团公司党委授予"先进党支部"荣誉称号。

2014年，王楼煤矿党委被集团公司党委授予"先进基层党组织"荣誉称号，王楼煤矿采一工区党支部被集团公司党委授予"先进党支部"荣誉称号。

2015年，王楼煤矿党委被省国资授予"省管企业先进基层党组织"荣誉称号，王楼煤矿采二工区党支部被集团公司党委授予"服务型党支部建设示范点"荣誉称号。

2016年，王楼煤矿党委被集公司党委授予"先进基层党组织"荣誉称号，王楼煤矿采一工区党支部、军城井综采工区党支部被授予"先进党支部"荣誉称号。

2017年，王楼煤矿党委被山东能源集团党委授予"先进基层党组织"荣誉称号，王楼煤矿机电工区党支部、掘进一工区党支部被集团公司党委授予"过硬党支部"荣誉称号。

2018年，王楼煤矿机关后勤党支部被集团公司授予"过硬党支部"荣誉称号。综掘二工区党支部被山东能源集团评为"过硬党支部"。

第二章　宣传工作

第一节　机构设置

2007年7月以前，由党政办公室1名兼职工作人员负责宣传工作。2007年7月，成立党群工作部，宣传工作由党群工作部负责。

2007年11月，成立电视宣教中心，隶属党群工作部，设副科长1人，办事员1人。

2008年，电视宣教中心新闻宣传人员2人，其中副科长1人，办事员1人。

2009—2012年，电视宣教中心新闻宣传人员3人，其中副科长1人，管理人员1人，办事员1人。

2017年，电视宣教中心新闻宣传人员4人，其中副科长2人，办事员2人。

2018年，电视宣教中心新闻宣传人员4人，其中副科长1人，主管政工员2人，办事员1人。

第二节　宣传教育

2007年，宣传工作围绕"新思维、新模式、新装备、新理念，建设高标准一流现代化矿井"的奋斗目标开展。7月，召开"七一"总结表彰大会，总结上半年工作，部署下半年工作重点，统一全矿干部职工了思想。8月，组织第一次职工军事训练成果汇报表演，增强企业凝聚力。11月，安全宣传教育月，开展"珍爱生命，勿忘安全，一人平安，全家幸福"安全宣讲活动。

2008年，通过广播、黑板报、宣传标语、大讨论活动等方式宣传集团公司"奋战五年 二次创业打造临矿百年基业"战略部署和奋斗目标。1月，召开2007年度工作表彰总结大会。3月，组织职工签订"夫妻安全公约"1100余份。7月，召开"七一"总结表彰大会，组织开展安全知识有奖竞答。9月，举办西点执行力启蒙培训。10月，召开贯彻落实集团公司会议精神暨决战四季度动员大会。

2009年，对数字化矿山建设项目和矿井水余热资源综合利用项目进行宣传。在矿区内营造"科技兴矿、科技兴安"的氛围，提倡职工在本职岗位上积极创新、勇于创新。在全矿范围内组织学习《白国周班组管理法》，倡导职工像白国周一样，在普通而又平凡的岗位上，创造出不平凡的业绩。1月，召开2008年度工作总结暨2009年工作会议。5月，召开五四总结表彰大会。

2010年，掀起学习临矿集团"实新"文化高潮。通过下发"实新"文化宣传画册，悬挂宣传标语，制作"实新"文化黑板报专题栏等方式，使"人为本、实为基、新为贵、效为先"的核心价值观和"精诚团结、励精图治、敢为人先、创新发展"的企业精神在职工中落地生根。1月，召开2009年度总结表彰大会。下发《关于加强2010年新闻宣传工作意见》（王煤发〔2010〕3号），明确各支部和新闻宣传工作者奖惩办法。4月，举办班组长以上管理人员素质提升培训班。5月13日，组织干部职工为玉树地震灾区捐款。5月，对获集团公司第二届青工创新工作法命名表彰的2项青工创新工作法《李俊春混凝土输送泵工作法》《周忠廷远控式脚踏挡车器工作法》，通过广播、LED大屏、OA、网站等载体进行大力宣传，在矿区内营造"比、学、赶、超"氛围。11月，组织职工学习"实新文化"。12月，召开企业文化例会。

2011年，在全矿范围内开展廉洁风险防控宣传工作。对评选出的廉洁风险防控工作先进科室和先进工区大力宣传、跟踪报道，在全矿范围内形成"敬廉崇廉"的浓厚氛围。在各支部、全体党员中开展党内"对标先进、承诺践诺"活动，对涌现出来的标杆党支部、标杆共产党员、标杆党务工作者、标杆党员安全员等大力宣传，形成模范带动作用，激发干部职工的工作热情和工作干劲。1月，修订下发《关于加强2011年新闻宣传工作的意见》（王煤发〔2011〕2号），确定了各支部通信员名单，完善考核奖惩标准。3月，召开团委工作例会。5月，对获得集团公司第三届青工创新工作法命名表彰的2项青工创新工作法《于建涛U型水槽防漏风创新工作法》《厉彦欣缠绕式绞车倒绳和换绳工作法》进行宣传。9月，组织党员干部到井冈山进行红色教育，开展井口慰问演出活动。

10月，召开廉洁风险防控工作专题会议。11月，召开企业文化例会。12月，组织开展安全承诺签名活动。2011年，刊印矿报12期，全矿在集团公司及各网站、报刊等媒体共发表稿件275篇，其中各支部投送稿件169篇。

2012年，通过文化长廊、宣传片、LED大屏、电视广播等载体，对矿井提出的建设"平安王楼、远景王楼、效益王楼、青春王楼、幸福王楼"这一中心任务进行宣传。紧跟矿井安全视觉识别系统建设步伐，突出视觉形象彰显企业文化，在工厂及井下生产现场的主要通道和作业区域设置安全漫画、安全警示语和温馨问候语等，提醒职工按章作业。定期宣传《家属协管安全基金账户》考评情况，激发职工家属在矿井安全工作中"半边天"的作用。通过宣传山东能源超越文化，学习《超越》之歌，激发职工的荣誉感、自豪感和归属感，助推企业文化在矿区扎根。1月，召开2011年度总结表彰大会。举办"迎新春 话安全"活动。5月，对获得集团公司第四届青工创新工作法命名表彰的两项青工创新工作法《任应心QY弯道创新工作法》《尹雯雯"1+1"单元式库存管理创新工作法》进行宣传。7月，召开2012年度创先争优总结表彰大会暨半年工作会。9月，矿"安全100"管理文化体系试运行，结合在各工区、科室的运行情况跟踪报道。10月17日，举办王楼煤矿环保知识竞赛。12月，召开第十二期班组长例会。成立威风锣鼓队。2012年，在集团公司和其他外界媒体发表稿件286篇，其中《大众日报》16篇。

2013年，以集团公司"管理提升年"活动为契机，积极贯彻落实集团公司"双降双提双保"和"六大攻坚战"精神要求，以建设"平安王楼、远景王楼、效益王楼、青春王楼、诚信王楼、幸福王楼"为切入点，大力宣传一线动态、管理制度和矿区文化。围绕当前煤炭市场形势，积极开展"长期性、残酷性、竞争性、严峻性""四性"形势任务教育。围绕党的群众路线教育实践活动进行宣传，对矿组织开展的相关活动跟踪报道宣传。尤其对矿新提出的"诚信王楼"建设、自助购物小店自助找零进行大力宣传。同时，积极配合人民日报、山东卫视、东方卫视、中国煤炭报等多家媒体完成对大学生采煤队事迹的采访工作，并将拍摄播放的专题片、编写刊发的稿件通过OA、网站等载体进行宣传，提高大学生采煤队知名度，增强大学生扎根一线、干事创业的信心。1月，召开2012年度工作总结表彰大会。2月，举办2013年第一期班组长座谈会。

图8-2-1　2013年6月18日，临矿集团供电消防安全知识竞赛在王楼煤矿举办。

3月，举办"四德工程"建设责任状签字仪式。5月，开展职工孝老爱亲调查问卷活动。6月18日，临矿集团在矿举办以供电、消防为主题的安全知识竞赛。7月，召开七一总结表彰暨半年工作会议。召开党的群众路线教育实践动员大会。10月，召开决战四季度动员大会。2013年，在对外宣传中共发表稿件159篇，其中《大众日报》《山东能源报》13篇，《山东工人报》2篇，《中国煤炭》报2篇，山东能源集团网站15篇，山东能源集团电视台6篇；在集团公司网站、电视台上稿量为121篇。

2014年，以集团公司"三优、三提、三降"活动为契机，开展"长期性、残酷性、竞争性、严峻性""四性"宣传教育。通过专题会、班前会开展"安全为了谁"安全主题教育活动，并征集180个全员安全故事进行录音，通过广播宣传。将各岗位工种操作注意事项制作成卡片，摆放在井口大厅、办公楼大厅和各工区会议室，供职工阅读。1月，召开2013年度总结表彰大会暨2014年工作会，总结2013年全年工作，对2014年重点工作安排部署。2月，召开贯彻落实集团公司紧急安全会议精神，凝聚安全共识，将会议精神落实到井下施工现场。2月，组织家属协管员开展"送元宵　嘱安全"活动。3月，召开党的群众路线教育实践活动总结大会。召开经济运行分析会，通报矿井经济运营情况，安排部署下一步工作重点。4月，组织三违人员家属开展"下井嘱安全"活动。召开劳模创新工作座谈会，弘扬劳模精神，助推矿井实现创新发展。7月，组织党员干部前往临沂革命圣地接受红色教育，传承红色基因。召开贯彻落实集团公司工作会议专题会，传达会议精神，安排部署。将会议精神落到实处。召开2014年度党建工作总结表彰大会，表彰先进，激励后进，凝聚矿井高质量发展的强大合力。召开2014年度半年工作会议，总结上半年工作，对下半年重点工作安排和部署。8月，召开专题会议传达集团公司经济活动分析会会议精神。9月，召开领导班子会议，传达贯彻集团公司廉政会议精神。10月，召开决战四季度工作会，凝聚思想共识，力促四季度完美收官。11月，召开专题会议传达集团公司突围转型座谈会会议精神。2014年，在新华网发表稿件1篇，中国安全生产报1篇，大众日报山东能源报35篇，山东能源集团网站24篇，山东能源集团电视台8篇，在中国煤炭新闻网、集团公司网站和电视台等媒体发表稿件348篇。制作完成党风廉政建设宣传牌板、"四性"教育宣传栏、阳光家园和轻松驿站宣传牌板、煤矿安全9个"七条规定"宣传卡片等。

2015年，通过电视、广播、宣传栏等载体，积极宣贯能源集团"新常态、新挑战、新机遇、新作为""四新"形势任务教育活动。开展"安全依靠谁"安全主题教育活动，制作完成卡表操作学习视频。跟踪宣传矿井内部市场化管理体系，尤其是重点对"大切块、小承包""捆绑式"承包制度和"公司制"管理模式进行宣传。制作完成劳模创新工作室、大学生创新团队工作室、巾帼浮选创新工作室、技能大师工作室各创新室牌板，制作完成节能环保宣传教育牌板、温馨家园牌板、喻兴生态农业园宣传卡片等。1月，召开专题会议，贯彻落实集团公司工作总结会议精神。召开2014年度总结表彰大会暨2015年工作会议。2月，组织家属协管员开展安全宣讲进小区活动。召开班组长例会，凝聚干事创业活力，更好地为矿井发展服务。召开专题会议，贯彻落实集团公司安全会议精神。3月，组织开展植树活动。5月，召开2014年度共青团工作总结表彰大会。6月，组织观看集团公司"三严三实"专题教育视频会议。9月，组织女职工家属开展"中秋下井送温暖"活动。10月，召开四季度工作会暨经济运行分析会。12月，组织全体党员，进行《中国共产党廉洁自律准则、纪律处分条例》考试。2015年，在中国煤炭报发表稿件2篇，大众日报21篇，山东能源报11篇，山东能源集团网站33篇，山东能源集团电视台16篇，在中国煤矿安全生产网、集团公司网站和电视台等媒体发表稿件112篇。

2016年，扎实开展"两学一做"学习教育实践，制定下发《"两学一做"学习教育实施方案和工作配档表》，建立联系点制度，稳扎稳打、创新形式，确保教育活动扎根于心、付诸于行。开展"三转一强化"（即转轨建制、转型升级、转变方式、强化内生动力）形势任务教育活动。召开王楼煤矿学习贯彻党的十八届六中全会和全国国企党建工作会议精神部署动员会，把全矿党员干部的思想统一到了会议精神上，把行动统一到集团公司的决策部署上，在全矿掀起学习热潮。组织签订《党风廉政建设目标责任书》和《家庭廉政公约》，强化重要时间节点的廉政教育，提出廉洁过节、文明过节的要求，并通过向全体党员领导干部及时发送廉洁短信，时刻敲响警钟，同时持续纠查"四风"，营造风清气正的干事氛围。充分利用"周二政治学习日"继续开展"励志视频"观看学习活动，组织观看电视连续剧《亮剑》，选取《大国工匠》等视频供职工学习，分别从感恩、励志、爱岗、奉献等多个角度对职工进行教育，鼓励和引导职工结合自身实际，体味其中精髓，并指导实践。1月，召开2015年度"三严三实"专题民主生活会，进一步净化政治生态，营造良好的廉政氛围。2月，召开2015年四季度暨2016年一月份经济活动分析会。召开专题会议，认真观看2016年能源集团党委党风建设和反腐倡廉工作会议。5月，王楼煤矿组织召开"两学一做"学习教育动员会。6月，召开2016年班组长例会暨提速提质提效推进会。26日，举办以"强化安全发展观念，提升全民安全素质"为主题的安全卫生消防应急知识竞赛。7月，召开党建工作总结表彰会暨半年工作会。8月，召开第一次党员代表大会。10月，召开2016年三季度经济活动分析会，在充分剖析、总结三季度经济运行情况的基础上，对四季度工作安排部署。2016年，在OA系统发稿316篇，外部投稿286篇，集团公司及以上新闻媒体录用212篇，全年制作党建、工会、班组建设等宣传牌板82块（包括军城井）。

2017年，开展"明责·聚力·升级"形势任务教育活动。紧紧围绕集团公司"党建大动力"战略格局和"再造一个新临矿"的年度目标，以及矿井中心工作积极宣传教育引导，重点对安全生产、科技创新、新旧动能转换、三提三控三建、自动化采煤工艺、党建工作亮点、塌陷地治理、生态农业进行广泛宣传。1月，召开2016年度民主生活会。组织观看《四风之害》廉政教育片，警示广大党员干部，廉洁从政，营造风清气正的氛围。召开2016年总结表彰会暨2017年工作会议。2月，开展"庆元宵 送祝福 保安全"活动。3月，团委组织召开"一学一做"教育实践动员部署会。召开"加强女职工劳动保护 维护女职工合法权益"专题会议。召开专题会议传达集团公司党建暨党风廉政建设工作会议精神。5月，组织女工家属开展下井送温情活动。召开共青团表彰会议，表彰先进，选树典型，激发广大团员青年为矿井发展建功立业的激情和活力。6月，召开班组建设总结表彰大会。召开推进"两学一做"学习教育常态化制度化工作会。7月，召开庆祝建党96周年暨党建总结表彰大会。召开上半年工作会议，全面总结上半年工作，安排部署下半年重点工作。组织党员干部代表到金乡革命圣地接受红色教育，接受红色洗礼。9月，召开2017年第11期生产例会暨班组长例会。10月，召开生产大数据、对标推进会暨班组长例会。10月，开展十九大报告有奖知识竞答活动。11月，组织家属协管员开展安全宣讲进区队活动。12月，召开"问题指引2018"大讨论专题会议。2017年，制作科技创新、基层工区、节能环保、煤质管理、职业卫生、安全文化、党建活动、廉政文化等牌板101块，制作环保围挡300多米。开通微信公众平台，每周推送矿区新闻3~5次，拓宽宣传渠道。完成"五零支部工作法""互联网+N模式 打造虚拟社区升级版"党建创新项目的总结工作，并在集团公司获奖。制作完成建矿10周年画册；在OA系统发稿686篇，在集团公司网站及以上媒体刊登稿件263篇，其中在大众日报、山东能源报及山东能源电视台上稿56篇，为建设"六大王楼"，以及"四个领先"（人均工效领先、人均营业收入领先、人均创新成果领先、人均客户价值领先）的"四富临矿"（企业富强、资源富裕、职工富有、客户富足）凝聚了正能量。

2018年，开展"新时代 新征程 新作为"形势任务教育活动。紧紧围绕矿井中心任务，突出新旧动能转换、科技创新、提质增效，以及党建标准化年等工作重点，对职工进行正面宣传引导。完成了党建文化广场、廉政长廊、创新长廊、创客联盟创新成果展示中心等党建阵地的打造工作；通过广播、微信公众平台、宣传栏等载体，及时宣传上级及矿井的各类会议和文件精神，提升了矿井的知名度、美誉度和影响力。1月，召开专题会议，贯彻落实集团公司安全工作会议精神。组织各团支部书记召开"践行新思想 拥抱新时代"组织生活会。召开2017年总结表彰大会。2月，开展"送春联 迎新年"活动。3月，召开党员干部纪律作风集中整顿动员会。开展"猜灯谜 闹元宵"活动。召开"三八"妇女节女职工关爱行动座谈会。举办"飞扬"志愿者协会成立暨2018年学雷锋志愿服务活动启动仪式。开展"学总书记讲话 领新时代风采 争做合格团员"活动。举办"我的身边故事"摄影展。举办纪律整风整顿廉洁教育讲座。6月，召开六月安全月座谈会，引导女工家属吹好"枕边风"，助力矿井实现长治久安。召开2018年班组建设总结表彰大会，选树先进典型，激励班组长充分发挥各自才干，再建新功。召开区队（车间）科室"微腐败"专项整治活动动员会。召开"安全生产 青年先行"六月安全月主题团日活动。开展"端午节 送祝福 保安全"活动。举办2018年"生命至上 安全发展"安全知识竞赛。开展"安全生产月"事故案例警示教育活动。7月，召开传达贯彻集团公司党建工作总结表彰大会暨新旧动能转换工作推进会会议精神。召开党建工作总结表彰大会暨半年工作会。召开关于习总书记安全生产工作重要指示暨鲁东分局半年工作会精神宣贯会议。8月，召开金秋助学座谈会，帮助贫困学生圆了大学梦。10月，召开政工例会，总结前阶段党建工作，安排部署下一步重点工作。11月，组织党员干部观看廉政教育视频。12月，组织观看庆祝改革开放40周年大会实况。2018年，在临矿早餐、临矿网站等集团公司媒体刊登稿件202篇；在山东能源集团网站、电视台、山东能源报等能源集团媒体上稿82篇；在大众日报、中国煤炭报等省部级媒体上稿42篇。特别是在国家重点媒体经济日报发表《山东能源王楼煤矿智能化打造绿色矿山》，让王楼煤矿和集团公司在该媒体上发稿实现零的突破。

第三节　宣传载体

一、宣传栏、电子屏

2007年，建成副井口安全文化长廊，安设LED电子屏幕，制作工区值班室、学习会议室牌板。

2009年，在餐厅东侧建立黑板报宣传栏。

2010年，安设办公楼、副井口等候大厅LED电子屏幕。

2012年，建成廉政文化长廊，创新文化长廊。

2018年，建立党建文化广场，完善廉政文化长廊和创新文化长廊。

二、矿报、季刊

2008年10月，创办王楼矿报。截至2018年底，已出版矿报88期。

2012年3月，创办王煤季刊。截至2018年底，已出版季刊21期。

图8-2-2　王楼矿报。（2019年摄）　　图8-2-3　王煤季刊。（2019年摄）　　图8-2-4　演播室和非线性编辑设备。
（2019年摄）

三、广播、电视

2010年11月，建立广播站，设广播员1名，矿区内布置50个音响。广播节目以自编为主，主要广播矿内新闻、上级重要文件、矿相关文件政策以及重大节假日领导讲话。广播稿由广播员自己编写编辑，每日3次定时广播。除新闻广播外，还播放中央人民广播电台《中国之声》。

2008年3月1日，播出第1期矿区新闻。2011年12月15日，投资137578元建设专用演播室，2012年2月20日竣工。2012年5月，演播室投入使用。该演播室面积25.9平方米，配有播音桌、非线性编辑操作台、播音话筒、灯光等设备，采用声学装修，隔音效果良好。自专用演播室成立以来，每周制作1期，及时对矿发生的重要会议、重大活动进行播出。

四、新媒体

2017年，建立王楼煤矿微信公众号。

五、宣传片

2007年7月，制作矿井投产专题片《精诚团结 创新发展》。

2011年，制作重要会议、大型活动、宣传教育、企业文化培训等类型专题片28部，制作《以人为本 综合管理 建设和谐安全文化》大型专题片1部。

2012年，制作《心怀梦想 扬帆起航》《弘扬正气清风 坚持廉洁勤政》等大型专题片4部。

2014年，制作《管理提升年活动》《绿色家园 和谐矿区》《"亮家底、算细账、降成本、保工资"经济分析明方向》《党的群众路线教育实践活动》《企业文化之歌合唱比赛》《消防安全知识讲座》《决战四季度暨"四性"演讲比赛》《安全为了谁MV》《卡表规范操作学习视频》《青春这里绽放—大学生采煤队》等25部专题片。

2015年，制作安全生产、喻兴生态园等宣传片14部。

2016年，制作《优秀矿工刘辉》《家的守候》《元旦晚会》《妈咪小屋》《声声寄语嘱安全》《痛的领悟》《劳模创新工作室外》《巷道支护讲座》《集团文艺展演》《军城井去产能纪实》《安全心智培训》等专题、微视频11部。其中《家的守候》获得集团公司微视频大赛二等奖。

2017年，制作廉政公益广告片1部，制作科技创新短片2部，制作建矿十周年专题1部，制作感动临矿十大工匠、优秀班组长等视频短片13个。

2018年，制作大型党建宣传片《旗帜引领方向　梦想催生力量》1部，制作小型专题5部，其中，《致临矿》获得集团公司党委宣传部好评；制作感动临矿"两化一大"创新能手宣传片2部。

六、宣传器材

2004年，矿井筹建时期，购置索尼R-1数码相机1部和索尼DSR-190P摄像机1部。

2007年11月，配置EDIUS非线性编辑电脑，进行视频新闻编辑。是年，购置DSR-45AP索尼数字视频磁带录像机1台和三脚架、新闻灯、移动硬盘等设备。

2010年10月，购置索尼FX1000E高清摄像机1部。12月，购置尼康D700数码单反相机1部。

2015年7月，购置佳能5DMARKIII单反相机1部，购买高清摄像机PXW-X280 1部。

2017年5月，购置磁盘阵列，存储量为24T。

第三章 人事管理

第一节 干部管理

一、定编定员

王楼煤矿机构设置及管理岗位定编定员由矿组干部门根据矿井实际，提出机构及岗位定编定员方案，报集团公司审批后实施。

2007年7月，矿井投产运行，机构及人员编制1次，设置13个机关科室（部门），14个工区（厂点），定编定员168人，其中：矿领导7人，科级人员111人，管理人员50人。

2012年底，因矿井迅速发展，原机构设置及人员定编方案已经不适用于矿井发展需要，根据集团公司统一部署和安排，在深入调研的基础上，制定2013年王楼煤矿机构及岗位定编定员方案，与2007年不同的是，专业技术岗位分离于管理岗位，成为单独的序列进行定编定员，得到集团公司的批复。2013年，设置14个科室（部门），12个工区（厂点），定编定员184人，其中：管理岗位定编151人，其中矿领导7人，科级40人，副科级76人，管理人员28人。技术岗位定编33人。

2015年8月，按照集团公司控员提效机构改革实施意见，再次定编定员，实施大部室机构改革，共设置8个部室，10个工区（厂），定编定员159人，其中：科级29人，副科级47人，管理技术人员83人。按照集团公司干部管理权限的规定，矿处级干部由集团公司聘免，副总工程师由矿提议并报集团公司批复，审批同意后，矿行文聘任，高级技术岗位的聘用权限为集团公司，由集团公司行文公布。对于初级及中级的管理及技术岗位的聘任权限归矿，由矿行文公布，并报集团公司组织人事处备案。

二、干部制度改革

（一）聘任制

2007年7月—2018年，在聘前进行廉政谈话，试用期均为1年。任期内，在1年1次的职工代表大会上对中层及以上领导干部进行民主评议，评议结果作为干部提拔和聘解的重要依据。

（二）岗位竞聘

2008—2018年，先后对团委书记、团委副书记、调度员、宣传副科长、秘书、副区长、主管工程师、工程师、技术员、见习技术员、专员管理等数个职位，通过理论笔试、面试答辩等程序进行岗位竞聘。共计开展岗位竞聘活动8次，共计114人次竞得相关管理技术岗位。

表8-3-1　2008—2018年王楼煤矿岗位聘用汇总表

时间	管理岗位	技术岗位
2008.09	1	—
2011.04	2	—
2012.04	—	14
2012.09	3	22
2012.12	—	14
2013.12	7	14
2015.12	2	11
2018.08	—	16

2012年4月，王楼煤矿实施人才成长"三通道"建设，开通"技术通道"。技术岗位是通过职称评审或通过国家考试取得相应任职资格后，矿按照上年度专业技术人员总数的20%比例设置专业技术岗位，并报集团公司审批。得到批复后，矿成立专业技术岗位竞聘领导小组，按照理论考试、面试答辩、民主测评的方式组织专业技术岗位竞聘活动，竞聘上岗人员报集团公司备案并执行相关待遇。为科学构建人才梯队建设，集团公司创建"三通道十二级台阶"（管理序列共分四层十二阶，管理级：见习管理、专员管理、主管管理；科级：副科级、正科级、副总级（二级公司）；处级：副处级、处级、副总师（集团公司）；集团高管级：副总经理、总经理、董事长。技术序列共分四层十二阶，初级：见习（技术）员、（技术）员、主管（技术）员；中级：助理（工程）师、（工程）师、主管（工程）师；高级：高级（工程）师、资深高级（工程）师、首席高级（工程）师；专家级：首席专家、资深首席专家、临矿院士。技能序列共分四层十二阶，初级：初级工、中级工、高级工；中级：技师、主管技师、资深技师；高级：高级技师、资深高级技师、首席高级技师；工匠级：首席工匠、资深首席工匠、临矿工匠院士）人才攀登计划，进一步畅通人才发展通道，实现管理、技术、技能"三通道"互联互通。

表8-3-2　2012—2018年王楼煤矿技术岗位聘用汇总表

时间	数量	备注
2012.04	14	岗位竞聘
2012.09	22	岗位竞聘
2012.12	14	岗位竞聘
2013.04	7	
2013.07	2	
2013.08	5	
2013.10	6	
2013.12	14	

时间	数量	备注
2014.01	8	
2014.02	1	
2014.04	4	
2014.06	2	
2014.09	4	
2015.01	5	
2015.03	2	
2015.05	4	
2015.07	2	
2015.09	44	机构改革
2015.12	11	岗位竞聘
2016.04	16	
2016.07	13	
2016.08	1	
2016.09	3	
2016.11	6	
2016.12	1	
2017.06	2	
2017.08	8	
2017.11	5	
2018.04	26	
2018.08	16	岗位竞聘
2018.08	5	
2018.10	6	
2018.12	2	

2018年11月，王楼煤矿正式打通员工成长"技能"通道，共有289名职工领到技能补贴，包含14名中级层次和275名初级层次，聘期为1年，中级层次执行岗位薪酬制，聘任资深技师1人，享受副总师薪酬的90%。聘任主管技师3人，享受科级薪酬的90%。聘任技师10人，享受副科级薪酬的90%。初级层次执行技能补贴，聘任高级工86人、中级工115人、初级工74人，分别给予每月300元、200元、150元的技能补贴。王楼煤矿人才成长"管理、技术、技能"三通道全部打通。

表8-3-3　2006—2018年王楼煤矿管理人员汇总表

年度	矿级	副矿级	科级	副科级	一般管理岗	备注
2006	1	6	8	9	43	
2007	1	6	21	60	49	
2008	1	6	21	86	30	
2009	1	6	25	73	44	
2010	1	6	29	77	68	
2011	1	6	34	73	71	
2012	1	6	35	84	53	专业技术岗22人
2013	1	6	48	78	38	专业技术岗30人
2014	1	6	29	94	40	专业技术岗27人
2015	1	6	32	40	35	专业技术岗40人
2016	1	7	52	47	52	专业技术岗47人
2017	1	8	45	56	43	专业技术岗44人
2018	1	8	43	57	49	专业技术岗62人

三、专业技术职称评定和聘任

2004年，矿井筹建以来，王楼煤矿按照集团公司要求，对每年新分配的大学毕业生实行转正定级，按照学历及所学专业初定助理级或员级技术职务任职资格。其他在管理岗位且具备相应学历、任职年限、学术成果等人员，相应等级的职称英语和职称计算机考试合格后，可申报高一层级的专业技术职务。

2009年4月，按照管理权限，除矿领导外，依据职称与岗位相匹配的原则，对在岗具有专业技术任职资格的人员予以聘任，并执行相应的职称补贴。

2012年4月开始，根据集团公司"十百千"人才工程及人才成长"双通道"系列文件要求，专业技术人员聘任引入竞争机制，按全矿专业技术人员总数的80%通过竞争予以聘任。2015年1月，初级管理、技术岗位人员和在工人岗具有专业技术任职资格（含执业资格）的人员（工区、车间技术岗位人员、职称与岗位不匹配人员除外）参与补贴考核，考核结果为称职、优秀的，享受相应职称补贴。

2018年4月，为贯彻落实集团公司《关于深化"三通道十二台阶"人才攀登工程的实施意见》（临矿人事发〔2017〕第121号）和《关于印发临沂矿业集团有限公司薪酬管理办法（试行）的通知》（临矿人发〔2017〕第297号）文件精神，职工取得具有对口专业技术职称资格，对于职称等级高于管理或技术岗位的，执行职称补贴，并不再区分管理、技术、工人岗位限制。按照初级、中级、高级分别发放200元/人/月、400元/人/月、800元/人/月职称补贴，经过严格审查考核，136名专业技术人员符合发放津贴条件，行文予以兑现，兑现时间为一个年度。自此，每年3月，矿组织科对全矿具有专业技术职称人员进行梳理，起草职称补贴兑现文件，劳资社保科按月予以兑现。

表8-3-4 2006—2018年专业技术人员基本情况汇总表

年度	合计	性别结构		年龄结构						学历结构					职称结构				专业结构								
		男	女	35岁以下	36-40	41-45	46-50	51-54	55岁以上	硕士学位	研究生	本科	专科	中专以下	正高	副高	中级	初级	工程	经济	会计	统计	审计	技校	卫生	政工	其他
2006	48	44	4	19	6	19	2	2	—	—	—	21	18	9	—	7	13	28	31	7	5	—	—			4	1
2007	72	68	4	36	18	14	2	—	2	2	21	38	11	3	—	17	52	52	6	4	—	—	—	2	6	2	—
2008	81	70	4	44	19	14	2	—	2	2	21	41	17	3	—	17	53	53	6	4	—	—	—	9	6	2	—
2009	109	14	87	12	21	3	—	—	1	—	53	57	13	—	2	15	83	90	7	6	—	—	—	7	9	4	—
2010	114	99	15	75	14	22	3	—	—	1	—	55	49	10	—	5	14	95	83	5	6	—	—	1	7	10	2
2011	132	115	17	90	13	19	10	—	—	1	—	70	52	10	—	7	14	111	99	5	7	—	—	2	7	10	2
2012	155	135	20	107	18	14	15	1	—	3	1	91	50	13	1	6	20	128	118	9	5	—	—	2	7	12	2
2013	186	161	25	122	23	22	18	1	—	7	5	94	69	18	1	6	23	156	148	8	6	—	—	2	7	13	2
2014	196	170	26	125	27	18	23	3	—	6	4	105	71	16	—	8	26	162	155	10	7	—	—	1	6	17	1
2015	215	182	33	139	29	21	21	5	—	8	6	124	71	14	—	10	35	170	171	10	9	—	—	2	6	18	1
2016	260	218	42	155	42	26	26	11	—	6	4	157	85	14	1	12	45	202	198	14	9	—	1	2	8	30	1
2017	260	218	42	155	42	26	26	11	—	6	4	157	85	14	1	12	45	202	198	14	9	—	1		8	30	
2018	222	182	40	123	42	31	20	6		12	8	163	41	10	3	16	84	119	166	10	4	—	1		10	30	2

第二节　老干部管理

一、落实"两项待遇"

王楼煤矿一直关心和重视老干部的政治待遇和生活待遇，切实把"两项待遇"落到实处，稳定退休干部队伍。

按集团公司老干部处的有关要求，及时落实老干部政策、政治待遇。为发挥好退休老同志的积极作用，矿党政在每年"九九重阳"老年节和春节期间，为老干部送上节日慰问，2012—2018年共计发放节日慰问金43人次、20100元。

表8-3-5　2012—2018年王楼煤矿关爱老干部慰问金发放标准汇总表

年度	老人节（元）	春节（元）
2012	100	200
2013		
2014	200	400
2015		
2016	400	800
2017	1300	2600
2018	1800	3600

每年二季度，按照集团公司老干部处有关要求，组织副科级及以上（含中级及以上技术职称）退休干部进行健康查体。

表8-3-6　2012—2018年王楼煤矿关爱老干部健康查体汇总表

年度	查体人数
2012	
2013	1
2014	
2015	2
2016	3
2017	7
2018	10

二、内退干部管理

2014年6月，王楼煤矿根据集团公司《关于完善矿处级调研员和机关工作人员内部离岗的暂行规定》（临矿干发〔2013〕147号），对达到规定年龄的干部开始内部干部管理。2015年6月，王楼煤矿根据集团公司《关于聘任调研员及内部退养的管理规定》文件精神（临矿干发〔2015〕84号），矿现在岗的高级（工程师）及以下技术人员、科级及以下管理人员达到规定年龄后担任协理员，实施调研员与协理员管理，达到法定退休年龄，办理退休手续。2016—2018年，共计对47人实施调研员和协理员管理。

表8-3-7　2014—2018年王楼煤矿内退干部统计表

时间	人数
2014.06	4
2015.01	2
2015.06	5
2016.01	3
2016.02	4
2016.06	5
2016.10	6
2016.12	1
2017.05	2
2018.01	2
2018.03	1
2018.04	
2018.09	

第四章　纪检监察

第一节　管理机构

2007年6月30日，王楼煤矿筹建处设兼职纪委书记1人

2007年7月5日，成立王楼煤矿纪律检查委员会、监察科。设纪委副书记1人，监察科长1人。

2014年6月11日，增设监察科工作人员1人。

2017年7月10日，设专职纪委书记1人。7月29日，将纪委从党群分离出来，设专职纪委副书记1人。

2018年4月20日，增设纪委副书记1人，监察科专员管理1人。

截至2018年12月31日，纪委有纪委书记1人，副书记1人，监察科科长1人，专员管理1人。

第二节　廉政建设

2007年，按照坚持标本兼治，综合治理，惩防并举、注重预防的方针，认真落实"党委统一领导，党政齐抓共管，纪委组织协调，部门各负其责，依靠群众的支持和参与"的反腐倡廉领导体制和工作体制，把严格执行党风廉政建设责任制作为构建和完善反腐败工作的领导体制和工作体制的主要工作来抓。坚持对领导干部及重要岗位的工作人员实行"一岗双责"，要求把反腐倡廉工作与主体工作一起规划、一起部署、一起落实、一起考核。严格落实《廉政准则》、中纪委《若干规定》和《关于建立健全教育、制度、监督并重的惩治和预防腐败体系的实施纲要》。先后开展"三讲""算好清廉七笔账、树立正确权力观""反商业贿赂""廉政自省日""坚持两个务必"和"增强纪律观念，自觉接受监督"等教育活动，组织党员干部收看党风廉政建设警示电教片，提高党员干部的廉洁自律意识和拒腐防变能力。

2008年，响应集团公司"奋战五年，二次创业，打造临矿百年基业"号召，在全矿开展《关于在全矿党员干部中开展艰苦奋斗，勤廉创业，为打造临矿百年基业建功立业主题教育活动的通知》，组织党员干部观看《廉政中国》廉政教育片。学习毛泽东《在七届二中全会上的讲话》，邓小平《解放思想实事求是团结一致向前看》等，参加集团公司纪委组织的预防腐败体系知识测试。建立和完善《党风廉政建设责任制》《责任追究办法》《王楼煤矿纪检监察组织机构》《纪委工作岗位责任制》《王楼煤矿纪检监察工作若干规定》《党风廉政建设考核细则》和《工作日禁酒管理规定》等制度。协助财务部门起草并监督执行《王楼煤矿行政管理规定》《王楼煤矿财务管理规定》和《王楼煤矿材料管理规定》等相关规定，和区队签订《廉洁责任状》。

2009年，认真落实上级和集团公司党风廉政建设有关制度，坚持标本兼治、惩防并举的方针，不断开展廉政教育，推进效能监察。一是贯彻学习上级有关党风廉政建设的文件精神，加强党的理

论知识、廉政教育知识和科学文化知识的学习，树立正确的"权力观、政绩观"，牢记"四大纪律、八项要求"。二是深入开展"扬正气、促和谐"全国优秀广告展播活动，制订王楼煤矿"扬正气，促和谐"公益广告展播活动计划，成立展播活动领导小组。活动期间，全矿共张贴宣传标语13幅，播出廉政电影8部，出黑板报2期，播放优秀公益广告16个，召开专题会议1次、座谈会1次，在网站刊登廉政学习材料6份；利用矿OA办公系统向全矿副科级以上党员领导干部发送以"扬正气，促和谐"全国优秀廉政公益广告展播媒介、日期、广告内容、播出时间为主要内容的廉政信息26条，征集廉政楹联、格言、警句，共计126条。举办1次廉政书画展，进一步烘托廉政宣教氛围，增强党员干部、职工群众反腐倡廉意识。三是建立健全矿务公开制度，对职工关心的热点问题及时公开。如工资分配，住房，福利以及人员、人事调动等进行公开，确保公开、公平、公正。四是开展深入学习实践科学发展观活动，成立活动领导小组，制定《王楼煤矿深入开展学习实践科学发展观活动实施方案》。

2010年，紧紧围绕"标本兼治，综合治理，惩防并举、注重预防"的方针，加强教育、健全制度、强化监督，惩防体系建设不断完善，惩防体制基本形成。深入开展廉洁文化建设，廉洁文化与企业文化做到有机结合，开展廉洁文化"进企业、进区队、进班组、进社区、进家庭、进学校"的六进活动。开展矿务公开和效能监察工作，对工资、奖金、福利、住房等进行公开，对基层区队乱扣分、乱罚款和小金库进行监督检查。加强干部队伍建设，开展"提高自身素质，增强纪律观念，塑造良好形象"的主题活动，重点学习中央纪委、中组部《坚决刹住用人上的不正之风—关于12起违规违纪用人典型案件的通报》《关于领导干部报告个人有关事项的规定》等文件，观看宣教光盘《段义和案件警示录》和《忏悔录》等。3月，组织部分党员干部到邹城监狱参观，以服刑人员现身说法警示党员干部。4月，矿党委重新制定《王楼煤矿党风廉政建设目标责任书》，对达不到考核目标要求的实施责任追究。

图8-4-1　2010年12月18日，企业文化书画摄影展。

图8-4-2　2011年10月25日，廉洁风险防控工作专题会。

2011年，以科学发展观为主导，认真贯彻落实党反腐倡廉的有关决定，按照"坚持和完善反腐败领导体制和工作机制，认真落实党风廉政建设责任制，形成防止和惩治腐败的体系。加强党的理论知识、廉政教育知识和企业文化的学习。重点对《中国共产党巡视工作条例（试行）》《国有企业领导人员廉洁从业若干规定》及《关于实行党政领导干部问责的暂行规定》《建立健全教育、制度、监督并重的惩治和预防腐败体系实施纲要》等进行全面贯彻学习，不断加强党的宗旨教育，树立正确的"权力观、政绩观"，牢记"四大纪律、八项要求"。加强形势任务教育，坚持以学习和实践科学发展观活动为契机，先后采取中心组学习、集中学习、自主学习和座谈交流的方式，深入贯彻集团公司工作会议精神和胡锦涛同志在十七届中央纪委六次全会上的重要讲话，扎实开展党风廉政建设和反腐败斗争。积极开展"以人为本、执政为民"主题教育活动，创建学习型党组织和学习型领导班子，带动广大党员干部深刻把握《以人为本　执政为民》教育读本的精神实质和科学内涵，加强对党员干部的廉政教育，先后集体观看廉政教育警示片《人生的败笔》《廉政中国》等专题教育片。多次开展廉政法制教育，采取参观法制教育基地、听在押人员忏悔录、听法制教育专题讲座、学习法律常识等方式，向广大干部职工宣传普及法制知识，警醒全体党员干部自觉守法、遵章守纪。全矿无一起严重违法违纪案件、刑事案件和严重治安案件发生，维护了矿区的和谐稳定。

认真贯彻落实中共中央、国务院《关于进一步推进国有企业贯彻落实"三重一大"决策制度的意见》和《关于贯彻落实〈关于进一步推进国有企业贯彻落实'三重一大'决策制度的意见〉的实施意见》，成立"三重一大"集体决策制度工作领导小组和办公室，制定《王楼煤矿"三重一大"决策制度实施办法》、"三重一大"决策事前通告制度、决策票决制度、决策情况记录制度、决策回避制度和集体决策个人负责制度。明确重大决策、重要人事任免、重大项目安排、大额度资金运作的具体内容、决策程序等事项，并认真贯彻实施。严格落实《国有企业领导人员廉洁从业若干规定》，不断加强党风廉政建设。根据职责范围和责任分工，所有副科级及以上管理人员签订《2011年党风廉政建设目标责任书》。矿党委、纪检监察部门不断建立完善领导干部廉政资料的管理工作，包括领导干部个人重大事项报告材料、年度述职报告和涉及党风廉政建设的其他内容等。制定《王楼煤矿廉洁风险防控工作实施方案》《考核办法》《工作报告制度》《工作记录制度》等相关制度规定，在查准、查全、查深廉洁风险的基础上，整合资源，逐步建立王楼煤矿廉洁风险信息库。

2012年，矿成立廉洁风险防控工作领导小组及办公室，将领导小组成员分为4个督导小组，各支部也相应成立基层廉洁风险防控领导小组，负责基层组织的工作监督和指导。通过细致的排查，确定全矿18个机关科室、11个基层工区（厂）为廉洁风险点查找单位，其中风险岗位208个，涉及廉洁风险603人次，初期查找的1920条风险点经过分析、筛选、整理，共确定1516个风险点。其中一级风险点114个，二级风险点481个，三级风险点921个。廉洁风险防控工作办公室组织全矿党员干部签订党员干部《勤廉承诺书》96份，收到《廉洁风险分析报告》141份，《管理人员勤廉责任卡》120份，使广大干部职工牢固树立勤廉责任意识，进一步明确廉洁风险的具体表现和防控方法。

结合矿井建设发展实际和安全工作特点，提出廉洁风险防控与安全风险防控对接融合的工作思路，将廉洁风险点查找与危险源辨识工作相结合，在《王楼煤矿廉洁风险防控工作实施方案》和《职工岗位危险源自我辨识与控制读本》的基础上，制定《廉洁风险防控与安全风险防控措施表》，全矿各岗位工种像查找廉洁风险点一样查找安全危险源，通过个人查找、相互查找、班组点评、分组进行辨识、讨论的形式，确立个人、班组、工区三级安全风险点，最终确定包括公共部分在内的5个专业、48个工种的360个安全风险点，并制定有针对性的防控措施。在开展廉洁风险防控宣传警示工作的同时，还协助安监处开展危险源视觉识别系统的建设，通过逐一排查筛选后，最终确定70个视觉警示标识，制作各类牌板1300个，统一按标识颜色分类管理，突出提示功能，以清晰直观的多种表现形式覆盖井下各生产场所。

建设完成凉亭景区廉洁文化长廊，展示一系列廉洁文化牌板，以优美的画面、深刻的警句和深远的寓意教育感染职工，强化宣传效果，让广大干部职工在欣赏廉政文化、感受历史积淀、体会勤廉智慧的同时，时时自警自勉，牢固树立廉洁自律观念。开辟网站廉政版块和矿报廉政专栏，矿电视台定期播放廉政新闻或反腐倡廉正反面典型案例，组织矿干部职工集体观看廉政警示片《忏悔录》《廉政中国》《警世钟》等，参观法制教育基地，邀请专家开展"预防职务犯罪、共创事业辉煌"的专题

图8-4-3 廉政文化长廊——"清风苑"。（2018年摄）

讲座。通过通信网络向全矿干部职工群发廉政短信，同时在矿区各处定点悬挂廉洁标语和条幅，大力营造"勤廉光荣，腐败可耻"的舆论氛围。建立和完善信访举报工作制度，设立举报信箱，公布监督举报电话和专门联络人，尊重群众舆论，畅通多种有效监督渠道，充分发挥群众监督机制的重要作用，使各项工作程序和权力运行公开透明。

2013年5月，按照上级党委的要求，矿在多功能厅设立道德讲堂，制定实施方案，成立建设领导小组，建立管理制度和学员管理制度，制定宣讲员守则和活动记录表。6月21日，根据集团公司《2013年廉政风险防控管理提升意见》和集团公司"管理提升年"以及《临矿集团四级"三重一大"决策事项廉洁风险防控暂行办法》工作推进会议精神要求，制定下发《王楼煤矿廉洁风险防控"回头看"工作实施方案》《王楼煤矿"三重一大"集体决策制度管理办法》，完善"三重一大"集体决策制度等，突出"项目化管理、信息化监督、制度化防控、规范化用权、常态化落实"工作理念。同时研究制定《关于物资采购、外委维修等管理规定》，并成立物资采购领导小组和由各专业副总及相关部门负责人组成的资格审查委员会专家组。

为认真落实中央八项规定精神，集中解决形式主义、官僚主义、享乐主义和奢靡之风"四风"问题，下发《关于纠正中秋国庆期间不正之风的通知》等文件，并按照上级部署和集团公司安排，及时开展专项检查。年初，组织全矿副科级及以上管理人员签订《党风廉政建设责任书》和《家庭廉政公约》，分别由矿监察科和个人存档，并向全矿副科级以上管理人员发放《廉政倡议书》。组织开展廉洁

图8-4-4 2013年3月29日，纪委书记与各支部负责人签订党风廉政目标责任书。

图8-4-5 2013年9月16日，副科级及以上人员观看廉政视频。

主题征文和漫画征集活动，对优秀作品在井口、食堂等工作生活聚集地进行展览。开展廉政知识竞答活动，让广大干部、职工一起参与进来，在竞赛中了解廉政，学习廉政。加大电视、广播等媒体的宣传力度。

2014年，逐步建立起教育、制度、监督并重，廉洁、安全共赢的纪检监察体系。先后行文下发《车辆安全运行管理规定》《公务接待管理办法》等相关文件制度。组织开展党员干部廉政案例学习活动，传统节日及重大活动期间，通过短信平台向干部职工及党员同志发送节日廉政祝福短信。继续组织全矿副科级以上管理人员签订《党风廉政建设目标责任书》和《家庭廉政公约》，并向职工家属发出《共筑廉洁安全防线，争创廉洁文明家庭》倡议书，教育和鼓励干部职工家属既要当好"贤内助"。先后组织党员干部观看《孔繁森》《沉沦》《贪欲之害》《权钱交易的代价》等警示教育片，听讲座、报告、廉政党课3次，更换廉政宣传图片36幅，发送廉政短信16条，组织廉政座谈会2次，形成防治腐败的"威慑力"。对廉洁风险点进行及时跟进。组织副科级以上人员填写廉政档案，对工作调动人员的廉政桌牌及时进行更新、添加。

2015年，制定下发《关于进一步加强两节期间党风廉政建设工作的意见》《2015年度纪检监察工作重点》《王楼煤矿党委党风廉政建设约谈制度》等相关文件制度，要求全体党员干部落实"三转"，反对"四风"，提高党员干部的廉洁自律意识。1月，邀请济宁市检察院陈春教专员在多功能厅举办"预防职务犯罪的廉政教育报告会"，用发生在身边的真实案例教育大家珍惜岗位，廉洁奉公。2月，组织广大党员干部开展认真学习习近平关于党风廉政建设和反腐败斗争的论述。3月，组织各工区（厂）、科室负责人和"四管"人员观看能源集团党风廉政建设和反腐倡廉视频会议。对矿务公开机内容进行添加和完善，新增加安全生产、职业病防治，质量标准化等内容。6月，组织开展廉政提示语征集活动，共征集廉政提示语169条。

坚持阳光采购，依据新下发的《王楼煤矿工程、物资招标管理办法》《王楼煤矿合同管理办法》，纪检人员参与各部门的竞标议价会议。

公布《关于有关公款吃喝、公款旅游、婚丧嫁娶大操大办和收受礼金问题》的举报电话，发放《来自铁窗内的忏悔》《20个负面清单》等廉政教育读本。利用廉政会议、发放廉政倡议书、听廉政讲座、发送廉政短信、发放廉政教育读本等形式，及时做好廉政教育工作。严格执行集团公司《限时办结五项制度》和《关于实行党政领导干部问责的暂行规定》。在集团公司组织的党风廉政建设责任制和两个责任落实情况检查中，取得97.6分的好成绩。

开展系列廉政教育活动。中秋、元旦期间组织观看廉政教育片《作风建设永远在路上》。7月，组织全矿党员干部参加"三严三实"专题廉政党课活动，组织副科级及以上管理人员和"四管人员"进行党风廉政建设知识考试，签订廉洁从政承诺书。结合学习《习近平关于党风廉政建设和反腐败斗争论述摘编》，每人写1篇心得体会，并择优展览。中秋节期间组织1次党风廉政书画展，共展出作品39副，评出获奖作品13副。10月，组织全矿235名党员干部，对新下发的《中国共产党廉洁自律准则》《中国共产党纪律处分条例》进行了廉政考试，考试成绩计入个人廉政档案。

加强"两个责任"落实。依据集团公司文件要求，先后下发《党风廉政建设党委主体责任、纪委监督责任实施意见》《王楼煤矿党风廉政建设约谈制度的通知》和任命各支部纪检委员的通知。建立"一案双查""一岗双责"的责任追究制度，做到有责必问，有错必究，根据责任大小给予批评、降级或撤职处分。

11月，有2名中层干部因违反集团公司纪委《关于严禁举办升学宴的通知》规定，受到党内严重警告处分和警告处分。

2016年，按照中央八项规定和《临矿集团十项规定》的要求，下发《王楼煤矿公务接待管理办法》和《王楼煤矿车辆管理制度》，进一步完善《王楼煤矿合同管理办法》。在管理和技术人员聘用上，大力推广竞聘机制，年底已有36人经过竞聘走上新的工作岗位，并对新提拔的干部严格按规定进行任前廉政谈话。全年先后有4名中层干部因违纪和工作失职被降职或被约谈。

根据中央八项规定精神，集中解决形式主义、官僚主义、享乐主义和奢靡之风"四风"问题，在元旦春节期间下发《关于加强两节期间党风廉政建设的通知》等文件，对副科级及以上人员分别签订《党风廉政建设目标责任书》《家庭廉政公约》223份，逐级逐层传导主体责任，确保党风廉政建设与矿井中心工作齐头并进。

按照《临矿集团重要管理制度廉洁性评估实施方案》的要求，对全矿现有的重要制度、流程运行状况进行廉洁评估，查找制度、流程自身的缺陷和体制机制漏洞，及时修订完善，对重要业务流程重新进行梳理修订完善，实现从制度机制上防控岗位廉洁风险，进一步促进廉洁风险防控长效机制建设。

继续在廉政阵地建设上做文章，把廉政教育的触角延伸到多领域、多层次，根据形势的发展，对廉洁文化长廊内容进行适时更换，增添廉政教育图片和廉洁寄语等内容；对廉政教育园地进行更新，增添廉洁书籍、廉政光碟和廉洁文件等，全矿工广区共悬挂大小廉洁文化宣传板116幅，内容涉及品德修养、社会公德、行为规范等，时刻提示党员干部自重、自省、自律，使廉洁文化自然融入党员干部的日常生活和行为习惯。

加大对党务、矿务公开考核力度，下发两节期间党风廉政建设工作意见；通过发放廉政短信、开展廉政反面典型教育，加强节日期间廉政工作。

7月，矿纪委针对18个党支部开展为期一周的党风廉政自查活动。各党支部对照《2016年纪检工作要点》和党风廉政建设责任书要求，总结工作得失，分析问题症结，提出整改措施，上交自检报告。8月，下发《关于在全矿开展良好家风传承活动的通知》。9月，组织"良好家风传承"演讲比赛。11月，参加集团公司纪委在菏泽煤电郭屯矿组织的"良好家风传承"系列活动成果展评暨演讲比赛活动。

召开中秋国庆期间廉政教育专题会，组织副科级及以上管理人员收看廉政教育片《作风建设永远在路上》。

自行购买235本《中国共产党廉洁自律准则》《中国共产党纪律处分条例》发放到各支部，并下发

图8-4-6 2016年9月9日，"良好家风传承"主题演讲比赛。

图8-4-7 书写廉政春联。（2018年摄）

相关学习考试通知及试题库。要求各支部制订学习计划，集中组织学习，并向集团公司汇报学习贯彻情况。

起草《关于对基层区队（厂）费用管理、工资分配情况进行专项效能监察的通知》。会同人力资源部、财务部等有关部门，对王楼矿井、军城矿井的财务科、结算中心、煤质科、食堂、物管科、山东京杭绿色生态工程有限公司（农业园）、各工区下拨办公费用使用情况及领导交办的其他审计事项根据排定计划进行审计，从源头上预防各类违规违纪现象的发生。

2017年，结合矿井生产经营实际制定下发《2017年纪检监察工作要点》进一步完善《王楼煤矿党风廉政建设责任制实施细则》，签订《党风廉政建设主体责任书》《党风廉政建设监督责任书》《家庭廉政公约》。春节前夕，组织书法协会为职工免费书写廉政春联200余份。

根据集团公司统一部署安排，下发《关于开展"良好家风传承"活动的通知》，并顺利完成王楼煤矿"良好家风传承"系列活动，择优选拔5篇优秀征文，1个微视频、3名"廉内助"上报集团公司纪委。购买反腐新书《追问》，将集团公司印刷的《不可逾越的红线》《廉洁文化手册》《党员必须牢记的100条党规党纪》等共600余本发放到党员干部和重要岗位人员手中。并以支部为单位，充分利用"三会一课"、主题党活动日等形式，制定学习计划，号召他们认真学习，廉洁从业。5月，组织全矿党员干部学习"六项纪律"《中国共产党廉洁自律准则》《中国共产党纪律处分条例》，并组织副科级及和"四管"人员进行考试，培养干部职工"干净干事"理念。6月，参加集团公司纪委主办的党规党纪知识竞赛，获得第一名。

对全矿副科级以上及"四管人员"，特别是对新提拔和调整工作岗位的领导干部共计238人进行为期半个月的党风廉政建设约谈。8月，在全矿深入开展廉政风险点排查工作，摸清各机关科室和基层区队岗位权力运行过程中存在的廉政风险点，真正做到从源头上防止腐败。

10月，下发《关于切实加强国庆、中秋节期间党风廉政建设的通知》《关于对王楼煤矿各级管理人员兼职取酬情况进行专项清理的通知》，教育全矿干部职工，尤其是党员领导干部要坚决杜绝违规兼职取酬的行为，确保自查自纠工作取得实效。11月，到浙江大学参加集团公司组织的学习贯彻十九大精神党务人员培训班。下发《关于集中开展"六项纪律"学习教育的通知》。12月，组织全体党员，参加100条党规党纪知识测试，检验党的六项纪律学习阶段性效果。

每季度，矿纪检监察科联合审计科、财务科、劳资社保科等有关部门，采取听汇报、查资料、随机询问、看现场的形式，对结算中心、煤质科、食堂、物管科、各基层区队（厂）进行监察审计。

继续加大对党务、矿务公开考核力度，下发两节期间党风廉政建设工作意见；通过发放廉政短信、开展廉政反面典型教育，加强节日期间廉政工作。

12月中旬，矿纪委分两次深入工区、科室对13个党支部开展为期一周的党风廉政自查活动。各党支部对照《2017年纪检工作要点》和党风廉政建设责任书要求，总结工作得失，分析问题症结，提出整改措施，上交自检报告。

组织观看《四风之害》《守住第一次》等反面典型案例教育片，通过违纪违法党员干部的典型案例，教育党员干部在钱物面前坚守气节。

纪委监察部门采取定期或不定期的形式，深入工区、科室，对党员干部学习和党内监督制度执行情况进行检查核实，重点以廉政教育、制度落实、内务管理、罚款使用、婚丧宴请等为重点，狠抓制度落实，严格标准规范，发现一起处理一起，切实提高制度执行力。

严格落实阳光采购制度，严格采购流程，审计、财务、预算和纪检4个部门参与，严格按照至少

图8-4-8 2018年3月8日，签订《家庭廉政公约》。

图8-4-9 2018年3月25日，济宁市任城区监察委专家作专题廉政党课。

3家竞价的程序要求。2017年，共参加招议标项目163个，从源头上做好监督和防控。建立健全覆盖经营管理和权力运行全过程的制度规范，形成内容科学、程序严密、配套完备、有效管用的全面风险管控制度体系。

2018年，年初全矿层层签订《党风廉政主体责任书》《党风廉政监督责任书》和《"一岗双责"责任书》。建立完善矿主要领导、分管联系领导、单位部门负责人、其他中层干部、纪检委员、群众监督员六位一体的党风廉政建设责任捆绑机制。2月，组织矿书法协会成员开展"清风送廉、喜迎新春"廉政对联赠送活动。将书写好的廉政春联，亲手张贴到各党支部的办公场所，营造"进门先学廉、过节不忘廉、干部都守廉"的良好氛围。

2月，先后制定印发《王楼煤矿党员干部纪律作风集中整顿活动实施方案》，成立督导组，开展为期2个月的干部纪律作风专项整治活动。3月，先后组织200余名党员干部进行集中知识测试；邀请任城区监察委专家来矿讲授专题党课。4月，申报创新项目3项，分别是：构建"433"模式，打造微腐败治理协同监督机制、推行监督责任全过程纪实，实现纪检工作痕迹化管理、"三足鼎立"筑牢基层微腐败预防体系。申请"王楼清风"微信公众号，设立"纪言纪语"、"纪检联播"、漫画"连廉看"和"举报通道"等栏目。

把握重要时间节点，抓好党风廉政建设工作。分别在元旦、春节、清明、劳动节、中秋节、国庆节期间下发《关于进一步加强元旦春节期间党风廉政建设工作意见》《关于重申切实加强春节期间落实中央八项规定精神的通知》《关于严格执行纪律规定切实加强"五一"节日期间党风廉政建设的通知》《关于进一步加强中秋、国庆期间党风廉政建设工作意见》等文件。组织副科级及以上管理人员，集中观看警示教育片《落马干部忏悔录》《特殊的礼盒》，提醒广大党员干部要以案为镜，以案为鉴，吸取教训、警钟长鸣。

根据临沂市委、集团公司党委《关于驰而不息正风肃纪 推动作风建设常态化长效化的意见》要求，聚焦形式主义、官僚主义10个方面的具体表现，紧盯享乐主义和奢靡之风及其新动向、新变异，进一步强化教育和监督检查，推动作风建设常态化长效化和监督检查制度化工作落地生根。

6月，按照集团公司基层区队（车间）、科室"微腐败"专项整治活动的实施意见。结合本矿实际，制定下发"微腐败"专项整治实施方案，召开"微腐败"集中整治动员大会，与各科室、工区（车间）、科室负责人和四管人员签订《远离"微腐败"行为承诺书》。

7月，开展专项治理"微腐败"民意调查问卷。问卷调查活动共涵盖11个基层区队，300余名职工，发放306份问卷，共发现问题13条，约谈6人。对各单位负责人、基层工区书记、副书记及"四管人员"，共计75名重点风险岗位工作人员，结合专项治理"微腐败"工作的内容，针对前期开展的"微腐败"问卷调查反映的突出问题，有针对地开展提醒谈话和廉政约谈。组织各基层区队区长、书记、科室负责人40余人赴济宁金桥监狱开展警示教育活动。8月，矿纪委会同审计科对12个基层区队、车间（厂）的区务公开等情况进行监督检查，重点查看是

图8-4-10　"微腐败"民意调查。（2018年摄）

否存在公开不及时、不全面、不真实等情况。共查出问题13条，经济处罚2人。针对专项治理"微腐败"的重点内容，结合日常工作检查发现的问题，陆续修订完善《王楼煤矿"三重一大"事项集体决策制度实施细则》《矿务、区务公开制度》《公务车辆使用管理办法》等一系列规章，编紧扎实制度笼子，逐步形成完善的可操作、可执行、可监督、可检查、可问责的制度体系，为整治"微腐败"提供有力的制度保障。同月，矿纪委《基层"微腐败"治理的有效途径和方法》对标课题，通过培训先后完成要素引导图及实施手册的编写，并通过审核，进入对标管理实施阶段。通过本课题的研究，围绕解决"微腐败"方面的突出问题，以实现标本兼治为根本目标，不断深化基层"微腐败"治理预防体系。9月，矿纪委研究下发《王楼煤矿关于业务往来中礼品礼金的管理规定》对礼金、有价证券、礼品如何界定、如何处理进行明确规范。10月，根据集团公司《关于认真学习贯彻〈中国共产党纪律处分条例〉的通知》，《关于组织党建标准化体系基础知识测试的通知》对全矿各级党组织及纪检监察干部学习贯彻《条例》作出安排部署，重点开展好"五个一"活动，用新旧对比学习的方法组织全矿党员干部深入学习。11月，下发《王楼煤矿纪委办理实名举报的暂行办法（试行）》，鼓励和提倡职工对违纪行为进行实名举报。

第三节　效能监察

2011年，成立效能监察领导小组，负责矿物资（药品）采购、外委维修、废旧物资处理、土建零星工程等督查工作，实现阳光采购。

同年，成立招投标领导小组，对批准立项投资项目20万元以上的建设工程和10万元以上的设备采购，进行公开招标，坚持阳光采购，并实行纪检监察过问制和日常工作监督制，以确保达到质量优良、干部优秀的"双优工程"。

2016年，重点对军城井、王楼井2个职工食堂、喻兴农业园进行监察审计，共发现问题22条，提出整改意见3条，制定整改措施25条。

2017年，根据集团公司要求，设置专职纪委书记，纪委监察科成为独立业务科室，开始联合审计科、财务科、劳资科，定期开展效能监察活动。全年共开展监察审计活动4次，发现问题105条，提出整改意见5条，制定整改措施85条。

2018年，矿监察审计小组重点对12个基层区队、车间（厂）的区务公开等情况进行2次监督检查，

重点查看是否存在公开不及时、不全面、不真实等情况。共查出问题18条，提出整改意见2条，制定整改措施26条，经济处罚2人。

第四节　案件处结

2015年，受理群众来信来访举报2件（次），其中有2名中层干部因违反集团公司纪委《关于严禁举办升学宴的通知》规定，受到党内警告处分1人，党内严重警告处分1人。

2016年，受理群众来信来访举报1件（次），通过调查对1名错误轻微的党员干部给予诫勉谈话。

2017年，受理群众来信来访举报4件（次），立案1起，其中2名中层干部因违反群众纪律，受到党内严重警告处分1人，撤销党内职务处分1人，行政撤职1人。

2018年，共受理群众来信来访举报5件（次），通过调查对2名错误轻微的党员干部给予诫勉谈话，及时纠正错误。对一些确属不实的信访举报，召开澄清会，为1名涉及党员干部澄清问题、消除影响、恢复名誉。

第五章　工　会

第一节　机构设置

2006年4月5日，成立王楼矿井筹建处工会筹备组，设组长1人，副组长1人。15日，成立王楼矿井一号井筹建处生产车间工会、后勤车间工会、二号井筹建处车间工会。5月26日，成立王楼矿井筹建处第一届工会委员会，设主席1人，委员9人。10月30日，成立王楼一号井机运工区车间工会。

2007年4月2日，撤销机运工区车间工会，成立机电工区车间工会、运搬工区车间工会。5月13日，成立综采一工区车间工会、综掘工区车间工会、掘进一工区车间工会、掘进二工区车间工会、通防工区车间工会、经营车间工会。7月5日，成立掘进三工区车间工会。8月11日，成立王楼煤矿工会委员会，设主席1人，副主席1人，委员16人。

2008年4月30日，成立准备工区车间工会和采煤二工区车间工会。

2010年8月12日，成立选煤厂车间工会。17日，增设副主席1人。9月29日，撤销经营车间工会、后勤车间工会，合并成立后勤经营车间工会。

2012年6月15日，增设副主席1人。9月20日，成立机关车间工会，原生产车间工会、后勤经营车间工会一并撤销。

2013年10月14日，撤销掘进三工区车间工会。

2014年9月27日，撤销掘进二工区车间工会。

2015年3月17日，成立防冲队车间工会。

2016年7月16日，成立山东京杭绿色生态工程有限公司车间工会（简称京杭公司车间工会）。8月6日，成立矿建工程项目部车间工会。

2017年8月3日，对各车间工会主席进行调整。

2018年2月8日，对各车间工会主席、委员进行调整，成立机关后勤、机关生产、机关经营车间工会，撤销机关车间工会、京杭车间工会。8月23日，成立机修车间工会、留守办车间工会。

截至2018年12月31日，王楼煤矿工会共设主席1人，副主席2人，女工主任1人，劳动保护干事1人。

第二节　民主管理

一、职工代表大会

2007年开始，矿井每年召开1次职工代表大会，会议主要听取和审议《行政工作报告》《安全工作报告》《财务预决算报告》《业务招待费和福利基金使用情况的报告》《矿领导班子述职报告》《财务工作报告》《业务招待费和职工福利费使用情况报告》《矿务公开情况报告》《提案落实和征集情况的报告》《内部工资分配暂行办法》《关于〈集体合同〉〈工资协议〉履行情况的工作报告》，并对矿领导班子、领导干部和中层管理人员进行民主评议。审议签订《王楼煤矿年度集体合同》《王楼煤矿年度工资集体协商协议》和《王楼煤矿女职工权益保护专项集体合同》。

2007年8月11日，王楼煤矿在多功能厅召开一届一次职工代表大会，与会代表68人。会议审议通过《王楼煤矿第一届职代会实施细则》《王楼煤矿第一届职代会各工作委员会条例》，选举产生劳动争议调解委员会和平等协商委员会等6个工作委员会。

2008年4月27日，矿召开一届二次职工代表大会，参会代表87人。

2009年2月26日，矿召开一届三次职工代表大会，参会代表90人，审议通过《关于加强劳动纪律管理的规定》。

2010年3月12日，矿召开一届四次职工代表大会，参会代表95人。

2011年3月14日，矿召开一届五次职工代表大会，参会代表95人。

2012年4月10日，矿召开一届六次职工代表大会，参会代表96人，审议通过《关于对〈2011年矿内部工资分配办法〉补充（修改）的意见》。

2013年4月11日，矿召开二届一次职工代表大会，参会代表89人。会议听取和审议通过《行政工作报告》《安全工作报告》《财务工作报告》《关于2012年度业务招待费和职工福利费使用情况报告》《王楼煤矿2013年度工资集体协商协议》《关于2012年度矿务公开情况的报告》《关于2012年度〈集体合同〉〈工资协议〉履行情况的工作报告》《关于王楼煤矿第一届六次职工代表大会提案落实和第二届一次职工代表大会提案征集情况的报告》《王楼煤矿专业技术人员考核办法讨论稿》《王楼煤矿第二届职代会实施细则》《王楼煤矿第二届职代会各工作委员会条例》。

2014年4月8日，矿召开二届二次职工代表大会，参会代表99人。

2015年4月7日，矿召开二届三次职工代表大会，参会代表96人。

2016年4月8日，矿召开二届四次职工代表大会，参会代表158人。

2017年4月5日，矿召开二届五次职工代表大会，参会代表109人。

2018年4月7日，矿召开三届一次职工代表大会，参会代表113人。会议听取和审议通过《王楼煤矿行政工作报告》《王楼煤矿工会工作报告》《安全工作报告》《矿领导班子及其成员述职报告》《财务工作报告》《矿务公开情况和三重一大落实情况的工作报告》，关于2017年度《集体合同》《工资集体协商协议》《女职工权益专项集体合同》履行情况的工作报告、《业务招待费和福利基金使用情况的报告》《工会财务工作报告》《工会经费审查工作报告》《提案工作报告》《职工代表大会实施细则》《女职工权益专项集体合同2018—2020年度集体合同》《2018年度工资集体协商协》《2018年工资分配办法》、提案审查工作委员会、工资奖金分配与职工生活福利工作委员会等5个工作委员会条例和名单、劳动争议调解委员会和平等协商委员会名单。民主评议了矿领导班子、领导干部和技术岗位中级层次及以上管理人员。

二、工会会员代表大会

2007年8月11日，矿在多功能厅召开第一届工会会员代表大会，参会代表68人。会议听取审议通过《工会工作报告》《工会经费审查委员会经费审查工作报告》《工会财务工作报告》。选举产生王楼煤矿工会第一届委员会和经费审查委员会。

2018年4月7日，召开王楼煤矿第二次工会会员代表大会。参会代表113人。选举王楼煤矿第二届工会委员会委员、第二届经费审查委员会委员和第二届女职工委员会委员。选举第二届委员会主席、副主席，第二届经费审查委员会主任、女职工委员会主任。

三、矿务公开

矿井主要通过矿职工代表大会、车间职工代表大会、矿务公开一体机、公开栏、调度会、职工班前会等形式对工资发放、法律法规、职工奖金、奖金兑现、成本使用、绩效考核、工资分配、职工学习调研与医疗、班组考核、班组长竞聘等内容进行公布。

2006年，逐步建立区务公开制度，对权利运行情况，执行规范情况及时给予公开，接受群众监督。

2007年，建立健全矿务、区务和班务公开制度，建立和完善党委统一领导，党政共同负责，科室部门齐抓共管，职工广泛参与的矿务公开格局。

2008年，开始执行每年2次的车间职代会制度。

2009年，将矿区务公开与党风廉政建设相结合，坚持强化对领导班子的监督制约机制，按照集团公司要求健全完善领导干部个人收入、业务招待费使用等情况的公开制度，并实行领导班子向职代会述职述廉制度。

2010年，不断加大对区队经济分配的监督力度，对侵犯职工群众利益的事情，坚决给予制止。

2011年，加大车间职代会权利，不经车间职代会审议通过的制度不实施，不向职工公开的奖罚不生效。

2012年，购进2台党务矿务公开一体机，根据实施办法要求，细化公开内容，严格公开程序，定期或不定期进行公开。重点对矿井建设的大政方针，上级一系列有关安全生产的法律法规，牵扯职工利益的工资奖金分配等重大事项内容进行公开。废旧物资处理、矿区小卖部的承包等都公开竞标，接受职工群众的监督。

2013年，强化矿务公开，细化公开内容，严格公开程序。重点对《预算管理办法》《成

图8-5-1　王楼煤矿矿务公开一体机。（2013年摄）

本管理办法》《资产管理办法》《资金管理办法》《设备外委维修办法》《办公用品采购办法》内容进行公开，工资奖金每月定期张榜公布。

2014年，加强车间工会民主管理。按照职代会章程规定，严格坚持工区车间职工代表大会制度。会前，矿工会就职代会的召开程序给予帮助指导，对代表的评选比例、代表资格的审查、提案的征集（立案）程序、报告涉及的内容作明确的规定，对工资、奖金分配办法、材料的预算和使用、各类罚款的使用情况、工区干部评议的范围作为职代会审议的内容提出具体要求。

2015年，大力开展星级职代会创建工作，按期召开二届三次职代会，对重大议案都进行认真的

讨论审议，对立案提案实行一案一表，由矿长签字落实时间、人员、标准限期解决。对《集体合同》《劳动合同》《工资集体协商协议》等相关内容进行检查，并签订《2015—2017年集体合同》和《2015—2017年女职工特殊权益保护专项集体协议》。

2016年，建立职工代表巡视制度，采取调查问卷和向一线职工询问的方式，分4个季度，对全矿所属单位进行一次全覆盖摸底调查，查看有无侵害职工利益行为，并将职工反映的问题落到实处。

2017年，组织人员参加济宁市劳动人事争议调解员培训。组织全矿职工学习使用集团公司工会公众号内的职工书屋、职工诉求功能。

第三节　群监活动

一、群监组织

2006年，成立群众安全卫生监督检查委员会，矿工会每年都下发《群众安全工作意见》，并及时调整充实群众安全卫生监督委员会。

表8-5-1　2006—2018年群监队伍情况表

时间	群监会（人）	群监分会（人）	家属协管员（人）
2006	12	—	—
2007	22	94	14
2008	22	101	14
2009	22	97	16
2010	20	107	15
2011	21	97	17
2012	21	99	17
2013	19	110	15
2014	21	112	15
2015	22	120	15
2016	22	122	15
2017	12	136	12
2018	12	112	12

二、群众安全检查

矿群监会成立以来严格执行每月一次群众安全检查制度，每年2次安全培训制度和井口填卡汇报制度。群监员在完成自己工作任务的同时，负责本班组的现场作业安全管理。

表8-5-2　2007—2018年群众安全检查明细表

时间	接待群监员人次	查出隐患	筛选隐患
2007	4320	3780	624
2008	20160	21840	1152
2009	34550	34000	2300
2010	37440	35280	2500
2011	38000	38500	3000
2012	40320	38800	4300
2013	12500	17856	12480
2014	12400	19584	12412
2015	12450	20160	12586
2016	13300	20448	13216
2017	12210	19180	11050
2018	12250	19165	11030

三、群众安全活动

（一）群监员活动

2007年，先后建立健全《群监员井口接待站管理制度》《群监员签到汇报制度》《群监例会和群众安全办公会制度》《群监分会、群监员考核制度》《"三违"人员帮教制度》和《安全信息汇报、登记、反馈制度》等11项制度。明确群监会主任、副主任和群监员安全生产责任制。举办安全宣讲4期，受教育者1200余人次，组织事故案例分析16起。

2008年，开展安全宣传教育活动25次。举办群监员培训班2期，参训136人。

2009年，开展"安康杯"竞赛、矿际群众安全竞赛和争当优秀群监员竞赛活动。认真组织开展集团公司要求的"五项活动"，家属协管会向井下职工赠送"新春贺卡""安全慰问信"1600份。

2010年，开展优秀群监员、协管员竞赛、"安康杯"竞赛和各车间工会黑板报质量评比竞赛活动。落实群监员津贴待遇，采掘工区每人每月不低于100元，辅助工区每人每月不低于80元。举办安全宣传5次，事故案例展览110版面，千人保安全签名1次。坚持井口"送温暖"全年不断线，冬送姜汤、夏送西瓜、春秋送果汁。

2011年，每季度坚持在井口接待站开展1次安全知识有奖竞猜活动。认真组织好"三违"人员的思想帮教，通过组织座谈会、个别谈心和过六关帮教等形式，全年共对35名"三违"人员进行帮教。

2012年3月，矿井设立了家属协管安全基金账户，该账户以妻子姓名建立，缴纳家属协管安全基金600元，由协管会每月一考核，每季度一兑现，完成考核指标者在其妻子账户上存入奖励资金每月100元，并通过一体机公开公布考核结果。同时通过云MAS信息平台，将奖励情况发给被考核人妻子，特别是对扣发基金人员的家属，通过短信交流，重点跟踪，指导其妻子做好帮教工作。同年，开展安全漫画展、井口话安全文艺演出、安全征文、安全警句征集等宣传教育活动达50余场次，征集安全漫画、文章、警句630幅（条、篇）。全年共为一线职工切送西瓜12万余斤、送果汁6000余升、姜汤150

余桶，送"平安果"1400余个、元宵100余斤。被省煤矿工会评为"先进井口接待站"和"全省煤炭系统群众安全生产工作先进单位"。

2013年，矿群监组织共组织安全知识竞赛2次，举办安全演讲比赛2次，组织井口安全活动4次。参加集团公司组织的群监员培训5期，培训共62人。开展煤炭市场形势"长期性、残酷性、竞争性、严峻性"主题教育活动，

获得全国"安康杯"竞赛"优胜单位"、集团公司和山能集团"优秀群监接待站"和"全省煤炭系统群众安全生产工作先进单位"荣誉称号。

2014年，开展"安全工作为了谁"系列活动，将歌曲"为了谁"改变成适合煤矿安全内容的新歌，在全矿职工中传唱。开展"安全为了谁"征文活动，开展1次安全演讲进工区活动，组织成立王楼煤矿文体协会，配齐兼职管理人员和相应的设备，配合安监处等开展职业病防治宣传活动。

2015年，矿群监组织开展安全知识竞赛4次，举办安全演讲比赛2次，出安全板报106板块，悬挂安全标语56幅，组织安全承诺签名活动2次，组织专题文艺演出5场次，购买和印发安全宣传资料3200余份，征集并实施安全合理化建议112条。购买《白国周班组管理法》等书籍，发至每1名井下职工，形成人人"关爱生命、关注安全"的浓厚氛围。开展职工"三违"及旷班情况的舆情调查及分析活动，及时将每月职工的"三违"和旷班情况进行分析，上报矿领导，以便领导掌握职工心理及变化情况。

2016年，开展主题为"提质提效创新突困，为打造六个王楼煤矿"我来建一言""金点子"征集活动，开展安全"亲情寄语"征集活动。矿群监组织开展安全知识竞赛2次，举办安全演讲比赛2次，群监员培训2次，井下送水10万余升，送西瓜11万斤。

2017年，开展主题为"职工创新创效、全面启动"351123"工程"竞赛活动。开展"创建六型党小组""读一本好书"活动。井口送西瓜10余万斤，果汁、可乐2000多升，姜汤、绿豆汤400余桶。

2018年，开展《感恩心做人、责任心做事》《你把安全放第几》《三级心理疏导机制》《生日慰问》活动。矿群监创建"爱心超市""爱心服务站"，开展《群监员、青安岗员、党员安全员"亮身份"》、"冬送温暖、夏送清凉、春秋送健康""切西瓜送清凉"活动，组织第20期群众安全培训班。

（二）协管组织与活动

2007年5月，矿下发《王楼煤矿筹建处关于成立女工、家属协管会的通知》（王筹会字〔2007〕10号），设主任1人，副主任2人。7月，制订《女工家属协管安全工作条例》，完善《协管员学习培训制度》和《"三违"帮教制度》。协管会成员每人每月享受50元津贴。协管员培训工作列入矿年度统一培训计划。

2008年1月12日，对家属协管员进行充实调整。开展季度井口有奖知识竞答活动。2月，签订"夫妻安全公约"1300份。3月，协管会开展"爱煤矿、做奉献"便民服务活动，组织协管员为一线职工拆洗被褥。6月24日，全体协管员参加安全知识培训，考试。7月29日，针对11305工作面透水，井口送西瓜。8月，组织以"一人平安 全家幸福"和"生命至上 安全第一 杜绝三违 永葆平安"为主题的2次安全签名活动。11月15日，送温暖到井口巡回演出。11月、12月，开展爱心坐垫送井下活动。全年共送苹果400余斤、粽子350斤、月饼300斤、西瓜2万余斤、拆洗被褥612件。

2009年2月9日，开展送汤圆到井口和放烟花庆元宵活动；端午节，开展爱心粽子送一线活动。6月22日，下发"心系安全，情满矿山"争当好矿嫂活动通知，在全体女工家属中开展"三保三比"为主要内容的"争当安全好矿嫂"竞赛活动。7月19日，在井口举办安全知识有奖猜谜活动。10月3日，

围绕"十一月安全生产月我该怎么做"这一主题召开女工家属协管员座谈会。11月11日，组织协管员们在井口开展"保安全、促生产"安全知识有奖竞答活动。全年共送苹果350斤、粽子300斤、月饼300斤、西瓜4万余斤。

2010年正月十五，送爱心元宵到井口。4月9日，组织11名职工家属，开展矿嫂井下"探辛"活动1次。4月25日，在井口开展安全知识有奖竞答活动；4月27日，召开座谈会，对2009年的工作进行总结回顾。5月11日，开展《夫妻安全公约》签订活动，共签约1200份。6月16日，端午节，组织女工家属到井下为一线职工送上"安全爱心餐"。7月7日开始，每日在井口送绿豆汤。9月22日中秋节，开展中秋送温暖活动。全年共送苹果500斤、元宵150斤、粽子350斤、月饼300斤、西瓜6万余斤、洗发水220瓶、绿豆汤70桶。

2011年1月10日，在井口为职工送姜汤。2月17日，开展送汤圆到井口活动。6月19日，通过井口送温暖，举行井口安全演出，三违人员家属井下体验生活及召开"三违"人员及家属座谈会等一系列教育形式，深化"六月安全月"活动。8月10日，组织机关科室女职工井下送清凉活动。11月29日，利用周二安全学习日，组织综掘、掘一、掘二中班职工在综掘工区会议室开展安全知识有奖竞答进区队活动。12月24日晚，在井口举办"安全驻心中，共度平安夜"活动。全年共送苹果600斤、元宵180斤、粽子350斤、月饼300斤、西瓜8万余斤、绿豆汤80桶、姜汤60桶、洗衣液300瓶。

2012年1月12日，开展"迎新春 送温馨 话安全"慰问演出。2月6日，开展井口送元宵活动。3月4日，下发关于建立"家属协管安全基金账户"的通知（试行）。3月8日，签订夫妻安全公约800份。4月23日，对三违人员入户走访。4月，对原女工、家属协管会进行调整充实。6月3日，开展安全月启动仪式。7月23日，开展为职工缝补工作服活动。9月30日，开展中秋节井口慰问活动。10月19日，到东山小区开展协管安全宣传活动。12月11日，到工区进行安全演讲活动。全年共送苹果500斤、元宵150斤、粽子300斤、月饼300斤、西瓜10万余斤、绿豆汤90桶、姜汤70桶。

2013年1月20日，组织女工协管员们在井口举办"迎新春 送温馨 话安全"慰问演出。2月24日元宵节，组织20余名家属协管员在井口开展"送温馨 话安全"活动。4月27日，在井口开展有"礼"相送活动。6月12日，开展端午节井口安全活动；6月20日，组织协管员在井口开展安全知识有奖问答活动。7月7日开始，在每日送绿豆汤、防暑茶的基础上，又送上新鲜的西瓜。8月12日开始，组织女工安全协管员在矿洗衣房开展为期一周的义务缝补工作服活动。9月19日，在井口举办安全知识有奖猜谜活动。11月2日，在井口为职工送上一台温馨、亲切、祝福的"安全慰问演出"。12月1日，组织5名家属协管员，开展1次安全宣讲进区队活动；12月13日，全省煤炭系统工会女工家属协管安全工作推进会在省煤矿培训中心召开，本矿女工家属协管员代表在会上作了典型发言。全年共送苹果400斤、元宵120斤、粽子280斤、月饼260斤、西瓜10万余斤、绿豆汤80桶、姜汤75桶、缝补工作服231件、纽扣280个。

2014年1月21日，组织职工家属为节日期间在岗职工包爱心水饺活动。2月14日，开展送汤圆到井口活动。3月6日，省煤矿工会副主席孙崇霞带领川煤集团工会女工家属协管工作考察团一行7人，在集团公司工会副主席刘厚福、女工部部长王素梅、文体部长李保刚的陪同下，来王楼煤矿交流工会女工家属协管安全工作。4月12日，根据家属协管基金的考核情况从中抽出"三违"人员家属及优秀职工家属代表共10名下井体验生活。5月8日，组织协管员到井口等候大厅进行安全知识有奖竞答活动。6月2日，端午节，组织女工家属开展端午节慰问活动。7月25日，在东山小区，通过宣传矿安全生产方针、事故案例分析、"三违"职工家属现身说法、家属表态发言、张贴发放安全漫画等形式深入到家属区进行安全宣教。9月8日，在井口服务站为中秋佳节坚守岗位的矿工们送祝福。11月11日，组织由8名优秀女职工及职工家属组成的安全宣讲团深入到各工区进行安全宣讲；11月21日，在井口组织开展每季度1次的安全知识有奖答题活动。12月24日，在井口开展送"平安果"活动。全年共送苹果350斤、甜瓜200斤、元宵120斤、粽子260斤、月饼270斤、西瓜10万余斤、绿豆汤80桶、姜汤70桶、缝补工作服200件、纽扣380个。

2015年1月21日，开展为东山小区义务清扫活动。2月24日，开展爱心鞋垫送一线活动。3月5日，在井口开展元宵节送温暖活动。6月20日，开展端午节井口嘱"安全"活动。9月27日组织9名采掘一线职工家属在矿安监处的带领下带着"平安果"、月饼，去12316工作面送祝福活动。11月15—17日举办协管员安全知识培训。12月24日晚，通过送平安果、发圣诞安全祝福短信的形式开展平安夜送平安活动。全年共送苹果400斤、甜瓜300斤、元宵150斤、粽子240斤、月饼260斤、西瓜10万余斤、绿豆汤70桶、姜汤70桶、送爱心鞋垫800双、安全香包500个。

2016年1月25日，对家属协管基金考核人员家属电话号码进行重新统计。2月1日，组织10多名女职工及职工家属为职工包爱心水饺；2月5日，开展协管员义务劳动清理社区卫生活动。4月21日开始，对全矿职工进行亲情安全教育培训。5月12日，组织协管员到井口等候大厅进行安全知识有奖竞答活动。6月9日，开展送安全粽子嘱安全活动。7月25日，组织协管员到井口等候大厅进行安全知识有奖竞答活动。8月23日—26日，组织开展到各井口及地面单位"送安全亲情卡嘱安全"活动。9月15日，开展中秋送祝福活动。10月21日，在井口组织开展了每季度1次的安全知识有奖答题活动。11月12日，在调度会议室召开家属安全协管座谈会。全年共送苹果380斤、甜瓜200斤、元宵120斤、粽子180斤、月饼220斤、西瓜10万余斤、绿豆汤60桶、姜汤70桶。

2017年1月20日起，组织女工及职工家属义务包水饺，免费发放给留守职工；1月31日，在井口开展安全鞋垫送工友活动。2月11日，开展元宵节送祝福活动。3月26日起，借助全员培训平台，组织优秀演讲选手通过诵读工伤职工家属来信，亡故职工家属多篇日记的方式对职工进行安全教育。5月30日端午节，组织女工家属开展端午节慰问活动。6月1日，开展安全生产月活动启动仪式，启动仪式上组织协管安全文艺节目演出；6月15日，组织协管员到井口等候大厅进行安全知识有奖竞答活动。7月10日，开通协管交流平台——微信帮教群。10月12日，实行协管帮教积分制。11月6日，组织开展"决战四季度送祝福话安全"活动。全年共送苹果420斤、甜瓜220斤、元宵120斤、粽子170斤、月饼200斤、西瓜10万余斤、绿豆汤60桶、姜汤60桶、发放洗发水120瓶、洗衣粉60袋。

2018年2月3日，开展"迎新年 包水饺 寄真情"活动。2月9日，组织开展"送安全 送祝福 送春联 十九大精神进家庭"活动。3月2日，开展"庆元宵 猜灯谜 送祝福"活动。6月2日，组织9名采掘一线职工家属在矿安监处的带领下带着甜瓜、水，去12309工作面体验生活；6月11—14日，分期在各采掘、辅助工区举办了职工家属班前会"亲情嘱安全"活动；6月18日开展香粽庆端午 矿嫂嘱"安全"活动。8月1日，开展"暑期安全伴我行"安全教育活动。9月13日，组织10多名女工家属协管员到井口大厅、地面车间、班组为节日期间坚守岗位的兄弟们送去节日的祝福和安全叮嘱；9月20日，在副井口等候大厅举行"心系矿山 情暖矿工"迎中秋、送祝福慰问演出活动。全年共送苹果500斤、甜瓜300斤、元宵150斤、粽子180斤、月饼200斤、西瓜10万余斤、绿豆汤80桶、姜汤80桶、发放洗发水200瓶。

表8-5-3　2012—2018年王楼煤矿工会家属协管基金考核情况表

年度	考核人次	基金发放金额（元）	云MAS平台短信（条）	电话（个）
2012	5840	529900	5840	458
2013	5170	472260	5170	357
2014	5457	499320	5457	425
2015	4364	387120	4364	385
2016	3915	339120	3915	324
2017	4431	404900	4431	412
2018	3741	339260	3741	297
总计	32918	2971880	32918	2658

四、群监工作创新

2007年，对群监员实行"三查两会一卡"和"闭环管理"制度，"三查"即群监员班查、矿群监会月查、和群监分会互查。"两会"即矿群监例会和群监分会隐患排查分析会。"一卡"即群监员下井隐患排查汇报卡。"闭环管理"制度即工作场所检查—填卡—筛选处理和通知—整改和反馈—复查确认等各个环节。

2010年，对群监员提出七字工作管理法，"七字工作法"，即"提、奖、压、查、赛、考、责"。"提"，提待遇；"奖"，奖先进；"压"，压担子；"查"，查现场；"考"，考业务；"赛"，赛成绩；"责"，尽责任。

2018年，开展群监员、青安岗员、党员安全员"亮身份"活动，让群众安全监督员"亮出身份、树起旗帜、发挥作用"，接受广大干部职工监督，增强群众安全队伍的身份意识、责任意识。

第四节　劳动竞赛

一、竞赛方式

以生产一线为主，以班组为劳动竞赛活动单位，以解决生产、安全、技术、管理上的关键问题或薄弱环节的单项竞赛为方向，以职工全员参与为组织构成。

二、竞赛内容、成效

2007年8月30日，为加快全矿开拓巷道工程进度，确保矿井采区正常接续。力争在安全管理、工程质量、工程进度等方面再上一个新台阶。经研究决定，在全矿范围内开展开拓工程会战活动。会战目标：按迎头考核，每条巷道每月进尺达到60米。

2008年2月23日，为加快开拓工程进度，确保矿井正常接续；经研究决定，在二采区下山开展掘进会战活动。会战目标：巷道每月进尺达到：二采轨道下山55米，二采胶带下山（机掘）150米。同日，为加快掘进进度，确保工作面正常接续，经研究决定，在11305工作面开展掘进会战活动。会战目标：确保11305轨道顺槽在4月25日贯通，5月5日，具备安装条件。

2008年4月10日，为加快掘进工程进度，确保矿井采区正常接续，经研究决定，在全矿范围内开展掘进工程会战活动。会战目标：掘进进尺：开拓巷道、准备巷道（炮掘岩巷，坚固性系数小于8）掘进断面小于16平方米月进尺60米，掘进断面大于16平方米月进尺55米；二采胶带下山月进尺140米（机掘、煤及半煤岩巷、全岩坚固性系数小于6），月进尺120米（机掘、全岩坚固性系数不小于6）；五采区炮掘顺槽（半煤岩）月进尺110米，其他炮掘顺槽（煤及半煤巷）月进尺140米，机掘顺槽月进尺320米。

2008年8月2日，为减少矿井涌水量，确保矿井尽快恢复正常生产，经研究决定，在一采区开展水闸墙施工会战活动。会战目标：11303、11305皮带顺槽水闸墙施工工期为18天，11303、11305轨道顺槽水闸墙施工工期为22天。

2008年9月18日，受11305工作面出水影响，导致矿生产接续紧张，为了缓解生产接续紧张局面。经研究，特制定以下会战措施：①确保二采轨道下山9月30日之前贯通，11306轨道顺槽与二采轨道下山10月3日之前贯通（煤矸清理干净）；②确保二采胶带下山延伸至12302皮带顺槽，10月20日正常运转；③确保10月20日南翼胶带巷试运转；④确保12月15日五采胶带下山和15121工作面试运转。

2009年1月15日，为确保11305工作面尽快恢复生产，克服战线长、困难大，条件复杂等不利因素的影响，保证3月30日两顺槽排水、加固完成。经研究决定，采取以下会战措施：1月11—21日，加固11305皮带顺槽至推进度460米处；1月22—23日，11305皮带顺槽安装水泵、敷设电缆，形成排水系统，具备排水条件；1月24—31日，11305皮带顺槽开始排水，加固巷道，至推进度约400米处（11305轨道顺槽水闸墙不再出水，具备水闸墙开启条件）；2月1—3日，11305轨道顺槽水闸墙开启；2月4—9日，11305轨道顺槽加固巷道至推进度约680米处（水面）。轨道顺槽安装水泵、敷设电缆形成排水系统，具备排水条件；2月10日—3月5日，11305两顺槽同时排水，加固巷道；3月6—30日，11305轨道顺槽排水，加固巷道。2009年2月1日，为加快本矿开拓工程进度，尽快形成二采区生产系统，确保矿井正常接续。经研究决定，在二采区下山开展掘进会战活动：2月1日—3月24日，二采轨道下山三号联络巷以上段实现贯通；3月25日—6月10日，先后完成二采胶带下山、二采4号联络巷、二采轨道下山贯通（初喷），形成正常通风系统；5月25日—7月24日，完成-900米矸石仓联络巷、矸石仓，形成-900米水平运输系统，具备施工-900米水平水仓、泵房的条件。

2009年2月15日，为加快矿采掘接续进度，尽快形成11306工作面生产系统，确保矿井正常接续。经研究决定，在11306工作面开展掘进会战活动，确保实现：2月15—26日夜班，11306工作面切眼实现贯通；2月27日早班—3月9日夜班，劈切眼、撤皮带、溜子、拆除轨道，具备退掘进机条件；3月10日早班—3月15日夜班，退掘进机、切眼、轨道顺槽铺道及卡轨车安装完成，具备工作面安装条件。

2009年4月15日，为加快11305工作面恢复生产，确保5月1日工作面恢复正常工作。经矿研究决定，采取以下会战措施：4月10—20日，工作面高起和维修液压支架，支架维修到完好标准，采高不低于2.1米，将煤机窝施工完毕；11305皮带顺槽皮带底起底，整风水管、吊挂电缆；4月21—25日，将采煤机顶到下端头，更换采煤机；4月20—28日，11305轨道顺槽、一采胶带下山整改风水管、吊挂电缆；4月26—27日，敷设电缆、安装电缆夹；4月26—30日，安装串车；4月30日，工作面联合试运转，工作面采煤机正常割煤试生产；5月1日，矿组织工作面生产验收（包括采区皮带、顺槽皮带及转载机、工作面三机的质量及文明施工），工作面质量及文明施工达标；5月10日，工作面达产（达到每天8刀标准）。

2009年8月25日，为加快我矿开拓工程进度，尽快形成二采区生产系统，确保矿井正常接续。经研究决定，在二采区-900米水平开展掘进会战活动：9月7日完成-900米水平矸石仓，具备安装翻矸机及给煤机条件；2009年12月25日完成-900米水平内环水仓；12月30日，完成-900米水平外环水仓、-900米水平变电所、泵房，具备安装条件。

2009年9月2日，为加快12302两顺槽施工进度，确保工作面正常接续。经研究决定，在12302两顺槽开展掘进会战活动：12302皮带顺槽：工程量512米，其中岩巷20米。9月3—7日，施工12302皮带顺槽岩巷20米；9月8—11日，施工12302皮带顺槽煤巷30米；9月12—16日，12302皮带顺槽拐弯20米；9月17日—11月11日，施工12302上面皮带顺槽442米。12302轨道顺槽：工程量516米，其中岩巷50米。9月7—18日，施工12302上面轨道顺槽岩巷50米；9月19日—11月15日，施工12302上面轨道顺槽466米。12302上面切眼：工程量150米，11月25日前切眼贯通。11月26日—12月9日，12302上面切眼劈帮，回撤掘进机，12302轨道顺槽辅道及安装卡轨车完成，12月10日，具备安装条件。

2009年10月7日，为加快三采区开拓工程进度，确保矿井采区正常接续，力争在安全管理、工程质量、工程进度等方面再上一个新台阶。经研究决定，在三采区开展开拓工程会战活动：按单个迎头考核，下山炮掘每月进尺完成50米，平巷每月完成55米；机掘巷道每月完成100米（断面16～21平方米，躲避硐及其他断面巷道按17平方米进行折算；因回撤安装时间影响，每月排定作业计划时扣除后考核）。

2010年1月1日，为加快矿采掘接续进度，尽快形成12304工作面生产系统，确保矿井正常接续。经研究决定，在12304工作面开展掘进会战活动。会战目标：1月1日—4月10日，工作面具备安装条件。

2010年5月13日，为加快矿开拓工程进度，尽快形成三采区生产系统，确保矿井正常接续。经研究决定，在三采区开展掘进会战活动。会战措施：炮掘月直巷进尺45米、机掘月直巷进尺100米（砂岩硬度坚固性系数大于6需放松动炮，占巷道断面1/3月进80米，占巷道断面2/3月进70米，月底按实际进尺折算）。确保12月31日，三采轨道下山掘至-960水平，三采胶带下山变平，三采轨道第四联络巷上部实现贯通，形成上部通风系统。

2010年8月30日，为加快行人下山巷修工程进度，尽快形成架空乘人装置系统，解决本矿斜巷行人问题。经研究决定，开展行人下山巷修、架空乘人装置安装会战活动。会战目标：8月25日—10月20日，具备猴车安装条件。

2011年8月11日，为加快矿重点开拓工程进度，确保完成下半年重点开拓工程计划和全年开拓进尺任务。力争在安全管理、工程质量、工程进度等方面再上一个新台阶。经研究决定，在-900轨道大巷、-650轨道巷、-650胶带巷开展重点开拓工程会战活动。主要措施：按迎头考核，重点开拓工程完成下半年（从开始时间到12月24日）重点开拓工程计划。其中-900轨道大巷会战任务为350米，-650轨道巷和-650胶带巷会战任务各360米。

2012年5月31日，为加快矿七采轨道下山开拓工程进度，确保完成全年开拓进尺任务和矿井长远接续。力争在安全管理、工程质量、工程进度等方面再上一个新台阶。经研究决定，在七采轨道下山开展重点开拓工程会战活动。主要措施：按月度计划考核，七采轨道下山会战任务为第一月60米、第二月70米、第三月75米、第四月80米，确保四个月后达到月进80米以上。

2012年8月9日，为加快矿采掘接续进度，确保11309工作面掘进安全顺利施工，尽快形成11309工作面生产系统，确保矿井正常接续。对11309工作面掘进作如下管理规定，具体目标：8月10日—9月

30日，工作面具备安装条件。

2013年3月24日，为加快矿采掘接续进度，确保11308工作面掘进安全顺利施工，尽快形成11308工作面生产系统，确保矿井正常接续。对11308工作面掘进作如下管理规定，具体事项如下：3月25日—7月4日，工作面具备安装条件。

2013年5月2日，为加快矿采掘接续进度，确保12310工作面掘进安全顺利施工，尽快形成12310工作面生产系统，确保矿井正常接续。对12310工作面掘进作如下管理规定，具体如下：5月3日—8月8日，工作面具备安装条件。

2013年8月25日—10月10日，为贯彻集团公司关于单元检查表、安全提示卡现场实操的有关要求，进一步规范职工操作行为，提高各岗位工种的安全操作技能，在全矿开展各岗位工种安全提示卡实操比武活动，生产工区每个工种选拔3名、辅助工区每个工种选拔2名参加比赛，比武评选出一等奖1名、二等奖3名、三等奖6名、鼓励奖7名，每人分别奖励1000元、800元、500元、200元。

2014年9月15日，为提高广大职工的业务技能和整体素质，培养造就一批高素质人才队伍，全矿组织开展技术比武竞赛活动，全矿3个专业12个工种参加比武活动，比武评选出一等奖17人、二等奖32人、三等奖58人，每人分别奖励800元、500元、300元。

2014年11月25日，为加快矿七采专用回风巷掘进工程施工进度，确保矿井采区正常接续，解决27302回采工作面高温湿热对生产的影响，为职工创造良好的工作环境。经矿研究决定，开展七采专用回风巷掘进会战活动：2014年11月25日—2015年6月24日，结束回风巷施工具备通风条件。

2015年10月5日，为提高广大职工的业务技能和整体素质，培养造就一批高素质人才队伍，全矿组织开展技术比武竞赛活动，全矿3个专业11工种参加比武活动，比武评选出一等奖14人、二等奖48人、三等奖91人，每人分别奖励800元、500元、300元。

2016年5月17日，为全面贯彻落实集团公司"安全科学经济开采"活动精神及"提速、提质、提效"相关要求，经研究决定，全矿采掘工作面开展"提速、提质、提效"活动。

2016年8月6日，为不断提高调动职工的学习能力、创新能力、竞争能力和创造能力，努力造就一批技术精湛、作风过硬的技能人才队伍，全矿组织开展技术比武竞赛活动，5个专业14个工种参加比武活动，比武评选出一等奖14人、二等奖47人、三等奖89人，每人分别奖励800元、500元、300元。

2017年9月30日，为调动广大职工学知识提技能的积极性，进一步提高全矿职工队伍的岗位业务水平和综合素质，营造矿区"学业务、练绝活、当能手"的浓厚氛围，经研究决定，组织开展全矿职工技术比武竞赛活动，比武评选出一等奖14人、二等奖48人、三等奖74人，每人分别奖励800元、500元、300元。

2018年10月22日，为激发职工练本领、提技能的信心和决心，不断提高职工的职业技能、岗位素质，打造一批技能过硬、敢打硬仗的专业技术人才，经研究决定，组织开展了全矿职工技术比武竞赛活动，比武评选出一等奖17人、二等奖51人、三等奖94人，每人分别奖励800元、500元、300元。

第五节　班组建设

2007年3月，下发《关于定期召开班组长例会的通知》（临矿王筹便字〔2007〕23号），自2007年二季度开始，每月月底由生产矿长主持召开1次班组长例会。5月，矿下发《关于优秀区队长、班组长评选表彰制度的通知》及《关于班组长选聘制度的通知》，进一步规范班组长的管理。

2007年10月7日，矿下发《关于聘任宋青合等为采掘班组长的通知》，把班组长纳入矿管理人员进行管理，按月发放班组长津贴。2008年1月，为进一步加强区队、班组安全管理，严格落实各项管理制度，规范工程工作质量标准，对部分班组长进行补充调整。

2009年1月，制定"五星职工""五星班组"考核评选标准，并将班组建设目标管理、班组自主经营管理、班组长培训、末位淘汰制、绩效考核、激励引导等机制运用到班组建设中。

2010年1月，下发《关于实行班组长津贴的通知》(王煤字〔2010〕33号)，同时下发《关于聘任苗得刚等为班组长的通知》，开始对全矿行文聘用的采掘、辅助、地面班组长实行津贴制。同时规定班组长调整必须报生产矿长批准，报党群工作部备档，不准随意调整。8月，依据山东省煤炭工业局《关于进一步加强全省煤矿班组建设的意见》要求，矿下发《关于印发王楼煤矿"五星"班组和"五星"职工竞赛实施方案(试行)的通知》，对原竞赛内容调整充实。考核小组对采掘工区活动情况进行考核，并按规定兑现，全年发放奖金45.13万元。

2011年2月27日，开展"金牌班组""金牌职工"评选活动，发放奖金248.3万元。继续开展"五星班组""五星职工"活动，严格考核，进行奖励，发放奖金49.65万元。3月，采煤一工区率先实施班组长民主公开竞聘，采取差额选举的办法，由工区确定竞聘人选，通过竞聘演讲由职工采用无记名投票的形式，对班组长进行评选。

2012年，班组建设工作的重点以打造高效、创新、和谐班组为目标，进一步推动班组建设制度化、规范化、科学化和民主化，并对活动的考核办法进行完善补充，班组管理和建设更趋规范。10月，集团公司在矿召开工会群监、班组表彰大会，采一工区刘洪峰受到表彰，并作典型发言。继续组织开展"五星班组""五星职工"活动，严格考核，进行奖励，五星班组、五星职工发放奖金48.97万元。"金牌班组""金牌职工"，发放奖金130.1万元。

2013年，累计评选采掘工区"五星班组"132个，奖励39.6万元，累计评选采掘工区"五星职工"612人次，奖励6.1万余元。

2014年2月，为规范采掘工区"五星班组""五星职工"评选及考核标准，经考核小组评定，下发"五星班组""五星职工"考核补充规定，并对采掘"五星班组""五星职工"竞赛考核细则进行修订。10月，矿成立班组长竞聘上岗工作领导小组，下发《关于王楼煤矿班组长竞聘上岗的实施方案》，对各工区(厂)班组长实行竞聘上岗，并建立班组长档案，实行规范化管理。全年累计评选采掘工区"五星"班组126个，奖励37.8万元，累计评选采掘工区"五星"职工587人次，奖励5.9万余元。累计发放班组长津贴2765人次，发放补助76万元。

2015年，结合矿井安全质量考核变动，为进一步加强规范采掘工区"五星班组""五星职工"评选及考核活动，对竞赛活动考核细则进行重新修订。下发《关于下发王楼煤矿"五星班组""五星职工"实施方案补充规定的通知》。全年累计评选采掘工区"五星班组"120个，奖励36万元；累计评选采掘工区"五星职工"564人次，奖励5.6万余元；累计发放班组长津贴2544人次，发放补助69.6万元。

2016年，全年累计评选采掘工区"五星班组"108个，奖励32.4万元；累计评选采掘工区"五星职工"564人次，奖励5.6万余元；累计发放班组长津贴2640人次，发放补助73万元。

2017年，累计发放班组长津贴2389人次，发放补助72万余元。

2018年，为进一步完善班组长津贴机制，制定下发《班组长津贴考核补充规定》。考核累计发放班组长津贴2459人次，发放补助73万余元。

第六节　女工工作

一、机构与职责

女职工委员会是矿工会下属机构，会同矿有关部门负责全矿女职工工作。主要职责是：维护女职工的合法权益及特殊利益。协管群众安全和计划生育工作，开展女工家属协管安全活动，引导女职工树立正确的婚姻观、生育观。

二、女工活动

2006年，筹建处先后从各业务科室选派6名优秀女工外出培训学习，提高业务知识。维护女职工利益，针对女职洗澡难的问题，在条件有限的情况下，设定每周一、三、五为女职工洗澡时间，解决女职工洗澡难的问题。在全国安全生产月活动期间，对4名"三违"职工进行"亲情帮教"，制作安全宣传标语10幅。

2007年8月，签订了《王楼煤矿女职工特殊权益保护专项集体协议》。11月，安全宣传教育月，在井口开展"珍爱生命，勿忘安全，一人平安，全家幸福"职工签名活动和安全知识有奖竞答活动。

图8-5-2　王楼煤矿开展三八妇女节文体活动。（2017年摄）

2008年，"三八"妇女节期间，组织女职工喜欢参与的拔河、跳绳、绑腿等丰富多彩的文体活动，女职工及家属50多人次参加活动。6月，组织女职工参加矿组织的安全知识竞赛，其中1人取得第一名，2人第三名。组织部分女职工进行嗒嗒球培训，并把此作为一项长期娱乐项目。

2009年，开展"女职工建功立业标兵"和"女职工建功立业示范岗"活动。组织女职工参加矿工会组织的岗位练兵、技术比武等建功立业各类活动9场，参与技术革新3项，提合理化建议12条。通过各种形式的培训学习，3人通过自学获得大专学历，2名女职工考取职业资格证书，有22名女职工通过培训，获得上岗证，15人技术等级上了一个台阶。三八节期间，组织女职工参加集团公司举办的女职工才艺作品展，机电工区职工魏绪兰的《蜡梅》荣获二等奖。

2010年，三八节期间，矿对2009年度评出的10名"建功立业标兵"、5户"文明和谐职工家庭"、5名"优秀协管员"进行表彰奖励；7月，完善《女工家属协管安全工作条例》《协管员学习培训制度》和《"三违"帮教制度》。

2011年，组织发动广大女职工及家属在做好"三劝""四嘱咐""两把关"协管安全的基础上，重点强化关键人物、重大节日的协管工作，写安全信1800封，送安全贺卡1600份，到区队井口安全演出11场次，受教育人数达2400人次。

2012年，开展女性法律法规及健康知识宣传教育活动，通过黑板报、矿报、宣传栏、OA、一体机等形式对《女职工劳动保护特别规定》《妇女权益保障法》进行广泛宣传。在全矿所有女职工和中层以上领导中发放集团公司统一编印的《女职工劳动保护特别规定》，组织全体女职工学习，并进行知识答卷活动；选煤厂女职工尹雯雯《"1+1"单元式库存管理方法》，被授予集团公司青工创新命名奖；3月，下发《关于建立"家属协管安全基金账户"的通知》（王煤会字〔2012〕10号），共发放基金奖励529900元，700余人受到奖励；三八节期间，为8户矿级以上劳模家属健康查体并组织她们去江西旅游。10月，组织女工家属协管员到矿职工租住的小区举办"安全亲情座谈会"，张贴安全警示漫画，观看安全教育宣传片，现场设立家属协管安全基金账户咨询桌。

2013年1月，印发关于开展"亲情保安全　携手克时艰"安全系列活动通知，在当前困难形势下让职工家属们参与到协管安全活动中来。3月，印发"家属协管安全基金账户"管理办法的通知，对家属协管安全基金考核条件进行充实；3月7日，组织女职工及部分先模人物家属去济宁妇幼保健进行健康查体，3月11日，组织先模人物家属去江西疗养。5月，下发关于开展职工孝老爱亲调查问卷活动的通知，针对职工关爱父母、孝敬父母、感恩父母情况，在全矿范围内开展问卷调查。

2014年3月，省煤矿工会副主席孙崇霞带领川煤集团工会女工家属协管工作考察团，来王楼煤矿交流工会女工家属协管安全工作；7月10日，女工委到东山小区做安全宣传；10月，矿工会主席带领工会部分工作人员专门赴上海学习妈咪小屋先进建设经验；12月，矿女工委组织机关女职工开展职工收旧利废降本增效活动；12月24日，下发《关于启用温馨家园的通知》。

2015年3月6日，矿女职工委员会主任刘晓茹及选煤厂女职工郑丽颖参加山东能源集团组织的庆祝"三八"妇女节暨女职工工作经验交流会，郑丽颖获得"巾帼建功标兵"荣誉称号，并作为女职工代表在会上作了典型发言；6月，我矿女职工在集团公司"书香四季　智慧女性"读书征文活动中获得5个第一名；7月，省煤矿工会就女职工在家庭建设中发挥作用情况及爱心妈妈小屋建设工作情况来矿调研；

2016年1月21日上午，矿工会女工委组织女职工到东山社区打扫卫生，为广大职工及家属喜迎新年提供一个清洁卫生的环境；3月8日，组织王楼井、军城井女职工共212人去济宁妇幼保健健康查体；6月，矿女工委开展生育保障制度调查问卷活动；7月15日，矿女工委开展"温馨家园　幸福妈妈"孕期保健讲座活动。

2017年3月8日，组织全矿女职工去济宁妇幼保健健康查体；3月27日，组织开展《特别规定》等法律法规学习宣传活动；5月30日，组织女工家属开展端午节慰问活动；8月24日，组织部分职工代表在矿区温馨家园召开座谈会；8月25日，在综掘工区开展安全知识有奖竞答活动。9月，刘晓茹在中国劳动关系学院组织的工会女工干部培训班上代表临矿集团作了女工工作典型发言。

2018年2月3—9日，开展"送安全、送祝福、送春联、十九大精神进家庭"活动；3月2日，开展庆元宵、猜灯谜、送祝福活动；3月5日，开展女职工关爱行动座谈会；3月8日，组织全矿女职工开展趣味游戏，并去济宁妇幼保健健康查体；3月19日，组织全矿女职工开展重温《特别规定》法律法规学习宣传活动。

三、计划生育

2006年，矿对48名女职工进行登记建档，同时制定各项政策措施，完善计划生育服务管理。开展

"关爱女孩"活动，认真落实"民心工程"，深入班组一线，了解女职工需求，维护女职工特殊利益，顺利完成人口和计划生育工作各项目标任务。

2007年3月，和喻屯镇计生办签订《2007年计划生育目标管理责任书》，确保各项工作落实到位。矿工会与镇、区政府计生部门协调，把本矿已婚育龄妇女的计生档案从各个地区计生部门接转过来，纳入喻屯镇计生办统一管理。对育龄妇女实行建档管理，严格执行以检查环、孕为重点的孕情检查制度。全年共有30人参加环、孕情检查。定期组织女职工查体，对查出有妇科疾病人员及时治疗。本年度内新婚12人，均在23周岁以上，晚婚率达100%；新生婴儿10人，均为计划内生育，计划生育率达到100%。

2008年，矿制定《计划生育宣传工作制度》《计划生育档案管理制度》《已婚育龄妇女计划生育管理制度》等各项管理制度。本年度内新婚19人，均在23周岁以上，晚婚率达100%；新生婴儿15人，均为计划内生育，计划生育率达到100%。

2009年，组织学习、宣传、贯彻《人口与计划生育法》《山东省人口与计划生育条例》《山东省流动人口计划生育管理办法》。6月，组织全矿育龄妇女计划生育查体。本年度内新婚28人，均在23周岁以上，晚婚率达100%；新生婴儿13人，均为计划内生育，计划生育率达到100%。

2010年，利用标语、宣传栏、黑板报等形式大力宣传党的计划生育政策。"三八"节期间开展"晚婚晚育，从我做起"的宣传咨询，对职工们提出的问题作一一详答。悬挂横幅，展出宣传挂图6幅，发放宣传资料400余份，接受咨询70人（次），张贴中共中央、国务院《关于全面加强人口与计划生育工作统筹解决人口问题的决定》10余份。本年度内新婚22人，均在23周岁以上，晚婚率达100%；新生婴儿31人，均为计划内生育，计划生育率达到100%。

2011年，开展计划生育宣传活动，倡导优生优育。为已婚育龄妇女健康和透环查体62人，育龄妇女查体率、晚婚晚育率、避孕节育措施落实率、育龄妇女建档率、已婚育龄妇女节育措施落实率、育龄职工建档率、独生子女报名领证率、均达到100%。本年度内新婚32人，均在23周岁以上，晚婚率达100%；新生婴儿25人，均为计划内生育，计划生育率达到100%。

2012年，按照计划生育管理规范要求，对2012年新入矿育龄妇女和流动人口全部进行登记、摸底，做到卡、册、账、表、记录齐全规范，建立健全信息网络和报表卡册。对流动人口实行与单位职工同宣传、同服务、同管理。本年度内新婚41人，均在23周岁以上，晚婚率达100%；新生婴儿30人，均为计划内生育，计划生育率达到100%。

2013年，对82名已婚育龄妇女进行免费生殖健康查体，查出有各种疾病的4人，并为其制定治疗计划。为4名女职工孕情监测服务。本年度内新婚52人，均在23周岁以上，晚婚率达100%；新生婴儿42人，均为计划内生育，计划生育率达到100%。

2014年12月，拨付专款，在职工宿舍楼一楼专门设立一个为备孕期、孕期、哺乳期女职工使用的"妈咪小屋"，为她们提供一个私密、卫生、舒适的母爱空间。已婚育龄妇女节育率、建档率、统计上报率均达到100%。本年度内新婚48人，均在23周岁以上，晚婚率达100%；新生婴儿50人，均为计划内生育，计划生育率达到100%。

2015年，矿计生办征订《中国人口报》《中国妇女报》《人口与计划生育》等报纸杂志，分发给各车间工会。通过这些宣传形式，加大优生优育宣传力度，提高职工实行优生优育生育思想认识。本年度内新婚67人，均在23周岁以上，晚婚率达100%；新生婴儿43人，均为计划内生育，计划生育率达到100%。

2016年1月22日，山东省第十二届人民代表大会常务委员会第十八次会议《关于修改<山东省人口与计划生育条例>的决定》第三次修订后，本矿第一时间执行新的计划生育政策。同时通过广播宣传、发放宣传资料等活动，宣传全面二孩政策，下发计划生育宣传册，张贴计划生育告知书。利用周二学习日、7·11世界人口日，进行宣传活动，发放宣传资料100余册本。本年度内新婚28人；新生婴儿84人，均为计划内生育。

2017年7月21日，本矿工会女工委在矿安培教室开展优生优育知识讲座。本年度内新婚33人；新生婴儿103人，均为计划内生育。

2018年，组织已婚育龄职工学习计生法律、法规，开展"关爱女孩"活动，树立文明的婚育观念。深入基层了解女职工计生情况，全面掌握哺乳期女职工的哺乳时间，并根据她们诉求，与各单位领导及时沟通，进行适当调整。本年度内新婚22人，均在23周岁以上，晚婚率达100；新生婴儿97人，均为计划内生育，计划生育率达到100%。

第七节　职工关怀

一、困难帮扶

2008年12月，矿下发《关于建立困难职工帮扶中心的通知》（王煤字〔2008〕162号）。帮扶中心本着"面向职工、救急济困、快捷服务"的原则，按照帮扶意见要求，开展帮扶救助工作。帮扶中心资金主要从三个方面筹集，矿每年一次性拨付困难职工帮扶中心2万元，矿工会每年一次性投入困难职工帮扶中心1.5万元。

2018年5月，矿建立大病、大灾、大难长效帮扶基金账户，以应对矿在册职工（直系亲属）由于突发疾病、突遇灾害灾难造成大额医疗费用、家庭生活困难、子女无法正常上大学的情况。长效帮扶基金账户初始金额50万元，行政出资25万元，工会出资25万元。

表8-5-4　2008—2018年王楼煤矿困难帮扶一览表

年度	金秋助学（户）	大病救助（户）	季度救助（户）	两节救助（户）
2008	6	—	—	18
2009	9	—	—	25
2010	6	—	—	26
2011	10	—	—	28
2012	4	—	—	26
2013	13	—	—	37
2014	8	—	—	49
2015	15	—	6	67
2016	18	—	8	77
2017	16	—	5	42
2018	9	4	2	48

二、职工援助服务中心

2018年10月，职工援助服务中心成立，中心坚持"以人为本、关爱心灵、倾听心声"的工作核心理念。按照"业务精通、优质高效、真诚热情、传递温暖"的要求，以"十室"（情绪宣泄室、服务咨询室、身心放松室、情感测试室、感统体验室、图书室、云上咨询室、棋牌室、阅览室、书画室）为服务阵地，积极拓展服务范围。努力构建"一支队伍、一个平台、一套机制、一种氛围、一个理念"五位一体的服务体系，以服务职工为重点，以维护职工身心健康为己任，积极拓展服务范围，提高职工幸福指数，促进企业和谐稳定发展。

职工援助服务中心秉持"注重人文关怀、打造和谐矿区"的理念。关心职工、爱护职工、尊重职工。帮助职工解除思想困惑、疏导情绪，缓解其工作和生活压力、促进其心理健康和心理平衡，把人文关怀渗透到矿井的生产经营中，来保证矿井各项目标任务的顺利完成。通过职工援助服务，充分营造温馨健康的家庭氛围，使职工感受到企业的温暖和关怀，潜移默化地提升职工个人的心理素质和道德修养，最大限度地发挥其潜力，增强企业的感召力和凝聚力，为打造幸福王楼，构建和谐矿区的美好愿景奠定坚实的基础。

第八节　职工疗养

职工疗养由矿工会负责实施，分荣誉疗养和健康疗养两种形式，疗养人员分批次安排。坚持严格管理、综合平衡、统一组织、统一行动、先模优先、侧重基层、倾斜一线的原则；参加疗养的人员实行实名制，全部人员疗养须经矿领导批准。2011—2018年，全矿外出疗养职工共132期，709人。

表8-5-5　2011—2018年疗养情况一览表

年度	荣誉疗养7天（人）																健康疗养（人）7天							红色旅游（人）7天	
	海南	云南	婺源	云南	台湾	西双版纳	厦门	呼伦贝尔	北京	成都	贵州	桂林	庐山	广州	张家届	北戴河	汤头	泰安	胶南	临沂	龙口	内蒙古	青岛	西柏坡	井冈山
2011	18	33	7	43	21	31	5	39	–	–	–	–	–	–	–	–	32	8	–	–	–	–	–	34	32
2012	4	–	–	–	–	–	3	5	6	2	18	8	36	8	–	4	7	–	–	–	–	–			
2013	8	–	18	–	–	–	3	–	3	–	–	–	–	–	16	–	–	–	–	–					
2014	–	–	–	–	–	–	–	–	–	–	–	–	–	–	13	–	–	–	–	–					
2015	–	–	–	–	–	–	–	–	–	–	–	–	–	–	15	–	–	–	–	–					
2016	–	–	–	–	–	–	–	–	–	–	–	–	–	–	3	18	2	–	–	–					
2017	–	–	–	–	–	–	–	–	–	–	–	–	–	15	9	15	3	–	–	–					
2018	19	–	–	–	–	–	–	10	–	–	–	–	–	–	–	26	–	33	32	44					

第九节　文体工作

2007年4月30日，举办庆"五一"文艺晚会。7月26日，组织开展王楼煤矿合唱比赛。8月5日，矿合唱团参加集团公司合唱比赛。9月3日，举行军训阅兵仪式。9月28日，举办西部矿区联欢晚会。9月30日，开展羽毛球、象棋比赛等庆国庆系列活动。

2008年5月1日，举办王楼煤矿庆"五一"文艺晚会。9月22日，建立王楼煤矿职工电子阅览室，设有计算机20台，并制定王楼煤矿电子阅览室管理制度。10月11日，开展首届王楼煤矿卡拉OK比赛。10月15日，开展王楼煤矿职工乒乓球比赛。

2009年8月1日，举办"盛世梦想，平安临矿"庆集团公司成立三周年汇报演出。8月14日，集团公司演出团来矿举办庆集团公司成立三周年巡回慰问演出。9月30日，开展庆国庆文艺演出。

图8-5-3　2007年9月3日，王楼煤矿举办军训阅兵仪式。

图8-5-4　临矿集团巡回慰问演出王楼煤矿现场。（2009年摄）

2010年3月8日、6月30日，举办建党79周年暨建矿3周年文艺演出。8月2日，扩建王楼煤矿电子阅览室，由原来的20台计算机扩充为50台，投入使用刷卡机。8月3日，成立王楼煤矿篮球队。9月1日，参加临矿集团篮球比赛。9月29日，开展庆国庆合唱比赛。

2011年5月17日，举办王楼煤矿企业文化建设演讲比赛。6月3日，与喻屯镇政府联合举办红歌大家唱文艺汇演。6月29日，王楼煤矿合唱团应邀参与演出市中区组织部、市中区委宣传部联合举办的庆祝建党90周年文艺汇演。7月1日，协办山东煤炭系统职工"庆祝中国共产党成立90周年"文艺汇演。7月26日，王楼煤矿合唱团参加集团公司庆祝建党90周年红歌比赛，获得第一名。9月11日，举办"运河之恋"青年联谊会。9月30日，开展井口话安全文艺演出。12月1日，建立王楼煤矿威风锣鼓队，成员52人，有8个大鼓、40个腰鼓、2个大镲、2个小镲。

2012年1月12日，在井口举办"迎新春送温馨，话安全"慰问演出。4月20日，参加集团公司青年歌手比赛，获团体第一名。6月10日，成功协办第二届山东煤矿艺术节文艺汇演临矿专场演出。8月28日，成功举办山东煤矿艺术节"山东能源临矿集团王楼煤矿杯"纪实电视专题片展评。王楼矿2部作品获金奖、1部获银奖。9月6日，成立王楼煤矿职工文体活动中心。10月2日，举办摄影展、象棋比赛等"迎中秋、度国庆"系列活动。11月，组织开展山能集团之歌《超越》学唱活动。

图8-5-5　2012年6月10日，第二届山东煤矿艺术节在王楼
煤矿举办。

图8-5-6　2015年4月13日，临矿集团庆五一职工演讲
比赛在王楼煤矿举办。

　　2013年1月18日，矿制作2000余份展现矿区文化风貌的宣传挂历作为新年礼物发放给职工。1月27日，发放春联将新春祝福送到职工手中。2月24日，矿组织开展"送温馨 话安全"到井口、进区队活动，为坚守在岗位的职工送上一碗碗香甜可口的汤圆。3月5日，矿组织开展"弘扬雷锋精神、共建青春王楼"志愿服务活动。3月7日，"庆三八"系列趣味活动在矿篮球场拉开帷幕。3月25日，"王楼煤矿送文化富脑"在矿食堂开展，志愿者免费将名人名言传记、励志经典著作、历史杂志类书籍200余册送至职工手中。4月21日，市中区举办"王楼杯"五四青年运动会，矿15名队员参加。5月28日，矿威风锣鼓队赴济宁市中区安居镇参加"五进"活动文艺演出。6月1日，矿艺术团赴济宁秀水城文化广场参加由济宁市安委会及济宁市安监局主办的济宁市安全生产文艺巡回演出。7月24日，在王楼煤矿原合唱团的基础上吸收各兄弟单位的文艺骨干及古城煤矿舞蹈队，组成160人的合唱团，参加山东能源集团企业之歌合唱比赛，取得银奖。9月24日，矿艺术团献艺"邻居节"启动仪式暨双百文化惠民演出——传唱《四德歌》。11月2—3日举办"沂蒙情、运河缘"第四届青年联谊会。

　　2014年1月1日，矿联合军城煤矿举办2014年元旦晚会。1月26日，发放春联将新春祝福送到职工手中。3月8日，矿组织开展"庆三八"趣味活动。4月9日，矿举办春季职工篮球联赛。4月18日，集团公司"庆五一国际劳动节"职工歌手大赛在矿举行。4月19日，集团公司第三届职工乒乓球比赛在矿举办。9月24日，矿开展"迎十一·庆国庆"系列文体活动。10月20日，济宁市女职工艺术团"送文化·下基层"到矿慰问演出。

　　2015年1月1日，矿举办"坚定信心、共克时艰、再创辉煌"主题元旦文艺晚会。3月8日，矿组织开展丰富多彩的庆"三八"系列活动。4月13—16日，集团公司"庆五一"系列文体活动（演讲比赛、文艺展演、乒乓球比赛）在矿举行。5月1日，矿举办"庆五一·迎五四"系列文体活动。10月1日，矿开展"庆中秋、迎国庆"系列文体活动。12月8日，矿举办"安全·担当"演讲比赛。12月15日，矿安全宣讲小组下区队进行宣讲。

　　2016年1月1日，矿举办庆元旦文艺晚会。1月23日—24日，集团公司艺术团到矿新年慰问演出。3月8日，矿举办趣味活动庆祝"三八"妇女节。4月11日，集团公司"庆五一"系列文体活动在矿举办。5月4日，矿举办"庆五一·迎五四"拔河比赛。5月6日，集团公司合唱团参加山东省总工会组织的"中国梦·劳动美——颂歌献给党"合唱比赛在矿集中排练。

图8-5-7　2017年9月12日，王楼煤矿举办跳绳比赛。

图8-5-8　2018年10月26日，王楼煤矿"青春王楼·活力矿区"职工篮球联赛。

　　2017年1月1日，矿联合喻屯镇政府举办"生态喻屯　青春王楼"庆元旦文艺晚会。3月8日，矿开展趣味活动庆祝"三八"妇女节。5月1日，举办"庆五一·迎五四"系列文体活动。同月，承办集团公司"庆五一·迎五四"系列文体活动乒乓球比赛、棋牌比赛及第三届职工文艺展演。6月5日，选拔优秀选手参加全省第七届职工运动会跳绳比赛。7月22日，参加集团公司"第三届书画、摄影大赛"。9月12日，承办集团公司"喜迎十九大"系列文体活动跳绳比赛及才艺大赛。10月11日，选拔优秀选手参加全省煤炭系统职工羽毛球赛。

　　2018年1月1日，矿举办"永远跟党走庆元旦迎新春歌咏会"。3月6日，举办"我的春节故事"摄影展活动。4月23日，矿承办集团公司五一文体系列活动拔河比赛、第四届职工文艺展演。6月18日，举办"青春王楼·活力矿区"春季职工篮球联赛。7月1日，举办庆祝建党97周年"永远跟党走　创新赢未来"文艺演出。9月20日，矿承办集团公司"改革开放40年、凝心聚力谋发展"系列文体活动跳绳比赛及歌手、曲艺比赛，选拔优秀选手参加羽毛球比赛及书法摄影展。10月26日，矿举办秋季职工篮球联赛。

第十节　先模评选

一、先进评选

（一）评选条件

2007—2018年，王楼煤矿劳动模范评选的基本条件，随着形式的变化，在不断地修订与完善。

　　劳模评选条件：能够认真学习党的路线方针政策，努力实践"三个代表"重要思想，道德品质好，模范遵守党纪国法；有较强的事业心、责任感和敬业精神，工作扎实；坚持"安全第一"的生产方针，按章作业，敢于制止一切违章行为，实现安全生产；有与时俱进、开拓创新精神，在技术比武、小改小革、节能减排和合理化建议活动中做出突出贡献；模范遵守各项规章制度、劳动纪律和行为规范，未受党纪政纪处分；团结同志，爱岗敬业，廉洁奉公，诚信务实，处处起模范带头作用；无违反计划生育政策的行为。

安全标兵评选条件：能够认真学习党的路线方针政策，努力实践"三个代表"重要思想，道德品质好，模范遵守党纪国法；团结同志，爱岗敬业，廉洁奉公，诚信务实，在安全生产工作中处处起模范带头作用；坚持"安全第一"的生产方针，按章作业，无"三违"现象和轻伤及以上事故，敢于制止一切违章行为，实现安全生产；模范执行矿规矿纪，圆满完成所担负的各项工作任务，未受党纪政纪处分。

先进生产工作者条件：参照劳动模范标准和要求，在本业务系统生产工作中成绩突出，起到带头作用，可评为先进生产工作者。

（二）评选程序

坚持群众路线，充分发扬民主。

推荐评选工作必须坚持公开、公正、公平的原则。推荐评选各类先进集体和劳动模范应从基层单位自下而上产生，首先由所在单位经民主程序提出推荐人选，并在本单位进行公示。经公示无异议后，按照规定时间上报集团公司审核。

坚持面向基层，面向一线。

评选工作要面向基层和生产一线。重点向关键岗位、艰苦地区、外部创业及科技创新一线倾斜。生产一线职工评选比例不低于劳动模范总数的60%，中层及以上领导干部评选比例控制在劳动模范总数的20%以内，女职工应占有一定的比例。2018年度已被评为集团公司劳动模范的，原则上不再重复推荐。

坚持评选标准，严格推荐程序。

评选工作要严格按照评选条件进行，坚持原则，好中选优，不搞照顾，不搞轮流坐庄。推荐的先进单位和劳动模范要具有先进性、典型性和代表性，同时要严格审核把关，分别征求本单位纪委、安全监察、计划生育、财务审计、信访等部门的意见后方可申报。对未按照评选条件和规定程序推荐的单位和个人，经查实后撤销其评选资格，并给予通报批评。

按时报送材料，确保工作进度。

申报先进单位和劳动模范，需分别填写相应申报表格（见附件2、3、4、5）。申报表一式2份，填写完毕经逐级审核盖章后，用A4纸规格打印上报。表格中先进事迹材料不仅要有单位和个人简介，而且内容要翔实，事迹要突出，文字要通顺凝练，字数控制在2000字左右。各单位工会要安排专人将上报资料汇总审核后，于12月23日前报集团公司工会。

二、表彰奖励

2007—2018年，王楼煤矿共召开12次先摸表彰大会，表彰了94个先进集体，30名功勋劳模，362名劳模，473名安全标兵，10名十大杰出青年，10名十大优秀青年，10名十大杰出大学生，10名十大杰出大学生提名奖，40名十大优秀大学生，40名十大优秀大学生提名奖，135名核心优秀价值员工，3632名先进生产工作者。

三、2007—2018年度先进名单

（一）2007年度

1. 先进区队（3个）

采煤一工区　掘进一工区　机电工区

2. 先进科室（4个）

生产科　机电科　财务科　党群工作部

3. 劳动模范（18名）

李长军　李秀军　解直江　李俊春　杜宝文　林相亮　葛现栋　王艾新　邵长许　邱教喜
齐东合　金宝志　刘希强　肖庆华　王传庆　胡加勇　吴兴国　白传森

4. 安全标兵（33名）

李　方　高长海　宋青合　付永光　华　利　英玉国　王守宝　姚　磊　杜庆江　刘召明
董爱明　郑显亮　谢加顺　许开支　陈洪流　阚玉文　邵士杰　刘　伟　秦成忠　李家朋
贾表强　古庆宝　翟纪强　沈孝生　张树其　严全荣　曹明堂　王崇欣　诸葛祥华　孟凡伟
许　可　曾广彬　蔡德富

5. 先进生产工作者（210名）

冯艳华（女）　王　敏（女）　宋留苓　汪洪义　武光荣　石兰廷　滕尚磊　刘晓茹（女）
张宏伟　吴　林　邹洪建　陈　睿（女）　胡乐义　董　涛　马开启　范列永　王庆超
高兴海　李自朋　李加水　孙成磊　胡加强　于建涛　于德明　秦念成　王山峰　杜培国
冷成华　赵宝相　李祥田　王寅林　柳占鹏　苗德强　刘泽明　陈凡亭　张善宝　王朝顺
王爱奎　张从超　孔祥国　李兆永　韩　东　李春红　李　涛　岳　辉　韩衍贞　曹长龙
范立强　李凡峰　周广营　菅长屯　刘　峰　苗德刚　史仍方　侯文柱　王永民　赵秀峰（女）
赵伟国　朱孟田　郝玉强　何兆朋　于天香　徐　强　齐学山　王阳军　宋忠河　丁　金
胥新朋　王　久　徐言海　石家禄　张　庆　于纪仪　史功喜　左新香（女）　于　洁（女）
李　宁　郑加友　李祥国　梁伟伟　李加文　李加军　吴绍峰　林传兵　尹玉泉　高辉峰
周长福　张现印　李传生　陈龙年　齐元洪　张　阳　朱玉君　翟作安　崔效忠　刘文堂
仲志成　张兆录　刘化营　谢传强　乔立忠　付纪森　苏世祥　王艾成　张学沂　吴树林
孙久伟　颜丙利　吴纪强　古庆德　孔德友　李书利　王　磊　李祥宏　石玉杰　刘文民
陈启武　解玉峰　解玉刚　陈佃东　赵士银　杨现胜　王德胜　刘　凯　李成哲　罗吉峰
李常征　王中玉　李因厂　崔士成　杨宗仁　周广海　黄运东　周　勇　姜太伟　姜艳刚
刘国证　邵　强　李　涛　李文亮　周　朋　徐启龙　单成举　王立迎　刘金磊　李玉勇
朱俊明　周华泽　董西永　庄光辉　尹承铭　王新峰　董　凯　孙相义　郝永礼　陈广营
王安田　郑　彬　李广伟　英玉清　王志国　郝敬建　戚庆国　齐　伟　王夫泉　鲁发明
孙发玉　陈景亮　李兆记　魏　华　英玉传　张开启　张广庆　刘爱华　葛振安　李　勇
孙令东　刁永富　刘加田　贾表勇　李常建　刘　兴　郭守伟　赵广龙　杨国武　郭加屯
付正军　郑士华　李因涛　刘洪峰　刘加峰　刘芝胜　李　强　管国清　刘文宝　高纪平
刘运行　王纯词　张兆坤　孙付伟　杨立岭　邢右永　韩万星　刘胜国　刘纯东　孙俊田
杨国玉　刘均同　翟继强　王立会

（二）2008年度

1. 先进区队（3个）

采煤二工区　掘进一工区　准备工区

2. 先进科室（3个）

生产科　机电科　财务科

3. 劳动模范（18名）

刘海青	刘立厂	董勤凯	吴纪强	陈广营	刘召明	董爱明	葛现栋	马伟海	王玉成
邵长许	肖庆华	张爱杰	翟纪强	白传森	尹承铭	董爱江	赵治国		

4. 安全标兵（32名）

刘长城	步允民	陈凡亭	王磊	孔得友	秦夫艳	郑显亮	陈洪流	王安田	付永光
王寅林	韩万星	刘国社	杜宝文	李涛	李兆左	谢家顺	苗德强	王永民	宋忠和
乔立忠	高兴海	钟宇辉	吴绍辉	齐元洪	赵玉军	周钦永	丁学福	侯之建	郭晓
张宏伟	马开启								

5. 先进生产工作者（261名）

李春红	韩衍贞	石道波	史高升	杜井玉	李兆永	李海冰	靳祥栋	秦红祥	刘志华
张假妮	赵士福	惠平	胡建顺	刘涛	菅长屯	李衡	刘学伦	鞠乔	李飞龙
王帅	李祥杰	张帅帅	刘洪峰	张传志	李宝军	曹长龙	王朝顺	于金廷	王鹏
周广营	郑安朋	赵令利	张从超	蔡得富	吴树林	胡保民	张东振	刘文民	王德胜
杨现胜	郭守伟	王崇明	白雪军	孔令龙	袁帅	肖太坡	高苑	孙甲陆	解玉刚
李春生	韩曙光	赵士国	薛奎会	刘俊双	侯祥亭	罗吉峰	张衍方	孟磊	程春光
田星	王学仕	王峰	刘志富	李秀军	杜庆江	周朋	谢荣强	李祥宏	李书利
张延东	徐瑞宁	郝龙廷	周生江	吴恩明	蔡祥东	刘文平	张庆峰	杨绪光	张德才
王玉堂	郭聪	郭加屯	管国涛	张光庆	张钦佩	刘爱华	郭祥社	孙令东	路光凯
刘庆恒	陈真	刘龙	李广伟	付正军	蔡志刚	谢运河	徐从国	郇昌东	刘成功
齐伟	崔守华	英玉清	何永成	马建华	郑彬	韩德国	王纯词	王成启	陈伟
齐军	刘加峰	孔凡国	周广传	王庆军	张路	郑士华	许慎朋	郝永新	孔祥宽
许辉	唐少钦	张少利	丰文刚	王太峰	信宝	乔安	杨修庆	李光伟	张彦虎
刘治富	侯士谐	孙安虎	王夫泉	杨国武	李长征	李文亮	王中玉	周峰	李因厂
黄运东	张汉伟	周勇	马正清	张广友	路广文	杨德军	李德岭	王立迎	单成举
孙涛	王召奎	张跃存	李常建	刘金磊	张树国	张廷江	刘建军	姚颂	孙晋考
英玉国	刘泽明	张秀华	宋德堂	陈常乐	褚富龙	刘明周	张庆	唐顺海	石家禄
李志胜	孔祥国	魏德栋	郑家友	朱孟田	董龙涛	潘月相	张占武	刘凯	陈磊
丁金	王亚楠	王久	于洁（女）	赵秀峰（女）	王震	丁豹善	刘汉顺	张家东	
焦方胜	陈家具	徐强	袁立富	刘丕营	李家文	邵士杰	张红（女）	王娟（女）	
韩东	付继森	刘运财	孙瑞阳	李家朋	张兆录	付永宝	崔效忠	韦玉超	王爱诚
葛震广	罗龙	郭路	毛亮	范列永	裴凯	刘国峰	刘行	刘成山	文德海
李宁	张延亮	李彬	贾表强	刘忠云	刘汉慈	付金阳	李祥田	崔永江	路鹏
白亚林	刘涛	郭圣刚	韩浩	尹玉泉	李加军	朱桂江	周钦福	周彬	高辉峰

周长福　吴绍峰　沈孝生　于德明　邹洪建　孔庆法　王洪义　王永东　焦裕慧　王　敏（女）
李秀芹（女）　郑天飞　董西永　周韶义　庄光辉　顾洪彬　史俊明　魏德东　姜玉红（女）
吴　晓　魏生辉　于海昌　主文涛

（三）2009年度

1. 先进单位（5个）

采一工区　掘一工区　掘二工区　机电工区　选煤厂

2. 先进科室（4个）

生产科　党群部　机电科　安监处

3. 劳动模范（27名）

菅长屯　苗德刚　刘立厂　李　涛　薛奎会　蔡德富　杜庆江　李兆佐　刘兆明　马祥志
李俊春　杨国武　郝玉强　李家文　付继森　韩　东　邵长许　刘泽明　许广才　齐东合
张爱杰　诸葛祥华　葛现栋　王　伟　陈红军　胡加勇　杜明山

4. 安全标兵（39名）

夏洪友　姜兴振　杜井玉　李宝军　陈凡亭　岳　辉　李书利　刘　凯　郭守伟　王德胜
周　鹏　王安田　孙令东　齐　伟　许开支　李　强　郭东亮　郑显亮　路广文　刘金磊
白许堂　高　寅　乔立忠　苏盼龙　刘　峰　邱贵尧　英玉国　陈常乐　牛龙轩　王　浩
冷成华　张现印　高辉峰　王寅林　严全荣　刘迎青　丁长栋　庄光辉　丁学福

5. 十大杰出青年（10名）

刘　涛　胡建顺　付永光　刘　兴　韩万星　张保虚　董龙涛　孙瑞阳　李增辉　赵志国

6. 十大优秀青年（10名）

张假妮　李飞龙　周忠廷　杨玉圳　齐自成　李　涛　苗德强　张　琛　龙禄财　范立斌

7. 先进生产工作者（275名）

高长海　刘庆刚　赵士福　王卫东　刘政军　杜加峰　丁遥遥　张传志　韩衍贞　史高生
靳祥栋　程　鹏　茹茂双　王传荃　张凯凯　刘相江　石道波　白晓明　步斌斌　刘　兵
张从超　惠　平　王朝顺　曹长龙　葛忠林　付　龙　李　衡　马西森　亓彤官　边安凯
刘洪峰　周广营　李兆远　张凡朋　赵令利　鞠　乔　王　鹏　吕　岩　刘保刚　刘学伦
王俊银　李玉勇　张德才　宋均平　周绍法　刘建华　谢荣强　刘化营　唐少营　赵　峰
周焕芹　孙发玉　张庆峰　杨山俭　陈洪彬　李德岭　张胜全　刘　闯　朱开勇　高友富
马正清　姜艳刚　郑　彬　杨国振　刘传运　张光庆　闫新伟　郭家屯　丁继春　徐从国
孔东旭　刘庆恒　陈　真　李兆勇　付正方　孙敬行　孔祥宽　陈　伟　刘加全　信　宝
张　彬　张兆水　严庆存　李兆信　孔凡国　刘金才　徐　宁　屈相山　刘义胜　杨修庆
刘加峰　郝永新　孙付伟　翟继强　徐　辉　唐少钦　刘　军　孙　涛　李长征　周　勇
孙兆玉　管国涛　张开启　周广海　邵　强　李因厂　胡顺喜　周　峰　张跃存　张广友
李凡同　梅腾腾　时广超　陆华恩　郝宝文　马西涛　任应心　刘文平　古庆德　陈兴军
刘文民　石玉杰　李祥宏　陈启武　赵玉朋　白雪军　李德强　周生江　张东振　程玉武
尚法堂　刘俊双　蔡祥东　郭　聪　管国清　张延东　徐瑞宁　王庆园　高玉发　赵士国
秦念成　步长建　马冰冰　梁　飞　李春生　于显阔　袁子胜　王　勇　丁豹善　赵伟国
张秀华　张慎贵　刘汉顺　孔　超　吴广军　王　娟（女）　丁　金　王　伟　马伟海

王　久　黄传升　刘　伟　王亚楠　王　磊　郭　伟　何兆鹏　张家东　王永凤（女）

于　洁（女）刘运财　王　虎　杨崇军　李加朋　崔孝忠　刘运才　王爱成　展西斌

刘志富　丁　健　徐以伟　郭　陆　牛　龙　毛　亮　田　杰　邱教东　单立明　付正军

翟作安　刘文堂　朱玉君　郭长龙　孙闯闯　孔令琼　魏德栋　褚福龙　刘明周　孔祥国

齐高斌　程公镇　何恩伟　栾兴鹏　李洪岩　石家禄　崔萌萌　户天旭　文德海　张开华

王庆超　刘传和　古庆宝　贾民仟　李自鹏　高兴海　秦玉义　张晓飞　刘　松　屈永强

陈春龙　严庆高　张毓强　张　潇　丁吉强　魏章彬　杨晓明　王龙迪　张园平（女）

王稳宁　王　洋　张　龙　杜培国　邵士杰　齐元红　邹洪建　高传宝　李传生　翟纪强

沈孝生　周常福　李加振　李凤军　卢兆学　刘振远　李之双　张庆增　于德明　潘月兰（女）

邢建东　叶吉磊　吴淑国　李　巍（女）马骏骋　何玉收　白亚林　王山峰　王玉格

朱　宁　吴　晓　王学良　董　涛　张欢欢（女）周韶义　孔祥凯　刘　浩　郑　伟

姚国强　于连续　李　娜（女）刘晓茹（女）李秀琴（女）刘　涛（女）丁　鑫

郭　晓　董西永　孔庆法　周兴龙

（四）2010年度

1．先进区队（4个）

掘三工区　机电工区　准备工区　选煤厂

2．先进科室（4个）

生产科　机电科　安监处　党群工作部

3．十大功勋劳模（10名）

高敬东　吕凤新　董爱江　林相亮　侯尤军　李俊春　韩　东　周钦永　邹洪键　王　伟

4．劳动模范（27名）

齐东合　董勤凯　解直江　王寅林　陈洪流　葛丕成　信　宝　刘召明　杨国武　周　勇

付永光　王　磊　夏洪友　刘海清　侯文柱　岳　辉　刘志华　宋忠河　阚玉文　孙瑞阳

乔立忠　英玉国　冷成华　侯之建　赵治国　兰庆武　胡加勇

5．安全标兵（40名）

华　利　刘　涛　白晓明　胡建顺　李宝军　陈凡亭　刘庆峰　孙令东　王学仕　陈广营

刘芝楼　李　阳　王太峰　李长征　刘金磊　郑显亮　刘文民　李成哲　殷允家　赵士福

张秀华　苗德强　朱孟田　白许堂　李　鑫　展西斌　邱贵尧　高兴海　金宝志　王崇欣

严全荣　齐元红　张现印　王　浩　杨晓明　顾洪斌　王　强　主文涛　尹承铭　曾广彬

6．十大杰出大学生（10名）

吴淑国　李增辉　孙　宁　王治增　邵长水　苏礼冲　柳占鹏　潘月兰（女）龙禄财　张　信

7．十大杰出大学生提名奖（10名）

郭东亮　张假妮　厉彦新　马泽霖　李　巍（女）于建涛　吴　晓　李志胜　张园平（女）

倪峰平

8．先进生产工作者（289名）

邵长许　陈　真　李兆永　付正方　朱俊杰　邵连喜　孙发玉　刘传运　刘爱华　王　厂

周　朋　闫新伟　杨　超　李广伟　杜庆广　薛　晶　孙传国　蔡志刚　陈敬路　刘程淋

惠希波　张开于　郭祥社　刁永富　郑　彬　何玉中　苗鹏程　姜亚平　屈相山　丁世山

董振双　高玉发　顾宗营　郝永新　李计华　刘加全　刘义胜　严庆存　孟　良　倪守好
王纯词　王夫泉　邢右永　许　辉　闫景夫　杨国银　齐新刚　乔　安　齐敬涛　杨国玉
翟　飞　张广朋　张井杯　孔凡国　张兆坤　张兆水　郑士华　孙德岩　盛保正　唐少钦
李因涛　张树国　马西涛　陆华恩　杨有兴　胡保民　管国涛　魏　江　孙兆玉　杨德军
孙　涛　刘国证　王立迎　张开启　张广友　邵　强　周广海　路广文　梁如刚　刘在武
郝宝文　张保虚　李因厂　李常青　马洪亮　李因宝　孙　迁　周　峰　李　宁　张跃存
李凡同　邢右刚　王　坤　李德玲　陈启武　蔡祥东　张延东　朱春辉　刘　亮　刘玉刚
张　信　沈孝生　赵士国　陈兴军　孔令龙　高现雷　王庆园　古庆德　刘　兴　薛奎会
管国青　李书利　石玉杰　刘　闯　张善军　步长健　杨国存　袁　帅　程立新　朱开勇
马运强　郭守伟　孙吉民　赵　鹏　梁　飞　于显阔　崔永江　刘庆刚　刘政军　高　存
韩衍贞　史高生　刘秀阳　刘　兵　李　方　靳祥栋　丁遥遥　步斌斌　张华永　季文真
罗　龙　张幸幸　茹茂双　陈兴旺　韩玉景　惠　平　李长军　张现禹　李飞龙　付　龙
马西森　边安凯　葛忠林　王朝顺　曹长龙　赵令利　鞠　乔　宋国刚　张从超　周广营
仲志成　李因宏　刘庆涛　刘洪峰　褚福龙　魏德栋　孔令琼　庄乾科　英玉传　张广迁
孔祥国　刘明周　梁　勇　胡　强　何恩伟　石家禄　于金廷　栾兴鹏　李传香（女）
刘国峰　张延亮　户天旭　刘成山　王清彦　李　彬　张　琛　李自鹏　褚鲲鹏　陈玉明
刘　通　田　杰　毛　亮　齐敬涛　丁　健　周晓庆　杨　华　屈兴成　刘运财　侯　超
马祥洋　徐以伟　杨延猛　孟　强　崔孝忠　刘文堂　王立刚　王　伟　潘月相　刘庆登
何兆朋　王　震　焦方胜　丁　金　王　涛　丁吉兰（女）　于　洁（女）　左新香（女）
吴广军　任防振　李祥国　赵伟国　钟庆琦　丁豹善　张慎贵　李　琦　王　久　张　利
刘　伟　郭　伟　张　龙　孙兆龙　严庆高　王守荣（女）　梁　雪（女）　袁东超　徐福振
楚现洋　张毓强　屈永强　孙欢欢　王永民　韩庆国　柳占鹏　潘月兰（女）　于德明
马骏骋　何玉收　张致成　刘　忠　吴兴国　李秀芹（女）　周兴龙　何召华　杨德全
刘　平　史俊明　陈　宾　江　涛　刘　浩　何晓青　胡庆国　王玲钦（女）　刘明新
孔庆法　刘方成　丁学福　朱玉友　吴　晓　丛贵梅　魏生辉　李　娜（女）　胡乐义
高辉峰　周常福　陈富文　赵德元　于金学　王纪明　高传宝　张廷江　周　彬　管　飞（女）
岳　磊　刘　波　李增辉　王山峰　邵庆文　李祥田　叶吉磊

（五）2011年度

1. 先进区队（5个）

采一工区　机电工区　掘二工区　掘三工区　选煤厂

2. 先进科室（4个）

生产科　机电科　劳资科　党群工作部

3. 特殊贡献奖（4名）

王　伟　侯尤军　葛现栋　兰庆武

4. 功勋劳模（10名）

林相亮　高敬东　昌玉广　吕凤新　梅秀堂　密士廷　董勤凯　王艾新　韩　东　邹洪建

5. 劳动模范（30名）

许广财　孙瑞阳　范风伟　李文亮　马运强　陈　真　杜宝文　刘召明　刘国社　郑显亮

周　勇　王立迎　谢家顺　李成哲　赵士国　崔永江　高长海　候文柱　李　涛　马伟海
朱孟田　郝玉强　褚锟鹏　刘泽明　刘维信　王寅林　齐元红　何晓青　邢建福　张宏伟

6. 安全标兵（39名）

李　佳　王　浩　邱教东　李　鑫　高友富　李德岭　闫新伟　张　彬　刘芝楼　张开山
韩万星　王安田　管国涛　宋德堂　刘玉刚　郭守伟　赵士福　华　利　丁遥遥　胡建顺
李宝军　高　寅　李家文　董龙涛　于建涛　邱贵尧　张秀华　于金廷　严全荣　何玉收
吴淑国　马骏骋　董爱明　葛忠林　主文涛　陈维龙　刘　平　韩　浩　郑天飞

7. 十大优秀大学生（10名）

吴淑国　张　信　管炎太　邵长水　潘月兰（女）　王治增　刘　鹏　李增辉　李志胜
吴　晓

8. 十大优秀大学生提名奖（10名）

孙　宁　崔宝超　刘　宁　王来收　马泽霖　张金振　耿士林　于连续　倪峰平　张园平（女）

9. 先进生产工作者（288名）

王保军　张兆良　王克印　刘传运　刘　闯　刘爱华　陈常乐　崔守华　刘运行　李广亮
王广学　王　刚　张庆锋　鹿占宁　李兆永　郭加屯　张红康　史保金　李　国　张新平
何玉中　金庆林　杨国存　于金行　王学仕　杜　朋　丰文刚　王纯词　孙付伟　齐自成
翟纪强　杨国银　孔祥宽　徐玉栋　赵仁升　邵　彬　郭洪涛　刘胜国　闫发俭　阎景夫
刘均同　张利华　许　辉　张　仰　杨国玉　姜宪军　王宝堂　齐新刚　陈　伟　刘加全
刘金才　盛保正　任德峰　薛　晶　邵连喜　张学德　信现国　李俊岭　杨修磊　刘　波
刘庆恒　路光文　刘在武　孙　迁　周翔翔　郝宝文　周　峰　沈双占　魏　江　张广友
李长征　李长建　杨有兴　苗本柱　任应心　付兰亭　王俊银　刘国华　郑绪宾　张坐成
梁如刚　刘俊双　刘　国　解玉刚　刘吉长　邢右刚　赵玉鹏　姜成全　付永光　古庆德
肖太坡　蔡祥东　殷允家　张廷东　尹　辉　张　超　刘　亮　李书利　王庆园　陈兴军
孔令龙　袁　帅　陈长亮　高现雷　梁　飞　于显阔　刘效利　刘　凯　赵　鹏　栾绪文
郭建海　郭　聪　刘文民　张彦虎　陈　飞　唐成伟　杜井玉　刘　涛　靳祥栋　张华永
刘庆刚　季文真　陈　鹏　张传志　刘政军　刘柱清　周　健　董会强　韩衍贞　郑富强
刘秀阳　马建军　张凯凯　张幸幸　韩昌勇　李长军　魏建文　岳　辉　陈凡亭　曹长龙
左世龙　刘洪峰　边安凯　李　衡　马西森　周广营　赵令利　宋国刚　鞠　乔　李兆远
张从超　刘学伦　刘庆涛　李成新　吴广军　马　跃　孔　超　赵伟国　高明文　于天香（女）
何兆鹏　李　宁　郭　伟　魏　超　李　琦　古庆涛　王　久　刘汉顺　丁　金　王　涛
孙建国　马晴晴（女）　王玉霞（女）　展西玲（女）　潘月相　时吉红　肖守平　李祥国
肖太永　周云婷　周晓庆　刘　龙　李祥飞　葛振广　刘　通　牛　龙　王珍玉　齐敬涛
孙宗合　贾凡伟　厉　勇　李　明　刘志富　徐以伟　陈玉明　王先哲　宋均平　展西斌
崔孝忠　翟作安　李自朋　袁　伟　刘成山　文德海　张开华　户天旭　张延亮　丁秀海
郑　伟　赵振鹏　张庆国　薄克刚　褚福龙　孔令琼　孔祥国　李法宝　张广迁　王　猛
齐高彬　刘明周　郭友良　栾兴鹏　于纪义　石家禄　张毓强　刘　明　屈永强　高　建
李亚超　刘志华　王永磊　吴言芳（女）　梁　雪（女）　李芬芬（女）　高华东　张　龙
尹雯雯（女）　张　宁（女）　郭东亮　王海龙　朱孔绪　宗　磊　葛忠林　马动地

张现丽（女）　叶吉磊　李祥田　李树宁　朱瑞超　沈益勇　刘　波　邵庆文　孙晋考
高传宝　丁秀昌　李加军　李之双　齐元明　张现印　王纪明　崔宝刚　周钦福　丁海善
管　飞（女）　王春明　刘敬修　李守芳（女）　胡乐义　李秀芹（女）　崔　振　董　凯
姜永丽（女）　王广霞（女）　王　强　孔文会（女）　李晓军　李　娜（女）　许　可　刘迎清
李婷婷（女）　王玲钦（女）　尹承铭　庄光辉　刘　浩　孔祥凯　陈　宾　周韶义　杨法雷

（六）2012年度

1. 先进区队（4个）

综掘工区　通防工区　运搬工区　采一工区

2. 先进科室（4个）

生产科　党群工作部　安监处　煤质科

3. 功勋劳模（10名）

密士廷　何晓青　秦念成　吕凤新　董爱江　崔现贵　董勤凯　吕玉广　刘忠云　王玉成

4. 劳动模范（33名）

刘立厂　刘海清　惠　平　李　涛　李书利　薛奎会　石玉杰　杜庆江　周　朋　高友富
张开山　刘召明　刘芝楼　周华泽　管国涛　周　勇　宋忠河　高　寅　丁　金　汪关忠
丁　健　展西斌　许广财　英玉国　刘泽明　李　涛　赵志国　王寅林　张假妮　齐元红
孔庆法　许　可　张银萍（女）

5. 安全标兵（41名）

刘庆刚　杜井玉　陈凡亭　张从超　张廷东　刘　凯　谢家顺　赵士福　陈广营　李文亮
葛丕成　邢右永　李兆记　韩万星　徐大春　时广超　张广友　宋德堂　朱孟田　马伟海
白许堂　邱贵尧　乔立忠　邱教东　刘志华　王　浩　薄克刚　张秀华　刘建军　张东振
何玉收　李增辉　张　信　刘　鹏　解直江　李加军　张现印　朱孔绪　焦玉慧　董西勇
刘　强

6. 十大优秀大学生（10名）

李志胜　龙禄财　马动地　孙　宁　吴淑国　刘　宁　马泽霖　邵长水　吴振华　王士礼

7. 十大优秀大学生提名奖（10名）

吴　晓　崔保超　王治增　周　啸　卢振星　苏礼冲　陈云关　管彦太　李福存　刘光饶

8. 先进生产工作者（345名）

周光谱　张传志　刘相江　季文真　陈兴旺　丁遥遥　菅长屯　白建文　刘秀阳　宋佰山
韩衍贞　刘政军　姜兴振　王　伟　李　宾　韩玉景　史高生　邵朱祥　王　伟　李　方
李春红　刘　涛　罗　龙　唐成伟　李长军　岳　辉　刘　涛　边安凯　马西森　刘洪峰
曹长龙　左世龙　赵令利　宋国刚　周广营　王金恒　王　坤　杜中秋　张文标　李成杰
李因宏　刘　峰　刘洪利　张长猛　李广伟　古庆德　刘玉刚　殷允家　刘　辉　刘　亮
尹　辉　郭建海　肖太坡　蔡祥东　刘国社　陈兴军　李成哲　袁　帅　乔志华　王庆园
朱开勇　杨飞飞　赵士国　孔令龙　刘文民　孙俊田　胡传友　孙发玉　周生江　陈长亮
张彦虎　于显阔　孙吉民　梁　飞　王　峰　刘治富　赵　鹏　闫新伟　祝恩新　刘运行
王夫泉　杭　勇　鲁发明　张　彬　邢凡勇　王保军　孟庆辉　李广亮　金庆林　鹿占宁
马起光　任洪凯　付正方　惠希波　于金行　尹振伟　张新平　张海涛　胡玉林　马运强

史保金　杨士鲁　唐少钦　齐自成　陈　真　王学仕　赵士银　李玉勇　谢荣强　刘元清
邵　彬　徐玉栋　李秀军　李　强　马正清　李光伟　郝敬建　潘国柱　丁世山　刘加涛
相宁宁　张国锋　刘金才　张　路　候士谐　王太峰　邵连喜　王光齐　刘胜国　张广朋
吴恩明　徐以才　孔凡国　刘加全　杭士友　郑士华　孙传伟　杨国玉　方洪芒　魏　江
路光文　李因厂　沈双占　魏运华　周长柱　孙　迁　王　亮　张开启　邵　强　王　坤
丁成芳　周翔翔　张军峰　刘国伟　杨德军　刘国证　郝宝文　李计华　梁如钢　邢右刚
吴肖庆　李常建　杨有兴　王安田　郑绪宾　苗本柱　黄树成　化栋梁　付兰亭　王　涛
孙建国　吴　迪　姜肖琼（女）赵伟国　孙佃富　钟庆琦　肖太永　胡彦文　丁豹善
王　久　吕　浩　郭迎峰　吴广军　任防振　马　跃　孔令臻　葛翠翠（女）董龙涛
刘庆登　焦方胜　何兆鹏　李　宁　马有强　时吉红　李家文　李　琦　魏传新　刘　伟
孔　超　古庆宝　李修放　王清彦　文德海　刘国锋　户天旭　丁来和　陈家聚　白林建
李自朋　褚鲲鹏　马骏骋　刘　龙　杨　华　王金安　王二龙　孙综合　陈玉明　牛　龙
李　帅　李　钊　李　明　王在顺　孟　超　王　彬　王珍玉　张兆广　王　涛　严庆刚
苏世祥　李　琛　李加朋　刘文堂　李　鑫　崔孝忠　任长青　王永磊　李广明　申建设
杜胜飞　张毓强　孔东旭　胡长磊　姜　楠（女）胡庆欢（女）梁　雪（女）蔡培培（女）
孙欢欢　屈永强　兰庆全　贾新兵　张　宁　张庆国　任应心　石家禄　张善宝　何恩伟
于金廷　刘　畅　栾兴鹏　路　磊　陈　伟　黄运强　褚福龙　孔令琼　刘明周　冯喜斌
马艳林　齐高斌　崔　轶　吴　豹　李明海　李法宝　袁庆庆　陈修波　孔祥国　李树宁
王朝顺　王玉格　刘　波　李　勇　王山峰　沈益勇　乔鹏飞　郭守伟　邵士杰　赵　东
柳占鹏　刘　忠　乔冲冲　郭东亮　宋　涛　王来收　王海龙　黄近峰　叶吉磊　刘　鑫
冯上运　张洪栋　司玉军　王守林　岳　磊　刘小友　陈常乐　戚见波　李庆田　丁海善
郭祥水　尹玉泉　于金学　任永玉　李佃萍（女）王　艳（女）徐同杰　李　娜（女）
李晓军　王娟娟（女）陈　宾　孔祥凯　史俊明　孔令诺　刘　浩　杨法雷　刘　平
胡乐义　邢建福　孟凡伟　宋清河　刘方成　刘　涛　王　强　徐效放　丛贵梅（女）
侯海龙　刘敬修　朱　宁　刘明新　主文涛　胡庆国　孙璐瀛（女）管　峻　董　凯
唐国彪　曾广彬　刘　磊　李萌蒙（女）

（七）2013年度

1. 先进区队（5个）

采一工区　掘一工区　机电工区　洗煤厂

2. 先进科室（4个）

生产科　机电科　党群工作部　劳资科

3. 劳动模范（31名）

杜庆江　周　朋　金庆林　时广超　周　勇　张开山　华　利　菅长屯　李　方　刘　涛
惠　平　马西森　许广财　张　信　李书利　肖太坡　葛现栋　刘泽明　郑加友　高　寅
丁　健　刘　通　邵长许　密士廷　赵治国　王寅林　孙九光　张假妮　史仍方　王　强
孔令诺

4. 安全标兵（38名）

邢右永　刘召明　李文亮　信　宝　徐玉栋　张广友　管国涛　刘政军　刘海清　杜井玉

李飞龙　陈凡亭　岳　辉　王　浩　李　佳　徐成凯　石玉杰　于显阔　张　庆　王安田
丁　金　朱孟田　展西斌　邱教东　邱贵尧　郭东亮　王治增　岳　磊　丁秀昌　沈孝生
李增辉　刘忠云　白传森　王学良　曹东春　顾洪彬　孔文会（女）　王庆超

5．十大优秀大学生（10名）

李志胜　吴振华　张银萍（女）　刘光饶　李福存　邵长水　陈云关　潘月兰（女）
马泽霖　刘　辉

6．十大优秀大学生提名奖（10名）

左海峰　刘　宁　卢振兴　王来收　马动地　侯海龙　苏礼冲　乔鹏飞　郑丽颖（女）
倪峰平

7．先进生产工作者（285名）

张家斌　谢荣强　郭延征　赵立涛　邵卫光　蔡志刚　刘金瑞　刘胜国　屈相山　李玉勇
邹建设　邵伟东　刘加涛　李　阳　盛保正　张　路　郑伟华　方洪芒　刘加田　孙相义
刘　然　丁　健　付正方　鹿占宁　李祥宏　翟桂龙　张光庆　齐自成　惠希波　王　峰
魏　华　孙令东　吕贤华　王太锋　马运强　田　振　张少利　马西涛　王祥营　扈现军
张学德　杨维东　张开启　魏　江　路光文　周长柱　沈双占　李因厂　魏运华　李常征
邵　强　王　坤　刘国伟　张军峰　王　伟　付兰亭　孙　涛　刘国证　杨德军　李计华
冯振军　刘在武　吴肖庆　李常建　韩万星　靳祥栋　季文真　蔡体卫　孟　鲁　周光谱
丁遥遥　朱宗良　范　良　徐　州　步斌斌　乔　安　韩玉景　张华永　李　宾　姚国辉
刘运财　姜兴振　王　伟　赵　帅　徐亚飞　徐广利　王　坤　王武星　杨修庆　仲志成
胡钦泽　张　凯　王　伟　董会强　刘柱清　范建亮　刘秀阳　杜中秋　战奇鲁　殷帅帅
陈光彬　刘　驰　李　扬　付海军　张兆兴　朱坤悦　李祥杰　李因宏　刘　涛　王　鹏
王　勇　刘　峰　李　龙　李　强　刘山东　左世龙　张从超　张倩楠（女）　张毓强
王龙迪　张园平（女）　屈　永　李亚超　刘　明　李家文　李　琦　王永磊　尹雯雯（女）
翟兆增　王　涛　孙欢欢　左海峰　古庆德　陈启武　于汗汗　谢家顺　赵士国　李成哲
郑　彬　王庆园　冯之坤　王　立　梅常钧　刘国社　李广伟　李智勇　刘文民　梁　飞
赵士银　刘治富　赵士福　孙吉民　葛丕成　李　峰　张廷东　刘　辉　殷允家　赵　鹏
孔令龙　乔志华　蔡祥东　陈兴军　张海涛　孔祥国　刘明周　齐高彬　梁　勇　张秀华
孔令琼　冯喜彬　张跃龙　吴　豹　张汉伟　刘国华　马玉勇　栾兴鹏　沙　桐　石家禄
何恩伟　于纪义　陈修波　李　振　袁庆庆　刘吉长　李法宝　于金廷　肖太永　赵伟国
周　萌　白许堂　钟庆琦　丁豹善　刘庆登　姚永河　马红梅（女）　时吉红　何兆鹏
李　宁　魏　超　孙建国　吴　迪　孙玉慧（女）　郭艳丽（女）　葛翠翠（女）　吴广军
缪　萌　王亚东　孟　健　翟　飞　赵长风　王金安　苏世祥　赵云龙　李家朋　李　鑫
崔孝忠　任长青　张兆广　齐敬涛　王珍玉　李　帅　刘　龙　孙宗合　李自朋　褚鲲鹏
古庆宝　张　琛　孙其普　刘　强　李成杰　郑　伟　杨国武　庄伟山　宋　涛　刘　岩
刘长城　刘国峰　户天旭　宋国刚　刘　鑫　贾　珍　苏苗苗（女）　齐元红　王守林
管　飞（女）　魏传国　路光新　刘振远　陈常乐　刘士新　徐从亮　文增孝　蒋自新
赵玉军　李玉廷　梁　博　黄亚鹏　王　猛　王洪云（女）　张现丽（女）　赵　东　郭守伟
周　斌　刘迎清　孙　笑（女）　冷成华　李秀芹（女）　董晓伟　刘　浩　张新羽　王存立

李家臣　乔东远　杨学玲（女）　朱　宁　孔庆法　邢建福　李桂玲　李凡苓（女）　马俊海
刘明新　胡庆国　乔志华　张小燕（女）　李守芳（女）

（八）2014年度

1. 先进工区（4个）

采一工区　掘一工区　准备工区　选煤厂

2. 先进科室（4个）

生产科　机电科　党群工作部　煤质科

3. 劳动模范（31名）

史仍方　张晓飞　周光谱　刘　涛　刘立厂　岳　辉　杜井玉　张　磊　葛丕成　肖太坡
杜庆江　周　朋　刘召明　李俊春　张广友　张开山　周钦永　肖太永　崔现贵　张洪磊
刘　通　王艾新　孔祥国　李　佳　吕玉广　兰庆武　马骏骋　刘　浩　密士廷　王　伟
刘维信

4. 安全标兵（39名）

菅长屯　李飞龙　刘　涛　姜兴振　马西森　张　宁　陈凡亭　靳祥栋　张从超　左海峰
杨飞飞　刘文民　蔡祥东　信　宝　李文亮　屈相山　邢右永　杨国武　时广超　刘金磊
张克靖　丁　金　朱孟田　高　寅　邱贵尧　李　鑫　丁　健　邱教东　刘泽明　薄克刚
石家禄　申建设　李家文　徐效放　路光新　张　振　马开启　胡　强　张　信

5. 十大优秀大学生（10名）

梁　博　刘光饶　耿士林　郑丽颖（女）　吴振华　李志胜　孙　伟　李福存　朱　宁
刘　强

6. 十大优秀大学生提名奖（10名）

王治增　王士礼　梁利宾　蒋金庆　寇　辉　张友奎　赵　东　黄近峰　乔鹏飞　孙　笑（女）

7. 先进生产工作者（298名）

仲志成　陈兴旺　张　凯　张华永　张传志　茹茂双　王卫东　史高升　董会强　刘政军
张凯凯　肖见兵　柳艾军　孟魏魏　李　东　丁遥遥　刘国伟　管国涛　王　坤　李　宾
刘庆刚　王　伟　刘秀阳　康梅明　徐　州　冯　浩　颜　皓　刘西广　杨永东　魏洪钦
郑　彬　梅　超　徐飞飞　刘　驰　韩玉景　乔　安　刘　浩　王　坤　朱孝龙　李　方
刘洪峰　孟　鲁　步斌斌　张曙辉　田志远　赵令利　郭元帅　郭爱民　李宪震　朱坤悦
战奇鲁　王金恒　王广亮　姜春雨　付海军　朱威威　杜旗旗　刘　峰　董和平　白彦龙
张文标　曹长龙　李强强　左世龙　刘海清　徐亚飞　于显阔　刘治富　孙吉民　赵士福
梅常钧　闫发俭　郑　彬　梁　飞　张廷东　李智勇　邵　强　孔令龙　郭建海　王　磊
石玉杰　陈启武　李广伟　刘　军　李书利　陈长亮　张海涛　谢家顺　古庆德　乔志华
孙令同　李　峰　陈兴军　刘　辉　刘国社　赵士国　刘　凯　于振伟　徐　强　尹振伟
张　路　邢凡勇　李兆记　翟纪强　李兆佐　刘金才　翟桂龙　单成举　刘庆恒　黄均喜
王庆军　许　辉　齐自成　李俊岭　刘运行　孙相义　闫新伟　赵玉朋　惠希波　刘庆峰
王凤阁　李玉勇　蔡志刚　李　强　张开启　杨德军　沈双占　刘国证　孙　涛　路光文
李光伟　姜太伟　郝宝文　周长柱　李因厂　栾新华　刘玉尚　周翔翔　梁如刚　穆兆臣
徐玉平　刘仰喜　陈　兴　孟凡庆　刘春光　张宝元　李　男　曲凯凯　张　坤　宋永辉

董广重　刘夫军　郭道刚　魏　朋　徐　强　赵伟国　孙佃富　韩万星　钟庆琦　路光东

刘庆登　姜肖琼（女）　赵梓屹（女）　时吉红　高　聪　李　宁　杜　菲　孙建国　吴　迪

丁学慧（女）　魏绪兰（女）　董龙涛　吴广军　任防振　周云婷　李祥国　刘成山　汪　节

张　琛　李家水　古庆宝　史功喜　刘　行　张召伟　任长青　李　帅　赵云龙　毛　亮

李　明　陈玉明　宋福伟　刘　龙　赵厚森　杨　华　周韶法　李家朋　崔孝忠　王珍玉

张兆广　刘志富　王德胜　孙宗合　李祥飞　李海冰　崔永江　梁　勇　马玉勇　李兆兴

王咪咪　郭长龙　陈修波　吴　豹　孙忠礼　刘吉长　李明海　潘兴国　李　振　苏文涛

张善宝　王大斌　王　帅　张　庆　纽孝斌　陈　伟　李传香（女）　阚玉文　翟兆增

管　宇　孙欢欢（女）　葛卉玉（女）　赵艳丽（女）　张婷婷（女）　张毓强　闫腾腾（女）

李　琦　刘汉顺　刘　明　王永磊　彭　燕（女）　屈永喜　王　浩　宋　涛　何玉收

邢建福　姜永丽（女）　杨栋梁　刘　涛（女）　于秀珍（女）　李春雪（女）　齐元红

严全荣　管　飞（女）　刘运才　高传宝　沈孝生　刘成阳　朱桂江　文增孝　张庆增

李庆田　尹玉泉　王伦才　张庆峰　吴淑国　侯海龙　郑利辉　张小燕（女）　胡庆国

杨学玲（女）　盛卫俊　王娜娜（女）　张　宁　崔光伟　沈益勇　张翠珠（女）　朱孔绪

陈　宾　刘广茂　李家臣　史俊明　范川川　邢　坤（女）　张慧君（女）　柴文芳（女）

邵士杰　李树宁　李　良　冯上运　张本良　董晓伟　朱廷法　董　凯　李盟蒙（女）

户天旭　刘国锋　宋国刚　汪关忠　刘　岩

（九）2015年度

1. 先进区队（6个）

采煤二工区　综掘工区　机电工区　选煤厂　军城井：综采工区　机电工区

2. 先进科室（6个）

生产技术科　党群工作部　劳资科　调度室　军城井　生产技术科　党群工作部

3. 劳动模范（52名）

王朝顺　王德胜　王艾新　刘泽明　邱贵尧　张　信　张克桂　张开山　李长军　刘洪峰

刘学伦　王玉成　丁　金　肖太永　李　鑫　王成启　刘召明　肖太坡　华　利　菅长屯

张晓飞　阚玉文　王　浩　杜庆江　邢右永　杨国振　金宝志　李秀芹（女）　石道波

王寅林　何玉收　张庆峰　赵宝相　宋德堂　李志胜　龙禄财　苏礼冲　军城井：张　超

林英军　韩　强　金朋朋　刘海波　时套套　王洪波　尹明府　吴广立　廉克勇　刘汉慈

王修帅　郭建清　李春江　李　杰

4. 安全标兵（53名）

黄传升　丁　健　邱教东　寇　辉　褚福龙　胡保民　张召伟　付茂军　蒋怀宝　朱来路

刘修伟　张　宁　刘　涛　曹长龙　高　寅　朱孟田　展西斌　董龙涛　李书利　李　强

于显阔　孙吉民　刘海清　陈兴旺　周光谱　李家文　申建设　刘国社　古庆德　周　朋

屈相山　董西勇　徐同杰　张致成　曹东春　邹洪建　冯上运　刘运才　军城井：李秀星

刘晓珑　陈海防　徐之刚　王守果　李兆廷　朱守亮　郭　帅　盛　华　岳喜东　张　先

魏召群　朱金峰　曹明堂　陈　良

5. 核心优秀价值员工（43名）

张昭辉　徐以伟　袁庆庆　刘　振　李长征　史功喜　褚鲲鹏　张广友　梁如刚　王　宁

邵贤坤　王广亮　郭爱国　韩万星　李家朋　张兆录　杨德根　王庆园　徐大春　郭道刚
刘庆刚　刘政军　刘文民　王永磊　张海涛　刘　辉　陈长亮　乔冲冲　董昌坤　李　宏
军城井：廉　旺　崔永金　王　建　韩计胜　郭长民　马　勇　邱忠广　郭永坤　陈宝峰
王瑶瑶　魏文平　李　伟　周　敏（女）

6. 先进生产工作者（444名）

王珍玉　杨崇军　何庆峰　张现印　耿士林　李祥飞　王　涛　李　帅　王　虎　侯　超
李　琛　牛　龙　翟　飞　王永民　宋福伟　单立明　赵长风　赵厚森　何海川　孔庆奎
胡　强　潘兴国　刘明周　李兆兴　郭元帅　王院刚　陈修波　胡传奎　高　峰　王咪咪
张　庆　侯西艳　严庆高　左永正　邹　鑫　英玉国　戚庆国　孔祥国　徐常永　刘　丽（女）
于纪义　苏文涛　张善宝　王大斌　赵　伟　沙　桐　何玉江　刘成山　王清彦　张开华
张　琛　古庆宝　段崇彬　刘传和　李建国　屈凯凯　刘春光　刘同科　李光伟　杨　震
徐玉平　张宝元　刘宪青　李　男　侯庆锋　刘玉尚　付兰亭　金庆林　赵玉朋　李庆民
刘芝胜　穆兆臣　邵泽鹏　李常建　袁　刚　王夫全　黄树成　杨国武　李　明　尹楠楠
张　坤　杜宝亮　杨振兴　张兆兴　刘程淋　张彦虎　郑　建　殷帅帅　彭向聪　张幸幸
朱孝龙　仲志成　范　良　岳　辉　陈凡亭　李　方　靳祥栋　马西森　左世龙　李强强
王金龙　赵　帅　王　鹏　张录江　张　绍　赵令利　李因宝　刘庆登　文　浩　时吉红
康　宏　郭　伟　李　宁　王　震　钟庆琦　胡彦文　王　勇　丁豹善　周云婷　杨　超
吴广军　缪　萌　马　跃　陈汉玲（女）王洪丹（女）吴　迪　孙建国　李　新
孙玉慧（女）孙佃富　于天香（女）王　彬　翟作安　马祥洋　刘　凯　李　震　罗长忠
王爱成　任长青　孟凡庆　潘月华　王二龙　李双雷　石玉杰　陈启武　郑　彬　谢家顺
孙令同　邵　强　李　阳　张　路　李兆记　丁继春　李广伟　王立迎　李智勇　梁　飞
王　立　刘秀平　薄林林　孔令龙　郭建海　周长柱　丁　健　刘金才　郝宝文　殷允家
杨国玉　高现雷　高宗才　刘庆恒　闫发俭　孟魏魏　徐飞飞　梅　超　茹茂双　杨永东
刘西广　柳艾军　李　东　颜　皓　王治增　李飞龙　蔡体卫　肖见兵　杨有兴　王伟小
王伟大　赵士福　孙忠岩　张传志　张　凯　高长海　丁遥遥　罗　龙　徐　州　王　瑞
李　琦　刘汉顺　齐元星　郭小红（女）赵　娟（女）李　扬　朱瑞祥　刘志华　李　佳
兰庆全　翟兆增　孔东旭　郑庆鹏　肖庆军　葛丕成　田　垒　乔志华　蔡祥东　邹建设
袁　帅　惠希波　齐　伟　许之志　梁　博　姜亚平　信　宝　姜成全　孙敬行　蔡志刚
李　国　翟桂龙　管国涛　于振伟　徐从国　刘庆峰　李春峰　郑有为　陈兴军　赵　宽
刘彤彤　闫新伟　张现桂　刘胜国　孙　健　宋国刚　户天旭　石少臣　李　娜（女）
宋晓伟（女）胡庆国　乔志华　张小燕（女）白建文　刘　强　侯海龙　盛卫俊　汪洪义
刘　涛（女）马　超　李家臣　刘　浩　梁茂华　曹海波　张秀新　姜　洁（女）刘方成
王洪云（女）邵士杰　潘月兰（女）张翠珠（女）相　飞　李增辉　宋相如　李　勇
周　啸　平立芬　孙　伟（女）李栋栋　刘　岩　张红星　郭圣刚　邵长水　岳　磊
赵　东　李之双　沈孝生　刘现岭　赵常亮　张　伟　文增孝　王娟娟（女）郑天飞
李凡苓（女）军城井：刘　鹏　马玉磊　王洪忠　步福龙　董新华　常垒垒　刘继文
刘丕建　张海军　刘学良　葛方胜　韦建平　李　丹（女）菅广超　杨宗成　张立新
梁付虎　陈志勇　刘学宝　李联峰　刘希凤（女）颜丙建　柴　磊　杨德志　王永国

张成华　相龙义　宋少华　仲崇奎　邱教付　潘晓峰　高建党　刘迎民　杨庆伟　庄文涛
葛现伟　刘元团　王庆孝　李　耀　谢彦鹏　徐计山　于照祥　郭　平　孟庆林　杨位良
周自利　张善利　孔德保　马国超　刘先坤　张　涛　吕奉伟　齐自发　周长春　许自官
赵凯凯　徐歌歌　王兴桥　张超超　骆永信　吕传兴　季雨静（女）孔庆河　步常玉
房祥涛　王铁东　董　云　李　堂　苗一品　乔冬运　张述建　王崇明　董凤来　孙　虎
廖国举　李士明　史利国　段华厚　李　彬　费爱兵　解雷春　刘德元　桑艳美（女）
姜宝红（女）何光华　韩　宁　张　旭　马培涛　齐帅帅　何祥峰　罗　勇　王阳军
刘元平　丁　铭　季荣杰　姜瑞成　段庆顺　朱广信　刘　营　潘俊勇　孙皆友　王安顺
徐庆洪　杨镇江　胡志峰　张兴盛　岳夫海　程战国　孟　凯　张成成　孙朕良　张晓东
乔来福　魏启军　张　强　刘国蒙　王红雨　张　华　褚　强　马宗申　邢祥卯　周光春
郭宏岗　徐　强　杜修德　尹东冰　刘秀云（女）娄基福　刘同晓　庄小伟　刘伟领
严进荣　刘国亮　王　喜　肖长福　朱　峰　王　超　袁会滨　段崇军　郭纯建　夏存金
张芹文　徐顺利　郭　利　于得水　姜明哲　张德彪　杜克才　徐晓光　王立敏　马祥营
陈为营　邹　超　王　灿

（十）2016年度

1. 先进区队（5个）

掘一工区　机电工区　采二工区　开拓工区

2. 先进科室（4个）

党群工作部　生产技术科　机电科　安监处

3. 劳动模范（32名）

李　涛　刘海清　惠　平　张从超　肖太坡　刘召明　李书利　郑显亮　杨飞飞　赵士国
吕文正　张克桂　英玉国　刘泽明　胡保民　周钦永　董龙涛　高　寅　肖太永　王朝顺
刘　通　李福存　王　瑞　李　佳　张假妮　刘方成　韩万星　左海峰　密士廷　陈　亮
李　娜　李家臣

4. 安全标兵（40名）

菅长屯　陈兴旺　张　凯　刘　涛　曹长龙　季文真　徐大春　郝宝文　孔令龙　王　涛
付永光　信　宝　朱　辉　时广超　张开山　付正方　崔伟柱　戚庆国　杨　萌　李增祥
吴　迪　梁利宾　李家朋　张　迪　展西斌　赵士福　李　帅　袁　伟　翟兆增　古庆涛
刘长城　强　凯　沈益勇　张　振　张　伟　吕林林　胡乐义　张现丽（女）陆方敏（女）
石道波

5. 核心优秀价值员工（32名）

杨维东　张井杯　张　勇　左世龙　刘洪峰　刘学伦　孙吉民　孙令同　金朋朋　邵明生
周　朋　屈相山　李春峰　张宝元　王　宁　梁如刚　吴　豹　胡传奎　何玉江　于金廷
吴广军　孙建国　李　鑫　钟庆琦　李祥国　孙宗合　杨　华　刘　锋　齐元星　屈永喜
邵长许　王　峰

6. 先进生产工作者（200名）

孟魏魏　李祥普　茹茂双　高长海　刘　涛　刘庆刚　肖见兵　周光谱　史高生　蔡体卫
姜兴振　陈凡亭　胡建顺　侯文柱　翟祥兵　岳　辉　马西森　张　宁　杜井玉　靳祥栋

郭爱国　丁遥遥　朱孝龙　王金龙　王　鹏　梅洪杰　白彦龙　汪永海　汪　鹏　梁　飞
朱宝逢　张　磊　魏连江　丁继春　刘秀平　刘光饶　杨国武　刘均同　刘庆恒　王成启
刘在武　路光凯　严庆存　栾绪文　徐朋春　周　振　郑天武　郭庆勇　齐自成　田　垒
惠希波　郭　聪　马正清　袁　帅　黄胜涛　乔志华　邢　超　张现桂　陈长亮　邢右永
刘胜国　于全峰　朱兴明　于振伟　刘忠广　李文亮　刘修伟　孙建涛　李光伟　赵玉朋
张　坤　侯庆锋　郭长民　刘玉尚　刘　国　刘仰喜　穆兆臣　王自荣　李常健　王夫全
张广友　刘明周　寇　辉　严庆高　谢　雷　张　庆　吕慧琳　高　存　何金龙　潘兴国
孙忠礼　苏文涛　赵　伟　王　帅　徐常永　刘　帅　史丽丽（女）程战国　谢绍昶
戚华泽　姚　颂　张　雪（女）邵长春　王洪丹（女）井书娟（女）缪　萌　李　森（女）
刘庆登　王　磊　张家东　王培超　李长江　王爱成　马冰冰　赵伟国　张　亮　路光东
马祥洋　罗长忠　翟作安　刘　凯　王　彬　张　帅　张兆祥　史长江　冯喜彬　孔令军
李　新　高明文　孟凡庆　黄传升　耿士林　严庆刚　郭延征　仲肖林　杨崇军　徐以伟
何海川　邱教东　史绍龙　张兆广　盛建军　房　磊　张召伟　张　潇　丁来和　古庆宝
贾新兵　刘志华　武广胜　孔东旭　李家文　李芬芬（女）袁东超　刘文民　吴修群
袁　庆　王　浩　周新方（女）朱宁清　刘国峰　宋国刚　叶吉磊　齐元洪　庄肃兆
苏礼冲　赵　东　任　康　张翠珠（女）相　飞　邵庆文　梅　超　周文涛　宗　磊
司玉军　李　良　赵玉军　赵士银　张廷江　路光新　李春雪（女）董　凯　王娟娟（女）
姜永丽（女）梁茂华　郭晓峰　徐化志　孙　燕（女）汪洪义　马　超　张福军
邢　坤（女）丛桂梅（女）杜培国　陈　睿（女）李永成　胡庆国　李桂玲　魏生辉
李　琦

（十一）2017年度

1. 先进区队（5个）

采煤一工区　开拓工区　机电工区　通防工区

2. 先进科室（4个）

党群部　生产科　安监处　机电科　京杭绿色生态有限公司

3. 劳动模范（33名）

李　涛　崔永金　侯文柱　马西森　王成启　房东东　王守宝　杨飞飞　袁　帅　张克靖
周　朋　马伟海　高　寅　肖太永　孙瑞阳　孙宗合　赵士福　于建涛　英玉国　刘泽明
于金廷　王　浩　屈永喜　孙　健　徐晓光　平立芬　邵庆文　张钦配　岳　磊　李中正
孔庆法　朱　宁　于德明

4. 安全标兵（38名）

刘海清　陈兴旺　杨晓明　刘洪峰　王金龙　张幸幸　郝宝文　李书利　金朋朋　郑显亮
屈相山　张　路　时广超　穆兆臣　张开山　钟庆琦　丁　金　董龙涛　韩万星　李　鑫
王亚东　郭延征　陈　亮　张召伟　胡保民　胡　强　杨　萌　翟兆增　齐元星　邵长许
陈云关　周脉申　解直江　相　飞　吴　苏　顾洪彬　时　帅　胡庆国

5. 核心价值员工（30名）

张　凯　菅长屯　蔡体卫　曹长龙　靳祥栋　梅洪杰　孙吉民　于显阔　梁　飞　邢右永
刘　辉　齐自成　吕文正　张广友　刘玉尚　吴　迪　张兆祥　张　迪　冯喜彬　李家朋

毛　亮　李长江　孙传国　刘　锋　陈修波　胡传奎　张善宝　袁　庆　武广胜　刘长城

6. 先进生产工作者（377名）

杨有兴　沈振军　刘柱清　李　方　刘学伦　茹茂双　孟魏魏　李祥普　周光谱　刘保浩
仲从磊　王广亮　张　勇　张文标　付海军　郑有为　徐以才　史高生　邵连喜　刘建军
胡钦泽　高长海　李　宾　王祥营　杨玉圳　刘　洋　胡建顺　惠　平　卢振星　步斌斌
白彦龙　杜宝亮　李强强　王治增　郭爱国　季文真　刘　涛　胡传友　张兆兴　汪永海
殷帅帅　丁遥遥　范　良　周传洋　邵贤坤　朱孝龙　赵令利　王　磊　王　鹏　许艳军
史文心　唐兴镇　邢世家　张　磊　张　宁　沈双占　王　立　黄近峰　冯振军　郭庆勇
邵明生　徐朋春　朱廷坤　韩玉朴　李修放　许　辉　刘秀平　丁继春　魏连江　刘治富
朱宝逢　李　峰　陈　伟　郑　彬　高现雷　王庆园　高　寒　孔令龙　郭建海　董　云
李永刚　高春雷　韩德国　李志胜　姜成全　刘　龙　于汗汗　姜亚平　张开于　乔志华
周绍发　薛宝余　朱新忠　张　凯　刘庆亮　翟纪强　赵　宽　徐从国　仲崇力　朱宁利
唐少钦　齐　伟　陈长亮　刘彤彤　刘忠广　尹振伟　薛　晶　张　彬　刘彪清　严庆存
杨宗广　刘钧同　路光凯　郑士华　王太峰　朱兴明　张善波　于振伟　姜太伟　张宝元
刘修伟　冯现勇　魏　朋　张善利　孔　健　孙德岩　李计华　刘宪青　刘光饶　付正方
王二廷　张克桂　李常建　朱来路　李因厂　路光文　郭永法　常鸿员　徐玉平　李庆民
李文亮　张如文　刘芝胜　王自荣　王　嵩　刘　国　王　宁　张　坤　刘仰喜　刘庆登
王亚南　文　浩　时吉红　周　萌　孙佃富　于天香（女）周云婷　刘金磊　朱月展
马冰冰　张　亮　李　军　周士波　肖守平　缪　萌　吴广军　马　跃　李成新　于　洁（女）
孟珊珊（女）魏旭兰（女）高明文　李　新　程　博　孙玉慧（女）李玉勇　王二龙
王　娜　张广建　高　聪　李　宁　肖志国　杜　菲　康　宏　孟庆雷　王家勇　张德刚
王建星　陈怀德　何建军　耿士林　廉克勇　马祥洋　翟作安　李　震　罗长忠　庄乾科
刘　凯　何　腾　白雪军　刘　通　盛建军　朱永全　杨　华　谭艳军　赵厚森　史绍龙
徐德来　姚　磊　韦玉超　王存立　白许堂　侯　超　杨德根　董永生　牛　龙　朱本远
张兆广　李祥飞　严庆刚　葛振广　王允龙　田业澳　潘月贞　张晨晨　王红雨　张传海
单立明　李会千　古庆宝　王清彦　张　明　黄正龙　房　磊　胡彦军　吴献祥　李宝军
宋国强　戚长胜　陈　伟　纽孝斌　马正国　栾兴鹏　王大斌　王　贤　张沛义　王　帅
何恩伟　苏文涛　冯广远　严庆高　谢　雷　战奇鲁　韩宋雷　张　非　宋国强　郝振景
刘洪利　潘兴国　陈金锋　何金龙　刘　振　杨宗东　娄连亮　李法宝　李增祥　张　庆
吕慧琳　盛壮华　袁东超　申建设　兰庆全　刘志华　张奎生　赵艳丽　周献磊　孙欢欢
郑庆鹏　朱元勋　王鲁敬　任海伟　李　兵　乔东远　李兆记　林立堂　李文超　李　扬
吕　浩　梁可可　李兆怀　李　磊　郝永礼　石少臣　王义成　刘腾飞　尹成信　乔冲冲
宋国刚　王　峰　陈　宾　马树然　宋　涛　孟庆新　胡金力　朱瑞超　马　健　梅　超
张东振　崔光伟　李效波　薛俊庆　赵常亮　郭祥水　李宪震　刘现岭　文增孝　李凤军
路光新　陈　鹏　秦念成　张　信　韩　浩　管　飞（女）段崇军　冯上运　张宗涛
赵　东　刘　凯　李树宁　张翠珠（女）刘　汀（女）杨　彪　邵长春　刘　岩　刘中洋
耿聪杰　李春雪（女）陈培永　李秀伟（女）李　奇　徐化志　李　丽　周海军　胡乐义
张福军　仲召君　罗春晓　徐效放　张　雪（女）姚　颂　刘　波　梁茂华　李　昊

庄光辉　李家臣　刘　平　张秀新　任俊颖　陈红军　王娟娟（女）　李传学　刘长红

盛卫俊　何玉霞（女）　丛贵梅（女）　董昌坤　李婷婷（女）　王玲钦（女）　白建文

尹燕平　吴梁启　陶秀敏（女）　李成翠（女）董　凯　王义铎　李盟蒙（女）　李凡玲（女）

（十二）2018年度

1. 先进区队（5个）

采一工区 综掘一工区 机电工区 运搬工区 准备工区 农业园

2. 先进科室（4个）

生产科　安监处　机电科　党群部　办公室　外协办

3. 劳动模范（30名）

左海峰　孙令东　刘　辉　岳　辉　王金龙　刘洪峰　阚玉文　董龙涛　孙　宁　于显阔

李书利　梅　超　张洪磊　李　佳　刘方成　胡庆国　李宝军　刘　通　李　帅　范风伟

邵长水　董西永　郭　利　何玉收　李　方　张沛义　王义成　张守伟　张克桂　褚鲲鹏

4. 安全标兵（41名）

张宝元　张广友　史荣平　徐化志　刘长城　黄正龙　邵　强　刘　凯　邢右永　李长军

徐亚飞　高　寅　钟庆琦　李玉勇　韩万星　韩德国　房东东　金朋朋　解直江　庄文涛

段崇军　牛龙喧　岳　磊　孙晋考　屈永喜　王　浩　李传学　陈　宾　褚福龙　战奇鲁

毛　亮　李长江　牛　龙　廉克勇　张本良　罗春晓　金宝志　姜兴振　王广亮　陈兴旺

5. 核心价值员工（30名）

刘玉尚　郭长民　王凤阁　邵长许　李　彬　李春峰　陈长亮　屈相山　李强强　马西森

张幸幸　吴　迪　张兆祥　张　迪　高　聪　郑天武　沈双占　孙吉民　朱元勋　李文超

戚庆国　杨　萌　马祥洋　杨　华　白许堂　耿士林　刘庆刚　刘海清　周光谱　司　凯

6. 先进生产工作者（360名）

魏　朋　刘国同　李计华　董广重　张善富　张　峰　梁永刚　郑体武　肖怀森　宋广信

李　男　王夫泉　王　宁　谢新建　张开山　张　坤　徐玉平　侯庆锋　魏延凯　陈　伟

严国军　刘同科　谢彦鹏　朱来路　孔　健　王自荣　孙长营　郭　平　付兰亭　鲁发明

郭永法　冯现勇　刘　明　刘夫军　张红星　乔冲冲　户天旭　马录祥　孙守伟　刘　峰

古庆宝　张开华　张　琛　刘　行　袁　帅　金庆林　周　朋　石玉杰　陈启武　张　路

刘忠广　薄　政　姜亚平　蔡志刚　李兆佐　王安田　薛保余　姜成全　于振伟　郭　聪

赵　宽　朱柏强　刘俊双　刘庆亮　李传民　刘彤彤　尹振伟　薛　晶　齐　伟　张　超

唐少钦　冯志安　李福奎　李俊岭　曹长龙　侯文柱　李传标　王　超　王炳瑞　姜成达

张　宁　丁遥遥　靳祥东　杜井玉　季文真　赵令利　孙延友　王洪路　张　绍　赵　帅

许艳军　沈振军　徐飞飞　张兆兴　胡传友　郭爱国　朱孝龙　步斌斌　范　良　刘　驰

汪　鹏　杨修庆　李因宏　王　坤　杨　进　张录江　单广鹏　王金恒　朱威威　马红梅（女）

刘学义　刘庆登　王亚南　文　浩　范列永　王培超　焦方胜　时吉红　吴广军　缪　萌

任防阵　刘　雪（女）桑艳美（女）岳东君　马冰冰　王　勇　丁豹善　路光东　肖守平

李常征　李祥国　孟凡庆　孙佃富　赵伟国　孙建国　朱孟田　文明月　姜广顺　朱正强

史长江　孔令军　刑庆雨　周云婷　庄肃召　沈永富　刘金磊　李　新　高明文　田　甜（女）

陈　伟　陈　波　王庆园　孔令龙　马凯凯　杨德军　韩玉朴　王国旗　李兆廷　谢家顺

李　峰	李永刚	郭建海	董　云	郝宝文	丁继春	孙　涛	刘在武	郑　彬	高　寒
徐大春	马新林	周长柱	冯振军	王　立	刘治富	张开山	尹　辉	魏连江	高春雷
朱开勇	王士礼	徐成凯	孟庆新	许振鲁	郭纯建	冯上运	李福存	相　飞	张义如
张　宁	李效波	朱宝逢	宋忠河	张　磊	刘　杰（女）	李　正	张翠珠（女）	刘纪峰	
邵长春	宋增路	严全荣	王守林	司玉军	戚见波	魏传国	文增孝	蒋自新	张廷江
薛俊庆	李庆田	赵士银	赵玉军	贾新兵	韩　东	袁东超	赵艳丽（女）	王　涛	
齐元星	王永磊	翟兆增	武广胜	袁　庆	孔东旭	张奎生	闫滕滕	刘文民	吴修群
刘　玉	刘帅帅	任海伟	刘利利（女）	杨学玲（女）	王娟娟（女）	陈　睿（女）			
耿　伟	李永成	王玲钦（女）	李婷婷（女）	吕林林	董昌坤	徐晓光	孙玉慧（女）		
王　峰	马树然	李　璐	陈修波	娄连亮	刘　振	杨宗东	谢　雷	张　非	李传生
李明海	刘洪利	宋国强	卢干良	郝振景	陈金锋	孔　超	李增祥	袁庆庆	盛壮华
盛建军	王金安	刘培海	赵厚森	赵长风	杨明德	王亚东	翟　飞	宋福伟	董　坤
李西雷	黄胜涛	杨　蒙	张振防	邱教东	杨德根	李　凯	高林国	刘　凯	展西斌
赵国庆	李因涛	李　震	李双雷	樊纯成	韩开国	张建斌	张立成	刘中银	丁世山
王珍玉	杨崇军	朱保华	曹海军	江传岭	王朝顺	孙瑞阳	李海冰	张　锐	陈培永
孙　笑（女）	刘　涛	李秀伟（女）	张婷婷（女）	尹承铭	邵泽鹏	刘金瑞	张　雪		
郭　伟	周海军	汪洪义	马　超	张福君	任俊颖	刘　波	李家臣	王　灿	吴凯旋
江　涛	白晓明	王　燕（女）	王义铎	刘晓茹（女）	王学良	卢振星	惠　平	徐　宁	
刘政军	董志伟	何玉江	茹茂双	李祥普	王祥营	史高生	邵连喜	郑有为	罗　龙
马西涛	刘保浩	仲从磊	孔庆生	高长海	张传志	刘建军	胡钦泽	菅长屯	崔永金
胡建顺	马学民	杨晓明	邵　研（女）	王双双（女）	于金廷	栾兴鹏	王　帅	张晶涛	
邵蒙蒙	梅　雨（女）								

第十一节　经费管理

一、经费管理

　　矿工会成立以来，由财务科对工会经费的收支及运用进行管理，建立独立银行账户，设立工会预算员，进行独立财务核算管理，制定财务管理制度、现金报销结算制度、会计监督制度、财务管理综合制度、财务负责人及财务人员职责管理制度。调整工会经费坚持独立管理、统筹兼顾、保证重点、量入为出、收支平衡及为职工服务原则。工会经费的使用严格执行国家财经政策、规定和开支范围、标准。工会经费开支根据审定的预算，由工会主席审批，经财务主管审核签字，由工会财务人员审核无误后方可报销。经费开支范围为会员活动费、职工活动费、工会业务费、上解经费支出和其他支出。

二、会费管理

根据《中国工会章程》会费收缴的规定，会费按照矿领导80元／人，正科级60元／人，副科级50元／人，管理人员40元／人，职工30元／人进行收缴。

表8-5-6　2007—2018年王楼煤矿工会会费、经费收支表

单位：元

年度	收入合计	会费收入	经费收入	其他收入	支出合计	会员活动费	职工活动费	工会业务支出	其他支出	上解经费支出
2007	808698	17150	780348	11200	509449	1200	29111	96029	70970	312139
2008	902644	54490	795154	53000	639773	1500	28976	86256	104789	418252
2009	1652192	62180	1529542	60470	1324358	—	65318	385390	263650	610000
2010	2357144	60690	2274654	21800	1852804	—	210117	627622	70350	944715
2011	3041613	62610	2879003	100000	3379400	—	254092	1963640	9750	1151918
2012	2982099	64040	2918059	0	2603263	—	411698	998765	25800	1167000
2013	2615331	129300	2486031	0	3471513	—	482181	1788872	81860	1118600
2014	3359909	64600	3089309	206000	2488115	—	422715	1658402	6999	400000
2015	3230828	67200	2838000	325628	3893628	—	768187	1225046	70396	1830000
2016	3731750	65750	3599600	66400	2521908	—	882650	892958	10300	736000
2017	4314000	63380	3983620	267000	4190400	—	662400	31629000	257400	1568000
2018	4666829.22	56450	3836636.22	773743	5288931.18	586620	978372.9	626012.58	979725.7	1530000

第六章　共青团

第一节　组织建设

一、机构设置

2007年7月5日，成立中国共产主义青年团王楼煤矿委员会，设副书记1人。同时，成立综采一工区团支部、综掘工区团支部、掘进一工区团支部、掘进二工区团支部、掘进三工区团支部、机电工区团支部、运搬工区团支部、通防工区团支部、生产团支部、后勤团支部、经营团支部等11个基层团支部。

2008年4月23日，成立综采二工区团支部。9月3日，竞聘团委书记1人，同时撤销团委副书记一职。

2010年7月25日，成立选煤厂团支部。9月28日，成立后勤经营团支部，撤销后勤团支部、经营团支部。

2012年9月20日，成立机关团支部，撤销生产团支部、后勤经营团支部。

2013年11月1日，撤销掘三工区团支部。

2014年10月11日，成立开拓工区团支部，撤销掘二工区团支部。

2015年4月25日，成立防冲队团支部。

2017年6月21日，成立京杭公司团支部。

2018年9月5日，成立掘一开拓团支部、防冲通防团支部，撤销掘一工区团支部、开拓工区团支部、通防工区团支部、防冲工区团支部。

截至2018年底，下设基层团支部13个、青年安全监督岗1个、青年志愿者服务队1支；设专职团干部5人，兼职4人，团员138名。

二、发展团员

2007—2018年，共收到入团申请书299份，发展团员299人。

三、推优工作

矿团委成立以来，逐步建立"青春献临矿、永远跟党走"的长效机制。2011年起，通过基层团支部、劳资科对全矿团员青年进行排查摸底，将团员青年的特长、爱好、学历、工作能力、工作业绩、业务水平、发展潜力等信息登记入册，建立团组织青年人才库。

按照《中国共产党章程》《中国共产主义青年团章程》和集团公司、矿党委有关文件的规定，

2007年以来，共"推优"69人，其中党员64名、预备党员3人、入党积极分子2人。

表8-6-1　2007—2018年王楼煤矿发展团员及推优情况表

年度	申请书（份）	入团（人）	推优		
			总人数	男	女
2007	12	12	2	2	0
2008	28	28	5	4	1
2009	37	37	8	8	0
2010	41	41	7	7	0
2011	43	43	6	5	1
2012	35	35	9	9	0
2013	28	28	10	9	1
2014	25	25	6	5	1
2015	19	19	4	4	0
2016	16	16	3	3	0
2017	15	15	3	2	1
2018	0	0	6	5	1

第二节　共青团会议

一、例会

每月2号召开团委例会，对团的工作进行总结，并按照上级及矿党委的工作意见部署工作。为健全团内组织生活，严格团员教育管理，加强基层团组织建设，按时开展"三会两制一课"（支部大会、支部委员会、团小组会、团员教育评议制度、团员年度团籍注册制度、团课），结合实际情况适时开展主题团日活动等组织生活。

二、团代会

2017年5月4日，王楼煤矿共青团第一次代表大会在矿多功能厅召开，共有代表59名。会议听取审议通过《十年风雨兼程 十年光辉历程 不忘初心跟党走 扎根奉献王楼矿》的工作报告，通过团费收缴、使用和管理情况报告。选举产生第一届团委委员会5人，陈云关、董凯、侯旺旺、孔超、于振伟；陈云关当选书记，董凯当选副书记，侯旺旺、孔超、于振伟当选团委委员。

图8-6-1　中国共产主义青年团临矿集团王楼煤矿第一次代表大会。（2017年摄）

第三节　共青团活动

一、学习教育

建矿以来，矿团委组织广大青年职工积极参与矿党委组织的"每年读一本好书"周二学习活动。2008年，学习《实新文化手册》。2009年，学习《执行在于细节》。2010年，学习《为你自己工作》。2011年，学习《责任胜于能力》。2012年，学习《赢在执行》。2013年，学习《工作中无小事》等书籍。2014年、2015年一改往年传统读书学习模式，通过观看电视剧《平凡的世界》和励志微电影激发职工学习热情。2016年，组织职工观看电视剧《亮剑》、纪录片《大国工匠》、励志电影《鸿雁》《煤炭还有戏吗》等视频。2017年，学习《认真只能做对工作，用心才能做好工作》书籍和国学视频。2018年，学习《责任心做事，感恩心做人》书籍。青工读书学习活动参与率100%。

2010年，开展"青工安全帮教"六个一系列活动（发一封安全生产倡议书、参观一次人才招聘会和法制教育基地、召开一次"三违人员"座谈会、组织一次青工安全文化演讲比赛、作一次家访、组织一场辩论会）。

2011年6月，组织优秀团干部23人参加矿党委开展的"红色之旅"活动，前往白洋淀、冉庄地道战遗址、西柏坡及孟良崮等地开展红色之旅革命传统教育活动。11月22日，举办《责任胜于能力》暨决战四季度演讲比赛；2012年11月27日，举办决战四季度暨《赢在执行》学习演讲比赛。

2013年11月27日，举办决战四季度"习惯与生命"暨"四性"教育演讲比赛。

2014年5月6日，举办安全工作"为了谁"暨深化煤炭市场"四性"主题教育演讲比赛。9月，特邀山东大学邱莉丽教授举办了《阳光心态》专题讲座。

2015年11月24日，举办决战四季度演讲比赛。

2016年9月9日，开展"良好家风传承"演讲比赛。

2017年3月15日，开展"安全伴我行"演讲比赛。

2018年7月，组织团干部及优秀青年党员赴延安开展红色教育活动。9月27日，组织2名优秀团员参加集团公司"践行新思想、青春创时代"主题演讲比赛，取得一等奖1名，优秀奖1名的优异成绩。

二、总结表彰

2009年起，每年5月4日，定期召开共青团工作总结表彰会，通过会议对团的工作进行总结表彰，同时对新的一年工作进行安排。

表8-6-2　2009—2018年王楼煤矿共青团工作总结表彰会统计表

年度	先进团支部	优秀团干部	优秀共青团员	优秀青岗员	青年文明号	优秀青工	优秀青年志愿者	美德青年
2008	6	13	61	10	—	—	—	—
2009	6	8	81	11	—	—	—	—
2010	6	8	88	17	3	—	—	—

续表

年度	先进团支部	优秀团干部	优秀共青团员	优秀青岗员	青年文明号	优秀青工	优秀青年志愿者	美德青年
2011	4	6	104	11	3	20	13	—
2012	4	6	58	11	3	—	10	10
2013	4	6	30	10	3	—	16	30
2014	4	6	30	10	3	—	16	30
2015	4	6	58	10	3	—	14	—
2016	6	9	43	19	4	—	14	—
2017	4	5	42	11	3	—	19	—
2018	4	5	30	11	3	—	16	—

三、调查问卷

2009年7月，组织开展青工思想问卷调查活动，收发调查问卷630份。

2010年8月，组织开展青工思想问卷调查活动，收发调查问卷710份。

2012年8月，组织开展青工思想问卷调查活动，共收发调查问卷670份。

2013年，10月，组织开展"地面岗位工使用手机是否存在安全隐患"问卷调查活动，共收发调查问卷96份。11月，组织开展"关于大学生采煤队发展若干问题"问卷调查活动，共收发调查问卷324份。

四、青年婚恋

2011年5月21日，会同济宁市中区团委举办"缤纷五月，情寄王楼"青年联谊会，来自济宁市十余家企、事业单位的60多名男女参加联谊会。9月17日，会同济宁市中区团委在临沂蒙山举办"运河之恋"青年联谊会，来自济宁市企事业单位和王楼煤矿共计90名青年男女参加活动。

2012年1月1日，会同济宁市中区团委举办"蒙山情·运河缘·牵手2012"王楼煤矿首届集体婚礼，10对新人参加集体婚礼。10月12日，会同济宁市中区团委在矿多功能厅举办第三届"运河之恋"青年联谊会，来自济宁市8家企事业单位的41名单身女职工和王楼煤矿42名单身男职工参加联谊活动。

2013年11月2—3日，会同济宁市中区团委在临沂市蒙山大洼景区举办"沂蒙情、运河缘"第四届青年联谊会，来自济宁市企事业单位和王楼煤矿共计43名青年男女参加了联谊活动。

图8-6-2 2013年11月2—3日，王楼煤矿团委与济宁市中区团委联合举办"沂蒙情·运河缘"第四届青年联谊会。

2014年6月6日，会同共青团任城区委举办"中国梦青年情，相约在任城"英特力杯第一届青年联谊会，来自任城区委及相关事业单位的青年男女和王楼煤矿16名单身男职工参加了本次联谊活动。

2018年，联合任城团区委先后组织5次"遇见未知的你"青年联谊活动，先后有60余名单身青年参加，其中20余名青年通过联谊会找到心仪对象。

五、爱心活动

2011年6月18日，积极响应矿党委、工会的号召，组织全矿团员青年向患重病职工古庆福捐款，共收到捐款2万余元。8月22日，联合市中区团委开展"希望工程——再圆学子梦"爱心助学行动募捐仪式，共募捐款2万余元。

2012年1月17日，会同济宁市中区团委开展"青春助力，爱心同行"送温暖活动，向驻地敬老院及农民工留守子女家庭送去米、挂历、春联、学习用品等慰问品。5月，在矿党委的支持下，为驻地张官屯小学购置图书、体育器材等学习用品，为留守儿童建立"蒲公英小屋"及少先队活动室。

2014年7月4日，在王楼煤矿举办的农民工子女"微心愿"放飞仪式上，矿青年男女通过认领愿望卡的方式，自己出资采购物品，与济宁市共青团任城区委进行交接，帮助农民工子女完成他们的小心愿。

图8-6-3　2012年5月30日，王楼煤矿关爱农民工子女"蒲公英小屋"揭牌仪式。

2015年9月8日，矿团委会同喻屯镇团工委开展"牵手关爱行动"，组织团员青年与38名留守儿童结对、完成心愿。

2018年4月10日，组织40名优秀青年志愿者参加任城区"牵手关爱行动"。

第四节　青工队伍

一、青年安全监督岗

2007年7月，成立青年安全监督岗，设岗长1名，工作人员1名。

2008年2月，工作人员增至2人。

2009年9月，工作人员增至3人，每月定期开展青安岗大检查。

2010年10月起，实施"三查两会一卡"管理制度、隐患排查"闭环管理"制度、青岗员"提、奖、压、查、赛、考、责七字工作法"（"三查"即青岗员班查、矿青安总岗月查和青安分岗互查，"两会"即矿青岗例会和青安分岗会隐患排查分析会，"一卡"即青岗员下井隐患排查汇报卡。"闭环管理"制度即：工作场所检查——填卡——筛选处理和通知——整改和反馈——复查确认等各个环节。"青岗员七字工作法"即：提待遇、奖先进、压担子、查现场、考业务、赛成绩、尽责任。）；2010年，荣获"临沂市青年安全生产示范岗"荣誉称号。

2011年1月，印发《青年安全监督岗实施方案》，对青安岗的机构设置，青岗员选拔、青岗员的职责与权利，青安岗的运行方式、考核内容等作了详细规定；3月，下发《关于调整充实青年安全监督岗成员的通知》，对青安分岗和青岗员进行调整补充。同年，荣获"山东省青年安全生产示范岗"荣誉称号。

2012年2月，下发《关于调整青年安全监督岗成员的通知》，对成员进行调整和充实。2012年荣获"全国青年安全生产示范岗"荣誉称号。

2013年2月，下发《关于调整青年安全监督岗成员的通知》，对成员进行调整和补充。

2017年2月，下发《关于调整充实青年安全监督岗成员的通知》，对成员进行调整和补充。

表8-6-3　2007—2018年青安岗隐患检查数量统计表

年度	青岗员（人）	青岗员隐患登记（条）	大检查（次）	大检查隐患登记（条）
2007	35	5040	6	165
2008	46	13248	12	328
2009	58	14152	12	331
2010	63	18144	12	298
2011	67	19296	12	343
2012	72	20736	12	336
2013	70	20160	12	327
2014	52	14976	12	142
2015	68	19584	12	154
2016	70	20160	12	168
2017	72	20736	12	132
2018	69	19872	12	130

二、青工创新

2009—2013年，矿团委连续4年荣获临矿集团公司青工创新工作法评审命名活动"优秀组织奖"。

2010年，参加第二届青工创新工作法命名活动，共上报20项工作法参与评比，其中周忠廷的《远控式脚踏挡车器工作法》和李俊春的《混凝土输送泵工作法》受到命名表彰。

2011年，矿承办集团公司第三届青工创新工作法评审命名及表彰大会，矿团委上报22项工作法参与评比，其中厉彦欣《缠绕式绞车倒绳和换绳工作法》和于建涛《U型水槽防漏风创新工作法》受到命名表彰。

2012年，参加第四届青工创新工作法命名活动，上报24项工作法参与评比，其中任应心《QY弯道创新工作法》和尹雯雯（女）《"1+1"单元式库存管理创新工作法》受到命名表彰。

2013年，参加第五届青工创新工作法命名活动，上报22项工作法参与评比，其中李福存《掘进工作面耙装机喷雾的改进与应用工作法》和任应心《QD-X钻机工作法》受到命名表彰。

2014年，参加第六届青工创新工作法命名活动，上报12项工作法参与评比，其中，任应心《钢管自动除锈喷漆创新工作法》和乔鹏飞《基于数字矿山平台的内部市场化管理创新工作法》受到命名表彰。

2016年，参加第七届青工创新工作法命名活动，上报12项工作法参与评比，其中，耿聪杰《罐笼内自动阻车器技术改造工作法》、黄正龙《柔性风门建构法》、苏礼冲《大采深软岩大断面硐室的复合型支护技术研究及应用》、王有俊（军城井）《工作面回风隅角瓦斯安全高效治理工作法》受到命名表彰。

2018年，参加第八届青工创新工作法命名活动，上报26项工作法参与评比，其中，金朋朋《风钻维修专用工具工作法》荣获正式奖，刘通《芯胶胶条切割机》、李福存《自制微雾喷雾》、董昌坤《精确高效煤泥采样工具》荣获提名奖。

第五节　调研指导

2011年8月26日，济宁市"青年文明号"检查组在济宁团市委常委、工农部部长王璐的带领下，到王楼煤矿对"青年文明号"创建工作进行检查验收，同年，青安岗接待站获济宁市"青年文明号"荣誉称号。

2012年3月7日，由济宁市市中区团区委机关人员、各街道、镇、区直各部门团组织负责人和部分区直属"两新"团组织负责人组成的共青团工作观摩团一行20人，在市中区团委副书记李颖的带领下到矿就企业团建工作开展情况进行观摩交流。3月27日，原共青团山东省委书记王磊，共青团山东省常委、秘书长袁良，济宁市委常委、市中区区委书记张辉及区委六大班子等一行14人到矿调研指导共青团工作。11月7日，由共青团济宁市委组织部组织的各县市区、市直单位、乡镇街道的团干部一行56人，到矿就共青团基层组织建设情况进行观摩学习交流。

2013年8月9日，市中区工商局团委书记李琳一行4人，到矿调研共青团工作。

2014年4月25日，枣矿集团付村煤矿团委、工资科一行16人，到矿调研共青团工作。

2015年4月10日，临沂市团市委书记裴娜一行20余人，到矿召开共青团工作观摩会。

2016年8月18日，济宁市团市委副书记田卫峰一行3人，到矿调研指导基层团建工作。

2018年11月6日，团中央办公厅综合处主任科员孙瑜，到矿调研基层企业共青团工作，济宁团市委书记赵鑫、任城团区委书记赵丽雯等陪同。

第六节　团费管理

矿团委严格遵守团中央《关于中国共产主义青年团团费收缴、使用和管理的规定》，不断规范团费的收缴、管理和使用工作，始终坚持严格管理，规范管理的原则。各团支部收缴团费后及时如数上交到矿团委，矿团委按照规定比例上缴集团公司团委，剩余团费在财务科单独做账；团费工作指定专人负责，团费管理人员变动时，严格按照团费管理的有关规定和财务制度办好交接手续，明确收缴、管理、使用审批等规定。各团支部按照矿团委要求，按时足额缴纳团费。

按照团章规定，和集团公司团委要求，每季度上缴团费总额的35%，预留65%，将每季度收缴团费上缴至财务科代管，并出具出款审批单据，通过财务部门转账汇款至集团公司收缴团费的指定账户。

表8-6-4　2012—2018年王楼煤矿团费收缴使用情况表

年度	团费收入	团费支出	上解团费	年度结余
2012	1000	0	1000	0
2013	1000	0	1000	0
2014	1500	0	1500	0
2015	5182	0	2500	2682
2016	23496	12018.6	7200	4277.4
2017	11760	0	4150	11887.4
2018	16153	0	5653	22387.4

第七节　主要荣誉

2011年10月，大学生采煤队获济宁市青年安全示范岗荣誉称号。

2012年2月，组织青年参加山东能源集团团委开展的"让青春在能源事业中闪光"主题教育征文活动，分获二等奖1名、三等奖2人。4月20日，联合矿工会参加集团公司工会、团委举办的"青年歌手大赛"，5人获一等奖、4人获二等奖。

2013年12月12日，大学生采煤队获"山东省青年突击队"荣誉称号。

2015年5月，大学生采煤队团支部荣获临沂市"五四红旗团支部"荣誉称号。

2016年5月，京杭公司团支部荣获任城区"五四红旗团支部"荣誉称号。

2017年5月，大学生洗选创新团队团支部荣获山东能源集团"五四红旗团支部"荣誉称号。

2018年5月，大学生采煤队团支部荣获山东省"五四红旗团支部"荣誉称号。

第七章　企业文化

2007年，王楼煤矿投产以来，始终坚持"文化铸魂促发展"的工作思路，以建设"幸福矿区、黄金王楼"为目标，在集团公司党委的正确领导下，虚心学习、借鉴兄弟单位的先进经验，立足自身实际，扎扎实实推进企业文化建设，全方位灌注到企业各项工作的发展中，细致入微地提升"软实力"、打造"软氛围"，铸就企业的发展之魂，让企业改革发展获得了不竭的动力源泉。

第一节　文化建设

2007年，王楼煤矿在井口建立安全文化长廊，安设了LED电子屏幕，并在工区值班室、学习会议室制作文化牌板，企业文化宣传阵地逐渐丰富起来。通过定期开展宣教活动，统一广大干部职工的思想，为矿井顺利实现试生产奠定了坚实基础。

2008年，对集团公司提出的"奋战五年、二次创业、打造临矿百年基业"奋斗目标，王楼煤矿通过黑板报、宣传标语、大讨论活动等方式进行多种形式的宣教活动，为刚刚投产的现代化矿井凝聚了强大力量。创办王楼矿报，丰富了企业文化宣教载体。

2009年，围绕打造数字化矿山战略目标。王楼煤矿通过黑板报、矿报、宣传标语、大讨论活动等方式，大力宣传"科技兴矿、科技兴安"理念，形成浓厚的创新文化氛围。在全矿范围内组织学习《白国周班组管理法》，倡导职工像白国周一样，在普通而又平凡的岗位上，创造出不平凡的业绩，各基层区队、班组结合自身工作实际，通过深刻领会融合，形成各自的区队、班组文化。

2010年，掀起学习临矿集团"实新"文化高潮。通过下发"实新"文化宣传画册，悬挂宣传标语，制作"实新"文化黑板报专题栏等方式，使"人为本、实为基、新为贵、效为先"的核心价值观和"精诚团结、励精图治、敢为人先、创新发展"的企业精神在王楼矿区落地生根。在办公楼一楼大厅安设LED大屏幕，在工业广场安设8个不锈钢宣传牌板，进一步丰富企业文化宣传手段。

2011年，以集团公司"廉洁风险防控"活动为契机，通过廉洁风险防控工作先进科室和先进工区评选活动，营造出浓厚的廉洁文化氛围。在各支部、全体党员中开展党内"对标先进、承诺践诺"活动，对涌现出来的标杆党支部、标杆共产党员、标杆党务工作者、标杆党员安全员等进行大力宣传，形成模范带动作用，激发了干部职工的工作热情和工作干劲。建立广播站、电视台，进一步丰富了企业文化宣教手段。

2012年，矿井提出"平安王楼、远景王楼、效益王楼、青春王楼、幸福王楼"五大王楼企业文化理念，丰富山东能源集团超越文化和集团公司实新文化的内涵。并通过矿报、宣传片、LED大屏、电视、广播等载体大力宣传，激发职工的荣誉感、自豪感和归属感，助推企业文化在矿区扎根。紧跟矿井安全视觉识别系统建设步伐，突出视觉形象彰显企业文化，在工厂及井下生产现场的主要通道和作业区域设置安全漫画、安全警示语和温馨问候语等，提醒职工按章作业。定期宣传《家属协管安全基金账户》考评情况，激发职工家属在矿井安全工作中"半边天"的作用。建立廉政文化长廊，将廉政漫画和廉政理念融入其中，促进廉政文化的落地生根。在多功能厅安装以"爱德、诚德、孝德、仁德"为主要内容的四德工程牌板，道德讲堂挂牌成立。创办《王煤季刊》。

2013年，王楼煤矿经过沉淀，进一步丰富企业文化理念，提出"平安王楼、远景王楼、效益王楼、青春王楼、诚信王楼、幸福王楼"六大王楼的企业文化理念。面对严峻的煤炭市场形势，围绕集团公司"管理提升年"活动要求，同时积极贯彻落实集团公司"双降双提双保"和"六大攻坚战"精神要求，积极开展"长期性、残酷性、竞争性、严峻性""四性"形势任务教育活动，为企业逆势突围凝聚了正能量。

2014年，围绕集团公司提出的"三优、三提、三降"活动要求，通过制作《管理提升年活动》《"亮家底、算细账、降成本、保工资"经济分析明方向》专题片，对职工加强形势任务教育，增强全矿上下攻坚克难的决心和信心。通过专题会、班前会开展"安全为了谁"主题系列活动，并征集180个全员安全故事进行录音，通过广播进行宣传。将各岗位工种操作注意事项制作成卡片，摆放在井口大厅、办公楼大厅和各工区会议室，供职工阅读。先后完成《绿色家园 和谐矿区》《党的群众路线教育实践活动》《企业文化之歌合唱比赛》《消防安全知识讲座》《决战四季度暨"四性"演讲比赛》《安全为了谁MV》《卡表规范操作学习视频》《青春这里绽放—大学生采煤队》等25部专题片，形成多层次、立体化的宣传模式，六大王楼文化全面开花。建立阳光家园、轻松驿站等服务阵地，为职工提供优质服务，增强了职工的归属感。

2015年，王楼煤矿将企业文化建设融入落实能源集团度危求进会议精神和集团公司"六大攻坚战"活动要求。通过电视、广播、宣传栏等载体，积极宣贯能源集团"新常态、新挑战、新机遇、新作为""四新"主题任务教育活动。开展"安全依靠谁"主题系列宣传活动，制作完成卡表操作学习视频，切实将企业文化建设融入安全生产中。跟踪宣传矿井内部市场化管理体系，尤其是重点对"大切块、小承包""捆绑式"承包制度和"公司制"管理模式进行宣传，将企业文化建设融入经营管理中。建立劳模创新工作室、大学生创新团队工作室、巾帼浮选创新工作室、技能大师工作室等人才成长平台，丰富创新文化阵地。建立包含理疗师、电子阅览室、妈咪小屋、干洗店、宝贝乐园，职工活动中心等服务场所为一体的温馨家园，提高对职工的服务水平。

2016年，王楼煤矿将企业文化建设融入临矿集团新的发展定位、发展目标和发展战略。重点围绕"两学一做""一矿两井"融合、全面开展"提速、提质、提效"活动，"四强党支部"建设。人才队伍建设、群众安全工作、良好家风传承等重点工作展开，企业文化建设不断延伸。

2017年，紧紧围绕集团公司"党建大动力"战略格局和"再造一个新临矿"的年度目标，以及矿井工作中心积极开展企业文化建设，重点融入安全生产、科技创新、新旧动能转换、三提三控三建、自动化采煤工艺、党建工作亮点、塌陷地治理、生态农业发展等工作重点进行渗透延伸，企业文化建设成为矿井改革发展的催化剂。制作廉政公益广告片1个，制作科技创新短片2个，制作建矿十周年专题1部，制作感动临矿十大工匠、优秀班组长等视频短片13个，制作科技创新、基层工区、节能环保、煤质管理、职业卫生、安全文化、党建活动、廉政文化等牌板101块，制作环保围挡300多米，开通微信公众平台，进一步拓宽企业文化宣传渠道；对温馨家园进行完善，虚拟社区正式成立。

2018年，王楼煤矿进一步提炼、总结、完善企业文化，提出"平安、智能、效益、青春、诚信、幸福"六大王楼文化理念。在企业文化建设过程中，强化党建引领作用，形成"376"党建标准化工作思路，包含矿党委、党务部门和基层党支部3个层面，辐射党务规范、组织建设、党员管理、组织生活、运行机制、纪检监察、群团工作7个维度，突出"支部工作法创新、党建阵地建设、党建文化广场建设、创新长廊打造、创客联盟建设以及编辑出版《心中有阳光 脚下有力量》《基层党建工作标准化流程》和《基层党支部工作一本通》党建书籍"6大工作重点，有力促进党建工作标准化建设，成为引领矿井改革发展的鲜明旗帜，丰富了"超越"文化和"实新"文化的内涵。

第二节　文化理念

一、企业使命

构建幸福矿区，打造黄金王楼。

二、企业核心价值观

群众利益是最大的利益，安全保障是最大的保障。
长远发展是最大的发展，共同富裕是最大的富裕。

三、企业核心理念

平安：安全第1，从0开始，向0迈进，安全工作100%。
智能：智能生产，本质安全，绿色生态，开启智能矿山新时代。
效益：创新创效，人均工效，人均效率，人人都是效益源。
青春：阳光开朗，奉献担当，积极进取，奋斗的青春最美丽。
诚信：诚实守信，正直尽责，坦诚包容，跑赢人生的长征路。
幸福：和谐友爱，安心工作，快乐生活，提高全员幸福度。

四、核心内涵

诚实守信、青春阳光、平安幸福、锐意进取、共赢未来。

五、发展战略

发展煤炭主业，加快产业转型，创新管理模式，构建和谐矿区；坚持走现代化、公司化、节约化、洁净化、多元化发展道路。

六、发展目标

打造"六型"矿区。

本质安全型：坚持安全生产方针，坚持以人为本，以职工的生命安全为本的思想，坚持安全管理、装备、培训"三并重"原则和安全思想教育重点在干部、重心在基层、重要的在于建立长效机制的"三重"要求，从根本上打牢安全基础，全员、全程、全方位确保企业各项目标实现。

持续发展型：坚持以习近平新时代中国特色社会主义思想为指导，做好本部发展与外部发展的统筹，主业发展与辅业发展的统筹，企业整体发展与职工自由发展的统筹。在做大做优做强主业的基础上，搞好生态园建设和房地产开发，加快产业转型步伐，大力发展循环经济，探索一条符合矿井实际的多元发展模式，推动企业整体发展。

绿色环保型：建设一个绿树成荫、花草茂盛的绿化型矿区，打造一个空气清新、环境清洁的环保型矿区，创建一个优质生活、减少疾病的健康型矿区，实现绿化、美化、亮化、净化矿区的目标。

创新科技型：坚持科学技术是第一生产力的思想。提倡和鼓励科技创新、技术革新和技术攻关，建立创新机制，加大科技投入，推广应用新技术，提高矿井科技含量，用先进的科学技术推动企业持续快速发展。

诚信友爱型：诚信是企业的基石。要引导职工不断增强诚信友爱意识，对企业忠诚，对用户守信，对职工友爱。培养和发扬社会公德、职业道德、家庭美德。提倡尽心尽力、尽职尽责、尽善尽美的工作态度，树立良好的企业形象、团队形象和职工形象。

全面小康型：全面建设幸福矿区是煤炭企业的远大目标。要通过全矿上下的共同努力，确保全体职工收入稳步提高，生活不断富裕，居住条件不断改善，文化生活不断丰富，保障体系不断健全，服务设施不断完善，矿区治安不断加强，职工在富足殷实的条件下安居乐业。

七、企业哲学

职工是企业的主人，企业是职工的家园；
职工靠企业谋幸福，企业靠职工求发展。

企业的主体是职工，企业的发展靠职工。一个成功的企业，只有紧紧依靠广大职工，充分调动职工的积极性、主动性和创造性，才能获得持续稳定的发展，立于不败之地。

职工是企业的主人，职工靠企业谋幸福。就是让职工牢固树立起主人翁意识，充分发挥职工在企业中的主力军作用，营造以人为本、尊重职工、关爱职工、理解职工的和谐氛围。就是不断培养职工依靠企业求生存、谋幸福的思想观念，进而形成热爱企业、忠诚企业、服务企业的良好风气。

企业是职工的家园，企业靠职工求发展。就是把企业建设成职工学习、工作、生活的家园，让职工在这个大家庭里感受温暖，释放潜能，发挥才智，让职工都能在企业的振兴与发展当中练兵用武，发挥作用。同时，还要求企业有识才的慧眼、用才的胆魄、爱才的行动和育才的方略，切实把依靠职工办企业的方针落到实处。

八、企业精神

艰苦奋斗，励志图强。

艰苦奋斗，励志图强。是中华民族的性格特征，也是王楼建设者不屈不挠，励精图治，敢于创新，自强不息的集中体现。我们要靠这种精神在竞争激烈的市场经济条件下用一流的管理、一流的技术、一流的产品、一流的业绩，把企业规模做大、素质做优、实力做强，实现构建"六型"矿区的宏伟目标。

九、企业作风

深、严、细、实。

"深"是对各级干部思想作风的要求。即思想认识要有深度，工作作风要不断深入。要勤于思考，精于观察，善于抓住事物的主要矛盾，注意解决突出问题。同时，要经常深入实际，深入现场，深入群众，解决基层和群众最关心、最直接、最现实的问题。

"严"是从严治企，严于律己。它是强化管理的一种手段。从严治企体现在纪律要求要严，质量管理要严，措施执行要严。严于律己即善于开展批评与自我批评，吃苦务实，清正廉洁，不贪不占，用自己的模范行动为职工做出表率。

"细"是工作要细致入微，一丝不苟。它要求企业要破除粗放型的经营模式，加强精细化管理。要善于统揽全局，从大处着眼，从细微入手，从点滴做起，严肃认真，把工作做细。要通过精细化管理，确保企业的各项工作落到实处。

"实"是做人要实在，工作要务实。要实实在在做人，扎扎实实做事，做到不尚空谈，不说大话，不说假话，不说空话，不说官话，不摆花架子，不做表面文章，不搞形式主义，多为职工办实事，多为职工解决实际问题。

"深、严、细、实"作为企业作风，是一个有机的整体，相互联系，相互促进。只有使它们相辅相成，四位一体，才能保证企业各项工作从严过细，务实深入，收到良好的效果。

十、企业信条

资源有限，创新无限。

煤炭是一次性资源，煤炭企业从建成那天起就要面临一个严峻的课题，即资源枯竭的问题。资源虽然是有限的，但是创新却是无限的，发展却是永恒的，只要我们立足现实，未雨绸缪，不断探索，不断创新，一定能闯出另一片天空。

十一、经营理念

诚信是生存的血脉，创新是发展的灵魂。

十二、道德理念

报效祖国，忠诚企业，热爱岗位，无私奉献。

十三、行为理念

脚踏实地，刻苦勤奋，崇尚科学，讲求实效。

十四、发展理念

安全发展，节约发展，清洁发展，有序发展。

十五、竞争理念

全员投入，全程领先，抢抓机遇，做优做强。

十六、创新理念

没有创新，企业就缺乏活力；没有创新，企业就无从发展。

十七、学习理念

八小时之内求生存，八小时之外求发展。
低头需要勇气，抬头需要实力。
只有不断学习，才会发展壮大。

十八、人才理念

企业供人才发展，人才任企业所用。

十九、管理理念

工作制度化+行为规范化＝管理科学化

二十、安全理念

从零开始，向零迈进，安全工作100%。

二十一、质量理念

质量是企业的立身之本。

二十二、科技理念

科学的精神，严谨的态度，务实的作风，超前的行动。

二十三、培训理念

今天的投入就是明天的回报。

不要只看到眼前的支出和当期的效益，而应该认清人力资源投资与企业长远发展的巨大回报的关系。

二十四、服务理念

用我的诚意达成你的满意，让你的需求成为我的追求。

第三节　文化行为

为推进企业文化建设，塑造王楼煤矿良好公众形象，让员工以良好的仪表与行为展现积极向上的精神风貌，结合矿井实际，特制定员工行为规范细则，本规范细则适用于所有员工。

一、岗位规范

（一）上班

1. 遇到同事、客人，要热情友好、举止有礼，互致问候，问候时语言文明得体，声音高低适中，给人以热情大方、朝气蓬勃的感觉。

2. 严格遵守上班时间。因故迟到和请假的时候，必须事先通知，来不及时必须用电话联络。

3. 做好工作前的准备，提前将办公室打扫干净，按时投入工作。

4. 生产单位实行轮岗制的要做好交、接班的准备工作，做到班交班，手交手。

5. 工作时不要随意离开工作岗位，长时间离开时要向领导或同事报告，如有外出须请假。

6. 对自己的日常工作要做到有计划、有步骤、迅速、踏实地进行，遇有工作部署应立即行动。

7. 工作中不扯闲话，不打私人电话，不从事与本职工作无关的私人事务，严禁在工作日饮酒。

8. 在办公室内保持安静，打电话时声音适中，不要影响他人，不要在走廊内大声喧哗。有令则行，有禁则止，自觉维护办公秩序。

9. 保持工作场所美观整洁，各类物品摆放整齐，备品备件放置有序，保养良好，严禁乱堆乱放，更不准在工作场所放私人物品。

10. 工作场所、会议室内严禁吸烟，如吸烟请到指定地点。

11. 下班时，要把当天的工作进行收尾，对第二天的工作进行安排，文件、办公用具、设备工具等要摆放整齐，办公桌、柜要整理干净，椅子归位。生产单位实行交接班制度，并做好交接记录。

12. 离岗前关掉灯光，电脑电源关闭，关好门窗，检查处理火和电等安全事宜，确保安全。下班时，遇到同事应相互问好，互祝平安。

（二）技能

1. 勤奋学习科学文化知识，积极参加文化、技术培训，不断提高自身的科学文化素质。

2．刻苦钻研业务，精通本职工作，熟练掌握与本职工作相关的业务知识，不断提高自身专业技术水平。

3．苦练基本功和操作技能，精通操作规范，努力学习和运用最新的科学技术，更好地服务于矿山。

（三）品质

1．严格遵守企业各项规章制度，自觉执行劳动纪律、工作标准、作业规程和岗位规范。

2．具有职业责任心和事业感，确立全局意识，对工作认真负责，对同志满腔热情。

3．发扬团队精神，部门之间、上下级之间、员工之间相互尊重，密切配合，团结协作，维护企业整体形象。

4．培养正直、无私的品格，积极维护企业利益，并敢于同一切危害企业利益的行为做斗争。做一个勤奋敬业的好员工，遵纪守法的好公民。

5．廉洁自律，秉公办事，不以权谋私，不吃、拿、卡、要，不搞特权。

6．以矿为家，爱岗敬业，矿兴我荣，矿衰我耻。

（四）人际关系

1．尊重同事，保护隐私，以诚心关心帮助同事，建立和谐融洽的同事关系，营造"同欢乐，共追求"的氛围。不乱评议领导、同事或下级，不恶语伤人。

2．严于律己、宽以待人，以求共同进步。

3．正确对待不同意见和批评，加强沟通协调，相互合作，在意见和主张不一致时，不互相攻击，互相埋怨，应理解相互的立场，寻找能共同合作的方案。

4．不允许在工作岗位上以老乡、同学、兄弟等关系拉帮结派，损害集体利益。

5．富有爱心，当同事遇到困难时，要热情帮助。

6．对领导的决策和指示要坚决执行。有保留意见的，可择机反映，但在领导改变决策之前，不能消极应付。

二、服务规范

（一）服装和外表

1．着装统一、整洁、得体，上班时必须穿工作服。

2．鞋、袜保持干净、卫生，鞋面洁净，在工作场所不赤脚，不穿拖鞋，不穿短裤。

3．男士修饰得当，头发不宜过长、定期修剪。女士淡妆上岗，头发梳理整齐，不戴夸张的饰物，修饰文雅且与年龄、身份相符。所有员工不得留怪异发型。

4．外出参加重要工作会议及商务活动，应按要求着装。

（二）会话方式

1．会话，亲切、诚恳、谦虚，语音清晰，语气诚恳、语意明确言简，提倡讲普通话。

2．与他人交谈，要专心致志，面带微笑，不能心不在焉，反应冷漠。不要随意打断别人的话，要用谦虚态度倾听。

3．适时的搭话，确认和领会对方谈话的内容和目的，尽量少用生僻的专业术语，以免影响与他人交流效果。

4.使用"您好""谢谢""不客气""再见""不远送""您走好"等文明用语，严禁说脏话和忌语。

三、社交规范

（一）接待

1.接待来访。要微笑、热情、真诚、周全，做到来有迎声，去有送语。

2.对来访者办理的事情不论是否对口，都要认真倾听，热心引导，快速衔接，并为来访者提供准确的联系人、联系电话和地址，或引导到要去的部门。

3.送客人时要热情礼貌，要有礼节地把客人送出门口，一直送到看不见客人为止。

（二）访问

1.有事先预约，一般用电话预约。

2.遵守访问时间，如果因故迟到，提前用电话与对方联络，并致歉。

3.访问领导，进入办公室要敲门，得到允许方可入内。

4.用电话访问，铃声响三次未接，过一段时间再打。

（三）使用电话

1.接电话时，要先说"您好"。电话铃响及时接听电话，不要让电话铃响三次以上，随时准备好纸笔，确认并记录对方的单位名称和姓名，所谈事情的主要内容。商谈完事情后，记录对方联系方式并相互问好。

2.打电话时首先自报姓名，再确认通话对方；通话应简洁明了，不要用电话聊天，使用他人办公室的电话要征得同意。

3.需要传电话时，要先确认对方的姓名、什么事情，并用笔认真记录，不要让对方久等，找的人不在时，应说"对不起，某某外出办事，请一会儿再来电话"。如果打电话的人有急事需要给别人传话时要征求对方意见，如果同意，要把事情详细记录下来，同时告诉对方自己的名字。

四、会议规范

（一）事先阅读会议通知，按会议通知要求，在会议开始前10分钟进场。

（二）开会期间关掉手机，不会客，保持会场肃静。不从事与会议无关的活动，如剪指甲、交头接耳等。

（三）认真听取别人的发言并记录，不得随意打断他人的发言。不随意辩解，不发牢骚。

（四）会议结束后向领导汇报，保存会议资料并按要求传达。

五、企业秘密及信息使用

（一）员工有履行保守企业秘密的义务。不与家人及工作无关的人谈论企业秘密。

（二）使用资料、文件，必须爱惜，保证整洁，严禁涂改，注意安全和保密。

（三）不得擅自复印、抄录、转借公司资料、文件。如确属工作需要摘录和复制，凡属保密级文件，需经矿领导批准。

（四）要通过合法正当的渠道和途径接受信息，严禁搜集和传播非正规信息和小道消息，更不能传播对党、对社会、对企业有害的各种信息。

（五）企业自主研发的各种专利、著作版权等，未经企业允许不得擅自使用。

六、安全、卫生环境

（一）安全工作环境

1. 在所有工作岗位上都要营造安全的环境。工作时既要注意自身安全，又要保护同事的安全。提高安全意识，培养具备发生事故和意外时的紧急处理能力。

2. 爱护企业财物，定期维修保养所用设备、设施。

（二）卫生环境

1. 员工有维护良好卫生环境和制止他人不文明行为的义务。

2. 养成良好的卫生习惯，不随地吐痰，不乱丢纸屑、杂物，不流动吸烟。如在公共场所发现纸屑、杂物等，随时捡起放入垃圾桶，保持公司的环境清洁。

七、上网规定

（一）在工作时间不得在网上进行与工作无关的活动，如游戏、聊天、炒股等。

（二）不得利用国际互联网危害国家安全，泄露国家机密，不得侵犯国家的、社会的、集体的利益和公民的合法权益，不得从事违法犯罪活动。

（三）不得利用互联网制作、复制、查阅违反宪法和法律、行政规定的以及不健康的信息。不得从事危害计算机网络安全的活动。

第四节　文化识别

一、临矿集团视觉形象识别系统

2010年，根据《临矿集团视觉形象识别要素方案》要求，推广使用临矿集团标识系统。

标志以临矿集团的"L、K"两开首字母为基本元素设计。标志圆形象征喷薄而出的朝阳，寓示着临矿集团永远创业、永远创新、永远创效，凸显着"敢为人先、创新发展"之精神；"L、K"字母含在稳定的三角形结构内，组合结构似扬帆起航的理想之舟，三股向上的力量象征三生万物、生生不息，又表现临矿集团不断跨越、不断超越、不断卓越；两字母互相依存、互为支撑，凸显着"精诚团结、励精图治"之企业精神；标志颜色为红、蓝、白三色

图8-7-1　临矿集团标识。

搭配，红色"实"文化代表临矿人激情超越、光热无限；蓝色"新"文化表现企业以科技创新为基础，纯洁白色代表着开拓无限的未来畅想。整体设计简约而又识别性高，易于传播。

二、山东能源集团视觉形象识别系统

2011年，按照山东能源集团的统一要求，推广使用山东能源集团的标识系统。

山东能源集团标志由六个大小不等的圆切割而成，形似一轮喷薄而出的太阳，又像海洋中掀起的巨浪，寓意着由多家大型矿企组建而成的山东能源集团充满了无限的生机与活力；标志中巧妙地蕴含了"阴阳"和谐的太极图案，象征着人与自然、企业与社会和谐发展，体现了"明德立新、包容超越"的企业核心价值观；圆形造

图8-7-2　山东能源集团标识。

型上对蓝、绿两种颜色的应用，生动诠释了集团的全球视野和以传统能源与新型能源为基础性主导产业的战略定位，凸显了山东能源集团"奉献绿色能源、创造人本价值"的企业使命和对"进军世界500强、打造卓越能源企业"愿景的执着追求。

三、安全视觉识别系统

（一）安全色

国家安全色（GB2893-2001）标准，对安全色的定义是：传递安全信息含义的颜色，包括红、蓝、黄、绿四种颜色。

红色表示禁止、停止、危险以及消防设备的意思。

黄色表示提醒人们注意。

蓝色表示指令，要求人们必须遵守的规定。

绿色表示给人们提供允许、安全的信息。

（二）安全标志

安全标志是用以表达特定安全信息的标志，由图形符号、安全色、几何形状或文字构成，分为禁止标志、警告标志、指令性标志和提示性标志四大类。

1. 禁止标志

2. 警告标志

3. 指令性标志

4. 提示性标志

1. 禁止标志

禁带烟火　严禁酒后上岗　禁止明火作业　禁止启动

禁止合闸　禁止扒乘矿车　禁止车间乘人　禁止乘人登钩

禁止乘输送带　禁止跨输送带　禁止攀牵线缆　禁止料罐乘人

禁止入内　禁止通行　禁止停车　禁止驶入

2. 警告标志

当心交叉道口　当心瓦斯　当心冒顶　当心火灾

当心水灾　当心坠落　当心坠入灌井　当心弯道

注意安全　当心爆炸　当心触电　当心列车通过

当心突出　当心有害气体中毒　当心塌方　当心矿车行驶

3. 指令性标志

必须戴防尘口罩　必须戴安全帽　必须携带矿灯　必须穿戴绝缘防护用品

必须系安全带　鸣笛　必须带自救器　必须桥上通过

4. 提示性标

安全出口（左向）　电话　躲避硐　急救站

入风港道　回风港道

入风港道　回风港道

图8-7-3　安全警示标志。

第八章　信访维稳

第一节　机构沿革

一、领导机构

2010年，矿井成立信访办公室，挂靠党委办公室。

二、职责范围

（一）认真学习、宣传、贯彻国务院《信访工作条例》，把掌握、执行《信访工作条例》作为做好信访工作的基础抓好、抓落实。

（二）信访办公室工作人员，在接到来信、来访的事项后，能直接解决的直接解决，不能直接解决的要求相关部门帮助解决。

（三）健全矛盾排查制度，及时掌握各方信息。对重要的信访案件，实行领导包案制度，对上级交办的信访案件落实督办措施，严格依法依程序办理。

（四）完善信访工作责任制。落实领导责任，实行责任追究，健全各项工作制度。

（五）实行领导包案和带案下访。继续坚持领导包案制度，对信访积案、国家及省信访局交办的案件，多年来久拖不决、多次赴省进京重复上访的案件，以及职工群众反映强烈、影响本单位和谐稳定的热点难点问题纳入领导包案，明确责任，一包到底，确保包案领导真抓实包，打通责任落实的"最后一米"。各级信访负责人要把公开接访和带案下访接待职工群众列入重要日程安排，研究制定贯彻落实具体措施，建立完善每月第一个周一"书记、矿长公开接访日"制度，切实把公开接访和带案下访接待职工群众工作做真做实，扎实推进信访积案化解。

第二节　信访管理

一、管理制度

（一）领导班子建立领导接访日制度，地点设在党委办公室，领导班子成员轮流值日接访。处理职工群众来信、来电、来访反映发生在本矿领导干部和职工的违法违纪问题，以及人民群众检举控告的党员干部违法违纪问题。

（二）设立投诉信箱，在食堂一楼设立信箱，由监察科每天开箱1次，查看有无信件，并做好来信登记。

（三）实行矿务公开和服务工作投诉指南，将投诉内容、投诉方式和投诉途径在公示栏公示。

（四）听取和阅看人民群众来信、来电、来访投诉，反映违反法律、法规的行为，要及时妥善地处理。

（五）信访办公室接到上级部门转来的群众来访，应做好登记，向矿领导汇报有关情况，矿领导班子成员落实领导包案制度，一把手负总责，各分管领导对所属分管范围内的案件实行包案。有关领导交办的工作及时调查处理，将处理结果作出书面答复。做到事事有落实、有答复。

二、目标要求

（一）明确信访工作任务，按照构建"平安矿区、和谐矿区"的总要求，联系处理信访工作实际，着力排查化解关系职工切身利益的突出矛盾纠纷，以遏制集体上访、越级上访、重复上访为重点，进一步加大工作力度，坚持组织、责任、工作三落实，确保不出现到集团公司及以上单位的上访，不出现因信访问题调处不当而引发的恶性事件，把群体性突发性事件有效地化解处理在基层、萌芽状态，为本矿安全、生产、经营等各项工作健康协调稳定发展创造一个和谐的环境。

（二）坚持"平时打基础、战时保稳定"的工作方法，以确保特殊敏感时期和谐稳定为目标，借鉴和发展"枫桥经验"。以服务保障矿井长远发展大局为主线，做到"四不能"，即本地不能聚，外地不能串，网上不能炒，诉求不能闹。力争实现"四个零"，即零负面舆情、零信访安全事故、零集体上访、零信访积案反弹。

三、案件办结

王楼煤矿成立以来，未发生过信访案件，实现信访稳定

第九篇　后勤与保障

后勤服务与保障主要包括矿井两堂一舍、公共环境和生活卫生服务。职工澡堂、食堂、宿舍和矿区公共环境由总务科负责管理，管理人员和工作人员按要求配置，所有人员均持证上岗。职工澡堂建有配套的洗衣房，更衣室。2018年，矿自主研发洗靴机和矿工靴烘干机，随着职工刷靴机房的投入使用，职工刷靴机正常运行。矿井卫生服务由卫生所负责，主要负责矿区职工及家属的医疗救助、卫生保健、疾病控制、传染病预防、职业病的查体及宣传教育、薄弱人物排查，转诊等工作。

第一章　管理机构

第一节　机构设置

一、机构沿革

矿井投产前，职工生活福利由办公室兼管。

2007年7月1日，成立总务科，设科长1人，管理人员2人。

2009年2月13日，增设副科长1人，管理人员3人。

2010年7月4日，增设副科长1人。

2011年5月6日，增设主任科员（副科级）1人。

2012年3月30日，增设副科长1人。

2013年4月24日，增设主管管理1人。10月14日，增设副科长1人。

2015年1月25日，成立综合服务队，隶属准备工区，由矿正式职工对地面维修、职工澡堂、洗衣房等进行承包。总务科负责日常监督管理。6月25日，增设副科长1人。

2016年10月25日，清退食堂物业职工9人，增设副科长1人，增设厨师9人。

2017年2月25日，后勤地面维修、职工澡堂、洗衣房划归总务科直接管理。

截至2018年12月31日，总务科在册职工40人，其中科长1人，副科长3人，主管管理1人，专员管理2人，其他人员33人。

二、管理制度

总务科工作主要包括两堂一舍管理，地面电、水、暖设备管理和维修维护，矿区绿化和环境卫生管理，办公用品的采购、保管和发放，地面土建及零星工程的管理等工作。根据各项工作内容分别制定《两堂一舍、矿区环境卫生和综合监督管理办法》《王楼煤矿办公用品管理规定》以及《王楼煤矿土建工程安全文明施工管理办法》。

第二节　服务监督

一、"两堂一舍"

职工澡堂：根据职工上下井时间，按时对浴室进行停、送水；早班分上、下午2次对浴室卫生清理、冲刷；对损坏的洗浴设备及时进行更换。根据卫生防疫要求定期对洗浴环境消毒；按时收纳升井职工工作服，通过升降机运送至职工洗衣房。监督职工爱护洗浴设备和个人吊篮。

职工食堂：根据职工就餐时间按时准备饭菜；及时洗刷职工就餐使用的公共碗筷，洗刷后的公共碗筷及时放入消毒柜消毒，确保正常循环使用，按时清理餐厅公共卫生，定期消毒。严把食材入库关，坚决抵制严禁"三无"（无厂名、厂址、生产日期）材料。在"夏季送清凉、冬季送温暖"活动中，按照任务分配按时准备绿豆茶和姜汤。监督职工爱护食堂公共设施；监督职工文明就餐。

职工宿舍：按人员调整和调动情况调整分配职工宿舍；职工宿舍插座、照明、门窗等物品的维修；职工宿舍空调的维修和维护；职工宿舍消防设施的维护。监督职工宿舍卫生面貌的保持，室内物品按要求摆放；监督职工爱护宿舍内的公共财物；监督职工不在宿舍内使用大功率电器。

2017年2月25日，集团公司下发《关于对"两堂一舍"实行量化考核星级评定的通知》，王楼煤矿严格按照通知中量化考核标准对两堂一舍进行整改。2018年3月，在两堂一舍考核评比中，王楼煤矿获得"一星级职工食堂""二星级职工澡堂"和"三星级职工宿舍"荣誉称号。

二、地面维修

对办公场所和职工生活区日常维修工作，在接到报修通知后排定当日工作计划，逐一进行处理；按照节气变化提前准备责任范围内的冬季"四防"和雨季"三防"各项措施；在夏季和冬季中央空调运行前提前检修管路系统，提前清理中央空调滤网；定期检查供电线路，在夏季用电高峰期增加用电线路的检修时间。

三、矿区绿化和环境卫生

矿区绿化和环境卫生由物业公司负责，总务科在日常工作中监督指导，发现问题及时通知物业公司整改。

四、办公用品

年初修改并下发《王楼煤矿办公用品管理规定》，每月25日收集、归纳各单位报送的办公用品月度计划，报批后统一采购。办公用品采取集中发放方式进行发放，每月月底29—30日各单位根据月度计划统一到总务科仓库进行领取。

五、地面工程

根据集团公司工程管理办法和《王楼煤矿土建工程安全文明施工管理办法》要求，对地面单位工程和零星土建工程办理开工、入场和竣工结算手续。施工现场落实安全、文明施工各项工作措施，按照国家规范、行业规范和施工方案检查施工工序和工程质量。工程施工资料紧跟施工进度，工程竣工后施工资料及时归档存放。工程施工过程中及时办理图纸变更和合同内容外的工程量签证单，工程竣工及时办理结算，结算资料按时送集团公司审核，执行工程结算三级审核制度。

第二章　生活设施

第一节　职工食堂

一、管理

（一）组织机构

2006年11月，成立职工食堂，炊事人员22人（部分在职职工，部分临时工）。12月，食堂由济南章丘矿山机械公司承包经营。

2007年12月，食堂终止个人承包，由总务科直接管理。

2010年11月，东食堂由矿在册职工承包。

2011年4月，西食堂由矿在册职工承包。

截至2018年12月，食堂共有炊事人员59人，其中在册职工19人。

（二）技术培训

2010年8月，聘请临沂沂州府服务员领班到食堂，进行历时一周的服务指导和强化培训。10月，集团公司分配3名厨师毕业生，扩充厨师力量。

2011年7月，举办首届厨艺比武。除2014、2015年未举行外，截至2018年，共举办六届厨艺比武，每届厨师比武期间，特邀济宁厨师协会成员到矿进行点评并指导。

2016年4—9月，选派1名厨师到济南新东方烹饪学校进行为期半年的厨艺培训。

图9-2-1　王楼煤矿厨师比武。（2018年摄）

图9-2-2　厨师比武菜品。（2018年摄）

二、测评

2014年6月开始，根据测评办法对矿食堂和东、西食堂进行职工满意度综合测评。

（一）每月对东、西、矿食堂职工满意度进行综合测评。职工满意度测评包含饭菜质量、食堂卫生、服务态度、饭菜价格等事项。实行百分制考核，每月下旬到工区、食堂进行公开测评，占60%，政工例会测评占40%。月度综合满意度与食堂管理人员职能工资以及东、西食堂的承包费挂钩考核，测评结果于每月30日前报工资科。

（二）东、西食堂考核要求

职工月度综合满意度为60%时，按承包费缴纳；当满意度大于60%不大于65%时，减免月度承包费的10%；当满意度大于65%不大于70%时，减免月度承包费的20%；当满意度大于70%时，减免月度承包费的30%。

职工月度综合满意度不小于50%小于60%时，增加月度承包的10%；当满意度小于50%时，增加月度承包费的20%；当满意度连续三个月小于50%时，矿终止该食堂的承包合同。

（三）矿食堂考核要求

以总务科科长职能工资的10%、分管食堂的副科长和管理人员职能工资中的25%作为考核基数。当月度职工综合满意度大于60%不大于65%时，按考核基数的20%加发；当满意度达大于65%不大于70%时，按考核基数的30%加发；当满意度大于70%不大于75%时，按考核基数的50%加发；当满意度大于75%时，按考核基数70%加发。

当职工满意度在大于55%不大于60%时，减发考核基数的50%；当满意度在不小于50%不大于55%时，减发考核基数的70%；当满意度小于50%时，减发全额考核基数工资。

2017年1月，食堂测评由每月一次改为每季度一次。

表9-2-1　2014年食堂测评结果汇总表

单位	月份	满意度	考核（承包费增减"+"、减免"-"）	月份	满意度	考核（承包费增减"+"、减免"-"）
矿食堂		81.82%	—		77.04%	—
东食堂	6月	65.45%	-20%	7月	58.10%	+10%
西食堂		74.55%	-20%		69.34%	-20%
矿食堂		76.73%	—		77.28%	—
东食堂	8月	58.09%	+10%	9月	55.45%	+10%
西食堂		61.73%	-10%		62.73%	-10%
矿食堂		69.09%	—		76.37%	—
东食堂	10月	64.54%	-10%	11月	50.00%	+10%
西食堂		60.91%	-10%		47.27%	+20%
矿食堂		66.36%	—		—	—
东食堂	12月	66.36%	+10%	—	—	—
西食堂		50.00%	+10%		—	—

表9-2-2　2015年食堂测评结果汇总表

单位	月份	满意度	考核（承包费增减"+"、减免"－"）	月份	满意度	考核（承包费增减"+"、减免"－"）
矿食堂	1月	71.81%	—	2月	84.54%	—
东食堂		59.09%	+10%		66.36%	−20%
西食堂		59.09%	+10%		60.91%	−10%
矿食堂	3月	—	—	4月	—	—
东食堂		—	—		—	—
西食堂		—	—		—	—
矿食堂	5月	—	—	6月	73.64%	—
东食堂		—	—		52.72%	+10%
西食堂		—	—		60.91%	−10%
矿食堂	7月	73.64%	—	8月	89.09%	—
东食堂		62.72%	−10%		70.91%	−30%
西食堂		64.55%	−10%		70.00%	−30%
矿食堂	9月	80.00%	—	10月	77.28%	—
东食堂		56.36%	+10%		54.54%	+10%
西食堂		49.09%	+20%		63.63%	−10%
矿食堂	11月	79.66%	—	12月	—	—
东食堂		62.95%	−10%		—	—
西食堂		60.00%	−10%		—	—

表9-2-3　2016年食堂测评结果汇总表

单位	月份	满意度	考核（承包费增减"+"、减免"－"）	月份	满意度	考核（承包费增减"+"、减免"－"）
矿食堂	1月	—	—	2月	75.46%	/
东食堂		—	—		51.81%	+10%
西食堂		—	—		63.63%	−10%
矿食堂	3月	76.73%	—	4月	76.73%	—
东食堂		56.45%	+10%		56.45%	+10%
西食堂		72.73%	−30%		72.73%	−30%
矿食堂	5月	68.18%	—	6月	72.73%	—
东食堂		60.61%	−10%		68.18%	−20%
西食堂		62.12%	−10%		74.24%	−30%
矿食堂	7月	76.73%	—	8月	74.54%	—
东食堂		69.09%	−20%		61.82%	−10%
西食堂		71.82%	−30%		66.36%	−20%

单位	月份	满意度	考核（承包费增减"+"、减免"−"）	月份	满意度	考核（承包费增减"+"、减免"−"）
矿食堂		78.18%	—		86.36%	—
东食堂	9月	65.45%	−20%	10月	73.13%	−30%
西食堂		73.63%	−30%		70.51%	−30%
矿食堂		—	—		—	—
东食堂	11月	—	—	12月	—	—
西食堂		—	—		—	—

表9-2-4　2017年食堂测评结果汇总表

单位	季度	满意度	考核（承包费增减"+"、减免"−"）	季度	满意度	考核（承包费增减"+"、减免"−"）
矿食堂		82.72%	—		82.72%	—
东食堂	一季度	69.12%	−20%	二季度	68.18%	−20%
西食堂		72.73%	−30%		69.55%	−20%
矿食堂		83.13%	—		81.12%	—
东食堂	三季度	66.32%	−20%	四季度	71.16%	−30%
西食堂		67.78%	−20%		73.26%	−30%

三、设施

2002年10月，王楼矿井筹建处在矿区北邻的洙赵新河闸管所搭建一套有4间约80平方米简易住房作为临时食堂，配有炊事员1名。

2004年7月28日，矿井筹建处由洙赵新河闸管所搬到施工现场，将临时施工的砖瓦房改建一座简易食堂，操作间、仓库、餐厅共4间房屋，面积约120平方米，配有炊事工作人员2人。

2006年9月，职工食堂建成并投入使用。配备馒头机、轧面机、和面机、菜馅机和大中型冰箱、烤箱等设备。食堂为框架结构，建筑面积3820平方米。

2007年6月，对职工食堂进行全面改造。撤销炭火灶，新上煤气炉，更换陈旧厨具。职工就餐大厅新添50套高档餐桌椅，能同时容纳400余人就餐，配有4台五匹空调，添置2台52寸液晶电视机，新上消毒柜、纯净水净化设备，实现碗筷公备。

2008年6月，新增保鲜冷藏库一处。

图9-2-3　王楼煤矿职工食堂。（2018年摄）

2011年5月，新增水产冷冻库一处。6月，增加饭菜保温设施和面食设施，并配备包子机、豆芽机、豆腐机、洗碗机等设备。

2017年3月，对洗碗机、电饼铛、冷柜等设备进行更新。

2018年1—2月，食堂操作间、售菜窗口改造动工。操作间内布局重新规划，地板砖、天棚乳胶漆重新施工，售菜窗口更换为透明式橱窗，增加LED显示屏。改造工程由济宁恒源建安工程有限公司和济宁先辉文化传播有限公司联合施工。4月下旬，职工食堂大厅装修动工，装修面积620平方米，装修工程由济宁飞龙装饰公司施工，吊顶采用轻钢龙骨配合石膏板+生态木（高分子PVC聚合物）。8—9月，矿自助餐厅矿建工程动工，扩建面积210平方米，框架结构，该工程由济宁市恒源建安有限公司施工。9—10月，扩建后的自助餐厅装修工程动工，该工程由济宁飞龙装饰工程有限公司施工。10月，扩建后的自助餐厅添置餐桌椅40套，添置扫地机1台、全自动洗碗机1台。11月，职工食堂就餐大厅加装中央空调，在大厅东、西两侧分别安装射流式空调机5台，中央空调改造工作由德州亚太集团施工。

第二节　职工澡堂

一、管理

2015年1月前，职工澡堂隶属于总务科管理，制定《男女吊篮室管理制度》《外来单位吊篮使用管理制度》《职工家属洗浴管理制度》等9项制度。

2015年1月起，职工澡堂交由综合服务队管理，总务科负责监管。

2017年2月，职工澡堂重新划归总务科管理。每天对所有卫生区进行3次打扫，坚持每月3次对浴池进行消毒、去污垢，每班对浴池、淋浴室全面冲刷。

截至2018年10月，澡堂在册职工6人，其中女职工澡堂1人、男职工澡堂4人、贵宾浴室1人。

二、考核

浴室内要做到清洁整齐、墙无蛛网、地无皂迹、池无黏膜、窗无灰尘。更衣箱、椅成排成行，箱外无破损，箱内无灰尘。

（一）浴室门、窗、玻璃要保持清洁、光亮，无污渍、水痕，共10分，发现一处不合格扣2分。

（二）走廊、地面、台阶要及时清理，做到无灰尘、烟头、痰迹；楼梯扶手无灰尘、锈斑，共10分，发现一处不合格扣2分。

（三）楼道墙壁无污渍，顶棚、阴角无蛛网，共10分，发现一处不合格扣3分。

（四）浴室地面无皂迹，灰尘，锈斑，共10分，发现一处不合格扣2分。

（五）更衣室衣柜要摆放整齐，保持清洁，箱外壳无破损、划痕、污渍等，共10分，发现一处不合格扣2分。

（六）池水要保持清洁，做到清澈见底，水池周边无污渍，共10分，发现一处不合格扣2分。

（七）池内水温要适宜，不可忽冷忽热，夏季30度左右，冬季40度左右，洗澡时要及时把换气扇打开，使空气正常流通，共10分，发现一次不符合要求扣5分。

（八）浴室的垃圾筒、痰盂要做到外壳无灰尘、无痰迹，周边无垃圾，共10分，发现一处不合格扣2分。

（九）工作人员出现脱岗现象一次扣10分。

（十）发现问题不及时处理的扣10分。

三、设施

职工澡堂包括男澡堂、女澡堂、贵宾澡堂、洗衣房、刷靴机房。

2006年10月，职工澡堂竣工投入使用，两层砖混结构楼房面积，2688平方米。男澡堂有淋浴头58个、热水池4个，配有更衣橱600多个，能满足2500多人更衣需要。女澡堂设在一楼，有淋浴头24个和更衣橱30个。

2007年3月，成立洗衣房，配有11名职工，负责全矿下井职工工作服的清洗和缝补。

2010年6月，对男职工澡堂扩建，安装吊篮，2011年3月投入使用，增加洗浴面积58平方米，配有浴池4个，喷头44个，坐浴24个。二层为男澡堂吊篮室，配有吊篮箱2131个、饮水设备2台，吊篮室内西侧为值班室，东侧为吸烟室。贵宾澡堂建筑面积450平方米，含浴池2个、喷头14个，配有桑拿床、衣橱、沙发、空调等。

2012年5月，在矿污水处理站南侧新建女职工澡堂，2013年4月投入使用，建筑面积197平方米，配有230个吊篮箱、喷头20个。

2017年1月，男职工澡堂进行重新吊顶施工，由暗装供水管道改为明装管道。

2018年5月，男职工澡堂更换淋浴杆60余组、淋浴头40余个，洗手盆2个、更换防滑垫80米。同月，由矿自主研发的第一代职工洗靴机试运转成功。经过3个月的不断升级，10月，升级后的第三代

图9-2-4　王楼煤矿职工澡堂。（2009年摄）

图9-2-5　王楼煤矿职工洗衣房。（2010年摄）

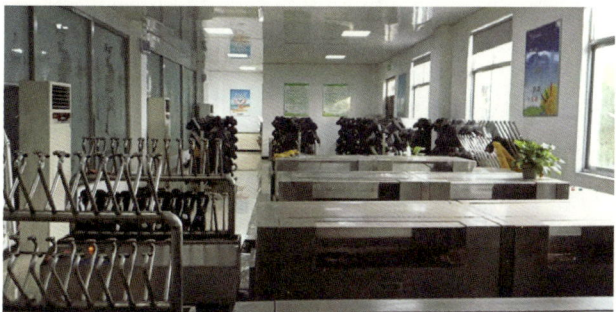
图9-2-6　王楼煤矿职工刷靴机房。（2018年摄）

图9-2-7　王楼煤矿职工更衣室。（2018年摄）

洗靴机房投入使用。在新建刷靴机房一楼配置洗靴机4台、加工改进烘干机3台、定制晾鞋架15架。自此职工下井穿的矿靴实现集中洗刷。

2018年9月，在新建刷靴机房二楼吊篮室新安装职工吊篮300个。

第三节　职工宿舍

一、管理

2005—2018年，制定了《职工宿舍管理规定》《职工宿舍用电管理规定》等多项制度实行日常监督管理，每周三抽查2个单位的宿舍。

2012年2月，率先对采一工区、采二工区职工宿舍楼实行标准化管理，部分室内用品及卧具由矿统一配备，制定《标准化职工宿舍监督检查标准》。每三层设有1名保洁工，专门负责楼梯、走廊、洗漱间、卫生间的卫生清理。

每周三下午矿组织卫生监督检查小组进行抽查，总务科做好检查记录，检查后将检查情况汇总后OA公布。各单位按检查结果进行整改，整改后进行反馈，总务科接到反馈后需进行验收，对整改不达标者予以处罚。

宿舍每周定期检查1次，每月进行1次考评，对优秀宿舍予以表扬，较差宿舍予以相应处罚。

2007年，职工宿舍规定入住标准为6人一间，管理人员以上4人一间。

2010年，新建机关宿舍楼启用，机关管理人员由职工宿舍搬迁到机关宿舍楼，入住标准为3人一间，副总入住标准为2人一间；职工宿舍采掘工区由6人间调整为4人间。

2012年，新建五号宿舍楼启用，辅助工区由6人间调整为4人间。

2017年2月，军城单元房和2号职工公寓面向全矿职工租赁，单元房优先面向双职工公寓租赁，专门制定单元房租赁评分办法。截至2018年底，在军城单身公寓和单元房租房的职工达到170人。

2018年11月，采一工区、采二工区职工宿舍由4人/间调整为3人/间。

图9-2-8　王楼煤矿职工公寓。（2009年摄）

二、考核

（一）卫生标准"六净、六无"

六净：楼前楼后净；大厅门窗净；走廊楼梯净；墙壁顶棚净；面盆便池净；把手开关净。

六无：无果皮纸屑；无污水污物；无乱贴乱画；无乱摆乱放；无积存垃圾；无长流水长明灯。

（二）内务标准"六净""五线""四无""三齐""二平""一达标"

六净：门窗擦净；桌子抹净；地面、死角扫净；脏物除净；墙面洁净；床上干净。

五线：毛巾一条线；被子一条线；鞋子一条线；杯瓶一条线；阳台衣物晾成一条线。

四无：无张贴纸画、乱拉线绳；无垃圾、蛛网和异味；无烟头、酒瓶；无乱放衣裤、挂衣现象。

三齐：洗漱用品摆放整齐；书籍、挂包、外衣摆放整齐；电脑桌、凳子摆放整齐。

二平：床单平直；被子平整。

一达标：每次检查单位达标率80%以上。

三、设施

职工宿舍楼共6栋，建筑面积19066平方米，入住2320人（1号宿舍楼490人、2号宿舍楼594人、3号宿舍楼548人、4号宿舍楼108人、5号宿舍楼460人、机关宿舍楼120人）。

图9-2-9　王楼煤矿职工公寓。（2008年摄）

表9-2-5　王楼煤矿职工宿舍建设情况表

宿舍名称	竣工时间（年）	建筑栋数	入住人数	建筑面积（平方米）
2号楼	2004	1	594	4123
1号、4号楼	2005	2	598	5383
3号	2007	1	548	3410
机关宿舍楼	2010	1	120	3410
5号	2011	1	460	3376

2004年4—12月，2号单身宿舍楼动工，砖混结构，建筑面积4123平方米。该工程由山东华鲁建安集团有限公司施工建设。

2004年11月，1号单身宿舍楼动工，砖混结构，建筑面积4123平方米，该工程由山东华鲁建安集团有限公司施工建设，2005年11月竣工。

2004年12月，单身楼扩建工程动工，砖混结构，建筑面积1260平方米。该工程由山东华鲁建安集团有限公司施工建设，2005年11月竣工投入使用。

2006年12月，3号单身宿舍楼动工，砖混结构，建筑面积3410平方米，该工程由山东华鲁建安集团有限公司施工建设，2007年5月竣工投入使用。

2009年6—12月，机关宿舍楼动工，砖混结构，建筑面积3410平方米，该工程由山东华鲁建安集团有限公司施工建设。

2011年4—11月，5号单身宿舍楼动工，砖混结构，建筑面积3376平方米，该工程由山东华鲁建安集团有限公司施工建设。

2017年10月，1、2、3、5号职工宿舍楼以及东配楼外墙粉刷乳胶漆工程动工，粉刷面积约12000平方米，该工程由济宁时尚家园装饰工程有限公司施工，同月竣工。

图9-2-10　王楼煤矿建设中的职工宿舍。（2004年摄）

图9-2-11　王楼煤矿建设中的机关宿舍楼。（2009年摄）

2018年5—8月，1、2、3号职工宿舍实木门更换工程动工，共计411套。该工程由济宁瑞辉装饰工程有限公司施工。

2018年10—11月，5号宿舍楼及机关宿舍楼实木门更换工程动工，共计184套，该工程由济宁瑞辉装饰工程有限公司施工。

2018年8—11月，1、2、3、5号职工宿舍楼走廊吊顶及走廊墙面粉刷工程动工，走廊吊顶面积2600平方米，走廊墙面粉刷2900平方米，该工程由济宁瑞辉装饰工程有限公司施工。11—12月，职工宿舍室内装修施工动工，装修施工面积11000平方米，墙面顶棚粉刷乳胶漆，地面铺设地板革，供电线路重新布设。该工程由济宁瑞辉装饰工程有限公司和华康建设有限公司共同施工。

第四节　水电暖

一、供水

（一）水源井

2004年，矿井筹建期间，在1号宿舍楼东侧及污水处理站施工水源井两处，井深100米，井壁套管采用30毫米厚DN360毫米水泥管。

王楼煤矿水源井共计2眼，总供水量可以满足全矿工业及生活需水量。

表9-2-6　2018年王楼煤矿水井一览表

编号	水井位置	水泵型号	标定泵量（m³/h）	取水量（m³/d）	供水范围
1	1号宿舍楼南	200RJC60-21	60	850	食堂、宿舍、澡堂生活用水
2	污水处理站	200RJC60-21	60	850	食堂、宿舍、澡堂厕所冲刷用水

（二）生活用水检测

对职工饮用水以及办公地点、职工宿舍、职工澡堂等地点的生活用水坚持每年送防疫卫生部门进行1次检测，检测结果符合生活用水标准。

2010年，在职工宿舍楼、机关宿舍楼、办公楼、工区楼、副井口等地点配置净化饮水设备35台。职工饮用水除每年的防疫卫生检测外，总务科坚持每月对饮水设备水质进行检测，对检测结果不符合净化要求的饮水设备及时更换滤芯，确保设备净化效果。

表9-2-7　2018年王楼煤矿水源井水质化验结果表

检测项目	国标	测定值	检测项目	国标	测定值
色度（度）	≤ 15	< 5	嗅和味	无异味臭异味	无异味臭异味
肉眼可见物	无	无	浑浊度	≤ 3	1
pH 值	6.5-8.5	7.75	总硬度（mg/L）	≤ 450	48.34
铁（mg/L）	≤ 0.3	< 0.03	猛（mg/L）	≤ 0.1	< 0.01
铜（mg/L）	≤ 1.0	< 0.01	锌（mg/L）	≤ 1.0	< 0.01
硫酸盐（mg/L）	≤ 20	< 0.50	氟化物（mg/L）	≤ 1.0	0.96
砷（mg/L）	≤ 0.05	< 0.001	镉（mg/L）	≤ 0.01	< 0.003
铅（mg/L）	≤ 0.05	< 0.01	铬（六价）（mg/L）	≤ 0.05	< 0.01
氨氮（mg/L）	≤ 0.2	< 0.1	硝酸盐氮（mg/L）	≤ 10	< 0.20
细菌总数（CFU/ml）	≤ 100	2	总大肠菌群（CFU/ml）	不得检出	未检出

二、供电、供暖

（一）电暖设施

2003年10月，35千伏变电所动工，钢筋混凝土结构，建筑面积1127平方米。该工程由山东华鲁建安集团有限公司施工建设，2004年4月竣工。

2005年5—9月，锅炉房及水处理换热间动工，钢筋砼基础，建筑面积648平方米，上部钢结构，该工程由山东华鲁建安集团有限公司施工。

2005年5月，供热、排水管道同时动工，该工程由山东华鲁建安集团有限公司施工建设，2007年7月竣工。

2005年6—9月，6千伏变电所开工，建筑面积149平方米，该工程由山东华鲁建安集团有限公司施工建设。

2005年12月，日用消防泵房及水池动工，砼结构，地下一层为水池，建筑面积158平方米。该工程由山东华鲁建安集团有限公司施工建设。

2016年11—12月，锅炉房烟囱拆除动工，建筑面积648平方米，由济宁蓝盾爆破公司施工。

图9-2-12　王楼煤矿锅炉房。（2006年摄）

（二）日常维护

1. 供电：办公楼、宿舍楼等由矿变电所集中供电，保障职工日常用电需求。总务科主要负责建筑物内供电线路的完好和日常维护工作。职工宿舍用电设备主要有电视、空调、照明灯等，不允许职工在宿舍使用大功率电器。

日常维护：总务科专业电工每季度对职工宿舍、办公楼等主要用电场所供电线路进行检修维护。日常用电故障在接到报修通知后坚持日事日毕，当天的隐患问题坚持当天解决。维修人员坚持夜间值班制度，每天在后勤服务值班室都会有1名值班维修人员坚持在工作岗位，随时应对和处理职工宿舍各类用电问题。

2. 供暖：2007年开始，王楼煤矿办公区和职工宿舍区冬季采暖采取集中供暖方式。2007年，安装3台4吨蒸气锅炉保障供暖。锅炉房及水处理换热间配置引风机、鼓风机、省煤器、多管除尘器、脱硫除尘器、定压系统、上煤出渣机械等配套设备。

2007年8—10月，安装余热利用机组2套（型号：30HXC400A-HP2），对行政办公楼集中冬季供暖，夏季供凉。

2007—2016年5月，职工宿舍冬季供暖方式为蒸汽锅炉+铸铁暖气片。

2010年4月，在职工宿舍安装1.5匹格力空调，职工宿舍实现夏季供凉。

2016年6月，对1号和5号职工宿舍供暖系统进行改造，实现利用矿井余热系统集中供暖。

2017年5月，东配楼和2号、3号宿舍楼职工宿舍内的电空调统一拆除，由艾克特公司施工中央空调系统后并入余热利用系统，职工宿舍全部实现中央空调集中供暖。

日常维护：总务科主要负责室内管路、阀门及设备的维修和维护工作。每年在冬季供暖或夏季供凉前，在机电工区进行打压试验时，打压期间总务科维修人员专门盯靠现场，对现场存在问题进行记录，打压试验后及时处理发现的问题。在夏季和冬季中央空调运行之前，维修人员会对中央空调滤网分别进行一次清理工作。日常使用过程中出现的问题，维修人员根据日常工作安排进行处理。

第三章　物业管理

第一节　矿区绿化

一、绿化

建矿初期，工业广场建成后，分2期合计投资361.25万元，对工业广场进行绿化，绿化采用乔、灌、花、草有机结合的立体栽培模式，种植的品种主要有广玉兰、大叶女贞、无齿枸骨球、五角枫、枇杷、紫薇、大叶黄杨、松柏等。

2007年，，矿区的绿化由总务科负责，绿化率达到32%，绿化覆盖率达到37%。每年投资5万元，进行绿化修剪和补种，其中：草坪1万平方米、冬青600余株、黄杨700余株。

图9-3-1　王楼煤矿矿区环境。（2008年摄）

2016年5月，对矿区以北新征土地进行绿化，新增绿化面积1万平方米，种植植被主要有红叶石楠、黄杨、龙爪槐、牡丹、芍药、草坪等，在人工湖周围及矿北排水沟两侧种植垂柳120棵，在假山种植苹果、山楂、梨、杏等水果树，矿区绿化率达到41.4%。

2018年3月，将矿区西停车场绿化带红叶石楠、龙爪槐等移植到假山及人工湖周围，绿化带内种植树冠更为高大的美国红枫126株。

2018年10月，投资11.5万元，对矿区枯萎绿化苗木进行补种，新种植广玉兰、红玉兰、木槿、龙爪槐、红枫等苗木1500余株。

二、养护

矿区绿化苗木的养护工作由物业公司负责，总务科负责监管。物业公司配有专业的绿化苗木养护人员，养护人员根据各种植被的生长习性定期修剪、施肥、除虫、撒药。在苗木的生长季，养护人员平均3天1次浇水，每周1次撒药，每2周1次施肥工作。

每年植树节，组织全矿适龄青年参加形式各样的植树护绿活动，全矿适龄职工参加义务植树尽责率达90%，人均植树5株以上。

第二节　矿区物业

一、管理机构

物业公司在王楼煤矿设立物业服务项目部，配有项目经理1人，物业公司员工归物业公司直接管理，总务科负责监督管理。项目部包含保洁班组、绿化班组、工广卫生班组和岗位工班组，每个班组设有班长1人。物业公司项目经理对物业公司服务工作全面负责，负责项目部人员的工作安排、岗位调整、工作协调等。项目经理除日常工作安排外，必须每天参加总务科科务会，休班期间安排代理负责人参加，对总务科临时安排的服务工作进行统筹安排，有序推进承包范围内的各项工作。

二、岗位制度

根据物业公司合同承包服务范围，物业公司根据具体工作同总务科共同制定《保洁工管理制度》《绿化工管理制度》《洗衣工管理制度》《洗碗工管理制度》。各岗位工种的管理制度落实由物业公司具体负责，总务科负责监管。

三、物业管理

（一）物业合同

2007年10月1日，兖州市特丽洁物业管理有限公司与王楼煤矿签订后勤服务劳务承包合同，为王楼煤矿提供物业服务，合同期限2年。

2009年10月1日—2017年12月16日，兖州市特丽洁物业管理有限公司以2年为服务周期与王楼煤矿续签合同，持续为王楼煤矿提供物业服务。

2017年12月1日，王楼煤矿与兖州市特丽洁物业管理有限公司终止劳动合同，物业公司终止服务。

2017年12月17日，王楼煤矿与济宁市兖州区明浩物业服务有限公司签订后勤劳务承包合同，全面接手原特丽洁物业公司的服务工作。

（二）物业承包

保洁工作，以人工工资和材料全包的方式承包，工作中所产生的人工费以及各种工具、设备、消耗品、一次性用品等费用均由物业公司承担。服务范围有行政办公楼、工区办公楼、售煤楼、宿舍楼楼梯间、走廊以及洗漱间和厕所的卫生；工业广场、停车场区域的厂区路面，绿化带卫生。

绿化维护工作，以工人公司和材料全包的方式承包，绿化苗木的养护所需各种用具、设备、肥料、药物等费用均由物业公司承担。服务工作包含绿化带除草、施肥、浇水、撒药，绿化苗木的修剪、移植、除虫，枯死苗木的更换和补种。

（三）费用结算

费用结算：劳务费每月按实际人数和实际发生数额据实结算，管理服务费按实际劳务费用的5%计取，社会保险（包含养老、医疗、失业、工伤、生育和大额救助）按照济宁市最低缴费标准执行。国家上级部门政策性增资部分，由王楼煤矿负担。

支付方式：物业公司每月10日前向王楼煤矿提供增值税专用发票，王楼煤矿于每月15日前向物业公司支付上1个月的费用。

第四章　医疗卫生

第一节　管理机构

一、机构沿革

筹建期间，职工的医疗服务由华建安装公司个体门诊承担。

2008年3月1日，成立王楼煤矿卫生所。2008年3月—2011年12月，卫生所位置为宿舍东配楼一楼，设门诊、治疗室、输液室、换药室、药房、工伤住院病房等科室。

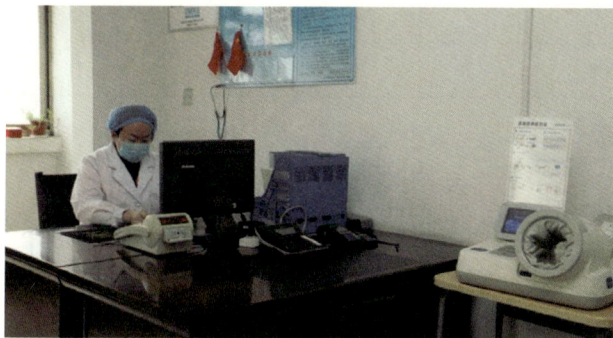

图9-4-1　王楼煤矿卫生所门诊室。（2018年摄）

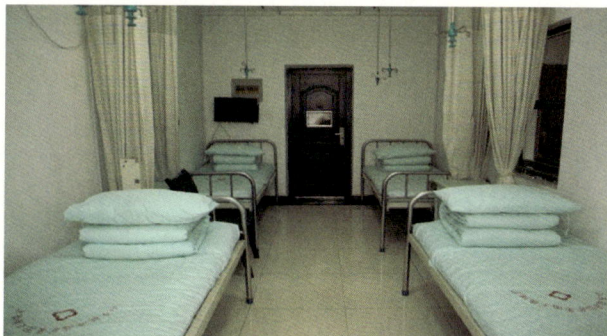

图9-4-2　王楼煤矿卫生所输液室。（2018年摄）

2011年12月，增设理疗室。

2012年12月31日，根据国家医疗保障制度改革和煤矿应急救援医疗保障的有关规定，与济宁医学院附属医院签订医疗救护协议。

二、队伍建设

2008年3月，分别由古城煤矿调入1人，草埠煤矿调入6人。配备所长1人，主治医师1人，医生1人，护士5人。

2009年，调至军城煤矿2人，同时由本矿选拔出2位有医疗学历并有医疗经验及执业证书的职工到卫生所工作。

2010年，调至内蒙古矿区工作1人、同时由本矿选拔出1位有医疗学历、并有医疗经验及执业证书的职工到卫生所工作。

2017年，退休离岗1人，同时由军城煤矿调入2人。

表9-4-1　2008—2018年王楼煤矿卫生所医务人员统计表

年度	总人数	其中		文化程度		职称		年龄		
		男性	女性	大专	中专	主治医师	医护师	35以下	36~45岁	46~55岁
2008	7	3	4	7	—	1	6	5	—	—
2009	7	3	4	7	—	1	6	5	—	—
2010	7	2	5	6	1	1	6	4	3	—
2011	7	2	5	6	1	1	6	4	3	—
2012	7	2	5	6	1	1	6	3	3	1
2013	7	2	5	6	1	1	6	3	3	1
2014	7	2	5	6	1	1	6	3	3	1
2015	7	2	5	7	0	1	6	2	4	1
2016	7	2	5	7	0	1	6	2	4	1
2017	8	1	7	8	0	1	7	3	4	1
2018	8	1	7	8	0	1	7	3	4	1

第二节　管理制度

一、医德医风管理

本着"一切为了病人，一切以病人为中心"的服务理念，不断加强医德医风建设，规范医务人员诊疗行为，推行文明用语，严格执行《山东省医疗机构收费项目及收费标准》及《药品管理制度》。

2008年7月，制定《医德医风考核办法》，将个人行为规范、服务质量量化考核。2008—2018年均按此办法考核。

二、制度建设

2009年1月，制定《王楼煤矿卫生所工作制度》《卫生所所长岗位责任制》《门诊医师岗位责任制》《药剂师岗位责任制》《护理工作责任制》《消毒室护士岗位责任制》《卫生所药品验收制度》《药品阳光采购管理制度》等一系列规章制度。

2011年2月17日，完善各项管理制度，同时制定卫生所所长、门诊医师、药房工作、护理工作、消毒室工作等岗位责任制。

2016年10月，编制下发《门诊值班医师工伤转诊工作流程》以加强对工伤职工的救助工作。

第三节　防疫　保健

一、卫生防疫

依据《中华人民共和国传染病防治法》，完善疾病防控联动机制，建立健全公共卫生事件应急制度。大力宣传普及爱国卫生知识，开展全矿计划免疫、消毒杀虫和灭鼠工作。

二、卫生保健

2013年10月，联合喻屯镇卫生防疫站对职工及家属进行麻疹等疫苗接种。2012年11月，联合中国经济网山东频道、山东新闻网济宁新闻中心、济宁中医院举行义诊、健康查体活动。活动内容包括：老中医免费健康保健、风湿、颈椎、腰腿疼痛等病症的义诊、健康查体；冬季健康知识手册发放、健康知识主题展板；"关爱矿工、心系健康"知识讲座。

针对王楼煤矿井下高温的特殊状况，制定并实施一系列的防暑措施：准备充分的防暑药品。如藿香正气胶囊、藿香正气水、口服补液盐等。准备充分的预防及治疗皮肤病的药物。如曲安奈德氯毒素溶液、炉甘石洗剂等。

表9-4-2　2008—2018年王楼煤矿防暑药品发放记录表

年度	藿香正气水（盒）	藿香正气胶囊（盒）	炉甘石（瓶）	口服补液盐（包）	曲安奈德氯霉素溶液（瓶）
2008	500	1000	200	500	500
2009	500	800	150	400	200
2010	800	1000	160	360	300
2011	900	900	150	400	400
2012	950	950	160	500	500
2013	1000	1000	180	550	150
2014	1300	1300	190	600	200
2015	1400	1400	200	600	300
2016	1400	1400	200	600	100
2017	1200	1200	100	200	100
2018	1200	1200	100	200	100

第四节　医疗设备

2008年3月，配备听诊器、体温表、血压计、氧气瓶、氧气袋、病床、紫外线消毒车、急救箱、高压消毒锅、换药包等医疗工具。

2011年12月，购置LGT磁振热治疗仪2台、中频电疗仪2台、五官短波治疗机1台、SCJ–IV型颈椎牵引椅1把、药物熏蒸治疗机1台、SCA–2型按摩理疗床2张等理疗设备。

2015年8月，购置按摩椅3台。自动血压计2台。

2018年8月，增加按摩椅4台。

第五章 武装保卫

第一节 管理机构

一、机构沿革

2002年10月，王楼矿井筹建处成立保卫组，设组长1人

2003年10月25日，成立王楼矿井筹建处保卫科，设科长1人，副科长1人，护卫队员6人。

2006年1月3日，经报任城区公安分局批准，建立护卫中队，设队长1人，副队长1人，队员24人。

2007年7月1日，成立王楼煤矿保卫科，设科长1人，副科长1人，护卫队员增至26人。

2016年1月1日，王楼、军城两井合并，设科长1人，副科长2人，主管管理1人，护卫队员40人。下设正门、东门、煤码头及军城留守办4个护卫分队，设分队长4人，全面负责王楼煤矿内部治安保卫工作。

截至2020年4月5日，武装保卫科共有人员44人，其中科长1人，副科长2人，主管管理1人，护卫队员40人。下设正门、东门、煤码头、军城留守办和农业园生产基地护卫分队共计5个护卫分队，设分队长5人。

二、管理制度

2004年5月，制定《王楼矿井筹建处内部治安管理（暂行）办法》《门卫管理制度》《巡逻管理制度》，建立健全岗位责任制和内部治安管理制度。

2007年5月1日，制定《王楼矿井筹建处职工行为规范细则》。

2007年8月15日，为进一步加强矿区规范化管理，制定《王楼煤矿胸卡管理规定》。

2008年3月，对原《王楼矿井筹建处内部治安管理办法》《王楼矿井筹建处职工行为规范细则》合并修编，形成《王楼煤矿内部治安管理办法》。5月，对原《门卫管理制度》《巡逻管理制度》《保卫科值班管理规定》合并修编，形成《王楼煤矿保卫科内部管理制度》。

2010年3月，制定《王楼煤矿保卫科护卫队员绩效考核标准》，对护卫队员每日工作考核评分作出明确规定。

2014年4月，先后制定实施《矿区内部交通安全管理制度》《停车场管理制度》，进一步提高职工自有车辆的行驶安全意识，规范各类车辆的停放标准。

2016年5月，对《王楼煤矿保卫科内部管理制度》修改完善，增加《王楼煤矿私家车管理规定》。

2017年5月，参与制定《王楼煤矿职工行为规范》并行文下发，对职工行为规范重新定义。

2017年6月，远程运销系统正式运行，修改煤场发运流程和煤场门卫岗位职责，编制《王楼煤矿煤场管理制度》《王楼煤矿运输车辆安全管理规定》《王楼煤矿运煤车辆安装电子标签管理办法》，为新形势下发运需要提供了制度保障。

第二节 矿区保卫

一、治安监控

2007年9月，矿为提高治安防范能力，投资40万元购买全套的监控设备，设立保卫监控系统，全矿设有9处监控探点，大门等重点要害部位实现实时监控。

2008年，保卫科加大技防措施，对仓库、办公楼等重点场所加装红外摄像头。

2011年7月，购置警用车辆、电动巡逻车各1辆及部分警用器械，喻屯派出所在王楼煤矿设警务室。

2012年1月，对矿区内部要害部位的视频监控器进行升级改造，安装红外线视频监控设施13处，进一步提高矿区的治安保卫工作信息化程度和防御能力。10月，"十八大"召开前夕，根据公安机关、上级武装部、信访办的要求，保卫科集中保卫力量加强对矿区不稳定因素的排查，对外租房职工进行逐家查访、细致摸排，掌握重点人员思想动态。

2014年4月，安装建设保卫科治安监控室，配备彩色视频监控大屏4块、海康威视摄像球机5个、海康威视摄像枪机49个，实现矿区数字化监控全覆盖。

2016年6月，按照集团公司治安防控体系"五个统一"的建设要求，矿保卫科全面实现统一衣着装备、统一训练比武、统一制度考核、统一应急机制、统一协调指挥。

2017年2月，增设矿区治安监控24处，继续扩大矿区视频监控范围，实现矿区视频监控无盲区。3月，投资30万元对东大门进行升级改造，新建矿发运大门、客户休息室、茶水间、卫生间等配套设施。4月，保卫科共计出动100余人次，配合当地公安队伍共同维稳，为安兴集村庄搬迁提供有力的保障。8月，对宿舍区监控系统改造升级，职工宿舍区配备彩色视频监控大屏1块、海康威视摄像枪机35个、32路硬盘录像机1个、16路硬盘录像机1个，实现职工宿舍区高清数字化监控全覆盖。

2018年10月，在机修厂范围安装海康威视摄像枪机15个，32路硬盘录像机1个，实现机修厂管理范围的设备、材料存放视频监控，加强地面机修车间设备安全管理。12月，煤泥棚及配煤棚建设完成后，根据场地变化情况对矿区南部多个监控摄像头位置进行调整，并新增设监控摄像头4个，确保监控全覆盖。

表9-5-1 2007—2018年王楼煤矿监控设备一览表

名称	数量	名称	数量
16路硬盘录像机	5台	网络高清快球	8个
		网络高清枪机	61台
32路硬盘录像机	1台	网络高清半球机	35个
西数监控硬盘2T	30部	西数监控硬盘3T	10部
46寸创维监视器	5台	华三千兆24口交换机	1台
迅捷16口百兆交换机	1台	NETLINK光纤收发器	24对
TPLINK8口交换机	8台	TPLINK5口交换机	16台

表9-5-2　2011—2018年王楼煤矿警械装备统计表

类型	数量	购买时间
警用盾牌	30 个	2011 年 5 月
橡胶棍	30 个	
警用头盔	40 个	
警车	1 辆	2011 年 7 月
电动巡逻车	1 辆	
电动巡逻车	1 辆	2016 年 6 月
对讲机	8 部	2018 年 9 月
执法记录仪	4 部	2018 年 10 月

二、主要案件

2003年8月，王楼村民多次到矿区阻挠矿井正常开工，8月20日，任城区公安局联合各有关部门强制开工，矿区秩序得到恢复。

2005年3月1日，因矿外公路施工，与王楼村村民发生冲突，门卫值班室遭到村民石块攻击，造成保卫科1人腿部受伤，经派出所调查取证，拘留滋事村民2人，治安罚款。11月20日，护卫队员在夜班巡逻中，发现一盗割电缆的犯罪团伙，当场抓获1人并扭送公安机关，另外2人逃逸，后在公安机关的追捕下相继落网。12月26日，矿东大门北侧锦瑞饭店发生一起凶杀案，致该饭店老板及服务员2人死亡，当地公安机关在矿保卫科积极协助下，仅用4天就将犯罪嫌疑人孟某抓获。

2008年9月17日，配合当地公安机关，一举打掉抢劫职工群众财产的犯罪团伙，现场抓获犯罪嫌疑人1人，其余6人相继落网。11月19日，配合当地派出所成功抓获5名进入矿区敲诈勒索的犯罪团伙。

2009年2月18日，王楼村村民约40人，对矿运煤码头进行暴力攻击30分钟，造成1名护卫队员腿部受伤、码头部分办公设施损坏，矿码头已装船的6000吨混煤无法运出。经公安机关调查取证，将带头滋事的村民王某、李某治安拘留。

2013年9月4日，开拓工区汇报在井下生产工作面发现炸药丢失，经对现场作业人员的排查询问，开拓工区职工王某有重大嫌疑。保卫科立即向喻屯镇派出所报案，市中区公安局治安大队与喻屯镇派出所前往王某家中搜查，先后搜出15发电雷管和11卷炸药，当地公安机关将王某依法刑事拘留。

2017年8月27日，查获矿下料队职工戚某勾结矿外人员盗窃电缆，追回被盗电缆，按照矿相关管理规定对戚某和矿外人员进行处罚。10月2日，查获矿机电工区王某、唐某和冯某利用岗位之便盗窃井下电缆，追回部分被盗电缆及全部赃款，按照矿相关管理规定对王某、唐某和冯某进行处罚。

2018年4月26日，根据群众举报，查获何某、李某在矿外租房处私自种植罂粟，由矿内部处理，按照矿相关管理规定对何某、李某进行处罚、教育。

截至2018年12月，全矿共发生刑事案件4起，治安案件90起，当年都已处结。

表9-5-3　2002—2018年王楼煤矿主要案件统计表

年度	刑事案件		治安案件	
	发案数（件）	查处数（件）	发案数（件）	查处数（件）
2002	0	0	5	5
2003	0	0	13	13
2004	0	0	7	7
2005	1	1	7	7
2006	0	0	6	6
2007	—	—	7	7
2008	2	2	5	5
2009	—	—	6	6
2010	—	—	5	4
2011	—	—	11	11
2012	—	—	6	6
2013	1	1	7	7
2014	—	—	2	2
2015	—	—	3	3
2016	—	—	1	1
2017	—	—	2	2
2018	—	—	1	1

第三节　户籍管理

王楼煤矿户籍管理工作，在建矿初期是对本矿的在册职工进行户口管理。随着矿区建设的不断发展，职工以及家属不断逐年增长，为准确及时地掌握全矿人员的户籍情况，方便职工及家属的户籍业务办理，于2010年在济宁市中区公安分局建立王楼煤矿集体户。截至2018年底，共为242人办理入户手续，出具暂住证证明667人次，解决3个家庭的子女上学问题。

2012年下半年，为全矿2200名职工办理居住信息登记，更准确地掌握职工户籍的第一手资料。

表9-5-4　2010—2018年王楼煤矿办理户籍统计表

年度	办理入户手续	出具暂住证证明
2010	45	84
2011	31	96
2012	53	85
2013	42	84
2014	21	73
2015	17	89
2016	21	68
2017	12	56
2018	0	32

第四节　民兵、预备役建设

一、机构沿革

2011年5月，成立王楼煤矿人民武装部，设部长1人，副部长1人，干事1人。武装部下辖民兵连，设连长、指导员各1人，共有民兵92人。

2015年5月，经中国人民解放军山东陆军预备役炮兵师批准，成立山东陆军预备役炮兵师第三团二营六连，连部设在王楼煤矿武装保卫科。下设三个排，编制分为指挥排、炮一排、炮二排，共计92人编制。

二、主要工作

2007年8月20日—9月9日，聘请济宁市武警支队教官开展全员军事训练活动。9月10日，进行阅兵式暨汇报表演。

2011年12月，冬季征兵期间，在全矿范围内利用宣传横幅、发放宣传册、电视台等形式开展征兵宣传发动工作。

2012年6月，参加济宁市武装部民兵应急拉练活动，共出动民兵40人。9月，接上级武装部的通知，组织30人的民兵分队参加济宁市武装部为期2天的社会维稳工作。10月，"十八大"召开期间，在民兵连中抽调出6名骨干分子组成民兵小分队参加济宁市维稳办、武装部联合组织的社会维稳工作。

2013年6月、9月，分2次参加济宁市武装部民兵应急拉练活动，共出动民兵70人次。

2014年5月，在民兵连中抽调5名骨干分子参加济宁市武装部民兵应急拉练。

2015年9月14日—10月13日，山东陆军预备役炮兵师第三团在潍坊组织实弹战术演习拉练，矿选派6名预备役士兵参加，1人被授予"神炮手"荣誉称号，1人被评为优秀预备役军官，3人被评为优秀预备役士兵。

2016年7月，山东陆军预备役炮兵师第三团在矿对二营六连进行应急人员点验，团首长对点验情况给予高度评价。

2018年6月29日，选派15人在山东理工大学参加任城区民兵应急分队点验。

8月16—20日，选派2人次参加山东预备役炮兵师第三团为期5天队列训练。11月13—23日，选派3人次参加山东预备役炮兵师第三团为期12天的炮兵专业训练，其中1人获得炮长专业第1名、1人获得瞄准手专业第1名。

图9-5-1　王楼煤矿喻兴生态园养鱼池塘。（2019年摄）

第十篇 人物与荣誉

第一章　人　物

第一节　人物名录

一、会议代表、政协委员名录

（一）济宁市第十六届人民代表大会代表：肖庆华

（二）济宁市市中区第十七届人民代表大会代表：肖庆华

（三）任城区第十一届政协委员：邵长余

（四）济宁市市中区第十二届政协委员；第十三届政协委员、常委：邵长余

（五）济宁市任城区（市中区、任城区合并为任城区）第一届政协委员、常委，第二届政协委员、副主任委员：邵长余

（六）济宁市任城区第二届人民代表大会代表：刘　强

（七）济宁市任城区党员代表大会代表

第二次：刘晓茹（女）

（八）济宁市鱼台县政协委员

第九届：吴海刚

二、副总师级、科级人员名录

（一）副总师级

杜东吉	齐东合	钟宇辉	邱教喜	王传庆	林相亮	吕玉广	高敬东	诸葛祥华	吕凤新
葛现栋	王寅林	董勤凯	刘　辉	邹洪建	刘汉慈	王　斌	刘维信	赵宝相	孔凡军
王乐义	田衍圣	胡彦峰	张假妮	王玉强	毛爱星	邵　锦	贾长科	尹成勇	

（二）科级

肖顺生	赵彦来	石兰廷	胡加勇	李一亮	林相亮	毛爱星	林　原	邱教喜	陈克明
王传庆	张爱杰	刘宝开	曹明堂	王崇欣	潘廷志	吴绍辉	吴兴国	高敬东	吴福远
赵宝相	翁洪周	柴延春	胡彦峰	田衍圣	白传森	兰庆文	董爱江	赵治国	兰庆武
诸葛祥华	董勤凯	马祥志	马骏骋	孙九光	吕玉广	邹洪建	刘忠云	朱孔绪	密士廷
解直江	王玉成	杜保文	齐元红	郭圣刚	葛现栋	王　伟	史仍方	郭　晓	何晓青
王寅林	梅秀堂	侯尤军	金宝志	魏建文	刘维信	周钦永	杨久波	韩　东	崔现贵
于建涛	刘立厂	张克靖	王艾新	吕凤新	李俊春	龙禄财	周华泽	徐晓华	郭建清
谢更现	张文义	张延强	孟凡伟	吴海刚	朱金峰	刘训珍	邢建福	赵培路	刘汉慈
杜庆江	张假妮	冯德才	刘　鹏	王其杰	管彦太	何玉收	张宝玉	刘成磊	张洪磊

范立强　王　涛　刘　辉　董爱明　崔永江　阚玉文　刘长富　王　斌　陈云关　孔庆法
左海峰　秦念成　杨德全　高建平　庄又军　邱合银　高清水　丁元善　李春江　李军委
陈兆轩　贾长科　邵　锦　董建廷　刘国伟　田德江　张文东　潘凤岭

三、专业技术职称人员名录

（一）历年专业人员晋升情况

2006年：工程师：张伦恭　亓俊国

2009年：高级政工师：田衍圣

　　　　工程师：诸葛祥华

2010年：高级工程师：邹洪建

　　　　工程师：肖庆华　秦念成　张爱杰　李　巍（女）

2011年：高级工程师：吕凤新　高敬东

　　　　工程师：钟宇辉　张俊宝　杨久波　柳占鹏　王寅林　董勤凯

　　　　经济师：赵治国　刘敬修

　　　　政工师：李秀芹（女）　兰庆武

2012年：工程技术应用研究员：任智德

　　　　高级工程师：丁学贤　齐东合

　　　　工程师：刘维信　刘忠云　潘月兰（女）

2013年：高级工程师：丁学贤

　　　　主管护师：李守芳（女）

　　　　会计师：侯海龙　张宏伟

　　　　经济师：史仍方

　　　　政工师：兰庆文

　　　　工程师：吴淑国　密士廷

2014年：高级工程师：诸葛祥华

　　　　执业药师：郭　晓　王　燕

　　　　主管护师：孙　燕

　　　　政工师：胡彦峰

2015年：教授级高级政工师：邵长余

　　　　高级工程师：肖庆华　张洪磊

　　　　政工师：刘晓茹（女）

　　　　工程师：马祥志　马骏骋　魏建文　于建涛　刘　鹏　葛现栋

2016年：工程师：张　信　邵长水　张假妮　孙　健　李福存　周钦永
　　　　　　　　陈　亮　赵　东　刘　杰（女）刘　辉　时套套
　　　　　　　　孙九光　贾新兵　庄文涛　李志胜　管彦太

　　　　网络工程师：乔鹏飞

　　　　经济师：孔文会　朱　宁

　　会计师：孔文会

　　政工师：张银萍

　　主管护师：李成翠

2017年：高级工程师：张文义　柳占鹏　张俊宝　王寅林

　　　　　工程师：何玉收　黄正龙　张兴卫　宗　磊　王乐义　段崇军

　　　　　　　　　刘光饶　徐中正　梁　博　郭永坤　孙　宁　孔庆奎

　　　　　　　　　张　磊　白建鲁　周　啸　段引库　耿士林　耿聪杰

　　　　　　　　　黄近峰　岳　磊　苏礼冲　左海峰

2018年：高级工程师：秦念成　刘维信

　　　　　高级政工师：吴海刚　李秀芹（女）

　　　　　政工师：孙　笑（女）董　凯　陈云关

　　　　　工程师：宋　涛　平立芬　郑丽颖　卢振星　徐成凯　寇　辉

　　　　　　　　　陶建彬　王其杰　范风伟　李增辉　邵庆文　倪峰平

　　　　　　　　　孟庆新　相　飞　刘　凯　张东振　马学民　刘　艳（女）

　　　　　经济师：杨学玲　南祥东　潘月兰　耿　伟

　　　　　会计师：张延强

（二）专业技术人员基本情况统计

　　截至2018年底，王楼煤矿共有各类专业技术职称人员222名，其中：工程技术系列166名、经济系列10名、会计系列4名、卫生系列10名、政工系列30名、教育系列1名、农艺系列1名。

表10-1-1　2018年王楼煤矿专业技术人员基本情况统计表

部门	专业技术职称	姓名	民族	籍贯	出生年月	参加工作时间	文化程度	取得时间	备注
办公室	工程技术应用研究员	白景志	汉	山东临沂	1968.04	1990.08	大学硕士	2018.12	党员
	工程技术应用研究员（注册安全工程师）	吕凤新			1974.05	1996.08	研究生硕士学位	2018.03	
机电管理部	高级工程师（注册安全工程师）	张洪磊		山东聊城	1977.01	1996.09	大学	2015.12	
办公室	高级工程师	徐国华		山东兖州	1981.12	2003.08		2016.12	
	高级工程师（注册安全工程师）	张俊宝		山东临沂	1965.09	1986.01		2017.02	
机电管理部	高级工程师	王寅林		山东莒县	1974.11	1999.12			
经营管理部	高级工程师（注册安全工程师）	张文义		山东日照	1973.12	1995.08			
办公室	高级工程师	王忠密		山东莒南	1974.05	1999.09	本科硕士	2017.05	
生产技术部	高级工程师（注册安全工程师）	刘维信		山东阳信	1977.07	2002.08	大学	2018.02	

续表

部门	专业技术职称	姓名	民族	籍贯	出生年月	参加工作时间	文化程度	取得时间	备注
办公室	高级工程师	密士廷	汉	山东临沂	1977.03	1998.0		2018.12	
安全监察处		秦念成		山东单县	1975.12	1998.03		2018.02	
机电管理部	高级工程师（注册安全工程师）	杨久波		山东莒县	1968.07	1989.01	大学	2018.12	党员
运搬工区	高级工程师	王涛		山东费县	1979.12	1999.09			
安全监察处	工程师（注册安全工程师）	严全荣		山东莒县	1965.04	1987.07		2004.11	
经营管理部		李巍		吉林四平	1982.05	2005.07	大学学士	2010.12	女
生产技术部		冯德才		山东潍坊	1976.09	1996.07	大学	2011.12	党员
经营管理部		潘月兰		山东日照	1983.08	2007.07	大学学士	2012.12	女，党员
地测科	工程师	孟辉		山东陵县	1974.04	1995.07	大专	2013.12	
生产技术部		刘鹏		青岛黄岛	1985.05	2009.07	大学硕士	2015.04	党员
机电管理部		马骏骋		黑龙江双鸭山	1980.03	2005.07	大学学士		
通防工区	工程师（注册安全工程师）	于建涛		山东德州	1984.05	2007.07			
经营管理部	工程师	马祥志		山东莒县	1974.01	1994.1	大学	2015.12	
安全监察处		赵杰		山东日照	1976.11	1997.11			
巷修工区		张信		山东济宁	1987.04	2008.07	大学学士		
办公室		邵长水		山东兖州		2009.07			
生产技术部		张假妮		山东东明	1982.09	2006.07			
防冲工区		孙健		山东汶上	1974.01	1995.07			
生产技术部		李福存		山东济宁	1986.04	2011.07	大专	2016.12	预备党员
机电工区	工程师（注册安全工程师）	周钦永		山东临沂	1969.08	1988.08			党员
运搬工区		陈亮		陕西汉中	1980.05	2003.08			
机电管理部		赵东		山西晋城	1985.07	2009.07	大学学士		
		刘杰	满	辽宁葫芦岛	1987.06	2009.07			女
选煤厂	工程师	贾新兵	汉	山东邹城	1981.08	2007.07			党员
生产技术部		庄文涛		山东临沂	1988.01	2008.07	大学		
准备工区		李志胜		山东菏泽	1986.09	2008.07			
		徐中正		山东临沂	1979.1	2003.08		2018.05	
		段崇军		山东淄博	1986.09	2009.07	大学学士		
生产技术部		白建鲁		山东济宁	1988.1	2011.08			
	工程师（注册安全工程师）	王乐义		山东临沂	1968.08	1990.09	大学		党员

部门	专业技术职称	姓名	民族	籍贯	出生年月	参加工作时间	文化程度	取得时间	备注
生产技术部		苏礼冲		安徽安庆	1988.01	2009.07	大学学士		
通防工区		黄正龙			1985.06	2008.07			
运搬工区		耿士林		山东济宁	1987.09	2010.01	大学		党员
综掘一工区		孙宁		山东青岛	1987.1	2008.07	大专		
机电管理部		张磊		山东沂水	1983.12	2007.07			
机电工区		宗磊		山东淄博	1984.08	2006.07	大学		
防冲办		黄近峰		山东邹城	1987.06	2010.07			党员
采一工区		何玉收		山东日照	1977.06	1998.08			
准备工区		张兴卫		山东邹城	1989.04	2011.07			
综掘一工区		刘光饶		山东胶南			大学/硕士		党员
生产技术部		耿聪杰		河北新乐	1986.11	2009.07			
采一工区		梁博		山东枣庄	1988.02	2010.07	大学		预备党员
综掘二工区		左海峰		山东邹城	1988.04				党员
安全监察处	工程师	段引库	汉	陕西武功	1980.04	2003.08	大学学士	2018.05	
		岳磊		山东微山	1982.1	2009.08	大学		党员
生产技术部		陶建彬		山东菏泽	1982.08	2007.01			
采一工区		马学民		山东潍坊	1985.02	2009.07	大学学士		
安监处		王其杰		山东临沂	1978.12	2000.1	大专		党员
运搬工区		寇辉		河南周口	1986.1	2008.07	大学学士		
生产技术部		李增辉		山东临沂	1983.08	2007.12			
运搬工区		范风伟		山东莒南	1978.03	2002.08	大学		党员
采一工区		卢振星		辽宁抚顺	1986.08	2009.07	大学学士		
		邵庆文		山东临沂	1984.08				党员
		刘艳		山东东营	1983.06	2010.07	大学		女
生产技术部		孟庆新		山东邹城	1987.02	2015.08	研究生/硕士	2018.12	党员
		徐成凯		山东泰安	1987.09	2011.07			
		宋涛		山东滕州	1984.06	2009.07			党员
机电管理部		倪峰平		山东泰安	1987.07	2009.07	大学		
选煤厂		郑丽颖		黑龙江五常	1989.05	2012.07			女，党员
机电工区		刘凯		山东潍坊	1986.1	2005.08			党员
		相飞		山东济宁	1984.03	2007.02			预备党员
生产技术部		平立芬		黑龙江青冈	1987.04	2010.07	大专		党员
		张东振		山东微山	1976.06	2006.09			

部门	专业技术职称	姓名	民族	籍贯	出生年月	参加工作时间	文化程度	取得时间	备注
纪委	助理工程师	金宝志		山东临沂	1970.08	1993.06	大学	1998.09	党员
综掘二工区	助理工程师（注册安全工程师）	刘军		山东新泰	1977.01	1997.08	中专	2003.11	
机电工区		郭守伟		山东费县	1980.02	2001.02		2005.12	
机修厂		韩玉		山东日照	1974.11	1993.01	大学	2008.01	党员
安全监察处		杨位良		山东枣庄	1985.09	2007.07	大学学士		
京杭公司		赵培路		山东菏泽	1979.02	2002.07	大学	2008.12	
选煤厂		季荣杰		山东临沂	1973.11	1994.11			
千祥置业		马树然		山东济宁	1980.01	2007.07	大学学士	2009.1	
机电工区		阚玉文		山东淄博	1968.06	1989.1	中专	2009.12	
军城留守办		张晶涛		山东济宁	1985.07	2007.01		2010.09	
综采二工区		王治增		山东临沂	1985.06	2008.07	大学	2011.09	
防冲工区		王洪兴		山东烟台	1985.11				
机电管理部		梁利宾		河北邢台	1986.01				预备党员
选煤厂		张园平		山东济宁	1984.05				女，党员
机电管理部物管科		张现丽	汉	山东临沂	1985.07				女
京杭公司		徐晓光		山东临沂	1987.06	2010.08	大学学士		
安全监察处		杨德全		山东东平	1970.06	1993.07	大专	2011.12	党员
机电管理部		李中正		山东日照	1975.09	1995.11			
生产技术部	助理工程师	庄伟山		山东临沂	1989.1	2011.07	大学	2012.09	
经营管理部		王瑞		辽宁锦州	1988.02				党员
生产技术部		王士礼		山东聊城	1986.08				
采二工区		王超		山东济宁	1988.05	2011.08	大学学士		
经营管理部		于得水		山东泰安	1986.07	2009.07	大学		
千祥置业		徐之刚		山东临沂	1988.03	2011.08	大学学士		
采二工区		李传标		山东菏泽	1988.09	2010.07	大专	2013.09	
机修厂		陈洁		济宁喻屯	1988.03	2012.07	大学		女
生产技术部		苏苗苗		济宁梁山	1989.07				
		马健		山东日照	1988.12				
综掘一工区		徐玉栋		山东莒县	1981.01	2001.08		2013.12	党员
安全监察处		司玉军		山东平邑	1976.09	1997.08	大学学士		
		魏中康		山东济宁	1988.02	2010.08			
后勤服务部		孔庆法		山东临沂	1984.1	2002.07	大专		党员
防冲工区		张红星		山东枣庄	1990.12	2011.07		2014.09	

部门	专业技术职称	姓名	民族	籍贯	出生年月	参加工作时间	文化程度	取得时间	备注
生产技术部		曹震		山东济宁	1987.07	2006.09			
综掘二工区		朱辉		河南商丘	1991.01				党员
经营管理部财务科		牛田娜		山东菏泽	1989.02	2013.07	大学	2014.09	女
巷修工区		王自荣		临沂罗庄	1990.04				
生产技术部防冲办		曹小轩		山东临沂	1988.1	2013.07			女
安全监察处		解直江		山东日照	1969.01	1986.12	大专		
准备工区		崔永江		山东莒县	1977.12	1998.08	大学		
安全监察处		朱孟新		山东临沂	1971.11	1987.11	大专		党员
采二工区		侯文柱		山东日照	1979.02	1999.11			
后勤服务部		刘波		山东平邑	1980.04	1998.08			
经营管理部		石道波		山东临沭	1978.04	2006.09	大学	2014.12	
机电管理部		于德明		山东费县	1969.03	1989.08			
生产技术部		李勇		山东济宁	1981.02	2005.01			党员
准备工区		王艾新		山东费县	1968.08	1990.1	大专		
生产技术部生产科	助理工程师	苑仁鹏	汉	山东鄄城	1989.08	2014.08			
后勤服务部总务科		滑小男			1989.01		大学		
通防工区		李建国		山东兖州	1987.01	2008.08			
经营管理部		耿华旭			1987.02				
生产技术部		朱宝逢		山东莒县	1980.08	1999.12			党员
		薛敏喜		山东临沂	1987.04	2007.08	大学学士		
综掘二工区		徐东康		山东兖州	1990.08	2012.07			预备党员
机电管理部		史丽丽		山东日照	1990.04	2014.08		2015.09	女
生产技术部防冲办		周新方		山东泗水	1990.12	2014.08			女
准备工区		古庆军		山东莒县	1978.05	2008.08			
综掘二工区		王可明		山东济宁	1988.01		大学		预备党员
机电工区		沈永富			1979.01	2004.11			
采一工区		陆超		山东兖州	1985.1				
生产技术部科技科		郑阳			1989.03	2008.08			女
综掘一工区		韩德国		山东苍山	1988.09				预备党员
选煤厂		梁敏			1988.12				女，党员

续表

部门	专业技术职称	姓名	民族	籍贯	出生年月	参加工作时间	文化程度	取得时间	备注
安监处	助理工程师	宿文杰	汉	山东莱州	1992.04	2015.08	大学	2016.09	
生产技术部		张修水		山东聊城	1990.09				
		房磊		山东临沂	1990.02	2008.08			
		宋增路		山东日照	1987.1	2007.08			
通防工区		高兴海		山东兖州	1987.03	2008.03			党员
		李长青		山东枣庄	1989.11	2008.08			
		牛龙喧		山东济宁	1988.01	2006.09			
生产技术部		刘中洋		山东邹城	1987.09	2008.08	大学学士		预备党员
		王乾龙		山东济宁	1987.02				
		许振鲁		山东聊城	1988.07	2008.1	大学		
巷修工区		史荣平		山东莒县	1991.09	2013.11			党员
机电管理部		李树宁		山东邹城	1988.09	2007.08		2016.12	
后勤服务部总务科		邵泽鹏		山东临沂	1986.09	2009.08			
采一工区		翟文立		山东莒县	1988.04	2016.08	研究生/硕士	2017.12	
生产技术部		李正		山东邹城	1991.03	2016.08	大学		
机电管理部		刘忠		山东兖州	1988.09	2008.08	大专		
京杭公司	技术员	邢建福		山东莒县	1968.02	1986.12	中专	2006.01	
综掘二工区		郑显亮		山东枣庄	1975.04	2000.07	大专	2012.12	党员
运搬工区		孙瑞阳		山东枣庄	1981.05	2003.05			
巷修工区		陈洪流		山东临沂	1971.06	1991.12			
准备工区		李兆永		山东兖州	1973.01	1993.1			
京杭公司		叶吉磊		山东泰安	1982.09	2002.01	大学	2013.12	
准备工区		李宝军		山东苍山	1968.04	1988.03	大专	2015.09	党员
选煤厂		许广财		山东邹城	1988.01	2008.1			
机电工区		郝玉强		山东临沂	1969.04	1990.04	中技		
京杭公司		李旗		山东兖州	1986.08	2013.09	大专	2016.12	
巷修工区		时广超		山东邹城	1986.07	2007.03			党员
生产技术部地测科		李栋栋		山东微山	1987.05	2011.02			
总务科		唐成伟		山东平邑	1978.04	1998.1			党员
机电管理部		张翠珠		山东济宁	1985.08	2011.03	大学	2017.12	女
机电工区		丁金		山东淄博	1980.06	2001.08	大专		
经营管理部	审计师、经济师、助理会计师	张延强		山东兰陵	1985.01	2005.07	大学	2015.11	党员

部门	专业技术职称	姓名	民族	籍贯	出生年月	参加工作时间	文化程度	取得时间	备注
人力资源部	经济师	于立萍		山东烟台	1972.1	1996.07	大学学士	2011.11	女，党员
		朱　宁		山东淄博	1983.09	2007.08		2016.11	党员
	助理经济师	陈　睿		山东东阿	1982.05	2005.07		2008.02	女，党员
经营管理部	助理经济师会计从业资格证	刘　强		山东临沂	1986.07	2008.11		2009.12	
		杨学玲		山东临沂	1988.12	2011.07	大学	2012.09	女
人力资源部	助理经济师	盛卫俊		山东莒县	1985.02	2003.1		2014.09	党员
喻兴农业园		张小波		山东临沂	1986.1	2008.08		2015.09	女，党员
生产技术部		谭代明		四川南充	1979.05	2002.07	大专	2005.09	党员
经营管理部		刘长红		山东临沂	1979.05	2014.08	大学学士	2015.09	女，党员
矿领导	高级会计师／注册会计师	汪学军		安徽东至	1975.09	1995.07	研究生／硕士	2012.03	党员
后勤服务部	会计师	王学良		山东鱼台	1964.02	1986.07	大学	1992.07	
经营管理部	助理会计师（会计从业资格证）	丛贵梅	汉	辽宁大连	1987.03	2009.07	大学学士	2010.09	女
	助理会计师	何玉霞		山东日照	1988.11	2012.08		2013.09	女，预备党员
办公室	教授级高级政工师	邵长余		山东临沂	1965.02	1984.08	大学	2015.09	
党群工作部	高级政工师	田衍圣		山东沂源	1965.12	1981.03	研究生／硕士	2009.12	党员
办公室		张　卫		临沂河东	1976.08	1996.11	大学	2014.09	
军城留守办		吴海刚		山东菏泽	1980.07	2003.08	研究生／硕士	2018.09	
党群工作部	政工师	李秀芹		山东莒南	1980.03	2003.08	大学		女，党员
		郭　利		山东临沂	1977.11	1998.07		2010.09	党员
军城留守办		刘训珍		山东济宁	1973.08	1995.07	大学学士	2011.09	
京杭公司		兰庆武		山东莒县	1979.08	1998.08	大学		
办公室		张　苗		河北晋州	1981.04	2005.07	大专	2012.09	女
后勤服务部	助理政工师	朱金峰		山东临沂	1972.04	1989.12	高中	2012.12	党员
安监处	政工师	兰庆文		山东莒县	1978.12	1999.09	大学	2013.12	
办公室		陈培永		山东日照	1983.01	2007.01	大学学士	2014.09	党员
		胡彦峰		山东日照	1980.08	2001.08	大学		
党群工作部		刘晓茹		山东济宁	1975.06	1997.12	大专	2015.12	女，党员
		张银萍		山东潍坊	1986.02	2011.07	研究生／硕士	2016.09	
		陈云关		山东菏泽	1984.04	2010.07	大学	2018.09	党员
办公室		孙　笑		济宁金乡	1990.06	2011.08			女

部门	专业技术职称	姓名	民族	籍贯	出生年月	参加工作时间	文化程度	取得时间	备注
党群工作部	政工师	董凯		山东兖州	1986.02	2000.12	大学	2018.09	党员
经营管理部	助理政工师	郑天飞		山东临沂	1970.04	1989.04	大专	2000.09	
		王娟娟			1986.09	2011.07	大学	2012.09	女，党员
选煤厂	助理政工师（注册安全工程师）	韩东			1972.1	1993.01	大专	2013.12	党员
后勤服务部	助理政工师	陈红军		山东郯城	1978.02	1997.12	大学		
办公室		李秀伟		山东临沂	1988.01	2008.08		2014.09	女，党员
		李娜		山东兖州	1989.01	2008.03	大专	2015.09	
党群工作部		李盟蒙		山东枣庄	1990.02	2009.03		2016.09	女
办公室		李春雪		山东临沂	1987.12	2012.08		2017.12	女，党员
后勤服务部	政工员	袁鹏	汉	山东济宁	1978.02	1996.12	高中	2012.12	
经营管理部		许可		山东兖州	1984.1	2006.05	大学	2013.12	党员
综采一工区		侯旺旺		山东济宁	1989.08	2011.02	大专	2015.09	
党群部		王义铎			1991.11	2014.07	大学	2017.09	
安监处	主治医师	何召华		山东沂南	1973.08	1998.07	大专	2005.12	
后勤服务部	医师/执业药师	郭晓		山东平邑	1968.05	1992.08	大学	2014.01	党员
		王燕		山东济宁	1980.06	2003.09			
	主管护师	孙燕		山东平邑	1979.1	1997.08	大专	2014.05	女
	主管护师/执业药师	李守芳		山东广饶	1974.05	1994.08		2013.05	
	主管护师	李成翠		山东莒县	1979.1	1998.08	中专	2016.05	
	护师	于秀珍		山东沂南	1973.02	1997.06		2005.12	
		李璐		山东济宁	1989.07	2010.08	大学	2015.05	预备党员
		王娜娜			1987.01	2009.09	大专	2016.05	女
		陶秀敏			2009.08		中专	2017.05	女，党员
安全监察处	小教高级	郭圣刚		山东费县	1967.11	1988.07	大学	1997.09	党员
喻兴农业园	中级农艺师	王忠宾		山东济宁	1986.09	2012.08	研究生/硕士	2015.08	

第二节　人物简介

一、正处级（按任职时间先后排列）

刘洪波，男，汉族，山东沂源人，1965年6月出生，1987年7月参加工作，1989年5月加入中国共产党，工程硕士，高级工程师。

1984年9月—1987年7月，就读于山东矿业学院济南分院工程系工业与民用建筑专业学习，取得大专学历；1989年8月—1992年6月，在中央党校函授学院经济管理专业学习，取得党校函授大学学历。

1987年7月—1988年11月，在临沂矿务局建筑工程队技术组见习；1988年11月—1991年11月，历任临沂矿务局建安公司技术科副科长、安全质量科科长等职务；1991年11月—2001年4月，历任临沂矿务局工程质量监督站副站长、站长等职务；2001年4月，担任临沂矿务局新驿矿井筹建处副主任；2001年4月—2003年2月，担任临沂矿务局新区建设指挥部指挥兼王楼矿井筹建处主任；2003年2月，调离筹建处。

潘元庭，男，1946年2月出生，江苏连云港人，大学本科，高级工程师，1970年8月参加工作，1985年10月加入中国共产党。

1970年8月，入职临沂矿务局册山煤矿任技术员；1974年8月，任临沂矿务局基本建设处工程师；1986年3月，任临沂矿务局设计室副主任；1989年3月，任临沂矿务局建井工程处处长；1989年10月，任临沂矿务局建井工程处处长兼设计室主任；1992年9月，任临沂矿务局曲阜矿井筹建处主任兼工程处处长；1993年2月，任临沂矿务局副局长，10月，任临沂矿务局副局长兼古城矿井筹建处主任、党支部书记；1998年5月，任临沂矿务局副局长；2001年，任临沂矿务局副局长、党委常委，4月，任临沂矿务局副局长、党委常委兼新驿矿井筹建处主任、党支部书记，11月，任临沂矿务局副局长、党委常委兼新区指挥部副总指挥、党总支书记；2002年2月，分管新区建设指挥部、新驿矿井筹建处、王楼矿井筹建处，5月，不再分管王楼矿井筹建处。

刘成录，男，汉族，1961年6月出生，山东莱芜人，函授本科学历，高级工商管理硕士学位，高级工程师，1982年7月参加工作，1986年8月加入中国共产党。

1982年7月，入职临沂矿务局草埠煤矿任采煤技术员；1986年6月，任草埠煤矿生产技术科科长，12月，任草埠煤矿副矿长；1990年12月，任草埠煤矿副矿长、党委委员；1992年6月，任草埠煤矿矿长、党委委员；1994年11月，任临沂矿务局安全监察局副局长，1996年2月，任临沂矿务局株柏煤矿矿长、党委委员；1997年6月，任临沂矿务局安全监察局局长；2000年6月，任古城煤矿矿长、党委委员；2002年5月，兼任王楼矿井筹建处主任；2003年7月，不再担任王楼矿井筹建处主任。

吴洪军，男，1955年4月出生，山东济南人，党校本科学历，1972年3月参加工作，1997年4月加入中国共产党，高级经济师。

1972年3月，入职山东省济南市历城煤矿；1984年12月，任山东省邱集煤矿副主任；1986年4月调山东省煤炭工业局办公室；1989年3月，山东省煤炭经济技术开发公司经营部主任、副经理；1994年5月，任山东省煤炭工业发展总公司总经理；1996年8月，任山东省煤炭工业发展总公司总经理兼山东省田庄煤矿矿长；1999年2月，任山东省煤炭工业发展总公司总经理、党委书记兼田庄煤矿矿长；2004年1月，任临沂矿务局副局长、党委常委，3月，分管新区建设指挥部、新驿矿井筹建处、王楼矿井筹建处，7月，不再分管王楼矿井筹建处。

解信德，男，汉族，1958年2月出生，山东临沂人，1988年12月加入中国共产党，大学学历，高级工程师。

1978年2月—1982年1月，就读于山东矿业学院采煤专业，大学本科。

1982年1月，入职临沂矿务局技校任教师；1990年8月，调任临沂矿务局汤庄煤矿工程师；1991年12月，任临沂矿务局企业处工程师；1995年12月，任临沂矿务局生产处主任工程师；1998年2月，调任古城煤矿总工程师；2003年7月，调任王楼矿井筹建处主任；2004年1月，不再担任王楼矿井筹建处主任。

周启昆，男，汉族，1958年8月出生，江苏徐州人，1976年8月参加工作，1982年11月加入中国共产党，函授大学本科学历，高级工程师。

1983年9月—1985年6月，就读于临沂教育学院中文专业，取得大专学历；2007年9月–2010年7月，函授就读于山东科技大学采矿工程专业，取得大学学历。

1976年8月，临沂县茶山公社东哨大队下乡；1977年，到临沂矿务局五寺庄煤矿工作；1978年12月，到临沂矿务局总厂汽车队当工人；1980年5月，调任临沂矿务局总厂保卫科干事；1983年9月，在临沂教育学院脱产上学；1985年7月，在临沂矿务局总厂宣传科任干事；1986年10月，任临沂矿务局水泥厂办公室主任；1989年1月，任水泥厂副厂长；1990年12月，在临沂矿务局基本建设处工作；1993年10月，任古城矿井筹建处供销社科科长；1994年10月，任古城矿井筹建处副主任；2001年4月，任新驿矿井筹建处副主任，11月，任王楼矿井筹建处副主任；2004年2月，任王楼矿井筹建处主任，7月，不再担任王楼矿井筹建处主任。

夏宇君，男，汉族，1965年3月出生，吉林农安人，1998年5月加入中国共产党，全日制大学本科学历，工程技术应用研究员。

1984年9月—1988年7月，就读于阜新矿院矿建专业，大学本科。

1988年8月，入临沂矿务局工程处工程科任科员、副科长；1992年8月，任临沂矿务局古城矿井筹建处工程科科长、副总工程师；1998年5月，任临沂矿务局古城矿井筹建处总工程师；2001年4月，任临沂矿务局新驿矿井筹建处总工程师；2003年7月，任临沂矿务局新区建设指挥部总工程师；2004年7月，任王楼矿井筹建处主任；2007年2月，不再担任王楼矿井筹建处主任。

王立才，男，汉族，1968年2月出生，山东临沂人，中共党员，工程技术应用研究员，美国莱特州立大学商学院工商管理硕士。

1986年9月–1990年7月，在山东矿业学院学习；2005年12月–2006年12月，在美国莱特州立大学攻读MBA，取得商学院工商管理硕士学位。

1990年7月，入职临沂矿务局五寺庄煤矿；1990年7月—2007年2月，历任五寺庄煤矿技术员、副区长，银星石膏矿副矿长，华建公司六工区技术员，古城煤矿技术科副科长、副区长、副矿长，邱集煤矿副矿长、矿长，临矿集团安监局副局长；2007年2月，任王楼一号井筹建处主任、王楼一号井筹建处党总支书记，6月，任王楼煤矿党委书记、矿长；2009年9月，调离王楼煤矿。

肖庆华，男，汉族，1975年12月出生，山东平邑人，1995年12月加入中国共产党，函授大学本科学历，硕士学位，高级工程师。

1993年9月—1997年7月，就读于泰安煤炭工业学校地下采煤专业；1999年9月—2003年1月，函授就读于山东科技大学采矿工程专业，大专学历；2006年3月—2010年1月，函授就读于山东科技大学采矿工程专业，大学学历、工学学士学位；2011年3月—2014年6月，在山东大学工商管理硕士专业学习，工商管理硕士学位。

1997年8月，入临沂矿务局古城煤矿筹建处工程队任技术员；1998年8月，任古城煤矿筹建处采煤工区技术员；2000年8月，任临沂矿务局古城煤矿生产技术科技术员；2001年8月，任古城煤矿采煤二工区党支部书记；2005年9月，调任马坊煤矿生产技术科科长；2006年2月，调任王楼一号井筹建处副主任；2007年6月，任王楼煤矿副矿长、党委委员；2009年9月，任王楼煤矿矿长、党委书记；2016年10月，调离王楼煤矿。

赵仁乐，男，汉族，1968年2月出生，山东莒南人，1993年12月加入中国共产党，研究生学历，工学硕士学位，高级工程师。

1987年9月—1991年7月，就读于山东矿业学院土木工程系矿井建设、工业与民用建筑专业，大学本科学历、工学学士学位；2009年9月—2012年6月，函授就读于山东科技大学采矿工程专业，研究生学历、工学硕士学位。

1991年8月，入职临沂矿务局任工程处技术员；1994年11月，任临沂矿务局工程公司副总工程师、第六工区区长；2001年6月，任工程公司党委委员、副经理兼总工程师；2002年1月，任临沂华建工程公司董事、党委委员、副总经理、总工程师；2006年2月，任王楼二号井筹建处党总支委员、第一副主任；2007年2月，任王楼二号井筹建处主任（正处级）、党支部书记，军城矿井筹建处党总支书记；2009年6月，任王楼二号（军城）煤矿矿长、党委书记，9月，调离军城煤矿。

林英良，男，1964年5月出生，山东东平人，1989年12月加入中国共产党，研究生学历，工学硕士学位，高级工程师。

1984年9月—1986年7月，就读于徐州煤炭工业学校采煤专业，中专学历；1995年7月—1998年6月，就读于山东干部函授大学经济管理专业学习，大学本科学历；2011年9月—2014年6月，函授就读于山东科技大学采矿工程专业，研究生学历、工学硕士学位。

1986年7月，入职聊城地区煤矿技术科见习；1987年7月—1998年4月，历任聊城地区煤矿技术科科员、助理工程师、副科长、副科长兼调度室党支部书记；1998年4月，任山东省邱集煤矿工程科科长；2000年4月，任邱集煤矿副总工程师兼工程科科长，6月，任山东省邱集煤矿副总工程师兼工程科科长、生产部党支部书记；2004年1月，任山东省邱集煤矿总工程师；2004年2月—2009年9月，历任山东省邱集煤矿工程科科长、副总工程师兼工程科科长、生产部党支部书记、总工程师、副矿长、党委委员；2009年9月，任军城煤矿党委书记、矿长，2015年12月，调离军城煤矿。

白景志，男，1968年4月出生，山东临沂人，1994年5月加入中国共产党，大学本科学历，地质工程领域工程硕士学位，工程技术应用研究员。

1988年9月—1990年7月，就读于泰安煤炭工业学校采煤专业；1998年9月—2001年6月，函授就读于山东科技大学财会电算化专业，专科学历；2002年9月—2005年7月，函授就读于山东科技大学采矿工程专业，本科学历；2010年12月，取得中国矿业大学地质工程领域工程硕士学位。

1990年7月，入职临沂矿务局五寺庄煤矿任见习技术员；1991年10月，任临沂矿务局建井工程处见习技术员；1992年12月—2003年1月，先后任临沂矿务局株柏煤矿采掘技术员、回采工区副区长、一工区副区长、二工区党支部书记、一工区区长、代总工程师等职务；2003年1月—2012年11月，先后担任临沂矿务局新驿矿建筹建处副总工程师、代总工程师、新驿煤矿代总工程师、副矿长兼总工程师、副矿长、党委委员等职务；2012年11月，任临矿集团田庄煤矿副矿长、党委委员、托管武所屯煤矿矿长；2015年12月，任田庄煤矿党委书记、矿长、山东能源临沂采矿工程有限公司总经理；2016年10月，任王楼煤矿党委书记、矿长；2021年2月，调离王楼煤矿。

孔凡军，男，1978年10月出生，山东枣庄人，1999年8月参加工作，1998年3月加入中国共产党，大学学历，高级工程师。

1995年9月—1999年6月，就读于泰安煤炭工业学校地下采煤专业，中专学历；2005年3月—2009年1月，函授就读于山东科技大学采矿工程专业，大专学历；2011年3月—2013年6月，函授就读于河北工程大学采矿工程专业，大学学历。

1999年8月，入职枣矿集团付村煤业有限公司采煤工区见习；2000年8月，任枣矿集团付村煤业有限公司采煤工区见习技术员；2004年4月—2009年10月，先后任临矿集团邱集煤矿采煤工区副区长，综采一工区党支部书记兼副区长、区长，生产技术科副科长；2009年10月—2016年1月，先后任临矿集团军城煤矿采煤工区副区长，采二工区区长，采二工区区长兼党支部书记，采掘副总工程师兼考核办公室主任，采煤副总工程师兼生产技术科科长，采掘副总工程师兼生产技术科科长，生产技术部副部长兼生产科科长；2016年1月，任临矿集团王楼煤矿军城井生产技术部副部长兼生产科科长；2016年11月—2021年2月，先后任临矿集团内蒙古上海庙矿业公司新上海一号煤矿筹建处掘进副总工程师，新上海一号煤矿筹建处党总支委员、副主任，榆树井煤矿副矿长、党委副书记、矿长；2021年2月，任临矿集团王楼煤矿党委书记、矿长。

二、副处级（按任职时间先后排列）

刘守莲，男，1963年8月出生，山东临沂人，1986年7月参加工作，1994年3月加入中国共产党，大学本科学历，地质工程师。

1983年9月—1986年7月，就读于徐州煤炭工业学校地质专业，中专学历；1994年9月—1998年1月，函授就读于山东矿院采矿工程专业，专科学历；2006年3月—2009年1月，函授就读于山东科技大学采矿工程专业，大学本科学历。

1986年7月，入职临沂矿务局草埠煤矿地测科任技术员；1989年10月，任草埠煤矿地测科副科长；1990年12月，先后任临沂矿务局地测处、生产调度处助理工程师、副科长；1994年12月，任临沂矿务局生产技术部副主任科员；1996年10月，任生产技术部主任科员；2001年11月，任临矿集团王楼矿井筹建处总工程师；2006年2月，任王楼二号井筹建处总工程师；2007年2月，任王楼二号矿井筹建处总工程师、党支部委员；2008年7月，任王楼二号井筹建处总工程师、党总支委员；2009年6月，调任军城煤矿副矿长兼总工程师、党委委员；2012年9月，调离军城矿。

邵昌友，男，1971年3月出生，汉族，山东郯城人，大学本科学历、硕士研究生学历，工商管理硕士学位，矿建工程师，1994年7月参加工作，1992年5月加入中国共产党。

1990年9月—1994年7月，就读于中国矿业大学建筑系矿井建设专业，本科学历；2012年8月—2013年8月，在职在美国密苏里州立大学MBA学习，取得硕士研究生学历、工商管理硕士（MBA）学位。

1994年7月，入职临沂矿务局工程公司石膏矿技术员；1996年1月，任工程公司矿建工区技术员；2000年3月，任临沂矿务局工程公司施工管理部副部长；2002年5月，任临沂矿务局工程公司六〇一项目部副经理兼技术负责人；2003年7月，任王楼矿井筹建处副主任；2006年2月，任王楼一号井筹建处第一副主任，7月，调离筹建处。

张俊宝，男，汉族，1965年9月出生，山东临沂人，1995年12月加入中国共产党，大学学历，高级工程师。

1983年9月—1986年1月，就读于山东煤炭工业学校矿山机电专业；2005年3月—2009年1月，函授就读于山东科技大学机械电子工程专业，大专学历；2009年3月—2012年1月，函授就读于山东科技大学自动化专业，大学本科。

1986年1月，入临沂矿务局朱陈煤矿任机电工区技术员，12月，调任临沂矿务局塘崖煤矿技术员；1993年12月，任塘崖煤矿机电工区副区长；1998年7月，任塘崖煤矿机电工区党支部书记；1999年6月，调任临沂矿务局古城煤矿安监科科长；2001年7月，任古城煤矿机修车间主任；2003年7月，任王楼矿井筹建处副主任；2006年2月，任王楼一号井筹建处副主任；2007年6月，任王楼煤矿副矿长、党委委员；2017年3月，兼任山东千祥置业有限公司董事长；2019年1月，兼任山东京杭绿色生态工程有限公司执行董事；2020年4月，调离王楼煤矿。

单井林，男，汉族，1968年8月出生，内蒙古赤峰人，1997年7月加入中国共产党，大专学历，高级经济师。

1985年9月—1988年8月，就读于阜新学院经济管理专业，大专学历。

1988年8月，入临沂矿务局建井处综合科任统计员；1992年8月，调临沂矿务局古城矿井筹建处业务室工作；1995年4月，任古城矿井筹建处行政办公室副主任；2001年2月，调临沂矿务局新驿矿井筹建处工作，4月，任新驿矿井筹建处计划统计科科长，11月，调任临沂矿务局新区建设指挥部计划预算室主任；2004年7月，任新区指挥部计划预算处副处长；2006年2月，任临矿集团鲁蒙煤炭开发有限公司筹建处副主任，7月，任内蒙古矿区建设指挥部榆树井矿矿井筹建处副主任；2007年6月，任王楼煤矿副矿长、党委委员；2014年2月，调离王楼煤矿。

陈家忠，男，汉族，1961年7月出生，山东东阿人，1987年7月加入中国共产党，本科学历，高级工程师、高级政工师。

1980年8月—1982年7月，就读于山东煤校地下采煤专业；1994年4月—1996年7月，函授就读于北京煤炭干部管理学院采矿工程管理专业，大专学历；2000年9月—2002年12月，函授就读于山东省委党校经济管理专业，大学本科。

1982年7月，入职兖州矿务局北宿煤矿任掘进四区技术员；1983年9月，任北宿煤矿教育课教师；1984年10月，任北宿煤矿技术科技术员；1987年1月，任北宿煤矿掘进四区区长；1996年7月，任北宿煤矿副总工程师；2000年1月，任北宿煤矿安监处处长；2004年11月，调入王楼矿井筹建处任副主任；2005年8月，调离王楼矿井筹建处。

李传军，男，汉族，1970年5月出生，山东沂源人，中共党员，大学本科学历。

1986年9月—1990年7月，就读于泰安煤炭工业学校地下采煤专业；1997年1月—2010年1月，函授就读于山东科技大学采矿工程专业，大学本科学历；2009年10月—2011年10月，函授就读于山东科技大学矿业工程专业，取得硕士研究生学位。

1990年7月，入职临沂矿务局草埠煤矿任生产科技术员；1998年7月，任草埠煤矿二工区区长；2001年3月，调任临沂矿务局古城煤矿综采一工区区长；2004年3月，任淄博草埠实业有限公司副总经理；2005年9月，调任临矿集团王楼矿井筹建处副主任；2007年1月，调离王楼矿井筹建处；2012年11月1日，遭遇安全事故，不幸身亡。

邵长余，男，汉族，1965年2月出生，山东临沂人，1988年1月加入中国共产党，大学本科，教授级高级政工师。

1982年10月—1984年7月，就读于临沂矿务局技校通风专业；1988年9月—1990年6月，选派山东工会干部管理学院工会管理学专业脱产学习，大专学历；1996年12月—1998年9月，函授就读于山东新汶职工大学计算机与管理专业，大专学历；2012年3月—2015年1月，函授就读于山东科技大学工商管理专业，本科学历。

1984年8月，入临沂矿务局建井处工作；11月，调任临沂矿区工会干事；1990年6月，任临沂矿区工会任工会干事；1995年1月，任临沂矿区工会生活部副部长；1996年10月，任临沂矿区工会综合部部长；2001年11月，任临沂矿区工会生产保护法律部部长；2006年2月，任王楼矿井筹建处党总支副书记、工会主席；2007年2月，任王楼一号井筹建处党总支副书记，6月，任王楼煤矿党委副书记、纪委书记、工会主席；2017年7月，任王楼煤矿党委副书记、工会主席；2018年5月，任临矿集团党建资深高级政工师、王楼煤矿党委副书记、工会主席；2020年4月，调离王楼煤矿。

任智德，男，汉族，1965年5月出生，山东淄博人，1998年12月加入中国共产党，大学学历，硕士研究生学位，工程技术应用研究员。

1986年9月—1988年7月，就读于重庆煤炭工业学校煤矿建井专业；1988年9月—1993年9月，函授于山东大学计算机应用专业，大学本科学历；2006年6月，函授山东科技大学矿业工程工学硕士学位。

1988年7月，入聊城地区煤矿技术科任技术员；1992年11月，任聊城地区煤矿技术科科长；1996年12月，任山东省马坊煤矿技术科科长；1997年11月，任马坊煤矿副总工程师；2001年1月，任马坊煤矿生产部副部长，7月，任山东省马坊煤矿代总工程师；2004年1月，任马坊煤矿总工程师，4月，任马坊煤矿副矿长兼总工程师，2005年7月，任临沂矿务局邱集煤矿副矿长；2006年2月，临沂矿务局黄河煤田筹建处副主任，7月，任王楼一号井筹建处副主任兼安监处处长；2007年1月，任王楼一号井筹建处副主任兼总工程师，6月，任临矿集团王楼煤矿副矿长兼总工程师；2015年1月，调离王楼煤矿。

胡殿友，男，汉族，1962年11月出生，山东聊城人，1985年11月，加入中国共产党，大学本科学历，学士学位，高级工程师。

1983年9月—1987年7月，就读于山东矿业学院工业电气自动化专业，大学本科，学士学位。

1987年7月，入职聊城地区煤矿在机电工区任技术员；1992年4月，任聊城地区煤矿机电科副科长；1997年1月，任山东省马坊煤矿机电科副科长，11月，任马坊煤矿副总工程师兼机电科副科长；1998年3月，任马坊煤矿副总工程师兼机电科科长；2004年3月，任临沂矿务局机电运输处副处长；2006年2月，任王楼二号井筹建处副主任，7月，调离王楼二号筹建处。

刘传武，男，汉族，1958年10月出生，安徽砀山人，中央党校大学文化程度，1980年12月参加工作，1987年7月加入中国共产党，高级工程师。

1980年12月，入职中煤第七十一工程处一工区任技术员；1983年4月，任三十六处西风井技术员；1986年11月—1997年9月，历任中煤第七十一工程处7101和工区施工组助理工程师、二工区施工技术副主任兼技术主管、矿建副总工程师、矿建副总工程师兼施工科科长；1997年10月，调入田庄煤矿工作；1998年4月，任山东省田庄煤矿副矿长；2003年3月，任田庄煤矿党委副书记兼纪委书记；2006年3月，任军城筹建处副主任；2009年6月，任军城煤矿党委副书记兼纪委书记；2015年4月，任军城煤矿副处级调研员；2018年10月退休。

高佩宝，男，汉族，1962年1月出生，山东临沂人，1990年6月加入中国共产党，大学本科学历，工程师。

1981年9月—1983年7月就读于临沂矿务局技工学校通风与安全专业学习；1986年9月—1989年6月就读于辽宁抚顺煤矿学校通风与安全专业；2005年3月—2009年1月函授就读于山东科技大学采矿工程专业，大专学历；2005年9月—2007年12月，在山东大学管理学院进修工商管理专业；2008年3月—2011年1月，函授就读于山东科技大学采矿工程专业，大学本科。

1983年8月，入职临沂矿务局草埠煤矿通风科任科员；1992年7月，任草埠煤矿通风工区区长；1995年3月，任草埠煤矿副总工程师兼通风工区区长，12月，任草埠煤矿副总工程师、通风工区区长兼党支部书记；2001年2月，任临沂矿务局古城煤矿通风工区区长；2003年9月，任古城煤矿副总工程师；10月，任淄博草埠实业有限公司副总经理、总工程师；2006年2月，任王楼矿井筹建处总工程师；2007年1月，任临矿集团株柏煤矿副矿长、安监处处长；2009年12月，任临矿集团军城煤矿安监处处长；2010年11月，任军城煤矿副矿长、安监处处长；2015年8月，任军城煤矿副处级调研员。

张伦恭，男，汉族，1963年9月出生，山东肥城人，1984年12月加入中国共产党，大学本科学历，工程师。

1981年9月—1983年7月，就读于北京煤矿学校采煤专业；1993年9月—1996年7月，在中共中央党校进修经济管理专业；2001年9月—2003年12月，函授就读于山东省委党校经济管理专业，大学本科。

1983年7月，入职肥矿集团国庄煤矿任技术员；1997年7月，任国庄煤矿防治水区支部书记；2001年3月，任肥矿集团汶阳石膏矿矿长；2003年12月，任肥矿集团国庄煤矿副总工程师；2004年4月，任田庄煤矿副总工程师；2006年2月，任临矿集团王楼矿井筹建处副主任兼安监处长，7月，调离王楼矿井筹建处。

丁学贤，男，汉族，1966年9月出生，山东淄博人，1988年8月加入中国共产党，大学本科学历，高级工程师。

1981年9月—1983年7月，就读于临沂矿务局技校采掘专业；1995年9月—1998年6月，在职就读中共山东省委党校经济管理专业，大专学历；1999年9月—2003年7月，函授就读于山东科技大学采矿工程专业，大专学历；2007年9月—2010年1月，函授就读于山东科技大学采矿工程专业，大学本科学历。

1983年8月，入临沂矿务局草埠煤矿当工人；1989年10月，任草埠煤矿三工区区长；1992年8月，任草埠煤矿生产计划科副科长；1993年3月，任草埠煤矿生产技术科科长；1994年3月，任草埠煤矿三工区区长、党支部书记；1996年7月，任草埠煤矿生产技术科副科长；1997年8月，任草埠煤矿副矿长；2001年1月，任草埠实业有限公司副总经理、党委委员兼玻璃纤维厂厂长；2006年2月，任山东光力士公司副总经理、党委委员兼草埠公司经理，10月，任临矿集团株柏煤矿安监处处长；2007年1月，任临矿集团王楼一号井筹建处副主任兼安监处处长，6月，任王楼煤矿副矿长、安监处长；2013年7月，任王楼煤矿副矿长、党委委员；2017年7月，调离王楼煤矿。

田宝方，男，汉族，1963年2月出生，山东沂水人，1986年8月加入中国共产党，大学学历，高级工程师。

1980年9月—1982年7月，在北京煤矿学校煤矿机电专业学习，中专学历；2002年9月—2006年7月，函授就读于山东科技大学机械电子工程专业，大专学历；2006年3月—2009年1月，函授就读于山东科技大学自动化专业，大学本科。

1982年8月，入职临沂矿务局草埠煤矿工作，先后担任草埠煤矿机电科技术员、机电车间副主任、机电科助理工程师、机电科副科长等职务；1997年1月，先后在草埠煤矿机电科、热电厂机电科等工作；1998年3月，先后担任草埠煤矿玻纤厂纸箱车间主任、机电科副科长、机电科科长等职务；2003年10月，任草埠事业公司副总经理兼安监处长；2006年10月，任王楼二号井筹建处副主任、党支部部委员；2008年3月，任军城矿井筹建处副主任兼安监处长、党总支委员；2009年6月，任王楼二号（军城）煤矿副矿长、党委委员，12月，调离军城煤矿。

王道臣，男，汉族，1963年5月出生，山东平邑人，1997年7月加入中国共产党，中专学历，采煤工程师。

1982年9月—1985年1月就读于山东煤矿学校采煤专业，中专学历。

1985年1月，入职临沂矿务局草埠煤矿生产科任技术员；1992年8月—2003年9月，历任草埠煤矿生产科副科长、生产科科长、安监处处长、总工程师；2003年10月，任临矿集团生产技术处采掘室管理人员（正科）；2008年3月，任临矿集团军城矿井筹建处副主任、党总支委员；2009年6月，任王楼二号（军城）煤矿副矿长、党委委员，12月，调离军城煤矿。

毛爱星，男，汉族，1962年1月出生，山东莒县人，1997年6月加入中国共产党，大学本科学历，高级工程师。

1982年9月—1986年7月，就读于山东矿院电气自动化专业，大学本科。

1986年7月，入职临沂矿务局褚墩煤矿机电车间见习；1986年10月，在临矿矿务局技校任代课教师；1987年1月—2002年9月，先后任褚墩煤矿机电科技术主管、机电工区副区长；2002年9月—2006年3月，历任王楼矿井筹建处机电组管理人员、机电科副科长、机电科科长；2006年3月，任王楼二号井筹建处机电科科长；2008年3月，任军城矿井筹建处机电副总工程师兼机电科科长；2009年6月，任王楼二号（军城）煤矿副矿长；2010年11月，调离军城煤矿。

主宝皆，男，汉族，1977年5月出生，山东临沂人，2001年6月加入中国共产党，研究生学历，硕士学位，会计师，经济师。

1994年6月，入职临沂市罗庄区会计师事务所；1997年7月，任临沂局工程公司财务科会计；2003年5月，任临沂华建工程有限公司财务科主管会计（副科级）；2004年11月，任临沂矿务局马坊煤矿财务科科长，12月，任马坊煤矿副总会计师兼财务科科长；2009年6月，任军城煤矿副矿长；2013年7月，调离军城煤矿。

齐东合，男，汉族，1967年10月出生，山东平邑人，1998年11月加入中国共产党，大学学历，高级工程师。

1987年9月—1989年7月，就读于泰安煤炭工业学校地下采煤专业；1997年9月—2001年7月，函授就读于山东科技大学采矿工程专业，大专学历；2006年3月—2009年1月，函授就读于山东科技大学采矿工程专业，大学本科。

1989年7月，入临沂矿务局岐山煤矿工作，任生产科技术员；1993年1月，任岐山煤矿生产科副科长；1996年12月，调任临沂矿务局株柏煤矿二工区副区长；1998年4月，任株柏煤矿一工区副区长；2002年1月，任临沂矿务局株柏煤矿二工区区长；2004年3月—2007年4月，先后任临沂矿务局邱集煤矿生产科主任工程师、科长；2007年4月，调任临矿集团王楼煤矿副总工程师兼生产技术科科长；2009年9月，任王楼煤矿副矿长、党委委员；2013年7月，调离王楼煤矿。

庄又军，男，汉族，1970年2月出生，山东兰陵人，1992年6月加入中国共产党，大学本科学历，高级工程师。

1985年9月—1989年7月，在泰安煤炭工业学校地下采煤专业学习，中专学历；1997年9月—2011年7月，函授就读于山东科技大学采矿工程专业，大专学历；2007年3月—2010年1月，函授就读于山东科技大学采矿工程专业，大学本科。

1989年9月，入职临沂矿务局五寺庄煤矿四工区工作；1990年9月—1999年9月，先后担任五寺庄煤矿采掘技术员、采煤助理工程师、生科科副科长、生产科科长等职务；1999年9月—2001年10月，先后担任临沂矿务局褚墩煤矿信息办主任、生产科科长、运搬工区区长等职务；2001年10月，调入临沂矿务局古城煤矿工作；2001年11月，任古城煤矿安监处主任工程师；2004年2月，任临沂矿务局新驿矿井筹建处综采工区区长，5月，任临沂矿务局新驿煤矿综采工区党支部书记，6月，任新驿煤矿综采工区区长、党支部书记；2005年4月，任新驿煤矿综采一工区区长、综采工区党支部书记，9月，任临沂矿务局新驿煤矿综采一工区区长、党支部书记，11月，任新驿煤矿生产技术科科长；2009年11月，任临矿集团军城煤矿生产技术科科长，12月任军城煤矿副矿长；2010年3月，任军城煤矿副矿长、党委委员；2015年1月，调离军城煤矿。

诸葛祥华，男，汉族，1975年10月出生，山东临沂人，2007年12月加入中国共产党，大学学历，高级工程师。

1993年9月—1997年7月，就读于泰安煤炭工业学校地下采煤专业，中专学历；1999年9月—2003年7月，函授就读于山东科技大学采矿工程专业，大专学历；2008年3月—2011年1月，函授就读于山东科技大学采矿工程专业，本科学历。

1997年8月，入职临沂矿务局古城矿井筹建处工程技术科；1998年7月，任古城矿井筹建处采煤工区见习技术员；2000年2月—2007年4月，先后担任古城煤矿安监处信息员、调度室调度员、生产技术科技术员、生产科副科级科员、采煤三工区副区长兼技术员、采煤一工区副区长等职务；2007年4月，任临矿集团王楼矿井筹建处工程技术科任科员，7月，任王楼煤矿生产技术科副科长；2008年2月，任王楼煤矿安监处采掘室主任兼主任工程师；2009年6月，任王楼煤矿采煤二工区区长、支部书记，10月，任王楼煤矿安监处副处长；2010年9月，任王楼煤矿安全副总工程师兼安监处副处长；2012年9月，任王楼煤矿生产技术科生产副总兼科长；2013年7月，任王楼煤矿副矿长、安监处长；2017年7月，任王楼煤矿副矿长、党委委员；2018年8月，调离王楼煤矿。

张士笑，男，汉族，1965年4月出生，山东淄博人，2009年12月加入中国共产党，大学本科学历，会计师。

1984年9月—1986年7月，就读于秦皇岛煤炭工业管理学校财务专业，中专学历；1990年9月—1997年7月，就读于山东矿业学院财务会计，大专学历；2009年9月至—2012年1月就读于东北农业大学网络教育学院会计学专业，大学本科。

1986年7月，入职淄博矿务局财务处见习；1987年7月—2000年1月，历任淄博矿务局财务处会计、助理会计师、副主任科员、主任科员、代理主任会计师；2000年1月，任淄博矿务局岱庄煤矿副总会计师；2002年3月，在新联谊会计事务所有限公司工作；2007年2月，任山东省经科实业总公司副总经理；2007年7月—2012年3月，任临矿集团新驿煤矿财务科管理人员、副科长、科长；2012年3月，任临矿集团马坊煤矿副矿长；2013年7月，任临矿集团军城煤矿副矿长；2015年12月，调离军城煤矿。

宋陵，男，汉族，1964年10月出生，山东莱阳人，1988年12月加入中国共产党，大学专科学历，高级经济师，审计师。

1982年8月，毕业于临沂矿务局技工学校机电专业；1989年5月—1991年7月，在泰安煤校学习；1995年—1998年，参加新汶职大财会电算化业余学习，专科学历。

1982年8月，入职临沂矿务局汤庄煤矿汤庄井任核算员；1984年1月，在汤庄煤矿财务科工作；1991年7月，任汤庄矿财务科主管会计；1997年5月—2001年7月，先后任汤庄煤矿经营部副部长、审计员、财务科科长兼审计员、纪委委员、机关三党支部书记等职；2001年7月，调临沂矿务局株柏煤矿财务科任科长；2002年4月，调临沂矿务局监察审计处监察审计室任科级审计员；2006年2月，任临矿集团田庄煤矿副矿长；2014年2月，任王楼煤矿副矿长、党委委员；2015年12月，调离王楼煤矿。

王玉强，男，汉族，1975年5月出生，山东莒县人，2002年12月加入中国共产党，大学学历，学士学位，高级工程师。

1991年9月—1995年7月，就读于泰安煤炭工业学校煤矿机电专业，中专学历；2005年3月—2009年1月，函授就读于山东科技大学机械电子工程专业，大专学历；2008年3月—2011年1月，函授就读于山东科技大学自动化专业，大学本科，学士学位。

1995年8月，入职临沂矿务局塘崖煤矿机电工区见习；1996年4月，在临沂矿务局水泥厂生产调度科见习；1996年9月—2001年11月，在塘崖煤矿先后任机电工区技术员、生产调度科技术员、生产调度科助理工程师、机电工区副区长等职务；2001年11月，任临沂矿务局古城煤矿采三工区副区长；2005年5月—2009年12月，在临矿集团邱集煤矿先后任机电科副科长、机电科科长、机电副总工程师等职务；2009年12月，任军城煤矿机电副总工程师、机电科科长；2010年11月，任临矿集团副矿长、党委委员职务；2015年12月，任临矿集团王楼煤矿副矿长、党委委员；2016年12月，调离王楼煤矿。

梁宝成，男，汉族，1971年6月出生，山东临沭人，1993年8月加入中国共产党，大学本科学历，高级工程师。

1986年9月—1990年7月，就读于泰安煤炭工业学校地下采煤专业，中专学历；1998年7月—2002年7月，函授就读于山东科技大学采矿工程专业，大专学历；2004年3月—2007年1月，函授就读于山东科技大学采矿工程专业，大学本科。

1990年7月，入职临沂矿务局褚墩煤矿三工区见习，1991年8月—2000年3月，先后任褚墩煤矿三工区采煤技术员、生产技术科采煤技术员、生产技术科副科长、生产技术科科长等职务；2000年3月，调临沂矿务局株柏煤矿工作；2002年1月，任株柏煤矿通防工区区长；2003年10月，调临沂矿务局新驿矿井筹建处工程科任副科长；2004年2月，任新驿矿井筹建处生产技术科副科长；2004年6月—2012年3月，先后任新驿煤矿采掘室副总工程师、采掘室主任、安全监察处副处长、主任工程师、掘进副总工程师等职务；2012年3月，任新驿煤矿副矿长兼安监处处长、党委委员，11月，任新驿煤矿副矿长、党委委员；2015年1月，任临矿集团军城煤矿副矿长、党委委员，8月，任临矿集团军城煤矿副矿长兼安监处处长、党委委员，12月，任王楼煤矿副矿长、党委委员；2016年10月，调离王楼煤矿。

高敬东，男，汉族，1968年9月出生，辽宁法库人，1988年11月加入中国共产党，大学学历，工学学士，高级工程师。

1986年9月—1990年7月，就读于山东矿业学院煤田地质系煤田地质勘查专业，大学本科、工学学士学位。

1990年7月，入职临沂矿务局汤庄煤矿地测科工作；1993年2月—1995年11月，先后任汤庄煤矿地质测量科副科长、助理工程师；1995年11月，调临沂矿务局地质公司工作；1998年6月—2001年1月，调临沂矿务局技校从事教学工作；2005年3月，调临矿集团生产技术处地测室任副科级管理人员；2009年3月—2012年9月，调王楼煤矿先后任地测科科长、防治水副总工程师、地测副总工程师、通防副总工程师等职务；2012年9月，调军城煤矿任总工程师；2015年12月，任王楼煤矿副矿长；2016年10月，调离王楼煤矿。

王永宝，男，汉族，1969年10月出生，山东临沂人，1995年6月加入中国共产党，大学学历，高级工程师。

1988年9月—1991年7月，就读于山西矿业学院采矿工程系通风与安全专业，大专学历；2005年3月—2008年1月，函授就读于山东科技大学采矿工程专业学习，本科学历。

1991年8月，入职临沂矿务局草埠煤矿通防科任技术员；1993年2月，调临沂矿务局塘崖煤矿通风工区任技术员、副区长；1999年5月，调临沂矿务局古城矿井筹建处；2001年1月，任古城煤矿通防工区副区长；2003年3月，调临沂矿务局新驿矿井筹建处工程科任通防组组长；2004年2月，任新驿矿建筹建处通防工区区长，5月，任新驿煤矿通防工区区长；2006年1月，任新驿煤矿副总工程师兼通防科科长；2012年4月，任临矿集团田庄煤矿托管武所屯煤矿总工程师；2015年1月，任王楼煤矿副矿长兼总工程师；2018年10月，调离王楼煤矿。

汪学军，男，汉族，1975年9月出生，安徽东至人，2006年6月加入中国共产党，研究生学历，工商管理硕士学位，高级会计师。

1993年9月—1995年7月，就读于秦皇岛煤炭工业管理学校工业企业财务会计专业，中专学历；1994年10月—1997年6月，自学于山东经济学院会计专业，大专学历；1997年11月—2002年12月，自学于山东经济学院会计专业，本科学历；2014年9月—2016年6月，在职就读于山东财经大学工商管理专业，硕士研究生学历，工商管理硕士学位。

1995年7月，入职临沂矿务局水泥厂任会计；2001年12月，调临沂矿务局财务处成本科任主管会计；2002年10月，任东山公司财务科主管会计；2006年5月，任东山公司财务科科长；2008年4月，任临矿集团财务处综合管理科科长；2012年5月，任财务处副处级主任会计师；2015年12月，任王楼煤矿副矿长、党委委员；2019年1月，兼任山东京杭绿色生态工程有限公司监事，6月，调离王楼煤矿。

吕凤新，男，汉族，1974年5月出生，山东临沂人，2006年8月加入中国共产党，研究生学历，硕士学位，工程技术应用研究员。

1994年9月—1996年7月，就读于中国矿业大学信息与电气工程学院工业自动化专业，大专学历；2005年3月—2008年1月，函授就读于山东科技大学自动化专业，本科学历；2016年9月—2018年6月，在职就读于中国矿业大学工程管理专业，研究生学历，硕士学位。

1996年8月，入职临沂矿务局褚墩煤矿；1997年6月调临沂矿务局古城矿井筹建处机电科；1998年9月—2002年8月，先后任古城煤矿机电工区技术员、电厂技术科副科长职务；2007年4月，调临矿集团王楼一号筹建处机电科任副科级管理人员；2007年7月—2016年12月，先后任王楼煤矿机电工区副区长、机电科副科长、运搬工区区长、综掘工区党支部书记、机电副总工程师、选煤厂厂长兼书记、机电管理部副部长及机电科科长等职务；2016年12月，任王楼煤矿副矿长；2019年6月，调离王楼煤矿。

张卫，男，汉族，1976年8月出生，山东临沂人，2000年6月加入中国共产党，大学学历，高级政工师。

1993年—1996年7月，就读于山东煤炭高级技工学校井下电钳专业，中技学历；1998年9月—2001年7月，函授就读于新汶矿业职工大学经济管理专业，大专学历；2010年3月—2013年1月，函授就读于山东工商学院人力资源管理专业，大学本科。

1996年11月，入职临沂矿务局汤庄煤矿卫生瓷厂办事员；1998年1月，任临沂矿务局汤庄煤矿节能办公室机电技术员；1999年4月，任汤庄煤矿办事员；

2001年7月，调临沂奥洁瓷业有限责任公司工作；2003年11月，任临沂矿务局新驿矿井筹建处综掘工区文书；2004年8月，任新驿煤矿党群工作部管理人员，12月，任临矿集团新驿煤矿党群工作部宣传干事（副科级）；2008年4月，任新驿煤矿党群工作部副部长兼人事科长，5月，任临矿集团新驿煤矿党群工作部副部长、人事科长、工会副主席、机关第一党支部副书记；2011年7月，任新驿煤矿党群工作部副部长、人事科长、工会副主席、机关第一党支部副书记、纪委副书记；2013年5月，任新驿煤矿党群工作部副部长、人事科长、工会副主席、纪委副书记、机关第一党支部书记；2015年10月，任新驿煤矿党群工作部副部长、工会副主席、机关一党支部书记；2017年7月，任王楼煤矿党委委员、纪委书记；2020年4月，任王楼煤矿党委副书记、工会主席。

密士廷，男，汉族，1977年3月生人，山东临沂人，2001年11月加入中国共产党，大学学历，高级工程师。

1994年9月—1998年7月，就读于泰安煤炭工业学校地下采煤专业，中专学历；2000年9月1日—2004年7月，函授就读于山东科技大学采矿工程专业，大专学历；2007年3月—2010年1月，函授就读于山东科技大学采矿工程专业，大学本科。

1998年9月，入职临沂矿务局古城矿井筹建处在采煤工区见习；1999年9月，为古城矿井筹建处采煤工区工人；2000年9月，任古城煤矿采煤二工区文书；2002年2月，任古城煤矿综掘工区技术员；2006年3月，任临矿集团古城煤矿综掘工区副区长；2007年4月，调任临矿集团王楼一号井筹建处综掘工区副区长，7月，任王楼煤矿材料小组组长（副科级），10月，任王楼煤矿生产技术科副科长；2008年7月，任王楼煤矿掘一工区党支部书记；2010年9月，任王楼煤矿综掘工区党支部书记；2011年4月，任临矿集团王楼煤矿掘一工区区长、党支部书记；2012年9月，任王楼煤矿安监处副处长；2017年7月，任王楼煤矿副矿长、安监处处长；8月，任王楼煤矿副矿长、安监处处长、安全总监；2020年8月，任王楼煤矿党委委员、副矿长、安监处处长、安全总监。

徐国华，男，汉族，1981年2月出生，山东兖州人，2005年12月加入中国共产党，大学学历，高级工程师。

2000年9月—2003年7月，就读于山东科技大学采矿工程专业，大专学历；2004年—2007年，函授就读于山东科技大学采矿工程专业，大学本科。

2003年8月，入职临沂矿务局新驿矿井筹建处在生产科见习；2004年8月，任新驿煤矿生产技术科科员；2005年4月，任新驿煤矿综采一工区技术员；2007年6月，任新驿煤矿综采一工区副区长；2008年4月，任新驿煤矿综采三工区党支部副书记；2009年5月，任新驿煤矿综采二工区区长，10月，任临矿集团生产技术科科长；2010年5月，任新驿煤矿采掘副总工程师兼生产科科长；2011年7月，新驿煤矿采煤副总工程师兼生产科科长；2013年7月，任新驿煤矿采煤副总工程师兼安监处主任工程师；2015年10月，任新驿煤矿安全副总工程师兼安全管理部副部长；2017年1月，任新驿煤矿采掘副总工程师兼生产指挥部副部长、调度室主任；2018年9月，任王楼煤矿党委委员、副矿长；2019年3月，调离王楼煤矿。

王忠密，男，汉族，1974年5月出生，山东莒南人，2010年1月加入中国共产党，大学本科学历，高级工程师。

1995年9月—1999年7月，就读于山东矿业大学采矿工程专业，大学本科；2010年3月—2013年6月，函授就读于山东科技大学，工程硕士学位。

1999年7月，入职临沂矿务局古城煤矿在采煤工区见习；2000年7月，任古城煤矿生产科技术员；2003年3月，任古城煤矿采煤三工区副区长；2006年3月，任古城煤矿生产科副科长；2008年4月，任临矿集团内蒙古上海庙矿业公司生产技术部副部长（正科级）；2009年7月，任上海庙矿业公司新上海一号煤矿筹建处工程技术科科长；2011年4月，任上海庙矿业公司新上海一号煤矿筹建处副总工程师兼工程技术科科长；2017年7月，挂职交流集团公司任临矿集团生产技术处高级工程师；2018年，任生产技术处高级工程师；2018年10月，任王楼煤矿总工程师。

刘维信，男，汉族，1977年7月出生，山东阳信人，2005年6月加入中国共产党，2002年8月参加工作，大学学历，高级工程师。

1999年9月—2002年7月，就读于山东科技大学采矿工程专业，大专学历；2004年3月—2007年1月，函授就读于山东科技大学采矿工程专业，大学学历。

2002年8月，入职临沂华建公司见习；2003年8月—2006年3月，先后任临沂华建公司第六、第七公司技术人员，第七公司副经理；2006年3月，任临矿集团新驿煤矿掘一工区副区长；2007年3月，任临矿集团王楼一号井筹建处掘进二工区副区长；2007年5月—2019年3月，先后任临矿集团王楼煤矿掘进二工区副区长兼技术员，掘进二工区区长，掘进一工区区长，掘进一工区区长兼支部书记，生产技术科主任工程师（正科级），安监处工程师，掘进三工区区长兼支部书记，防治冲击地压办公室主任，防冲副总兼防冲办主任，防冲副总、防冲支部书记兼纪检员，防冲副总工程师、科技科科长、防冲支部书记兼纪检员，生产副总工程师、生产科科长、科技科科长；2019年3月，任临矿集团王楼煤矿党委委员、副矿长。

王宝国，男，汉族，1970年8月出生，山东郯城人，1998年6月加入中国共产党，1990年7月参加工作，大学学历，会计师、审计师、计算机工程师。

1988年9月—1990年7月，就读于山东矿业学院应用数学与软件工程系计算机软件专业，大专学历；2007年9月—2009年12月，函授就读于中共山东省委党校经济管理专业，大学学历。

1990年7月—2001年4月，先后任临沂矿务局汤庄煤矿调度室调度员、煤质科工人、财务科会计、财务科副科长；2001年4月，任临沂矿务局新驿煤矿筹建处财务科科长；2002年4月，任临沂矿务局新区建设指挥部财务室副主任（正科级）；2003年7月，任临沂矿务局古城煤矿财务审计科科长；2005年2月，任临沂矿务局财务处工作（正科）、财务处成本科科长、资金管理科科长；2010年6月，任内蒙古三新铁路有限责任公司总会计师（副处级）、副总经理；2012年9月，任临矿集团上海庙矿业公司榆树井煤矿副矿长、党委委员、新上海一号煤矿筹建处副主任、党总支委员；2016年2月，任临矿集团上海庙矿业公司经管理部部长（副处级）、内蒙古三新铁路有限责任公司监事、临矿集团内蒙古上海庙矿业公司新上海一号煤矿筹建处副主任（兼）；2019年5月，任临矿集团王楼煤矿党委委员、副矿长。

田福海，男，汉族，1977年4月出生，山东兰陵人，1998年6月加入中国共产党，1998年8月参加工作，大学学历，高级工程师。

1994年9月—1998年6月，就读于中原机械工业学校工业企业电气化专业，中专学历；2004年3月—2008年1月，函授就读于山东科技大学机电工程专业，大专学历；2007年3月—2011年1月，函授就读于山东科技大学机电工程专业，大学学历。

1998年8月—2001年6月，入职临沂矿务局古城煤矿筹建处见习、机运工区办事员；2001年6月—2004年10月，任临沂矿务局古城煤矿机电科井下设备管理员；2004年10月—2013年1月，先后任临沂矿务局（临矿集团）古城煤矿机电科副科级科员、副科长；2013年1月，任临矿集团榆树井煤矿机电科科长（古城煤矿劳务输出），10月，任临矿集团榆树井煤矿机电副总兼机电科科长（古城煤矿劳务输出）；2016年1月—2019年5月，先后任临矿集团菏泽煤电公司机电管理部主任，机电副总工程师兼机电管理部主任；2019年5，任临矿集团王楼煤矿党委委员、副矿长。

童培伟，男，汉族，1978年5月出生，山东莒南人，2012年12月加入中国共产党，2008年3月参加工作，大学学历，政工师。

2006年6月—2008年3月，就读于山东省煤炭高级技工学校综采专业，中技学历；2013年3月—2015年7月，函授就读于西安电子大学机电一体化技术专业，大专学历；2016年2月—2018年7月，函授就读于中国矿业大学机械电子工程专业，大学学历。

2008年3月—2020年4月，先后任临矿集团古城煤矿采煤一工区采煤工，办公室下车班司机，办公室主任科员，行政办公室副主任，后勤管理部副科长(主持总务工作)，行政办公室副主任（主持工作），行政办公室主任，副总政工师兼行政办公室主任；2020年4月，任临矿集团王楼煤矿党委委员、纪委书记。

注：矿井历任党政班子成员（按任职先后、时任级别排列）

第二章　荣　誉

第一节　集体荣誉

表10-2-1　2006—2018年王楼煤矿荣获各类集体荣誉统计表

序号	荣誉称号	颁奖机关	获奖（年度）
1	全区优化发展环境工作联系点	任城区人民政府纠正行业不正之风办公室、任城区行政机关办事效率投诉中心	2006
2	防雷安全先进单位	济宁市防雷减灾领导小组办公室	2007
3	煤矿安全程度评估级矿井	山东煤矿安全监察局	
4	"一通三防"安全示范矿井		
5	行业二级安全高效矿井	中国煤炭工业协会	
6	安全质量标准化一级矿井	山东省煤炭工业局	2008
7	二〇〇七年度安全生产先进单位	济宁市任城区人民政府	
8	二〇〇七年度全区水资源管理先进集体	济宁市任城区水资源管理委员会	
9	先进基层党组织	中共临沂矿业集团有限责任公司委员会	
10	全国煤炭工业行业二级安全高效矿井	中国煤炭工业协会	
11	国家级安全质量标准化煤矿	国家安全生产监督管理总局、国家煤矿安全监察局	
12	2009年度安全质量标准化一级矿井	山东省煤炭工业局	2009
13	瓦斯治理示范矿井		
14	煤矿安全程度评估A级矿井	山东煤矿安全监察局	
15	创建劳动关系和谐企业（单位）工作先进单位	山东省煤矿工会	
16	二〇〇八年职工代表大会优秀星单位	山东省总工会	
17	山东省十佳煤质管理先进矿	山东煤炭运销协会	
18	文明单位	山东省省管企业精神文明建设委员会	
19	煤矿安全程度评估A级矿井	山东煤矿安全监察局	
20	山东省煤炭行业2009年度十佳煤矿	山东省煤炭行业协会	
21	第三届临沂市"劳动之星"职业技能竞赛团体二等奖	中共临沂市委组织部、临沂市人力资源和社会保障局、临沂市工会等	2010
22	王楼煤矿综掘一队三班金牌班组	山东省煤炭工业局	
23	全国煤炭工业行业二级安全高效矿井	中国煤炭工业协会	
24	煤炭工业节能减排先进企业	中国煤炭工业协会、中国煤炭加工利用协会	
25	2010年度先进单位	临沂矿业集团公司、临沂矿业集团公司工会	

续表

序号	荣誉称号	颁奖机关	获奖（年度）
26	二○○九年度全市水资源管理先进集体	济宁市人力资源和社会保障局、济宁市水利局	2010
27	2009年度先进单位	临沂矿业集团公司	
28	临沂市五四红旗团委	共青团临沂市委	
29	二○○九年度全省十佳选煤厂	山东省煤炭运销协会	2011
30	工人先锋号	临沂市总工会	
31	安全质量标准化一级矿井	山东省煤炭工业局	
32	煤矿瓦斯治理示范矿井		
33	山东省模范职工之家	山东省总工会	
34	安全生产"双基"建设先进单位	山东省煤炭工业局	
35	青年安全生产示范岗	共青团山东省委、山东省安全生产监督管理局	
36	青年文明号	共青团济宁市委	
37	青年文明号	山东省国资委团委	
38	市级文明单位	中共济宁市委、济宁市人民政府	
39	2010年度市中区人力资源管理先进单位	济宁市市中区人力资源和社会保障局	
40	全省煤矿职工疗养工作先进单位	山东省煤炭工业局	
41	模范职工之家	临沂市总工会	
42	职工（代表）大会先进星单位		
43	二○一○年度全市水资源管理先进集体	济宁市水利局、济宁市财政局	
44	山东省五四红旗团委	共青团山东省委	
45	省级卫生先进单位	山东省爱国卫生运动委员会	2012
46	省管企业信访稳定工作先进单位	山东省人民政府、国有资产监督管理委员会	
47	先进基层党组织	中共山东省国资委委员会	
48	青年安全生产示范岗	共青团济宁市委、济宁市安全生产监督管理局	
49	全国煤炭工业"先进集体"荣誉称号（采煤一工区）	人力资源和社会保障部、中国煤炭工业协会	
50	临矿集团王楼煤矿综掘工区刘凯班金牌班组	山东省煤炭工业局	
51	煤矿安全与职业卫生评估级矿井	山东煤炭安全监察局	
52	第五届临沂市'劳动之星'职业技能竞赛团体一等奖	中共临沂市委组织部、临沂市人力资源和社会保障局、临沂市工会等	
53	振兴沂蒙劳动奖状	临沂市总工会	
54	临矿集团王楼煤矿采煤二工区刘洪峰班组优秀班组	山东省煤炭工业局	
55	全省煤炭系统工会办公室工作先进单位	山东省煤矿工会	
56	2011年度全省十佳选煤厂	山东省煤炭运销协会	
57	煤矿安全程度评估级矿井	山东煤炭安全监察局	
58	2011年度先进单位	临沂矿业集团公司、临沂矿业集团工会	

序号	荣誉称号	颁奖机关	获奖（年度）
59	临沂市第五届"劳动之星"职业技能竞赛优秀组织奖	中共临沂市委组织部、临沂市人力资源和社会保障局、临沂市工会、临沂市财政局、共青团临沂市委、临沂市妇女联合会	2012
60	全国煤炭工业行业一级安全高效矿井	中国煤炭工业协会	
61	全国青年安全生产示范岗	共青团中央、国家安全监管总局	
62	二〇一一年水资源先进集体	济宁市水利局	
63	安全生产先进单位	山东省煤炭工业局	
64	省级文明单位	山东省精神文明建设委员会	
65	临沂市劳动关系和谐企业	临沂市总工会、临沂市人力资源和社会保障局、临沂市经济和信息化委员会	
66	全省"安康杯"竞赛优胜企业	山东省总工会、山东省安全生产监督管理局	
67	济宁市五四红旗团委	共青团济宁市委	
68	济宁市市中区富民兴区劳动奖状	中共济宁市中区委、济宁市市中区人民政府	
69	全国五四红旗团委	共青团中央	2013
70	全省煤炭系统群众安全生产工作先进单位	山东省煤矿工会	
71	工人先锋号		
72	全省煤炭系统群众安全生产工作先进井口接待站		
73	省级示范性基层团组织	共青团山东省委	
74	先进基层党组织	中共临矿集团党委	
75	济宁市优化发展环境联系点	济宁市优化发展环境办公室	
76	山东省煤矿瓦斯综合治理工作体系建设达标矿井	山东省煤炭工业局	
77	山东省劳动关系和谐企业	山东省总工会	
78	临沂市女职工建功立业标兵岗	临沂市总工会	
79	工人先锋号	山东省煤矿工会	
80	第四届中国煤矿艺术节先进集体	国家煤矿安全监察局、中国煤炭工业协会、中国煤矿文化艺术联合会、中国能源化学工会全国委员会、中国煤矿文化宣传基金会	
81	山东省绿化模范单位	山东省绿化委员会	
82	全国现代大型煤炭企业人力资源管理最佳企业奖	中国煤炭学会经济管理专业委员会	
83	济宁市廉政文化示范点	中共济宁市纪委、济宁市监察局	
84	劳动关系和谐企业	中共济宁市市中区委、济宁市市中区人民政府	
85	煤炭工业先进煤矿（2010—2012）年度	中国煤炭工业协会	
86	模范职工之家	山东能源有限公司工会	
87	全国"安康杯"竞赛优胜单位	中华全国总工会、国家安全生产监督管理总局	
88	全省"安康杯"竞赛优胜单位	山东省总工会、山东省安全生产监督管理局	

序号	荣誉称号	颁奖机关	获奖（年度）
89	全省煤炭系统工会女职工工作先进集体	山东省煤矿工会	2013
90	五四红旗团委	共青团山东能源集团有限公司委员会	
91	富民兴鲁劳动奖状	山东省总工会	2014
92	先进基层党组织	中共山东能源集团有限公司委员会	
93	山东煤矿安全文化建设示范企业	山东煤矿安全监察局	
94	山东煤矿安全生产诚信建设示范矿井		
95	先进基层党组织	中共临沂矿业集团有限责任公司委员会	
96	"中国平煤神马杯"第五届全国煤炭行业职业技能竞赛优秀组织奖	中国煤炭行业职业技能竞赛组委会	
97	煤矿安全与职业卫生评估 A 级矿井	山东煤炭安全监察局	
98	第七届临沂市"劳动之星"职业技能竞赛团体一等奖	中共临沂市委组织部、临沂市人力资源和社会保障局、临沂市工会等	
99	市级优秀职工书屋示范点	临沂市总工会	
100	全市单位内部治安保卫工作先进集体三等功	济宁市公安局	
101	安全文化建设示范企业	济宁市人民政府安全生产委员会	
102	临沂市工会工作先进单位	临沂市总工会	
103	2013 年度先进单位	临沂矿业集团公司、临沂矿业集团工会	
104	山东省煤炭系统工会工作先进单位	山东省煤矿工会	
105	山东省工会职工维权法律服务示范单位	山东省总工会	
106	模范职工之家	山东能源有限公司工会	
107	全国"安康杯"竞赛优胜单位	中华全国总工会、国家安全生产监督管理总局	
108	五四红旗团委	共青团山东能源集团有限公司委员会	
109	居安三星级单位	济宁市公安局	2015
110	五四红旗团委	共青团济宁市任城区委	
111	2009—2013 年度山东省煤炭系统文化工作先进单位	山东省煤矿工会	
112	2009—2013 年度山东省煤炭系统体育工作先进单位		
113	先进基层党组织	中共临沂矿业集团有限责任公司委员会	
114	工人先锋号	济宁市任城区总工会	
115	选煤厂巾帼浮选班组 全国五一巾帼标兵岗	中华全国总工会	
116	青年文明号	共青团济宁市任城区委	
117	工人先锋号	任城区总工会	
118	山东省省管企业先进基层党组织	中共山东省国资委委员会	
119	爱心妈妈小屋	山东省总工会	
120	共青团济宁市青年文明号	共青团济宁市委	

序号	荣誉称号	颁奖机关	获奖（年度）
121	优秀职工书屋示范点	临沂市总工会	
122	2014年度先进单位	临沂矿业集团公司、临沂矿业集团工会	
123	推行协商民主 强化社会责任先进单位	临沂市总工会	
124	青年安全生产示范岗	共青团济宁市委、济宁市安全生产监督管理局	2015
125	先进工会女职工委员会	山东能源有限公司工会	
126	全国"安康杯"竞赛优胜单位	中华全国总工会、国家安全生产监督管理总局	
127	善行义举进企业示范单位	中共济宁市任城区委宣传部、济宁市任城区总工会	
128	工人先锋号	临沂市总工会	
129	全市单位内部治安保卫工作先进集体	济宁市公安局	
130	2015年度突出贡献企业	中共济宁市委、济宁市人民政府	
131	红旗团委	共青团济宁市任城区委	
132	模范职工小家	山东能源临矿集团有限公司工会	
133	全国煤炭工业文明煤矿	中国煤炭职工思想政治工作研究会	2016
134	全国煤炭工业"三基九力"建设优秀班组		
135	五四红旗团委	共青团山东能源集团有限公司委员会	
136	山东省煤炭系统群众安全生产工作先进单位		
137	山东省煤矿职工职业道德建设十佳单位	山东省煤矿工会	
138	工人先锋号		
139	2014—2015年度全国煤炭工业行业特级安全高效矿井	中国煤炭工业协会	
140	先进基层党组织	中共临沂矿业集团有限责任公司委员会	
141	山东省煤矿优秀安全班组（大学生采煤队孟魏魏班组）		
142	山东省煤矿十佳安全班组（选煤厂巾帼浮选班组）	山东省总工会	2017
143	先进工会女职工委员会	山东能源集团有限公司工会	
144	煤炭工业先进煤矿（2014-2015）年度	中国煤炭工业协会	
145	红旗团委	共青团济宁市任城区委	
146	先进基层党组织	中共临沂矿业集团有限责任公司委员会	
147	安全生产先进集体	山东能源集团有限公司	
148	十佳协管会	山东能源集团有限公司工会	
149	先进单位	临沂矿业集团有限责任公司	
150	全省采煤塌陷地综合治理先进单位	山东省采煤塌陷地综合治理工作协调小组办公室	2018
151	模范职工之家	山东能源集团有限公司工会	
152	2017年全国煤矿全民健身活动先进集体	中国煤矿体育协会	
153	五四红旗团委	共青团山东能源集团有限公司委员会	
154	山东省煤矿工会女职工工作先进单位	山东省煤矿工会	

第二节 个人荣誉

表10-2-2 2004—2018年王楼煤矿个人荣誉统计汇总表

序号	荣誉称号	获奖姓名	授奖单位	获奖（年度）
1	优秀科技工作者	白景志	山东省煤炭工业局	2004
2	临沂市十大青年岗位能手标兵荣誉称号	肖庆华	临沂市人事局、共青团临沂市委 临沂经济贸易委员会 临沂劳动和社会保障局	
3	污水零排放改造优秀成果奖	丁学贤	临沂市总工会	2006
4	山东省富民兴鲁劳动奖章	翁洪周	山东省总工会	
5	全国煤炭系统优秀劳动保护干部	邵长余	中国能源化学工会全国委员会	
6	全国煤炭工业劳动模范	翁洪周	中华人民共和国人事部 中国煤炭工业协会	2007
7	临沂振兴沂蒙劳动奖章	刘伟	临沂市总工会	
8	优秀共产党员	白景志	中央临沂矿业集团公司委员会	
9	山东煤炭行业2007年度优秀质量管理工作者	张俊宝	山东省煤炭行业协会	2008
10	全区安全生产先进个人		济宁市任城区人民政府	
11	科技成果二等奖	丁学贤	山东省煤炭协会	
12	全省煤矿安全培训先进个人	郭圣刚	山东煤矿安全监察局	
13	五一劳动奖章	单井林	济宁市任城区总工会	
14	临沂市创建学习型知识型职工优秀组织者	邵长余	临沂市	
15	劳动模范	白景志	临沂矿业集团有限责任公司	2009
16	优秀矿长	肖庆华	山东省煤炭安全局	
17	集团公司劳模		临沂矿业集团有限责任公司	
18	安全培训先进工作者	丁学贤	山东煤炭工业局	
19	集团公司劳模	翁洪周	临沂矿业集团有限责任公司	
20		林相亮		
21		葛现栋		
22	省煤炭和省国资委优秀党务工作者	邵长余	省国资委煤炭局	
23	集团公司劳模	齐东合	临沂矿业集团有限责任公司	2010
24		翁洪周		
25		王传庆		
26		林相亮		
27	临沂市志愿服务工作"先进工作者"	兰庆文	中共临沂市委宣传部	
28	临沂市2010年"劳动之星"	刘庆刚	共青团临沂市委组织部	
29	临沂市新长征突出手		共青团临沂市委	

续表

序号	荣誉称号	获奖姓名	授奖单位	获奖（年度）
30	集团公司劳模	王艾新	临沂矿业集团有限责任公司	
31	全省煤炭系统民主管理工作先进个人	邵长余	山东省煤矿工会	2010
32	临沂市和省煤矿先进工会工作者	邵长余	临沂市	
33	富民兴鲁劳动奖章	白景志	山东省总工会	
34	集团公司劳模	诸葛祥华	临沂矿业集团有限责任公司	
35		齐东合		
36	2011年度生产投资价格统计先进个人	王海龙	国家统计局济宁调查处	
37	省直管企业基本养老保险先进个人	董爱江	山东省人力资源和社会保障厅	
38	人口和计划生育工作先进个人	刘晓茹（女）	中共济宁市市中区区委	
39	全市巡回演讲选拔优胜奖	董凯	济宁市人民政府安全生产委员会	
40	人力资源管理先进个人	刘敬修	山东省人力资源和社会保障局	2011
41	统计工作先进个人		济宁市市中区统计局	
42	集团公司劳模	刘维信	临沂矿业集团有限责任公司	
43		田衍圣		
44		王艾新		
45		葛现栋		
46		高长海		
47	2010年度安全生产优秀矿长	肖庆华	山东煤矿安全监察局	
48	全市依靠职工办企业优秀管理者		临沂市总工会	
49	山东省富民兴鲁劳动奖章		山东省总工会	
50	全省煤炭系统职工技协工作先进个人	吕凤新	山东省煤矿工会	
51	集团公司劳模	诸葛祥华	临沂矿业集团有限责任公司	
52		齐东合		
53	全国煤炭系统优秀协管员	王广霞（女）	中国能源化学工会全国委员会	
54	优秀协管员	刘晓茹（女）	山东省煤矿工会	
55	山东省省管企业优秀共青团员	董凯	山东省国资委团委	2012
56	山东省优秀共青团干部	兰庆文	共青团山东省委	
57	济宁市杰出青年岗位能手		共青团济宁市委	
58	2011年度济宁市优秀青年志愿者荣誉称号			
59	全区统计工作先进个人	刘忠	济宁市中区统计局	
60	集团公司劳模	田衍圣	临沂矿业集团有限责任公司	
61		周钦永		
62		李俊春		
63		张爱杰		

续表

序号	荣誉称号	获奖姓名	授奖单位	获奖（年度）
64	2011 年度安全生产优秀矿长	肖庆华	山东煤矿安全监察局	
65	临沂市振兴沂蒙劳动奖章	邵长余	临沂市总工会	
66	省管企业青年五四奖章	肖庆华	省国资委团委、省企业青联	2012
67	山东省煤炭行业 2010—2011 年度先进个人		山东省煤炭行业协会	
68	集团公司劳模	诸葛祥华	临沂矿业集团有限责任公司	
69		丁学贤		
70	女职工先进工作者	刘晓茹（女）	山东省煤矿工会	
71	优秀青年工作者	董 凯	中共济宁市市中区委	
72		兰庆文		
73	十佳"爱德之星"			
74	集团公司劳模	田衍圣	临沂矿业集团有限责任公司	
75		周钦永		
76		王艾新		
77		侯尤军		
78	百佳文明家庭	李 佳	济宁市中区精神文明建设委员会	2013
79	集团公司劳模	李俊春	临沂矿业集团有限责任公司	
80		梅秀堂		
81	百佳文明市民	史仍方	济宁市中区精神文明建设委员会	
82	集团公司劳模	王 伟	临沂矿业集团有限责任公司	
83	百佳文明市民	田衍圣	济宁市中区精神文明建设委员会	
84	2012 年度安全生产优秀矿长	肖庆华	山东煤矿安全监察局	
85	工会之友		临沂矿业集团公司工会	
86	2012 年度全省煤矿安全生产先进个人		山东省煤炭工业局	
87	山东省富民兴鲁劳动奖章	邵长余	山东省总工会	
88	山东省煤炭系统职工职业道德建设十佳标兵称号	肖庆华	山东省煤矿工会	
89	第五届临沂市优秀科技工作者	吕凤新	临沂市科学技术学会	
90	集团公司劳模	董勤凯	临沂矿业集团有限责任公司	
91	临沂市劳模	龙禄财	临沂市	2014
92	集团公司劳模		临沂矿业集团有限责任公司	
93	临沂市科技创新劳模		临沂市	
94	省管企业优秀共青团员	刘 辉	山东省国资委	
95	"潞安杯"全国最美安全好矿嫂	高建菊（女）	中国能源化学工会全国委员会	
96	任城"五一劳动奖章"	董 凯	济宁市任城区	

序号	荣誉称号	获奖姓名	授奖单位	获奖（年度）
97	优秀青年工作者	董凯	山东能源集团有限公司	2014
98	优秀共青团干部	兰庆文	共青团济宁市委	
99	集团公司劳模	周钦永	临沂矿业集团有限责任公司	
100		李俊春		
101		李涛		
102		刘涛		
103	优秀党务工作者	邵长余	中共临沂矿业集团有限公司委员会	2015
104	山东省高端会计人才培养工程企业二期培训班优秀学员	汪学军	山东省财政厅	
105	突出贡献工程师	吕凤新	山东煤炭学会	
106				
107	集团公司劳模	丁学贤	临沂矿业集团有限责任公司	
108		赵志国		
109	优秀共产党员	管严太	中共临沂矿业集团有限公司委员会	
110	人口和计划生育工作先进个人	刘晓茹（女）	济宁市任城区委、济宁市任城区人民政府	
111	临沂市工会财务先进工作者		临沂市总工会	
112	优秀共产党员	王寅林	中共临沂矿业集团有限公司委员会	
113	集团公司劳模	解直江	临沂矿业集团有限责任公司	
114	优秀共产党员	葛现栋	中共临沂矿业集团有限公司委员会	
115	集团公司劳模	古庆德	临沂矿业集团有限责任公司	
116		刘成磊		
117		魏建文		
118		郑丽颖（女）		
119	山东煤矿安全监察局	肖庆华	2014年度安全生产优秀矿长	2016
120	山东省国资委优秀党务工作者	邵长余	中共山东省国资委委员会	
121	优秀党务工作者		中共临沂矿业集团有限公司委员会	
122	全省煤炭系统群众安全工作先进个人	张卫	山东省煤矿工会	
123	全省采煤塌陷地综合治理工作先进个人	张俊宝	山东省塌陷地综合治理工作小组	
124	临沂市创新能手	吕凤新		
125	集团公司劳模	王永宝	临沂矿业集团有限责任公司	
126		董勤凯		
127	十大杰出矿工	刘辉	冀中能源杯第三届寻找感动中国的矿工活动组委会	
128	济宁市最美青工	刘辉	济宁市总工会	
129	优秀共产党员	王寅林	中共临沂矿业集团有限公司委员会	

续表

序号	荣誉称号	获奖姓名	授奖单位	获奖 （年度）
130	集团公司劳模	周钦永	临沂矿业集团有限责任公司	
131	优秀共产党员	王艾新	中共临沂矿业集团有限公司委员会	
132	集团公司劳模	崔永江	临沂矿业集团有限责任公司	2016
133		来守习		
134		何晓青		
135		杜井玉		
136	优秀共产党员	李俊春	中共临沂矿业集团有限公司委员会	
137	集团公司劳模	刘国伟	临沂矿业集团有限责任公司	
138		刘立厂		
139		邵 锦		
140	优秀共产党员	密士廷	中共临沂矿业集团有限公司委员会	2017
141	安全生产工作先进个人	诸葛祥华	济宁市安全生产委员会	
142	集团公司劳模		临沂矿业集团有限责任公司	
143	优秀共产党员	丁学贤	中共临沂矿业集团有限公司委员会	
144	集团公司劳模	刘维信	临沂矿业集团有限责任公司	
145	优秀党务工作者	田衍圣	中共临沂矿业集团有限公司委员会	
146	集团公司劳模	张克靖	临沂矿业集团有限责任公司	
147	优秀共产党员	何玉收	中共临沂矿业集团有限公司委员会	
148	集团公司劳模	杨飞飞	临沂矿业集团有限责任公司	
149		岳 辉		
150		刘 猛		
151	优秀共产党员	刘忠云	中共临沂矿业集团有限公司委员会	
152	集团公司劳模	徐同杰	临沂矿业集团有限责任公司	
153		丁 金		
154		刘泽明		
155	临沂市优秀共青团干部	董 凯	共青团临沂市委	
156	2016年全国煤矿全民健身活动 先进个人	邵长余	中国煤矿体育协会	
157	优秀共产党员	诸葛祥华	中共临沂矿业集团有限公司委员会	2018
158	集团公司劳模	王永宝	临沂矿业集团有限责任公司	
159	优秀工会工作者	刘晓茹（女）	山东能源集团有限公司工会	
160	优秀工会女职工工作者			
161	工会女职工工作先进工作者		山东省煤矿工会	
162	集团公司劳模	胡彦峰	临沂矿业集团有限责任公司	
163		何玉收		

续表

序号	荣誉称号	获奖姓名	授奖单位	获奖（年度）
164	优秀共产党员	王其杰	中共临沂矿业集团有限公司委员会	2018
165	集团公司劳模	王寅林	临沂矿业集团有限责任公司	
166	优秀共产党员	周钦永	中共临沂矿业集团有限公司委员会	
167		庄文涛		
168	集团公司劳模	崔永江	临沂矿业集团有限责任公司	
169		兰庆武		
170		李　佳		
171		谢家顺		
172	山东省优秀共青团干部	董　凯	共青团山东省委	
173	优秀共青团干部		山东能源集团团委	

附 录

重要文章

这里有个大学生采煤队

潘俊强

进入一线作业，为矿上解决了一些技术难题，还负责在整个矿区推广新技术、新项目和新经验，比蹲在实验室里做实验过瘾多了。

——刘辉

我们这些来到采煤一线的大学生，还是想在煤矿上做科研，将自己的知识和技术真正地应用到采煤一线。

——吴振华

微山湖畔的山东能源临矿集团王楼煤矿，有一支由大学生组成的采煤队，现有成员26名，其中研究生学历的2人，本科学历的4人，大专学历的20人，平均年龄25岁。自2011年8月成立以来，他们不仅创造了全矿日产5000吨新纪录，设备完好率达100%，更保持着安全生产"零事故"纪录。他们不仅代表着新时代矿工的形象，更为矿井安全生产和科学发展做出了积极贡献。

每天早上6点，大学生采煤队队长吴振华和他的队友们早餐后都会到会议室开会，总结前一天的工作情况、布置当天的任务和其他生产注意事项。

早会结束，吴振华又带领队员在由矿工家庭的"全家福"照片组成的平安墙前宣誓。吴振华说，虽然大学生掌握不少处理紧急情况的知识，但生命大于天，每天看看照片墙上的全家福，想着家里人的牵挂，安全工作就更好做了。坐罐笼，徒步，再坐猴车到达采煤工作面，这里将近30摄氏度，再加上湿度比较大，又闷又热。他们就在这里，一干就是8个小时。

大学生采煤队每天三班倒，保证24小时连续生产。作为采煤队的新生力量，他们创造了王楼煤矿日产纪录，不用每年升井大修就能达到国外同类设备的使用寿命。更值得一提的是，在采煤深度不断增大、地质条件日益复杂的条件下，没有发生一起设备事故和工伤事故，保持着安全生产"零事故"的纪录。

王楼煤矿的矿长肖庆华说，如果只是让大学生来采煤，显然是大材小用了。除了在一线采煤，增加一线工作经验，大学生们还承担着科研任务。

大学生采煤队在不到一年的时间内共实施小改小革项目19项，提出并实施合理化建议30条，受矿表彰并推广实施的小改小革项目和合理化建议6条，去年在全矿采煤技术比武中获得团体第一名，被评为"金牌班组"。

刘辉是读完采煤专业的研究生才来到王楼煤矿的，是这支大学生采煤队里学历最高的人。"来到王楼，加入大学生采煤队，进入一线作业，为矿上解决了一些技术难题，还负责在整个矿区推广新技术、新项目和新经验。"刘辉很有成就感地说，"这比蹲在实验室里做实验过瘾多了，和同事们的科研成果能够直接应用到矿上，感觉矿上对我们很重视。"

"采煤一线既是我们工作的地方，也是我们搞科研的地方。"吴振华说，大学生采煤队还实施"每日一题"制度，即在每个星期二，在会议室黑板上抄写下个星期的学习七道题，由主管技术员对班组成员进行讲解，并在下个星期二对上星期学的七道题进行抽查提问，以使大学生采煤队在一线获取经验的同时，能够源源不断地学习到新知识，保持创新的源泉和活力。

"在1000米的地下采煤，每天都要解决各种技术难题，来确保采煤的安全，对于我来说，每天都是新的开始，每天都充满了挑战，我喜欢这样的工作状态。"吴振华说。据肖庆华介绍，吴振华曾经多次被山东能源临矿集团机关看中，想把他调到集团机关工作，但都被吴振华婉拒了，他还是想在采矿一线干，搞科研攻关。"其实，不光是我，凡是能在当初选择王楼煤矿，选择下煤井，进一线的，我们就真的想干出一番事业来，我们这些来到采煤一线的大学生，还是想在煤矿上做科研，将自己习得的知识和技术真正地应用到采煤一线。"吴振华说。

（原载《人民日报》2013年4月1日）

千米井下　书写梦想

——大学生煤海展才华

胡卧龙

在美丽的微山湖畔，有一群年均28岁的"85"后年轻人，他们在高温、潮湿、空气稀薄的千米矿井下，熟练地操作现代化机械在煤海前行。很难想象，这群汗流浃背、满身煤渣的普通煤矿工人都来自大学校园，他们就是山东能源集团王楼煤矿的大学生采煤队。

大学生采煤队现有成员39名，研究生学历1人，本科学历9人，大专学历29人，新进队员基本都是"90"后。他们抛开大学生光环走到生产一线，用青春书写梦想，创造了日产5000吨的纪录，而且一直保持安全生产"零事故"的纪录。

狭长巷道忍高温：脱胎换骨

采煤队所在的作业面位于地下近1000米处，是一个仅有1.2米左右的狭长巷道，旷工工作时只能弯腰或蹲下，长时间施工身体根本吃不消。高温、潮湿对生产作业同样是一项严峻的挑战，矿工们往往一开始工作就浑身湿透，衣服贴在身上，呼吸困难、局促、难耐。同时，在狭小的空间内机械的轰鸣更容易让人心生厌烦。大学生采煤队每天要在这样的环境下工作8小时，加上来回路程，在矿井下时间超过10个小时。

很多同学或进了科研院所，或成为职场白领，或考入公务员体系，每天与煤炭打交道的刘辉笑言自己是"黑领"。

刘辉的理想是成为矿区技术工程师，通过一线工作的积累，把所学的知识释放出来，并经过不断创新提高采煤作业的效率。他还说服女朋友一起来到了济宁，在这里安家立业。

虽然大学读采煤专业到矿井实习过，初到采煤队的李帅依然用了很长时间适应井下工作。由实习时的好奇到工作后真枪实干，李帅称之为"脱胎换骨"的过程。李帅说，近年来内地大学生就业形势严峻，很多时候是别无选择。"但来到工作一线，至少做到了学有所用。"

从不后悔考采矿专业

千米井下，26岁的李帅告诉记者，他从来没有后悔过报考采矿专业，也没后悔来井下工作。他的梦想是跟伙伴们一起努力，实现百万吨工作面的目标。

然而，从小娇生惯养的天之骄子们克服了种种困难，把根深深扎进了井下。采煤队成立后，不断向煤矿交出漂亮的成绩单，成为矿上的采煤主力军。

在工作之余，大学生采煤队员们最喜欢的活动是打篮球。采煤队实行三班制，井上的伙伴们有时间就会到篮球场集合，痛痛快快的享受阳光和空气。采煤队队长何玉收说，井下暗无天日，有时候上白班十多天都见不到太阳。何玉收的微信昵称叫"阳光"，可见队员们对阳光的渴望。闲暇之余，队员们还喜欢相约去健身房或活动室，一起健身、打桌球、看电影。

（原载《大公报》2014年7月10日）

王楼煤矿浮选小组组长郑丽颖

—— 一项创新年增效益400多万元

左丰岐　崔　鑫　张银萍

"是不是起泡剂加多了，捕收剂加少了，再加到280看看。"3月2日，山东能源临矿集团王楼煤矿轰鸣的洗选车间，郑丽颖一边搓捏着手中的浮选泡沫，一边和身边的同事大声交流。

"不同采煤工作面的煤质不同，采用单独或混合入洗，都会影响药剂添加量，需要不停地爬上爬下观看浮选柱的泡沫状态以及尾矿情况，以便能够及时根据煤质变化情况，调节药剂的配比，一个小时下来就要跑上十几趟。"郑丽颖向记者介绍着她们工作的"新常态"。作为巾帼浮选小组组长，她带领5名女大学生，每天坚守在机器轰鸣的车间里，"亲历并见证着"脏黑的煤泥如何变成精煤"宝贝"。

"浮选工作是个细心活、勤快活，稍有粗心，就会造成浮选精煤质量不达标，影响最终产品的销售。"郑丽颖一脸严肃地说，"现在煤炭市场形势不好，开采出来的原煤洗不好，就卖不上好价钱，就等于一线职工的劳动和汗水打了折扣，就是我们的失职。"

郑丽颖的巾帼浮选小组在成立之初，并不被人们看好。但是，郑丽颖不服气，她坚信女同志一样能做好。为了尽快熟悉选煤生产工艺，她跟着师傅学习洗选工艺，与其他职工一样三班倒、轮岗位，力求精通每一个工艺环节。平时搞卫生，清皮带、调设备、做记录，她总是跑在前，不怕吃苦，不怕受累。

3年来，她先后参与了选煤厂的升级改造，参与了洗煤介耗控制等多项技术攻关。她经常带领小组成员，围绕生产过程中存在的重点、难点，开展技术攻关。她们大胆提出了浮选柱改造方案，由质疑到认可，最终获得审批。浮选柱改造后浮选精煤回收率提高3%，尾矿灰分由原来的48%提高到55%左右，一年可新增效益400多万元。不少省内外同行前来参观学习，生产厂家也按照她们的方案对产品进行了改进设计，应用到多家选煤厂。

"在很多人眼里我们是女大学生，应该坐在办公室里，穿漂亮的衣服，做优雅的工作。"郑丽颖坦然地说，"我们从事的是变'脏'为'精'、变'废'为'宝'的事业。虽然，工作时间不能穿得漂亮，每天很累、很辛苦，但当我们看到从乌黑的煤泥中淘出发亮的'乌金'，我们感到很欣慰、很自豪。"

今年1月23日，对郑丽颖和她的队友来说是个值得庆贺的日子。这一天，郑丽颖代表巾帼浮选小组团队，在山东能源集团劳模（高技能人才）创新工作室现场交流推进会上做了典型发言，她们的创新工作室也被命名挂牌，获得创新基金30000元。

郑丽颖和她的团队随即向全厂女职工发出"人人当能手、个个做专家"的倡议。她们计划利用现代网络信息平台，让女职工在工作之余参加在线学习，采取以师带徒的"传、帮、带"方式，促进师徒共进和提升技能。此前，她们已经开展了文化沙龙活动，在相互交流和思想碰撞中助推了各项革新成果的应运而生，提高了班组成员的学习力、创造力，挖掘了蕴藏在职工中的智慧和潜能。

（原载《大众日报》2015年9月1日）

王楼煤矿有了"DIY生态餐厅"

左丰岐　张银萍

"麻辣小龙虾、蒙山羊肉汤、地锅鱼、地锅鸡……"这是一份来自临矿集团王楼煤矿喻兴农业生态园生态餐厅的菜单。时值立秋，傍晚的生态园微风徐徐，蒲草摇曳，来往休闲游玩的人渐渐增多。

王楼煤矿喻兴农业生态园自2014年4月建成以来，遵循"循环经济、绿色生态"的发展理念，探索绿色矿山建设新模式，利用矿井水余热资源，实现农业开发与节能减排相结合。如今在煤炭市场低迷不前的形势下，为拓宽经营增长点，突出生态特色，形成产业链条，实现创新创效，园区建立了"DIY生态餐厅"。

据介绍，该生态餐厅使用的鸡、鸭、鱼、龙虾、羊、蔬菜等各类食材均取材于生态园，从源头上保证了食品安全。同时，来此游玩的游客，可到园里自主点菜，由工作人员或游客自己现场采摘或宰杀，保证了食品的新鲜。食材准备齐全后，游客可选用以9折优惠的价格自助烹饪，增加游玩的乐趣。

"起初，来的大都是矿上的职工，营业收入有限，最后通过对外宣传和职工们在朋友圈的宣传，迎来了许多外来游客。许多市里的游客也驱车来这里体验地锅乡土特色，还有几家当地饭店来洽谈食材供应合作事宜，增加了我们对经营生态餐厅的信心。"喻兴农业生态园副总经理兰庆武说。

为保证各类食材的正常供应，生态园尝试试行联营制。通过公开竞标，选择当地有着多年养殖经验的专业户，由生态园负责提供场地，养殖专业户提供技术，其他支出费用合伙出资，年底按比例进行分红，确保农业养殖获得技术支撑。农业生态园自产的鸡、鸭、鱼和各类蔬菜，除供给生态餐厅外，还以成本价格供给矿职工食堂，降低了职工的生活费用支出，保证了职工舌尖上的安全。

如今，随着生态餐厅逐步迈向正轨，生态餐厅还将借助互联网平台推广自己的产品。届时，顾客可提前在网上提交订单，生态餐厅将根据顾客要求提前做好准备工作。

（原载《大众日报》2015年3月9日）

规模化开发集约化布局一体化发展专业化管理

——王楼矿开启"一矿两井"模式

左丰岐　张银萍

2015年12月30日，临矿集团王楼、军城"一矿两井"改革工作会议的召开标志着王楼矿"一矿两井"格局的正式形成。两座煤矿实现资源共享、优势互补，可有效降低投资和运营成本，形成规模化开发、集约化布局、一体化发展、专业化管理的运行格局。

"一矿两井"是指王楼、军城两处煤矿实施整合管理，军城煤矿改为王楼二号军城井。王楼煤矿投产于2007年，核定生产能力130万吨，已成为临矿集团骨干矿井之一。军城煤矿投产于2009年，核定生产能力45万吨。两矿同处济宁市任城区南阳湖畔，相距不到6公里，整合后的井田面积93.77平方千米。

面对不容乐观的煤炭市场形势，临矿集团积极探索"一矿两井"模式，在省内已成功实现会宝岭铁矿和凤凰山铁矿"一矿两井"管理模式的经验基础上，又实施了王楼、军城"一矿两井"管理模式。"我们要以成本的减法换取效益的加法，以创新驱动的乘法，精简机构和人员提高人均效率的"除法"，实现人、财、物共享，抱团取暖，提升企业发展质量，破解困境。"临矿集团总经理、党委副书记刘孝孔在"一矿两井"改革工作会议上说。

2015年王楼煤矿全年虽实现利润2000多万元，但同比去年下降58.8%，盈利空间不断被下行的煤价挤压。军城煤矿面对"跌跌不休"的煤价，加之煤种高硫、高灰，煤炭销售难度较大，增亏面不断加大，职工思想出现较大波动，直接影响着职工队伍的稳定性。为此，他们探索实施了王楼、军城"一矿两井"管理模式，勠力同心，携手走出困境。"思想上的融合是最为关键的，只有思想统一了，干部职工才会心往一处想，劲往一处使。"王楼煤矿新一届党委副书记、纪委书记、工会主席邵长余说，"一矿两井"管理融合、人员配置、资源使用等已经成为必须解决的难题。

"我们可以将两个井好的经验做法进行总结推广，进一步压缩运行成本，增加迎战市场的砝码。"王楼煤矿新一届矿长、党委书记肖庆华说。在"一矿两井"的管理模式下，该矿新一届班子成员立下军令状，表示将带领干部职工用新视角和新思路，将思想统一、安全管控、管理创新、提质提效四篇文章做好，抓住有利条件，解决不利条件，发挥多方优势，不断理顺管理体制，以创新的姿态、坚强的信念、务实的作风，开创"一矿两井"发展新局面。

（原载《大众日报》2016年1月12日）

王楼煤矿千米井下用上"无人机"

郭　利

"工作面所有设备准备一键启动，请沿线工作人员注意。"随着采煤机启动，隆隆的机器声打破了地层深处的沉寂，综采设备自如地割煤、移架，整个工序一气呵成，优质的原煤被源源不断地运往地面。

按照临矿集团工业3.0+改造升级总体规划，王楼煤矿结合矿井地质条件，引进先进智能控制设备，革新采煤工艺，通过多方调研和10多项创新改造，于5月份建成了临矿集团首个自动化综采工作面。"我们通过监控设备，就能准确掌握工作面的生产状况和设备运行情况，生产起来，面上几乎不要人。""原来需要15人完成的生产任务，现在仅需要八九个人就能轻松完成。没想到在千米井下也能用上'无人机'。"在该矿27307工作面，职工刘建军、张凯争先恐后地向笔者介绍。据了解，新的采煤工艺，通过液压支架的自动跟机移架和刮板输送机的自动跟机推移，让各生产环节实现了自动化控制，有效缩短了作业时间，生产效率提高了30%。该工作面运作两个月来，生产原煤20多万吨，单面原煤生产效率达到55吨/人，是行业平均水平的7.2倍。

（原载《大众日报》2017年7月27日）

把塌陷下去的土地"抬起来"

王金虎

眼下，北方地区还是春花盛开的时节，可在山东济宁任城区喻屯镇的喻兴农业生态园里，却是一番热带雨林的景象：柠檬、椰子、芒果、火龙果争奇斗艳，大片的芭蕉林，数十种热带水果、热带植物生机盎然。走出馆外，是一大片人工湖。很难想象，3年前，这里还是一片煤矿的塌陷区，荒草丛生。

"一天三顿饭，顿顿靠煤炭"，济宁是全国13个重点煤炭生产基地之一，过去产业结构单一，煤炭开采导致大面积土地塌陷。任城区喻屯镇东部，距离临矿集团王楼煤矿不足5公里。2015年年初，这里的采矿塌陷区多达2000多亩，由于靠近南阳湖，地势低洼，塌陷区的农田几乎变成了沼泽地，如何治理这片塌陷区成了一个棘手的问题。

"我们采取技术手段把塌陷下去的土地'抬起来'，抬田形成的水塘用来养鱼，上边的塌陷地搞种植，形成了'上农下渔'的良性循环农业生态模式。"王楼煤矿副矿长张俊宝说，王楼煤矿采煤塌陷地治理项目规划占地2100亩，成立了喻兴农业生态园，着手建设都市型生态农业模式的现代化农业园区。园区遵循"循环经济、绿色生态"的发展理念，规划农业种植、淡水养殖、农产品初加工三大支柱产业，同时利用井下降温制冷系统产生的余热资源发展热带水果种植、开发有机鳜鱼、生态水稻等六大板块。

"园区一期实验区流转土地400亩，聘请山东农业大学专家进行总体设计，示范古典生态农业模式'桑葚鱼塘、稻田养鸭'，重点发展热带水果种植、热带鱼养殖项目。"园区总经理兰庆武说。目前，热带水果种植的智能连栋玻璃温室已经建成。

玻璃温室利用矿井余热资源，通过园区的地热交换泵房提取矿井水余热，提取的余热用于连栋温室，种植热带水果和热带植物。"矿井水的热能提取之后，置换的冷水再输到井下去，作为'空调'，为井下矿工提供舒适的工作环境，矿井余热循环利用，一举两得。"兰庆武说。

塌陷地变成生态园，还带动了周围老百姓致富增收。村民魏凤革成为挣双份工资的产业工人，"土地流转给园区了，一亩地一年流转费1200元，还能在园区打工，一个月挣2400元。"

"今后，塌陷地整治将继续流转3000亩至5000亩，计划采用'公司+合作社+农户'的发展模式，辐射带动周边乡村进行有机水稻种植和淡水养殖，这里将来会成为一个大型现代化农业种植基地。"兰庆武说。

据了解，任城区采煤塌陷土地面积7.3万亩，涉及6个镇（街道）36个自然村。近年来，任城区相继制定了采煤塌陷地治理的意见，编制完成了治理规划，探索综合治理采煤塌陷地模式。截至目前，累计治理面积2.1万亩，验收面积1.44万亩。

"任城区已与中建国际投资公司签订了第一期采煤塌陷地治理PPP项目合同，计划治理采煤塌陷地面积2.5万亩，投资4.321亿元。"任城区国土资源局采煤塌陷地治理中心主任沈立硕说，目前，他们正在编制采煤塌陷地治理PPP项目可研报告和规划设计等前期工作，确保2020年采煤塌陷地治理任务达到80%。

（原载《经济时报》2018年4月23日）

山东能源王楼煤矿智能化打造绿色矿山

——披挂"防尘衣"上阵

王金虎　郭利

近日，记者来到山东能源临矿集团王楼煤矿位于京杭大运河岸边的船运码头，只见智能装船机在远程控制系统的指挥下，有条不紊地运行着，装煤漏斗喷出浓浓的细雾，滚滚的煤流进入了船舱。不远处，一艘拖船拖着8条满载煤炭的船舶，披着一身绿色的"防尘衣"缓缓驶出码头，向着京杭大运河主航道驶去。码头岸边一尘不染，油污收集箱和生活污水收集箱格外引人注目。

王楼煤矿党委书记、矿长白景志告诉记者，京杭大运河是国家南水北调东线工程的重要输水通道。为确保南水北调工程水质安全，他们在生活污水处理、油污处理、固体垃圾处理、煤尘治理上做足了文章。

"货船一到岸，我们就会帮助船员将船上的生活污水、油污水和生活垃圾放到相应的收集箱里，并为他们开具垃圾接收证明，此后，才能装船。"该矿码头负责人魏生辉说。

据了解，该矿于2017年投资40多万元建立了水污和油污处理系统，配备了油污水收集容器、油污水分离器、自吸排污泵等设备设施，并设立了固体垃圾收集站，对船舶垃圾进行统一收集、统一处理，码头实现了污水零排放。

在王楼煤矿航运码头，煤质科副科长石道波指着两个高高耸立的庞大建筑说："这是两个缓冲煤仓，我们产出的商品煤就是通过这个近2000米的蓝色全封闭长廊运到这里，然后装船发运，在矿区还建有3个缓冲煤仓，确保煤炭不落地。"

去年以来，王楼煤矿通过100多项技术创新和改革，建立了井下快速掘进作业线、自动化采煤工作面、智能化运输系统、智能化通风系统、智能化降尘系统、智能化洗选系统和智能化运销系统，安全、效益、环保得到了有效保障。"智能化打造王楼煤矿绿色矿山，现在，从井下生产运输，到井上洗选销售，煤炭在整个过程中几乎不见光，无论是矿区还是码头，扬尘都得到了有效治理。"白景志说。

（原载《经济时报》2018年8月6日）

塌陷地上"长"出来的现代化农业园

——山东能源临矿集团王楼煤矿采煤塌陷地治理侧记

高文静 崔 鑫 郭 利

近年来，山东能源临矿集团王楼煤矿因地制宜，探索多种发展模式，开辟了一条采煤塌陷地治理和推动农业产业化经济可持续发展的路子。

转变理念办起了产业园

临矿集团的采煤塌陷地有多少？6万多亩。对此，2016年，临矿集团实施"培植六大产业"的发展战略，现代生态农业成为战略目标之一。

王楼煤矿党委书记、矿长白景志表示，采煤塌陷地非治不可，要积极主动履行治理义务。

据了解，国内采煤塌陷地治理主要采用"采煤塌陷—补偿损失—塌陷地闲置—治理"这一传统模式。这种治理模式存在的问题包括等待塌陷过程中土地资源始终处于闲置状态、治理工程大且治理费用高、耕作层难以保护和利用等。

"解决问题的唯一途径就是要转变治理观念，探索出新型塌陷地治理模式。"王楼煤矿副矿长、生态农业园董事长张俊宝说。

王楼煤矿通过塌陷地治理和土地流转来抵消土地税费，并推进压煤村庄搬迁工作。流转的土地于2015年初被开发建设成王楼煤矿喻兴现代农业产业园。整个产业园分三期建设，目前一期和二期已建成且初见成效。

其中，一期为多功能实验区，占地面积400亩，采用"桑葚鱼塘、稻田养鸭"的生态农业模式，主要利用矿井余热资源，重点发展热带鱼养殖、热带水果种植项目。二期为"稻+虾生态高效种养"基地，占地面积500亩，其中包括有机水稻种植基地、有机果蔬种植基地、生态农业观光等，配套服务设施应有尽有，最终将实现"一水两用、一田双收"。

"目前栽种的2亩甜瓜、0.3亩西瓜和0.7亩西红柿，各收获9000斤、1400斤和5000斤。"王楼煤矿生态农业园员工徐晓光告诉记者，今年上半年，他们销售小麦6万斤、小龙虾1800斤、禽蛋8万余枚、大米1.2万余斤、果蔬1.2万斤，实现收入90多万元。

三期1800亩土地，计划采用"公司+合作社+农户"的发展模式，通过保底分红、股份合作、利润返还等形式，带动周边地区，让农民合理分享全产业链增值收益，最终实现农业、企业、农民创效增收，探索都市型生态农业发展模式，建设现代化农业产业园区。

朝着田园综合体目标迈进

如今产业园的发展持续稳步向好，这种采煤塌陷地治理模式也逐渐被认可。

但在王楼煤矿治理采煤塌陷地之初，还发生了这样一个故事。

36岁的兰庆武跟家人商量，想主动加入生态农业园，在父母坚决反对、爱人也不支持的情况下，他索性瞒着家人当了"农民"。如今已是王楼煤矿生态农业园总经理的兰庆武回忆说："农民出身的父母得知后打来电话情绪激动，说好不容易考上大学从农田里'逃'出去，当上科长了，怎么又回来种地了？由于害怕激化矛盾我一个月没敢回家。"

今年年初，兰庆武的父亲来到产业园时，脸上露出久违的笑容："弄得还挺不错。"

但在兰庆武看来，探索的道路从来就不是一帆风顺的。以养鸭为例，冬末春初刚来生态园的活蹦乱跳的小鸭苗，第二天就有一些不活动了。经过观察，兰庆武发现，鸭子聚在一起取暖会导致窒息，于是兰庆武整宿不睡，看着它们。谈到三期规划，兰庆武表示，要朝着田园综合体的目标努力。

据了解，田园综合体以乡村振兴为目标、农业文化为灵魂、产业化为核心、旅游为先导、体验为价值、流通基础为支撑，有助于推动乡村振兴。

（原载《中国煤炭报》2018年9月11日）

行有准则动有依据做有规范

——王楼煤矿激活党建"新动能"

左丰岐 崔鑫 郭利

10月10日，山东能源临矿集团党委在王楼煤矿召开党支部书记论坛、党建工作例会和党建标准化建设观摩现场，来自全集团专职党委副书记、纪委书记及各党支部书记等100多位党务工作者，对王楼煤矿党建标准化建设的新进展、新成果进行现场观摩、取经。

"王楼煤矿的变化，得益于我们把标准化置于党建工作的龙头位置，使行有准则、动有依据、做有规范的党建标准化工作落实落地，矿井保持了安全和谐稳定的发展局面。"王楼煤矿党委书记、矿长白景志一语中的。

今年以来，王楼煤矿党委把标准化思维理念嵌入党建工作中，发挥党建工作流程化、可定量、易考核、好操作等优势，找到了一条创新、提升党建工作的新路径，激活了党建"新动能"。

今年3月，该矿成立了党委书记任组长的党建标准化领导小组，依据临矿集团党委《关于推进基层党建工作标准化建设的意见》，对标先进单位，创新思路，逐步形成了"376"总体工作思路，"贯穿3个层面、辐射7个维度、突出6大重点"，多角度、全方位、立体式推进党建工作标准化建设。

为保证党建工作标准化需求应势落地，该矿科学配置，积极推进组织建设标准化。他们将机关党支部细化为机关生产、后勤、经营3个党支部，并新成立机修厂和军城井留守办2个党支部，目前，全矿16个基层党支部设置科学合理，支部委员分工明确，职责清晰，支委力量得到大幅提升。

"我们还建立了'联系点'包挂制度，将党建标准化工作内容进行切块承包，压实责任，真正做到各司其职、人人有责，确保了党建各项工作落实到位。"矿党委副书记邵长余说。

该矿坚持以奋斗者为本，将"能上平让庸下"的竞争机制引入党务工作者当中，竞聘选拔6名年轻、学历高的管理人员担任党支部书记，目前16名党支部书记和专职副书记均为大专及以上学历，其中大学本科9人、研究生2人。

"矿党委从7大方面对基层党支部党建工作进行全面考核，实行月度考核、季度兑现。"据邵长余介绍，该矿每季度拿出党支部书记（专职副书记）基础工资的20%作为考核基数，按照党建考核得分进行奖惩，通过经济杠杆撬动基层党建工作的积极性。

"王楼煤矿党委以'党建工作标准化建设年'活动为指引，通过品牌化、系统化、规范化、可视化的党建标准化体系创建，实现了党建各项工作的标准化、高效化运作，达到了提升和改进新时代党建工作的目的，做到了党建工作嵌入安全生产经营管理全过程，为各单位党建工作的融合提升、统筹推进党建标准化建设起到了很好的示范带动作用。"临矿集团党委副书记提文科总结说。

（原载《大众日报》2018年10月18日）

井下干选让乌金更亮

——世界首例井下TDS智能干选系统落户

山东能源临矿集团王楼煤矿

高文静　崔　鑫　郑天飞

近日，从山东能源临矿集团王楼煤矿传来消息，该矿井下新安装的TDS智能干选设备一次试车成功。

记者跟随技术人员深入现场，只见干选设备一侧高速运行的皮带上全是煤块，不见矸石的踪影。

煤与矸石彻底"分家"

"TDS智能干选系统由给料、识别、执行、供风、除尘、配电、控制七大辅助部分组成。"负责实施项目的机电副矿长吕凤新为记者揭示了谜底，"选矸前，干选系统先将原煤在皮带上进行排队处理，然后采用大数据运算和智能识别技术，对煤与矸石进行数字化识别，把密度不同的物质区分开，并建立相应的分析模型。"

王楼煤矿采区以中厚煤层为主，煤质好，但井田范围内地质构造较为复杂，断层分布较密，采出的原煤含矸率超过30%。在生产运输过程中，原煤里混入的矸石需通过主井和副井提升至地面，极大限制了主井的提升能力和矿井产量。

王楼煤矿经过多方调研论证，投资1000余万元引进了TDS智能干选设备。2017年，该矿完成了井下TDS智能干选项目的论证和招标。

据王楼煤矿党委书记、矿长白景志介绍，今年，TDS智能干选设备被安装在井下主运输皮带系统中。

该设备可将粒级50毫米以上的煤矸石进行筛分，并将选出的矸石进行井下充填，在提高原煤质量的同时，释放主井的提升能力，并减小采动对地面的影响。

大数据计算　智能化识别

TDS智能干选设备是干法高精度智能煤矸分选设备，由天津美腾科技有限公司自主研发，其分选精度接近浅槽，高于其他干选设备，可处理粒级50毫米以上的原煤，矸石带煤率为1%至3%，煤中带矸率为3%至5%，每小时处理能力最大能达到145吨，可大幅度减少地面洗选系统的无效洗选量。

据介绍，这套干选设备为全封闭设计，辐射防爆指标为国际标准，智能化程度高，可自检故障，全过程无人值守，是世界选煤史上第一台分选精度超过水洗的干选设备。

井下TDS智能干选设备无需水、无需介质，也无煤泥水处理环节，既能降低洗选成本，又能有效改善原煤质量，同时还能减少地面洗选的水洗量。该系统投入使用后，王楼煤矿预计增创经济效益千万元以上。

（原载《中国煤炭报》2018年12月25日）

周边简介

济宁市任城区

任城区历史悠久，约公元前27世纪—前21世纪，系唐虞氏故国，有仍氏繁衍生息之地，是我国最早的四个风姓古国之一，属东夷部落。夏为有仍国或任国（古仍、任通用）。商、周为任国、邿国。公元前221年，秦统一中国，废除周朝的分封制度，实行郡县制，始设任城县、亢父县。任城、亢父二县属砀郡（一说属薛郡）。西汉为任城、亢父、樊三县，均属东平国。公元9年，王莽篡汉为新，改任城为延就亭、改亢父为顺父、存樊。公元25年，东汉建立，废延就亭、顺父，复任城县、亢父县。东汉元和元年（公元84年），任城、亢父、樊三县改属任城国。三国魏黄初四年（公元223年），任城、亢父、樊三县属任城郡。西晋咸宁三年（公元227年），复属任城国。西晋永嘉元年（公元307年），废任城国，樊县并入任城县，任城、亢父二县同属任城郡。南朝宋永初元年（公元420年），任城县并入亢父县，属高平郡。北魏神龟元年（公元518年），复任城县，与亢父县并属任城郡。北朝齐天保七年（公元556年），亢父县并入任城县，属高平郡。隋开皇十六年（公元596年），任城县属鲁郡。唐及五代前期沿隋制。后周广顺二年（公元952年），任城县改属济州。元至元十二年（公元1275年），任城县并入济州，属济宁府。元至元二十三年（公元1286年），复任城县，属济州。元至正八年（公元1348年），任城县属济宁路。明洪武元年（公元1368年），任城县属济宁府。明洪武十八年（公元1385年），任城县并入济宁州，属兖州府。清雍正二年（公元1724年），济宁升格为直隶州，属山东布政使司。清雍正八年（公元1730年），济宁直隶州降为散州（不领县），属兖州府。清乾隆四十一年（公元1776年），复为直隶州，属山东布政使司。清乾隆四十五年（公元1780年），属兖沂曹济道。

1913年，中华民国废府州制，设济宁县，属岱南道，次年改属济宁道。1928年废道，济宁县直属山东省。1946年1月，中国人民解放军第一次解放济宁，将济宁县城区划出设立济宁市。1946年8月，析济宁县北部四个区，新建济北县。1951年2月，济北县改称济宁县。1958年11月，并入济宁市（县级）。1965年5月，恢复济宁县建制。1983年9月，同时撤销济宁地区、济宁市（县级）、济宁县，设立地专级济宁市、济宁市市中区、济宁市郊区。1993年12月，济宁市郊区更名为济宁市任城区。2013年11月，撤销济宁市市中区、济宁市任城区，设立新济宁市任城区。

济宁市任城区位于鲁西南平原，南四湖北端，为济宁市政治、经济、文化中心，济宁市组群城市核心区。总面积651平方公里，常住人口102.31万人。下辖长沟、喻屯2个镇，廿里铺、李营、南张、金城、仙营、古槐、阜桥、观音阁、济阳、越河、南苑、安居、唐口等13个街道和一个省级经济经济开发区--运河经济开发区。

任城区位置优越，交通便利。毗邻济宁机场、曲阜高铁，鲁南高铁正在施工建设，105国道、327国道、日兰高速、济徐高速交织成网，济菏铁路、京杭运河穿境而过，是连接华东、华北的重要枢纽，南水北调、北煤南运、西煤东运等国家经济战略工程的交汇点。

　　任城区地处鲁中南泰沂蒙山麓倾斜平原与鲁西南黄泛平原交接洼地的中心地带，地貌以平原为主，土壤以黏质土为主，其余为壤土、沙质土。位于东亚季风气候区，属暖温带大陆性季风气候，年平均气温13.3～14.1摄氏度，年平均降水量579～820毫米。境内河湖属淮河水系、南四湖流域，较大河流有老运河、京杭运河、洸府河、洙赵新河等。矿产资源主要有煤炭、建筑用灰岩、水泥用灰岩、砖瓦粘土、建筑用砂等。水资源总量约2.24亿立方米；动物种类约189科、1607种；植物种类约90科、200种。

　　近年来，任城区高举习近平新时代中国特色社会主义思想伟大旗帜，按照"五位一体"总体布局和"四个全面"战略布局，牢固树立五大发展理念，坚持科学发展转型发展融合发展主题，紧紧围绕建设一流现代化强区、提前全面达小康"两大目标"，大力实施创新驱动、项目带动、科教引领"三大战略"，着力打造区域性经济中心、新信息技术和先进制造业中心、金融商贸中心、文化旅游创意中心"四个中心"，强力推进产业转型、城乡建设、生态突破、民生改善、党的建设"五大提升"，努力建设富强美丽幸福新任城。

　　截至2019年底，全区常住人口102.31万人，全年出生人口10650人，死亡人口3806人；人口自然增长率7.08‰。2019年，全区城镇居民人均可支配收入42227元，农村居民人均可支配收入18089元。全区城乡居民社会养老保险参保人数34.26万人，城乡居民基本养老保险覆盖率100%。城镇居民最低生活保障人数3880人，农村居民最低生活保障人数6994人。全区有各类养老服务设施58处。全年城镇新增就业24169人，城镇失业人员再就业12374人，全区城镇登记失业率控制在4%以内，全年就业技能培训6657人，创业培训1066人。

编纂始末

　　《王楼煤矿志》（1996—2018年）是一部讲述王楼煤矿发展历史的志，它涵盖王楼煤矿安全生产、经营管理、党建工作等各个层面，将矿井从艰苦创业到走向辉煌的画卷浓缩成章，跃然纸上，图文并茂地展示给世人。

　　2012年，矿井正式投产5周年之际，王楼煤矿成立以党委书记、矿长为组长，各分管矿领导任副组长的编纂委员会，编纂委员会下设办公室，正式启动志书第一次编纂工作，对矿井筹建、投产期间（1996—2012年）的建设、发展历史进行记载，于2013年5月30日定稿（共计9篇、17.1万字）。2017年，矿井正式投产10周年之际，启动第二次编纂工作，在第一轮的基础上，续写矿志下限至2016年，于2017年5月20日定稿（共计10篇、20.1万字），重点展示了矿井投产10周年的发展历程及取得的辉煌成就。2018年底，根据临矿集团统一安排，续写矿志下限至2018年，于2019年底形成初稿（共计10篇、35万字），多次修改后于2020年底定稿，出版。

　　由于时间跨度大、人员变动等原因，编纂委员会和编纂人员也先后经历了多次调整。2012年，首次矿志编纂工作按照专业分组进行，由胡彦峰任编纂委员会办公室主任。各专业具体为：密士廷任安全组组长，主要由岳磊负责编写；诸葛祥华任生产组组长，主要由朱孔绪、吴淑国负责编写；董爱江任经营组组长，主要由朱宁负责编写；田衍圣任党群后勤组组长，主要由白传森、张银萍主要负责编写工作。2017年，矿志编纂工作按照科室专业划分进行，胡彦峰任编纂委员会办公室主任，各专业划分为：大事记相关内容由邵长水负责，领导机构由李秀芹负责，地面建设由邵泽鹏负责，煤炭生产、采煤掘进由徐成凯负责，机电运输由倪峰平负责，通风由李福存、徐成凯负责，地质测量由张修水负责，安全监察由岳磊、兰庆文负责，计划、财务、审计由刘强负责，劳资社保由朱宁负责，煤炭运销由董昌坤负责，物资管理由牛田娜负责，审计由任俊颖负责，科技由郑阳负责，环保由刘忠负责，职工福利由邵泽鹏负责，卫生由王燕负责，现代农业由陈斌负责、党群由李秀芹、郭利、陈云关、刘晓茹、董凯负责，武装保卫由时帅负责，人物荣誉由刘晓茹、李秀芹负责。2018年，以科室为单位划分进行分工，陈培永任编纂委员会办公室主任。各科室参与人员：党群工作部为李秀芹、郭利、高扬、刘晓茹、王义铎、董凯，办公室为邵长水、徐成凯、李娜、李秀伟、张苗、李春雪，安监处为岳磊、兰庆文，劳资科为朱宁，生产科为平立芬，调度室为邵庆文，机电科为耿士林，地测科为张修水，通防科为黄正龙，防冲办为李长青，纪委监察科为任俊颖，审计科为王娟娟，财务科为潘月兰，总务科为邵泽鹏，物管科为张现丽，煤质科为董昌坤，节能办为张翠珠，压煤搬迁办为李桂玲，科技科为刘艳，卫生所为王燕，农业园为陈宾，千祥置业为徐之刚，保卫科为邓凯，军城留守办为张景涛。

　　《王楼煤矿志》的编纂工作得到了各方广泛的帮助和支持。临矿集团党委办公室主任、党委宣传部部长、史志办主任王学兵，临史志办董立霞、杨永霞、郑培永多次到矿指导、协助矿志编纂工作，提供了《修志指南》等参考学习资料，尤其是邀请史志专家汪宏对编纂工作进行了专业指导。王楼煤矿白传森虽已退休，仍坚持到矿帮助修志，档案管理人员李娜、李秀伟、张苗在资料查询中给予了大力帮助，宣传科郭利、郑天飞、王德强、朱来路为提供照片等给予了大力支持。《王楼煤矿志》的编纂出版，是全体参与编辑工作的人员共同努力的结果，是集体智慧的结晶。在此，向所有关心、支持和参与编写的各级领导、部门、单位和个人一并表示诚挚的感谢。

"文章千古事，得失寸心知"。《王楼煤矿志》历史跨度长，信息量大，涵盖内容多，其间，单位和人员变动频繁，编纂者所掌握的资料不全，编纂水平有限，难免谬误、疏漏之处，敬请广大读者批评指正。

编 者

2021年3月